YUANMING ZHIJI
SHIDAFU
ZHENGZHI SHENGTAI
YANJIU

展 龙 ◎著

元明之际
士大夫政治生态研究

人民出版社

目　录

第一编　失意与忧思
元季社会政治状况与士大夫的处境

1

第二编　流离与抉择
易代之际士大夫的处境及其与各政治势力的关系

第三编　机遇与困境
士大夫与明初封建统治秩序的重建及其政治艰危

序　一

展龙副教授为人热情、诚恳，受到大家的称赞。其在治学上刻苦认真，造诣颇高，尤其值得称道。他有很高的悟性，对于历史上的纷繁复杂现象，既能在苦读有关文献资料的基础上，把握细节，抓住变化大势，更能通过深入的思考，透过现象看清本质，发现内在规律，揭示深层次的内涵，给人以启示，表现出不凡的分析、归纳能力和深厚的理论素养。早在他就读河南师范大学，师从郭培贵教授攻读硕士学位期间，笔者即已闻其如上优点，2005 年至 2008 年，他入南开大学历史研究所，在笔者名下攻读博士课程，这使笔者在与之多次面对面的交流中，对其如上优点有了更深刻的体会。现在摆在大家面前的这部长达 60 多万字的《元明之际士大夫政治生态研究》一书，是展龙副教授对其博士毕业论文进一步修改完善而完成的学术专著。从这部专著，读者当可生动地了解到展龙的这些优点。

为了撰写这部专著，他前后花去数年时间，阅读的文献包括 180 余部文集著作，数不胜数的传记、方志、笔记和其他相关资料，充分反映了作者严肃、扎实、一丝不苟的治学态度。

本书将元顺帝元统元年（1333 年）至明太祖洪武三十一年（1398 年）即元明之际千头万绪的社会状态，以及士大夫的生存处境、政治态度、生态景象、历史作用等，分成三个阶段，进行了十分详细、深刻而系统的剖析，表现出作者高屋建瓴的洞察能力、理繁治剧的掌控能力和意到辞出的文字表达能力。

本书的撰写利用了历史学、政治学、文学、心理学和社会学等多学科的知识、理论和方法，重视宏观探讨和微观研究的结合、个案探讨和整体研究的结合，以及纵向探讨与横向研究的结合，表现出作者理论素养的深厚、研究路数的多样和灵活。

关于元明之际士大夫的研究，前贤早有进行。但多是就某一单个人物着墨，甚至有的在极左思潮影响下，自觉不自觉地丑化其形象，千方百计挖掘其"阶级局限性"，刻意将其说成是对农民起义队伍及其建立的政权进行"和平演变"，使之"封建化"的群体，将之描绘成起负面影响的社会阶层。而本书对元明之际士大夫的价值取向、行为方式、政治抉择及其独特而重要的贡献，第一次进行了全面、深入、实事求是的研究和阐述，将历史真相展示出来。这显然是一个难得的学术创新之举。本书将元末与明初打通开来，当作一个整体进行研究，是"元明一体"的首次尝试，这一创新，也是应该特别予以总结的，沿着这一道路继续走下去，必将使元明史的研究更加深入。

展龙副教授是当代优秀青年历史学者中的一个代表。从他的身上，可以看出当代青年历史学者的飞快成长及其巨大的学术贡献，大家都为他们的成就而感到欢欣鼓舞，他们是我国史学研究继续深入发展的希望。预祝展龙副教授及所有的青年历史学者百尺竿头，更上一步，为促进历史科学的繁荣、加速我国文化事业的发展，再创功勋！

南炳文
2012 年 12 月 12 日

序　二

众所周知,历史是贯通而不可隔断的。但长期以来,元明之际的历史却成为学界鲜少问津因而显得十分寂寥的一个研究领域。而实际上,此间历史的连续和继承性毫不逊色于中国历史上任何一个易代时期,如明初的中书省、御史台及行省制,学校和科举制、户籍制、卫所制以及确立理学为统治思想等,就都是直接继承元代而来的;至于元明之际的士大夫群体就更是承接两个时代的主要载体之一,作为文化层次最高、思想最为敏锐与活跃以及最富社会责任感的群体,在元末的群雄逐鹿中,士大夫在各个政治军事营垒中实际发挥着运筹帷幄的智库作用,其向背与作为,不仅在相当程度上决定着各政治集团的兴盛存亡,而且在相当程度上决定着天下发展大势;明朝建立前后,士大夫还是明代制度的主要设计者和文化的主要传承者。由上可知,对元明之际士大夫的政治生态及其作为进行全方位、多角度的专门探讨,不仅对加强元明之际历史的研究具有重要意义,而且对尝试把元、明两朝的历史作为一个整体也即"元明一体"研究具有重要意义;同时又可知,因该论题涉及层面和领域繁多、关系错综复杂、头绪纷纭交叉,故也充满了荆棘和挑战,研究者必须具有相当宽阔的学术视野和多学科的专门知识以及深邃的洞察分析力才有可能稳妥驾驭和最终完成这一任务。

展龙博士 2000 年考入河南师范大学,在我名下攻读历史文献学硕士研究生,给我印象最深的就是他的聪颖开朗、勤奋好学和思维敏捷,且有西北人的豪爽、助人为乐;2003 年毕业后以优异成绩留校任教。2005 年,他又考入南开大学,师从我国著名明清史专家南炳文先生攻读博士学位;其间,曾荣获南开大学研究生"十杰"奖励。2008 年博士毕业,即应聘到在历史学科具有深厚积累和广泛影响的河南大学历史文化学院任教,并于 2010 年破格晋升副教授。多年来,

3

我们名为师生，实为朋友，经常电话、邮件往来，互通信息、讨论问题，成为彼此人生的一大乐事。当初，他经南先生批准，以元末明初的士大夫群体作为博士论文选题，我就十分钦佩先生的眼光和他的魄力。目前，该论文又经过他在毕业后几年的修改、充实和提高，就要付梓出版。此前，他把书稿给我寄来，约我作序，借此机会，我就以一个"先睹者"的身份谈几点阅读该书的体会。

通观全书，我感觉该书除了具有如上所述选题新颖、价值高、难度大、内涵丰富等特点外，还有以下价值和贡献：

首先，打通元明历史，以士大夫群体为论域，对元明之际特别是"元明一体"研究进行了成功尝试。全书分为三编，按照历史发展的客观脉络，采取多重研究视角，分衰世（元季）、乱世（元明易代之际）和治世（明代洪武一朝）三个阶段，对士大夫在不同阶段的价值取向、行为方式、政治抉择及其独特贡献进行了全面、深入的研究，不仅向读者展示了一幅在不同历史条件下士大夫群体所表现出的压抑、忧思、愤懑、彷徨、消极、振奋、进取等不同精神状态和或效忠旧朝、或投身新主、或隐退山林等不同行为方式的绚丽多彩画面，而且深刻揭示了元明之际士大夫的"历史品性"，其中既有应该充分肯定的"强烈社会责任感与浓厚的经世意识"、"社会良心的终极关怀和高扬人间正道的忧患意识"、"超越自我道德性格和坚持不懈的实践精神"以及"敏锐的时代眼光和自我调整的自觉意识"等优良品质，又有"难以克服的软弱性"、"鲜明的'奴性'和'工具性'"以及"保守、愚昧观念根深蒂固"等"缺陷"；揭示了元明之际不可隔断的内在联系，彰显了士大夫不可替代的文化和政治功能；由此，从一个侧面弥补了以往学术界对元明两代继承性研究薄弱的不足，可谓一部不可多得的拓荒和创新之作。

其二，史料翔实可靠。史料是历史研究的基础和前提，没有史料一切都无从谈起，而没有充实可信的史料肯定不能得出令人信服的结论，在这个意义上，傅斯年先生"史学只是史料学"的论断无疑是正确的。对此，作者有着很高的自觉，他指出"以往关于元明之际士大夫的研究存在的不足，固然是因研究者的兴趣偏嗜所致，但对史料开掘和利用的不足，也是影响问题意识和问题研究的重要因素。这主要表现在：相关研究多数将史料的征引集中在《元史》、《明史》、部分野史笔记和少数典型人物的文集等。因此，不断发掘和利用相关史料仍是元明之际士大夫研究亟待解决的问题。"为此，他一方面对过去人们常用的以《元史》、《明史》等为代表的相关文献和史料又做了一次"新的探索"，即以新的多重视角对这些文献中的相关史料进行了全方位的重新搜索；另一方面下大气力开发人们利用较少和未曾利用的文献如《明实录》、《献徵录》、《列卿记》等，尤其是文集和地方志中的相关史料,对其进行了反复的地毯式搜索;在上述努力下,不仅发掘出大量的新史料,而且为理清史源提供了条件。据不完全统计,该书仅征引古籍文献就达400余种,其中,文集达180余种;由此,在史料占有上达到了新的高度。但作者并未就此止步,满足于人们常说的"持之有据",而是在全面占有相关史料的基础上,对每则史料进行了必要的考证、确认和梳理,以把自己的论证和结论建立在翔实可信的史料基础之上。

其三,具有借鉴和启示意义。史学的终极目的是致用,对此,该书作者同样有着高度自觉,试图为当今社会的相关方面提供若干有益的历史借鉴和启示。具体表现在:一方面,通过分析元明之际士大夫的生存状态和社会功能,以期彰明:知识分子始终是推动历史发展的不可或缺的重要力量,尤其在社会转型和变革时期,他们更具有影响乃至决定历史走向的巨大能量。另一方面,通过再现历史变革时期士大夫的价值取向和行为方式,可以为新时期知识分子在确立理想目标、践行道德价值、处理个人与社会之间的关系等方面,树立一个多样的历史参考。应该说,上述两个目标,在该书中都得到了很好的体现。

当然,既是"拓荒"之作,该书也就不可避免地存在个别认识或结论还有待斟酌和深化的地方。所以,在此我衷心希望展龙以本书为一个新的起点,发扬成绩、弥补不足,取得更多、更好的学术成果。

郭培贵

2012 年 9 月 20 日

于榕城福建师范大学康山里寓所

导　　论

　　“士大夫”作为中国传统社会中一个特殊而重要的社会群体,他们操控着庞大的国家机器,维系着中华帝国的社会秩序,承载着博大精深的传统文化,因而在中国古代史的研究中,“士大夫”总是一个令人瞩目的话题。而身处易代之际的士大夫,因其在生存境域、价值趋向、道德境界、人生践履等方面表现出一种异样而独特的气象,故而从深层次上解读和挖掘王朝鼎革时期士大夫的生存画面和心理世界,更为学界所热衷。本书谨择“元明之际士大夫”作为考察对象,也是出于同样的研究归趣,但更多的是结合当时的历史状况,以充分展示士大夫在个人价值与社会价值的践履过程中,所表现出的行为特征、精神特质及其意义之所在。以下,为便于对全书的理解和相关问题的论述,先对相关概念、研究状况及本书的研究旨趣等予以廓清和阐述。

第一节　相关概念的语义辨析

一、析“元明之际”

　　凡治史者,首先明确和解决的问题便是“历史分期”问题,对此学界已成共识①。但具体如何看待和划分“历史”,却是聚讼纷纭,尚无确论。就整个中国古

---

　　① 历史分期意识,古已有之。如:《礼记》有“大同、小康”说。《韩非子·五蠹》有“上古、中古、近古”说。苏伯衡(1329—1392)《苏平仲文集》卷八《存古堂记》:“皇五帝之世之谓上古,夏后殷

1

代史言之，通常意义上，学界占主导地位的是"五种形态"划分方法，包括原始社会、奴隶社会、封建社会三个阶段，但这一分法自提出伊始，就有人提出不同意见②。迄今，这些意见仍不断衍生，新说纷呈。③ 客观地说，学界在历史分期问题上的分歧，说到底是划分标准的分歧，④而划分标准的迥异和趋于多样，则从侧面折射出史学发展日新月异的多彩景象。应该说，新的历史时期，在中国古史研究中，无论是总体研究还是专题研究，无论是通史研究还是断代研究，历史分

周之世之谓中古，秦汉魏晋隋唐五代宋之谓近古。"王夫之《读通鉴论·叙论》有中国历史"凡三变"说。至近代，康有为（1858—1927）在《孔子改制考》中提出"据乱世、升平世、太平世"公羊三世说。梁启超在《中国史叙论》中则将中国历史分为三个时期：上世史，自黄帝以迄秦之一统，是为中国之中国；中世史，自秦一统后至清乾隆之末年，是为亚洲之中国；近世史，自乾隆末年以至于今日，是为世界之中国。傅斯年（1896—1950）在《中国历史分期之研究》中则分为上世、中世、近世三阶段（《北京大学日刊》1918 年 4月）。继之，萧一山（1902—1978）在《清代通史》（中华书局 1923 年版）导言中，将中国历史分为上古、中古、近古、近世、现代五个时期。日本学者内藤湖南（1866—1934）、和田清（1890—1963）等持古世、中世、近世三段论，其中古世是指上古至后汉中叶，中世指五胡十六国至唐中叶，近世指唐宋至清末。（参见内藤戊申《中国史の时代区分论展望：日本人の古代区分》，《史林》1958 年第 1 期）

② 如：周谷城主编《中国通史》（上海人民出版社 1957 年版）把中国古代史分为古代、中世纪前、中世纪后三阶段。白寿彝主编的《中国通史》将中国人类文明史分为四个历史时代，即远古时代、上古时代、中古时代和近代。其中古代史包括前三阶段，远古时代，从距今 180 万年前最早的中国古人类到公元前 21 世纪之前；上古时代，从公元前 21 世纪夏朝立国到战国末年；中古时代，从秦朝统一中国到清朝鸦片战争前。台湾陈致平的《中华通史》（10 卷本）以朝代为单元，将中国古代历史分为上古、中古、近古和近代四个阶段：史前时代以及先秦史为上古史；秦汉至隋唐五代末为中古史；宋、辽、金、元、明诸朝为近古史；终清一代为近代史。

③ 如：冯天瑜认为：以西方的"五种社会形态"递进序列表述中国历史有些牵强，中国古代史分期应为：氏族社会、宗法封建社会（殷商西周时期）、宗法地主专制社会（先秦至清代）。（详见《"封建"考论》第十八章，武汉大学出版社 2006 年版）王家范在《中国历史通论》中，又把中国古代历史分为部族时代、封建时代、大一统帝国时代三个阶段。（《中国历史分期问题》，《上海社会科学院季刊》2000 年第 4 期）田昌五则把中国古代史分为洪荒时代、族邦时代、封建帝制时代三个阶段。（《〈中国历史体系新论〉前言》，山东大学出版社 2000 年版）严文明分为三个阶段：从黄帝到夏代以前为原始国家或古国；从夏到战国称为王国；从秦到清实行郡县制和中央集权，称作帝国。（《黄河流域文明的发现与发展》，《华夏考古》1997 年第 1 期）

④ 如：傅斯年主张据"中国种族之变迁升降"为分期之标准（参见《史料论略及其他》，辽宁教育出版社 1997 年版，第 197—198 页）；萧一山在《清代通史》导言中从此说，但用了"种族盛衰"一词。郑天挺认为划分标准应该多样化，具体为：要从历史实际出发；从地租形态着眼之时，也应承认上层建筑、个人在历史上所起的作用；注意生产力与生产关系的统一；重视各民族、国家以及国家间关系的变化；阶级斗争是历史发展的动力，对历史进程有决定性意义，但不是唯一的影响。（参见《明清史在中国历史上的地位及分期》，《及时学人谈丛》，中华书局 2002 年版，第 9—10 页）侯外庐则强调以"法典"作为历史分期的标志。曹大为则提出以具体的所有制和生产方式为划分标准（参见《关于新编〈中国大通史〉的几点理论思考》，《史学理论研究》1998 年第 3 期）。也有人主张用科技改变人类社会的进程为标准划分历史阶段。

期不应屈从于某种理论,也不应囿于一说;作为一种必要的假设和思想工具,根据客观的历史事实,建构适于相关问题研究的历史分期,在史学研究中仍具有不可替代的重要意义。但同时也必须承认,历史分期不可割裂历史,进行有悖于客观历史的"理想化"设计;历史内在的连续性和统一性要求在历史研究中,主观的历史分期须同时具备一种发展的、整体的历史观,二者密切相关,不可偏废。

　　具体到元明时期,长期以来,学界将元代视为中国封建社会的发展时期,并充分肯定了其在中国历史上所占据的重要地位。① 但在进行历史分期时,人们习惯于将元代与宋代划在一起,称"宋元时期",并视为一体加以研究。这种理论认识和研究路径有其合理之处,在许多问题的分析和研究当中,表现出其独到的价值。但相形之下,元明之间的历史联系和逻辑关系表现出更为鲜明的连续性和承继性。诚如周良霄先生所言:"蒙古统治者所带来的某些落后影响,它们对宋代而言,实质上是一种逆转。这种逆转不单在元朝一代起作用,并且还作为一种历史的因袭。为后来的明朝所继承。"②例如元朝的专制皇权、行省制度、教育制度、理学统治地位等历史内容,皆为明代所沿袭和发展。准此,可以认为,将元明视为一体,尤其是对"元明之际"作整体考察同样符合历史发展的基本逻辑。但有意思的是,以往学界并不注重"元明一体"的研究思路。受此影响,对于宋、元、明三代的过渡时期,学界也愿意在"宋元之际"寻找话题,却忽视了对"元明之际"的充分观照;既有的研究成果也多是围绕农民战争和政权变革而展开,尚未充分扩大视野、全面关注"元明之际"的社会内容、时代特征和历史意义。③ 本书选择"元明之际士大夫"作为论域,即是打通元明二代的一种尝试,试图以一种"元明一体观"的研究视角分析士大夫的相关问题。

　　作为元、明两代的嬗替和转捩时期,"元明之际"是一个模糊的时间概念,其上下限的弹性较大。为此,在对其进行界定之前,有必要先对元、明两代历史分

---

　　① 关于元朝的历史地位,史界论述较多,如周良霄所言:一是元朝的大一统初步奠定了中国疆域的规模;二是大一统为南北经济的恢复、交流和进一步发展准备了条件;三是它在中华民族大家庭的发展上,占有尤其重要的地位;四是推动了科学文化的发展。详见《元朝的统一在中国历史上的意义》,载《文史知识》1985 年第 3 期。

　　② 周良霄:《元代史》,上海人民出版社 1998 年版,"序言"第 3 页。

　　③ 李治安先生《元代及明前期社会变动初探》(载《史学集刊》2006 年第 1 期)一文已认识到了元及明前期社会整体结构和社会发展轨迹这一重要问题。文中指出,元代及明前期存在一种不大不小的社会变动,这种变动主要表现在五个方面:南北经济政治的反差与中央与地方关系的新格局;推行纸钞,官营工商业和海外贸易等等海洋扩张;突破羁縻传统,改行较直接治理边疆的政策;全民服役与君臣关系主奴化;文化的多元复合建构与儒学边缘化。

期的不同观点加以陈述。

元朝由于诸种原因,统治中国的时间不长,其具体时限大体有四种观点:第一种观点,一般将元史分为四个阶段:前元时期(1206—1259),主要指蒙古帝国;元代前期,指世祖一朝(1260—1294);元代中期,指成宗至宁宗诸朝(1295—1332);元代后期,指顺帝一朝(1333—1368)①。第二种观点,自蒙古灭金统一北方始,至至正二十八年(1368年)明兵攻下大都,统一的元王朝灭亡为止,共134年。第三种观点,自世祖忽必烈至元八年(1271年)改国号为"大元"至元亡,为97年。第四种观点,自至元十三年(1276年)元军占领临安,统一全国起,为92年。后三种观点一般将元代划为三个时期,即:元世祖一朝为一阶段,36年;成宗至宁宗为一阶段,42年;顺帝一朝为一阶段,36年。上述四种观点的分歧主要集中在元前期,后期或末期指顺帝一朝则无太大争议。

明朝历时270余年,其历史分期大体亦有五种观点:第一种观点,以明代重大历史事件为划分界限,具体为:明朝建国到土木之变(1368—1449),为初期;从"土木之变"到一条鞭法(1449—1581),为中期;从"一条鞭法"到李自成起义,为末期。② 第二种观点,以朝代作为划分界限。如洪武至宣德(1435年)为初期;正统(1436年)至隆庆(1572年)为明中期;万历(1572年)至明亡(1644年)为晚期。这种分法界限较为模糊,此其不足,但又显得灵活,此其优长。③ 第三种观点:明建国至宣德为初期;正统至天启(1627年)为中期;崇祯一朝为后期(1628年至明亡)。第四种观点,明建国至宣德为初期;正统至正德(1521年)为中叶;嘉靖(1522年)至明亡为后期。第五种观点,将明王朝的初期向前推至元朝至正十年(1350年),认为元末农民起义爆发前为明初起点,下限则为仁宗即位。④ 观此,学界关于明代,特别是"明初"划界之分歧可略知大概了。

本书所谓"元明之际",大体包括元末、"易代之际"、明初三个阶段。元末,主要指顺帝元统元年(1331年)到至正十年(1350年),约20年,为"衰世时期"。这一阶段,元运渐衰,国祚将尽,"元政不纲久矣,其乱亡之成,实自顺帝"⑤。期

---

① 王岗:《中国全史·中国元代政治史》,人民出版社1994年版。

② 郑天挺:《明清史在中国历史上的地位及分期》,载《及时学人谈丛》,中华书局2002年版,第18页;南炳文、汤纲《明史》,上海人民出版社1985年版;另,南炳文先生在《"明清史选题"绪论》一文也持相同观点,详见《明清史蠡测》,天津古籍出版社1996年版,第417页。

③ 如娄曾泉、颜章炮:《明朝史话》,北京出版社1984年版,第1—2页。

④ [美]爱德华·L.法默尔(范德):《明王朝初期(1350—1425)的政体发展》,王占梅、蔡丽文译,载《明清史国际学术讨论会论文集》,天津人民出版社1982年版,第16—44页。

⑤ 陆深,等:《平胡录》,载《明代野史丛书》,北京古籍出版社2002年版,第5页。

间,虽然大兴文治,优渥儒士,尤其是科举制度的复兴,激发了部分士人的仕进热情;但与此同时,面对一个走向没落的腐朽王朝,道德自觉的社会机制逐渐沦丧,士大夫普遍表现出一种失意与忧思的群体特征,并在行为上选择了不同的处世方式:或积极入世,拯世救时;或块然独立,不谐流俗;或狂怪不羁,适情遂志;或遁隐士林,幽居淡食;或遁入寺观,潜心禅道;或改务农、军、匠、商等。由于政治上难以实现自己的抱负,多数士人沉沦下层,广泛开展交游、讲学等活动,践行着作为文人而传播文化的历史使命。

"易代之际",指至正十一年(1351年)农民起义爆发到二十八年(1368年)明朝建立,约17年,为"乱世时期"。如果说在元末时,士大夫们尚能在衰世的危机中拥有一个相对安静的生活环境,能够自由选择自己的生存环境和生活方式的话,那么至王朝易祚之际,身处群雄逐鹿的激荡局面中,士大夫的生活状态被打破,生命的安危受到了极大的威胁,为此他们不得不重新审视生命的价值和意义,重新选择新的生活方式。在现实潮流的波动中,面对不同的政治权力和惨烈的战争之苦,针对纲常失序、道德沦丧、理想失落、精神迷茫的价值颠覆与意义危机,他们或崇尚节义,敦厉名实,为拯救元王朝的历史命运作最后的努力;或审时度势,投附农民军以实现自己的政治抱负;或隐遁林薮,著书立说,教授生徒,交游唱吟,恬然自适;或游寓江湖,感时悯乱,体察民瘼。在"易代"的窘境中,士大夫对乱世危机的悯伤和对流离之苦的体验,尤其是他们对农民战争的感悟,对人生价值的思考,都表现出一种凝重的忧思、艰难的流离和痛苦的抉择。

明初,指洪武一朝(1368—1398),约31年,为"治世时期"。这一阶段,元朝覆亡,明朝初立,士大夫面临着一个极为尴尬的历史局面,在"故朝"与"新朝"之间该如何选择呢? 和以往的"鼎革时代"如出一辙,他们或锐意仕进,添列缙绅;或恪守遗民情结,拒仕新朝;或隐居士林,清高自持。凡此,都表现出了士大夫心理世界的复杂性和多样性特征,也符合传统士大夫在亡国之后所具有的精神特质和道德追求。而对于朱明王朝的统治者而言,国家肇兴之始,急需人才,明太祖秉承一贯的人才观,求贤如渴,一大批儒士文人得到朝廷的招揽、优礼和任用,其中还包括许多故元官员和少数民族士人,这使得明初的士大夫群体较元代有所扩大,一种修文偃武、蹈德咏仁的"文人政治"局面廓然大显。至此,士大夫长期不能得志的历史局面大为改观,在明初重建封建统治秩序的过程中,他们将个人价值与社会价值充分地结合起来,尽可能地发挥了应有的历史作用,从而使明初逐渐呈现出气势宏阔、生机益然的治世局面。然而,在封建专制政权重建和不断强化的过程中,士大夫也面临着种种严峻的考验,仕进道路布满荆棘,尤其是文狱党祸等恐怖局面的迭兴,使士大夫的精神追求和行为选择受到了空前的遏止和压制,在士大夫的内心深处,一种忧惧畏祸的心态油然而生,于是在政界学林,兴起了一股谨固柔顺、沉寂僵化、复古守旧之风。

由上可见,元明之际虽历时不长,但受历史剧变的影响,士大夫的心态、行为亦随之表现出前后迥然的历史特征。从这个意义上来说,在将"元明之际"视为一体的同时,又将其划为三个阶段,不仅可以观察历史演进的内在流程及其规律,也可以从一个侧面观照士大夫在历史转型时期的多姿表现和一般品性。当然,作为史学研究的一种尝试,在时间范围的规定上,我们不得不承认:元明之际的历史,无疑应由元、明两代的全部历史来说明,所以,部分内容为便于论述,在纵向观察历史现象的内在联系和发展轨迹之时,在时间范围上也会自觉向前追溯,向后推延。

二、释"士大夫"

关于"士大夫"的研究,学界并不鲜见,但对士大夫及其与士、大夫、大夫士、绅士等相关概念的联系与区别,学人往往认识不清,甚而语焉不详,混而用之。鉴于此,以下拟捜诸相关文献,就"士大夫"的构成、内涵等予以廓清,以期明晰本书"士大夫"之内涵,进而对了解元明之际社会阶级与阶层状况,把握这一特殊群体的总体发展状况有所裨益。

(一)历史典籍中"士大夫"的构成、内涵及变化

"士大夫"是一个历史概念,有着特定的生长轨迹和特定的文化内涵。从词源学上讲,"士大夫"一词源于"士"与"大夫",可以理解为"士"与"大夫"之合体,是在"士"与"大夫"的基础上形成的新词。但又必须明确,士大夫并不是"士"与"大夫"两种身份的简单合并。伴随"士"与"大夫"二词语义的变化,"士大夫"的构成及内涵在不同的历史时期和文化场域中亦大异其趣,不断发生着变化。

1.历史典籍中"士"

"士",起源甚古,至迟在商、周时,"士"已见诸文献。但有关"士"的构字初义,人们聚讼纷纭,尚无定说。举其要者,主要有以下说法:

(1)"男子之大号"。认为"士"最基本的含义是成年男子,故士与女每可并称。如:《易·师彖》:"欧孚士女羊牛";《诗·卫风·氓》:"于嗟女兮,无与士耽",句中士女并称,则"士"字必指男子。《易·归妹》:"女承筐,无实;士刲羊,无血。"《诗·女曰鸡鸣》:"女曰鸡鸣,士曰昧旦",孔颖达疏:"士者,男子之大

号。"《荀子·非相》："妇人莫不愿得以为夫,处女莫不愿得以为士。"杨倞注:
"士者未娶妻之称。"王先谦《集解》云："古以士女为未嫁聚之称。"又,俞正燮
《癸巳类稿》卷四《释士补仪礼篇名义》称："士者,古人年少未冠娶之通名。"近
人王国维亦持上说,他在《观堂集林》卷六《释牡》中谓："卜辞中牡字皆从⊥,⊥
字正丨(古字士字)一之合矣。"以为牡为雄畜与士为男子相合,"士"即为男子。
郭沫若在《甲骨文字研究》中解释"祖妣"时亦说："余谓士、且、土实同为牡器之
象形",以阳物象征男性。

　　(2)"武士"。顾颉刚主张"士"起源于武士,他说："吾国古代之士,皆武士
也。士为低级之贵族,居于国中(即都城中),有统驭平民之权利,亦有执干戈以
卫社稷义务,故谓之国士以示其地位之高。"进而指出,后来的文士就是由武士
蜕化而来。① 这一说法影响很大,目前学界多持此说。如吴其昌在《金文名象疏
证·兵器篇》一文中考诸字形,认为"士"、"工"、"壬"字形相近,均为斧钺之形;
斧钺为战士武器,又为王权象征,故可指代王、士。② 应该说,持此说者是有依据
的,在文献中,"士"作"武士"的例子不胜枚举,如《荀子》卷五《王制篇》："股肱、
健勇、爪牙之士。"《尚书》卷六《夏书》有"勇力之士"。《墨子·尚贤上》："射御
之士。"《韩非子》卷一七《诡使》："战介之士。"《礼记》卷三六《乐记》："虎贲之
士。"凡此,皆意为"武士"。

　　(3)"农夫"。如《荀子》卷六《富国篇》："布衣紃屦之士。"《礼记》卷十《少
仪》载："问士之子长幼。长则曰能耕矣,幼则曰能负薪。"孙希旦《集解》："长谓
已冠,幼谓未冠。"又卷一《曲礼上》载："地广大荒而不治,此亦士之辱也。"③据
此,有人认为最初"士"作为氏族的成员,主要以农耕为业。近人吴承仕在解释

　　① 顾颉刚:《武士与文士之蜕化》,载《史林杂识初稿》,中华书局 1963 年版,第 85—90 页。对
顾颉刚"文士是从武士蜕化而来"一说,余英时提出疑问,认为顾氏所谓"士之好武者正复不少。彼
辈自成一集团,不与文士混"的说法使他陷入了自相矛盾,出现了"儒"和"侠"的对立局面。据此,
余氏进而指出:第一,文士与武士既属分途发展,则自然不能说武士蜕化为文士;第二,顾颉刚所谓"古
代文、武兼包之士"和"古代之士皆武士"更显然不能并存。详见余英时《中国知识人之史的考察》,
广西师范大学出版社 2004 年版,第 39—42 页。另,张荫麟也主张"士"为"武士"说,参见《中国史
纲上古篇》,台北正中书局 1951 年版,第 42—46 页。
　　② 吴其昌:《金文名象疏证·兵器篇》,载《国立武汉大学文哲季刊》第五卷,1936 年第 3 期。
另外,徐仲舒在 1934 年《中研院历史语言研究所集刊》发表《土王皇三字之探源》,指出"士"、"王"
同字,均为人端拱而坐之象,二字如加羽冠之形,则为"皇"字。
　　③ 《礼记》卷一《曲礼上》。吕思勉在解释此条时云："盖士则战士,平时肆力于耕耘,有事则
执干戈以卫社稷者也。"(《先秦史》,开明书店 1983 年版,第 293 页)

《说文解字》"士,事也"①一语时,指出:"士,古以称男子,事谓耕作也。"认为"士"的原义为"农夫",后引申为一切有职事的人。杨树达根据甲骨文补充吴说云:"士字甲文作⊥,一像地,丨像苗插入地中之形,检斋之说与古文字形亦相吻合也。"②对于此解释,余英时质疑道:"这一原始意义的'士'恐怕存在于非常远古的时代。因为就现存的古代文献而言,一方面我们很难证明'士'字可以单独是解释为农夫;而另一方面,远在商、周的士如文献中的'多士'、'庶士'已可指'知书识礼'的贵族阶级而言了。"③

(4)"有职事者"。许慎《说文解字》云:"士,事也。数始于一,终于十,从一从十。孔子曰:'推十合一为士。'"段玉裁注云:"引申之,凡能事其事者称士。《白虎通》曰:'士者也,任事之称也。'"④明人焦竑在解释"大夫"、"士"时,说:"夫者,扶也。士者,事也。不任事,非士也;不扶善,非大夫也。"⑤其中"士"亦指"有职事者"。《左氏昭公七年传·疏》载:"士者,事也,言能理庶事也。"顾炎武亦说:"谓之士者,大抵皆有职之人。"⑥这种观点的基本依据是:在周代时,"士"属于贵族阶级中地位最低的一层,其上有"天子"、"诸侯"、"大夫"各级。今人阎步克认为许氏所谓"推十合一为士"或源于纬书,未必为孔子之言,并不可信。⑦

上述观点,孰是孰非,恕难定论。但可以肯定的是,在周代,举凡文献中的"士",多指低级的贵族,确切地说,士是处于大夫与庶人之间的低级贵族。孟子在叙述周代班爵之制时云:"君一位,卿一位,大夫一位,上士一位,中士一位,下士一位。"⑧此时,在等级序列中,作为一个特定的社会阶层,士的位置较为稳定,不容逾越。至春秋战国之际,伴随周朝统治秩序的解体,"士"阶层开始分化,社会地位亦随之发生了变化,逐渐和位于其下的"庶人"连在一起,士与庶人之间

---

① 段玉裁:《说文解字注》一(上),《四部备要》本,第18页。
② 杨树达:《积微居小学述林》卷三"释士"条,中国科学院出版社1954年版,第72页。杨向奎在其《中国古代社会与古代思想研究》(上海人民出版社1962年版,第68页)援引此说,认为合乎"士"之原义。
③ 余英时:《中国知识人之史的考察》,广西师范大学出版社2004年版,第28页。
④ 段玉裁:《说文解字注》一(上),《四部备要》本,第18页。
⑤ 焦竑:《澹园集》卷六《公卿大夫士说》。
⑥ 顾炎武:《日知录》卷七《士和事》。
⑦ 阎步克:《"士"形义源流衍变说略》,载《学人》第1辑,江苏文艺出版社1991年版。
⑧ 杨伯俊:《孟子译注》(上),中华书局1990年版,第235页。

的界限渐次模糊，①所谓"下士与庶人在官者同禄"②。降及战国，"士"终于不再属于贵族，已从统治阶层中间游离出来，成为四民之首，③这又是一个重要的历史发展。但与此相应，"士"之名目也随之繁芜，流品迭生，出现了诸如文士、策士、方士、食客、武士、吏士、技艺之士、商贾之士等一系列令人眼花缭乱的社会阶层。④ 仅《庄子·徐无鬼》中对士的分类就有"知士"、"辩士"、"察士"、"抱世之士"、"兵革之士"、"中民之士"、"勇敢之士"、"枯槁之士"、"法律之士"、"礼教之士"、"仁义之士"等。凡此，都充分证实了战国时期"士"社会成分之复杂，而正是这种复杂性和多层次性，为而后"士"的进一步分化、组合准备了条件，奠定了基础。同时，从社会地位来看，这一时期，"士"在失去职位保障之时，也获得了人身的自由，进入"士无定主"⑤的状态，"游士"作为一个特殊的社会阶层开始活跃于历史舞台，于是真正意义上的"知识人"（intellectuals）原型初步形成；"士"中间"大部分人皆趋重于知识、能力之获得"，"而惟读书为专业，揣摩为手段，取尊荣为目标"⑥。尔后，"士"的内涵逐渐固定为"文士"一义，后世大体承此一脉，经久未改。至元明时期，"士"的概念更趋泛化，可以通称一般知识人。如："呜呼！若君可谓士矣。士惟修其身而后能理天下国家，身不行道，虽道不

---

① 如《国语·楚语下》记载观射父论祭祀，就说："士、庶人时"，"士、庶人不过其祖"。金文《邾公华钟》也说："台宴士、庶子"等。可见，在时人观念中，"士"与"庶人"之间的距离已更为接近。

② 《孟子》卷一〇上《万章下》。林同济认为，在这一等级序列中，天子诸侯可称为御临社会，卿大夫可称执政社会，士则可称为行政社会。参见林同济《大夫士与士大夫》，载雷海宗、林同济《文化观念史》，台北业强出版社1988年版，第91页。

③ 《穀梁传》"成公元年"条载："上古者有四民：有士民、有商民、有农民、有工民。"《汉书》因此说，云："士、农、工、商四民，有业学以居位曰士，辟土殖谷曰农，作巧成器曰工，通财鬻货曰商。"（《汉书》卷二四上《食货志第四》）由贵族之末变成"四民"之首，清晰表明了自战国至汉代"士"之社会地位的变化。

④ 以此为基础，钱穆针对战国时期士的分化，将"士"分为劳作派、不仕派、禄仕派、义仕派、退隐派五类（参见《国史大纲》上册，第73—75页）。范文澜分为四类：学士、策士、方士或术士和食客。（参见《中国通史简编》，人民出版社1949年版，第178页）。刘泽华则按照其特点与社会地位，进一步细分为武士、文士、吏士、技艺之士、商贾之士、方术之士及勇士、国士、秀士、烈士、豪士、车士、都士等若干类。其中，又将"文士"分为"道德型"、"智能型"和"隐士"三类。其中"道德型"包括"通士"、"公士"、"悫士"、"直士"、"志士"、"修士"、"善士"、"信士"、"廉士"、"正士"、"劲士"等；"智能型"包括"文学之士"、"学士"、"法士"、"辩士"、"游士"、"察士"、"巧士"、"博士"等；"隐士"包括"居士"、"处士"、"山谷之士"、"江海之士"、"岩穴之士"等。详见《先秦士人与社会》，天津人民出版社2004年版，第5—10页。

⑤ 顾炎武著，黄汝成集释：《日知录集释》卷一三《周末风俗》，《万有文库》本，第38页。

⑥ 余英时：《中国知识分子之史的考察》，广西师范大学出版社2004年版，第3页。

行于妻子,观君之治身治家而可知矣。君惟隐处不仕,故无闻于世少。"①盖因"士"字在概念上的泛化,造成学界在使用这一概念时产生了诸多误解。

2.历史文献中的"大夫"与"大夫士"

一如前述,"大夫"最早是周代宗法分封制中的一个等级,时称"卿大夫",位序处于"士"之上,社会地位较"士"为高,且是世袭的。至战国,随着分封制的解体,"大夫"逐渐演变为官僚体系中的一个职位和爵位,"大夫"多数不再是靠宗亲分封,一般也不再世袭,它们中的多数是由"士"升上来的。尔后,历代文献中"大夫"的社会内涵趋于稳定,通常指具有一定的官职、爵位,或政治身份的人。②这一点较之"士"的内涵显得较为明确。

同时,正因为在周代分封体系中,"大夫"与"士"是两个相邻的贵族阶层,所以在典籍中便出现了二者的合成词——"大夫士"。如《尚书·周书》:"大夫士治其所分之职以倡道。"《周礼·典命》:"王为三公六卿赐衰,为诸侯绕衰,为大夫士疑衰。"《礼经》:"大夫士之礼,不可语于帝王。"《荀子·礼论》:"大夫士有常宗。"《吕氏春秋·上农》:"是故天子亲率诸侯耕帝籍田,大夫士皆有功业。"上述"大夫士"虽合为一体,分开来讲,实际上指的就是"卿大夫"和"士";从社会关系来看,"大夫士"并没有违背周代分封制强调的等级观念。所以,在这一时期的文献中,"大夫士"既可以分开来讲,也可以合二为一,基本内涵并无异趣。

尤堪一提的是,"大夫士"并非周代时的专有词,在后世文献中,"大夫士"一词得以因袭。③ 大体来看,在秦至唐时,"大夫士"多与"王侯"、"公卿"并称之,单独出现的情况极少。如《史记》:"置公卿大夫士,以饰法设刑,而天下治。"④《汉书》:"此乃天地群神、社稷、宗庙佑助之福,公卿、大夫、士民同心将率虓虎之力也。"⑤《周书》:"公卿大夫士爱及牧守黎庶等,今宜各上封事,谠言极谏,罔有所讳。"⑥

---

① 吴海:《闻过斋集》卷五《林彦中墓志铭》。
② 如《明史》卷六一《乐志一》:"盖学士、大夫之著述止能论其理,而施诸五音六律辄多未协,乐官能纪其铿锵鼓舞而不晓其义,是以卒世莫能明也。"《明经世文编·西门记宗臣》:"是时都御史阮公被逮北去,岛寇直犯闽安;省中人惶急走,而诸大夫日议守城事,遂以余守西门。"另外,历代典籍中的中散大夫、正议大夫、太中大夫、御史大夫、光禄寺大夫、通侍大夫、司裡大夫、亚中大夫、中奉大夫、资善大夫、奉训大夫、荣禄大夫、正议大夫等,其中"大夫"亦为官职之称。
③ 林同济认为:"战国以后没有大夫士。"不确。参见《文化观念史》,第89页。
④ 司马迁:《史记》卷六《秦始皇本纪》。
⑤ 班固:《汉书》卷九九中《王莽传》。
⑥ 令狐德棻:《周书》卷四《明帝本纪》。

《隋书》:"丝枲纺织,妇人之务,上自王后,下至大夫士妻,各有所制。"①宋元以降,"大夫士"开始单独出现,如《宋史》:"(苏)颂议以为:'礼,大夫士有田则祭,无田则荐,是有土者乃为庙祭也。'"②又:"凡绍圣、元符以还,惇(章惇)所斥逐贤大夫士,稍稍收用之。"③元人贡师泰《玩斋集》载:"至正十九年春,江浙分省以四郊多警,檄左右司都事陈君元礼相其地势而兴筑焉……为东南保障矣。城既落,州之寓公及其大夫士咸歌诗以美之。"④在明代,如:"品官婚礼周制,凡公侯大夫士之婚娶者,用六礼。"⑤又"今后妃诸侯、大夫士、庶人、妻之事分为三卷颁之六宫行之天下"⑥。"大夫士之有事于贵阳者,自都宪王公而下,复相与歌而和之。"⑦凡此,"大夫士"的内涵与先秦时期并无二致,同样旨在强调等级差异,主要是在强调具有官僚身份者时,才称"大夫士",否则更多的是以"士大夫"、"士"、"士人"等称之。

　　3.历史文献中的"士大夫"

　　"士大夫"一词古已有之,但其内涵随着时代的变迁而发生微妙的变化。如前所述,战国之前,"士"与"大夫"是贵族阶级中两个不同的等级,因此,"士大夫"在文献中极少出现。甫及战国,群雄竞起,"处士横议",一部分士沉沦为民,成为"庶士",一部分士则平步青云,升为卿大夫,于是"士大夫"应运而生,渐次流行。⑧

　　那么,"士大夫"与前述"大夫士"有何区别呢?刘泽华先生指出:"大夫士强调的是等级,士大夫指的是阶层。"⑨林同济在概括中国社会政治史时,用了"由大夫士到士大夫"一语,并区别了二者的含义,认为在英文中,"大夫士"可译为noble-knight,"士大夫"可译为 scribe-official。也就是说,大夫士是贵族武士,士大夫是文人官僚。⑩林氏所言是否妥当,暂且不论,但很明显,他已认识到了"大

---

① 魏征:《隋书》卷八〇《郑善果母传》。

② 脱脱:《宋史》卷三四〇《苏颂传》。

③ 脱脱:《宋史》卷二四三《神宗钦圣献肃向皇后传》。

④ 贡师泰:《玩斋集》卷六《江浙分省陈都事城海宁诗序》。

⑤ 张廷玉:《明史》卷五五《礼志九》。

⑥ 《明太宗实录》卷二六"永乐元年十二月甲戌"条。

⑦ 王守仁:《王阳明全集》卷二二外集四《恩寿双庆诗后序》。

⑧ 对于"士大夫"一词的最早出现的时间,学界另有说法。如,前揭林同济就认为:"战国以前,没有士大夫。"(《文化观念史》,第90页)刘泽华亦认为:"'士大夫'是战国出现的一个概念。"(《先秦士人与社会》,第96页)。葛荃从此说,参见其所著《权力宰制理性:士人、传统政治文化与中国社会》,南开大学出版社2004年版,第13页。

⑨ 刘泽华:《先秦士人与社会》,天津人民出版社2004年版,第96页。

⑩ 林同济:《大夫士与士大夫》,《文化观念史》,第90页。

夫士"与"士大夫"之别。应该说,由"大夫士"到"士大夫"的转变,不仅是文字顺序的变化,更是"士"与"大夫"等级地位的变动。

具体而言,战国时期,"士大夫"大体有两层意思:一是指"有官职者",即"大夫"。如《周礼·考工记》云:"坐而论道谓之王公。作而行之谓之士大夫。"郑玄注"士大夫"曰:"亲受其职,居其官也。"①《荀子·王霸》:"农分田而耕,贾分货而贩,百工分事而劝,士大夫分职而听。"同书《君道》载:"论德而定次,量能而授官,皆使人载其事而各行其所宜。上贤使之为三公,次贤使之为诸侯,下贤使之为士大夫,是所以显设之也。"《墨子·三辩》批评"士大夫倦于听治"。上述"士大夫"均指一切居官在职之人,用现代话说,就是职能官。而且,这一时期,不仅文官(文臣,civil official)称士大夫,武官(武将,military official)也称士大夫。如《荀子·议兵》载:"将死鼓,御死辔,百吏死职,士大夫死行列。"《吴子·励士》:"于是武侯设座庙廷,为三行,飨士大夫。"《师说》:"士大夫之族,曰师曰弟子者,则群聚而笑之。"一是指没有官职的"文人",即"士"。如《韩非子·诡使》:"今士大夫不羞污泥丑辱而宦。"又《石钟山记》:"士大夫终不肯以小舟夜泊绝壁之下,故莫能知。"此"士大夫"显然是指任官之前的"文人"或"士人"。可见,战国时期,"士大夫"称谓尚不是一个独立的社会群体。

至秦汉时期,随着统治者对士人地位的肯定并借以选用,尤其是汉代"察举"、"征召"等政策的推行,"士"逐渐将入仕作为寻求生活保障和实现理想价值的主要途径,所谓"学以居位曰士"②,"以才智用者谓之士"③,表现出鲜明的入世倾向。这不仅加速了"士"向"大夫"的转化速度,同时也使"士"被工具化的趋势成为必然。④ 与此相应,秦汉时期"士大夫"一词的内涵也发生了细微变化:一方面,继承战国时期,既可指各级文武官吏(大夫),也可指一般的文人(士)。如颜师古在注《汉书·司马相如传》"观士大夫之勤略"一语时云:"略,智略也。观士之勤,大夫之略也。"显然是将"士"与"大夫"分开来讲了。另一方面,"士大夫"一词的整体独立性渐次鲜明。如《史记·孝文本纪》:"高帝亲率士大夫,始平天下。"同书《李广传》:"(李广)及死之日,天下知与不知,皆为尽哀,彼其忠实心诚信于士大夫也。"《汉书·武帝纪》:"自新嘉与士大夫更始。"同时,士大夫作为一个群体,表现出类似的精神品格和价值向度,例如崇尚人格名望、风骨气节及学识才能,恰

① 阮元:《十三经注疏·周礼注疏》,中华书局1980年版。
② 班固:《汉书》卷二四上《食货志》。
③ 范晔:《后汉书》卷七九《仲长统传》。
④ 于迎春:《秦汉士史》,北京大学出版社2000年版,第3页。

守封建纲常名教,善于浮华交游,广结朋党,清议品题人物时政等。尤其是东汉时,伴随士族集团的形成,"士大夫"开始成为士族门阀的代名词。

魏晋至隋唐时期,"士大夫"多指"士族"、"旧地"、"高门"①。自东汉始,豪门士族实力空前膨胀,文化上的先天优势使得他们不费吹灰之力就垄断了文化,垄断文化即是垄断了"士";而魏晋时期实施的九品中正制的选官制度又让他们垄断了"大夫"。如此,"士大夫"具有了某种特定阶层的含义,士族化趋势越发明显。如《颜氏家训》云:"梁世士大夫,皆尚褒衣博带,大冠高履,出则车舆,入则扶侍,……及侯景之乱,肤脆骨柔,不堪行步,……坐死仓猝者,往往而然。"②这里的"士大夫"显然是指门阀士族。士族在东晋时达到极盛,至南北朝始衰。至唐代,士族逐渐退出历史舞台,但作为一个特定阶层的观念仍然保留,文献中的"士大夫"仍多指士族、高门,如《隋唐嘉话》载:"《山东士大夫类例》三卷,其非士族及假冒者,不见录。"③此"士大夫"亦指"士族"。《唐会要》载:"太宗命吏部尚书高士廉、御史大夫韦挺、中书侍郎岑文本、礼部侍郎令狐德棻等及四方士大夫谙练门阀者,修《氏族志》勒成百卷。……义府耻其家代无名,乃奏改此书……更名为《姓氏录》,由是搢绅士大夫多耻被甄叙,皆号此书为勋格。"④文中二处"士大夫",皆指高门、士族。此外,据笔者初步统计,《旧唐书》中出现"士大夫"一词共25次,基本含义多作"士族门阀",如"近代士大夫言家法者,以穆氏为高"⑤。唐后期,"士大夫"的士族之意渐趋淡薄。同时,这一时期"士大夫"一词还没有社会批判者(social critics)的色彩,而指称承担舆论评判责任者的词,则一般为"士友"、"时人"、"士人"、"士君子"等。如"四为大镇,家无妓乐,士友多之"⑥,"士君子重之"⑦,"士君子称之"⑧,"士君子惜之"⑨等。

宋以后,经由隋唐时期科举制度的推行与发展,下层地主阶级中的文人大量

---

① 关于唐代"士大夫"的使用及意义,参见黄正建《唐代"士大夫"的特色及其变化——以两〈唐书〉用词为中心》一文,载《中国史研究》2005年第3期。

② 颜之推:《颜氏家训》卷四《涉务第十一》,《颜氏家训集解》本,上海古籍出版社1980年版,第295页。

③ 刘餗:《隋唐嘉话》卷下,中华书局1979年版,第44页。

④ 《唐会典》卷三六《氏族》。

⑤ 刘昫:《旧唐书》卷一五五《穆宁传》。

⑥ 刘昫:《旧唐书》卷一七七《崔从传》。

⑦ 刘昫:《旧唐书》卷一二〇《郭铎传》。

⑧ 刘昫:《旧唐书》卷一七八《崔彦昭传》。

⑨ 刘昫:《旧唐书》卷一九二《阳城传》。

进入统治集团。他们最终成功排挤了那些通过军功资荫、纳捐而进入仕途的官僚集团和宗室贵族子弟，成为社会政治力量的骨干。"士"与"大夫"的结合在此时达到了空前的高度，士大夫群体终于形成。与之相应，"士大夫"的内涵亦趋于固定，不再指士族、旧地、高门了，而主要指文人官员。如在《宋史》中，笔者初步统计"士大夫"一词共出现 312 次，无论是"官"与否，只要是读书人，皆称为"士大夫"。包括唐时承担舆论评判责任的"士友"、"议者"、"时人"、"士君子"等，在宋代亦多称"士大夫"。如《旧唐书》中"士君子"一词出现了 22 次，而《宋史》仅为 12 次。这些都表明：自宋代始，"士大夫"已经是一个概念相对清楚、含义比较明确的称谓了。不仅具有文人官员的身份和文学、礼学修养，还具有舆论评判的责任与品质，所谓："夫士大夫之所以异于人而重于天下者道德、文学，功名其次也。"①故此，有人甚至将唐以后的中国社会视为"士大夫社会"（gentry society）②。

综上，士大夫起于士阶层之分化，而其确立为一个独立的，具有共同特质、共同行事风格、共同心理状态的社会群体，则在宋代。在此过程中，"士大夫"词义的演变呈现出了这样一种趋势：一是越来越宽泛；二是越来越模糊。如明代时，士大夫可单独指"官"，又可以单独指"文人"。如明人何良俊《四友斋丛说》载："宪、孝两朝以前，士大夫尚未积聚，如周北野（佩），其父舆为翰林编修，北野官至郎中，两世通显，而其家到底犹如寒士。曾定庵（时中），其兄九峰（时和）举进士，有文章，定庵官至宪副，弟时信，亦京官，与李文正结社赋诗，门阀甚高，其业不过中人十家之产。他如蒋给事性中，夏宪副寅、许金宪玲，致仕家居，犹不异秀才时。"③其中所载"士大夫"皆是在职官员。又同书载："盖吾松士大夫一中进士之后，则于平日同堂之友，谢去恐不速。"④此"士大夫"则指做官前的一般文士。这种宽泛性和模糊性特征，正是造成学界长期争论之根源。

（二）中外学者有关"士大夫"内涵诸说

由于"士"、"大夫"、"士大夫"等概念及其衍生词在历史文献中大量并存，加之其内涵变化不定，所以在现代士大夫研究中，往往对士大夫的含义没有一个清楚、统一的认识。综观既有研究成果，主要有以下诸说：

1."士大夫"具有二重角色，是知识分子和官僚的混合体。这种意见认为：士

---

① 贡师泰：《玩斋集》卷六《送周克复归省序》。
② 费正清：《费正清论中国》，台北正中书局 1995 年版，第 104—106 页。
③ 何良俊：《四友斋丛说摘抄·正俗》，见《纪录汇编》卷一七八。
④ 何良俊：《四友斋丛说摘抄·正俗》，见《纪录汇编》卷一七八。

大夫是一个颇受尊崇的"身份群体"(status group)①,是中国社会中的"精英分子"(elites)不仅指名登仕版的大夫,也指未入仕途的士人。如阎步克先生在考察士大夫政治演变之时,采取了"社会分工"这一视角,认为在功能分化上,"士大夫"具有二重角色——官僚和知识分子,士大夫的形成经过了二者由"合"到"分"再到"合"的历程。基于此,他进一步认为士大夫的二重角色形态显示的是功能的混溶性或角色的弥散性;其制度化的"一身二任"显然与现代社会的专业化原则相左,"他们受过学院式教育,经过书面考试,但却没有受过直接的职业培训。……学者的人文修养,是一种与官员任务略不相及的学问,但它却赋予了学者以承担政务的资格。"②刘泽华先生指出:士大夫的特点是知识分子和官僚的混合体,既指居官与有职位的人,亦指有一定社会地位的文人③。陈宝良先生认为:"在传统中国文献中,'士大夫'无疑可以析为上、下两层,即'大夫'与'士'。大夫为有官位的士人,而士则为尚无官位的潜在的大夫。"④《辞海》在注释"士大夫"时,其中第一项为:古代指官僚阶层;旧时也指有地位有声望的读书人⑤。在西方,士大夫亦被认为是官僚与知识分子的结合物,即美国学者约瑟夫·列文森(Joseph R.Levenson,1920—1969)所谓的士大夫是"最高文化价值与最高社会权力的辉煌的象征结合"⑥。

在"二重性"的认识基础上,有人进而引申出"三位一体"的观点。如日本学者宫崎市定认为,宋以后至鸦片战争,士大夫在文化上是读书人,政治上是官僚,经济上是与地主、资本家三位一体的小新贵族阶级,大体包括两类:一是乡宦,指在任官僚及待命中、退休的官僚;二是市隐,指绝望于官场而定居乡里,拥有进士、举人、生员等某种学位,或持有官位职衔者。⑦ 与此相类,真锅多嘉子亦认为:"狭义的士大夫指这样一种人们群体,他们在文化上是读书人,政治上是官僚,经济上则是地主

---

① "身份群体"(Status group)一词,由马克斯·韦伯所创。详见 Max Weber, *Essays in sociology*,trans.by H.H.Gerth and C.W.Mills,New York,1946.pp.180 - 187。另其所著 *The religion of China*(trans and ed.by H.H.Gerth,New York,1946.pp.107 - 141)分析了传统中国社会士大夫的社会地位。

② 阎步克:《士大夫政治演生史稿》,北京大学出版社 1996 年版,第 5 页。

③ 刘泽华:《先秦士人与社会》,天津人民出版社 2004 年版,第 96—98 页。

④ 陈宝良:《明代儒学生员与地方社会》,中国社会科学出版社 2005 年版,第 6 页注①。

⑤ 《辞海》编辑委员会:《辞海》,上海辞书出版社 2000 年版,第 632 页。

⑥ 约瑟夫·列文森(Joseph R.Levenson):《儒教中国及其现代命运》(*Confucian China and Its Modern Fate*),中国社会科学出版社 2000 年版。

⑦ 宫崎市定:《明代苏松地方的士大夫和民众》,载栾成显、南炳文译《日本学者研究中国史论著选译》(第六卷),中华书局 1993 年版,第 232—233 页。

或者商业经营者等。"①台湾学者萧启庆先生亦认为士大夫具有读书人、官僚与地主(或商人)三位一体的性格。② 大体来看,上述观点认识到了士大夫的二重性和层次性,符合"士大夫"的词源构成和自身内涵的变化趋势。

2.将"士大夫"等同于"士",即文人。③ 长期以来,学界往往将士大夫与"士"混同来加以使用,甚至强调它们就是同一概念。在相关研究中,大凡论著题目中有"文人"、"士"、"士人"之类的名词,或涉及传统"知识者"的论题,大都持此观点。西方学者包弼德在考察唐宋士大夫时,认为:在7—12世纪中,"那些自称'士'、'士人'或'士大夫'支配了中国的政治社会","然而,士的身份随时代而变化。在7世纪,士是家世显赫的高门大族所左右的精英群体;在10和11世纪,士是官僚;最后,在南宋,士是为数更多而家世不太显赫的地方精英家族"。④ 在此,包氏将"士"、"士人"、"士大夫"混为一体,实际是将"士"、"文人"等同于"士大夫"了。实际上,"士"只是"士大夫"的一个层面,即文人;而且一般而言,士大夫多是出身文人,正因为此,我们在考察士、士族、文官、缙绅、士大夫时,往往会涉及"文人";但与此同时,文人未必就是大夫,毕竟"士大夫"一词还有"大夫"这一层含义。

3."士大夫"仅指有官位的士人,即官僚、缙绅。如周作人认为"士大夫"是在封建社会内部统治阶级的一部分,是一个特定的社会阶层,他们"把自己的利益看得与统治者一致,这样就与民众脱离,形成别一个阶级";"在中国有一种官派圣人,即士大夫,以圣道猎官"⑤。西方学者的看法与此相类,大体以"士大夫"指称有官位的士人,即官方学者,英文多译为 scholar-official(学者—官员)或

---

① 真锅多嘉子:《近十五年来日本对宋代士大夫的研究》,《中国史研究动态》2005年第8期。
② 萧启庆:《元朝科举与江南士大夫之延续》,载《元史论丛》第七辑,江西教育出版社1999年版,第1页。
③ 在西方,文人一般通称"绅士",按照美国学者艾尔曼(Benjamin A.Elman)的解释,文人大体是属于绅士中的"文化精英"。参见 Benjamin A.Elman《中华帝国后期的科举制度》(*A Cultural History of Civil Examination in Late Imperial China*),p.xvii,note 1。据此,陈宝良提出:"关于'文化精英'的组成,事实上包括双重含义:从狭义的角度而言,他们理应指文化人中的上层;而从广义的角度来说,则可指总体的文化人士,以便与不识字的民间百姓加以区别,从而使上层的'士人文化'(雅的层面)与下层的'民间文化'(俗的层面)有所区别。"参见《明代儒学生员与地方社会》,中国社会科学出版社2005年版,第8页注②。
④ 包弼德(Peter K.Bol)著,刘宁译:《斯文:唐宋思想的转型》(*"This Culture of ours":Intellectual Transitions in T'ang and Sung China*),江苏人民出版社2001年版,第4页。
⑤ 周作人:《士大夫的习气》,见周作人著,陈子善等编《饭后随笔:周作人自选精品集》(上册),河北人民出版社1994年版,第149页。周天:《文人的悲剧》,华岳文艺出版社1988年版,第3页。

scholar-bureaucrat(学者—官僚)。E.T.C.沃纳(Werner)在对中国社会集团的分类问题进行社会结构的实证研究时指出,清代的士是居于上层和领导地位的集团,可以细分为官吏和绅士两个层次。① 总体来看,这种观点只认识到了"士大夫"是"大夫"的一面,而忽略了其首先为"士"的事实,略显偏颇。

4.将"士大夫"等同于现代意义上的"知识分子"。"知识分子"一词是一个舶来品,中国传统文献中并无该词,英语译为"intellectuals",在近代中国渐次流行。② 在"士大夫"研究中,有不少论家认为"士大夫"就是"知识分子",或者是以儒士为中心的"知识分子"③。这种观点的理论依据主要是从士大夫的属性上着眼的,认为士大夫最基本的属性为"文化性"或"文人性",其次才是"政治性"。所以,持此观点者往往在研究视阈中侧重于强调士大夫作为"文化人"的一面。毫无疑问,士大夫与知识分子虽在内涵上有重叠之处,但本质上来看,二者相去甚远。吴晗在谈及二者区别时说:"今日的知识分子,在某些方面相当于过去时代的士大夫,过去的士大夫有若干的特性还残存在今日知识分子的劣根性里面",但同时指出:"士大夫是封建社会的标准产物,而知识分子则是半殖民地半封建社会的产物。"④实际上,不仅"知识分子"不能概括"士大夫",甚至以"知识分子"代替"士",亦未尽合宜。⑤

① E.T.C.沃纳(Werner):《中国在社会学中的地位》,《中国评论》第 20 卷,第 5 期(1892—1893),第 305—310 页。

② 余英时称"知识分子"为"知识人"。参见《中国知识人之史的考察》,第 1—4 页。关于"知识分子"一词的词源,《简明不列颠百科全书》称:"Literati,19 世纪末期俄国的知识分子,是中产阶级的一部分,他们受现代教育及西方思潮的影响,经常对国家落后状况产生不满。"(《简明不列颠百科全书》第 9 卷,中国大百科全书出版社 1986 年版,第 423 页)也有学者称,"知识分子"一词有两个源头:一是 19 世纪 40 年代起源于波兰和俄国"intelligentsia"一词,特指当时社会中出现的醉心于欧洲文艺复兴和启蒙运动的精神遗产,奋力争取民族独立富强和社会进步的一批有识之士。一是 1898 年法国总统克雷孟梭(G.Clemenceau)首次使用"intellectuals"一词,称颂当时跨越职业界限,凭借良心、理性和知识来打抱不平、仗义执言的法国知识界。这种观点在学界较为流行。(参见余英时《中国知识分子之史的考察》,第 25 页;冯崇义《市场化、全球化和中国知识分子的角色转换》,赵宝煦主编《知识分子与社会发展》,华夏出版社 2003 年版,第 102 页)

③ 萧启庆:《元代的儒户:儒士地位演进史上的一章》,载邢义田、林丽月主编《社会变迁》(台湾学者中国史研究论丛),中国大百科全书出版社 2005 年版,第 253 页。

④ 吴晗:《论士大夫》,载吴晗、费孝通《皇权与绅权》,第 67 页。

⑤ 龚鹏程:《中国文人阶层史论》,兰州大学出版社 2004 年版,第 8 页。又如马敏所说:"士又不是一般的(更不是西方意义的)知识分子,而是同官紧密结合在一起的知识分子,或者说是一个高度政治化的知识分子。"(《官商之间:社会剧变中的近代绅商》,华中师范大学 2003 年版,第 5 页)又葛荃也认为:"士人与现代意义上的知识分子相去甚远",进而提出士人"谓之儒生或读书人可能更准确"。(《权力宰制理性——士人、传统政治文化与中国社会》,第 13 页)

5.将"士大夫"等同于"绅士"（gentry）。绅士，又称乡绅、缙绅或搢绅，是中国传统社会中所特具的一种人物。①其具体内涵，说法不一：清人梁章钜认为明清时期，绅士是用来"通称乡宦之家居者"②，即专指退居乡里的官员。黄六鸿则认为绅士还可以指本籍的现任官员，所谓："本地乡绅，有京外者，有告假在籍者，有闲废家居者。"③今人费孝通认为，绅士是"退任的官僚或是官僚的亲亲戚戚，他们在野，可是朝内有人。他们没有政权，可是有势力，势力就是政治免疫性，政治愈可怕，苛政猛于虎的时候，绅士们免疫性和掩护作用的价值也愈大"。他们有时称地方上有势力的地主或退职的官僚，常常亦可以称作士大夫。④史靖亦据"居乡之士大夫，统称曰绅衿"一说，认为绅士"是专指那些有官职科举功名居乡而得到乡里敬重的人士"⑤。这是着眼于绅士的功名、威德和活动空间。张仲礼则把"功名"身份作为绅士的标签，认为只要通过科举或捐纳等途径可以取得功名就能跻身绅士行列。综合来看，士绅大体是指不在官位的士大夫，或是具有了政治身份的或考取功名的士。显而易见，"绅士"很难等同于"士大夫"。西方学者罗伯特·雷德菲尔德（Robert Redfield）指出，士大夫与绅士必须结合起来看，"士大夫是杰出人物，绅士则是社会和经济的阶级"，前者大部分是从后者产生出来的。⑥对于这种解释，陈宝良认为有失偏颇，认为无法真正把握绅士与士大夫的阶级实质⑦，"缙绅先生谢官于朝，而休老于吴者"⑧，即可以等同于传统中国所广泛存在的土地占有者，即所谓的"绅士阶级"。

6.将士大夫与官僚、大夫、绅士、知识分子等混同来称。如吴晗就说："照我的看法，官僚、士大夫、绅士、知识分子，这四者实在是一个东西。虽然在不同的场合，同一个人可能具有几种身份，然而，在本质上，到底还是一个东西。……官僚就是士大夫在官位时的称号，绅士是士大夫的社会身份。"⑨认为"官僚、士

---

① 据日本学者重田德考证，"绅士"称呼在宋代业已出现。参见《乡绅支配的成立与结构》，载《日本学者研究中国史论著选译》第2卷《专论》，中华书局1993年版，第214页。

② 梁章钜：《称谓录》卷二五"绅"条。

③ 黄六鸿：《府惠全书》卷四《待绅士》。

④ 费孝通：《论绅士》，载吴晗、费孝通《皇权与绅权》，第8页。

⑤ 史靖：《绅权的本质》，载吴晗、费孝通《皇权与绅权》，第131页。

⑥ Fei Hsiao-tung, Redfield M.P. (ed), China's Gentry, Essays in Rural-Urban Relation。转引自莫里斯·弗德曼（Freedman M.）著，刘晓春译《中国东南的宗族组织》，上海人民出版社2000年版，第69页。

⑦ 陈宝良：《明代儒学生员与地方社会》，中国社会科学出版社2005年版，第6页。

⑧ 陈基：《夷白斋稿》外集卷下《送高进道序》。

⑨ 吴晗：《论士大夫》，载吴晗、费孝通《皇权与绅权》，第67页。

大夫、绅士，是异名同体的政治动物，士大夫是综合名词，包括官僚绅士两个专名。官僚绅士必然是士大夫，士大夫可以指官僚说，也可以指绅士说。官僚是士大夫在官时候的称呼，而绅士则是官僚离职，退休，居乡，以至未任官以前的称呼。"①

综上，士大夫一词的内涵是随着历史的发展演变而不断更新的。准此，笔者认为士大夫是一个内涵广泛的概念，它既包括官僚，也包括较有声望、地位的儒士文人，其政治地位、知识水平和文化素养都得到人们普遍尊重和认可，且具有较大社会影响。学界之所以在其具体内涵上观点不一，一个重要原因就是多囿于某一时期士大夫的研究，进而以此来综括传统社会中士大夫的总体含义。这样以来，就往往造成以偏概全的不足。故此，在总体描述一个时代政治文化的承载者、道德修行的践履者、政治统治的维护者时，最妥帖的概念就是"士大夫"。

（三）本书"士大夫"内涵的确定

在明确本书"士大夫"内涵之前，有必要揭明的是：士大夫到底是一个阶级、阶层？还是仅仅是一个群体呢？对此，学人虽无争论，但说法颇多。有人以地主阶级来规定士大夫的基本属性，认为士大夫是一个阶级，这一观点在学术界较为流行。而有人退而求其次，认为只能称为"阶层"或"层级"②。笔者认为，士大夫显然不可能单独构成一个现在意义上的"阶级"或者"阶层"。理由在于：一方面，士大夫之为士大夫不独由其经济地位所决定，③更重要的是由其内在的社会规定性决定，这种规定性是作为士大夫所共有的东西，即所谓的"群体意识"④。诸如"士志于道"⑤，有一定的理想和抱负；入世致用，实现理想，"宁鸣而死，不默而生"⑥，"君子之为学，以明道也，以救世也"⑦；讲求人格素养和道德修行；喜

---

①　吴晗：《论绅权》，载吴晗、费孝通《皇权与绅权》，第 49 页。

②　林同济：《大夫士与士大夫》，载《文化形态史观》，第 91 页。

③　如：余英时谓："历史进入秦汉以后，中国知识阶层发生了一个最基本的变化，即从战国的无根的'游士'转变为具有深厚的社会基础的'士大夫'。"这里的"社会基础"主要是针对"士族"而言的，而并不能用以修饰整个"士大夫"群体。他认为："这个巨大的社会变化特别表现在两个方面：一是士与宗族有了紧密的结合，我们可以称之为'士族化'；二是士和田产开始结下了不解之缘，我们可以称之为'地主化'或'恒产化'。"参见《士与中国文化》，上海人民出版社 1987 年版，第 77 页。

④　余英时曾论述东汉中晚期的知识阶层已经形成了一种共同式的阶级意识，即"群体意识"。详见《中国知识阶层史论》，台北联经出版公司 1980 年版，第 206—230 页。对此，龚鹏程认为："群体意识"的描述固然不错，但是，"在大的士人认同底下，其实还存在着分化的次级认同，经生是一群、文人是一群、从政者是一群、以德行或以高士为自我位置之地者又是一群，各有其群体意识"。详见《中国文人阶层史论》，兰州大学出版社 2004 年版，第 13 页。

⑤　《论语》卷二《里仁》。

⑥　范仲淹：《范文正公集》卷一《答灵乌赋》。

⑦　顾炎武：《亭林文集》卷四《与人书》二十五。

好迁徙,素无常主,"士而怀居,不足以为士矣"①;潜心经典,"通古今之道"②。凡此,无论是一般的读书人、知识者,还是拥有职位的文官、士绅,都将此视为共同的价值趋向和精神追求。可以说,"在中国古代社会,没有任何其他阶层像士大夫一样具有那样崇高、系统的价值标榜"③。另一方面,士大夫自产生之日起,就是一个多层次性的社会群体,表现出鲜明的流动性、包容性和不确定性。纳入其中的社会角色分布在社会上下各个领域,从事着不同的社会工作,扮演着不同的社会角色,他们既可以是统治者,也可以是被统治者,而统治者又可以是在朝为官者、地方绅士、地主知识者等;被统治者则可以是处士、征士、游士、山人、隐士、儒士、生员等无政治身份的一般知识人。所有这些,不仅不属于同一个阶级,更不属于同一个阶层。可见,士大夫作为一个特殊的群体,他们处于不同的社会层次,拥有不同的生活追求,故此士大夫既不属于一个阶层,更难成为一个阶级。至于"层级",不过是对"阶层"、"阶级"在文字上的折中而已,并不能全面描述士大夫的基本属性。故而,本书认为士大夫只能是一个复杂而多层次的社会群体。

那么,本书所谓"士大夫"到底作何解释呢?笔者认为,以士、大夫、缙绅、绅士或知识分子等概念中任何一个来代替"士大夫"都是片面的,单独使用"士"或"知识分子",就忽略了具有文化和知识的官员;单独使用"大夫"、"缙绅",则会将一般的知识者排除在外。准此,本书认为:士大夫是高度政治化的知识分子,具有"士"与"大夫"的双重身份,既可以指饱读诗书,具有一定的知识的那部分人,即所谓的"士";也指通过科举考试并且取得一定功名的那部分人,即所谓的"大夫";还指曾经为官,后来退休士林的那部分人,即所谓的"绅士"。具体而言,举凡文官、绅士、文士、儒士、贤士、举贡、生监、山人、义士、处士、隐士、医士、征士等社会群体,皆为本书考察的对象。

第二节　相关研究的回顾与展望

自士大夫这一群体初生之始,相关记述和研究即陆续展开,在浩如烟海的典

---

① 《论语》卷七《宪问》。
② 刘向:《说苑》卷一九《修文》。
③ 于迎春:《秦汉士史》,北京大学出版社 2000 年版,第 2—3 页。

籍中,无不包含着有关士大夫的诸多情节,正因如此,欲理清千年来前贤对士大夫研究状况并非易事。但概观部分著述,似乎对古人关于士大夫的记述会有如下印象:一、内容单调,多重视对士大夫生平履历的记载;二、方法单一,表述方法一般为列传、传记、碑传、赞颂等;三、视角平庸,除了个别"学案体"文献外,一般记述多是就人论人、以人带事,既缺乏群体意识,又不能将士大夫置诸当时的社会背景加以综合考察。凡此,虽够不上真正意义上的士大夫研究,但无疑为后世开展士大夫研究奠定了坚实的史料基础。

降及近代,适逢社会转型和动荡之际,知识分子立足现实,反顾历史,对传统士大夫的关注日渐强烈。至此,真正意义上的士大夫研究初露端倪。自 20 世纪80 年代始,中国学术研究获得空前解放,在此热潮中,士大夫研究日渐勃兴,蔚为风潮。其中,对春秋战国时期、秦汉之际、魏晋时期、唐宋变革时期、宋元之际、明清之际、晚清等社会变革时期士大夫群体的研究,更为学界所热衷,相关论著异彩纷呈,不绝如缕。相形之下,期间对于元明之际士大夫的研究虽产生了一系列重要成果,但仍显薄弱。以下,拟就笔者所及,对 20 世纪以来中外学界有关元明之际士大夫的研究予以鸟瞰式回顾。

一、研究概况回顾

对元明之际士大夫的研究,可以上溯至明清以来,但取得重大进展仍在新中国成立以后,尤其是近二十年来,相关研究取得了不少成果,所论主要集中在以下几个方面:

(一)对士大夫文学创作和成就的研究

这是学界关注的主要问题。就总体性研究而言,一些文学通史著作中辟专章专节讨论了元明之际士大夫的文学创作、文学思想及成就等。如邓绍基主编的《元代文学史》和《明代文学研究》①、顾建华的《中国元代文学史》②、袁震宇等的《明代文学批评史》③、杨镰的《元诗史》④、张德建的《明代山人文学研究》⑤等的部分内容对元明之际的主要作家进行了多角度、多层次的论述,创获颇多。

①　邓绍基主编:《元代文学史》,人民文学出版社 1991 年版;《明代文学研究》,北京出版社2001 年版。

②　顾建华:《中国元代文学史》,人民出版社 1994 年版。

③　袁震宇、刘明今:《明代文学批评史》,上海古籍出版社 1991 年版。

④　杨镰:《元诗史》,人民文学出版社 2003 年版。

⑤　张德建:《明代山人文学研究》,湖南人民出版社 2005 年版。

与此同时,专题研究亦陆续展开,既有研究主要集中在浙东、吴中两大学派。

1.对浙东学派的研究。其中,王琦珍《论明初文坛的浙江文派》①、欧阳光《论元代婺州文学集团的传承现象》②两文勾勒了浙江文人群体的传承情况,并扼要分析了该学派形成的历史原因。此后,徐永明所著《元代至明初婺州作家群体研究》立足于当时的社会背景,以理论和考证相结合的研究方法,对以黄溍、柳贯、吴师道、宋濂、王袆、苏伯衡、胡翰、戴良等婺州作家群的生平、构成及其诗文成就作了较全面的研究。全书在史料的挖掘、史实的梳理、理论的建构方面皆有建树。③

除总体性研究外,学界还对元明之际的浙东文人进行了个案探究,研究对象以刘基、杨维桢④等人为主,内容涉及其诗歌、辞赋、散文、寓言创作及文学思想、文学地位诸方面。如张秉政等的《刘基寓言研究》以新思维、新视觉、新方法观照了刘基的寓言创作,对其寓言的思想内容、艺术特征、审美特征、叙述类型等作了比较系统的研究。⑤ 陈文新的《刘伯温:智略人生》则重于诗文的赏析。⑥ 吕立汉的《刘基考论》在考辨刘基文集的版本流传、诗文系年的基础上,着重对其诗文创作风格、艺术特色、文学思想、文学地位作了探讨。⑦ 周群《刘基评传》是迄今为止研究刘基最见功力、最富思辨色彩的一部专著。是书虽以思想研究为主,但亦对刘基的文集版本、诗文创作、历史地位等亦作了考察,尤其是对刘基文集早期版本的考辨,新意时见。⑧

另外,研究以杨维桢为代表的铁崖诗派的论著亦相继出现。最早,刘美华《杨维桢诗学研究》对杨维桢的诗歌创作、风格、理论及成就等作了论述。⑨ 近

---

① 王琦珍:《论明初文坛的浙江文派》,《江西师范大学学报》1993 年第 1 期。

② 欧阳光:《论元代婺州文学集团的传承规象》,《文史》第 49 辑,中华书局 1999 年版。

③ 徐永明:《元代至明初婺州作家群体研究》,中国社会科学出版社 2005 年版。

④ 关于"杨维桢"名字,学界有两种观点:一作"杨维祯",如孙小力《杨维祯年谱》(复旦大学出版社 1997 年版)、黄仁生《杨维祯与元末明初文学思想》等。一作"杨维桢",如游国恩等主编《中国文学史》(人民文学出版社 1964 年版)、邓绍基主编《元代文学史》(人民文学出版社 1991 年版)和章培恒等主编《中国文学史》(复旦大学出版社 1996 年版)等。实际上,这种差异杨维祯本人即开始混用。据乔光辉考证,杨氏早年多用"祯"字,晚年则多用"桢",二者以至正十九年(1359 年)十月杨氏徙居淞江为界(参见《杨维祯之"桢"字考》,《文教资料》1999 年第 01 期)。本书暂从"杨维桢"。

⑤ 张秉政、赵家新:《刘基寓言研究》,中国文联出版社 1999 年版。

⑥ 陈文新:《刘伯温:智略人生》,长江文艺出版社 2000 年版。

⑦ 吕立汉:《刘基考论》,中州古籍出版社 2000 年版。

⑧ 周群:《刘基评传》,南京大学出版社 1995 年版。

⑨ 刘美华:《杨维桢诗学研究》,台北文史哲出版社 1983 年版。

期,黄仁生《杨维桢与元末明初文学思潮》一书独辟蹊径,联系元前期以降社会意识和文学风格的变迁,首次对杨维桢的思想心态和创作成就进行了深入探究。书中以杨维桢的文学创作活动与影响为中心线索,重新审视了整个元末明初文学思潮的发生、发展乃至消亡的过程及原因。① 同时,邓绍基、黄仁生、乔光辉、刘倩等还撰文对杨维桢的文学观、诗歌特点、戏剧序跋及铁崖诗派的形成、成员构成等作了考察。② 凡此,经过多年研究,元明之际浙东学派的概貌大体呈现,学界对浙东文学的价值也有了较为充分的认识。

　　2.对吴中学派的研究。吴中学派是以创作隐遗诗歌为主的诗人群体。近期,该学派越来越受到学界的关注,相关研究既有宏观的审视,也有微观的考索。王忠阁《元末吴中诗派论考》堪为这方面的力作,该书联系元代文学发展的基本脉络,对以顾瑛、倪瓒、陈基、高启等为代表的吴中诗派的形成、创作活动、诗歌精神、文学风格、文学主张及历史地位进行了剖析。③ 与此相应,陈建华《明初政治与吴中诗歌的感伤情调》、廖可斌《论元末明初的吴中派》、王文田《元末吴中诗派的诗歌精神》、汪渊之《高启诗与"吴中四才子"诗之比较——兼论明初至明中叶吴中诗风的演变》、蔡茂雄《高青邱诗研究》等,亦专门对吴中学派的诗歌创作及风格进行了探讨。④ 期间,高启的诗歌成为学界关注的重点,举凡其自适诗、怀古诗、乐府诗、纪游诗等诗歌创作,皆有一定程度的研究,如蔡茂雄《高青邱诗研究》、李圣华《论高启由元入明的心态及诗歌创作》、左东岭《高启之死与元明之际文学思潮的转折》、曾庆雨《高启与明代诗歌》诸文,挖掘了高启由元入明的

---

　　①　黄仁生:《杨维桢与元末明初文学思潮》,东方出版中心 2005 年版。

　　②　如:邓绍基:《略谈杨维桢诗歌的特点》,《湖北大学学报》1989 年第 4 期;黄仁生:《杨维桢咏史诗考述》(《中国文学研究》1994 年第 3 期)、《论铁崖诗派的形成》(《文学遗产》1998 年第 5 期)、《铁崖诗派成员考》(《中国文学研究》1998 年第 2 期)、《杨维桢的文学观》(《复旦学报》1997 年第 4 期)等文探讨了杨维桢及铁崖学派的文学成就。此外,有乔光辉《杨维桢的小说批评浅探》(《明清小说研究》1998 年第 1 期)和《杨维桢与元末明初文言小说的嬗变》(《湖南科技学院学报》2005 年第 3 期);张琼:《也说杨维桢的咏史诗》,《蒙古社会科学》2002 年第 5 期;陆林:《杨维桢戏剧序跋新论》,《暨南学报》2000 年第 5 期,等。

　　③　王忠阁:《元末吴中诗派论考》,广西师范大学出版社 1998 年版。

　　④　陈建华:《明初政治与吴中诗歌的感伤情调》,《复旦学报》1989 年第 1 期;廖可斌:《论元末明初的吴中派》,《苏州大学学报》1991 年第 4 期;王忠阁:《元末吴中诗派的文学风格》,《商丘师范学院学报》1991 年第 4 期;王文田《元末吴中诗派的诗歌精神》,《信阳师范学院学报》1992 年第 1 期;汪渊之:《高启诗与"吴中四才子"诗之比较——兼论明初至明中叶吴中诗风的演变》,《苏州大学学报》1999 年第 3 期;蔡茂雄:《高青邱诗研究》,台北文津出版社 1987 年版。

心态及诗歌创作,总结了其人生经历、创作历程及与元明之际文学思潮转折间的关系。①

3.除了浙江、吴中学派外,学界也对闽中、江西作家进行了总体或个案考察。既有成果注重从政治和文学结合的角度来考察两个文学流派的诗文创作。如洪峻峰《明初"闽中诗派"诗论评说》通过对以林鸿等为代表的闽中诗派诗学理论的辨析,指出明初闽中诗派的诗学理论,不仅在当时具有纠偏除弊的重大意义,亦对后世诗风产生了深远影响。② 此后,蔡一鹏在《闽中诗派的诗歌创作与明初社会、文化背景》和《论闽中诗派》中阐述了闽中诗派在理论和创作上的基本特征,并对其兴起的社会背景与文化场域进行了辨析。③ 王忠阁《关于明初闽中诗派的几个问题》和《闽中诗派与明代前期诗风的演变》考察了闽中诗派的成立时间、成员构成、创作活动、诗歌主张及与明初诗风演变的关系等。④ 唐朝晖《江西文人群与明初诗文格局》以刘崧等为考察对象,认为江西文人典雅淳朴的诗风已成为明初文坛的主导风格,并深刻影响了笼罩明代文坛近百年的台阁体。⑤ 王学文《以地域分野的明初诗歌派别论》则将明初诗人分为吴、越、江右、闽、粤等五大创作群体,进而以各派典型人物为考察对象,分析了各派的诗歌创作、风格及影响等。⑥ 另外,有人撰文对元代诗坛上人数众多的、用汉文进行创作的少数民族诗人进行了初步探讨。如门岿《元代西域诗人及其创作》一文对从元初到元末递相登上元代诗坛的西域诗人的创作及其成就作了论述,赞誉他们为元代诗坛的繁荣立下了汗马功劳,堪称元代诗坛的一支劲旅。⑦

以群体研究为基础,徐永明《元末明初南方两个文学群体成员的交往及其差异》一文打破地域学派之界限,对元末明初浙东、吴中两大作家群体的社会交往、生活方式、政治追求、文学创作中的差异及其形成的原因进行了探讨。⑧ 此外,有的学者还

① 蔡茂雄:《高青邱诗研究》,台北文津出版社 1987 年版;李圣华:《论高启由元入明的心态及诗歌创作》,《中州学刊》2005 年第 2 期;左东岭《高启之死与元明之际文学思潮的转折》,《文学评论》2006 年第 3 期;曾庆雨:《高启与明代诗歌》,《云南民族大学学报》2008 年第 1 期。

② 洪峻峰:《明初"闽中诗派"诗论评说》,《福建论坛》1986 年第 2 期。

③ 蔡一鹏:《闽中诗派的诗歌创作与明初社会、文化背景》,《福建论坛》1990 年第 3 期;《论闽中诗派》,《文史哲》1991 年第 2 期。

④ 王忠阁:《关于明初闽中诗派的几个问题》,《河南社会科学》2001 年第 4 期;《闽中诗派与明代前期诗风的演变》,《河南大学学报》2001 年第 5 期。

⑤ 唐朝晖、欧阳光:《江西文人群与明初诗文格局》,《学术研究》2005 年第 4 期。

⑥ 王学文:《以地域分野的明初诗歌派别论》,《文学遗产》1989 年第 5 期,第 97—108 页。

⑦ 门岿:《元代西域诗人及其创作》,《中央民族大学学报》1987 年第 6 期。

⑧ 徐永明:《元末明初南方两个文学群体成员的交往及其差异》,《文学遗产》2004 年第 2 期。

对以往关注较少的余阙、顾瑛、丁鹤年、马祖常、李孝光、戴良、廼贤、刘崧等人的文学成就进行了初步考察。凡此，无疑推进了元明文学史研究的深入发展。

（二）对士大夫的心态动向和学术思想的研究

1.对心态动向的研究。近年来，心态史日渐成为一个专门的话语为学界所接受。元明之际，受特定时代之影响，士大夫心态复杂多变，故为学界所注目。最早，钱穆在《读明初开国诸臣诗文集》及《续编》中借诗文以论史，通过对宋濂、刘基、高启、杨维桢、苏伯衡、贝琼、胡翰、戴良、赵汸等人文集的细致审察，揭示了明初士大夫内心之蕴意，勾勒出元末学术思想之概况。① 此后，相关研究趋于细化、深化。如幺书仪《元代文人心态》、徐子方《挑战与抉择：元代文人心态史》、夏咸淳《情与理的碰撞：明代士林心史》等都设专章阐析了元明之际部分士大夫复杂多样的内心世界。其中，幺书首次从心态史的角度，在末章以危素、杨维桢等为考察对象，再现了元末文人的心灵轨迹。② 徐书则以史为经，以具有典型心态的文人为纬，对元末文人的心路历程进行了较为完整的梳理。③ 夏书博采广撷，分初期因袭、中期突破、后期超越三个阶段，探讨了明人在不同历史时期心理的律动。其中在初期因袭阶段，专门论述了元明之际学术的嬗变和明初士大夫的人格特征。④ 除专著外，一些单篇论文也考察了其间士大夫的心态，所论大体集中在士大夫的政治态度和道德实践上，如劳延煊《元明之际诗中的评论》⑤、王晓骊《元末明初词人心态研究》⑥、汪红亮《试论明初入仕元官的境遇与心态》⑦、徐子方《从宋濂、刘基的早期诗文看其由元入明前后的心态》⑧、毛小雨《元代知识分子的心态写照》⑨、王恩俊《明初隐士群体的政治取向与道德实践》⑩等，皆

---

① 如：郑克晟：《元末的江南士人和社会》，《东南文化》1990 年第 4 期；罗冬阳：《明太祖礼法之治研究》第二章第一节"两浙儒士的元朝情结"，高等教育出版社 1998 年版；杨杭军：《朱元璋与明初江南士人》，《河南师范大学学报》1992 年第 1 期，第 65—69 页等。

② 幺书仪：《元代文人心态》，文化艺术出版社 1993 年版。

③ 徐子方：《挑战与抉择——元代文人心态史》，河北教育出版社 2001 年版。

④ 夏咸淳：《情与理的碰撞：明代士林心史》，河北大学出版社 2001 年版。

⑤ 劳延煊：《元明之际诗中的评论》，《陶希圣先生八秩荣庆论文集》，台北食货出版社 1979 年版。

⑥ 王晓骊：《沧桑感和避世心交织出的心灵悲吟：元末明初词人心态研究》，《中国韵文学刊》2002 年第 2 期。

⑦ 汪红亮：《试论明初入仕元官的境遇与心态》，《江西师范大学学报》2005 年第 3 期。

⑧ 徐子方：《从宋濂、刘基的早期诗文看其由元入明前后的心态》，《浙江社会科学》2005 年第 3 期。

⑨ 毛小雨：《元代知识分子的心态写照》，《郑州大学学报》1988 年第 1 期。

⑩ 王恩俊：《明初隐士群体的政治取向与道德实践》，《青海社会科学》2004 年第 1 期。

是如此。

2.对学术思想的研究。总体上,有关元明之际士大夫学术思想的研究成果较为单调,考察的对象仍以刘基、宋濂等人为主。如刘基,20世纪60年代,容肇祖、王范之围绕其哲学思想展开了争论。容氏《刘基的哲学思想及其社会政治观点》力主刘基哲学思想是朴素的唯物主义;王氏《刘基的唯心主义自然观》、《刘基是朴素唯物主义者吗?》则认为是唯心主义。双方各执己见,据理力争,可谓刘基思想研究向纵深发展的一个标志。① 80年代以降,学界根据刘基所著《郁离子》、《犁眉公集》等,对其政治、经济、哲学、教育等思想作了比较广泛的阐述。如南炳文的《试论刘基的政治思想》、邱树森的《从〈郁离子〉看刘基的民本思想》、冯天瑜的《〈郁离子〉与元明之际的社会矛盾》、吴申元的《刘基经济思想浅论》、胡岩林《从〈郁离子〉看刘基的社会政治思想》、吕景林的《论刘基的民本思想》②等。而周群《刘基评传》一书首次对刘基政治思想、哲学思想、教育人才思想、军事思想、文学思想等进行了全面系统的研究。③ 而前揭周群《刘基评传》则首次对刘基的政治、哲学、教育、军事、文学等思想等进行了全面研究。关于宋濂,代表作当属王春南的《宋濂评传》,是书以评传形式,在辨明宋氏生平著述的基础上,重点揭示了其在政治、理学、文学、书画等方面的思想观点。④ 此外,陈寒鸣《简论宋濂思想的特色》、廖可斌《论宋濂前后期思想的变化及其他》等文从总体上总结了宋濂思想之特点。⑤ 唐宇元《宋濂的理学思想》、陈葛满《宋濂用世思想刍议》和《宋濂"养气"说述评》、李道进《宋濂的佛教观》、张涤云《论宋濂的诗学理论》、宋开之《宋濂政治教育思想论》、任宜敏《明代"开国文臣之首"宋濂佛学思想述论》等,则重点对其政治、理学、文学、教育、宗教等思想进行了专

---

① 容肇祖:《刘基的哲学思想及其社会政治观点》(《哲学研究》1961年第3期)、《论刘基的哲学思想——答王范之先生》(《光明日报》1962年7月6日);王范之:《刘基的唯心主义自然观——与容肇祖先生商榷》(《光明日报》1962年5月4日)和《刘基是朴素唯物主义者吗? ——再与容肇祖先生商榷》(《江海学刊》1963年第7期)。

② 南炳文:《试论刘基的政治思想》,《明清史蠡测》,天津教育出版社1996年版;邱树森:《从〈郁离子〉看刘基的民本思想》,《江苏社会科学》2002年第5期;冯天瑜:《〈郁离子〉与元明之际的社会矛盾》,载《明清文化史散论》,华中理工大学出版社1998年版;吴申元:《刘基经济思想浅论》,《浙江学刊》1983年第2期;胡岩林:《从〈郁离子〉看刘基的社会政治思想》,《浙江学刊》1984年第5期;吕景林:《论刘基的民本思想》,《东岳论丛》1987年第6期。

③ 周群:《刘基评传》,南京大学出版社1995年版。

④ 王春南:《宋濂评传》,南京大学出版社1998年版。

⑤ 陈寒鸣:《简论宋濂思想的特色》,《孔子研究》1993年第3期;廖可斌《论宋濂前后期思想的变化及其他》,《中国文学研究》1995年第3期。

门分析。① 综上，学界对元明之际士大夫学术思想的研讨虽嫌单调，但既有研究对审视其间学术思想之大势颇有裨益。

（三）对士大夫与社会政治关系的研究

在这方面，董刚的博士论文《元末明初浙东士大夫群体研究》最值得重视，文中集中关注了浙东三代士大夫群体在元末明初的形成、发展、衰落的历史过程，展示了该群体的生存状况、内部关系、社会作用、历史影响，并对明初以刘基、宋濂等为代表的一些浙东士人的政治活动及其命运作了卓有成效地探讨。② 此外，相关研究主要考察了元代士大夫的社会地位、元代进士、明初对待士大夫的政策三个问题。

1.元代士人的社会地位。自南宋遗民提出"九儒十丐"一说后，元代儒士社会地位低下的事实俨若定论，前辈学人多以此来衡量元代社会及儒士社会地位。如 20 世纪 30 年代，蒙思明《元代社会阶级制度》认为儒士在元代地位的卑劣，虽不至于"居于娼之下，丐之上，要亦备受苛虐，而无以异于农民、军、站诸户者也"。③ 此后，钱穆《国史大纲》亦说：至元代，"自先秦以来其占重要位置的士人却骤然失却了他们的地位"。④ 姚从吾在《铁函心史中的南人北人问题》中，认为"九儒十丐"虽是过激之说，但元代儒士社会地位低下的事实不可否认。⑤ 同样，陈得芝《从"九儒十丐"看元代儒士的地位》虽然对"九儒十丐"之说提出异议，但也承认元代儒士社会地位低下的事实。⑥ 邓绍基主编《元代文学史》在第一章回顾了元代对待儒士政策的变化过程，并以辩证发展的观点审视了儒士的社会地位，指出笼统地说元代儒士受到压迫或受到重用均不符合历史实际。⑦ 任崇岳《论元代儒士社会地位演变的历史过程》认为儒士在元代经历了由奴役、笼络到摧抑的过程，而这一切又是根据统治者的利益所决定的。⑧ 乌兰察夫《关

① 唐宇元：《宋濂的理学思想》，《孔子研究》1987 年第 3 期；陈葛满：《宋濂用世思想刍议》，《浙江师范大学学报》1988 年第 3 期；陈葛满：《宋濂"养气"说述评》，《高校理论战线》1989 年第 6 期；李道进：《宋濂的佛教观》，《浙江学刊》1995 年第 3 期；张涤云：《论宋濂的诗学理论》，《华中师范大学学报》1997 年第 5 期；宋开之：《宋濂政治教育思想论》，《河海大学学报》1999 年第 4 期；任宜敏：空有相资，真俗并用：明代"开国文臣之首"宋濂佛学思想述论，《浙江学刊》2006 年第 4 期等。

② 董刚：《元末明初浙东士大夫群体研究》，浙江大学 2004 年博士论文。

③ 蒙思明：《元代社会阶级制度》，上海人民出版社 2006 年版，第 145 页。

④ 钱穆：《国史大纲》，商务印书馆 1999 年版。

⑤ 姚从吾：《铁函心史中的南人北人问题》，《食货》1974 年复刊第 4 卷第 4 期，第 1—18 页。

⑥ 陈得芝：《从"九儒十丐"看元代儒士的地位》，《光明日报》1986 年 6 月 18 日。

⑦ 邓绍基主编：《元代文学史》，人民文学出版社 1991 年版，第 8—14 页。

⑧ 任崇岳：《论元代儒士社会地位演变的历史过程》，《社会科学辑刊》1981 年第 3 期。

于儒家在元代历史地位的探讨》肯定了儒士,尤其是汉族儒士在蒙古统治者入主中原进而统一全国中的巨大贡献。① 萧启庆《元代的儒户——儒士地位演进史上的一章》通过梳理元代儒户的设立、义务与权利及出路等,动态考察了儒户社会地位的演进历程及原因。② 王明荪《元代的士人与政治》在第四节中论述了士人与实际政治的关系。认为虽然元初太宗设儒户,标志着士人的社会地位大大提高了,但在当时士人并不受重用。③ 任崇岳主编的《中国社会通史·宋元卷》和史卫民的《元代社会生活史》两书亦在部分章节中描述元代士人的社会地位,主旨仍不出"九儒十丐"的范围。④ 申万里《元代江南儒学与教官群体研究》和许守泯《蒙元统治下士人的顿挫与转折:以婺州为中心》两篇博士论文,则主要从社会史、政治史的角度考察了元代儒学教官群体和婺州士人的生活状态和人生际遇,其中不乏对元末士人的社会地位和社会角色的审视。⑤ 此外,郑克晟《元末的江南士人和社会》和《试论元末明初江南士人之境遇》、许佳君《元代蒙古族儒士大夫的宦途》、吴彩霞《汉族儒士:元代政治中的边缘人》、卜照晶《蒙元时期汉族士子在蒙汉文化碰撞与融合过程中的作用》等,从社会史、政治史的角度对元代士大夫的生活状态、人生际遇、社会角色、历史作用等作了探讨。⑥

在国外,日本学者森田宪司《元代汉人知识人社会的研究》(报告书 2002 年)主要使用碑刻资料综合研究了元朝对汉族士大夫的相关政策。太田弥一郎《元代的儒户和儒籍》则从制度层面对元代特设的儒户、儒籍的形成、地位及其特点作了探讨。⑦ 美国学者舒尔曼(H.F.Schurmann)在《元代政治组织上问题》中分析了"汉人官僚和

---

① 乌兰察夫:《关于儒家在元代历史地位的探讨》,《内蒙古社会科学》1990 年第 2 期。

② 萧启庆:《元代的儒户——儒士地位演进史上的一章》,邢义田、林丽月主编《社会变迁》,中国大百科全书出版社 2005 年版,第 253—291 页。

③ 王明荪:《元代的士人与政治》,台湾学生书局 1992 年版。

④ 任崇岳主编:《中国社会通史·宋元卷》,山西教育出版社 1996 年版;史卫民:《元代社会生活史》,中国社会科学出版社 1996 年版。

⑤ 申万里《元代江南儒学与教官群体研究》,南开大学 2002 年博士论文;许守泯:《蒙元统治下士人的顿挫与转折:以婺州为中心》,清华大学 2003 年博士论文。

⑥ 郑克晟:《元末的江南士人和社会》,《东南文化》1990 年第 4 期;郑克晟:《试论元末明初江南士人之境遇》,载《明清史探实》,中国社会科学出版社 2001 年版;许佳君:《元代蒙古族儒士大夫的宦途》,《河海大学学报》2001 年第 1 期;吴彩霞:《汉族儒士:元代政治中的边缘人》,《殷都学刊》2001 年第 4 期;卜照晶:《蒙元时期汉族士子在蒙汉文化碰撞与融合过程中的作用》,《内蒙古大学学报》2007 年第 3 期。此外,申万里有:《元代江南儒士的处境与社会角色的转变》,《史学月刊》2003 年第 9 期;《从社会交往看元代江南儒士的社会网络:以戴良表为例》,《武汉大学学报》2003 年第 4 期;《元代以儒士为巡检考》,《中央民族大学学报》2005 年第 5 期,等。

⑦ 太田弥一郎:《元代的儒户和儒籍》,《东北大学东洋史论集》五,1992 年。

蒙古人军事二元制"问题,肯定了汉族士大夫在文官队伍中的地位和作用。①

2.元代的进士。围绕元代科举制度,部分学者对元代士人中的"精英阶层"——进士进行了考究。在这方面,萧启庆做了大量工作,成绩斐然。他在对《至正十一年进士题名记》等进士题名录进行校补的基础上,构建了一个较为完整的元代进士题名录,大体再现出元代进士的大体规模,更为进一步深入研究元代科举制度奠定了坚实的史料基础。② 以此为基础,萧先生还结合元后期的时代背景,围绕元代科举制度的发展演变,发表了一系列论文,对士大夫的社会层次、社会交往和师生关系等进行了实证性探索。③ 此外,森田宪司《元朝的科举资料——以钱大昕的编著为中心》一文在清人钱大昕《元代进士考》的基础,进一步对元代进士进行了考订。④ 桂栖鹏《元代进士研究》一书首次对元代进士的仕宦状况,政治素质、政治实践、文化活动及成就等进行了考察。⑤ 同时,他还撰文对元代进士显宦和色目进士的大体状况进行了深入考究。⑥ 上述成果,虽多为通元一代的整体研究,但其中也涉及元后期进士的相关问题。

3.朱元璋对待士大夫的政策。相关研究大体是围绕朱元璋和明初君主专制加强两大主题展开的。吴晗《朱元璋传》的部分章节分析了朱元璋对待士人的政策,尤其对恐怖政治中士大夫的遭遇有翔实的论证。⑦ 郑克晟《明代政争探

① 舒尔曼(H.F.Schurmann):《元代政治组织上问题》,第 25 届国际东方学大会论文,1963 年。
② 主要有:《元统元年进士录校注》,《食货月刊》第 13 卷第 1、2、3、4 期,台北 1983 年;《元至正十一年进士题名记校补》,《食货月刊》第 16 卷第 7、8 期,台北 1987 年;《元延祐二年与五年进士辑录》,《台大历史学报》第 24 期,台北 1999 年;《元至正前期进士辑录》,《燕京学报》新 10 期,2001 年;《元至正后期进士辑录》,《燕京学报》新 15 期,2003 年;《元至顺元年进士辑录》,《文史哲学报》第 52 期,台北 2000 年;《元至治元年进士辑录》,载《宋旭轩教授八十荣庆祝论文集》2000 年 3 月。
③ 如:《元朝科举与江南士大夫之延续》,《元史论丛》第七辑,江西教育出版社 1999 年版;《元代蒙古色目士人层的形成与发展》,北京大学传统文化研究中心编《文化的回顾——汉学研究回顾国际会议论文集·史学卷》,北京大学出版社 2000 年版;《元季色目士人的社会网络:以偰百辽逊的青年时代为中心》,《中研院历史语言研究集刊》第 74 本第 1 分,台北 2003 年;《元代多族士人网络中的师生关系》,《历史研究》2005 年第 1 期;《元代南人进士分布与近世人才区域升沉》,发表于《海峡两岸蒙元史学术研讨会》,1999 年 5 月 7 日至 9 日;《元朝蒙古色目进士背景的分析》,《汉学研究》第 18 卷第 1 期;等。
④ [日]森田宪司:《元朝的科举资料——以钱大昕的编著为中心》,《东方学报》第 73 册,2001 年。
⑤ 桂栖鹏:《元代进士研究》,兰州大学出版社 2001 年版。
⑥ 如:《元代进士仕宦研究》,《元史论丛》第六辑,中国社会科学出版社 1997 年版;《元代色目人进士考》,《新疆大学学报》1994 年第 4 期等。
⑦ 吴晗:《朱元璋传》,人民出版社 1985 年版。另外,吴晗在《明初的恐怖政治》(载《吴晗史学论著选集》第二卷,人民出版社 1986 年版,第 665—678 页)、《胡惟庸党案考》(《燕京学报》第 15 期,1934 年 6 月)两文中也论述了相关问题。

源》在论述江南地主与朱元璋的关系时,分阶段展现了朱元璋打击江南地主的历史情景,并指出朱元璋打击江南地主的深层原因在于他们对故元的怀恋和对朱明政权的冷漠态度。① 继之,黄冕堂《朱元璋传》和陈梧桐《洪武大帝朱元璋传》对相关问题有所深入,如陈书对明初任用贤才、胡蓝党案的论述,在澄清史实方面建树良多。② 罗东阳《明太祖礼法之治研究》在论述洪武礼法建设时,剖析了朱元璋大兴文祸、诛夷功臣的外在条件和内在原因。③ 赵骥《宸衷独断:明初皇权政治及其他》在阐述胡蓝之狱、特务政治和文字狱等事件时,亦考察了士大夫在此过程中的历史命运。④ 此外,南炳文、汤刚著《明史》在"江南政权所推行的政策"、"统治阶级的内部矛盾"等内容中,也论述了朱元璋政权重用地主知识分子、胡蓝之狱等重要问题。⑤

　　除专著外,也有一些论文从不同角度揭示了朱元璋政权对士大夫的政策及与士大夫的关系。最早,陈高华《元末浙东地主与朱元璋》一文史论结合,细致分析了浙东地主阶级在元末农民战争中的表现及与朱元璋结合的过程。⑥ 此后,江涛《在反元斗争中刘基等知识分子和朱元璋的关系》、张宁《试论元末儒士在朱元璋统一事业中的作用》、朱正伦《朱元璋政权中的儒生》、赵克生《朱元璋战时幕府略论》、付明明《明建国前后征聘文士考略》、徐永明《婺州文人与朱元璋》等文考察了朱元璋招揽重用士大夫的情形,肯定了士大夫在朱元璋统一事业中的作用。⑦ 同时,有学者分析了朱元璋与功臣的关系及杀戮士大夫的状况及原因,如顾颉刚《明代文字狱祸考略》、傅衣凌《关于明初胡蓝之狱的分析》、张增江《朱元璋杀戮元勋宿将原因之我见》、何平立《论朱元璋与淮人官僚集团之

① 郑克晟:《明代政争探源》,天津古籍出版社 1988 年版。作者在《明初江南地主的衰落与北方地主的兴起》一文中对这一问题作了进一步深入考察,详见《明初江南地主的衰落与北方地主的兴起》,《北京师范大学学报》2001 年第 5 期。

② 黄冕堂、刘锋:《朱元璋传》,南京大学出版社 1998 年版;陈梧桐:《洪武大帝朱元璋传》,贵州人民出版社 2005 年版。

③ 罗东阳:《明太祖礼法之治研究》,高等教育出版社 1998 年版,第 33—35 页。

④ 赵骥:《宸衷独断:明初皇权政治及其他》,南京大学出版社 2000 年版。

⑤ 南炳文、汤刚:《明史》(上),上海人民出版社 2003 年版。

⑥ 陈高华:《元末浙东地主与朱元璋》,《新建设》1963 年第 5 期。

⑦ 江涛:《在反元斗争中刘基等知识分子和朱元璋的关系》,《杭州师院学报》1979 年第 1 期;张宁:《试论元末儒士在朱元璋统一事业中的作用》,《阜阳师院学报》1985 年第 1 期;朱正伦:《朱元璋政权中的儒生》,《北京社会科学》1990 年第 3 期;赵克生:《朱元璋战时幕府略论》,《皖西学院学报》2001 年第 1 期;付明明:《明建国前后征聘文士考略》,《重庆教育学院学报》2002 年第 2 期;徐永明:《婺州文人与朱元璋》,《中国典籍与文化》2002 年第 3 期。

矛盾》、朱子彦《论明初朱元璋和功臣的关系》、林凤江《朱元璋杀戮功臣元勋另议》、陈高华《沈万三与蓝玉党案》、房锐《明初魏观之狱试探》、张健《朱元璋与淮西集团》、吴士勇《诗人高启之死与明初江南文祸》等。①　此外，赵令扬《论明太祖政权下之知识分子》、陈梧桐《朱元璋对人才的使用与摧残》、任崇岳《论朱元璋对待儒士的态度》、王西昆《论朱元璋用人》、杨杭军《朱元璋与明初江南士人》等，反思了朱元璋对儒士文人由重用到迫害的转变过程及原因。②

在国外，美国学者罗梅因·泰勒(R.Taylor)《明太祖与勋贵》分析了朱元璋与勋贵之间的复杂关系及变化过程和原因。③　日本学者檀上宽《明王朝成立期的轨迹——洪武朝的疑狱与京师问题》在考察洪武疑案与京师问题时，亦有意对明初对待士大夫的政策和士大夫的遭际作了描述。④　福本雅一《朱元璋与文人》通过列举朱元璋对文人的暴虐行为，揭露了洪武君主专制统治的本质。⑤

（四）关于士大夫政治动向和生活方式的研究

元明之际，士大夫的政治动向和生存方式发生了一系列突变，因而有关当时士大夫如何在政治和生活上作出抉择，成为学界考察的主题。

在政治动向方面，最早，陈高华《元末农民战争中南方汉族地主的政治动向》在分析元末社会矛盾的基础上，着重考察了南方汉族士大夫在农民战争中的分化和政治动向的变化过程。⑥　萧启庆《元明之际士人的多途选择：以各族进士为中心》以各族 144 名进士为例，探讨了士人对元明鼎革的各种反应，并将其所作的政治抉择分为忠元、背元、逸民三类，认为真正影响其间士人政治抉择的

---

①　顾颉刚：《明代文字狱祸考略》，《东方杂志》第 32 卷第 14 号，1935 年；傅衣凌：《关于明初胡蓝之狱的分析》，《厦门大学学报》1963 年第 4 期；张增江：《朱元璋杀戮元勋宿将原因之我见》，《安徽史学》1986 年第 1 期；何平立：《论朱元璋与淮人官僚集团之矛盾》，《安徽史学》1987 年第 1 期；朱子彦：《论明初朱元璋和功臣的关系》，《史学集刊》1994 年第 2 期；林凤江：《朱元璋杀戮功臣元勋另议》，《求是学刊》1995 年第 4 期；陈高华：《沈万三与蓝玉党案》，《明史论丛》1997 年；房锐：《明初魏观之狱试探》，《社会科学家》2004 年第 2 期；张健：《朱元璋与淮西集团》，《安徽师范大学学报》2005 年第 6 期；吴士勇：《诗人高启之死与明初江南文祸》，《史学月刊》2006 年第 2 期。

②　赵令扬：《论明太祖政权下之知识分子》，《寿罗香林教授论文集》，万有图书公司 1970 年版；陈梧桐：《朱元璋对人才的使用与摧残》，《社会科学辑刊》1982 年第 2 期；任崇岳：《论朱元璋对待儒士的态度》，《中州学刊》1982 年第 4 期；王西昆：《论朱元璋用人》，《史学月刊》1983 年第 5 期；杨杭军：《朱元璋与明初江南士人》，《河南师范大学学报》1992 年第 1 期。

③　罗梅因·泰勒(R.Taylor)：《明太祖与勋贵》，《明代研究》1976 年第 2 期。

④　檀上宽：《明王朝成立期的轨迹——洪武朝的疑狱与京师问题》，《东洋史研究》第 37 卷第 3 号，1978 年。

⑤　福本雅一：《朱元璋与文人》，京都国立博物馆《学丛》第 27 期。

⑥　陈高华：《元末农民战争中南方汉族地主的政治动向》，《新建设》1964 年第 11—12 期。

因素是"君臣大义",而非"夷夏之辨"。① 与此相类,萧氏《元朝科举与江南士大夫之延续》、《元朝南人进士分布与近世区域人才升沉》两文的部分内容考察了元代进士仕明及元明之间进士分布的延续与变化问题。② 桂栖鹏《元代进士在元末农民战争时期的动向》指出:元末农民战争时期,虽有少数进士在农民军面前败降奔窜,更有少数进士转入群雄阵营,但忠实维护元王朝的统治是进士群体的基本立场。③ 王军福《述论明初"文人多不仕"现象》分析了洪武时期士大夫不仕明廷的表现及原因。④ 另外,萧启庆《元明之际的蒙古色目遗民》、林红《元遗民诗人的群体文化特征》诸文将遗民作为一个特殊的群体,通过解读其诗文蕴意,考察了遗民群体的心理世界、政治取向、精神追求和生活方式。⑤

国外,美国学者约翰·达迪斯(John Dardess)《儒学和专制主义:职业精英阶层在明王朝建国中的作用》对明初"儒家精英"与专制政治的形成和发展作了检讨,客观描述了士大夫(主要指浙东士大夫)在明初专制背景下的政治态度,辩证评估了士大夫在专制构建中的历史作用。⑥ 日本学者宫崎市定《明代苏松地方士大夫和民众》以地域社会史的视角,在相关部分回顾了明初苏松地方士大夫与民众的关系。⑦ 比利时神甫司律思(Henry Serruys)《洪武朝中国的蒙古人》(布鲁塞尔1959年)考究了洪武间诏用蒙古士大夫的史实。韩国学者吴金成《元末动乱期的乡村支配层与武装起义集团》阐述了农民战争期间乡绅在民间社会秩序中的支配地位,及其政治态度的变化和领导武装起义的情形。⑧

在生存方式方面,已有研究主要集中在交游、遁隐两端。交游是元明之际士

---

① 萧启庆:《元明之际士人的多途选择:以各族进士为中心》,《台大历史学报》第23期,2003年12月,第77—137页。

② 萧启庆:《元朝科举与江南士大夫之延续》、《元朝南人进士分布与近世区域人才升沉》,均载《元代的族群文化与科举》,联经出版公司2008年版。

③ 桂栖鹏:《元代进士在元末农民战争时期的动向》,《浙江师范大学学报》2000年第6期。

④ 王军福:《述论明初"文人多不仕"现象》,《理论导刊》2007年第9期。

⑤ 萧启庆:《元明之际的蒙古色目遗民》,《庆祝邓广铭教授九十华诞论文集》,河北教育出版社1997年版;林红《元遗民诗人的群体文化特征》,《社会科学战线》2004年第4期。

⑥ 约翰·达迪斯(John Dardess):《儒学和专制主义:职业精英阶层在明王朝建国中的作用》,加利福尼亚大学出版社1983年版。

⑦ 宫崎市定:《明代苏松地方士大夫和民众》,《史林》37—3,1954年。

⑧ 吴金成:《元末动乱期的乡村支配层与武装起义集团》,翰林科学院《历史的再照明》(2),1998年。

大夫生存场景中最为独特且富于生机的画面。对此,萧启庆《元季色目士人的社会网络:以偰百辽逊青年时代为中心》主要根据在韩国新发现的《近思斋逸稿》,对色目士人偰百辽逊青年时代的社会网络作了详尽考索。① 刘晓东《明代士人生存状态研究》的部分章节从治生之道、经济人格、社会交往诸方面描述了明初士大夫的生存状态。② 尤堪一提的是,雅集作为元明之际士大夫交游的一种特殊方式,更引起了学界的广泛关注,其间除了彭茵《元末文人雅集论略》③一文属于总体性考察外,多数论者着重考察了玉山草堂的雅集活动,对此谷春侠《元末玉山雅集研究综述》④一文已有专门综述,兹不赘。

同时,作为一种生活方式,遁隐自适之风在元明之际悄然兴起,隐士群体随之形成。由此,"隐士"逐渐进入了学者的研究视野,如美国学者牟复礼(Frederick Mote)《元代的儒者隐士》、刘祥光《从徽州文人的隐与仕看元末明初的忠节与隐逸》、孙小力《论高启的睡欲和诗癖:兼及元代文人的隐乐思潮》、王恩俊《隐士与明初政治》、彭茵《元末江南文人避世风尚论略》、许守泯《吴下衣冠尽楚材:元代苏州寓居士人陈基》等文,大体从政治史、社会史角度对隐士群体的生平及政治、社会、文化活动等进行了初步考察。⑤

（五）对士大夫的生平事迹及著述的个案研究

在总体和专题研究之时,对士大夫的个案研究也在陆续开展,其中刘基、宋濂、高启、杨维桢等是学界考察的重点,而所论则集中在其生平、著述两个方面:

1.对刘基的研究。民国时,相继出现了刘耀东《刘文成公年谱》和王馨一《刘伯温年谱》,二《谱》尽管略显粗糙,疏误亦时有所见,但大致勾勒出刘基生平之轮廓。⑥ 此后,刘基研究蓬勃发展,有关其生平及著述的钩稽考订取得了重要

---

①　萧启庆:《元季色目士人的社会网络:以偰百辽逊青年时代为中心》,《元朝史新论》,允晨文化事业公司 1999 年版。

②　刘晓东:《明代士人生存状态研究》,吉林文史出版社 2002 年版。

③　彭茵:《元末文人雅集论略》,《南京政治学院学报》2004 年第 6 期。

④　谷春侠:《元末玉山雅集研究综述》,《昆明理工大学学报》2007 年第 4 期。

⑤　牟复礼(Frederick Mote):《元代的儒者隐士》,赖特编《儒士劝教》,斯坦福大学出版社 1960 年版;刘祥光:《从徽州文人的隐与仕看元末明初的忠节与隐逸》,《大陆杂志》第 94 卷第 1 期,1997 年;孙小力:《论高启的睡欲和诗癖:兼及元代文人的隐乐思潮》,《广西师范学院学报》1990 年第 1 期;王恩俊:《隐士与明初政治》,《辽宁师范大学学报》2004 年第 1 期;彭茵:《元末江南文人避世风尚论略》,《江海学刊》2006 年第 6 期;许守泯:《吴下衣冠尽楚材:元代苏州寓居士人陈基》,《成大历史学报》2006 年第 30 期。

⑥　刘耀东:《刘文成公年谱》,南田山启后亭 1936 年刊印;王馨一:《刘伯温年谱》,商务印书馆 1939 年版。

突破。其中关于生平者有郝兆矩《增订刘伯温年谱》①和《刘伯温评传》②。其中,《增订刘伯温年谱》是在王《谱》的基础上增订而成,书中对刘基生平行事作了进一步探索,还对刘基的部分诗文作了编年。《刘伯温评传》则是在《增订刘伯温年谱》的基础上,进一步扩展、深入而成。此后,刘德隅《明刘伯温公生平事迹拾遗》、留葆祺《刘基散论》和杨讷《刘基事迹考述》纠正了不少史书记载和前人论述之误。③ 经过学者的探研,刘基生平日渐丰满、完整,为相关研究的拓展奠定了基础。周群《刘基评传》正是在此基础上问世的力作,是书对其生平、著述、诗文创作等皆有深入考究。此外,学界还发表了一系列论文对刘基的事迹及贡献进行了细致探讨,此吕立汉《刘基研究的回顾与展望》、田澍《近二十多年来大陆刘基研究综述》已有综述,可资参考。④

2.对宋濂的研究。元明之际,宋濂不仅是独步一时的士林名流,更是明初的政界权威。正因如此,有关宋濂生平事迹的研究,也大体是围绕其学术成就和政治行为而展开的。有人专门考察了宋濂的交游情况,如陈葛满《宋濂交游考:与师长交游部分》、魏青《刘基和宋濂》和《志趣不同的知己:杨维桢和宋濂》、徐永明《宋濂与戴良友谊变异探微》。⑤ 有人探究了宋濂在明初的遭遇和死亡诸事,如辛雨《宋濂的遭遇》、盛翼昌《宋濂之死》、王永湘《宋濂死于何地》诸文。⑥ 有人考辨了宋濂的著述,如常建华《宋濂佚文〈杨氏家乘序〉及其价值》、魏青《宋濂〈杜诗举隅序〉一识》、朱仲玉《宋濂和王祎的史学成就》等。⑦ 相形之下,陈葛满《宋濂简谱》及《续谱》旁征博引,勾勒出宋濂一生的生命轨迹,在诸多方面纠正了文献之谬误。⑧ 王春南《宋濂评传》在前五章中全面考察了宋濂在元末明初的

---

① 郝兆矩:《增订刘伯温年谱》,中州古籍出版社 1990 年版。
② 郝兆矩、刘文峰:《刘伯温全传》,大连出版社 1994 年版。
③ 刘德隅:《明刘伯温公生平事迹拾遗》,台北:中华书局 1976 年版;留葆祺:《刘基散论》,中国文联出版社 2002 年版;杨讷:《刘基事迹考述》,北京图书馆出版社 2004 年版。
④ 吕立汉:《刘基研究的回顾与展望》,《淮北煤师院学报》2002 年第 3 期。
⑤ 陈葛满:《宋濂交游考:与师长交游部分》,《浙江师范大学学报》1992 年第 2 期;魏青:《刘基和宋濂》,《殷都学刊》2000 年第 4 期;魏青:《志趣不同的知己:杨维桢和宋濂》,《中国典籍与文化》2004 年第 3 期;徐永明:《宋濂与戴良友谊变异探微》,《南京师范大学学报》2007 年第 2 期。
⑥ 辛雨:《宋濂的遭遇》,《读书》1980 年第 1 期;盛翼昌:《宋濂之死》,《学术月刊》1989 年第 11 期;王永湘:《宋濂死于何地》,《读书》1983 年第 8 期。
⑦ 常建华:《宋濂佚文〈杨氏家乘序〉及其价值》,《天津师范大学学报》2000 年第 1 期;魏青:《宋濂〈杜诗举隅序〉一识》,《社会科学辑刊》2002 年第 4 期;朱仲玉:《宋濂和王祎的史学成就》,《史学史研究》1983 年第 4 期。
⑧ 陈葛满:《宋濂简谱》及《续谱》,《浙江师范大学学报》1994 年第 2 期、第 5 期。

生平事迹,尤其是通过对他在明初政治作为的描述,肯定了其为明朝"开国文臣之首"的历史地位。

3.对高启的研究。相关研究主要关注了其在明初的悲惨遭遇及死因。既有成果主要有:美国学者牟复礼(F.W.Mote)《诗人高启,1336—1374年》、李晓刚《高启的悲剧人生与思想性格》、邢丽凤《无用的悲哀:高启论》、刘君若《高启死因考辨》和《高启生平事迹补正》、吴士勇《诗人高启死因探析》、《"魏观案探析":兼论诗人高启》和《诗人高启之死与明初江南文祸》、傅强《高启生平二考》等①。而关于高启著述的考述,主要有张春山《高启诗文版本源流小考》、詹梅芳《高启诗文集综考》等②。

4.对杨维桢的研究。关于杨维桢的籍贯,学界颇有争论。概括起来,观点有四:一是诸暨人,如章培恒等《中国文学史》、《辞海》等;二是会稽人,如游国恩等《中国文学史》、谭正璧《中国文学家大辞典》等;三是绍兴人,如顾希佳选注《西湖竹枝词》等;四是山阴人,如吴晗《两浙藏书家史略》、洪焕椿《浙江方志考》等。鉴于此,近期有学者专门考证了杨维桢的籍贯,如陈侃章《杨维桢籍贯考》、陆林《杨维桢籍贯考》、杨尔《杨维桢籍贯别号考》等,③但所持观点仍不出以上四说。孙小力《杨维桢年谱》钩稽沉隐,考察了杨维桢的身世行踪,可谓研究杨维桢生平事迹的奠基之作。④ 此外,幺书仪《略论杨维桢多变的生活道路》和张伟《杨维桢生平事迹及学术成就考》亦对杨维桢的生平事迹及学术成就作了探讨,肯定了其在经学、史学、文学诸领域的重要成就。⑤ 乔光辉《杨维桢与瞿士衡交游

---

① 牟复礼(F.W.Mote):《诗人高启,1336—1374年》,普林斯顿大学出版社1962年版;李晓刚:《高启的悲剧人生与思想性格》,《重庆师院学报》1998年第4期;邢丽凤:《无用的悲哀:高启论》,《山东社会科学》2002年第5期;刘君若:《高启死因考辨》,《贵州大学学报》2003年第6期;刘君若:《高启生平事迹补正》,《华南理工大学学报》2002年第2期;吴士勇:《诗人高启死因探析》,《淮阴师院学报》2005年第5期;吴士勇:《"魏观案探析":兼论诗人高启》,《苏州大学学报》2005年第4期;吴士勇:《诗人高启之死与明初江南文祸》,《史学月刊》2006年第2期;傅强:《高启生平二考》,《苏州大学学报》1993年第1期。

② 张春山:《高启诗文版本源流小考》,《运城学院学报》1986年第3期;詹梅芳:《高启诗文集综考》,《重庆教育学院学报》2006年第4期。

③ 陈侃章:《杨维桢籍贯考》,《东南文化》1989年第6期;陆林:《杨维桢籍贯考》,《辞书研究》2000年第3期;杨尔:《杨维桢籍贯别号考》,《浙江师范大学学报》2003年第2期。

④ 孙小力:《杨维桢年谱》,复旦大学出版社1997年版。

⑤ 幺书仪:《略论杨维桢多变的生活道路》,《文学遗产》1993年第2期;张伟:《杨维桢生平事迹及学术成就考》,《浙江学刊》2001年第1期。

考》、《试论杨维桢的交游与创作》则专门考察了杨维桢在元末的交游情况。①

除了上述人物外,有关王冕、丁鹤年、马祖常、李孝光等人的研究,也有零星的成果产生,但研究所及多停留在简单的生平介绍及其在文化领域的贡献等层面上,在研究角度和深度上尚嫌平淡、浅薄。

二、研究的不足及新趋势

综观既有成果,有关元明之际士大夫的研究已取得一定的成绩,可惜既有研究表现出开端虽早,但进展迟缓之势,迄今仍缺乏史料扎实、议论深刻的总结性、标志性成果,更未将元明之际士大夫作为一个整体进行全面、系统的研究。具体言之,前期研究主要表现出如下不足:

1.对士大夫的研究不平衡。主要表现在:一,就个案而言,所论多偏重于以刘基、宋濂、高启、顾瑛、杨维桢等少数社会名流,而对如王冕、李善长、陶安、汪广洋、危素、苏伯衡、丁鹤年、马祖常、李孝光、陶宗仪、杨基、戴良、泰不华、张翥、王逢、陈基、朱升等的研究多停留在简单的生平介绍和现象描述的层面上,在研究角度和深度上尚显不够。即便是对刘基等名流的研究,亦多侧重于思想方面的考察,且不少成果属重复研究。二,就群体性研究而言,浙东、吴中学派是研究的重点,而闽中、江西、岭南等士大夫群体尚未引起学界的足够关注和充分重视。如此,不仅不利于认清元明之际士大夫的概貌,更难以全面、客观地估量士大夫的历史地位。

2.纵向动态考察和横向总体相结合的研究成果极少。元明之际,社会格局大体经历了衰世、乱世、治世三个阶段,期间,随着时势的突变和王朝的更替,士大夫的心态和行为亦不断发生着变化,而这种变化及其表现出的复杂性、多样性,反过来也只有通过联系当时的社会背景,以发展的研究视角方能得以揭示。但以往的研究大多局限于元末或明初,很少将元明之际士大夫作为一个整体,以发展联系的观点进行多角度、多层次的探讨。同时,根据元明之际社会发展特点来分析士大夫所发挥的历史作用的成果尤为缺乏,多数研究仍限于就人论人、就事论事的层面,尚未突出对士大夫与社会政治之间复杂关系的辩证考察,未能将士大夫纳入广泛的历史系统中加以综合研究。

---

① 乔光辉:《杨维桢与瞿士衡交游考》,《江海学刊》2001 年第 5 期;《试论杨维桢的交游与创作》,《盐城师范学院学报》1997 年第 2 期,等。

3.研究视角仍显单一,相关理论方法的运用和创新不够充分。恰当的研究方法和科学的研究理论是实现科学研究不断发展的重要凭借;史学研究要进步,同样离不开方法理论的革新和创造。对元明之际士大夫的研究,可以有政治史、社会史、思想史、心态史、文化史和教育史等研究视角和学术趋向。但既有研究在方法和理论运用上尚存在一定的不足:一是偏重于文化史、思想史趋向,主要表现在对士大夫的文学、思想的研究较多,而政治、社会层面的研究较少。二是部分学者以心态史的角度审视了元明之际士大夫的若干问题,但尚未对元明之际士大夫群体的心态予以动态地梳理,且多停留在对少数重要人物的心理描述上,未从总体上探索士大夫群体的心态特征。三是以政治史的视角进行研究虽起步甚早,但所论大体集中在士大夫在元末的社会地位和明初的遭遇两大问题,且多为重复研究。四是着眼于宏观概括的成果多一些,而着眼于微观研究的成果少一些,往往给人以隔靴搔痒、泛泛而论、似是而非的感觉。应该说,士大夫研究应当开阔研究视野,转换研究思路,在吸收并综合多学科的理论、方法以寻找新的研究视角和开拓新的研究领域的同时,根据元明之际士大夫的历史特质寻求恰当的研究路径。

4.相关史料的发掘与整理不够宽广和深入。发掘翔实、可靠的史料是推动史学发展的重要动力。以往关于元明之际士大夫的研究存在的不足,固然是因研究者的兴趣偏嗜所致,但对史料开掘和利用的不足,也是影响问题意识和问题研究的重要因素。这主要表现在:相关研究多数将史料的征引集中在《元史》、《明史》、部分野史笔记和少数典型人物的文集等。因此,不断发掘和利用相关史料仍是元明之际士大夫研究亟待解决的问题。一方面,对过去熟悉的旧史料再作一次新的探索。如《元史》、《明史》等载有大量士大夫的传记,充分利用和阐释这些传记,对于全面认识士大夫的生平事迹颇有助益。另一方面,整理与开发新史料,如以《明实录》、《献徵录》、《列卿记》等为代表的传记、地方志、文集等,皆是士大夫研究中应充分重视的重要史料。

总之,学界对元明之际士大夫的研究并不成熟,亟待深入和填补的领域尚有不少,诸如元末的士人政策,士大夫与政治权力的关系,区域性士人群体的形成,士大夫的交游唱和,农民战争期间士大夫与各政治势力的关系,士大夫与明初封建政权的重建,明初入仕明廷的少数民族士等重要问题,皆留有广阔的拓展余地,这正是笔者选择"元明之际士大夫"作为研究主题的重要缘由之一。

第三节　研究旨趣、方法及意义

一、研究旨趣

在士大夫的研究中,学界在研究视角上经过了较长时间的探索,创获颇多。如,赵园《明清之际士大夫研究》及《续编》两书注重以士大夫所处的历史情境为背景,来诠释明清之际士大夫的"话题"、"言论"及其思想史意义。其研究的缘由与目标是总结出鼎革之际士大夫的"一般品性"。① 阎步克在《士大夫政治演生史稿》一书中,选定"政治文化"作为切入点,并采用"社会分化"即"社会的结构与功能分化"理论作为分析框架,对士大夫政治及其演生过程作了横向和纵向的系统阐述。② 罗宗强《玄学与魏晋士人心态》、《明代后期士人心态研究》③二书,则采用了点面结合的叙述方式,以典型事件、典型人物为叙述对象,以认识和揭示明代后期士人心态的变化轨迹为目的,重点分析了传统士人在特定历史境域中表现出的精神气质、人格特征和文化品位。陈宝良《明代儒学生员与地方社会研究》、吴琦《明清社会群体研究》等④,则侧重于对明清士大夫群体的专题研究。大致来看,目前对士大夫的研究路径不出以上数端。这些研究旨趣和路径,为笔者选取"元明之际士大夫"作为研究对象打开了视野,提出了启示,但这又并非笔者选择本课题的全部缘由。析言之,选择本课题主要是基于以下研究旨趣:

（一）凸显元明之际士大夫的文化功能与政治功能

在传统社会的大背景下,作为一个特殊的社会群体,士大夫具有鲜明的文化属性和政治属性。在社会发展的过程中,他们始终扮演着重要角色,尤其在政治和文化领域发挥着不可替代的重要作用,所谓:"古之君子,政事、文学理同而事

---

① 赵园:《明清之际士大夫研究》,北京大学出版社 1999 年版;《制度·言论·心态——明清之际士大夫研究续编》,北京大学出版社 2006 年版。

② 阎步克:《士大夫政治演生史稿》,北京大学出版社 1996 年版。

③ 罗宗强:《玄学与魏晋士人心态》,天津教育出版社 2005 年版;《明代后期士人心态研究》,南开大学出版社 2006 年版。

④ 陈宝良:《明代儒学生员与地方社会研究》,中国社会科学出版社 2005 年版;吴琦:《明清社会群体研究》,中国社会科学出版社 2009 年版。

异,盖仕以行其学之用,学以充其仕之资也。"①"古君子之生斯世也,居则积其学以著于言,出则推夫学以行其道,言以载道,行以征其言。"②这一点,我们通过观察元明之际的士大夫似乎会有更为深刻的认识。

1.作为传统文化的承载者和传播者,士大夫拥有一种天然的"人文优势",如对智慧的追求、对古典语言和经典的谙熟、对文化的独占等。可以认为,士大夫的第一属性是文化属性,或者说是知识属性,而其社会功能也首先表现为文化功能或知识功能,在历史变故中,仕宦可拒,但文化行为不可辍,这是传统士大夫的普遍信念。当然,士大夫文化功能的发挥决定于某种历史机缘。元明之际,社会经历了由衰至乱、由乱至治的转变过程。在乱世时期,虽然动荡不安的社会局面导致了士大夫的生命危机、道德危机和政治困境,但由于王纲解纽造成的某些松动,也保证了士大夫同时拥有一个自由适意的文化氛围,使其文化功能的发挥较之政治功能显得相对平稳和连贯,在文化的传承、传播和发展过程中士大夫的作用较为突出。如在元末(包括农民战争期间),文人学士结社、交游之风的盛行,讲学之风的勃兴等,皆是士大夫文化功能充分发挥、张扬的结果。而与此同时,虽然稳定的社会使士大夫的生命得以保全,施展理想抱负成为可能,但伴随专制制度的高度强化,文化专制政策的强力推行,使士大夫在文化领域的自由度大为收缩,其文化功能的发挥往往受制于专制统治,困难重重,循规蹈矩。这种历史景象,无疑在明初严酷冷峻的政治局面和谨固柔顺的文化氛围中得以充分展露。从这个意义上讲,在专制时代,稳定的政治局面往往在一定程度上是以牺牲文化的"自由"发展为代价的。

2.士大夫的政治功能是其文化功能的进一步延伸,表现为担任社会职务,发表政治言论,发挥政治作用等。作为政治精英(elites)③,士大夫是不可能脱离政治而存在的,就此而言,他们的政治观念和政治行为往往会影响政局的基本走向,尤其在社会板荡之际,士大夫的政治抉择更可以影响甚至左右不同政治集团的历史命运,这即是士大夫的政治功能及其意义之所在。在元末明初,面对复杂

---

①　陈谟:《海桑集》卷五《竹间集序》。

②　朱右:《白云稿》卷四《忠孝事实序》。

③　马克斯·韦伯称(Max Weber)称之为"地位群体",认为其享有共同的意识形态,荣誉和特权。详见:H. H. Gerth and C. Wright Mills(Trans. & ed.),*From Max Weber*:*Essays in Sociology*(New York:Oxford University Press,1946),p.424。转引自周荣德(Yung-The Chow)《中国社会的阶层与流动》(*Social Mobility in China Research on the gentry Identify in a Traditional Chinese Community*),学林出版社2000年版,第7页。

多变的社会局势,无论是擢至显位的朝中巨卿,还是沉沦下僚的卑职小官,无论是笃学尚友的名人韵士,还是博雅多闻的硕学鸿儒,在其内心深处,始终存有士大夫固有的经世观念和忧患意识。在元末,他们或非讦朝政,或激浊扬清,或出谋划策。在明初,天下一统,社会承平,士大夫作为构建社会制度、设计社会发展蓝图的主要力量,其作用更是不言而喻。此时,定礼制乐等重建政权的任务都是由士大夫倡导或直接负责完成的。可以说,没有文人学士,明朝是很难建立的,明初的一系列建制活动更难以顺利开展;虽然士大夫的行为时常会受到专制政权的摧抑和钳制,但并不影响明初政治乃是文人政治的历史事实。

3.在专制社会,士大夫的文化功能与政治功能亦存在着一定的局限性,这种局限性主要表现为一种天然的"奴性"。一方面,在文化功能上,士大夫特有的知识结构决定了它作为一个社会群体,在整体上具有坚决维护君主专制文化秩序的保守性,能够扮演封建社会道德示范的角色是其所企羡的最高境界;另一方面,在政治功能上,士大夫的"工具性"特征使其始终缺乏一种自我的独立性,他们往往会在受制于某些信仰和道德因素之时,也甘于受制于君主专制政治的统治。因之,在君主专制社会,士大夫的文化功能和政治功能带有浓浓的时代色彩。基于此,本书拟以历史变动为大背景,通过对士大夫文化行为和政治行为两条线索的考察,希冀得出这样一个结论:传统士大夫的文化行为和政治行为只能在君主专制体制的框架内展开,其个人价值与社会价值发挥亦时常受制于外在的政治权力和社会环境。正因如此,元明之际的士大夫时常徘徊在"政治"与"文化"之间,或同时在政治与文化两个领域发挥自己的价值,或仅在某一领域发挥自己的价值。

(二)审视元明变革之际士大夫的价值趋向与政治选择

《论语·里仁》云:"士志于道。"《泰伯》亦云:"天下有道则见,无道则隐。"这是中国传统士大夫的基本精神品质和价值趋向。但是,在元明之际这一特定的历史时期,士大夫固有的价值取向和内心世界受到了强烈的冲击。在元末,一部分人恪守经世意识,为拯救日渐衰微的蒙元王朝做最后的努力;一部分人退隐山林,自得其乐;一部分人则以社会批判者的角色,对现实社会进行了深刻洞察和尖锐批判。在农民战争期间,士大夫面临着空前的生命危机和道德危机,一部分人矢志不移,为元效命;一部分人避世岩穴、寄情山水;一部分人则审时度势,勇投义军。在明初,除了一些士大夫以遗民身份拒仕新朝外,多数士大夫的入世情怀再次高涨,积极投身于社会秩序、伦理秩序和权力秩序的建构活动中;但随着专制制度的空前强化,士大夫又深陷于政治的艰危和心理的挫伤之中。总体上,在整个元明之际,士大夫的内心深处充满了矛盾与困境,诸如民族认同与"夷夏之防",仕进与遁隐,民族与国家,忠孝与叛逆,历史文化认同①与故国之思,旧主与新主,等等。

(三)揭明元明之际士大夫与政治权力之间的复杂关系

19世纪法国文艺评论家丹纳在《艺术哲学》中言:"个人的特色是由于社会生活决定的。"循此,笔者认为,对士大夫群体的研究,不能孤立地就人论人,更不能简单地将时代背景作为外部附加物贴在士大夫的身上,而是应当将时代背景视为士大夫的一个活动场景融入其生活当中,进而探寻其生活情状、心理境界与这个时代总的精神特质之间的复杂关系。在元明之际,在从"衰世"到"乱世",再到"治世"的发展过程中,士大夫的价值趋向、行为选择和生存状态及其特征,无疑与政治权力之间的关系密切。在"衰世"时期,士大夫(主要指汉族士人)的社会地位不高,在朝者往往受到排挤,在野者又难以进入权力中心,因而导致了士大夫价值观念的异化。在"乱世"时期,政局的动荡不安和政治势力的"多元化"格局,使士大夫面临着空前的生命危机和道德危机。在"治世"时期,政治秩序趋于稳定,士大夫获得广阔的仕进机会,社会地位骤增;但与此同时,皇权政治的强化却对士大夫造成了毁灭性打击,大大挫伤了士大夫参与政治的热情和愿望,亦禁锢了学术文化的自由发展。

(四)描述元明之际士大夫的社会生计与处世方式

元明之际,士大夫的生存状态在不同的历史阶段有所不同。以往的研究偏重于士人的政治功用,而很少探究其内心深处的巨大矛盾和这种矛盾消释的过程,至于其社会生活,更是鲜有深入系统的研究。鉴于此,本书拟从具体的历史情境出发,对士大夫的社会生活作比较全面的描述和研究。如,元末士大夫除了孜孜于仕进之外,主要选择了遁入岩穴,出入寺观、交游唱和及改务农、医、教、商等多种生活方式;农民战争期间,迫于战乱,士大夫的社会流动更趋频繁,生活方式更趋多样,如颠沛流离、抵抗义军、归附义军、徘徊观望、遁隐避世等。

(五)在某些具体问题上,提出新的认识,得出新的结论

诸如,对元代士人政策演变轨迹的勾勒,对元末士大夫生存状态、政治态度和学术行为的考究,对元末汉族士大夫民族认同意识的阐述,对农民战争期间士

---

①　按照瞿林东先生所言:"所谓历史认同:主要指关于血缘、地理、治统的联系与认识;而文化认同,主要指关于心理、制度、道统的影响和传承。"(《中国历史上历史文化认同的传统》,载《河北学刊》2005年第3期)

大夫政治抉择的分析,对士大夫与元末各政治集团之间关系的解析,对明初士大夫多元政治态度的探讨;对明初官员出身、来源与构成的考论,对明初文狱党祸真相的考究,对明初君臣之间产生矛盾必然性的探讨,等。另外,对于以往研究中存在的不足予以拾遗补缺,绳衍纠谬;对一些重要问题通过表格加以统计分析。

总之,本书拟采取政治文化的研究视角,贯通元明交替之际,首次分"衰世"、"乱世"、"治世"三阶段,结合当时的社会政治状况,对元明嬗变之际士大夫的政治生态,尤其是其价值取向、行为抉择、精神特质及其在政治、文化方面的独特且重要之贡献予以全面、深入的探讨。

二、研究方法

鉴于士大夫群体研究所涉及的问题繁复,头绪庞杂,笔者围绕全文的主旨和内容,主要采取了以下研究方法:

(一)历史描述与逻辑分析相结合

考察和研究元明之际的士大夫,须将其置于该时期的历史背景之中加以考察。因为元明之际士大夫的一切活动都是在特定的历史条件下发生变化的,所以要考察和判断其在这一时代的一些心理现象和行为特征,都要从其产生和赖以发展的具体的历史条件出发,既遵循历史的发展轨迹,也注重诸问题间的逻辑联系。从这个意义上讲,对士大夫的研究不惟是对士大夫本身的研究,同时也是通过士大夫研究洞察元明之际社会现实的重要尝试。

(二)宏观阐述与微观考究相结合

一方面,立足于宏观的角度,将元明之际士大夫的价值趋向与生存方式,政治态度与学术角色的变化趋势有机地串联起来,以整体展现其心路历程和价值功能。另一方面,征引大量翔实史料,对元末士大夫群体的区域分布、主要雅集成员构成,农民战争期间死难的进士、士大夫组织的"义兵"、归附群雄的主要士大夫,明初元进士仕明等重要问题,进行微观考究和统计分析,以得出比较客观、中肯的结论。

(三)个案考察和整体研究相结合

历史唯物辩证法认为"个别就是一般","个别一定与一般相联而存在"。①任何事物都是一般与特殊的统一,总体与局部的统一。因之,本书拟从这一角度

---

① 《列宁选集》第2卷,人民出版社1995年版,第558页。

出发,试图在每一部分内容中间,都由个案研究出发,进而总结出这一时期士大夫群体的诸方面。此间既有比较分类,也有归纳总结,还有会通联系,通过点面结合,以全面展示出元明之际士大夫政治生态之概貌。

(四)纵向梳理与横向分析相结合

考察和判断元明之际士大夫的政治生态,要从其赖以生存的历史条件出发,既遵循历史的发展轨迹,也注重诸问题间的横向联系。纵的方面,分析士大夫在不同阶段价值趋向和行为特征的变化轨迹;横的方面,阐述元明之际士大夫心态类型、行为方式、政治抉择的多样性、复杂性特征及其产生的内外原因。

(五)综合运用多种学科知识

士大夫作为一个特殊的社会群体,要用现代科学方法诠释其本身的诸方面及其与社会政治的互动关系,就必须借用历史学、政治学、文学、心理学、社会学、文化学等相关知识。这是士大夫研究中不可避免的研究路径,也是本书所要努力的方向。

当然,以上诸法不是独立使用的,而是交叉互补的。在具体的研究过程中,笔者力图做到:有宏观的理论阐述,也有微观的考据实证;有政治社会史的梳理,也有学术思想史的推论;有士人群体的总体归纳,也有士人个体的重点分析。

三、研究意义

对士大夫群体的研究,要在充分吸收前人已有的研究成果,占有更广泛的文献资料,运用多学科的相关理论、观点和方法的基础上,站在中华民族发展史的高度来理解该群体在社会政治、经济、文化生活中所发挥的作用和影响。同时,亦唯有深入研究士大夫的政治理念与道德判断,情感向度与人文精神,才能更加深刻地理解传统士大夫之特性和中国历史之特质。基于此,本书选择"元明之际士大夫"作为研究主题,具有重要的学术价值和现实意义。

(一)透视传统士大夫在社会剧变时期政治生态的一个重要视角

随着元明之际时局的变化、风俗的变迁与思潮的演变,士大夫的价值取向、政治选择和处世方式也发生着相应的变化。对此加以剖析,不仅可以深层解读此期士大夫的心理世界与现实行为、理论讲说与人生践履、原初动机与实际效果之间的种种复杂关系,更可以借此总结出士大夫在社会剧变时期的概貌、特征和影响,从而为类似研究提供一个可资借鉴的研究路径。如,通过透视由元至明士大夫社会地位的变化及其政治文化活动,总结出:在传统社会,士大夫既是社会历史的践履者和推动者,也是学术文化的承载者和传播者;通过解析鼎革之际士大夫复杂的内心世界和行为抉择,可以进一步认识传统士大夫对时势的敏感和随之而发生的道德异化;通过分析明初士大夫政治命运,可以揭示士大夫与专制政治之间的复杂关系;等等。

(二)打通元明历史,进而走"元明整体"研究的一个重要尝试

"元明之际"是一个政治变迁、社会转捩的特殊历史时期,作为元、明两代的过渡时期,其表面的历史特征无论是在政治、经济、文化还是社会民生上,无疑是动荡不安和紊乱无序的。但长期形成的社会发展规律并不会因为暂时的社会剧变而发生质的改变。在社会发展的深层,始终存在着一根看不见的强有力的杠杆维系着元明历史的自然嬗替。从某种意义上讲,元明鼎革,更多地表现为封建政权的更替,而不是社会形态的变动。基于此,在将元明之际分为衰世、乱世、治世三个阶段的同时,有意将其作为一个整体加以考察,不仅可以透视元明之际历史的变革大势、历史特点和内在规律,更可以深刻理解中国传统社会的发展轨辙和基本规律。本书对元明之际士大夫的纵向研究即试图通过这种尝试,揭示其中所包蕴的复杂历史内涵与意义。

(三)试图为现实社会的相关方面提供有益的历史借鉴和启示

一方面,通过再现历史变革时期士大夫的价值取向和行为方式,可以为新时期知识分子在确立理想目标、践行道德价值,处理个人与社会之间的关系等方面,树立一个形象、生动而多样的历史参考。另一方面,通过分析元明之际士大夫的生存状态和社会功能,以期揭明:良好的社会政治环境是士大夫文化功能与社会功能得以充分发挥的前提条件;在任何历史时期,知识分子都是推动历史发展的重要社会力量,尤其在社会转型和变革时期,他们更具有影响乃至决定历史走向的巨大能量。因此,营造良好的社会政治氛围,充分尊重知识分子的价值观和世界观,充分尊重知识分子的职业选择和社会流动,充分调动其积极性、自主性和创造性,在任何历史时期皆具有极为重要的社会现实意义。

第一编　失意与忧思

元季社会政治状况与士大夫的处境

第一章　元季社会环境与士大夫的政治态度

第一节　元末士人政策之变革与士人的社会地位

　　中国古代少数民族在入主中原后,深受汉族文明之浸润,最终走上了汉化道路,这是一个总的历史趋势。但若具体分析,它们各自所受汉文化影响的深浅和疾缓,却不甚相同。早在蒙古入主中原之前,中国北方已经历了西夏、辽、金数百年的少数民族统治。总体上,它们在统治后期都相继实行汉法,逐渐汉化,并最终融入了中原古老文明,取得了广大汉族士大夫的认同,承认了其君临天下的资格和地位。但相形之下,元朝的汉化道路却显得尤为艰难、迂回和曲折,呈现出一种鲜明的滞迟特点。期间,基于民族文化之差异,蒙元统治者在治国路线上,围绕"草原本位"和"采用汉法"进行了激烈而持久的争论。最终,争论以"祖述变通"[①]、"内蒙外汉"这一"二元"立国方针的确立而告结。[②] 这一结果的实现,既与忽必烈诸统治者重视文治,竭力推行汉法的努力休戚相关,也与作为汉文化承载者的汉族士大夫及汉化程度较高的少数民族士大夫之自觉推进密不可分。从这个意义上说,在元朝推行汉法、不断汉化的过程中,统治者能否对士大夫采取积极有效的政策,不仅是体现和推动蒙元汉化进程的重要因素,更是关乎元朝政权能否立足中原的关键所在,诚如元初汉儒郝经所言:"今日能用士,而行中

---

　　① 宋濂:《元史》卷四《世祖纪一》。

　　② 关于"内蒙外汉"二元模式问题,李治安先生在其《忽必烈传》第十九章第三节中有精辟论述,可资参考。(人民出版社2004年版,第759—784页)

国之道,则中国之主也。"①

那么,元朝对士人的政策到底如何呢? 自元明以来,论者多沿袭南宋遗民谢枋得的"九儒十丐"②之说,认为元代轻忽儒术,鄙薄儒士,是儒士地位极其低落的时代。至清,魏源对此提出异议,认为:"蒙古代宋,第其人为十等,有一官、二吏、三僧、四道、五兵、六农、七匠、八娼、九儒、十丐之说,又或谓元取士有辞曲科,皆无稽之谈。"③魏说提出后,在很长一个时期,并未得到学界的回应。直到近期,部分学者在相关研究中,方对"九儒"之说提出质疑,并予以澄清。④ 客观地说,终元一代,对士人(主要指汉族士人,以下同)的态度和政策是随着社会形势的变化而变化的,表现出鲜明的阶段性特征。对此,元人欧阳玄总结道:

> 皇元龙兴朔方,太祖皇帝圣知天授,经营四方。太宗皇帝平金初年,首诏孔元措袭封衍圣公,修宣圣庙,寻遣官分道程试儒业。世祖皇帝,初在藩邸,多士景从。比其即位,大召名儒,辟广庠序,兴举社学,建国子监学以训诲胄子;弼辅大臣居多俊乂,内廷献纳能明夫子之道者,言必称旨。在位三十五年之间,取士之法,兴学之条,讨论之规,裨益远矣。裕宗皇帝时,在东宫赞成崇儒之美。成宗皇帝克绳祖武,锐意文治,诏曰:"夫子之道,垂宪万世,有国家者,所当崇奉。"既而,作新国学、增广学官数百区,胄监教养之法始备。武宗皇帝焴兴制作,加号孔子为大成至圣文宣王,遣使祠以太牢。仁宗皇帝述世祖之事,弘列圣之规,尊五经,黜百家,以造天下士。我朝用儒,于斯为盛。英宗皇帝铺张巨丽,廓开弥文。明宗皇帝凝情经史,爱礼儒士。文宗皇帝缉熙圣学,加号宣圣皇考为启圣王,皇妣为启圣王夫人。今上皇帝(顺帝)入纂丕图,儒学之诏方颁。于是,内圣外王之道,君治师教之谊大备。⑤

欧阳玄所论,大抵勾勒出了元朝崇尚儒术、缘饰文治的汉化历程。而围绕这一主题,论者亦简要指出了元朝士人政策由"用士"逐渐向"重士"发展的基本轨迹。此后,魏源站在后人的立场上,对元朝的士人政策亦发表了独到见解:

---

① 郝经:《陵川集》卷三七《与宋两淮制置使书》。

② 谢枋得在其《谢叠山集》卷六《送方伯载归三山序》中引"滑稽之雄"的戏言,感叹:"七匠八娼九儒十丐,后之者,贱之者,谓无益于国也。嗟乎! 卑哉! 介乎娼之下,丐之上者,今之儒也。"

③ 魏源:《元史新编》卷八〇《选举志·序》。

④ 如,王国荣:《"九儒"说质疑》,《读书》1980年第12期。萧启庆:《元代的儒户——儒士地位演进史上的一章》,《社会变迁》,中国大百科全书出版社2005年版,第256—258页;杨镰:《元诗史》,人民文学出版社2003年版,第14—17页。

⑤ 欧阳玄:《圭斋文集》卷九《曲阜重修宣圣庙碑》。

　　明人好訾前代,每谓元起朔方,混为中夏,创制显庸,以辽、金新附者为汉人,以宋人为南人,以此用人行政,皆分内外三等。内色目而疏中原,内北人而外汉人、南士,事为之制,曲为之防。此用人,则台省要官皆据于世族,汉人、南人,百无一二。中叶以后,破格知遇者,官至集贤翰林院大学士而止,从无入相秉枢之事。以臣观之,殆不尽然。方太祖、太宗开创之初,即以耶律楚材为相,其所举用,立贤无方。世祖混一南北,复相史天泽,而刘秉忠参赞大计,已同内相。其馀如赵璧、宋子贞、张文谦、姚枢、许衡、叶李等,并入中书辅政。初无内蒙古、色目,外汉人、南人之见,惟中叶以后,始分畛域。①

在此,魏源虽旨在驳斥明人对元代民族等级政策的偏见,进而揭明元中叶以前并无明显的民族畛域这一重要史实,但言语间也暗示:元朝在"混一南北"、巩固统治的过程中,对士人的态度和政策也进行了必要的调整。基于此,以下拟围绕元代汉化的历史进程,在梳理元顺帝之前士人政策的同时,着重对元末士人政策的变革及局限性予以评述。

一、顺帝以前士人政策之演变

(一)前元四汗时期:起用儒士,以备顾问

　　前元四汗时期(太祖、太宗、定宗、宪宗),蒙古统治者常年征战,尚无明确的士人政策,但在逐步接近汉族文化的过程中,贤人儒士也经常得到当权者的征用。

　　太祖成吉思汗(1206—1227年在位)时期,灭国四十,"肇造区夏"②,使昔日分散游牧、争战不休的草原各部逐步凝聚为统一的蒙古民族共同体。此时,蒙古政权尚带有浓厚的草原游牧特征,贵族统治者以尚武功伐为主,军政的着眼点在于经济的掠夺和兵源的罗掘,加及在1211年伐金以前,蒙古贵族和中原接触较少,对汉地文化和社会传统认识肤浅,甚至持怀疑、敌视态度。所以在军事征战中,虽然成吉思汗一度收罗重用了耶律楚材、塔塔统阿、王德真③、

---

　　①　魏源:《元史新编》卷首《拟进呈〈元史新编〉表》。
　　②　宋濂:《元史》卷三八《顺帝纪一》。
　　③　据《新元史》卷一三三《王德真传》载:"王德真,字济淮,哇兴丰利人。九岁而孤。太祖败金军于野狐岭,获德真,爱其风骨,命后宫抚养之。稍长,通蒙古语,善于译说。太祖以德真汉人,定官名为奉御,与也速拜儿、培布台、札固剌台三人同列,皆当时勋贵也。"

刘敏①、史秉直②、刘仲禄③、王檝④等治国兴邦之士,但总体上,这一时期士人往往受到蔑弃,甚至像耶律楚材这样的名儒,在被任用之初,也遭人怀疑:"国家方用武,耶律儒者,何用?"⑤故而,在成吉思汗时代,楚材不过"备员翰墨,军国之事,非所预议"⑥,尚无充分的发言权。而汉族士人的境地更为悲惨,他们不仅难以得到任用,还常常招致杀戮,沦为"驱口"。相较而言,受宗教习惯的影响,成吉思汗对宗教人士却表现出一种优容、尊崇态度,僧道可以以宗教身份获得免差特权⑦,如禅僧海云(俗名宋印简)、全真教教主丘处机等还颇受成吉思汗的青睐。可见,在这一时期,在蒙汉文化尚未充分接触、碰撞之时,儒士尚未取得与僧道一样的权利,社会地位较为卑贱。

至太宗窝阔台(1229—1241 年在位)时期,蒙古人已入主中原,为巩固汗位,恢复汉地统治秩序,窝阔台调整太祖政策,兴举文治,始对汉族士人加以保护、优待和任用。主要表现在:

1.尊崇儒术。蒙古国时期,儒学不受重视,仅被视为一种宗教加以对待。窝

---

① 刘敏,字德柔,一字有功。宣德人。1212 年被俘,成吉思汗取充怯薛,1223 年出掌燕京财务。

② 据《新元史》卷一三八《史秉直传》载:"史秉直,永清人。金末,中原大乱,叹曰:'财者,人之命也,安可独享。'乃遍周贫乏,建家塾,招徕学者。秉直读书尚气概。太祖八年,木华黎率师南伐,所向残破。木华黎欲官之,秉直辞而荐其子。寻迁于漠北。九年,从攻北京,城降。诏以吾也尔为北京路都元帅,秉直行尚书六部事。"

③ 据《元史》卷二〇二《丘处机传》载:"岁己卯(1219 年),太祖自乃蛮命近臣札八儿、刘仲禄持诏求之(丘处机)。"元人魏初《青崖集》卷三《重修磻溪长春成道宫记》亦载:"适元太祖圣武皇帝遣近侍刘仲禄召至雪山之阳,虚席以问至道。对以寡欲修身之要,爱民永国之方,及上天所以好生恶杀之意。上皆嘉纳之。"关于刘仲禄此人,据王国维考证:"仲禄姓名,他书未见,惟《元史·河渠志》载太宗七年岁乙未(1235 年)八月勒:近刘冲禄言:'率水工二百余人,已依期筑闭卢沟河元破牙梳口'云云。即此记之刘仲禄也。足本《西游录》:'昔刘姓而温名者以医术进,渠谓丘公行三百年,有保养长生之秘术,乃奏举之。'《至元辨伪录》三:'道士丘处机继唱全真,本无道术,有刘温字仲禄者,以作鸣镝幸于太祖,首信僻说,阿意甘言,以医药进于上,言丘公行年三百余岁,有保养长生之术,乃奏举之。'"(参见《长春真人西游记校注》,《王国维遗书》第 13 册,上海古籍书店本)另据《析津志》载:"刘便宜,名仲禄,其先为马邑人,天兵南下,建策于上,因而获宠用。"而之所以名为"便宜",是因成吉思汗命其召丘处机时,赐金虎符云:"如朕亲行,便宜从事。"故称之。以上可知,刘仲禄名温、便宜,仲禄乃其字也。

④ 宋濂:《元史》卷一五三《王檝传》。

⑤ 苏天爵:《国朝文类》卷五七宋子贞撰《中书令耶律公神道碑》。

⑥ 耶律楚材:《湛然居士文集》卷八《寄赵元帅书》。

⑦ 关于成吉思汗优容僧、道的政策,见载于其札撒当中;另李志常《长春真人西游记》中亦记载了全真教取得免差诏的事实。(参见《长春真人西游记校注》)蒙古官方史籍中所载僧、道免差之诏最早者为 1229 年,见《通制条格》卷二九,浙江古籍出版社 1986 年版。

阔台虽然曾发出"儒家何如巫医"①的疑问,但相比前汗,已意识到了儒学作为治国工具的功能和对广大汉族士人的意义。所以,1229年即位伊始,窝阔台即接受宣抚王撰的建议,尊孔重儒,并采取了一系列重要措施,诸如将全国的枢密院改成宣圣庙;后又诏令各路、州、府、县修孔庙;封孔子五十一世孙孔元措(字梦得)袭封衍圣公;太宗十年(1238年),杨惟中在燕京(今北京市)建太极书院,立周子祠,以纪念理学鼻祖周敦颐,并以程颢、程颐、张载、杨时、游酢、朱熹六人配祭祠中,由儒士赵复在其中主讲经书,传播程朱理学。这些措施,对于深受儒家文化濡染的士人而言,具有强烈的吸引力,打消了他们对金亡前后"天纲绝,地轴折,人理灭"②局面的忧虑,从而客观上为蒙廷争取和任用士人赢得了良好的社会氛围。

2.优待儒士。一方面,改变以往在征战中杀戮儒士的政策,开始对儒士另眼看待,"凡儒服挂俘籍者,皆出之"③。如,太宗七年(1235年),太宗命太子阔出(又译库春)率师伐宋,特命姚枢从征,与行中书省事杨惟中"即军中求儒、道、释、医、卜者"④,被俘者凡有一技之长者皆令脱释,得名士赵复等儒士数十人。另一方面,救济安置在兵燹中流离失所的儒士,提高其社会经济地位。太宗十年(1238年),按照耶律楚材的建议,在户计制度中加上"儒户",使其获得与僧道一样的优免赋役的权利。在此基础上,太宗开始"思养其贤才而用之"⑤,虽然当时汗廷蒙古本位主义弥漫,当权者多为蒙古、西域人,汉族士人能够进入者寥寥,"龙庭无汉人士夫"⑥,但较之以前,情形已大为改观。如太宗二年(1230年)十一月,设置十路征收课税使,皆以儒士为之;五年(1233年),中书杨惟中与姚枢北觐太宗,"帝喜其来,甚重之"⑦;在地方各级衙门,大批汉族儒生成为主要成员,承担了地方政权建设的主要任务。同时,以耶律楚材为代表的少数民族士人,此时亦进入政权核心,参与机要,讲论治道,在蒙古政权建设和汉地社会秩序的恢复中,发挥了很大作用。

3.兴学重教。太宗初定中原,即议立学校。在中央,太宗六年(1234年)在

---

① 宋濂:《元史》卷一二五《高智耀传》。
② 苏天爵:《国朝文类》卷五七宋子贞撰《中书令耶律公神道碑》。
③ 姚燧:《牧庵集》卷四《序江汉先生死生》。
④ 宋濂:《元史》卷一五八《姚枢传》。
⑤ 虞集:《道园学古录》卷四二《金燕南河北道肃政廉访司事赵公神道碑》。
⑥ 姚燧:《牧庵集》卷一五《中书左丞中书左丞姚文献公神道碑》。
⑦ 姚燧:《牧庵集》卷一五《中书左丞中书左丞姚文献公神道碑》。

燕京设国子学,以儒士冯光宇为国子总教,命侍臣 18 人入学,是为建置学校之始。① 在地方,九年(1237 年)曾议立学校,并下诏强调重才养士的重要性:"古昔张置学校,官为廪给,养育人才。今来名儒凋丧,文风不振,所据民间应有儒士,都收拾见数。若高业儒人,转相教授,攻习儒业,务要教育人才。"②可惜当时战事频仍,黎民流离,学校之议未能果行。但纵然如此,也足见太宗对于儒学传播和儒生教育是较为重视的。

4.儒术选士。金亡前后,社会板荡,士大夫颠沛流离,生计艰危,不得已"堕于屠沽,去为黄冠",甚而"混于杂役",沦为驱奴。③ 鉴于此,太宗九年(1237年),按照中书令耶律楚材的建议,始用"儒术选士"。④ 次年(戊戌),命断事官术虎乃和山西东路课税所长刘中,在中原诸路开科取士,以策论、经义、辞赋为三科,结果选得东平杨奂等 4030 人,授予各种官职,并免除赋役,史称"戊戌选士"⑤。这种选士活动后来由于蒙古贵族的阻挠而"事复中止"⑥,但它却使得元廷及时得到了加强统治所急需的各类人才,意义深远。⑦

下逮定、宪时期,政局动荡,"群臣擅权,政出多门"⑧,尤其是窝阔台晚年,耶律楚材失势,西域回教与景教教徒纵横汗廷,儒士地位随即下降,前期规定的免差特权也名存实亡。对此,陶宗仪有言:"高学士国朝儒者,自戊戌选试后,所在不务存恤,往往混为编氓。至于奉一札十行之书,崇学校、奖秀艺、正户籍、免徭役,皆翰林学士高公智耀奏陈之力也。"⑨针对这一情形,定、宪年间,在巩固汗权

---

① 柯劭忞:《新元史》卷六四《选举志·学校》。

② 《庙学典礼》卷一《选试儒人免差》。

③ 彭大雅、徐霆:《黑鞑事略》,王国维编注《蒙古史料四种》本,北京清华学校研究院 1926 年版,第 495 页。

④ 宋濂,等:《元史》卷一四六《耶律楚材传》。

⑤ 针对《元史·选举志》及近代学者多以"戊戌选士"为元初唯一的科举这一说法。萧启庆先生认为:严格而论,这次考试不能称之为科举。在形式上,只有路试而无会试;在难易上,仅以"文义"为取士标准,且一次就录取四千余人,其中有四分之一原来为奴隶出身,故较唐宋为易。所以,他进一步指出:"戊戌之试在历史上的重要性,不在于举拔官吏,而在于救济流离失所及陷于奴籍的儒士。"参见《元代的儒户——儒士地位演进史上的一章》,《社会变迁》,中国大百科全书出版社 2005 年版,第 264 页。此后,赵琦先生亦主张:"戊戌选试是为编定僧、道、儒户为举行的,对儒士的选试只是其中的一个组成部分,这从本质上决定了戊戌选试不同于历代科举的性质。"参见《金元之际的儒士与汉文化》,人民出版社 2004 年版,第 65 页。

⑥ 宋濂:《元史》卷八一《选举志一》。

⑦ 宋濂:《元史》卷一四六《耶律楚材传》。

⑧ 宋濂:《元史》卷三《宪宗纪》。

⑨ 陶宗仪:《南村辍耕录》卷二《高学士》。

之时,"遵祖宗之法"①,以"儒以纲常治天下"②为宗旨,重视士人政策之改革。如:宪宗蒙哥(1251—1259 年在位)时期,一方面,举行局部性考试,令"通一经,即不同编民"③;"凡名为士类者,毋隶奴籍"④。另一方面,接受西夏人高智耀的建议,下诏"免汉儿、河西、秀才、差发、徭役"⑤,免除儒士徭役。尤堪一提的是,宪宗初年,时为藩王的忽必烈受命任漠南汉地军国庶事,任用汉儒,励精图治,对河南、陕西吏治多有改善,社会经济得到较快恢复发展。⑥ 这一生动历史画面在宪宗统治期间极具特色,它不仅为忽必烈日后推行汉化、一统天下奠定了基础,且作为一个典型展示了宪宗尊崇士人的历史事实。

总之,在前元时期,尽管作为恢复和巩固汉地统治秩序的权宜之计,太宗等统治者宣称尊崇儒学,优容儒士。但总体来看,由于此时蒙古政权的民族色彩尚浓,汉化程度不高,故而汉族士人很难被广为任用,即使有幸进入蒙廷的少数汉族士人,其作用亦仅停留在贡献猷谋,以备顾问的阶段,并未充分发挥自身的政治功能。

(二)忽必烈时期:大兴文治,眷隆士人

世祖忽必烈(1260—1294 年在位)时期,鉴于此前"武功迭兴,文治堕缺"⑦之不足,改弦更张,大兴文治,在汉化道路上迈出了关键一步。所以史家称他"度量弘广,知人善任使,信用儒术,用能以夏变夷,立经陈纪,所以为一代之制者,规模宏远矣"⑧。充分肯定了其顺应时势,推动蒙古国最终转变为元王朝的历史功绩。

早在金莲川潜藩时,忽必烈即倾心汉族文化,曾延揽刘秉忠、许衡、王鹗、刘因、姚枢、张文谦、赵璧、元好问、郝经、商挺、王恂、王磐、窦默等鸿彦硕学问以治道,讲论经史。在这些人的熏染下,忽必烈通达儒术汉法,颇知治国兴邦之道,表

---

① 宋濂:《元史》卷三《宪宗纪》。

② 宋濂:《元史》卷一二五《高智耀传》。

③ 马祖常:《石田文集》卷一三《故礼部尚书马公神道碑铭》。

④ 苏天爵:《元朝名臣事略》卷七《平章廉公正王》,参见陈垣《元西域人华化考》,上海古籍出版社 2000 年版。

⑤ 《庙学典礼》卷一《秀才免差发》。

⑥ 《元史》卷七《世祖纪一》载:"岁甲辰,帝在潜邸,思大有为于天下,延藩府旧臣及四方文学之士,问以治道。"(第 57 页)此"岁甲辰"指 1244 年,当时忽必烈正是三十岁;所谓文学之士,乃泛指学者。这段记载表明,忽必烈召请贤士的起始年份是相当早的。

⑦ 苏天爵:《国朝文类》卷九王鹗撰《即位诏》。

⑧ 宋濂:《元史》卷一七《世祖纪十四》。

现出较高的政治抱负。1260 年忽必烈获即汗位，此时蒙古帝国已"奄有四海，治功大备"①，在此博大恢弘的历史场景中，忽必烈因时制宜，确立了"祖述变通"的立国方针，推行汉法，大兴文治，在汉化道路上迈出了关键一步。其间，士人政策作为其汉化措施中的重要内容，也日渐趋于完善。此主要表现在以下几点：

1.征聘儒雅，量才擢用。② 忽必烈践祚之初，即下令搜罗海内才俊，尤其对江南广大士人，"惟恐其或遗"③。在平宋前后，对南宋士人尽力招降、笼络，宣布"去逆效顺、与众来降、或别立奇功者，验等第官资迁擢"④，这一政策对于稳定江南局势，恢复统治秩序作用甚大。南宋亡后，元廷继续在江南招揽遗民，至元二十三年(1286 年)，忽必烈特遣南宋后裔程钜夫(1249—1318)南下求贤，罗致留梦炎、王龙泽、赵孟頫、叶李等名士二十余人，聘为监察、文学之职。⑤ 同时，对于那些怀才抱德，隐晦不仕者，元廷也屡加征聘，要求各级衙门"举其所知，拔居侍从"⑥。如，中统二年(1261 年)四月，"举文学才识可以从政及茂才异等，列名上闻，以听擢用"⑦。至元二年(1265 年)九月，"王鹗请于各路选委博学老儒一人，提举本路学校"⑧。十三年(1276 年)二月，诏："前代圣贤之后，高尚儒、医、僧、道、卜筮，通晓天文历数，并山林隐逸名士，仰所在官司，具以名闻。"⑨次年，"遣中丞崔彧祀南岳，就访隐逸"⑩。十七年(1280 年)七月，遣"中使咬难至江南访求高士"⑪。二十八年(1291 年)，诏选隐晦之士，"在近知名者，尚书省就便选用；在外居住者，所在官司以名荐举"⑫。通过朝廷上下的努力，世祖初期，许多士人得到征用，"一时贤士人云合辐辏，争进所闻。逮中统、至元之间，布列台阁，分任岳牧，蔚为一代名臣者，不可胜纪。"⑬举其要者有：

---

① 宋濂：《元史》卷三八《顺帝纪一》。
② 元明善：《清河集》卷二《参政商挺赠谥制》。
③ 郑元祐：《侨吴集》卷九《白鹤观祠堂记》。
④ 苏天爵：《国朝文类》卷九王构撰《兴师征江南谕行省官军诏》。
⑤ 关于程钜夫求贤事宜，陈得芝先生《程钜夫奉旨求贤江南考》(《内陆亚洲历史文化研究：韩儒林先生纪念文集》，南京大学出版社 1996 年版)一文有深入论述，可资参考。
⑥ 陶安：《陶学士集》卷二《送张学正并序》。
⑦ 柯劭忞：《新元史》卷七《世祖纪二》。
⑧ 宋濂：《元史》卷四《世祖纪一》。
⑨ 宋濂：《元史》卷九《世祖纪五》。
⑩ 柯劭忞：《新元史》卷二四二《张康传》。
⑪ 柯劭忞：《新元史》卷一〇《世祖纪四》。
⑫ 《元典章》卷二《圣政一·举贤才》。
⑬ 苏天爵：《元朝名臣事略》卷七《左丞张忠宣公》。

表 1.1　世祖朝汉族高级官员简表

姓　名	生卒年	籍　贯	在世祖朝官至	召用史实
刘秉忠	1216—1274	今江西高安人	礼部尚书	1242 年,以禅宗海云之荐入忽必烈王府。
王文统	1190? —1262	今山东青州人	中书省平章政事	世祖即位,以刘秉忠推荐召用。
张文谦	1216—1283	今河北邢台人	中书左丞、枢密副使	1247 年,经刘秉忠推荐,获忽必烈召见。
商　挺	1209—1288	今山东菏泽人	枢密副使	1253 年,忽必烈在潜藩,遣使征至盐川。
赵良弼	1217—1286	今山东东平人	同金书枢密院事	忽必烈在潜藩时,召之。
刘　因	1249—1393	今河北保定人	集贤学士	1282 年,诏征为赞善大夫。
史天泽	1202—1275	今河北永清人	中书右丞相	中统元年(1260 年),忽必烈即位,召之。
杨惟中	1205—1259	今河北阳原人	宣抚使	蒙哥即位后,专事忽必烈。1253 年,任京兆宣抚使。
杨　果	1197—1269	今河北安国人	参知政事	金正大中登进士第。1260 年官北京巡抚使,次年拜参知政事。
赵　复	1200—1277	今湖北安陆人	国子司业	忽必烈在潜藩时,召之。
姚　枢	1203—1280	今辽宁朝阳人	翰林学士承旨	忽必烈在潜藩时,召之以备顾问。即位后,官至中书左丞。
王　鹗	1190—1273	今山东东明人	翰林学士承旨	金正大元年(1224 年)甲申科状元。1244 年,遣使聘之。
赵　璧	1220—1276	今山西大同人	中书平章政事	1242 年,忽必烈在潜藩时,召之。
马　亨	1206—1277	今河北邢台人	户部尚书	以刘秉忠之荐,召用之。
叶　李	1242—1292	今浙江杭州人	中书平章政事	1277 年,元廷求遗逸,得之。
刘　肃	1188—1263	今河北威县人	左三部尚书	金兴定二年(1218 年)进士。忽必烈居潜藩时,任邢州安宣抚使。
窦　默	1196—1280	今河北邯郸人	文馆大学士	忽必烈在潜藩时,召之。
宋子贞	？—1266	今山西长治人	中书平章政事	忽必烈南伐,召之。
许　衡	1209—1281	今河南焦作人	集贤大学士兼国子祭酒	1254 年,忽必烈在潜藩时,召为京兆提学。
张　易	？—1282	今山西交城人	枢密副使	/

姓　名	生卒年	籍　贯	在世祖朝官至	召用史实
郭守敬	？—1316	今河北邢台人	/	1262 年,以荐召之。
张　惠	1223—1285	今四川成都人	荣禄大夫、平章政事	1264 年,拜中书参知政事。
陈　祜	1222—1277	今河北宁晋人	浙东道宣慰使	1260 年,除为河南西路总管。
程思廉	1235—1296	今内蒙古托克托人	云南御史中丞	1260 年,以刘秉忠荐用之。
商　琥	生卒年不详	今山东曹县人	国子司业	1277 年,拜江南行御史台监察御史。
胡祗遹	1227—1293	今河北邯郸人	浙西道提刑按察使	中统初,张文谦宣抚大名,辟员外郎。
王　纲	1234—1287	今河北安平人	广东道提刑按察使	/
高良弼	1222—1287	今河北正定人	淮安路总管	早年事忽必烈于潜邸。
李秉彝	1218—1282	今北京通州人	两浙转运使	从忽必烈伐宋渡江。
覃　澄	1216—1274	今河北怀来人	副都元帅、同知宣慰司事	忽必烈平大理还,留居藩府。
姚　燧	1238—1313	今河南洛阳人	太子宾客	忽必烈在潜藩时,任王府文学,后授奉议大夫。
王　恽	？—1304	今河南卫辉人	翰林学士	1260 年,辟为详议官。
雷　膺	1224—1297	今山西大同人	行太侍御史、集贤学士	忽必烈即位,授大名路宣抚司员外郎。
陈思济	1232—1301	今河南柘城人	行中书省事	忽必烈在潜藩时,召之。
梁　贞	1128—1307	今河南安阳人	建康道肃政廉访司事	至元初,拜为监察御。
吕文焕	？—1285	今安徽寿县人	参知政事	1269 年降,用之。
高智耀	？—1268	河西人	中兴等路提刑按察使	忽必烈在潜藩时,召之。及即位,尤加礼遇。
杨恭懿	1224—1294	今陕西西安人	昭文馆大学士	忽必烈即位,屡召始至京师。
李　昶	1203—1289	今山东东平人	东西道提刑按察使	金兴定二年(1218 年)进士。忽必烈伐宋,召之。
王　恂	1235—1281①	今河北唐县人	嘉义大夫、太史令	以刘秉忠之荐,召见于六盘山。
赵良弼	1217—1286	今河北赵县人	同金书枢密院事	忽必烈在潜藩时,召之。

---

① 按:柯劭忞《新元史》卷一七一《王恂传》载:"十九年(1282),王恂卒。"今据《元史》卷一六四《王恂传》所载"十八年"。

续表

姓 名	生卒年	籍 贯	在世祖朝官至	召用史实
贾居贞	1224—1286	今河北正定人	参知政事	忽必烈在潜藩时,使监筑上都城,以母忧归。
李德辉	1218—1280	今北京通州人	行中书省参知政事	忽必烈在潜藩时,用刘秉忠之荐,使侍裕宗讲读。
张德辉	卒年八十	今山西太原人	中书省事	1247年,忽必烈召见之。
徐世隆	1206—1285	今河南淮阳人	集贤学士	金正大四年(1227年)进士。忽必烈在潜邸时,召见于日月山。
孟攀鳞	1204—1267	今内蒙古乌拉特前旗人	翰林待制	金正大七年(1230年)进士。1262年授翰林待制、同修国史。
王 磐	卒年九十二	今河北广平人	太常少卿	金正大四年(1227年)进士。1236年,杨惟中奉诏招贤,得之。
郝 经	1223—1275	今山西长治人	国子祭酒	1251年,忽必烈召之,咨以时务。
张伯淳	?—1301	今浙江嘉兴人	翰林直学士	南宋进士。1286年以荐授杭州路儒学者教授。
程钜夫	1249—1318	今安徽徽州人	海北道肃政廉访使	宋德祐初,入元为质子。忽必烈召之。
赵孟𫖯	1254—1322	今浙江湖州人	翰林学士承旨	程钜夫奉诏搜江南遗逸,得之。
崔 斌	1223—1278	今山西朔州人	江淮行省左丞	忽必烈在潜藩时,召之。
刘 宣	?—1288	今山西长治人	御史中丞	1275年,忽必烈召见之。
秦长卿	生卒年不详	今河南洛阳人	兴和宣德同知	忽必烈即位,以布衣征至京师。
李 冶	1192—1279	今河北栾城人	翰林学士	金正大七年(1230年)进士。忽必烈在潜藩时,召之。
张雄飞	?—1286	今山东临沂人	御史中丞	1265年,以廉希宪之荐,召之。
卢 懋	?—1285	今河北大名人	中书右丞	以桑哥之荐,召用之。
马 绍	?—1300	今山东金乡人	行中书右丞	平章政事张启元荐之,授左右司都事。
杨 奂	卒年七十	今陕西乾县人	参议京兆宣抚司事	忽必烈在潜藩时,召为参议京兆宣抚司事。
王 倚	1240—1292	今山东莱州人	礼部尚书	忽必烈选良家子入侍东宫,即以充选。

续表

姓　名	生卒年	籍　贯	在世祖朝官至	召用史实
阎　复	1236—1312	今山西临汾人	集贤学士	1271年,以荐授翰林应奉文字
崔　彧	?—1298	今河北阳原人	平章政事	负才气,刚直敢言,忽必烈甚器之
留梦炎	1219—1295	今浙江衢州人	翰林学士承旨	宋淳祐四年(1244年)进士。宋亡,事忽必烈为吏部尚书
李俊民	年八十余卒	今山西泽州人	世祖即位前卒	忽必烈在潜藩时,召之
梁　曾	1242—1322	今北京大兴人	吏部尚书	1263年,以翰林学士承旨王鹗之荐,辟为中书左三部令史
李　谦	卒年七十九	今山东平阴人	直学士、太子左谕德	至元中,翰林学士王磐荐之,召为应奉翰林文字
尚　文	1229—1320	今河北深泽人	刑部尚书	1269年,以刘秉忠之荐,与诸儒采唐《开元礼》及近代礼仪
王　约	1252—1333	今河南开封人	中书右司员外郎	1276年,翰林学士王磐荐为从事
魏　初	卒年六十一	今河北阳原人	治书侍御史	1260年立中书省,辟为掾史,兼掌书记

注:此表主要据《元史》、《新元史》、《元史新编》中的"世祖纪"及相关列传等。

据上表可见,忽必烈时期所延揽的士人大体可分为两类:一类是金代遗民,如史天泽、张德辉、杨果、郝经、杨奂、宋子贞、商挺、李昶、徐世隆、贾居贞、刘肃、李冶、王磐、孟攀鳞、王鹗等。一类是南宋遗民,如留梦炎、赵孟頫、叶李、张伯淳、吕文焕等。二者相比,又以金代遗民为多。从地域上看,这些人多来自北方河北、山西等地,仅以河北为例,就有刘秉忠、张文谦、李德辉、刘肃、马亨、王恂、郭守敬、李冶、刘因、杨惟中、赵良弼、张德辉、高良弼等。同时,这一时期汉族士人虽多任翰林官职,但也有不少人位至华要(如中书省官员等),握有实权,此大体体现了"省院诸司皆以南人参用"①的情形。在地方,虽然正职多由蒙古官员担任,但实际政务却多由汉族官员掌握,除表中所列外,又如中统元年(1260年)五月立十路宣抚司,其中任宣抚使者除赛典赤、粘合南合、孛鲁海牙、廉希宪外,其他16人皆为汉族人,如李德辉为燕京宣抚使,宋子贞为益都济南等路宣抚使,史天泽为

---

① 宋濂:《元史》卷一四《世祖纪十一》。

河南宣抚使,杨果为北京等路宣抚使,张德辉为平阳太原路宣抚使,刘肃并为真定路宣抚使,姚枢为东平路宣抚使,张文谦为大名彰德等路宣抚使,崔巨济为西京路宣抚副使,廉希宪为京兆等路宣抚使,等。① 可以说,世祖初期,汉族士人无疑是安定中原的柱石,也是传播学术文化,推动汉化进程的中坚。盖因如此,史臣赞曰:"世皇混一海宇,不爱高爵,重币礼致岩穴之士,有自布衣趋拜极品者,怀材抱艺,晦迹丘园者悉以名闻,清修苦节之士由是彬彬矣!"②

2.兴举学校,造育人才。忽必烈在征召举荐士人时,也注重兴学育人。早在即位之前,张德辉、姚枢、刘秉忠等就曾向忽必烈提出在封地恢复学校的建议。③他们的建议得到了忽必烈的重视,遣张德辉提举真定学校;命许衡为京兆提学,并在"郡县皆建学校"④。但由于此时忽必烈仅为藩王,加及在朝中屡受排挤,故兴学事宜开展困难,规模有限。

忽必烈即位后,鉴于当时"诸路学校久废"的境况,于中统二年(1261年)下诏整饬地方官学,"选博洽多闻之士,以教导之"⑤。降及至元间,忽必烈进一步认识到"事由似缓而实急者,学校是也"⑥,所以在此阶段,各类学校渐次创设。在中央,至元六年(1269年)设立国子学,八年(1271年)召命许衡为集贤大学士兼国子祭酒,许衡征其弟子王梓、刘季伟、韩思永、耶律有尚、吕端善、姚燧、高凝、白栋、苏郁、姚燧、孙安、刘安中等12人为伴读。⑦ 二十四年(1287年),正式设立国子监,建立制度,讲究教法,国学渐兴。在地方,亦设立了相应的儒学,路有路学、府有府学,州县有州县学。据《元史·世祖纪十一》、王圻《续文献通考·学校考》载,世祖时诸路学校的具体数量为:至元二十三年(1286年),二万一百六十六所;二十五年(1288年),二万四千百余所;二十八年(1301年),二万一千三百余所。同时,在各路设提举学校及教授、学正、学录等学官,负责地方官学的管理工作。此外,又于中统二年(1261年)设立医学;二十三年(1286年)设立社学;二十八年(1291年)在江南诸路儒学和各县学内设立小学。至此,元代学校

① 柯劭忞:《新元史》卷七《世祖纪一》。
② 胡行简:《樗隐集》卷四《晦园记》。
③ 具体建议分别见:元好问《遗山先生集》卷三二《令旨重修真定庙学》;苏天爵《国朝文类》卷六〇,姚燧撰《中书左丞姚文献公神道碑》;《元史》卷一五七《刘秉忠传》。
④ 宋濂:《元史》卷一五八《许衡传》。
⑤ 柯劭忞:《新元史》卷七《世祖纪一》。
⑥ 柯劭忞:《新元史》卷六四《选举一》。
⑦ 据柯劭忞《新元史》卷一七〇《许衡传》载,12人分别为:王梓、刘季伟、韩思永、耶律有尚、吕端善、姚燧、高凝、白栋、苏郁、姚燧、孙安、刘安中。

初具规模,为后世奠定了发展的基础。

除了学校外,这一时期还重视书院的修建。宋元之际,南北交战,书院招致毁坏;同时,元初大量宋遗民不仕新元,隐居书院,兴学授徒,造就了元初书院特有的独立性格。鉴于此,忽必烈时期对书院政策作了相应的调整。一方面,对于以前的书院加以保护整修。如,中统二年(1261年),下诏"凡有书院,亦不得令诸人骚扰"①。至元十二年(1275年),元军进入集庆(今江苏南京),下令"书院依例复旧"。另一方面,根据需要,新建书院。据邓洪波《中国书院史》统计,世祖年间新建书院34所,重建14所,在元代仅次于惠宗新建54所,重建17所。②二十八年(1291年),忽必烈下诏在"先儒进化之地,名贤经行之所,并立为书院"③。同年,忽必烈还下诏将书院山长正式列为朝廷命官,实现了元代书院的官学化,并为后世所沿用。为改变宋遗民对新政权的态度,忽必烈承认了遗民兴学的合法性,还任命其为书院山长,食元禄而施教于民,这又实现了故朝遗民向元代学官的角色转变。可以说,一大批书院相继创建,成为当时乃至元代文化教育事业上的重要创获,而书院被纳入官学系统则充分体现了忽必烈"遵用汉法"的政策倾向。

毫无疑问,作为重要的文化教育政策和汉化途径,学校和书院的创建,对于广大士人,尤其是深受理学熏陶的南方士人,是颇具吸引力的。忽必烈创建学校、书院以"育人才、厚风俗、美教化"④为宗旨,不仅表现了蒙元政权接近汉文化的政策趋向,客观上也拉近了蒙古政权与汉族士人之间的关系,二者以儒家文化为基点,逐渐缩小了民族之间的差异,在交流互动之中向一种协调状态发展。

3.尊孔崇儒,优渥士人。忽必烈吸收夏、金的统治经验,崇奉儒学,提倡礼教,用以安定社会,消弭汉族士人的斗志。他深知文质彬彬的汉文明单凭武力很难奏效,更不可能摧折汉族士人的意志,唯有推行儒学,从思想上俘虏汉儒,才可能达到统治中原汉人的目的。于是,忽必烈将尊孔崇儒、优渥士人作为要务加以推行。

首先,在尊崇儒学方面,忽必烈早在潜藩时,就曾敕令从臣秃忽思等人辑录《毛诗》、《孟子》、《论语》、《春秋》等经典,以供学习,由此忽必烈赢得"儒教大宗师"的美誉。即位后,又任命许衡等人为翰林官员,宣讲程朱理学;同时加强修

---

① 《元典章》卷三一《礼部四·禁治骚扰文庙》。
② 邓洪波:《中国书院史》,东方出版中心2004年版,第195页。
③ 宋濂:《元史》卷八一《选举志一》。
④ 苏天爵:《国朝文类》卷六〇,姚燧撰《中书左丞中书左丞姚文献公神道碑》。

孔庙、祭孔子的力度。中统二年（1261 年）元月，下令各地"岁时致祭"宣圣庙，违者严加治罪①，并对孔庙中孔子及先哲的位置排列和祭祀的礼仪作出明确的规定。同年八月，"命开平守臣释奠于宣圣庙"②；至元四年（1267 年）正月，敕修曲阜宣圣庙③；五月，又敕上都（今内蒙多伦西北）重建孔子庙。④ 二十九年（1292 年）四月，立云南诸路庙学⑤，这是世祖时期在地方儒学中设立庙学之开始。另外，还规定地方儒学的教学内容，主要以四书、五经为必修教材。上述措施，初步形成了世祖时期的儒治气象，推动了儒学在元代的发展。但必须指出，世祖期间，儒学在昔日中原王朝的"独尊"地位仍未得到应有承认。

其次，在优渥士人方面，承太宗旧制，重视保护和礼遇士人。世祖即位之初，接受高智耀的意见，继续改变当时"以儒为驱"的局面，得到儒士数千人。至元十四年（1277 年），南宋平定不久，为安定江南汉族士人，世祖一仍前朝儒户制度，在江南地区广设儒籍，凡旧宋"登科发解、真材硕学、名卿士人"⑥均可入为儒籍，结果使江南儒户数目远超北方汉地；⑦并"赎江南儒士为人掠卖者"⑧。同时，明确和保护士人的权利和义务，如蠲免赋役、出任教官、充任胥吏等。至元十三年（1276 年）三月，"敕诸路儒户通文学者三千八百九十，并免其徭役"⑨。此外，忽必烈还下令在各处立碑刻石，重申优儒士条文。清人阮元所辑《西浙金石志》载有一篇饶有兴味的碑文：

> 皇帝圣旨：据尚书省奏，江淮等处秀才乞免差役事：准奏。今后在籍秀才，做买卖纳商税，种田纳地税，其余一切杂泛差役并行蠲免，所在官司常切存恤，仍禁约使臣人等，毋得于庙学安下，非礼骚扰。准此。至元二十五年十一月□日⑩

应该说，碑文所反映的元初优待儒士的情况，大体是可信的。同时，在日常

---

① 《元典章》卷一《先圣庙岁时祭祀禁约骚扰安下》。
② 宋濂：《元史》卷四《世祖纪一》。
③ 宋濂：《元史》卷六《世祖纪三》。
④ 宋濂：《元史》卷六《世祖纪三》。
⑤ 柯劭忞：《新元史》卷一二《世祖纪六》。
⑥ 《庙学典礼》卷三《儒户照抄户手收入籍》。
⑦ 据萧启庆先生统计，至元十三年（1276 年）北方汉地为 3890 户，而江南约达 100647 户。参见《元代的儒户——儒士地位演进史上的一章》，载《社会变迁》，中国大百科全书出版社 2005 年版，第 268 页。
⑧ 柯劭忞：《新元史》卷九《世祖本纪三》。
⑨ 宋濂：《元史》卷九《世祖纪六》。
⑩ 阮元：《西浙金石志》卷一四《世祖免秀才杂泛差役碑》。

生活中,忽必烈对士人也较为礼崇,他称廉希宪为廉孟子、呼李昶为李秀才,而不直呼其名;①并时常给文士儒臣提供优待,如中统二年(1261年)八月,命岁给翰林侍讲学士窦默、太医副使王安仁等衣粮,并赐田以为永业②。凡此,一定程度上提高了士人在世祖朝的社会地位,对于缓和蒙汉矛盾有重要意义。

综上,忽必烈时期的士人政策取得了显著成效,使元政权成为"蒙古贵族革新派与华北汉族地主阶级儒士文士之间的政治结合。它为下一步元朝的建成铺筑了坚实的社会基础和准备了必要的官员。"③但值得指出的是,在世祖时期,士人政策尚有缺陷:一是没有实行科举制度。忽必烈即位后,儒臣一再要求开科取士的,但总是"议者不一而罢"④,未获实行⑤。这里面有铨选壅滞、朝廷政争、吏员出职制度化、科举自身流弊诸因素的影响,而蒙古统治者与汉族地区文化背景的差异则是更为深层的原因。科举制度的废弛,使广大士人失去仕进之途,"科举废,后生无所事"⑥;"贡举法废,士无入仕之阶"⑦,由此出现了"天下习儒者少"⑧的境况。二是在用人政策上,固有的民族歧视倾向和"重吏轻儒"方针,限制了士人的出仕路径,致使多数汉族士人难以见用于世。忽必烈即位之初,汉族士人掌握了一些重要权力,但中统三年(1262年)发生的李璮叛乱牵涉到汉族官员中书平章政事王文统等人。此事使忽必烈对汉族士人的猜忌情绪骤增,据《元史·世祖纪十一》载:至元二十三年(1286年),贤直学士程文海言:"省院诸司皆以南人参用,惟御史台按察司无之。江南风俗,南人所谙,宜参用之便。"世祖以语玉速铁木儿,对曰:"当择贤者以闻。"帝曰:"汝汉人用事者,岂皆贤邪?"言语之间,忽必烈的猜忌心理昭然若揭,由此朝中用人格局开始发生变化。至忽必烈在位中期,昔日"济之为用"的"鸿儒硕德"凋零殆尽,汉族士人被认为"彼无

---

① 宋濂:《元史》卷一六〇《李昶传》载:"世祖尝燕处,望见昶,辄敛容曰:'李秀才至矣'。其见敬礼如此。"

② 宋濂:《元史》卷四《世祖纪一》。

③ 周良霄、顾菊英:《元史》,上海人民出版社2003年版,第36页。

④ 蒲道源:《闲居丛稿》卷一〇《跋秋谷平章试院中所作诗》。

⑤ 据《元史·选举志》载:世祖至元初年,有旨命丞相史天泽缘具当行大事,尝及科举,而未果行;四年(1267年)九月,翰林学士承旨王鹗等,请行选举法,亦未果行;十一年(1274年)十一月,准蒙古进士科及汉人进士科,参酌时宜,以立制度,事未施行。至二十一年(1284年)十一月,中书省臣奏曰:"惟贡举取士为便。凡蒙古之士及儒吏、阴阳、医术,皆令试举,则用心为学矣。"帝可其奏。继而许衡亦议学校科举之法,罢诗赋,重经学,定为新制。事虽未及行,而选举之制已立。

⑥ 程文海:《雪楼集》卷一一《闽县学记》。

⑦ 宋濂:《元史》卷八一《选举志一》。

⑧ 柯劭忞:《新元史》卷六四《选举一》。

所用,不足以有为也"①,纷纷遭到"议罢"②。在朝内外官职任命上,亦逐渐形成了一套不成文的规定:以蒙古人为长,以下参用色目人和汉人。

(三)成宗至宁宗时期:祖述旧制,士人政策仍嫌保守

世祖之后,随着政权设置趋于完备和仪文礼制初步告成,汉化进程虽在某些方面有所推进,但总体未超世祖规模。就士人政策而言,从成宗至宁宗时期(1295—1332年),受皇位继承危机和权臣专政的影响,也一仍世祖"成宪"③,建树不多。主要表现在:

1.崇文右儒,开设经筵。元朝中期偃武修文,社会清晏,历朝诸帝大体都能崇奉儒学。成宗即位之初,就颁诏崇奉孔子,称:"孔子之道,垂宪万世,有国家者,所当崇奉。"④武宗(1308—1311年在位)时,又加封孔子为"大成至圣文宣王"。此后,仁宗最"通达儒术","盖朝廷极盛之时"⑤,曾言:"修身治国,儒道为切"⑥,"儒者可尚,以能维持三纲五常之道也"⑦。基于这种认识,仁宗在位期间,推扬儒学,定为"国是"。至大四年(1311年)闰七月,仁宗践祚初,即遣国子祭酒刘赓以太牢祀孔子。⑧ 皇庆二年(1313年)六月,又诏宋儒周敦颐、程颢、程颐、张载、邵雍、司马光、朱熹、张栻、吕祖谦及元中书左丞许衡等10人从祀孔庙。⑨ 延祐元年(1314年)十二月,敕以孔子五十三代孙袭衍圣公;⑩三年(1316年)六月,封孟子父为邾国公,母为邾国宣献夫人;⑪六年(1319年)十二月,封周敦颐为道国公。⑫ 同时,重视学习汉学,命翰林学士翻译《大学衍义》、《春秋纂例》等儒家经典,锓梓于世,以广其传。英宗(1321—1323年在位)时期,任拜住(1298—1323)为相,励精求治,推尊儒术,首次行"亲享之礼",令广大汉族士人甚为"感泣"⑬。

---

① 王恽:《秋涧先生大全集》卷四六《儒用篇》。
② 宋濂:《元史》卷一〇《世祖纪七》。
③ 宋濂:《元史》卷二一《成宗纪四》。
④ 宋濂:《元史》卷一八《成宗纪一》;柯劭忞:《新元史》卷一三《成宗纪上》。
⑤ 危素:《说学斋稿》卷四《柳待制文集序》。
⑥ 宋濂:《元史》卷二六《仁宗纪三》。
⑦ 宋濂:《元史》卷二六《仁宗纪三》。
⑧ 宋濂:《元史》卷二四《仁宗纪一》。
⑨ 宋濂:《元史》卷二四《仁宗纪一》。
⑩ 柯劭忞:《新元史》卷一七《仁宗纪下》。
⑪ 宋濂:《元史》卷七六《祭祀志五》。
⑫ 宋濂:《元史》卷二六《仁宗纪三》。
⑬ 宋濂:《元史》卷一三六《拜住传》。

泰定(1324—1327年在位)以前,经筵未形成制度。"南坡之变"后,泰定帝为树立合法继统者的形象,消除蒙汉士大夫的疑虑情绪,重视推行汉化,表现之一就是开设经筵制度。① 泰定元年(1324年),下诏开设经筵,命儒臣(一般由省院台和翰林集贤官员兼任)御前讲解《帝范》、《大学衍义》等经典著述。至文宗(1330—1331年在位)时,又专设奎章阁学士院,集儒臣于阁中,讲解经学,以备顾问,一时精英荟萃,文采焕然。缘此,经筵非特成为元代汉族士人发挥作用的一块阵地,亦成为推动上层蒙古贵族汉化儒化的重要途径。

2.首开科举,增设学校。首先,在科举方面,自元初以来,由于科举制度长期废置,士人入仕主要通过岁贡、荐举、补吏、教官、宿卫等途径来实现,"仕进有多岐,铨衡无定制"②。同时,科举制度的废置,使"业儒而获用"的士人失去了仕进的重要机制,迫使其大量流入民间,造成国家统治集团的非精英化,严重影响了官员的整体素质和蒙元政权的统治基础。仁宗即位后,酌古准今,锐意文治。皇庆二年(1313年)正式下令恢复科举,延祐二年(1315年)举行首次考试,从此结束了世祖建元四十年来不开科举的局面。继此,顺帝之前,连续在延祐五年(1318年)、英宗至治元年(1321年)、泰定元年(1324年)和四年(1327年)、文宗天历三年(1330年)举行了六次科考,加及延祐二年,共取进士439名。③

应该说,科举肇兴,对于以修齐治平为鹄的汉族士人而言,无疑是难得的仕进机会,侁侁士子纷纷欲试,出现了"一时海内之士争自濯磨以效用"④的历史画面。因此,后世对仁宗兴科评价甚高:"仁宗兴科举之法,得士为多,可谓元之令主矣";"仁宗皇帝举百年之坠典,尽得天下儒者用之。我朝科目得人之盛,无如延祐首榜!"⑤然而,在科举初开之时,蒙古统治集团内部曾进行了激烈的争论,阻挠汉化的蒙古贵族认为"进士之无实效也"⑥,反对推行科举。对此,仁宗不以

---

① 关于元代的经筵制度,张帆《元代经筵述论》一文从经筵制度的发展历程、进讲时间、地点、进讲官员、进讲内容等方面作了论述,并分析了元代进讲与上层蒙古贵族的汉化、从经筵看元代文化政策两个重要问题。载《元史论丛》(第五辑),中国社会科学出版社1993年版。

② 宋濂:《元史》卷八一《选举志》序。

③ 按:桂栖鹏的《元代进士研究》(兰州大学出版社2001年版,第41页)统计为437名,误。《元史》相关本纪及《选举志》所载,此六次录取的进士名额分别为:延祐二年56名,延祐五年50名、至治元年64名、泰定元年86名(《元史新编》卷八〇《选举志》作84名,误)、泰定四年86名(一作85名),天历三年97名,共计439名。

④ 王礼:《麟原文集》前集卷二《罗浮翁墓志铭》。

⑤ 王礼:《麟原文集》前集卷一〇《跋张文忠公帖》。

⑥ 戴良:《九灵山房集》卷二一《遯斋小稿序》。

为然,认为"设科取士,庶几得真儒之用,而治道可兴也"①,最终促成了科举制度的复兴。这一举措不仅是元代文化教育中的里程碑,也是汉化历史进程中的重要一步。

其次,在学校方面,在世祖兴建学校的基础上,这一时期的统治者大多重视办学兴教,推行"勉励学校"②政策,加及科举制度的推行,刺激了地方官学的发展,各类学校数量骤增,出现了"凡天下郡县莫不有学"③的历史盛况。同时,伴随学校的增加,学校生员规模逐步扩大。以国子学为例,至大四年(1311年)闰七月,仁宗即位初先定国子生额为三百人,增陪堂生二十人④;延祐二年(1315年)八月,又增国子生百员。⑤ 同时,这一时期注意对地方官学的保护和优待,如成宗即位时就强调:"诸路应设庙学、书院,禁官民亵渎,学田勿得侵夺。作养后进,严加训诲。若文行可观者,有司保举,肃政廉访司体覆,以备擢用。"⑥通过这些努力,元代学校教育在这一时期逐渐呈现出良好的发展态势。⑦

3.延礼汉儒,参相为用。仁宗年间科举制度的恢复为广大士人提供了仕进的制度化机制,但它并不能取代甚至弱化自元初以来一直推行的征荐政策。从某种意义上说,即使在科举制度持续推行的这一时期,征荐政策仍然是广大士人入仕的主要途径。元代统治者很清楚"安百姓以图至治,然匪用儒士,何以致此"⑧的道理。所以这一时期以成宗、仁宗、英宗、泰定为代表的"守成之君"仍重视延礼儒士,参相为用。如,成宗元贞元年(1295年),诏:"诸路有儒通吏事、吏能经术、性行佟谨者,各路荐举,廉访司试选。"⑨武宗至大四年(1311年)七月,下诏"勿限资级",拔擢儒生任国子学、翰林、秘书、太常及儒学提举等文职,"果才而贤,虽白身亦用之"⑩。仁宗年间,"儒臣之宠未有加于此者,鸿儒硕彦

---

① 宋濂:《元史》卷二四《仁宗纪一》。
② 宋濂:《元史》卷二四《仁宗纪一》。
③ 刘基:《刘基集》卷三《诸暨州重修州学记》。
④ 宋濂:《元史》卷二四《仁宗纪一》。
⑤ 宋濂:《元史》卷二五《仁宗纪二》。
⑥ 柯劭忞:《新元史》卷一三《成宗纪上》。
⑦ 陈高华先生在《金元二代的衍圣公》和《元代的地方官学》两文中指出:元代的学校教育与发展,大致是从元成宗时期开始的。分别载《文史》第27辑,《元史论丛》(第五辑),中华书局1993年版。
⑧ 宋濂:《元史》卷二四《仁宗纪一》。
⑨ 柯劭忞:《新元史》卷六六《选举志·铨法下》。
⑩ 宋濂:《元史》卷二四《仁宗纪一》。

遭际圣朝,并列庶位"①。英宗时,以拜住为中书右丞相,"日以进贤退不肖为重务"②,访儒求贤,不遗余力,一大批汉族士人得到重用,如吴元珪、王约、韩从益、赵居信、程钜夫、刘敏中、王思廉、陈天祥、杨恭懿、高凝、陈俨、姚燧、王恽、雷膺、吴澄、张珪、王结、宋本、韩镛、李廉、尚文、虞集③等,都在短期内擢任集贤、翰林院及六部官职。上述用士政策,使广大儒士文人"有所激劝"④,表现出了前所未有的仕进意识。

综观这一时期的士人政策,还是取得了一些成绩,对于元中期汉化的缓慢前进提供一定的动力,进一步改变了广大士人的社会政治地位,对于促进蒙元汉化进程,传承汉族文化都发挥了积极重要的作用。但亦必须指出,在"蒙古至上主义"⑤和"先蒙后汉"观念的支配下,此期的士人政策仍然存在诸多不足:一是民族畛域根深蒂固。一方面,元朝统治者极力维护蒙古、色目人在上层统治集团中的特权地位,在官职任命中,或"蒙古、色目人特优一级"⑥,或"要官皆北人为之,汉人、南人中万无一二"⑦,甚至在"诸王、驸马所分郡邑,达鲁花赤惟用蒙古人"⑧。所以元廷对儒士的任用,不过是维护自身统治的权宜之计。另一方面,蒙古官员对汉族官员力加排抑,部分皇帝也表现出鲜明的不信任感,致使多数汉族士人只能沉沦下僚,很难跻身显要。二是科举制度的推行并未真正达到选拔俊彦、提高官员素质的目的,即使延祐开科之初,"由进士入官者仅百之一,由吏

---

① 陈基:《夷白斋稿》外集卷下《书中书除目御书散官后》。

② 宋濂:《元史》卷一三六《拜住传》。

③ 据《元史》二八《英宗纪二》载:至治三年(1323年)正月,"授前枢密院副使吴元珪、王约集贤大学士,翰林侍讲学士韩从益昭文馆大学士,并商议中书省事。拜住言:'前集贤侍讲学士赵居信、直学士吴澄,皆有德老儒,请征用之。'帝喜曰:'卿言适副朕心,更当搜访山林隐逸之士。'遂以居信为翰林学士承旨,澄为学士。"又卷一七二《程钜夫传》载:"二十九年,又召钜夫与胡祗遹、姚燧、王恽、雷膺、陈天祥、杨恭懿、高凝、陈俨、赵居信等十人,赴阙赐对。"而从拜住访求虞集的记载,更可以看出他们起用儒臣的迫切心情,《元史》卷一八一《虞集传》载:"时(虞)集以忧还江南,拜住不知也,乃言于上,遣使求之于蜀,不见,求之江南,又不见。集方省墓吴中,使至,受命趋朝,则拜住不及见矣。"

④ 宋濂:《元史》卷二四《仁宗纪一》。

⑤ "蒙古至上主义"这一概念是日本学者研究元代文化政策时提出的。参见:田山茂《元朝中叶以降に於ける蒙古至上主义の消长》,楳溪会编《山下先生还历纪念东洋史论丛》,六盟馆1938年版;村上正二《关于元朝的文化政策——蒙古至上主义与儒者文化》,载《历史教育》1960年第2期;日本东亚研究所编《异民族统治中国史》(汉译本),商务印书馆1964年版,第136—138页。

⑥ 宋濂:《元史》卷二〇《成宗纪三》。

⑦ 叶子奇:《草木子》卷三上《克谨篇》。

⑧ 宋濂:《元史》卷二一《成宗纪四》。

致位显要者常十之九"①,所以绝大多数士人仍混迹山林,无缘仕途。三是对儒学的尊崇,不过是"蒙古统治者为加强自己的权威而采取了汉族化的统治艺术"②而已,并非文化层面上的真正接受和认可,故而不具有一定的持久性和稳定性。如仁宗,最能亲儒重道,"然有人进《大学衍义》,命詹事王约等节而译之,则其于汉文盖亦不甚深贯"③。而且,在元朝统治者看来,儒学是与佛道相垺,甚至低于佛道的一种宗教,他们之所以在某些时候能对儒学表现出较浓厚的兴趣,也多是出于宗教层面的认识。凡此,皆表现出了元朝中叶士人政策的局限性,这就要求作为来者的元顺帝在士人政策上加以调整,进行改革。

二、顺帝时期士人政策的调整及其局限性

(一)对士人政策的调整

元顺帝(1333—1368 年在位)时期是元代由中衰走向覆亡的时期,虽然期间推行了一系列新政,但最终未能挽救元朝短祚而亡的历史命运。应该说,元朝灭亡的原因是多方面的,但有一点是不可忽视的:即元朝汉化进程的滞迟性和不彻底性,造成了政权与社会之间的长期断裂,尤其是士人政策中的一系列不足,将很多士人排除在国家事务之外,使其流入社会,成为了自由的漂浮者和社会政治的批判者,甚至在元末的动荡格局中成为蒙元政权的叛逆者和造反者。所以在顺帝时期,面对新的历史境况,认清前朝士人政策的缺陷,审时度势,在加速汉化进程之时,推行积极有效的士人政策应该是顺帝朝解决的重要历史任务之一。

按照顺帝时期的历史境况,这一时期大体可细分为两个阶段:至正以前(1333—1340),统治集团内部斗争激烈,出现了伯颜专权的政治格局;至正(1341—1368)初,政局趋于稳定,出现了由脱脱主持的"更化"局面,但长期潜在的社会矛盾又日益加剧,成为这一时期最主要的政治问题和社会问题。受此影响,这一时期的士人政策在不同阶段亦有所变化。第一阶段,伯颜专政,仇视汉人,反对汉化,故在士人政策上亦走了一条悖于历史潮流的道路:一是排斥汉人、南人,强化民族歧视政策;二是停废科举,从制度体系上断绝汉族士人进入政治

①　宋濂:《元史》卷一八五《韩镛传》。

②　兰德彰(John D.Langlois.Jr):《虞集与他的蒙古君主:作为辩护士的学者》,《亚洲研究杂志》1978 年第 1 期。

③　赵翼:《廿二史札记》卷三〇《元诸帝多不习汉文》。

中心的途径。在第二阶段,伯颜倒台,顺帝"图治之意甚切"①,以脱脱为右丞相,废除伯颜"旧政",改元至正,实行"更化",对士人政策加以调整。主要表现在:

1.恢复科举,持续不辍。元仁宗开科后,相继进行了七次廷试,其中最后一次举行于顺帝元统元年(1333 年),取进士 100 名。及至元元年(1335 年),科举制度的废立成为朝内争论的话题,以伯颜、彻里帖木儿为代表的蒙古贵族认为"科举取人,实防选法",主张废除之;而以许有壬、吕思诚为代表的汉臣则认为"科举若罢,天下人才觖望",主张继续推行科举。② 科举废立之争,实为汉化与反汉化之间之争,这场争论最终以反对汉化的蒙古权力集团的胜利而告终,是年十一月"诏罢科举"。科举既辍,广大士人所热衷的仕进之途再遭阻塞,而如何恢复科举亦再次成为此后士人争取的重要问题。如至元六年(1340 年),翰林学士承旨巙巙言:"古昔取人材以济世用,必由科举,何可废也?"③同时,翰林院侍讲学士吴直方亦力言:"科举之行,未必人人食禄,且缘此而家有读书之人,人读书则自不敢为非,其有系于治道不小。"④这些建议提出后,虽然朝中"沮者尤众"⑤,但在顺帝、脱脱的坚持下,科举制度最终得以恢复,并一直延续至元末。科举复兴引起广大士人的强烈反响,他们纷纷大唱颂词,以抒喜悦之情,所谓:"至正宾兴郡国贤,威仪重见甲寅前"⑥;"天子兴文治,春官策誉髦。鱼龙争变化,麟凤并游遨"⑦。可见,恢复科举对于笼络汉族士人、消除伯颜排汉斥儒政策所带来的民族隔阂心理有一定的作用。

科举恢复后,至正年间共连续举行了 9 次廷试,共录取廷试进士 599 名⑧;另外,通过廷试,还从国子学积分及格生员中录取正副榜共 284 名。具体如下表所示:

---

① 宋濂:《元史》卷一八三《苏天爵传》。
② 关于此次争论,《元史》卷一四二《彻里帖木儿传》、《元史纪事本末》卷八《科举学校之制》有详细记载。
③ 陈邦瞻:《元史纪事本末》卷八《科举学校之制》。
④ 宋濂:《文宪集》卷二五《故集贤大学士荣禄大夫致仕吴公行状》。
⑤ 宋濂:《元史》卷一八二《欧阳玄传》。
⑥ 欧阳玄:《圭斋集》卷二《试院倡唱》。"甲寅",指延祐元年(1314 年),是年首次开科。
⑦ 丁鹤年:《鹤年诗集》卷一《送儒士柏坚赴会试》。
⑧ 按:关于至正年间录取进士名数,欧阳周的《中国元代教育史》(人民出版社 1994 年版,第 108 页)统计为 600 名,其原因主要是将至正二十六年取录的 72 名进士,误为 73 名;桂栖鹏《元代进士研究》(兰州大学出版社 2001 年版,第 41 页)则统计为 683 名,不知所据。

表 1.2 元至正年间录取进士名额统计表

廷试时间	录取进士及第、进士出身、同进士出身名额	国子学积分及格生员廷试录取名额	史料来源
至正二年	78 名	18 名	《元史》卷 42,第 863 页
至正五年	78 名	18 名	《元史》卷 41,第 871 页
至正八年	78 名	18 名	《元史》卷 41,第 881 页
至正十一年	83 名	38 名,其中正榜 18 名,副榜 20 名	《元史》卷 42,第 890 页
至正十四年	62 名	38 名,其中正榜 18 名,副榜 20 名	《元史》卷 43,第 914 页
至正十七年	51 名	38 名,其中正榜 18 名,副榜 20 名	《元史》卷 90,第 2345 页
至正二十年	35 名	38 名,其中正榜 18 名,副榜 20 名	《元史》卷 45,第 950 页
至正二十三年	62 名	38 名,其中正榜 18 名,副榜 20 名	《元史》卷 46,第 963 页
至正二十六年	72 名①	40 名,其中正榜 20 名,副榜 20 名	《元史》卷 47,第 976 页
	共计:599 名	共计:284 名	

据《元史·选举志》及部分本纪可知,元代前后共举行进士廷试 16 次,其中有 10 次是在顺帝时期;共取进士 1137 名,顺帝之前共取 438 名,而顺帝时期共取 699(其中元统元年录取 100 名、至正年间录取 599 名),占元代进士总数的近 62%。同时,顺帝时期还规定国子学依例参加廷试,并先后从国子学积分及格生员中录取正副榜共 284 名。作为统治者进行政治社会化的重要方式,科举制度在顺帝时期的连续举行,表明此时士人政策一定程度上有了制度化体系的保障。

元代进士数量远不及唐、宋,但顺帝年间所录取的进士仍然在政府机构中扮演着重要角色,发挥了重要作用。首先,他们是元代各级机构中的主要执政者。这一点,桂栖鹏在《元代进士研究》中通过分析其考出的 111 名进士的任职情况,指出:元代从中央到地方的主要权力机构中都有进士担任过高级职务。其中,在至正年间担任中书宰臣者 17 人,担任枢密院知院、枢密院副使、中丞、侍御史、六部尚书、行省宰臣、宣慰使、廉访使、路总管、达鲁花赤等官者则有 96 人。②可见,进士在元末权力机构中占有不可忽视的地位,故当时有"凡补益治体者,多自科举出"③,"有元设科取士,中外文武著功社稷之臣历历可纪"④,"科举之

---

① 魏源:《元史新编》卷八〇《选举志·科目》作 73 名。
② 参见桂栖鹏《元代进士研究》,兰州大学出版社 2001 年版,第 41—43 页。
③ 陶安:《陶学士集》卷一二《送笃彦诚赴官绍兴序》。
④ 赵良墅:《雍正合肥县志》卷二二《艺文志》。

士,台省馆阁往往有之,不为不盛矣"①等说法。

其次,除了进士而外,在科考过程中,涌现出了一大批举人②,这些人由于多数不能参加会试,或者成为下第举人,故多分布在社会的各阶层、各领域,通过各种途径发挥着自身作用。如,下第举人可以充当学正、山长、校官等职。仁宗恢复科举之初,曾有人提出:"下第举人,年七十以上者,与从七品流官致仕;六十以上者,与教授;元有出身者,于应得资品上稍优加之。无出身者,与山长、学正。"③此为临时措施,未成定制。至泰定初,又规定:下第举人中蒙古、色目人"年三十以上并两举不第者与教授;以下与学正、山长";汉人、南人"年五十以上并两举不第者与教授;以下与学正、山长"④,虽然存在民族差异,但已成制度。沿袭此制,至正三年(1343年)按照监察御史成遵等人的建议⑤,规定:"会试下第者悉授以路、府学正及书院山长;后来又乡试备榜,亦授以郡学学录、县学教谕等官。"⑥至此,下第举人"悉授学官"⑦成为定制。作为教官,虽是"大材小用,不尽所蕴"⑧,且生计困顿,但在士人看来,"读书为儒官,虽贫亦何憾"⑨,只要能执教学校,亦不妄为儒者,"天地万物皆吾一体,以之参赞化育可也,以之垂世立教可也"⑩。此外,举人还可以补任州县吏员等地方官员,据载:"至正初,复行科目之法,既以下第春官为学正,若山长又选谕录员于乡闱恒贡之外,于是繇直学满考者,乃补小吏州县间。"⑪

2.兴举学校,造育人才。一如前述,元代地方官学体系在忽必烈时已初步形成。自此,天下承平,百业复兴,而文化教育更是焕然生机。就学校、书院而言,

---

① 郑玉:《师山集》卷三《送唐仲实赴乡试序》。
② 关于元代乡试举人的录取名数,据《元史》卷四五《顺帝纪八》载:"旧例,各处乡试举人,三年一次,取三百名,会试取一百名。"在此基础上,至顺帝时,又根据当时情况有所变更:"今岁乡试所取,比前(旧例)数少,止有八十八名,会试三分内取一分,合取三十名,如于三十名外,添取五名为宜。"
③ 宋濂:《元史》卷八一《选举志一》。
④ 宋濂:《元史》卷八一《选举志一》。
⑤ 《元史》卷四一《顺帝纪四》载:成遵等建议:"可用终场下第举人充学正、山长,国学生会试不中者,与终场举人同。"
⑥ 宋濂:《元史》卷八一《选举志一》载:"下第者悉授以路府学正及书院山长。又增取乡试备榜,亦授以郡学录及县教谕。"
⑦ 陶安:《陶学士集》卷三《送天门刘山长序》。
⑧ 郑玉:《师山集》卷四《肯肯堂记》。
⑨ 余阙:《青阳先生集》卷九《两伍张氏阡表》。
⑩ 郑玉:《师山集》卷四《肯肯堂记》。
⑪ 宋禧:《庸庵集》卷一一《送苏生序》。

历朝统治者承绪世祖规模,不断拓展,出现了"书院与州县学参立而布满于四方"①之盛况。期间,顺帝在位时间最长,最重视兴学养士,取得的成就亦最为卓著。

顺帝践祚伊始,即聿兴文治,"以教养人材为大务"②,累诏天下兴修学校③。地方官学、书院和私学皆有长足发展,主要表现在:

首先,兴办官学。虽然限于史料,目前尚难明确顺帝时期创修学校的具体数量,但可以肯定的是:顺帝朝重视地方官学的兴建,基本实现了从京师至郡县皆有学校的目标,"京有胄监,郡县皆有学"④。同时,为了保证兴建学校切实有效,此期还重视学校的制度建设。如:诏"学校官选有德行学问之人以充"⑤;考核地方官员,亦以"兴学居六事之一"⑥。同时,规范官学的教育内容,规定"教之于学者,必先王之道;又表彰程朱之学,以为教于天下"⑦,从而明确了学校教育的指导思想:即遵循圣贤先王之道,在程朱理学的框架内开展官学教育。这在元后期社会问题日渐凸显的情势下,对于端正人心、醇化士风颇具意义。

其次,整饬书院。大抵来看,元代书院始建于太宗,发展于世祖,繁荣于顺帝。据笔者初步统计,有元一代有书院共 469 所,其中新建书院 196 所,恢复、改建书院 273 所,这中间顺帝一朝明确可考的新建书院者约有 80 所,这个数量在元代所占比例不算很高,但在元朝统治日渐式微的背景下,统治者尚能新修书院,实属可贵。⑧ 对于这些书院,元廷虽与官学一样加以控制,但对其教学活动干涉甚少,不论官办书院还是私办书院,讲学风气都较为浓厚,故那些淡于荣禄、讲求修身治人的士人往往热衷于到书院讲学,此有效缓和了士人由于仕途不畅而与蒙元政权产生的对立情绪,起到了化消极因素为积极因素的作用。由此,如果说元初的书院旨在安顿宋代遗民,笼络江南士人的话,那么顺帝时期兴修书院在笼络士人之时,也一定程度上弥补了科举及官学存在的不足,推动了民间教育文化的繁荣发展,诚所谓:"国家右文崇儒,路府州县莫不有学,犹以为未也,故

---

① 黄溍:《金华黄先生文集》卷一〇《文学书院田记》。
② 杨维桢:《东维子集》卷一二《长州县重修学宫记》。
③ 据《元史》卷三八《顺帝纪一》载:元统二年(1334 年)二月,"诏内外兴举学校"。同年十二月,"诏整治学校"。
④ 刘基:《刘基集》卷三《杭州富阳县重修文庙学宫记》。
⑤ 宋濂:《元史》卷三八《顺帝纪一》。
⑥ 陶安:《陶学士集》卷一二《送张诚之序》。
⑦ 鲁贞:《桐山老农集》卷一《江山修学复田记》。
⑧ 详见下文附录《元代书院数量、创修及地域分布考略》。

所在有书院。"①

再次,倡导私学。顺帝时期,在元廷的倡导下,各类私学(包括家学、私塾、义塾及私办书院)蔚为壮观。这一点,我们从元代后期士人讲学之风的兴起可以窥知大概。此详见下文,兹不赘。

总之,顺帝时期,学校、书院都有较大发展,这一局面的出现,既是长期以来汉化政策惯性驱动的结果,也与顺帝朝的治国理念休戚相关。自至正之初始,以顺帝、脱脱为代表的革新集团,一反伯颜弊政,坚持"以文治国"的基本方针,将政教相济的治国理念贯穿于文教政策之中,认为兴举学校不仅是宣扬教化、化民成俗的主要途径,还是造育人才、传衍文化的重要阵地,更是推助政教,从思想上控制、笼络文生儒士的重要手段。故顺帝朝虽然政治态势复杂多故,但文教事业仍发展不辍,士人阶层仍能坚守文化阵地,躬行教授,潜心问学,展现了末世背景下文化却渐趋繁荣的异样图景。同时,伴随着学校的兴修,广大士人客观上有了更多参与教育,参加科举,进而入仕为宦的机会。从这个意义上说,顺帝时期兴举学校无论实际效果如何,但影响所及,无疑加强了广大士人与元政权之间的关系,更进一步将士人与国家事务联系起来,一定程度上实现了"文致太平"②的政治目标。可以说,在元代后期这个极具特质的历史时期,兴举学校不仅是一种文化行为,更是一种政治策略,用时人的话说就是:"古之人以政弼教,教与政不相违。今天子始以六事责郡县,以兴举学校为之先务,虑至审也。政教同心相济,教者道之,政者齐之,教者培之,政者翼之。"③实为确论。

3.选拔贤才,崇儒优士。至正四年(1344年)之前,顺帝以脱脱为相,废除弊政,加强文治,调整与汉族士人的关系,缓和了蒙古统治集团内部的矛盾。脱脱罢相后,顺帝亲政,励精图治,在完善法制、整肃吏治、选拔人才等方面推行了一系列措施。其间,顺帝虽然对法制和吏治的改革收效甚微,但在选拔贤才、崇儒优士方面,却建树良多。

首先,荐拔贤才。伯颜专权时期,大量汉臣儒士遭到排抑,科举之废又将广大汉人、南人阻至宦途之外。伯颜被逐后,顺帝一反伯颜弊制,明确将选拔人才、笼络汉族士人作为治国要务提上日程。至正元年(1341年)春正月,顺帝在改元诏中开宗明义地说:"朕惟帝王之道,德莫大于克孝,治莫大于得贤。"④而后,随

---

① 郑元祐:《侨吴集》卷九《颍昌书院记》。
② 杨维桢:《东维子集》卷一二《长州县重修学宫记》。
③ 刘基:《刘基集》卷二《送常山县达噜噶齐乐九成之官序》。
④ 宋濂:《元史》卷四〇《顺帝纪三》。

着新政的推行,"行省台院日多增设"①,朝廷对人才的需求量也随继增加。于是,顺帝屡下诏书访求硕彦遗逸②,地方政府也积极响应朝廷诏命推荐贤才。如至正四年(1344年),当科举肇兴之际,江西行省"遵用定制,举明修之士"③。江西在元代乃文献之邦,人才辈出,官府出面加以征聘,大大调动了有志士人参与政治的积极性。江西如此,其他地区也不例外。如中州士人,当时"才学隐居,辄征聘授官;下至一技一能,牵援推荐"④。由此社会上一度出现了"隐士无求于朝廷,而朝廷有求于隐士"⑤的场面。尤其到至正末年,江淮兵起,四海板荡,大量官吏在战乱中或逃或亡,地方机构员缺严重;而与此同时,又有大量贤才俊彦沉沦民间,或以学问自娱,或四处游走,或勇投义军。在此情形下,元廷为弥补员缺,巩固蒙元政权,更是"急贤如渴"⑥,"求文武士以备内外之职"⑦。

对于以往遭受歧视最为严重的南人,亦开始打破陈规,屡加重用。在地方,元统二年(1335年)十月,下诏"台宪部官各举材堪守令者一人";"擢南士有时望者,为各道廉访使"⑧。至正十六年(1356年),命"六部、大司农司、集贤翰林国史两院、太常礼仪院、秘书、崇文、国子、都水监、侍仪司等正官,各举才堪守令者一人,不拘蒙古、色目、汉、南人"⑨。在中央,许多山泽道义之士也被征用。如:至正三年(1343年),召杜本为翰林待制,兼国史院编修官;次年,征伯颜(一名师圣,字宗道,哈剌鲁氏)为翰林待制次年,预修《金史》;七年(1347年),召完者图、执礼哈琅为翰林待制,张枢、董立为翰林修撰,李孝光为著作郎。⑩ 同年,征遗逸朱公迁,授翰林直学士。⑪ 修辽、金、元三史者,如张翥等人,亦皆征聘所得。十三年(1353),恢复世祖旧制,中书省、枢密院、御史台始用南人;⑫并设贤良、方正等科,征用图治之士。同时,开拓仕进门路,遗逸、科目、文学逐渐成为士

---

① 魏源:《元史新编》卷八一《百官志一》。
② 徐一夔:《始丰稿》卷一《林先生哀辞》。
③ 杨翮:《佩玉斋类稿》卷二《帝外官题名记》。
④ 陶安:《陶学士集》卷一二《送易生序》。
⑤ 权衡:《庚申外史》卷上。
⑥ 黄枢:《后圃黄先生存集》卷四《稼隐轩记》。
⑦ 陈高:《不系舟渔集》卷一《赠周元帅序》。
⑧ 王祎:《王忠文集》卷七《送贡公守平江序》。
⑨ 宋濂:《元史》卷四四《顺帝纪四》。
⑩ 宋濂:《元史》卷四一《顺帝纪四》。
⑪ 柯劭忞:《新元史》卷二三六《朱公迁传》。
⑫ 赵翼:《廿二史札记》卷三〇《元制百官皆蒙古人为之长》。据《新元史》卷二一一《贡师泰传》载:"自世祖以后,省、台不用南人,及是(至正六年),始复旧制,南人复为省、台官,自师泰始。"

人获得官位的重要途径,三者互为补充,相得益彰,"不以遗逸举,则以科目进,不繇科目进,则繇文学辟"①。

总体上,顺帝时期虽然仍有大量士人对元末政权信心不足而绝意仕进,但同时也有许多士人响应朝廷的号召,出仕为宦,诗谓:"朝廷征贤图治康,岩穴搜剔无遗良"②,"清朝取士野无遗,百里咸夸学有师"③。可见此期征用士人规模之大,成果之显著,难怪时人赞云:"今郡府之职,岁举人才,钜细精粗,各适其用,此诚辅圣天子恢宏治道之良法也!"④

另外,顺帝时期还将荐拔贤士作为改善吏治的重要措施加以推行。元末官吏素质骤降,腐败成风,尤其是官员任命中"重吏轻儒"的倾向,造成了吏儒分离、互为诟病的不良风气。对此,时人已有觉察:"古之时公卿大夫称其德,府史胥徒称其才,无分儒与吏也。自有儒与吏之分,为儒者高谈名理,而不屑于小物,故常近乎迂;为吏者深拘文法,而不求其大体,故常近乎刻。迂则政弛,刻则民怨,故儒与吏亦常相诟病,若枘凿不相入焉。"⑤处此形势,元廷上下也深知"学校不修则民不知义,人才不举则吏不称职"⑥的道理,所以提出了"以儒术缘饰吏事"⑦的方针,试图通过拔擢大量"经明行修"⑧之士进入官僚队伍,以醇美吏治,引领士风,提高官吏素质。对于这一目的,儒臣危素直言道破:

> 夫故廷臣之有识者,取学校诸生参错用之,使其贪邪迷谬者有所观感,可谓仁厚矣哉。然而上官苟贤者也,则破绝厓岸,时与儒生讲说《诗》、《书》、《礼》、《乐》,以风动其人,顾不匙欤;其不然,则反谓儒者不能巧牢笼

---

① 林弼:《林登州集》卷八《送高君善夫归闽序》。
② 刘崧:《槎翁诗集》卷三《樵隐诗为北平检校书吏朱廷玉赋》。
③ 赵汸:《东山存稿》卷一《代送尚文之句容县教谕》。
④ 谢应芳:《龟巢稿》卷一八《招隐论》。
⑤ 危素:《危学士全集》卷五《送陈子嘉序》。
⑥ 汪克宽:《环谷集》卷三《省试策》。
⑦ 刘基:《文宪集》卷二八《京畿乡试策问》。实际上,早在成宗大德年间,郑介夫曾上《太平策》,其中亦云:"吏之与儒可相有,而不可相无者也。儒不通吏,则为腐儒;吏不通儒,则为俗吏。必儒吏兼通,而后可以莅政临民。《汉书》称以儒术饰吏治,正此谓也。今吟一篇诗,习半行字,即名为儒;检举式例,会计出入,即名为吏。吏则指儒为不识时务之书生,儒则诋吏为不通古今之俗子。儒、吏本出一途,析而为二,遂致人员之字,莫甚此时。"(柯劭忞《新元史》卷一九三《郑介夫传》)
⑧ 朱晞颜:《瓢泉吟稿》卷四《送张信甫序》载:"方今圣天子文德诞敷,侧席求治。诏天下经明行修孝义之士,里选而宾兴之,登于有司,考中其第,以礼敦遣大比京都。"苏天爵《滋溪文稿》卷三《新乐县璧里书院记》:"今朝廷开设贡举,三年大比,旁求硕彦,聿修治平。他时璧里之士,将有经明行修以应有司之选,则中国文明之盛,人材长育之多,而远近皆有所则效焉。"

而工詔事,乃择其贪黠者,党诈张肆,其吞噬者有焉,彼儒生苟贤者也。①
在此思想的指导下,元廷采取了相应的措施。至正五年(1345 年)十二月,顺帝
下诏推行荐举守令之法,规定:凡选转某人为官,他都亲自过问,予以审查,意欲
选拔一些循礼守节、修明清廉之士为地方官。客观地说,此类措施虽然未能从根
本上改变当时的吏治状况,但一批儒士进入官僚队伍,由于他们多能恪守儒家礼
教,谨饬自律,故对于改善吏治,维持纲常有一定的积极作用,"盖儒者持诚意正
心之学,举而措之,礼乐刑政皆光明正大之道,有非刀笔钩距龉筭之所知也"②。
如:刘耕孙(?—1355 年),字存吾,茶陵州人。初任桂阳路临武县尹时,召父老
告之曰:"吾儒士也。今为汝邑尹,尔父老当体吾,教训其子弟孝弟力田,暇则事
诗书,毋自弃以干吾政。"乃为建学校,设俎豆,三年文化大兴,政绩卓然。③ 此类
以"儒士"出身的"循吏"在元代后期并非少数,他们将儒家的礼乐教化渗透到治
国安民的实践当中,"以儒术缘饰吏事",推行仁政,一定程度上改变了蒙元王朝
在民间的形象,延续和维系了蒙元的政权统治。

其次,崇儒优士。至元代中后期,统治者在中原汉文化的长期熏陶下,"儒
化"、"汉化"的程度已较为深厚,对汉族文化的接受和倡扬表现出较强的自觉
性,在尊崇儒术的政策上也表现出鲜明的连续性。这中间,除了仁、文二宗外,顺
帝对儒学、汉法最为热衷。他在位期间,锐意儒术,笃信汉法,在意识形态上专崇
理学,并将这一理念付诸政治实践之中,从而在汉化和士人政策上取得了一些成
就:一是恢复文宗死后解散的奎章阁,并于至正元年(1341 年)改名宣文阁,先后
遴选儒臣欧阳玄、张起岩、黄溍、许有壬、贡师泰等人开设经筵,分番进讲经书,顺
帝本人则"钦钦然有向慕之志"④。对此,时人汪克宽描述道:"皇上万几之暇,
御阁阅经史,以左右儒臣为经筵官,日侍讲读。"⑤二是定期遣使祭祀孔庙。据
《新元史·惠宗本纪二》载:元统二年(1334 年)十月、至元元年(1335 年)五月、
八年(1348 年)七月,先后三次遣使祭曲阜孔庙,次数虽少,但在有元一代却是最
为频繁的。至正六年(1346 年)又将衍圣公官阶由原来的正四品升为正三品⑥。

① 危素:《危学士全集》卷五《送陈子嘉序》。
② 刘仁本:《羽庭集》卷五《送浙东宪史陈道长考满序》。
③ 柯劭忞:《新元史》卷二三一《忠义二·刘耕孙传》。
④ 权衡:《庚申外史》卷上。
⑤ 汪克宽:《环谷集》卷一《宣文阁赋》序。宋濂《文宪集》卷一二《御赐资治通鉴后题》亦载:
"元顺帝即位之九年,海宇晏宁,文治诞敷,乃开宣文阁,设经筵,诏翰林诸臣分番进讲。"
⑥ 宋濂:《文宪集》卷一八《元故国子祭酒孔公神道碑》。

顺帝时释典孔子之礼,虔恪之质,超迈前代。同时,重视整饬地方孔庙。如上都路宜兴州在前至元二年(1265年)建立孔庙,但"仅有正殿,而两庑未备"。到至正八年(1348年),才"绘孔门七十二子于壁间"①。可见,在崇儒之时,对那些怀抱德艺之士,顺帝亦着意雅重,大加礼遇。对此,隐士郑玉深有体会:"微臣亲逢优渥,以岩穴孤寒之士,受朝廷稠叠之知!"②三是蠲免儒户(士)赋役。这是元初以来的基本国策,但在具体推行过程中往往流于形式,儒士免差多与僧道并论,甚至规定"儒户杂泛差役与民一体均当"③,儒士的经济特权难以得到保障。针对于此,顺帝在继续推行和落实蠲免儒户赋役政策的同时④,又强化相关制度,重新确保了儒士的基本权利。

要之,作为"至正新政"的重要内容,这一时期的士人政策在许多方面都取得了一定的成就,大量汉族士人参与蒙元政权,进一步巩固了以蒙汉联盟为主体的封建统治基础。可以说,元末农民战争中汉族士人之所以甘愿为蒙元政权牺牲生命,无疑与顺帝时期推行的士人政策有一定的关系。同时,统治者尊崇儒术、优渥儒士的政策,自易鼓荡起朝野上下对儒雅之仪的追求,流风所及,催生了一派彬彬儒雅的气象,"国家以科举罗俊彦,而海内之士明经修行者,未始无意于斯世也。夫自车书混一而来,承平历七八十年,重熙累洽,而文运猹兴矣。"⑤而且,在相对宽疏的专制统治中,在草原本位文化的框架内追求儒化、汉化的政策趋向,为以儒学为核心的学术文化的发展提供了政策支持和自我发展的自由空间。

(二)顺帝时期士人政策之评价

作为元代的一个重要阶段,顺帝时期的士人政策同样因受族群等级观念和政治格局的影响,表现出诸多不足。诚如陶安所言:"窃观近数十年,朝廷拔文学之士共治天下,不过征求隐逸也,作养胄监也,开设科举也,然起自丘园卓有显效寥寥几人哉!"⑥所以有诗云:"一代衣冠士,平生铁石心。有才乖世用,多难祗愁吟。"⑦析言之,顺帝时期士人政策的缺陷主要表现在:

---

① 危素:《说学斋稿》卷二《上都宜兴州孔子庙建两庑记》。
② 郑玉:《师山集》卷一《谢赐酒笺》。
③ 《元典章》卷三一《儒人差役事》。
④ 按:顺帝即位初,即"诏免儒人役"。(《元史》卷三八《顺帝纪一》)元统二年(1334年)三月,又诏"儒人免役,悉依累朝旧制"。(《新元史》卷六四《选举志一》)
⑤ 吴皋:《吾吾类稿》卷三《送张文在序》。
⑥ 陶安:《陶学士集》卷一二《送笃彦诚赴官绍兴序》。
⑦ 张宪:《玉笥集》卷三《挽何同德》。

1.汉族士人仍然受到民族歧视。顺帝时,蒙元王朝的汉化历程已走过半个多世纪,但漫长的历史并未改变统治者心目中根深蒂固的民族畛域,反映在士人政策上,汉族士人仍然受到歧视。首先,汉族士人多被排斥在政治核心之外,极难身居华要。笔者据《元史》、《新元史》的部分列传初步统计出:顺帝年间,任中书省左、右丞相,平章政事,左、右丞和参知政事者约二百五十余人,其中汉人仅四十余人,且多担任参知政事和左、右丞,"台、省要官皆北人为之,汉人、南人中万无一二"①,"今世之士生于南方者,为时所弃,恒不得为显官"②;"唯南人见阨于铨选,省部枢宥风纪显要之职,悉置而不用,仕者何寥寥焉"③。亦正因如此,顺帝时期出现如下一幕也就不难理解:元统初,顺帝欲以汉人贺惟一为御史大夫,贺氏以"台端非国姓不授"为由固辞,顺帝便赐其蒙古氏曰太平,后来官至中书省左丞相。④ 至元三年(1337 年),又下诏"省、院、台、部、宣慰司、廉访司及郡府幕官之长,并用蒙古、色目人"⑤,进一步将汉人、南人排除在外。处此形势,南籍汉族士人要获得一个"卑秩"也是极为困难的事情。如,新安老儒金维清,居京师十五年,元老巨卿,待遇有礼,但"坐以南籍,竟不获登诸朝"。⑥ 此类事例,在元末文献中比比皆是。⑦ 不仅如此,汉族士人即使欲通过"纳粟"、"获功"等途径来谋得一官半职,在"求之者众"的时候,亦"绝不与南人"⑧。对于这种"重北轻南"的民族歧视政策,汉族士人心怀不满,如陶安就说:"当国初之混一也,一视同仁,南士擢居显爵,才烈彰闻相望于位。迄者三四十年,始弃逐不用,日销月铄,浸以弗振,载名铨书者寂无几焉。"⑨可见,较之世祖时期对"南人"的政策,顺帝时期非但没有进步,反而是退步了。

其次,一些汉族士人虽有幸进入权力集团,但极难得到信任。举例为证:有

---

① 叶子奇:《草木子》卷四上《克谨篇》。

② 杨翮:《佩玉斋类稿》卷四《送崇仁县尹陈子英之任序》。

③ 陶安:《陶学士集》卷一二《送易生序》。

④ 赵翼:《廿二史札记》卷三○"元制百官皆蒙古人为之长"条;《元史》卷一四○《太平传》。

⑤ 宋濂:《元史》卷三九《顺帝纪二》。

⑥ 陶安:《陶学士集》卷一一《送金梅窗序》。

⑦ 按:史卫民据《元典章》卷七《吏部一·官制一》记载,统计文宗时有品级的官员共 22490 人,其中有汉人 15738 人,占 70%。(《元代社会生活史》,中国社会科学出版社 1996 年版,第 24—25 页)这里虽未区分汉人中的南人与北人的具体数量,但根据汉人占元朝总人口 90%以上这一比例可以推测,汉人在官员队伍所占比重较小。而文宗距顺帝最近,所以可以断定:这一分配比例同样可以反映顺帝时期汉人品官的基本规模。

⑧ 叶子奇:《草木子》卷三上《克谨篇》。

⑨ 陶安:《陶学士集》卷一一《送金梅窗序》。

一次,丞相脱脱奏事顺帝,由于"事关兵机",在场的中书左丞韩元善、参知政事韩镛等汉族官员"使退避,勿与俱"①。可见顺帝朝"虽参用汉人,而机密仍不得与也"②。另外,顺帝朝的汉族名臣如贺惟一等,其三起三落的悲剧性命运,实际上也折射出汉族士人在蒙元统治集团内是始终受到排抑和歧视的。对此,下文另有详论。应该说,元朝统治者对汉族士人的不信任感造成的负面影响是极为严重的,它使许多汉族士人逐渐对元廷的士人政策产生了质疑,进而对元政权的权威性失去了信任感。所以在元代后期,包括元祚将终之时,许多汉族士人选择了急流勇退,晦迹山林,高蹈不仕,即使元廷苦苦征聘,亦固辞不从。

再次,汉族士人在法律、社会、科举等领域仍受到歧视,遭到贬抑。③ 在科举方面,顺帝时期,江南士人虽凭借深厚的人文素质和庞大的科考人数,有不少人可以荣登甲榜,所谓:"九重策士纶音近,三月看花酒气酣。天下骅骝多冀北,榜中人物半江南。明年重应金门诏,未必狂生不与骖。"④然而,此时科考中间存在的南北分榜、科考分卷等民族差异一如既往,并无改观。另外,在社会生活中,此期也针对不同的民族作出了不平等规定:"禁汉人、南人不得习学蒙古、色目文字"⑤;"蒙古、色目犯奸盗诈伪之罪者,隶宗正府。汉人、南人犯者,属有司"⑥;"汉人、南人、高丽人不得执军器、弓矢之禁"⑦。汉族士人同样要受到这些规定的严格束缚。

2."重吏轻儒"的固有格局变化不大。元代在科举未开之前,"大凡今仕唯三途:一由宿卫,一由儒,一由吏"。这中间,"由吏者,十九有半",占绝对数量⑧,乃至时人断言:"我元有天下,所与共治,出刀笔吏十九。"至顺帝时期,虽然科举复兴,但官员铨选仍坚持"以吏为治"⑨,在中、下级官员中,出职吏员仍占多数,"仕途自木华黎登四怯薛大根脚出身分任省台外,其余多是吏员。至于科目

---

① 宋濂:《元史》卷一八四《韩元善传》。

② 赵翼:《廿二史札记》卷三〇《元制百官皆蒙古人为之长》。

③ 如:《元史》卷三八《顺帝纪一》载:诏"蒙古、色目犯奸盗诈伪之罪者,隶宗正府;汉人、南人犯者,属有司。"同书卷四〇《顺帝纪三》载:"申汉人、南人、高丽人不得执军器、弓矢之禁。"

④ 沈梦麟:《花溪集》卷三《北京同年乡会》。

⑤ 宋濂:《元史》卷三九《顺帝纪二》。

⑥ 宋濂:《元史》卷三八《顺帝纪一》。

⑦ 宋濂:《元史》卷四〇《顺帝纪三》。

⑧ 姚燧:《牧庵文集》卷四《送李茂卿序》。

⑨ 王行:《半轩集》卷八《跋芥隐信笔书》。

取士,止是万分之一耳"①;"由进士入官者仅百之一,由吏致位显要者常十之
九"②。在此情形下,广大士人不得不退而求其次,纷纷从吏入仕,以儒试吏,"以
行其志"③。如:儒士徐仁"以儒者之业博大难成也,去而从吏"④。陈汝嘉,以文
学自奋,因踬于场屋,受荐出为昆陵案牍吏员。⑤ 陈元善,"两以乡举至礼部,不
见取于有司,辄增修其业不少懈,名行著闻",后受"明公要人"之荐,用海北宪
掾。⑥ 这样的事例在元末极为普遍,"今以儒进者,仅两途,会计于学校焉,试吏
于郡县焉"⑦。但即使如此,士人要想"入吏"亦并非易事,"其职虽卑,非有势位
之援,咸不得进用"⑧。所以士人为了入吏便四处投托显宦,出游之风遂盛。陶
安描述这一情形说:"朝廷以吏术治天下,中土之才,积功簿书,有致位宰执者。
时人翕然尚吏,虽门第之高华,儒流之英雅,皆乐趋焉。"⑨同时,"重吏轻儒"之
制,造成许多人不愿读书"业儒",而是专心于谋求一个吏胥的差使。这些人一
旦踏入官场,由于其"不习书史"⑩,"不知政体"⑪,遂"有奸佞贪污之性,无仁义
廉耻之心"⑫,加剧了元末吏治的腐败,故近人陈垣说:"元政大弊,端在重吏忽
儒。"⑬出乎此,宋濂对"重吏轻儒"的现状提出了批评:

　　儒吏之分,古无有也。盖儒守道艺,吏习法律,法律固不出乎道艺之外
也,奈何后世岐而二之,岐而为二,果始于何时欤? 然而儒之与吏,各以才显
者亦众矣。……(今)世道日降,事寝非古,为儒者不以明体适用为学,而留
情于章句文辞之间。峨冠博带,论议衮衮,非不可也,及授之以政,则迂阔于
事,为群吏之所卖。为吏者不以致君泽民为务,而溺志于簿书期会之末,承
顺以为恭,奔走而效劳非不能也,及察其所为,则黩货舞法,为民之大蠹。古
之为儒、为吏者,其果若是欤! 诚使儒而不迂,吏而不奸,皆良材也,不知何

① 叶子奇:《草木子》卷三上《杂俎篇》。
② 宋濂:《元史》卷一八五《韩镛传》。
③ 李祁:《云阳集》卷四《送陈元善赴海北宪掾序》。
④ 鲁贞:《桐山老农集》卷二《送徐仁可之上海典史序》。
⑤ 杨维桢:《东维子集》卷三《送陈汝嘉漕掾秩满序》。
⑥ 李祁:《云阳集》卷四《送陈元善赴海北宪掾序》。
⑦ 陶安:《陶学士集》卷一一《送张生序》。
⑧ 陶安:《陶学士集》卷一一《送张生序》。
⑨ 陶安:《陶学士集》卷一五《送马师鲁引》。
⑩ 《通制条格》卷五《学令·科举》。
⑪ 胡翰:《胡仲子集》卷四《送徐文昭序》。
⑫ 《通制条格》卷五《学令·科举》。
⑬ 陈垣:《中国学术思想史论丛》(第六卷),安徽教育出版社2004年版,第133页。

以择而用之欤!①

在宋氏看来,儒吏并无轻重之分,他们既能"各以才显者亦众矣",又各有"迂"、"奸"之不足。所以朝廷选官,同样不能以儒为是,也不能以吏为是,而应该以是否"良材"为准;这种"良材"就是要具备"习儒书而敏于吏"②的素质,即所谓:"理(儒)与律(吏)者,明体适用之士,不能偏废也。"③

3.科举复兴并未从根本上改变士人的地位。顺帝时,经科举选拔官员,一定程度上保证了官僚队伍来源的开放性,也维持了社会文化秩序的稳定。但在元末这个极具特质的历史时期,科举很难从根本上改变士人的社会地位。主要表现在:

首先,科举录取名额少。顺帝时,"虽尝设科取士,而天下之广,三年之旷,仅取百人"④,"进士拔一于千百,未易猝与"⑤。中进士难,乡试中举也极为不易,如至正七年(1347年)秋,江浙乡试,以《诗经》充赴有司者凡七百人,中式者仅十人。⑥ 鉴于此,时人提出"当增中选之额"⑦,但顺帝一朝,科举之额不但没有扩大,反而愈发减少了,以往士人科场蹭蹬,仕途滞壅的窘境并未改观,如诗所谓:"如何穷巷士,理首书卷间。年年去射策,临老犹儒冠。"⑧"儒生心事良独苦,皓首穷经何所补?"⑨这种局面的长期存在,对士人的价值观念、道德取向产生了强烈的冲击,很多人渐次放弃科举,绝意仕进,超然于政治之外,或隐遁避世,或癫狂放浪,或求禅问道,通过隐士、狂士、医士、道士等角色来践履自身的道德追求。及至正后期,天下扰攘,科举制度更趋废弛,进一步使"业儒而获用"的士人失去了其制度化的再生机制,作为精英的士人大量流入民间,散布于社会的各个领域,从而导致了国家统治集团的非精英化;而与此同时,大批吏员涌入中央和地方基层的各级机构,又加剧了蒙元政权的腐朽与衰微。

其次,科举存在严重的不公平性。在传统社会,科举的不公平性具有相当的普遍意义,而在元代,这种不公平性表现得更为鲜明和突出,其不仅有社会等级

---

① 宋濂:《文宪集》卷二八《京畿乡试策问》。
② 刘仁本:《羽庭集》卷五《饯定海县尹汪以敬诗序》。
③ 危素:《危学士全集》卷五《送陈子嘉序》。
④ 王行:《半轩集》卷八《跋芥隐信笔书》。
⑤ 陶安:《陶学士集》卷一二《送冯生序》。
⑥ 杨维桢:《东维子集》卷八《送邹生奕会试京师序》。
⑦ 汪克宽:《环谷集》卷三《省试策》。
⑧ 陈高:《不系舟渔集》卷三《感兴诗》。
⑨ 朱思本:《贞一斋诗文稿·观猎诗》。

制度造成的不公平性，又有民族差异造成的不公平性。顺帝时期，由于社会阶级结构变化不大，民族关系的发展也相对滞后，所以这一时期科举制度中的不公平仍很明显。如：至正八年（1348 年）会试时，考官得到新安人王伯恂的试卷，既惊又喜，曰："此天下奇才也，宜置第一。"但有人以"王君南人"为由，提出其只能"屈置第二"。后来揭榜，"王君竟在不取"①。这是民族差异在科举中的典型反映，也是此期科考不公的真实写照。

再次，科举出身的官员极难荣升显要。元代科举规定，左右两榜进士均分三甲，一甲授官从六品，二甲授官正七品，三甲授官正八品。② 具体授官一般多为州县佐贰官，如州判（正八品）、县丞（正八品）、录事司正官（正八品）、州同知（正七品）、推官（正七品）、县尹（从七品）等。以元统元年（1333 年）癸酉科进士授官情况为例，是科录取进士共 100 名，据萧启庆先生《元统元年进士录校注》可知：其中除 8 人不知初授官外，其他 92 人中有 50 人授州县佐贰官，故当时有"科目行，士皆期一第以行其志，然其初入官率多得州县，又往往居佐贰下僚"③的说法。同时，在顺帝时期，进士最终能够荣登显宦者更是寥寥无几。据桂栖鹏先生考证，元代进士官至从三品以上者共 110 人，其中至正年间九科所取的 599 名进士中，进入从三品以上者仅 18 人。④ 这一情形的出现，当然与此时蒙元将亡，士人在短期内尚难进入华要的客观形势有关，但更主要的是深受元朝不重进士这一固有观念的影响。一如时人所论："天下宾兴之士，由乡而贡之礼部者，岁大比不过三百人，其与礼部之选而升之天子之廷，获奉大对，授官爵者不满三之一焉。夫以区域之广，亿兆之众，越南燕北之所至，日月出入之所进，所取之士若是其少也。而一科之中有能灼灼以事功显著，为时所称道者，又不过数人焉。"⑤就此而论，元人感叹"我朝设进士科以取士，或病实效之不著"⑥，并非空穴来风。在科举无路的情况下，元代儒者的心理动向和行为方式受到了强烈的冲击，感叹："天门咫尺到不得，禁此飙摧云翼何"⑦，甚而将科举之败归于天命，

---

① 郑玉：《师山集》遗文卷一《送王伯恂序》。

② 宋濂：《元史》卷八一《选举志》。

③ 李祁：《云阳集》卷四《送陈元善赴海北宪掾序》。

④ 参见桂栖鹏《元代进士研究》，兰州大学出版社 2001 年版，第 41 页。

⑤ 陈高：《不系舟渔集》卷一一《送曾子白员外序》。

⑥ 戴良：《九灵山房集》卷一三《送陈嘉兴序》。

⑦ 陶安：《陶学士集》卷二《至正戊子下第南归与同贡黄章仲珍雷燧景阳同舟仲珍赋诗因走笔次韵》。

"科取进而卒不遂,何耶? 盖士之穷达通塞,命也"①。"呜呼! 君子所恃以不朽者有德焉,尔用不用命也。"②他们未能认识到元代科举制度之不足,表现出难以摆脱的时代局限性。

4.学校的养士功能得不到充分发挥。元代广立学校,意在尊儒育才,教化人心,兼济时政,这一点与历代统治者并无二致。但在实际操作过程中,元代学校却弊端丛集,"学额之广,殆无过于今;学弊之极,亦无过于今"③。尤其是到了顺帝后期,学校的养士功能更趋萎缩。出现这种局面的原因主要有二:

一是学校财政补给困难。至正后期,"盗贼窃发",国家兴师动众,"为郡县者往往以戎事供给",顾不得学校的财政补给,"故学校多不举"④。同时,以往学校所仰赖的学田,也遭到豪强、奸吏的渔猎破坏,致使"岁入之数日以耗损,教养之具或不给焉"⑤。由于学校财政不给,造成学员纷纷辍学。如江山县学,至正六年(1346年),监县多尔济侯来视察学事,"怪生徒之不集也"⑥。学校如此,书院也不例外。虽然元廷规定"有司以闲田隙地,系于官者归之学院,以赡廪稍之不足",但在地方往往得不到切实执行,"仕于州县者,往往局于米盐狱讼之烦,能致意学校以应明诏者,盖少矣"⑦。由此,造成书院财政亏空,教学工作难以正常运作,书院的衰落遂成必然之势,"教养之具不足,甚至岁无缗龠之入,虚额崇而实效微。教官纷列庠校,每借阶饵腴禄,故视事席未暖,辄乞委引去,视庙堂芜圮,墁瓦飘剥,漫不经意。"⑧

二是地方官员的腐败及教学秩序的废弛。当时,朝廷虽"以教化责守令"⑨,强调学校乃守令"六事"之一,学官的任用和升迁也有相当严密的制度,但在吏治败坏的大环境中,"今天下学校责在守令,往往不暇顾,而视为文具"⑩。学校学官、教授亦"徒文具而无其实"⑪,与地方官员相勾结,"不以学校为重","舍诗

---

① 刘仁本:《羽庭集》卷五《笔海集序》。
② 陶安:《陶学士集》卷一一《送金梅窗序》。
③ 陶安:《陶学士集》卷一一《送教谕夏仲符序》。
④ 刘基:《刘基集》卷三《诸暨州重修州学记》。
⑤ 贡师泰:《玩斋集》卷七《福州路儒学复田记》。
⑥ 鲁贞:《桐山老农集》卷一《江山修学复田记》。
⑦ 宋禧:《庸庵集》卷一四《高节书院增地记》。
⑧ 陶安:《陶学士集》卷一二《送天门孙山长序》。
⑨ 杨维桢:《东维子集》卷一二《长兴州重修学宫记》。
⑩ 刘基:《刘基集》卷二《海宁州贾希贤义塾诗序》。
⑪ 王结:《文忠集》卷四《上中书宰相八事书》。

书礼乐而专钱谷"①,此学校所以日坏,风化所以日隳也。

可见,顺帝时期对士人政策的变革是较为有限的,正因如此,顺帝"文致太平"的汉化道路注定不会走得太远。但对于广大士人而言,此期的士人政策却影响至巨:一方面,有限的士人政策使士人群体能够在一种相对自然的状态下得以生存和发展,并在文化与政治之间选择自身的价值取向,从而通过不同的行为方式践行传统士人所崇奉的道德准则。这是元末缺乏专制意味的士人政策客观上带给士人选择处世方式的自由。另一方面,有限的士人政策又使士人在自由之间失却了理想和目标,尤其在政治功能难以发挥时,他们承受了平常时期难以比拟的痛苦和失意,而这又是士人政策的局限性所造成的士人生命价值、心理趋向之困境。处此形势,面对蒙元政权这个欲舍不能、欲近不易的政治权威,士人的内心世界、政治态度和行为方式显得异常复杂和多变。

第二节　国势渐衰与士人的拯世情怀

元之季世,王朝衰败,危机四伏。在时人的视野之中,元末的社会问题主要表现在:纪纲不振,教化凌夷,吏治腐败,风俗颓废,赋税沉重,僧道泛滥,土地兼并,科举不公等。这些社会问题,让敏感于时势的士大夫们刻骨铭心,思绪跌宕。以吏治而言,元代后期的官场已腐败至极,同僚的掣肘,豪右的猖獗,不法分子的横行,台省郡邑都以蒙古人为正长官,这些人大多数"贪婪渔猎,殆无纪极,豪家势族与此辈互交结,恣并吞"②。对此,刘基深有体会,感慨良多:"我昔筮仕筠阳初,官事窘束情事疏。风尘奔走仅五稔,满怀荆棘无人锄。"③留下了锄恶未尽的遗憾和对窘束官场的失望。又如对于赋税沉重这一现象,王祎诗云:"东南伙租赋,富庶称三吴。吴田苦卑下,浩渺平江湖。菑害动连岁,官府仍征需。纡余脂膏地,坐见民力枯。"④那么,面对这种"无道"、"无序"的社会,士大夫到底该何去何从呢? 孔子说:"天下有道则见,无道则隐"⑤,先圣的处世哲学在元末某些士人的内心深处似乎并不具有影响力,此时仍有一大批士大夫"以天下为己

---

① 贡师泰:《玩斋集》卷六《送曹季修赴建宁路儒学教授序》。
② 谈迁:《国榷》卷一"元顺帝至正二十三年二月癸酉"条引朱国桢语。
③ 刘基:《刘基集》卷一一《送葛元哲归江西》。
④ 王祎:《王忠文集》卷一《赠别张舜俞》。
⑤ 《论语》卷四《泰伯》。

任",求治进取,以他们的言行践履了作为士大夫的卫道精神和拯世情怀,于是传统的经世观念日渐凸显,蔚为风潮。

经世观念乃儒家思想的重要内容之一,深刻影响了历代士大夫的价值取向和行为方式。作为士大夫"齐家、治国、平天下"精神品格的行为体现,"经世"不仅表现为直接入仕,也表现为在宦途之外,自觉将个人言论、行为与社会联系起来,以间接实现社会价值这一更为深刻的价值意义。所以说,士大夫经世的途径并非入仕一途,尤其在政治颓败、纲纪不振、人心浇薄的衰世时期,士大夫的社会责任感和使命感便会骤然凸显,其经世的途径亦会趋于多样,甚至遁入释道之士,虽身处方外,其内心深处,根深蒂固的经世之念亦并未全然泯灭。同样,在元末这一特殊历史时期,士大夫的经世观念也通过多种方式表现了出来。

一、入仕为宦,拯时济世

"作为确定的人,现实的人,你就得有规定,就有使命,就有任务……这个任务是由于你的需要及其与现存世界的联系而产生的。"①元末士人所处的"现存世界",是一个危机丛生的"衰世"。因而,一大批讲求事功的士大夫开始将注意力集中到社会所需要解决的问题上,表现出鲜明而强烈的社会责任感和使命感,而实现这种责任感和使命感最直接的途径就是参与政治,跻身为宦。

不言而喻,入仕无疑是多数士人入世方式的第一选择,即使身处衰世也毫无例外。在元末,广大士人扶危定倾、身任天下的意识逐渐升腾,倡扬:"人才之生于斯世,必为邦家之用,以立功立事,黼黻皇猷。"②为此,他们企图通过不同路径进入宦途,以借助国家权力的支持来匡时济世,充分发挥自身的政治功能。这中间,科举一途布满荆棘,但仍是士人孜孜以求的入仕途径。举凡闻名于时的士人大多有科举经历,虽然他们绝大多数踬于科场,但仍皓首穷经,以期博得一第,其强烈的入仕意识昭然可见。如,刘基(1311—1375年),自幼受到儒道思想的沐染,儒家积极入世、兼济天下的思想驱使着他沿着科举的道路步步迈进。最终于元统元年(1333年)一举考中进士。王冕(1310?—1359年),字元章,号煮石山农,浙江诸暨人。早年以科举为事,尝以伊尹与吕尚自期,他在《闰七月二十三夜记梦诗》诗中言:"平生伊吕志,耕钓岂无为?"③又在《自感》诗中云:"愿秉忠

---

① 《马克思恩格斯全集》第3卷,人民出版社1960年版,第329页。
② 胡行简:《樗隐集》卷六《元故朱公墓志铭》。
③ 王冕:《竹斋集》卷中《闰七月二十三夜记梦诗》。

义心,致君尚唐虞。欲使天下民,还淳洗嚣虚。声诗勒金石,以显父母誉。"①皆明确表达了其经世济民,像伊尹、吕尚那样佐明主,成王业,以实现国治俗美、显亲扬名的理想目标。但王冕踬于场屋,屡试不中,遂绝意科举,将希望寄于未来,他仿《周礼》撰成一书,说:"吾未即死,持此以遇明主,伊吕事业不难致也。"②入仕意识仍未泯灭。

除用意科举外,有不少士人或响应朝廷征聘,或毛遂自荐,出仕为官。如:柳贯(1270—1342年),字道传,号乌蜀山人,浙江婺州人。至正元年(1341年),朝廷更化,征用老成,年已七十二高龄的柳贯以台阁之荐,起任翰林待制承务郎兼国史院编修。对此,柳贯感慨万分:"吾今幸亲禁近,得陈尧舜之道以赞太平之治,死不恨矣!"③言语间透露出能够再次佐命朝廷的激动心情。李士瞻(1313—1367年),字彦闻,河南南阳人,后徙汉阳。自幼英敏好学。至正初,以布衣游京师,以度支监卿柳嘉之荐,出为知印。至正十一年(1351年)中大都路进士,辟充右司掾,除刑部主事。④ 王祎(1321—1372年),字子充,浙江义乌人。布衣之时曾往大都上书中书平章扎拉尔"以自见",并说:"虽以祎之贱微,其不自揣量,辄欲自附于门下士之列,踰涯犯分之罪,有不复避也。……惟相国重念国家之所以立在人才,而益以天下人才为意,不以祎之卑贱为陋,而养育以奖拔之,则岂为祎之幸,将天下人才皆以为幸矣。"⑤另外,傅若金(1303—1342年),字与砺,今江西新余人,元统初荐为参佐,出使安南。吴当(1297—1361年),字伯尚,今江西崇仁人,至正五年(1345年)荐为国子助教。凡此,通过举荐踏入仕途者在元末不为少数。这既反映了朝廷"急于用人"⑥的真实状况,也折射出有识之士谋求入仕的强烈愿望:"生平若有文章癖,老大仍悲岁月增。馆阁祇今招隐逸,吾曹何日见飞腾?"⑦

元末士大夫之所以愿意仕进,其原因与传统士人的经世观念若出一辙,即在于"自致其身","有济于时",而不愿苟且偷生,"与草木俱腐,与时流偕焉"。⑧所以在不少士人的心目中,只要能为朝廷官员,获得用世的机会,他们是不大

① 王冕:《竹斋集》卷中《自感》。
② 宋濂:《文宪集》卷一〇《王冕传》。
③ 宋濂:《文宪集》卷二五《故翰林待制承务郎兼国史院编修官柳先生行状》。
④ 柯劭忞:《新元史》卷二一六《李士瞻传》。
⑤ 王祎:《王忠文集》卷一六《上平章扎拉尔公书》。
⑥ 张之翰:《西岩集》卷一四《送鲜于都事赴任杭州序》。
⑦ 陈高:《不系舟渔集》卷九《戊子元日客中有感》。
⑧ 吴师道:《礼部集》卷一四《送吴彦县尹之辰溪序》。

计较出任何官的,如刘基所言:"士有急于用世者,非苟为利禄计也,少而学,壮而欲行之,不得一命,则抱材而无所施。……今之由学校掌出内为儒官,循次待用,至得一教授,亦难矣。"徐舫(1298—1366年)也说:"吾非乐为吏,每意有不合,辄欲舍去,适朝论复省台,欲拯禁榷之弊,为庶民请命。"①出乎此,部分士人在进身无路的情况下,即使出任卑微的学官之职也心甘情愿,"学官位卑禄薄,吾耻与草木同腐,固不敢辞知己之荐,庶几古人为贫而仕也。……遗逸、科目之举,视学官其秩为崇,然君子所以思其职者,则不以崇卑而有间也。"②

当然,跻身宦途只是士大夫践行经世观念的开始,接下来,在实际的行政过程中,如何建功立业,利济苍生,排难解纷,勇于任事显得尤为重要,"君子之用世,得百里之国而治之,使其民出租税,勤役作以供公,上而无愁苦叹息之声,亦可谓贤大夫矣"③。然而,在元末王道失坠、士风颓弊的环境中,士大夫的仕途往往颇为坎壈,所以"士大夫有欲进取立功名者,皆强颜色"④。这是时代对士大夫济世之志的摧折和贬抑,也是士大夫自身的悲剧所在。

二、评论时宜,建言献策

居衰乱之世,士大夫的拯世情怀不仅表现在入仕等政治行为上,也表现在其言论、话语之中。针对元末尖锐的社会问题和政治问题,他们据理剖析,向统治者提出自己的主张,以表达对国家命运的深切关心,进而达到拯溺济危、重整秩序的目的。因此,从某种意义上说,士大夫的言论就成为我们洞察当时社会问题的一个重要标尺。他们自觉通过更为广泛的言论充当了社会的良心。一方面,在道德层面上,他们希冀通过格君心、正人心以振纲纪、定治乱,认为这是治道之本。同时,通过道德修养、纲常礼教的说教来训导百姓服从治理。另一方面,在政治层面上,他们坚持以君子之道,开出一系列切实有效的治世良方,以期在弥补统治者昏乱造成的政策偏差之时,进而成为统治者创业垂统、治国安邦的策略和途径。应该说,在元末这一特定的历史时期,士大夫借助言论来表达炽然的用世热情,虽是间接,甚至幻想的,但却是难能可贵的,用时人的话说就是:"士大夫当废兴存亡之际而能秉节守义,归洁其身,为清议所予。其言论风旨之存者,

---

① 赵汸:《东山存稿》卷三《沧江书舍记》。
② 林弼:《林登州集》卷八《送高君善夫归闽序》。
③ 贡师泰:《玩斋集》卷六《送朱元宾赴南靖县尹序》。
④ 余阙:《青阳集》卷二《贡泰父文集序》。

人固望而宝之"①;"士君子以平生之志,发为一时之言,而一时之言或为终身之符"。②

　　概言之,元末士大夫评论时宜,建言献策的方式大体有二:一是直陈时弊,贡献筹谋,即在言论中明确发表自己对社会问题的看法,并提出相应的解决方式,这一方式的特点是直白而具体;二是托物为喻,揭露时弊,即表面上不谈时政,但言论中间仍蕴涵着丰富的现实因素,这一方式的特点是含蓄而深刻。而且,为了使自己的主张和观点能被统治者接受,真正达到经世的目的,士大夫评论、建言的方式往往在口气上显得较为务实、平和和理性,而不是单纯、偏激的讽刺,抑或犀利、激烈的批判。

　　1.直陈时弊,贡献筹谋。元末士大夫在参与政治,体察民情,感悟生活的过程中,对诸多社会问题有着独到见解。如,对于财政问题,提出:"盖治民者为国之大端,理财者经国之要务"③;"夫理财之方,一皆见之行事之实,而非空言之无证者"④。对于教化问题,提出:"夫庠序之教,世俗以为迂而有识者以为急,若使教之有素,则民有恒心,莫不知尊君亲上,而各安其分,孰有入于邪僻以犯非义乎,立民防而导其善其于治化,夫岂小补哉"⑤;"夫学校以明伦为本,育才为务,风化之所由出也"⑥;"教化不明,纲常沦废"⑦;"教化实为治之本"⑧。对于吏治问题,提出:"圣人修道不修政,吏者民之纲,圣人治吏不治民。"⑨基于上述认识,士大夫审时度势,权衡利弊,针对元末社会问题,以上书、言事等方式讽谏君主,讥议吏治,纵论时政,并向执政者提出治国方略。如,王祎曾以布衣之士,向中书平章扎拉尔上书,其中对人才的重要性及荐拔人才事宜发表了看法:

　　　　国家之所以为国家,在人才,而人才之所以为人才,在国家……然则国家人才,岂非相资而成者哉,故尝考近代所以养育奖拔人才之道矣,以为人才难得,而且难知也,非博采广求而多畜之,不足以尽天下之士,故先馆阁以为养才之地,其进之之涂有三,而大臣荐举居其一。……我国家之制,设学

---

① 吴师道:《礼部集》卷一七《家则堂诗卷后题》。
② 吴师道:《礼部集》卷一七《北山感雪竹赋后题》。
③ 陶安:《陶学士集》卷一二《送王子楚序》。
④ 贡师泰:《玩斋集》卷首李国风《玩斋集原序》。
⑤ 陈高:《不系舟渔集》卷一一《送刘景玉赴金华县学教谕序》。
⑥ 谢应芳:《龟巢稿》卷一二《与林掌教论请建先贤祠书》。
⑦ 郑玉:《师山集》卷二《狄梁公论》。
⑧ 王礼:《麟原文集》前集卷六《重修安福县学记》。
⑨ 王祎:《王忠文集》卷一九《演连珠》。

校、科举以待天下之士，而士之出于山林岩穴间者，不必由于学校，负瑰奇特杰之器者，不必由于科举，故仍有荐举之法焉。士之以布衣而入馆阁，由馆阁而登台省者，往往而是，可谓盛矣！自顷者荐举之法废不复行，馆阁用人，一切拘于常调，布衣之士始无所于进矣。然犹幸王公大人以人才为意，如相国者为之依归，士之有问学、文章、材行、艺能，凡一长可自见者，皆得以自附于门下，不遂至于弃滞。……惟相国重念国家之所以立在人才，而益以天下人才为意，不以祎之卑贱为陋，而养育以奖拔之，则岂为祎之幸，将天下人才皆以为幸矣。①

在此，王氏首先道出了国家兴亡系于人才的重要性；接着反顾祖制，指陈时弊，认为元末虽然重视养育人才，但由于荐举之法"废不复行"，致使许多布衣之士难得进用。所以他建议执政者"以天下人才为意"，不拘一格，加以奖拔。应该说，王氏所言切中了元末在人才政策上的缺失。

王祎所论仅着眼于人才问题上，但更多的时候，士大夫评论时政、建言献策并不囿于某一社会问题，举凡关乎国运民生之事，皆是其关注、评论和建言的内容。总体上，元末士大夫的评论和建言往往具有较强的针对性、预见性和可操作性，在其言论中间，传统士大夫单调、空泛的道德说教和理论诡辩色彩显得甚为淡薄。也正是如此，才使得元末士大夫的言论有了更强的经世意味和社会政治价值。如：王结（1275—1366 年），字仪伯，河北易州人。元统初年，在任中书左丞时，曾向中书省提出八事：一曰立经筵以养君德；二曰行仁政以结民心；三曰育英材以备贡举；四曰择守令以正铨选；五曰敬贤士以厉名节；六曰革冗官以正职制；七曰辨章程以定民志；八曰务农桑以厚民生。② 王结所论，个个切中时弊。如在评论人才问题时指出："人存政举，人亡政息；得士者昌，失士者亡。今日必当广求俊贤，昭布庶位。"③ 成遵（1308—1359 年），字谊叔，穰县（今河南邓州）人。元统元年（1341 年）中进士第，授翰林国史院编修官。至正二年（1342 年），拜监察御史。当年，成遵先后言事并举劾凡七十余事。最早，"言天子宜慎起居，节嗜欲，以保养圣躬，圣躬安则宗社安矣"。言辞甚切，顺帝动容称善。不久，又直言台察四事："一曰差遣台臣，越职问事；二曰左迁御史，杜塞言路；三曰御史不思尽言，循叙求进；四曰体覆廉访声迹不实，贤否混淆。"这些建议顺帝皆

---

① 王祎：《王忠文集》卷一六《上平章扎拉尔公书》。
② 王结：《文忠集》卷四《上中书宰相八事书》。
③ 王结：《文忠集》卷四《上中书宰相八事书》。

喜纳之,并谕台臣曰:"遵所言甚善,皆世祖风纪旧规也。"此后,逢江浙火灾,建言"当赈恤";又言时务四事:一曰法祖宗,曰节财用,曰抑奔竞,曰明激劝。顺帝皆称善从之。① 贾鲁(1279—1353年),字友恒,山西高平人。至正九年(1349年)十二月,任漕运使,鉴于当时漕运之弊,建言二十余事。其中,对于其所提出的"京畿和籴"、"优恤漕户"、"接运委官"、"疏浚运河"、"宜以宣忠船户付本司节制"等八事,顺帝予以准行。② 成遵、贾鲁所论,皆是针对社会痼疾开出的救治良方,顺帝能一一采纳,一定程度上使其言论成为了元廷经邦治国的方略,这也正是士大夫政治功能之所在。

同时,在元末建言时政的士大夫群体中,不仅有在任的官员谏臣,也有在野的处士隐者。他们虽遁居民间,不便直接与朝廷对话,但在经世观念的驱动下,仍然积极寻求机会与执政者接近,以发表对时政的看法,可谓"君子处畎亩,而不忘天下之忧"③。如,黄许(1282—1362年),字与可,浙江处州人。早年与怀玉人郑元善,同里叶岘、林定老交往甚笃。后三人皆中进士,而黄许独不遇。④至正中,元廷遣大臣宣抚各道,黄许以处士身份献"救时十策":严选举,革贪污,除吏敝,抑兼并,省冗官,汰僧道,核田赋,兴武举,作士气,结人心。磊落数千言,皆关涉世运安危,"可以救乱于未形,兴治于将来"⑤,充分表现了其拯时救世的济世情怀。但身为处士,位卑言轻,其所献"十策"终未被用。后来,义旗四举,天下大乱,中书省参政普颜帖木儿、内台治书侍御史李国凤奉诏经略江南,获得"十策",叹曰:"世未尝无经济才,上之人顾弃而弗求耳!"⑥言语间,透露出对"十策"未被早用的遗憾,同时也表明了如是道理:在一定程度上,士大夫的言论具有较强的预见性,正是这种视野宏远的先见之明,才使得士大夫的经世观念多了几分扶翊兴运的资本,也正是这种先见之明,才往往使国家的发展具备了相对稳妥的方向感。所以作为统治者,在任何时候,切不可忽视士大夫的这种预见。

应该说,元末士大夫的言论是相对自由的,朝廷对士大夫的直言也一度持鼓励态度。至正九年(1349年)九月,下诏:"凡建言中外利害者,诏委官选其可行之

---

①　宋濂:《元史》卷一八六《成遵传》。
②　宋濂:《元史》卷四二《顺帝纪五》。
③　王结:《文忠集》卷四《上中书宰相八事书》。
④　贝琼:《清江文集》卷三〇《黄南岫先生墓志铭》。
⑤　贝琼:《清江文集》卷三〇《黄南岫先生墓志铭》。
⑥　柯劭忞:《新元史》卷二三八《黄许传》。

事以闻。"①然而,在当时也并非所有人的直言都会得到元廷的认可;相反,某些直言还会招致厄运。如,陶宗仪(1329—1412年?),字九成,号南村,今浙江黄岩人。至正八年(1348年)三月,赴考进士,因议论政事而落第。② 朱公迁,至正七年(1347年),以遗逸授翰林直学士后,曾劝顺帝:"亲贤远佞、修德恤民,庶天意可回;不然,恐忧在旦夕。"因言辞切直,为执政者所恶,出为处州学正。③ 熊鼎,字伯颖,今江西临川人。至正七年(1347年),领江西乡试第九名,上京师就礼部试,以其直言时政,议论奇异,竟弃不取。熊鼎不以为然,曰:"第不第命也,命可尤耶!"遂束书南归。④ 再如前述成遵,建言七十余事,但最终为"执政者恶之",出为陕西行省员外郎。⑤ 方克勤(1326—1377年),字去矜,号愚庵,今浙江宁海人。至正二十四年(1354年),"尝一践场屋,言国家利害,峭直无所顾忌,有司不敢取"⑥。可见,在政纲失序,奸佞当道之时,士大夫的某些建言难免会违背当权者的意愿,所以朝廷倡导直言往往流于形式,士大夫的直言也难以取得预料的效果。

2.托物为喻,揭露时弊。这一评论方式往往以诗歌、乐府、杂文等文体形式表现出来,措辞含蓄,然意味深长,从中仍可以体会到士大夫心系天下之兴旺,黎民之安康,民情之淳朴,人才之昌盛的济世之念。如,刘基的《感时述事》为五言古诗,共十首,计一千八百九十言,作于元季。⑦作者因时述事,缘题发挥,论述了元末朝政、吏治、财政、军制、士风等诸多社会问题。如关于吏治,诗曰:"官吏逞贪婪,树怨结祸胎";"百司并效尤,货贿从横飞";"此辈欲何求,朘剥图身肥"。在刘基看来,元代吏治腐败与"以宽治国"的方针密切相关,故他提出整饬吏治须严肃法制,"法当究其源,剪锄去根荄"。关于用人,诗曰:"大权付非类,重以贻笑鳌";"滥官舞国法,致乱有其因";"忠良怒切齿,奸宄竞攀援"。作者用含蓄的言辞揭示了元末奸佞当道,所用非人的局面。与《感时述事》相类,刘基的《郁离子》⑧、《拟连珠》也蕴涵着丰富的治国之道,以《拟连珠》所论用人问题为例,

---

① 宋濂:《元史》卷四二《顺帝纪五》。
② 徐伯龄:《蟫精隽》卷一三《南村外史传》。
③ 柯劭忞:《新元史》卷二三六《朱公迁传》。
④ 宋濂:《文宪集》卷一九《故岐宁卫经历熊府君墓铭》。
⑤ 宋濂:《元史》卷一八六《成遵传》。
⑥ 宋濂:《文宪集》卷二四《故愚庵先生方公墓版文》。
⑦ 刘基:《刘基集》卷二〇《感时述事十首》。
⑧ 关于《郁离子》所含刘基的政治思想,学界已有探讨。如:南炳文先生《试论刘基的政治思想》,载《明清史蠡测》,天津教育出版社1996年版,第246—260页;冯天瑜先生《〈郁离子〉与元明之际的社会矛盾》,载《明清文化史散论》,华中理工大学出版社1998年版,第57—79页。

其谓:"君不自强,士多则强。故娟嫉之人庸,则士隐而君独;掊克之吏进,则民夷而国伤";"以道养贤,则四方之民听声而来;以德养民,则四方之贤望风而慕";"君欲任贤,当如用器,惟能避短而庸长,乃克奏功而济事";"士有悍妇,则良友不至;国有妒臣,则贤士不留"。① 凡此,刘基借诗歌这一文学创作方式,巧妙道出了元廷在用人政策上的缺陷,并提出了用人应该坚持的方法和原则,颇具经世意义。

另外,朱德润(1294—1365 年),字泽民,江苏苏州人。其诗文笔法平淡,用意深刻,有不少触及民生疾苦和社会痼疾,比如《外宅妇》、《无禄员》、《官卖田》、《水深围》、《德政碑》等。其中,七言绝句《无禄员》云:

> 无禄员,仓场库务税课官。尊卑品级有常调,三年月日无俸钱。既无禄米充口食,家有妻儿徒四壁,冬来未免受饥寒,聊取于民资小力,宁将贪污受赃私,不忍守廉家菜色。贪心一萌何所止,转作机阑生巧抵。臣闻古者设官职,俸禄养身衣食备。父母妻儿感厚恩,清白传家劝子孙。良史每书廉吏传,邑民常奉长官尊。国家厚德际天地,禄养官曹有常例。更祈恤养无禄人,免教饕餮取于民。②

所谓"无禄员",指没有俸禄的官员。该诗不是反映贫富之对立,也并非抨击社会之不公,只是用含蓄的言语揭示了元末官员因"无禄"而勇走贪途这一社会问题。诗人欲借诗讽谏,以引起当政者对官俸的注意。

再如王冕,科举不中后,游寓四海,先后到达杭州、苏州、南京、扬州、徐州、大都、洛阳等处,沿途写了大量体察民情、吊古伤今、揭露时弊的诗作,如《伤亭户》、《悲苦行》、《江南妇》、《陌上桑》、《蛤蟆山》、《冀州道中》等,其中有云:"青松生崇冈,土浅松根颓。顾兹岁寒质,岂匪梁栋材?无奈牛羊牧,鄙贱蒿与莱。惟有溪上风,清声寄余哀。庭前碧梧树,上有幽栖禽。养成五彩雏,鸣动黄钟音。拟之箫韶间,叶彼圣贤心。夫何失其所,委置荆杞林。"③诗中作者以借喻的手法,揭示了元末轻视人才的事实。本来是如松的栋梁之材,却被鄙视如蒿莱;本来是有文采、有德音的凤雏,却被弃置荆棘之中。缘此,他认为朝廷用人政策应落到实处,而不能做表面文章,他说:"圣主临朝问好官,岂无公论在长安? 野人不入麒麟画,御史都簪獬豸冠。"④建议作为言官的御史,应该勇于承担起弹劾奸

---

① 刘基:《刘基集》卷一四《拟连珠》。
② 顾嗣立:《元诗选》初集《朱德润·无禄员》。
③ 王冕:《竹斋集》卷中《秋怀》。
④ 王冕:《竹斋集》卷上《偶书》。

邪、荐举贤达的责任。

三、务求实学,引领学风

自蒙元政权建立伊始,务实精神就贯穿于元代社会的方方面面。① 就思想学术领域言之,承宋代学术之余绪,元代思想界出现了朱陆并存和朱学渐长的学术格局。受其影响,士大夫多重视经世致用与民生日用之学。降及元末,士风丕变,学术分流,一部分士大夫不求务实,"徒尚虚名"②,步趋"浮靡之风"③;与之相反,一批有识之士则面对国运渐衰之势,忧患意识悄然觉醒,以匡济天下为己任,不仅在"立功"上追求经世致用,在"立言"上也恪守求真务实。于是,一股"明体以达用"④的实学思潮蔚然兴起。

1.强调求真务实的学术观点。在元末,经世之士强调"士当治世思欲致用"⑤、"为学贵适用"⑥。在其看来,一切言谈、学说,都应当有益于国计民生,因为天下兴亡在人心,人心良莠在学术;要拯救天下、端正人心,必须明辨学术,而学术必须以经济世务为终极目标。所以宋禧说:"夫业不可不慎也,而士之业最优,然业士者,又有浮华笃实之辨,而气化之盛衰系焉。是故气化醇厚则学成,而辅世者往往皆笃实之士,而浮华之习不能胜。呜呼! 笃实之士恒学其所当学,舍是以浮华而陷祸者众矣,况可厌士之恒贫贱而徙其业乎?"⑦认为士人应做笃实之士,惟其如此,才能成为有用于社会的"辅世者"。那么,如何成为笃实之士呢? 元末士大夫的观点似乎并未超迈前人,即仍认为须从研读圣贤之书、反求四书五经开始。在他们看来,圣贤经典乃经世之学之根基,士大夫应该潜心圣贤之道,"夫诚意正心之术,齐家治国平天下之具,皆学者所当穷格之先务,非可以临渴而掘井也","务在明体达用"。⑧ 如此才能做到"读书而明圣贤之学,入仕而行圣贤之道"⑨。与这种认识相联系,一大批士大夫潜心经学,涌现出一系列经

① 《明太祖集》卷八《赐平凉县尹王轸父谕》载:"昔元之初得天下,人材皆务实学,故贤能由公道而进。"
② 《明太祖集》卷八《赐平凉县尹王轸父谕》。
③ 程端学:《积斋集》卷三《赠潘氏二子序》
④ 宋濂:《文宪集》卷二〇《唐思诚墓铭》。
⑤ 陶安:《陶学士集》卷一一《送燕叔义序》。
⑥ 唐元:《筠轩集》卷二《湖州张守复还安定先生墓道诗》。
⑦ 宋禧:《庸庵集》卷一《送倪叔恽序》。
⑧ 赵汸:《东山存稿》卷三《答倪仲弘先生书》。
⑨ 陈高:《不系舟渔集》卷一三《故宋学士徐公墓志铭》。

学著述,推动了元末经学发展的新高潮。

元末部分士大夫关于学术之实用价值的表述,似未脱却修身、齐家、治国、平天下的总体规模,仍认为修身立本,涵养道德,固然为善,但若不通达国政治体,不明国家之本末原委,就难以担当天下职事,个体道德亦难以推而广之,其自身价值的实现便会受到极大的限制。因此,他们主张"学有体用,治有本末,识时务之俊杰也"①,即要立足于现实,体道经邦,将所学"圣贤之道"付诸社会实践,是官员就应该坚持"政由学问,而致是亦吾之所当学"②的理念,做到"读书为通儒,治事为良吏"③;是学者则应该"立功言以垂霄壤",做"致君泽民"④的事情,将学问与政事紧密结合起来,而不能"多偏于一长,能文辞者或啬于为政,善政治者又或于文章家有未暇焉"⑤,"既仕而弃学,则素餐之讥至"⑥。要像蒙古儒士伯颜一样,虽为隐士,但志存高远,又经略四方之志,"其为学专事讲解,而务真知力践,不屑事举子词章,而必期措诸实用"⑦。也有要像汉族儒士汪汝懋一样,既关注"德刑政治,驰誉一时",又"能存心艺苑,扬声士林"⑧,二者兼具,才算"学问政事同出于士"⑨。也正因此故,士大夫通过对"圣贤之道"的现实践履,其文化功能和政治功能才能得到充分发挥,才能真正成为"笃实之士"、"学知力行之士"⑩。

同时,在元末经世思潮中,还表现出一种特色鲜明的独立意识和批判精神。一方面,经世之士以积极主动的求实精神,讲求学术的创新和实践。以元末新安(今安徽黄山)理学家赵汸(1319—1370年)的学术主张为例,其学术思想出自朱学,但又不以朱学为依归,坚持在"和会朱陆"之时,做到有所发明,和而不同。出乎此,他提出了"求实理"的治学思想,认为"一切以实理求之,反而验之于己,非有以信其必然不已"⑪,即要在读书的过程中,不应步趋朱子"文义"之理,而应有自

---

① 王礼:《麟原文集》前集卷二《罗浮翁墓志铭》。
② 李继本:《一山文集》卷四《送北平知府方公序》。
③ 李继本:《一山文集》卷四《送知县刘侯秩满序》。
④ 李继本:《一山文集》卷四《送北平知府方公序》。
⑤ 戴良:《九灵山房集》卷二一《遁斋小稿序》。
⑥ 释妙声:《东皋录》卷中《宦游序》。
⑦ 宋濂:《元史》卷一九〇《伯颜传》。
⑧ 戴良:《九灵山房集》卷二一《遁斋小稿序》。
⑨ 李继本:《一山文集》卷四《送北平知府方公序》。
⑩ 赵汸:《东山存稿》卷二《对问江右六君子策》。
⑪ 程瞳:《新安学系录》卷一五詹烜撰《赵东山行状》。

己的主见,通过自己的努力探寻理学的真实之理、本来之理;而且,对于所得之理,不仅要"知其然",而且应"知其所以然"。这种摆脱盲从而进行独立思考的主体意识,一定程度上体现了赵汸求真务实的学术风格。不仅如此,他还批评时人说:"近世君子多以辨析义理便是朱子之学,纂述编缀便是有功斯文,故于向上工夫鲜有发明,日用之间无所容力。"①可以说,赵汸的学术主张和治经路径,不仅是对固守朱学、不求"本真"学风的矫正和反动,更推扬了求真、求实的治学精神。与赵汸同时代的另二位新安理学家朱升(1299—1370年)、郑玉(1298?—1358年),也分别提出了求"真知"、求"本领"的主张,此与赵汸的"实理"观点,辞异而意同。由此,形成了元末理学阵营中反对墨守先儒成说、循途守辙的思潮。

另一方面,受宋代心性之学及元代佛道思想的影响,元末学界盛行空疏、虚妄之学。对此,经世之士进行了批评。当时,一些学者对于"圣贤之道","不能身体而力行,徒以空言目之",经世之士认为"空谈性命、仁义、道德之学",实在是"迂阔于事情"②,无补于民生实际,并告诫说:"顾学莫先于立志,志既定然后即物以穷理,存心而致知,力行以求至。惟日孜孜无少间断,则入道有方,进德有序,圣贤可驯致,苟有一毫为利近名之心,则非为己之学矣。"③而对于那些只知埋头于寻章摘句、"工虫篆之辞"④的学者,经世之士也不以为然。如戴良(1317—1383年)批评道:"近代贤材而怪士之为学多不适于世用,谈经术者,徒知章句之当守,而不知事情之或迂;工文学者,又方务以言语声偶,摘裂相夸尚,每弃本而趋末,求其可用于当时,盖不数数然也。"⑤与戴良相比较,陈高(1314—1367年)的批评更为深刻、犀利,他说:

> 世道方盛,而文章不振者,非世之然也,倡之者无其人也,非无其人也,有其人而不为文章之司命,或为文章之司命又循常习,故而莫之变焉。此文气所以日卑下,而其势固不能以振起也。……凡今世之士,工虫篆之辞,饰粉黛之语,缉陈言,夸记问,斗侈靡,寝寝焉;竞取于萎蕤颓堕、溃败腐烂之乡,而莫知其所止。今海宇混一际古所未有,冲原之气融融焉,熙熙焉,而君上方观人文以化成天下,当此之世其盛矣乎。而文章之气,独尔卑下,何欤?然则世之盛也,若此而文气之不振也,若此非无其人为之倡欤,为文章司命

---

① 赵汸:《东山存稿》卷三《答倪仲弘先生书》。
② 刘仁本:《羽庭集》卷六《一笑居士传》。
③ 吴海:《闻过斋集》卷四《阜林乡学记》。
④ 陈高:《不系舟渔集》卷一五《上达秘卿书》。
⑤ 戴良:《九灵山房集》卷六《赠勾无山樵宋生序》。

者,尚得以逃其责哉![1]

在此,陈高不仅描述、批评了元末"文章不振"之风,更认为造成这种风气的原因"非世之然",而是源自学界长期以来形成的因循之习。言下之意,是期待学界能够涌现出能够引领学风的"倡之者",力纠委靡学风,倡扬务实之风,如此才能重振"文气",裨益于世。

2.追求学以致用的学术行为。元末士大夫的经世意识不惟停留在口头上,更能付诸实际行动中。以其著述实践为例,经世之士在著书立说之时,多率不忘将经世之意贯注于其中。兹略举数例,以窥其仿佛:

谢应芳(1296—1392年),字子兰,今江苏武进人。生逢乱世,世衰道丧,笃志好学,潜心性理之学。所著《辨惑编》共分死生、疾疠、鬼神、祭祀、淫祀、妖怪、巫觋、卜筮、治丧、择葬、相法、禄命、方位、时日、异端十五目,皆为盛行于元末的迷信思想和活动。谢应芳"引古人事迹及先儒议论"[2],根据事实,揆以情理,加以批判,甚至将佛道亦一概斥之为"异端","古之为异端邪说者众矣,若老庄仙佛之流,自秦汉以来惑世尤甚"[3]。应该说,面对风靡一时的世俗迷信、宗教活动,谢应芳敢于著书立说,"以开导愚迷,有益于劝诫;辟邪植正,有益于世"[4],这种经世精神在科技落后的时代是难能可贵的。

宋濂(1310—1381年),字景濂,强调学术经世、文道合一的观点,认为:"立言不能正民极,经国制,树彝伦,建大义者,皆不足谓之文也。"[5]其所著《浦阳人物记》二卷,成书于至正初年,后人汇辑成编。[6] 全书凡五目:忠义、孝友、政事、文学、贞节,所载共29人。[7] 书中博引正史、家谱、方志、碑铭及各种见闻,[8]"多纪善之辞"[9],"唯有关治教者则书,不问乎其他"[10]。宋氏此书,旨在通过对忠

---

① 陈高:《不系舟渔集》卷一五《上达秘卿书》。

② 纪昀:《四库全书总目》卷九三《辨惑编》提要。

③ 谢应芳:《辨惑编》卷四《异端》。

④ 纪昀:《四库全书总目》卷九三《辨惑编》提要。

⑤ 宋濂:《文宪集》卷二《华川书舍记》。

⑥ 纪昀:《四库全书总目》卷五八《浦阳人物记》提要。另据戴殿泗《重刻浦阳人物记后序》载:"元至正元年,监县廉侯阿年八哈来莅浦阳,兴废举坠有古循吏风。到县未几,即奉请县人宋公濂氏撰《浦阳人物记》二卷,镂梓行世,以训厉邑之人。"可见,是书是宋濂是奉阿年八哈之命撰成。

⑦ 这一体例为后人所继承,如明代就有郑柏的《金华贤达传》十二卷、金江的《义乌人物记》二卷等。

⑧ 宋濂:《浦阳人物记》卷首戴殿泗《重刻浦阳人物记后序》。

⑨ 宋濂:《浦阳人物记》卷首郑涛《后序》。

⑩ 宋濂:《浦阳人物记》卷首欧阳玄《序》。

义、孝友、政事、文学、贞节事迹的记载,以"扶植纲常"①,"以为世鉴"②,经世之意昭著可见。

李士瞻(1313—1367年),字彦闻,今河南新野人,至正进士,官至参知政事。著《经济文集》六卷,成书于至正初年,后由其曾孙李伸汇辑成编。书中虽多属一时酬答之作,但冠以"经济"之名,亦旨在经世致用。其中所载多为时务,尤其是"当时朝政之姑息,兵事之乖方,藩臣之跋扈,俱可藉以考见梗概"。故四库馆臣评价曰:"士瞻之弥缝匡救,委曲周旋,其拳拳忧国之忧,不惮再三苦口,尤有为人所难能者。"③作者借著述以匡时世的旨趣由此可见。亦正因如此,至正二十二年(1362年),当时作为枢密副使李士瞻才会上疏极言时政凡二十事。④

戴良,字叔能,今浙江浦江人。著《治平类要》,是文"摘取二帝三王致治之由,与汉唐宋为君之所以然,及先民之格言,史臣之论赞,会稡成书"。凡十篇:君道篇、任相篇、驭将篇、用人篇、爱民篇、足食篇、制兵篇、慎刑篇、远佞篇、纳谏篇,皆是关乎国运民生的要务。诚如作者自己所言,该文虽"多简略",然"开基之主,继体之君,苟能潜心于此,穷讨而深思之,则稽古学古之效,复见于今日,而此书之作要不为无小补矣!"⑤持论仍然具有鲜明的现实针对性,同样是希望通过此文能对统治者经邦治国有所补益。

以上例子只是元末经世之文的代表,类似的著述尚有很多。如宋濂的《秦士录》、《记李歌》,刘基的《卖柑者言》、《梁甫吟》等,皆强调文章的思想内容和社会效果,并希望以此能振偏救弊,纠正空疏浮艳之风。另以经学著述言之,元末学者潜心经典,虽不乏参加科考之意,但更多的是因为:在他们看来,"六经乃统天地之心",其中蕴涵着丰富的"天地之道,帝王之法"⑥。所以,他们研经旨在明道,明道则意在救世,所谓"翼经以明道,析理以传经,其于三才万物之理,治忽几微之验,名物度数之详,兴坏理乱之故"⑦。这种学术行为既是对先贤著述传统的推扬,也是对士风学风的导引和矫正。

然而,在元朝将亡之际,士大夫要想顺利实现经世目的,则显得极为困难。

---

① 宋濂:《浦阳人物记》卷首郑涛《后序》。
② 宋濂:《浦阳人物记》卷首欧阳玄《序》。
③ 纪昀:《四库全书总目》卷一六七《经济文集》提要。
④ 宋濂:《元史》卷四六《顺帝纪九》。
⑤ 戴良:《九灵山房集》卷六《治平类要总序》。
⑥ 郑玉:《师山集》卷三《春秋经传阙疑序》。
⑦ 郑元祐:《侨吴集》卷一〇《藏书楼记》。

很多儒士虽能"指画天下事,出入古今成败利害",但却不能"以为国家用"①。所以,他们表现出极大的无奈:"有兽维麟兮,猎者获之。折肢毁肤兮,曾不如麀与麋。呜呼! 哀哉兮,尔何生于此时? 周公已矣兮,吾能不悲!"②"呜呼! 天既生人之才以为用,然又夭阏不使直遂者,不可得而知也。"③在此情况下,一些士大夫逐渐对蒙元政权丧失信心,其态度也渐次由拯世走向疏离,甚而走向对立。这一过程对于有志于明道救世的士大夫而言,无疑是极为痛苦的,但在浩浩时势面前,他们不得不艰难地作出新的抉择。同时,从学风上讲,在儒士文人地位相对卑微的元代,士大夫的经世情怀纵然可以形成一种风气,一定程度上纠正当时的世风败俗,但尚未形成能够与空疏学风相抗衡的风气,更难形成能够引领时代精神的学术主流。

第三节　族群等级制度与汉族士大夫的民族认同意识

按照社会学家"民族分层"的理论,在传统中国社会始终存在着多个族群之间在政治、社会、经济等方面的差别,一些族群因为各种原因占据了社会中的优势地位,而另一些族群则因为种种原因处于劣势地位。族群的身份差异和等级差异往往决定了个体成员在社会利益中享有特权或遭受歧视。④ 这种情形在元代表现得尤为突出。

有元一代,随着历史的推进和民族关系的演变,族群等级制度也在发生着变化。元初,受政治环境和民族关系之影响,族群等级制度异常森严,汉族士大夫的"夷夏"观念亦空前浓烈。至元末,族群等级制度有所改观,但此前各民族之间的不平等因素依然存在。⑤ 所不同的是,此时士大夫的"夷夏"观念和不满

---

① 胡翰:《胡仲子集》卷四《屠先生诗集序》。

② 刘基:《刘基集》卷一六《获麟操》。

③ 杨维桢:《东维子集》卷二五《冯进卿墓志铭》。

④ 马戎、周星:《中华民族凝聚力形成与发展》,北京大学出版社1999年版,第60—61页。

⑤ 仅以《元史》所载为例:如元顺帝即位的次年(1334年),即重申蒙古、色目和汉人、南人的法律地位是不平等的。同年三月,下诏:蒙古、色目人犯罪,由蒙古人(宗正府)处理,而汉人、南人犯罪,则要归官府惩办(卷三八《顺帝纪一》)。同年七月,又重申:"蒙古、色目人犯盗者免剌。"(同上)不仅如此,元末统治者更加紧对汉人、南人的政治防治。自至元二年(1336年)始,顺帝屡次颁诏汉人、南人不得执持军器,"凡有马者拘入官"(卷三九《顺帝纪二》,第839页)。同年还规定:"省、院、台、部、宣慰司、廉访司及郡府幕官之长,并用蒙古、色目人。禁汉人、南人不得习学蒙古、色目文字。"(同上)

"异族"统治的抵触情绪日渐淡薄,并表现出一种强烈的认同意识。长期以来,学界的研究视野主要集中在蒙古的"汉化"问题上,而极少关注汉族士大夫对以蒙古为主的"统治民族"的认同问题。鉴于此,以下拟围绕元末汉族士大夫对蒙古民族文化、一统政权及民族成员认同意识的阐述,以期表明:元朝之所以能实现空前的民族大融合,既得益于蒙元政权长期推行的"汉化"政策,也与汉族士大夫民族认同意识的不断强化休戚相关。

一、对蒙古民族文化的认同

对民族文化的认同,是民族认同发生、发展的基础。近人钱穆说:"在古代观念上,四夷与诸夏实在另有一个分别的标准,这个标准,不是'血统'而是'文化'。"① 所以民族认同的实现一般始于文化的认同,而文化认同作为一种族群之间民族心理的趋同过程,其中之风土人情、生活习惯、思维方式和宗教信仰等则是形成认同的最主要因素。正是这些因素促成了族群之间的认同,推动了各民族关系的改善和融合。在元朝,随着大一统秩序的重建,拥有强大军事实力的蒙元政权,借助政治上的强权手段抑制汉族及其文化的至尊地位,同时使其蒙古民族地位及其文化因素实现充分张扬。由此,在统治权力的干预下,传统族群文化的优势地位此消彼长,蒙古族的统治地位成为其草原本位文化得以保存和发展的政治保障,也成为影响汉族文化并使汉族士大夫接受和认同蒙古文化的外在条件。

那么,汉族士大夫对蒙古文化的认同状况到底如何呢?早在元初,经过元朝数十年的统治,汉族士大夫所具有的"宋之遗俗,变且尽矣"②,出现了"辫发短衣",仿效蒙古语言、服饰的历史画面。③ 降及元末,这种趋势更趋明显,汉族士大夫在以独立姿态不断发展华夏儒家主体文化之时,亦渐次接受了蒙古游牧民族的文化元素。诚如明人方孝孺所言:"在宋之时,见胡服,闻胡语者,犹以为怪。……至于元百年之间,四海之内,起居饮食、声音器用,皆化而同之。"④ 具体如下:

1.仿称蒙古名。在元朝,除朝廷"赐名"外,汉人不可私自改称蒙古名。对此,清人赵翼指出:"如贾塔尔珲(旧名贾塔剌浑)本冀州人。张巴图(旧名张拔

---

① 钱穆:《中国文化史导论》,商务印书馆1994年版,第41页。
② 宋濂:《芝园续集》卷四《汪先生墓铭》。
③ 方孝孺:《逊志斋集》卷二二《俞先生墓表》。
④ 方孝孺:《逊志斋集》卷二《后正统论》。

都)本平昌人。刘哈喇布哈(旧名刘哈喇不花)本江西人。杨朵尔济(旧名杨朵儿只)及迈里古思,皆宁夏人。崔彧弘州人,而小字拜帖木儿。贾塔尔珲之孙又名六十一。高寅子名塔失不花。皆习蒙古俗也。"①除赵翼提及者外,元初汉人获赐蒙古姓名者还有许多。如,《元史·燕公楠传》载:世祖对南人儒士燕公楠赐名赛因囊加带;《元史·刘敏传》载:宪宗赐刘世亨名塔塔儿台,赐其弟世济名散祝台;《元史·张惠传》载:世祖赐张惠名兀鲁忽讷特。凡此,据赵翼推测,是因为"元初本有赐名之例"②,但至元后期,情况有所改变,出现了汉人私自改称蒙古名的风气,史载:"汉人皆以蒙古名为荣,故虽非赐者,亦多仿之","惟其通习,故汉人多有以蒙古语为名者,亦一时风会使然也"③,"易其姓氏为胡语,俗化既久,恬不知怪"④。

2.学习蒙古语。元初,"听汉人学蒙古语",并在京师设有蒙古国子学,在诸路设置蒙古字学,并许"汉人百官子弟俊秀者入学"⑤。这一政策在初行之始,并未引起汉族士大夫的注意,学习蒙古语者寥寥无几。但至元末,由于蒙古文字的广泛应用,加及政权力量赋予蒙语的特殊性,汉族士大夫学习蒙古语言渐成风尚,出现了许多精通蒙文蒙语的人,这在客观上方便了蒙古族、汉族以及其他各民族间的多方交流。但元朝统治者囿于民族偏见,为了达到限制汉人、南人言行的目的,顺帝至元年间,下诏"禁汉人、南人勿学蒙古、畏吾字书"。诏书一出,即引起汉族士大夫的不满,中书参知政事许有壬曾面谏直言,"争止之"⑥,此当时"汉人通习国语之明证"⑦。

3.与蒙古等少数民族通婚。元末以前,民族间的通婚已较为频繁,但主要表

---

① 引文出自赵翼《廿二史札记》卷三〇"元汉人多作蒙古名"条。其中有两处疑问:一是地理的问题,冀州、平昌地名误。查《元史·地理志》和《中国历史地图集》(元、明时期),均无冀州之说。冀州并非元代地名,乃史官沿用中国自古对于河北一带的称呼。平昌,当作"昌平",查《元史》卷一五一《张拔都传》:"张拔都,昌平人。"二是贾塔尔珲的孙子六十一,疑误。《元史》卷一五一《贾塔剌浑传》:"贾塔剌浑,冀州人。……子抄儿赤袭,……卒于军。子冀驴袭,卒,弟六十八袭。"按照《元史》的惯例,贾塔剌浑的儿子是抄儿赤,抄儿赤的儿子为冀驴和六十八,六十八为冀驴的弟弟,同为贾塔剌浑的孙子。查《元史》、《新元史》,均无六十一其人。据此可以断定,"六十一"当为"六十八"之误。

② 赵翼:《廿二史札记》卷三〇"元汉人多作蒙古名"条。

③ 赵翼:《廿二史札记》卷三〇"元汉人多作蒙古名"条。

④ 沈节甫:《纪录汇编》卷一四八,何孟春撰《余冬序录摘抄》。

⑤ 宋濂:《元史》卷八一《选举志》。

⑥ 宋濂:《元史》卷一八二《许有壬传》。

⑦ 赵翼:《廿二史札记》卷三〇"元汉人多作蒙古名"条。

现为蒙古人娶汉人,而汉族士人娶蒙古、色目人的现象极为罕见。对此,有人通过对元统元年(1333年)中进士者的统计和分析,指出:其中19个蒙古进士中,有11人其母为汉人,14人其妻为汉人。① 但至元后期,汉族士人娶蒙古等少数民族女性的情形已较为普遍。仅以中原地区言之,色目人马祖常的两个姐姐皆嫁给汉人;许有壬娶色目人赵世延之女为妻;贺惟一之子贺钧也娶了蒙古宗室之女。可见,元末汉族士大夫已经突破族群之间禁婚的畛域。

4.仿穿"胡服"。对此,明人何孟春有言:"元世祖起自朔漠以有天下,悉以胡俗变异中国之制,士庶咸辫发椎髻,深襜胡帽,衣服则为裤褶、窄袖及辫线腰褶;妇女衣窄袖短衣,下服裙裳,无复中国衣冠之旧。"②可见,元代汉族士大夫穿戴蒙古服装已较为普遍。这种变化,至元末成为时尚,据何孟春所言,甚至在明朝尚延续了近百年,"胡俗悉复中国之矣"③,影响之深可以想见。

上述诸例是族群之间最易接触和实现认同的文化因素,作为典型事例,从中大体可见元末汉族士大夫对蒙古等少数民族文化较为积极的态度,接受和认同意识已较为普遍和强烈。蒙古人的风俗,在汉族士人生活中烙印极深。而正是这一点,使得各族文化可以在共存中互融,交流中发展,各族群之间凝聚力和归属感日渐增强,从而促进了民族融合向纵深方向发展。

二、对蒙元国家政权的认同

在文化认同的基础上,汉族士大夫对蒙元王朝也由最初的反对、怀疑和疏离,逐渐走向认同、合作和维护。早在宋亡之初,面对新生的蒙元政权,许多汉族士大夫恪守"夷夏"观念和正统意识,忠于故宋,誓不事元,试图借此以否定元政权的合法性,进而希望这种宣传能够引发恢复汉族政权的反抗运动,期望有志士仁人出而廓清寰宇,兴复宋朝。然而,在历史发展的洪流中,在强大的政治权力面前,空洞的"观念"强调并不具有现实意义,也难以撼动元朝已经建立起来的国家机器。与此同时,作为少数民族建立的政权,元政权不仅没有强调"夷夏之防",相反却力求通过一系列的措施来化解"内夏外夷"观念,并在抑制汉族及其文化"至尊"地位之时,提高和确立少数民族,尤其是蒙古民族及其文化的优势地位。同时,蒙元统治者也积极强调正统观念,但其目的却是要借助这一观念以

---

① 参见洪金富:《元代汉人与非汉人通婚问题初探》,《食货》月刊(复刊)第6卷第12期,第7卷第1、2期合刊。
② 《明太祖实录》卷三〇"洪武元年二月壬子"条。
③ 沈节甫:《纪录汇编》卷一四八,何孟春撰《余冬序录摘抄》。

诠释蒙古人得到天下的合法性和合理性。

此后，随着元朝对江南的统治日趋稳固，汉族士大夫的思想习俗也发生了变化，逐渐承认了元王朝的正统地位，不再斥之为"夷狄"，民族界限渐次模糊。如汉儒郝经就提出"行中国之道，则中国之主"①的历史总结，认为不惟汉族才是统治中原王朝的民族，少数民族只要行其"道"，同样可以君临中原，一定程度上承认了蒙元统治的合理性。又如赵孟頫在世祖面前赋诗曰："状元曾受宋家恩，国困臣强不尽言。往事已非那可说，且将忠直报皇元。"②诗文虽意在评价南宋遗民留梦炎，但也是赵孟頫自己心迹的表白：即放弃眷恋故宋的情怀，转而效忠新元。至此，汉族士大夫对蒙元政权的认同意识已初露端倪。

逮至元末，元朝的"汉化"程度逐渐加深，民族交融趋势不断发展，"七八十年间，华夷同风，天下无复有内外之辨"③。受此影响，汉族士大夫的"夷夏"观念和正统意识更趋淡薄，他们在认同蒙古文化之时，对蒙元政权的认同意识也日渐增强。主要表现在：首先，在汉族士大夫看来，"元承宋统"④，是唯一合法、合理的政权，"皇元奄有天下，立经陈纪，设官分职，所以为吾民者至矣"⑤，其"以天下为一，则以正统归之"⑥。所以，包括大量不愿意出仕元廷的隐士在内，其言谈中间，也屡屡提及"皇朝"、"皇元"、"国朝"，以示认同。甚至后来成为明朝开国皇帝的朱元璋也承认并强调元政权的合法性，他说："元主中国百年，朕于卿等父母皆赖其生养。"⑦又说："宋运告终，天命真人于沙漠，入中国为天下主。"⑧可见，到了元末，蒙元政权的权威性及其影响已至广且远，成为其统治下的广大子民唯一接受和认同的政权。其次，自元后期始，跻身仕进成为多数汉族士大夫效忠蒙元政权的最大心愿和主要追求。这一点，我们从汉族士大夫孜孜于科举的追求中会有深刻体会。同时，汉族士大夫还积极为元政权大唱赞歌，此类言辞在他们的文集中比比皆是，充分反映了其对元政权的认同。再次，伴随元朝统治的日渐衰微，虽然汉族士大夫的价值取向有所变化，行为选择也趋于多样，但他们并未从一开始就与蒙元政权发生决裂，轻易放弃维护这个政权的权威性和合

① 郝经：《陵川集》卷三七《与宋国两淮制置使书》。
② 柯劭忞：《新元史》卷一九〇《赵孟頫传》。
③ 刘夏：《刘尚书宾文续集》卷三《赞杨参政书》。
④ 刘基：《刘基集》卷二《苏平仲文集序》。
⑤ 郑玉：《师山集》卷六《徽州路达噜噶齐哈喇布哈公去思碑》。
⑥ 徐一夔：《始丰稿》卷四《正统问》。
⑦ 张廷玉：《明史》卷二《太祖纪二》。
⑧ 朱元璋：《明太祖集》卷一七《即位告祭文》。

法性。一方面,一部分士大夫仍然以满腔热血积极用世,参与政权,运筹帷幄,同时又希望元廷能够革新更化,以求振兴;另一方面,一部分士大夫虽沉沦民间,但仍不忘以社会批判者的角色,通过"言论"的力量来拯救这个"异族"政权,维护持续多年的承平秩序;甚至在四海板荡,元祚倾危之际,仍有一大批汉族士大夫没有改变对蒙元政权的认同意识,为拯救元王朝作最后努力,高呼:"我生为皇元人,死做皇元鬼!"①

元自建立之初,已不再是以游牧为基础,以掠夺为特征的少数民族政权了,而是多民族统治者的联合政权,表现出一种文化的多元性,政权的多层次性,社会的开放、融合性。所以汉族士大夫对蒙古国家政权的自觉认同,本质上是民族融合的必然结果;反言之,这种认同又一定程度上推动了各民族之间的融合和蒙元政权的巩固。从这个意义上说,汉族士大夫认同蒙元政权并非"缺乏民族精神的可耻行为"②,而是顺应历史潮流所作出的积极调整,也是对传统中国士大夫"融通宽大"③民族精神的继承与推扬。他们不计较蒙古统治者一贯推行的族群等级制度,毅然以博大的胸怀、强烈的历史责任感和使命感践履了作为士大夫的道德风范和精神品藻,这种精神在政治、民族等方面极具特质的元朝显得弥足珍贵,值得深思。

三、对少数民族成员的认同

民族认同的发生是以各民族之间的交往和交流为前提的,而各民族之间的交往和交流则往往是从民族成员之间开始的。元代经过长期的官私移民和各族人民的自发流动,至元末已大体形成了各民族人民的大杂居、小聚居的生存格局。处此环境中,各族士大夫之间在长期的交往、交流和融合中,逐渐打破了各族群成员之间原有的文化与信仰、政治与社会的隔阂,形成了中国历史上前所未

---

① 柯劭忞:《新元史》卷二三〇《乔彝传》附《吴德新传》。

② 西方学者认为:"14世纪中叶精英阶层可耻地缺乏民族精神。当有机会可以帮助他们摆脱异族的束缚和重建本民族的统治的时候,他们却迟疑和消极起来,十分缺乏爱国主义的热情。"牟复礼、崔瑞德:《剑桥中国明代史》,中国社会科学出版社1992年版,第20页。

③ 钱穆提出:"若非中国的古人,尤其为之主干的华夏诸系,能抱甚为宽大的民族观念,不以狭义的血统界线自封自限,则民族融和一时不易完成,而国家凝成亦无法实现;势必在中国疆土上,永远有许多民族和许多国家彼此斗争互相残杀,而此后的中国文化史也将全部改观。因此中国古代人对于民族观念之融通宽大,实在是值得我特别注意的。"参见《中国文化史导论》,商务印书馆1994年版,第43—44页。

有的"多族士人圈"①。这中间,广大汉族士大夫虽然是士大夫群体的主体,但他们并未对少数民族士大夫持以敌对或排斥态度;相反却在认同其民族文化和蒙元政权之时,主动与他们进行交游,各族士大夫之间相互认同的意识逐渐泛起,成为潮流。

中期以降,在以儒家文化为内核的汉族文化的长期熏陶下,一大批谙熟中原文化的蒙古、色目士大夫先后继出。他们在逐渐被"华化"的过程中,与汉族士大夫以儒家文化为纽带,通过多层次、广范围的交游,逐渐在儒学、佛老、文学、艺术、礼俗等方面形成了以"儒家文化"为内核的共同的文化信仰和心理趋势;反过来,这种观念上的"共性"又进一步拉近了各族士大夫之间的距离,相互的认同感逐渐强烈,逐渐通过同乡、师生、座主门生、同年、同僚、姻戚等方式建立了深情厚谊。具体如:各族士大夫打破民族界限,互为师生,切磋学问。一方面,许多汉族士大夫愿意拜少数民族士大夫为师,从学受艺。元末,在蒙古、色目人中间,涌现出一大批德才兼备、学识博洽的鸿儒硕学,诚所谓:"有元之兴,西北子弟,涵养既深,异才并出……各逞才华,标奇竞秀,亦可谓极一时之盛!"②由于他们在经学、文学、艺术等领域造诣深厚,成就卓著,故为汉族士大夫所推重。如巎巎(康里部人),潜心理学,得许衡之遗法;又雅爱儒士,以故四方士大夫翕然宗之,其中有不少汉族弟子亦从之游学。③明初解缙云:"子山(巎巎字)在南台时,临川危太朴(素)、饶介之(介)得其授传。"④又色目人余阙,喜教导弟子,"每解政,开门授徒,萧然如寒士"⑤,其汉族弟子有郭奎(?—1364年)、汪广洋(?—1379年)、戴良(1317—1383年)、吴去疾等。⑥巎巎、余阙等人声名颇著,汉族士大夫从其受业,并不意外,戴良撰文褒扬业师余阙即为明证,他说:"公学问该博,汪洋无涯。其证据今古,出入经史百子,矗矗若珠比鳞列,为文章操纸笔立书,未尝

---

① 关于"多族士人圈"问题,萧启庆先生已有研究。如:《元代蒙古色目士人层的形成与发展》,北京大学传统文化研究中心编《文化的回馈:汉学研究国际会议论文集·史学卷》,北京大学出版社2000年版;《元朝多族士人圈的形成》,《中研院学术咨询总会通讯》第8卷第2期,1999年,等。

② 顾嗣立:《元诗选》初集戊集《天锡雁门集》。

③ 宋濂:《元史》卷一四三《巎巎传》。

④ 解缙:《文毅集》卷一《书学源流详说》。

⑤ 宋濂:《文宪集》卷一一《余左丞传》。

⑥ 张廷玉:《明史》卷二八五《文苑传》;钱谦益:《列朝诗集小传》,古典文学出版社1957年版,第78页;唐伯元:《泰和志》卷九《名宦传》。

起草，……他如篆、隶、真、行诸字画，亦往往深有汉晋作者之遗风。呜呼！其盛矣。"①可见戴良对余阙学识之博、造诣之高，是极为推许的。

另一方面，汉族士大夫亦接纳蒙古、色目人为自己的学生，传道授业。此类情况较为普遍，如：杨维桢门下就有孔安普、关宝、宝宝、何伯翰等不少蒙古、色目学生。其中，蒙古人孔安普，因家于天台，遂师事时任天台县尹的杨维桢；②色目人关宝，乃杨维桢科举同年安庆之子，至正十四年（1354 年）中进士；何伯翰、宝宝皆色目人，至正十九年（1359 年）同中江浙乡试。③ 又如：容城人李问，以经学教授乡里，乃蛮诗人答禄与权（？ 1311—1382 年④）曾从其学，并于至正二年（1342 年）中进士。韩性，绍兴人，精于性理之学，屡却荐举，家居讲学，四方学者萃于其门者甚众，如蒙古人月鲁不花（字彦明）就曾从之学，后于元统元年（1333 年）中进士。⑤ 另如：蒙古人佛家奴、色目人完者不花曾从学宣德人武恪（字伯威）⑥；余阙从学吴澄门人张恒⑦；迺贤（1309—1368 年）受业于鄞县郑觉民（1300—1346 年）、高岳⑧；伯颜宗道（1295—1368 年）受业于黄坦⑨；回族人丁鹤年（1335—1424 年？）师事武昌名儒周永言（字怀孝）⑩。凡此，皆说明汉族士大夫与少数民族士大夫之间的认同意识已极为浓烈，关系已甚为融洽。所以，当色目诗人伯颜子中在明初饮鸩自尽时，仍不忘作诗哭别自己的汉族老师夏溥："我师我师心休休，教我育我靡不周。五举滥叨感师德，十年苟活贻师羞。酒既陈兮师庥止，一觞我奠涕泗流。呜呼我师兮毋我恶，舍生取义未迟暮。"⑪师生之间的死生之谊可见一斑。

除了师生关系外，各族士大夫也通过其他方式进行交往，结为挚友。如突厥人迈贤居大都时，与危素、王冕等名士多有交往。陈基与色目人孟昉（字天瞬）

---

① 戴良：《九灵山房集》卷二二《余阃公手帖后题》。

② 杨维桢：《东维子集》卷二四《亡兄双溪书院山长墓志铭》；释传灯：《天台山方外志》卷一〇五《隐士考》。

③ 杨维桢：《东维子集》卷一《送三士会试京师序》。

④ 杨镰：《答禄与权事迹钩沉》，《新疆大学学报》1993 年第 4 期。

⑤ 宋濂：《元史》卷一四五《月鲁不花传》。

⑥ 宋濂：《元史》卷一九九《武恪传》。

⑦ 袁冀：《元吴草庐评述》，台北文史哲出版社 1978 年版，第 165 页。

⑧ 参见陈高华《元代诗人迺贤事迹考》，载《陈高华文集》，上海辞书出版社 2005 年版，第227—251 页。杨镰《元西域诗人群体研究》，新疆人民出版社 1998 年版，第416—444 页。

⑨ 宋濂：《元史》卷一九〇《伯颜宗道传》。

⑩ 戴良：《九灵山房集》卷一九《高士传》。

⑪ 顾嗣立：《元诗选》二集庚集《七哀诗七首》。

交往甚笃,陈基曾赞誉其文风曰:"今孟君之文,弃峭刻而就和平,却雕琢而趋忠厚,毅然于三变之后,操不野之音,含不朽之璞,若固有之充是道也。"①戴良与丁鹤年关系甚洽,曾为其诗集作序,又作《高士传》以表彰之。② 刘基与蒙古人乐九成、月忽难明德、石抹宜孙等过往密切。乐九成赴任常州达鲁花赤,刘基撰文壮其行色③;月忽难明德谢去江浙府总官,又赋诗为别④;刘基任江浙行省郎中时,与石抹宜孙同守处州,二人赋诗酬唱,甚是相得,曾撰《德政记》盛推石抹宜孙之惠政。⑤ 又如:至正十八年(1358 年),余阙在兵乱中死难后,很多汉族士大夫纷纷作诗以示哀悼,如周霆震《古今城谣》、戴良《余阙公手帖后题》、宋濂《余左丞傳》、贾良《余忠宣公死节记》、吴当《挽余忠宣公》、周巽《哀故左丞余公阙》、刘炳《汉之季哀故御史余公阙守舒城死节而作》等。蒙古人笃列图(1312—1348),历任集贤修撰、南台御史、中台御史。至正八年(1348 年)卒,友人王逢特撰《故内御史捏古解氏笃公挽词》以示纪念。另外,宋濂曾撰《国朝名臣颂》,为王穆呼哩、伊彻察喇、阿珠、托克托呼、巴延等少数民族士大夫歌功颂德。⑥ 上述可见,各族士大夫在平日交往中诗酒唱和,商榷问学,议论政事,彼此之间已经形成一个稳固的社会网络。

蒙元统治近百年间,各族士大夫的互相认同,协力合作对于巩固蒙元统治,促进多民族社会的发展发挥了重要作用。而在多民族、多文化的接触和激荡中,汉族士大夫始终扮演着传播文化、维护道统的主体。在他们的引导下,蒙古、色目士大夫进入汉族儒家文化的主流,乃至登堂入室,成为当时的文化巨儒。由此,各族士大夫逐渐在政治、文化、伦理等方面形成共性,彼此融为一体,共同为蒙元政权的构建,儒家文化的传承,多民族社会的发展发挥自己独特而重要的功能。

四、民族认同意识实现的历史原因

当然,元末汉族士大夫民族认同意识的不断加强,自有其深层原因:

1.元朝"汉化"政策的持续推行,使汉族伦理文化与草原文化经过长期的碰

---

① 陈基:《夷白斋稿》卷二二《孟待制文集序》。
② 戴良:《九灵山房集》卷一九《高士传》。
③ 刘基:《刘基集》卷二《送常山县达鲁噶齐乐九成之官序》。
④ 刘基:《刘基集》卷二《送月忽难明德江浙府总官谢病去官序》。
⑤ 刘基:《刘基集》卷三《浙东处州分府元帅石抹公德政记》。
⑥ 宋濂:《宋景濂未刻集》卷上《国朝名臣颂》。

撞、磨合,渐次在元末呈现出一种儒雅、文治局面,这使崇奉儒家文化的汉族士大夫对蒙元政权逐渐产生了一种亲近感。如科举制度的连续推行,使广大士大夫对自身政治功能的实现充满了期待,他们赞扬:"皇元之兴将百年,子孙长治、外夷向化者,大抵学校维持之力耳"①;"国朝设科目以网罗天下之士,可谓盛典矣!"②如:元朝尊崇儒学,并将程朱理学立为治国思想,一定程度上践行了汉族士人所倡导的"行中国之道,则中国之主"的主张。同时,程朱理学的制度化和权力化在元代得以实现,无疑是权力集中在意识形态领域的反映;但由于元朝统治者从一开始就没有从思想上限制士大夫对自我价值的追求,所以理学主导地位的实现,着实得到汉族士大夫的信任和支持。应该说,这一点与此后的明初大相径庭,明初一统理学,是要从更深层次上统一全社会的价值趋向,让那些扮演精神领袖的士大夫走和国家一样的精神道路,如此士大夫的价值选择必然受到严重限制。

2.空前的"大一统"局面和几十年相对稳定的社会秩序,使汉族士大夫对蒙元政权的历史地位和权威性有了切实的体认。南宋灭亡后,元朝"四海混一",实现了空前"大一统"的恢弘局面,这一点最令一贯信奉"大一统"观念的士大夫沾沾自喜,所谓:"皇元一统之盛,亘古所未有"③;"今我国家之兴,土宇之大,上轶汉唐,与宋而尽,有元之幅员,夫何高文宏辞,未之多见,良由混一之未远也"④。同时,对于长期以来相对稳定的社会秩序和日渐繁荣的文治局面,士大夫也深表欣慰,赞誉之辞不绝:"皇元有天下承平百年,其民沐浴圣化,有休养生息之乐"⑤;"国朝统一海宇,气运混合,鸿生硕儒,先后辈出,文章之作,实有以昭一代之治化,盖自西汉以下,莫于斯为盛矣"⑥。其间虽不乏粉饰之词,但侧面折射出汉族士大夫已经认同了蒙元的统治地位。

3.相对开放自由的文化氛围,使士大夫的文化功能得到了充分地发挥和展露,进而逐渐对元王朝的统治趋于认同。历史上进入中原汉地的北方少数民族政权,其统治者大多会在相当长的时间里保持较强的民族意识。这种民族意识不仅会阻碍各民族间的交流,甚至会引发一系列的政治和文化冲突,如北魏的崔

---

① 杨维桢:《东维子集》卷一二《海盐州重修学宫记》。
② 戴良:《九灵山房集》卷一三《赠叶生诗序》。
③ 宋禧:《庸庵集》卷一二《代刘同知送危检讨还京师序》。
④ 刘基:《刘基集》卷二《苏平仲文集序》。
⑤ 危素:《危学士全集》卷七《龙山堂记》。
⑥ 贡师泰:《玩斋集》卷首王祎《原序》。

浩国史之狱、清朝的强制剃发等，都酿成了大规模流血事件。元朝的情况则不然，其文化政策向来以自由、开放和宽容为后世所称誉，而蒙古统治者的民族意识和本位文化却又保持得最为成功。元王朝或许因此而早衰，但失之东隅，收之桑榆，正是这种宽松的文化政策使得各族士大夫，尤其是汉族士大夫的文化意识日益高涨，文化功能亦得到了较为充分自由的发挥，从而赢得广大汉族士大夫对元朝文化政策的激赏。元末文化之所以空前繁荣无疑与此休戚相关；更具意义的是，蒙古统治者坚守民族意识，使蒙古族在元亡之后仍能长久保持自身的传统，为中华民族大家庭的历史发展作出自己的贡献。

4.受传统"天命观"的影响，汉族士大夫认为元朝获得天下，同样是天命所归，不可违背。元建立之初，虽有一些汉族士大夫尚不承认元朝入主中原乃是出自天命。但随着元政权的日益巩固和发展，他们开始承认并深信元朝获得天下同样是受自天命。如：宋濂说："我皇元受天明命，抚安方夏，天戈所指，万方毕从，故功成治定若是之神速也。"[1]贡师泰说："皇元受天明命，抚有万方，承平百年，民生熙熙，不识兵革。"[2]就连推翻元朝的朱元璋亦承认："元主中国，此岂人力？实乃天授。"而元朝之所以最后灭亡，在他看来主要是由于后世"元之臣子，不遵祖训，废坏纲常"，于是"人心离叛，天下兵起，使我中国之民死者，肝脑涂地生者，骨肉不保，虽因人事所致，实天厌其德而弃之也"。[3] 言语间，朱元璋是在为自己的反元行为作辩护，但其承认元朝乃是受自天命的意思却显而易见。客观地说，抛弃人事，而单纯以天命来诠释蒙元政权合法性的观点是极为荒谬的，有悖于王朝兴衰、历史发展的基本规律，但在当时，这种神秘的东西却成为汉族士大夫认同元政权的重要原因之一。

5.汉族士大夫浓重的国家意识超越了其狭隘的"夷夏"观念，使其在道德追求上不再斤斤于民族的差异。尤其在元末社会危机日益加剧的情形下，汉族士大夫以一种难得的大局意识，首先考虑的是如何拯救国家，而非如何划清民族界限；他们甚至坚信元朝不会灭亡，"皇元正朔承千载，天下车书共一家"[4]。正是伴随着这种国家意识的加强，汉族士大夫原有的民族畛域趋于淡化，一种自觉的民族认同意识随之升腾。

总之，元朝的族群等级观念和制度，虽给社会发展造成了十分消极的影响，

---

① 宋濂：《宋景濂未刻集》卷上《国朝名臣颂序》。
② 贡师泰：《玩斋集》卷九《江浙等处行中书省平章政事庆通公功德之碑》。
③ 谷应泰：《明史纪事本末》卷八《北伐中原》。
④ 张昱：《可闲老人集》卷四《杨维桢次韵杨左丞五府壁诗》。

但在"多元一体"民族格局的发展过程中,汉族士大夫以一种宽大融通的情怀接受、认同了蒙古民族及其建立的政权,进而自觉担当起了建设和维护这个异族政权的历史任务。因此,如果说是元朝的汉化政策使其获得了立足中原的文化支持,那么汉族士大夫的民族认同意识则客观上使元王朝获得了维系自身发展的强大政治力量和社会力量①,而之后在元明鼎革之际,一大批汉族士大夫甘愿为元政权而捐躯,则在最高层次上展示了他们对于蒙元政权的认同,乃至忠诚!

第四节　元末政局中汉族士大夫的悲剧性终结

在元末朝政颓败、国势日衰的形势下,以贺惟一、张起岩、许有壬、韩元善、姚庸、韩镛、吕思诚、张桢、陈敬伯、杨诚、刘基、郑原善、苏天爵、彭庭坚等为代表的汉族士大夫为挽救蒙元统治,佐命帷幄,扶翊政教,殚精竭虑,充分展露了传统士人浓郁的经世情怀。但在复杂多变的政治旋涡中,汉族士大夫的每一点努力都时常面临着巨大的阻力,他们或遭诬陷,或遭排抑,或遭歧视,最终经历了一段坎坷不平、充满悲剧性色彩的仕宦之途。

一、朝内汉族士大夫的政治命运

顺帝即位后,虽励精图治,更张朝政,但由于相继出现了伯颜、脱脱等权臣专政的局面,权力之争异常激烈。期间,有幸能够进入权力中心的少数汉族士大夫在顺帝和权臣之间,时常处于一种极为尴尬的情势当中,甚而成为被利用和打击的对象,如此则即使怀持董正纲纪之大志、拯世济时之情怀、不同流合污之节操,亦难以力挽狂澜,真正做出惊天动地的事情。以下,拟以贺惟一、许有壬等汉族名臣为例,以揭举汉族士大夫在元末政局中的政治态度及其命运。

贺惟一(1301—1363 年),字允中,后赐姓蒙古氏,名太平,奉元人,一作京兆霄阵(今陕西户县)人。祖父仁杰,父胜。尝受业于赵孟頫,又师事于吕弼。泰定初,袭父职为虎贲亲军都指挥使。文宗即位,召为工部尚书、上都留守同知。顺帝时,总裁宋、辽、金三史。官至左丞相。有元一代,汉人出任丞相者仅二人,

---

① 　总体来看,在顺帝时期,各级政府官员中汉族官员占绝大多数。据费正清、崔瑞德主编《剑桥中国辽西夏金元史》(中国社会科学出版社 1998 年版)估计:"若将世袭的和任命的文武官员及其定编的候补官员都加在一起,妥欢贴睦尔开始时期的元政府约有 3.3 万人。它是一个多民族的结合体,其中约 30%是非汉族人。"

一为史天泽,一为贺惟一。就贺惟一而言,能位至丞相,可谓官运亨通,但纵然如此,在元末权力斗争中,他仍数遭排毁,仕途屡顿。

首先,弹劾"憸人"①,被迫辞职。元统初,贺惟一任枢密副使,迁同知枢密院事,寻拜御史中丞。期间,他曾弹劾中书参议佛家间,但因丞相伯颜的庇护而未获成功,遂引疾归故,家居九年。贺惟一之所以辞职,直接原因固然是弹劾佛家间未遂,但更深层的原因则是缘于当时伯颜推行排抑汉人、南人的政策。自至元二年(1336年)以来,汉族士大夫中唯有王懋德、许有壬、傅岩起担任过左丞和参知政事。②贺惟一被迫辞职,与此关系甚大。

其次,脱脱更化,先起后落。至正二年(1342年),顺帝重新起用贺惟一为中书参知政事,伯颜虽死,但佛家间还在台上,贺惟一借此固辞。后进右丞,又辞。直到佛家间被逐,他才应召就职。此时,正逢新任丞相脱脱推行更化,世风丕变,汉人、南人备受歧视、排挤的境遇有所改观。期间,贺惟一鉴于当时"粟贵金银贱",请"出官钱买之";又请慎选守令。③其间,辽、金、宋三史修撰虽由脱脱主持,但从至正三年(1343年)三月到至正五年(1245年)十一月整个修史过程中,贺惟一作为总裁官之一,从开始"力赞其事"到最后进呈顺帝,皆功不可没。至正四年(1344年)五月,脱脱辞相,先后由阿鲁图、别儿怯不花继任,由此派系之争日渐激烈。④但贺惟一的仕途并未受及影响,加及别儿怯不花与其"结为兄弟,情好甚密"⑤,所以一路升迁,先任中书平章政事。次年,迁宣徽院使。六年,拜御史大夫。依元制,御史大夫一职非蒙古人不授,为此,顺帝"诏特赐姓而改其名"⑥为太平。可见顺帝对贺唯一之器重。七年,迁中书平章政事,十一月,拜

---

① 宋濂:《元史》卷一四〇《太平传》载:"时中书有参议佛家间者,憸人也。御史劾其罪,时宰庇之,事寝不行。"

② 宋濂:《元史》卷一一三《宰相年表二》。

③ 柯劭忞:《新元史》卷一七五《太平传》。

④ 《元史》卷二〇五《奸臣传》载:别儿怯不花出任右丞相仅数月,因"与脱脱有旧怨,颇欲中伤之"。从此朝中开始形成了明显的派别之争。达尔德斯认为这个"旧怨"实是指他们在施政方针方面的不同,脱脱主张加强中央集权统治,而别儿怯不花则注重于时地方的治理;脱脱刻意追求功利,主张由政府出面组织大规模的活动,而别儿怯不花则主张儒家政治理论中较为温和的治理。(费正清、瑞德主主编《剑桥中国辽西夏金元史》,中国社会科学出版社1998年版)当然,脱脱与别儿怯不花之间的矛盾,还有私人因素。据明人屠寄的分析,"先是别儿怯不花与脱脱同拜御史大夫,位在脱脱上,掌院印。既而脱脱与父先后入中书为右相。后三年,别儿怯不花始为左相,与脱脱同位。以脱脱事多自专,与之有隙。"(《蒙兀儿史记》卷一二七《别儿怯不花传》)

⑤ 宋濂:《元史》卷二〇五《奸臣传·哈麻传》。

⑥ 宋濂:《元史》卷一四〇《太平传》。

左丞相,朵儿只为右丞相。惟一固辞,顺帝不允。

任相以后,贺惟一运筹斡旋,建树良多。一是八年(1348 年)正月,诏修后妃、功臣传,惟一为监修官,汉族士大夫担任此职,也属例外。二是请僧道有妻子者,勒令为民,"以减蠹耗";给校官俸禄以防虚冒;请赐经筵讲官坐以崇圣学;立行都水监以治黄河。这些建议对于安顿民生、兴举教化极具意义。三是力荐太不花,召为中书平章政事;又举隐士完者笃、执礼哈郎、董立、张枢、李孝光,分任翰林待制、翰林修撰和著作郎,南北人才"至是多进用之"。① 四是九年(1349 年),联合御史韩嘉纳、监察御史斡勒海寿等人,弹劾脱脱同党同知枢密院事哈麻及弟雪雪。

顺帝年间,统治集团内部斗争激烈,但像朵儿只和贺惟一共相时的和谐景象实属难见,故后人赞曰:"朵儿只为相,务存大体,而太平则兼理庶务,一时政权颇出于太平,趋附者众,朵儿只处之凝然不与较。然太平亦能推让尽礼,中外皆号为贤相。"②然好景不长,发生了一件让贺惟一的仕途再遭波折的事情:初,脱脱罢相,出居西土。会其父马札儿台卒,惟一请令脱脱归葬,认为:"脱脱乃心王室,大义灭亲,今父殁而不克奔讣,为善者不几于怠乎!"③由此脱脱得以归葬,且拜为太傅。然脱脱不知惟一有德于己,反而听信汝中柏之谗言,对惟一及其拔用的中书参政孔思立等人,大加诬陷。七月,贺惟一被罢为翰林学士承旨,既而又诬其过失。惟一无奈,遂还老家奉元,闭门谢客,以书史自适。

再次,脱脱死,惟一再入中书。至正十五年(1355 年),脱脱被哈麻矫诏毒死;④此时,农民起义已成燎原之势。在此情况下,贺惟一被再次起用,命为江浙省左丞相,未行,改为淮南行省左丞相,兼知行枢密院事,总制诸军,驻于济宁,镇压"盗贼"。十七年(1357 年),贺惟一再任左丞相。对此,曾经得到贺惟一举荐、后又站在脱脱一边的太不花深致不满,谓:"我不负朝廷,朝廷负我矣。太平汉人,今乃复居中用事,安受逸乐,我反在外勤苦邪!"⑤从此,太不花与贺惟一的矛盾逐渐加深。但即使如此,贺惟一仍为维护元王朝的统治尽心尽责,时人评价

---

① 宋濂:《元史》卷一四〇《太平传》。

② 宋濂:《元史》卷一三九《朵儿只传》。

③ 宋濂:《元史》卷一四〇《太平传》。

④ 钱谦益:《国初群雄事略》卷六《周张士诚》。关于哈麻毒杀脱脱的原因,据《元史》卷二〇五《奸臣传·哈麻传》载:"时脱脱方信任汝中柏,由郎中为参议中书,自平章政事以下,见其议事,皆唯唯而已。独哈麻性刚决,与之论,数不合,汝中柏因潜哈麻于脱脱。八月,出哈麻为宣政院使,又位居第三,哈麻由是深衔脱脱。"

⑤ 宋濂:《元史》卷一四一《太不花传》。

曰:"太平又考求,凡死节之臣,虽布衣亦加赠谥,有官者就官其子孙。"①

最后,因皇太子的陷害,被迫辞相自杀。在贺惟一任相期间,二皇后奇后(高丽人)和太子爱猷识理达腊阴谋"内禅",欲获得他的支持,惟一不从。太子决意除去惟一政柄。知枢密院事纽的该闻而叹曰:"善人国之纪也,苟去之,国将何赖乎!"遂在顺帝前为之说情,以故太子的阴谋未能得逞。未几,纽的该死,太子遂令监察御史买住、桑哥失理劾惟一同党中书左丞成遵、参政赵中、参议萧庸等六人下狱死。② 在此情况下,惟一知势不妙,遂于二十年(1360 年)二月上书辞相。台臣挽留曰:"当时事之艰危,政赖贤材之宏济,太平以师保兼相职为宜。"③顺帝不从。不久,会阳翟王阿鲁辉铁木儿倡乱,骚动北边,势逼上都。皇太子乘机言于顺帝,命惟一留守上都,实际是要欲置之于死地。惟一不顾险恶,毅然前往,北边以宁。未几,诏拜太傅,归还奉元。顺帝欲以伯撒里为丞相,伯撒里辞曰:"臣老不足以任宰相,陛下必以命臣,非得太平同事不可。"④于是密旨令伯撒里挽留惟一。太子闻此事,于二十三年(1363 年)遣使逼令惟一自杀,年六十三。有《诗集》十卷,今佚。⑤

由贺惟一的坎坷经历可知,作为最高统治者的顺帝,为了维护自己的统治,对惟一这位贤相始终持以厚爱;但以伯颜、脱脱、太子为首的蒙古权贵为了私欲和权力,始终对贺惟一这位汉族士大夫的显赫地位心存不满,所以无论贺惟一对他们如何曲意逢迎,仍难以摆脱被排毁、陷害,乃至逼杀的惨剧。惟一在每次复官前都要固辞不从,在受到排毁时都会急流勇退盖与此有关。这说明惟一本人对元末官场的险恶和残酷是十分清楚的,同时也表明在顺帝与权臣复杂多变的关系中间,惟一时常处于一种进退两难的尴尬境地。从这个意义上说,作为一个满怀拯世热情而屡遭排抑的汉族士大夫,贺惟一的坎坷经历充分印证了元末权力斗争之激烈和政局之混乱,而他最终的悲惨结局恰恰就是权力斗争的牺牲品,这既是其个人之悲剧,也是历史之悲剧! 故元人张翥在其《悼太平公》中感愤道:"晨起洒杯酒,北风吹泪泉。岂徒歌楚些,端欲叫天阍。碧化苌弘血,春归杜宇魂。千秋一史笔,谁辨逐臣冤。"⑥

---

① 宋濂:《元史》卷一四〇《太平传》。
② 宋濂:《元史》卷一八六《成遵传》。
③ 宋濂:《元史》卷一四〇《太平传》。
④ 宋濂:《元史》卷一四〇《太平传》。
⑤ 《钦定续通志》卷四九八《太平传》。
⑥ 张翥:《蜕庵集》卷二《悼太平公》。

许有壬（1287—1364 年），字可用，祖籍颍州（今安徽阜阳），后徙河南汤阴。自幼颖悟。年二十即授开宁路学正。延祐二年（1315 年）中进士，授辽州同知。至治元年（1321 年），迁吏部主事，次年擢江南行台监察御史，入为监察御史。三年（1323 年）八月，英宗被铁失杀害，许有壬上疏告发铁失及其同党御史中丞董守庸、经历朵尔只班、监察御史郭也先忽都阿等人罪状。十月，铁失伏诛。及泰定帝发上都，有壬又上章揭露事实真相。可见，在泰定帝成功获即皇位的过程中，许有壬是有一定功劳的。由此他在泰定年间颇受青睐。如他所奏"正始十事"①，泰定帝多从之。泰定元年（1324 年）初立詹事院，又被选为中议，改中书左司员外郎。京畿饥荒，有壬请求赈济，活民甚众。三年（1326 年），迁左司郎中，每遇朝议，有壬多能直言得失，以至都事宋本赞曰："此贞观、开元间议事也。"②天历三年（1330 年），受命出任两淮都转运盐司使，整饬盐法，他"询究弊端，立法维持，国课遂登"③。至顺二年（1331 年）初，召议中书省事，以丁母忧去。总体上，在顺帝以前，许有壬的仕途较为顺利，亦做了不少实事。但在此后的宦途中，他却屡遭碰壁，波折迭起。

首先，议皇太后尊号，遭到反对。元统二年（1334 年），许有壬升任治书侍御史，寻转奎章阁学士院侍书学士。九月，拜中书参知政事、知经筵事。时逢顺帝召群臣议加皇太后为"太皇太后"，有壬表示反对，认为："皇上于皇太后，母子也，若加太皇太后，则为孙矣，非礼也。"对此，众官不以为然。有壬进而解释道："今制，封赠祖父母，降于父母一等，盖推恩之法，近重而远轻，今尊皇太后为太皇太后，是推而远之，乃反轻矣，岂所谓尊之者邪！"④仍然遭到反对。应该说，在此事件中，许有壬的建议符合传统礼仪之制，也代表了汉族士大夫的基本立场，但在顺帝及蒙古权贵的坚持下，许有壬的建议只能失效。这从一个侧面反映了蒙古草原本位文化与汉族文化之间的矛盾冲突是根深蒂固的，也表明元王朝的汉化程度即使在元末也是相对迟滞的。

其次，反对"罢科举"不成，被迫辞职。前文述及，顺帝至元元年（1335 年），

---

① 据《元史》卷一八二《许有壬传》载："十事"分别为：一曰辅翼太子，宜先训导；二曰遴选长官，宜先培养；三曰通籍宫禁，宜别贵贱；四曰欲谨兵权，宜削兼领；五曰武备废弛，宜加修饬；六曰贼臣妻妾，宜禁势官征索，七曰前权赦权以止变，宜再诏以正名；八曰铁木迭儿诸子，宜籍没以惩恶；九曰考验经费，以减民赋；十曰撙节浮蠹，以纾国用。"十事"的详细内容见其《至正集》卷七七《正始十事》。

② 宋濂：《元史》卷一八二《许有壬传》。

③ 宋濂：《元史》卷一八二《许有壬传》。

④ 宋濂：《元史》卷一八二《许有壬传》。

元廷关于是否举行科举一事展开了激烈的争论。这中间，作为汉族士大夫的代表，许有壬力主继续推行科举，而以伯颜、彻里帖木儿为首的蒙古权贵则主张停罢科举。争论的情形如下：

> 至元元年，(彻里帖木儿)拜中书平章政事。首议罢科举……参政许有壬入争之。太师伯颜怒曰："汝风台臣言彻里帖木儿邪?"有壬曰："太师以彻里帖木儿宣力之故，擢置中书。御史三十人不畏太师而听有壬，岂有壬权重于太师耶?"伯颜意解。有壬乃曰："科举若罢，天下人才觖望。"伯颜曰："举子多以赃败，又有假蒙古、色目名者。"有壬曰："科举未行之先，台中赃罚无算，岂尽出于举子? 举子不可谓无过，较之于彼则少矣。"伯颜因曰："举子中可任用者唯参政耳。"有壬曰："若张梦臣、马伯庸、丁文苑辈皆可任大事。又如欧阳元功之文章，岂易及邪?"伯颜曰："科举虽罢，士之欲求美衣美食者，皆能自向学，岂有不至大官者邪?"有壬曰："所谓士者，初不以衣食为事，其事在治国平天下耳。"伯颜又曰："今科举取人，实妨选法。"有壬曰："古人有言，立贤无方。科举取士，岂不愈于通事、知印等出身者? 今通事等天下凡三千三百二十五名，岁余四百五十六人。玉典赤、太医、控鹤，皆入流品。又路吏及任子其途非一。今岁自四月至九月，白身补官受宣者七十二人，而科举一岁仅三十余人。太师试思之，科举于选法果相妨邪?"伯颜心然其言，然其议已定，不可中辍，乃为温言慰解之，且谓有壬为能言。有壬闻之曰："能言何益于事?"彻里帖木儿时在座，曰："参政坐，无多言也。"有壬曰："太师谓我风人劾平章，可共坐邪?"彻里帖木儿笑曰："吾固未尝信此语也。"有壬曰："宜平章之不信也，设有壬果风人言平章，则言之必中矣，岂止如此而已。"众皆笑而罢。翌日，崇天门宣诏，特令有壬为班首以折辱之。有壬惧及祸，勉从之。治书侍御史普化诮有壬曰："参政可谓过河拆桥者矣。"有壬以为大耻，遂移疾不出。[①]

可见，当时许有壬虽然从多方面阐述了科举与人才的重要性，但蒙古保守集团"其议已定，不可中辍"，他的争辩最终告败，而有壬本人也只好"移疾不出"了。

再次，屡遭排毁，被迫辞官。许有壬辞官不久，顺帝又强起其为侍御史。期间，他对"国家大事侃侃不阿，多有可纪"[②]。如：廷议欲行古刬法；立行枢密院；禁汉人、南人学蒙古、畏吾儿字书，对于这些举措，有壬皆争止之。至元初，长芦

---

① 　宋濂：《元史》卷一四二《彻里帖木儿》。
② 　纪昀：《四库全书总目》卷一六七《至正集》提要。

韩公溥因家藏兵器被察觉,许多台省官员受到牵连,但有壬清白无事,由此"忌者益甚"①。有壬度深感不妙,遂归彰德,南游湘汉之间。至元六年(1340年),召入中书,仍为参知政事。至正初,又极论:"帝当亲祠太庙,母后虚位,徽政院当罢,改元命相当合为上诏,冗职当沙汰,钱粮当裁节"②,凡此,皆关乎政教治化之事,但时人"皆韪之"③。寻转中书左丞。三年(1343年),长沙有人想为有壬的父亲熙载建立东冈书院,以纪念他"设义学,训诸生"的功劳,结果遭到南台监察御史木八剌沙的反对,并罗致构陷有壬,有壬被迫辞归。四年(1344年),改江浙行省左丞,辞。六年,召为翰林学士,又辞。明年夏,授御史中丞,未几病归。十三年(1353年),起为河南行省左丞。此时天下大乱,有壬虽位至枢密副使、中书左丞、集贤大学士,但元祚将终,不可救遏,遂于十七年(1357年)致仕。二十四年(1364年)卒,年七十八。追封鲁郡公,谥文忠。著有《至正集》。

许有壬历事七朝,垂五十年,目击并经历了元王朝由相对稳定到日渐衰微的过程,他胸怀救弊之心,力图有所作为,凡"遇国家大事,无不尽言,当权臣恣睢之时,稍忤意,辄诛窜随之,有壬绝不为巧避计,事有不便,明辩力诤,不知有死生利害,君子多之"④。但从他的仕宦生涯来看,顺帝时期他的用世之志是难以施展的。由此,有壬作《沁园春》表露了他壮志难酬的忧思、焦虑与无奈:

> 弱冠离家,浪走人间余三十年,奈救时才短,虚尘政府,读书功少,深负经筵。风月西清,冰霜柏署,一岁中间漫几迁。君恩重,便不教覆铼,直许归田。

> 丰碑高表洹阡。又飞上吴头万里船。把家传图史,拂除尘蠹,旧栽松竹,收贮云烟。大别嵯峨,鹄逢缥缈,尽在先生几案前。闲人事,但登楼小酌,闭户高眠。⑤

作此词时,有壬已年近花甲,回顾多年的奔波,本想救时济民,有所作为,不曾想在该"归田"的时候却留下了深深的遗憾。词中的"才短"、"虚尘"、"功少"、"深负"等字眼看似是作者谦恭之辞,但联系作者一生的遭际也不难感到其中包含着一种有负使命的歉疚与惶惑。于是只有"登楼小酌,闭户高眠",心灵方能获得少许慰藉。由此来看,此类吟咏并非真正的超然,而是极度焦虑状态下的一种

---

① 宋濂:《元史》卷一八二《许有壬传》。
② 宋濂:《元史》卷一八二《许有壬传》。
③ 宋濂:《元史》卷一八二《许有壬传》。
④ 宋濂:《元史》卷一八二《许有壬传》。
⑤ 许有壬:《至正集》卷七八《沁园春七》。

心理能量的转换。

除贺惟一、许有壬之外,在元末政局中,还有一批有识之士亦在为维护元王朝的统治求治进促,但其遭遇与贺、许无二。如:张起岩(1285—1353年),字梦臣,山东章丘人。延祐二年(1315年)进士第一。至正初,拜御史中丞,论事剀直,无所顾忌,与上官多有不合。① 吕思诚(1293—1357年),字仲实,山西平定人。泰定元年(1324年)中进士。素有廉声,不屈权贵。在任侍御史时,以弹劾平章政事巩卜班不法,遭到御史大夫也先帖木儿的排陷,"大夫衔思诚,将谋挤之"。后任集贤学士兼国子祭酒时,因反对"更钞法",监察御史劾其"狂妄",夺其诰命并所赐玉带。② 韩镛,字伯高,山东济南人。延祐五年(1318年)中进士,授将侍郎、翰林国史院编修。至正二年(1342年),除翰林侍讲学士,既而拜侍御史,以刚介为时所忌,言事者诬劾其赃私,乃罢去。③ 成遵,字谊叔,河南南阳人。至正初,拜监察御史。屡进直言,举劾凡七十余事,皆指讦时弊,"执政者恶之"。十七年,升中书左丞,以为贺惟一同党,被太子害死。④ 另外,汉族士大夫的谏言,也往往得不到统治者的支持和认可。如至正八年(1348年),监察御史张桢劾太尉阿乞剌"欺罔之罪",顺帝不听⑤。同年,监察御史李泌反对顺帝以高丽奇氏为皇后。亦不听。⑥

毫无疑问,贺惟一、许有壬等汉族士大夫都是有意为朝廷出力的辅臣。但不幸的是,他们面对的是一个正在走向败亡的王朝,在上是无所作为的顺帝,在下则是争权夺利的蒙古权臣。尤其在盗溢寰宇,元运将终之际,贺惟一等人于风雨飘摇中仍然为朝廷尽心尽力。但从他们的身上,我们看到了汉族士大夫虽欲有所作为而无能为的无奈心境,看到了他们的失落与忧虑,实在令人惋惜!

二、地方汉族士大夫的政治命运

在元代地方机构中,正长官多为蒙古、色目人,但从官员数量来看,汉族官员无疑占据绝对数量。这种官位分配和员数比例的巨大差异所造成的后果是可以预料的,即作为正官的蒙古、色目人一旦在施政过程中缺乏行政能力,出现腐败

① 宋濂:《元史》卷一八二《张起岩传》。
② 宋濂:《元史》卷一八五《吕思诚传》。
③ 宋濂:《元史》卷一八五《韩镛传》。
④ 宋濂:《元史》卷一八六《成遵传》。
⑤ 宋濂:《元史》卷一八六《张桢传》。
⑥ 宋濂:《元史》卷四〇《顺帝纪四》。

问题,地方政权便会随之陷于瘫痪,走向混乱,进而危及元王朝的整个统治。不可避免的是,在元末的地方政权中,这种状况着实日渐暴露,趋于恶化,许多蒙古、色目人官员"贪婪渔猎,殆无纪极,豪家势族与此辈互交结,恣并吞"①,而处此形势中的广大汉族官员虽济世心切,但却步履艰难,时常受到多方排挤和诬陷。这一点,我们从刘基等人的经历和感受可以窥其大概。

刘基于至元元年(1335年)中进士,翌年赴任瑞州高安县丞。同大多数汉族士大夫一样,刘基决心做一个济世拯民、清正廉洁的官吏,"何当扬湛冽,尽洗贪浊肠"②,"狭径非我由,周行直如发"③。为此,到任伊始,特作《官箴》以自勉,谓:

> 治民奚先?字之以慈。有顽弗迪,警之以威。振惰奖勤,极艰息疲。疾病颠连,我扶我持。禁暴戢奸,损赢益亏。如农植苗,蚤夜孜孜。涝疏旱溉,无容稗秕。如良执舆,顺以导之。④

循此,他秉公执法,"以廉节著名,发奸摘伏,不避强御"⑤。然而在官场上,他却处处受到排挤和打击。至元五年(1339年),新昌州发生了一起人命案,案发后,凶手以金钱贿赂初审官,判为误杀,草草结案。原告不服,上诉至瑞州路,知府委派刘基复审,终于暴白了案情真相,凶手依法偿命,初审官也被罢官。但初审官倚仗蒙古"根脚"之势,图谋构陷、报复刘基。江西行省大臣深知刘基为人,便调其任江西行省职官掾史,但不久又因与幕官不合而遭弹劾。仕途失意,刘基甚感愤懑:"骐骥不逢伯乐兮,与驽骀而并驰。……鸿鹄举翮而千里兮,又何必怀此乡!鱼游思故渊兮,鸟栖思故林。"⑥在遭受了秉公办案而受诬构,谠直不阿而受排挤之后,刘基毅然弃官归里,隐居力学。期间,他放情山水,"澄心以逍遥,坻流任行止"⑦;渡江北上,体察民瘼,"踰淮入大河,凄凉更难视。黄沙渺茫茫,白骨积荒蓬。哀哉耕食场,尽作狐兔垒。太平戢干戈,景物未应尔。去年人食人,不识弟与姊"⑧,亲眼目睹了水旱荐虐,官吏朘刻,百姓困苦的景象,刘基感慨甚多,匡世济穷之念再次升腾。

---

① 谈迁:《国榷》卷一"元顺帝至正二十三年二月癸酉"条引朱国桢语。
② 刘基:《刘基集》卷一三《铅山龙泉》。
③ 刘基:《刘基集》卷一三《发龙游》。
④ 刘基:《刘基集》卷一三《铅山龙泉》。
⑤ 焦竑:《献徵录》卷九,黄伯生撰《诚意伯刘公基行状》。
⑥ 刘基:《刘基集》卷一五《吊祖豫州赋》。
⑦ 刘基:《刘基集》卷二〇《九日舟行至桐庐》。
⑧ 刘基:《刘基集》卷二〇《北上感怀》。

至正八年(1348 年),刘基返回杭州,出任江浙行省儒学副提举、行省考试官。但此时农民起义的序幕已经拉开,元朝大厦将倾,刘基的谠直性格很难被官场所容。上任不久,行省监察御史渎职,刘基愤而举报,但是官场已沆瀣一气,宪臣不但不予追究,反而斥责刘基的耿介之举。无奈,刘基再次愤然辞职,感慨:"千古怀沙恨逐臣,章台遗事最酸辛。可怜日暮高唐梦,绕尽行云不到秦。"①先隐居江苏丹徒,后寄寓浙江临安,纵酒西湖,以抒心怀;又以著述为乐,讥刺当时,以裨于世教。

不久,农民起义爆发,刘基虽仕途屡挫,但忠君、救元念头仍未泯没。至正十二年(1352 年),江浙行省又命刘基为浙东元帅府都事。为了剿灭反元义军,刘基奔效南北,先与台州路达鲁花赤泰不花镇压方国珍;又与元帅纳邻哈剌共议筑庆元诸城;再北上杭州,改任江浙行省都事。因坚持剿灭方国珍的主张与朝廷的招降政策相左,以"伤朝廷好生之仁,且擅作威福"②的罪名被罢职,羁管绍兴,"放浪山水,以诗文自娱"③。后方国珍复叛,横莫能制。十六年,刘基再次被起用为江浙行省都事,寻改枢密院经历,与行院判石末宜孙守处州,"或捣以兵,或诱以计,未几,皆殱殄无遗类"④。但由于朝廷权要受方国珍的收买,对刘基"军功不录"⑤。刘基一怒之下,弃官归隐南田山,著《郁离子》以见志。书中托物言志,感时伤世,"皆悲生民之涂炭,叹国法之弁髦,庶几藏器以遇真主,其辞甚多,其意一也"⑥,生动反映了元末错综复杂的社会矛盾,也展示了作者企图解决社会矛盾的种种设计,诚如徐一夔所言:"公之事业具于书,此元之所以亡也;公之书见于事业,此皇明之所以兴也。"⑦

与刘基一样,苏天爵、彭庭坚等人的仕宦之路也并不平坦。苏天爵(1294 — 1352 年),字伯修,真定(今河北正定)人。元统初,任监察御史,在官四月,上疏四十五次,皆关乎大体。至元初,任吏部尚书参议中书省事,"知无不言,言无顾忌,夙夜谋画,须发尽白"。至正五年(1345 年),出为山东道肃政廉访使;十月,充京畿奉使宣抚。期间,他体究民瘼,察劾奸贪,"兴除者七百八十有三事,纠劾

① 刘基:《刘基集》卷二四《读史有感》。
② 焦竑:《献徵录》卷九,黄伯生撰《诚意伯刘公基行状》。
③ 焦竑:《献徵录》卷九,黄伯生撰《诚意伯刘公基行状》。
④ 宋濂:《元史》卷一八八《石抹宜孙传》。
⑤ 张廷玉:《明史》卷一二八《刘基传》。
⑥ 何乔远:《名山藏》卷五七《刘基传》。
⑦ 程敏政:《明文衡》卷三八赵汸撰《〈郁离子〉序》。

者九百四十有九人",时人有"包韩"之誉。但苏天爵的一片苦心却为时相所忌,竟坐不称职罢归。七年(1347年),顺帝察其诬,复起为湖北道宣慰使,未行。后官至江浙参知政事。① 彭庭坚(1312—1354年),字允诚,温州人。至正四年(1344年)进士,授沂州同知。有惠政,"毁牛皇神祠,驱邻郡上马贼,免民横急征敛,民甚便之",以平反狱囚忤上官,遂弃去。十年,起任建宁路崇安县尹。十四年,死于兵乱,年四十三。②

综上,在元末政局中,汉族士大夫的政治命运毋宁说是政治矛盾造成的,不如说是文化冲突造成的。顺帝虽然强调:"在内之官有不法者,监察御史劾之;在外之官有不法者,行台监察御史劾之。岁以八月终出巡,次年四月中还司。"③但在实际的政治生活中,汉族士大夫不仅难以实现拯救国运的抱负,甚至连身家性命也难有保障。同时,在蒙古官员与汉族官员的利益权衡中,顺帝也往往偏袒蒙古官员,这是族群等级观念在政治领域的延伸,其造成的负面影响亦更为严重。所以从元后期起,虽然社会矛盾已经由民族矛盾转化为阶级矛盾,但民族矛盾依然存在。在这种民族矛盾和文化冲突中,汉族士大夫并没有从一开始就放弃救世的情怀。直到农民战争如火如荼,元亡之势已定时,身处一个正在失却权威的时代,他们心理和价值取向才发生转变,开始在审视社会形势的走向之时,重新抉择自己的人生道路。

---

① 宋濂:《元史》卷一八三《苏天爵传》。
② 宋濂:《元史》卷一九五《彭庭坚传》。
③ 宋濂:《元史》卷四一《顺帝纪四》。

第二章　士大夫在"衰世"中的多途选择和群体特征

在传统中国社会,士大夫的行为选择往往被当作道德评判的主要依据加以强调,不同的行为选择,会受到不同的社会评价,由此在历史上就出现了不同类型的"士"。如宋濂将"儒"细分为游侠之儒、文史之儒、旷达之儒、智数之儒、章句之儒、事功之儒、道德之儒①诸类即为一例。这种基于行为选择而作出的道德评判从一开始就具有批判性色彩:一般而言,符合儒家伦理本位的行为,就会赢得"圣"、"贤"、"君子"等符合理想人格的积极评价,否则就会被视为"异端"加以贬斥,于是就有"奸"、"庸"、"小人"等批评性评价。正因如此,在传统社会,士大夫最看重"出处"一事。②

大体言之,士大夫的行为选择无非"出世"与"入世"二途,但在社会发生变革或转型之时,士大夫的行为选择不得已会发生相应转变,二途选择也会发生分化、趋于多样,从而形成一种"职业分途"③的局面。就元末来看,士大夫受衰世环境之影响,不断调整自己的心理趋向和行为方式,围绕道德评价的是是非非艰难地进行着相应的社会流动和职业选择。首先,入世观念骤增。一方面,他们通过科举制度进入政治中心,试图依赖国家权力实践自身的入世精神,参与改革弊政,拯救民生,大兴教化,端正人心,维系蒙元统治的社会实践;另一方面,一部分滞留于仕途之外的士大夫,虽然无法直接凭借权力机制践行经世观念,但仍能恪

---

① 宋濂:《文宪集》卷二八《七儒解》。

② 郑玉《师山集》卷三《送徐推官序》载:"士君子在天地间唯出处为一大事,故观其出处之节,而人之贤否可知。"

③ 梁漱溟:《梁漱溟全集》(二),山东人民出版社 1989 年版,第 124—213 页。

守人世精神,通过话语权力和知识力量发挥自身的社会价值,诸如建言献策、针砭时政、传道授业、著述立说等。其次,在入仕无门,企图成为国家精英的愿望难以实现时,一部分士大夫开始成为自由流动和漂浮的群体。他们或退避岩穴,放情山水;或清静无为,遁入释道;或闭门著述,教授生徒。期间,他们为求生计,又不得不打破传统"四民"职业的固定界限,在职业上作出多种选择,于是耕农,经商、从医、事教等民间职业成为士人谋求生存的主要途径。据此,以下拟叙述元末部分士大夫的出世及其生存方式,以进一步揭橥元末士大夫价值趋向的多元性和生活图景的多样性。

第一节 适意避世:"陶渊明情结"的再现

"隐士"古已有之,最早载入史册的是伯夷、叔齐;《论语·微子》中的长沮、桀溺以及《九章·渔父》中的渔父皆为上古隐者,因而后代的隐士大多以渔人、樵夫、道士、僧人、山人、高士、处士或居士的面目出现,他们大体以老庄哲学作为自己的精神皈依,以"袖手何妨闲处看"①的姿态表达对现实的冷漠。然而,这种避世的行为与"形隐"、"心隐"的方式是以牺牲现实的功业诉求为代价的。因而出处矛盾便错综复杂地纠缠在一起,成为士人挥之不去的心灵梦魇,所谓"古之君子,未始不仕,亦未始必仕,未始不进,亦未始进而不知退。故其进也非徒仕,尽其忠于君焉尔。其退也,非忘君尽其孝于亲焉。"②于是,一些士人"结庐在人境,而无车马喧"③,隐而不仕成为他们独特的生存方式,也成为中国历史上奇特的文化现象。

"元之隐士亦多矣"④。元初,一大批汉族士大夫坚持民族气节,拒不仕元,从而构成了元代第一批独具特色的隐士群体。此后,民族矛盾逐渐缓和,但受政治与社会因素的影响,仍有不少士人清介孤高,淡泊名利,不乐仕进。如:取士之途甚狭,士大夫不由科举,惟从吏而已,"故有志者不肯为也,宁往往投山水间自乐其所有"⑤。至元末,士人的出处观念再次受到冲击,一部分士人选择了入世,

---

① 苏轼:《东坡词·沁园春》。
② 李继本:《一山文集》卷四《溪山送别图诗序》。
③ 陶渊明:《陶渊明集》卷三《饮酒》。
④ 宋濂:《元史》卷一九九《隐逸传叙》。
⑤ 许恕:《北郭集》卷首林右《北郭集原序》。

而另一部分士人则选择了遁隐,从而形成元代第二批数量庞大、个性鲜明的隐士群体。

在元末隐士的视野中,陶渊明的隐居方式和人格特征是一种近于模式化的生活方式和价值追求,"夫(陶)靖节百世之师也,世不得而用之,节孝独行之士也;世莫得而遗焉,达卿用世之士也,亦顾所用何如耳。古今人不必同,不必不同,要其归卒无不同者,君子亦同其心而已矣。"①所以陶渊明成为许多隐者倾心景仰和追模的对象,他们或撰文寄托对陶氏的推服。如戴良所著《九灵山房集》卷二四中就收有:《和陶渊明杂诗十一首》、《和陶渊明拟古九首》、《和陶渊明饮酒二十首并序》、《和陶渊明移居二首并序》、《和陶渊明岁暮答张常侍一首》、《和陶渊明连雨独饮一首》、《和陶渊明咏贫十七首并序》等。或视陶氏为同志,甚至以陶氏自况。如戴良就说:"余客海上,追和渊明归去来词,盖渊明以既归为高,余以未归为达,虽事有不一,要其志未尝不同也。"②舒頔(1304—1377年),字道原,今安徽绩溪人。至正十年(1350年)以战乱归隐,云"靖节翁与予异世而同志"③。陈高(1315—1367年),字子上,今浙江平阳人。至正十四年(1354年)登进士。后辞官去,作诗云:"陶潜冲旷士,弃官乐田园。……我今解簪绂,归来分所安。"④隐士胡朝辅,雅志好琴,尝云:"昔陶潜琴无弦,岂有望于知音者哉,吾将以陶为师,故以琴为隐也。"⑤可见,在元末隐士的内心深处,隐含着浓重的陶渊明情结,他们的遁隐行为一定程度上是陶渊明人格在特定历史时期的再现和张扬,他们的人格特点和价值追求与陶氏"异世而同符"⑥,生动展现了元末士人生活的多彩画面。

一、隐的方式

在任何历史时期,隐士群体的生存方式和所追求的生存环境不尽相同,因而古人的隐逸理论有"小隐"、"大隐"之说,所谓"小隐隐陵薮,大隐隐朝市"⑦,"小隐山林,大隐朝市"⑧。山居泽处,寄情山水之中,不营世利,淡泊宁静,称"小

① 陈基:《夷白斋稿》卷三〇《六柳庄记》。
② 戴良:《九灵山房集》卷二四《和陶渊明归去来兮辞》。
③ 舒頔:《贞素斋集》卷首《贞素斋集自传》。
④ 陈高:《不系舟渔集》卷三《闲居》。
⑤ 林弼:《林登州集》卷一三《琴隐轩序》。
⑥ 谢肃:《密庵集》卷八《书迁樵传后》。
⑦ 萧统:《文选》卷二二王康琚《反招隐诗》。
⑧ 王礼:《麟原文集》后集卷五《大隐楼记》。

隐";置身于喧嚣纷扰的都城闹市，或往来游扬于缙绅公卿之间，不讲求形式的隐逸，而其精神境界却与山林之士的遁隐避世无异，称"大隐"。基于此，元人进而提出界乎"小隐"、"大隐"之间的"中隐"。① 在现实生活中，隐士的遁隐方式大体不出以上三种，但在表现形式上却显得较为繁复多样。时人林弼就说："古之隐者不暇择其地，惟即所处而乐其常焉。若尹之于耕，傅之于筑，吕之于屠钓，百里奚宁戚之于饭，牛君平隐于卜，子陵隐于山，孺子隐于市，伯伦隐于酒，君复隐于梅。夫暇择所隐哉，身之所处，乐之所在也。"②这些遁隐方式在元末隐士的生存世界里同样有不同程度的表现。

（一）"小隐山林"

这是元末隐士最常见的遁隐方式，"夫世之寄情山水间者多矣"③。他们或晦迹岩穴，或放情山水，或托迹耕稼，而其之所以选择山林作为遁隐之处，其理由与古之隐士若出一辙："古之人凡乐其高尚者，必寓意诗酒花竹山水之间"④；"古之人遭叔季之世，时不偶，道不行，托迹畊稼以栖息山泽者多"⑤；"天下之足寓性情，发滞䵍而旷然自得，以忘乎世者，莫山水若也"⑥。这些隐士志行高远，"自其迹观之，世之厌薄名利，遁于岩穴，影向昧昧，惟恐入山不深，入林不密"⑦。所以他们是传统意义上的标准隐士。其生活状态一般为：

> 隐居万山中，日夕有佳色。时于岩上石，蒸起云气白。桑麻郁相望，鸡犬识巷陌。中林芳草地，不有车马辙。为与城市远，似觉嚣尘绝。原田既膏腴，且是宜稼穑。溪流既清驶，且是利舟楫。耕渔鄙夫事，富贵要不得。但见桃花开，不知何岁月。寄谢丹青人，吾将安塞劣。⑧

这是山林之士的基本形象，此在元末隐士群体中不胜枚举。仅以浙江地区为例，如：叶颙（1300—1375 年），字景南。金华人。少时肆力学问，志行高洁，不事干谒，避居芙蓉峰下，"闭门却扫，谢宾客，日与樵夫刍叟盘磺乎丘园林麓之中，披

---

① 陈谟《海桑集》卷七《三顾书隐记》载："夫隐者，君子独善之名也。……隐固有大小乎哉！甚或立乎两间，自名中隐，不夷不惠，非狂非狷，可贵可贱，君子盖滋惑焉。"同卷《雪隐记》亦载："夫隐有小大，惟隐于市朝谓之大隐，又与显对君子有隐，斯有显谓之中道，岂绝人逃世者所能专哉！"

② 林弼：《林登州集》卷一三《琴隐轩序》。

③ 陈基：《夷白斋稿》卷一三《玉山名胜集序》。

④ 谢应芳：《龟巢稿》卷一四《书画舫燕集序》。

⑤ 李继本：《一山文集》卷八《耕云说》。

⑥ 甘复：《山窗余稿·赠李伯禹序》。

⑦ 王礼：《麟原文集》后集卷五《大隐楼记》。

⑧ 张昱：《可闲老人集》卷一《题隐居图处州王启明》。

云啸月,钓水采山,无少休暇。知樵夫刍叟相与之娱,而不知世俗之好"①。黄
玠,字伯成,定海人。宋代名儒黄震曾孙。清苦力学,卜居弁山,自号弁山小隐。
至正五年(1345 年),他在为《弁山小隐吟录》作序时言:"隐独以所得于天者,薄
不能显,故将退藏以终其身。……苟获所志泉后林壑之娱,风云月露之赏,不必
弁山也。"②。王蒙(1298—1385 年),字叔明,湖州人。赵孟𫖯的外甥,善绘画。
曾任小官,后隐居黄鹤山,自号"黄鹤山樵"③;先后创作出了《清卞隐居图》等描
写青山绿水、森林村舍的画作。与王蒙相似,黄公望(1269—1354 年)、吴镇
(1280—1354 年)等人也有野逸之趣,并以书画自娱,颇有建树,故与王蒙并称为
"元季四大家"。岑安卿(1286—1355 年),字静能,余姚人。筑室栲栳峰下,因
号栲峰,人称栲栳山人。不喜科举之业,乐于圣贤之道,"岑氏多以科第显,而安
卿独隐居乐道,以名节高天下"。至元、至正间,江浙行省与州郡守宋文瓒、王
沂、叶恒等交章论荐,皆以老力辞,终日与处士王毅等人放情林湖、栲峰间,吟诗
作文,悠然自得。④ 陈樵(1278—1365 年),字居采,金华人。介特自守,隐居圁
谷,以鹿皮为衣,自号鹿皮子。不应召辟,专意著述,尤长于说经,与同郡黄溍、宋
濂等交往甚笃。⑤ 马道贯,字德珍,自号一得叟,金华人。师事许谦,得理学之蕴
奥。绝志世外,情性恬退,"非公事不入城市"⑥。黄宗海,谢绝世事,隐居丹山
中,"极嗜而乐者唯书而已",故以"书隐"自号。⑦ 刘俨,字敬思,樗隐自号,钱塘
人。不屑于仕,隐居西湖,人称"高世之士"。⑧

当然,其他地区的山林之士也有不少。如:刘炳,字彦昺,今江西鄱阳人。不
乐仕进,混迹山林,曾作诗生动展示了自己的隐逸形象:"习隐名山四十年,羊裘
鹤氅鹿皮冠。云中杵白闻鸡犬,月下笙箫引凤鸾。霞气湿衣晨采药,虹光穿树夜
烧丹。姓名渐觉无人识,种得胡麻秖自餐。"吴海,字鲁客,今福建闽县人。至正
末,晦迹山薮,以文学自娱。尝云:"夫朝市绂冕之所,兴货财之所,集求名与利
者日趋焉,肩相摩而踵相接。惟夫山林丘壑之间,空虚寥寂,世之远声利,薄世故

---

① 叶颙:《樵云独唱》卷首《自序》。
② 黄玠:《弁山小隐吟录》卷首《自序》。
③ 柯劭忞:《新元史》卷二三八《倪瓒传》附《王蒙传》。
④ 杨积芳:《余姚六仓志·岑安卿传》,民国九年(1920 年)铅印本。
⑤ 纪昀:《四库全书总目》卷一六八《鹿皮子集》提要。
⑥ 邵远平:《元史类编》卷三六《马道贯传》。
⑦ 赵撝谦:《赵考古文集》卷一《丹山书院记》。
⑧ 贝琼:《清江文集》卷二《樗隐先生传》。

者,乃能居之。"①赵汸,字子常,安徽休宁人。隐居东山,学者尊称为东山先生。② 张简,字仲简,号云丘道人,又号白羊山樵,今江苏吴县人。师张雨为道士,隐居鸿山。③ 李存(1281—1354 年),字明远,今江西上饶人。博学好古,精通医学。仁宗初科考不第,遂决计归隐。④ 盛彦英,号具区耕叟,隐居太湖,"脱屣东华尘,躬耕太湖滨。桑麻接邻里,鱼鸟情相亲"⑤,恬然自得的隐者风度昭然可见。

同样,元末山林之士也强调淡于名利,怡情自足,绝俗超世,其处世思想以"独善"为准则,而缺乏强烈的仕进意识和"兼善"情怀。他们选择纯粹的自然环境作为生存场域,更多的是为了寻求一种精神的依托和心灵的慰藉,所谓:"秋于时为清,山于物为静,吾将归隐,以清静吾身心焉"⑥;"离俗远引之士,不屑于世用,多托情于草木以自放,随所合焉"⑦;"山林之士,托草木之芳以隐者多矣,或以菊,或以蒲,或以瓜,或以松,或以竹,以梅,以橘,以李,以槐者,不一足也"⑧。同时,他们在隐居之时,也往往追求山水之乐,有着赏游山水的情致,这一点在其著述中有大量记载,详见下文论述。但需要指出的是,山林之士的人格结构存在着自身难以摒除的缺陷:他们的意志是薄弱的,情感是脆弱的;其选择身居林泉的逃避行为,表明他们缺乏正视现实社会的勇气,其个性与行为也难以适应现实社会。

(二)"大隐朝市"

对于元末隐者而言,"大隐朝市"似乎并非最佳的遁隐方式,所谓"夫隐以全身而远害也。市者,商贩所集,争利锥刀之所也,故士不乐居焉",而之所以有人愿意选择隐于朝市,则是"以其卑贱混浊,足以自秽而泯其名也"。⑨ 同时,"大隐"者更强调"心隐",而非单纯的"形隐",在其看来,"小隐山林,大隐朝市"之间的区别实际是"心与迹之辨也"⑩。所以他们将"心隐"看成隐者的真正归宿,

---

① 吴海:《闻过斋集》卷一《梅花庄诗叙》。
② 宋濂:《文宪集》卷五《春秋属辞序》。
③ 张廷玉:《明史》卷二八五《张简传》。
④ 雍正《江西通志》卷八八《人物》二三。
⑤ 谢应芳:《龟巢稿》卷四《盛彦英隐居太湖之阴号具区耕叟命仆作诗以歌咏其乐去》。
⑥ 林弼:《林登州集》卷一三《秋山高隐图序》。
⑦ 甘复:《山窗余稿·书张氏瑞香诗序后》。
⑧ 杨维桢:《东维子集》卷一七《桂隐记》。
⑨ 刘基:《刘基集》卷三《贾性之市隐斋记》。
⑩ 王礼:《麟原文集》后集卷五《大隐楼记》。

认为："心隐则虽游亦隐也,市廛亦山林也"①;"大隐在城市,小隐居山林。所居虽异地,所乐还同心"②;"身居鸾台凤阁,而常怀枕流漱石之思;职在献纳论思,而时有耕云钓濑之想。其为隐也,不亦大乎?"③正因如此,隐于朝市者并不像山林之士那样全然与现实相隔绝,而是表现出一种若即若离、半隐半俗的状态,此也之所以称之为"大隐"的真正缘由。

1.隐于市者。此类隐者虽混迹市井,但仍表现出甘心隐沦,不求仕进的隐者风范。如:会稽士人罗宗信,筑楼隐于其间,人称"大隐楼"。是楼位于"唐肆之区,康衢之侧",但他不以为意,"恂恂然退藏斯楼,若无若虚,不求闻于人,人亦鲜知之者"。④ 金陵士人李思问,居京师城南,自号廛隐,意在"居于廛而不役于廛者也"。对此,时人林弼赞曰:"谓廛非隐,有隐者存。心在尘外,遂忘嚣喧。衮衣绣裳,我乐韦布。豹胎麟脯,我乐蔬素。……身在林薮,市朝心竞。君子出处,依乎中庸。无往不返,圣训之从。"⑤生动刻画、展现了市隐者的内心世界和生活景象。长兴士人朱晞颜,笃志于学,廛隐闹市,不闻"里巷之喧啾,车马之阨塞",唯潜心著述,诗文奇妙,各有思致,"拟古则不失古人作者之意,咏史则能得当时之情",故士大夫多从之游。⑥ 余干士人叶华卿,隐居闹市兰隐亭中,不与尘世相交,"俨若重山密林","皦皦然屹立物外"。⑦ 芜城士人成廷珪,自谓"仕宦无天分,田园无先业,学艺无他能",遂隐居市廛,"植竹庭院间,绰有山林意趣"⑧。彭彦德,曾遍游湖湘山川,后隐居封溪,虽濒临市井,却"超然物表,势利货殖怡然不动乎心间"。⑨ 萧山士人贾性之,筑室闹市,收藏典籍,然"不与鄙俗者接也",亦不与市人"同其行",但因善于交友,室中宾客络绎不绝,"其欲晦而愈彰也"。⑩ 吴郡士人韩奕,字公望,为人端雅,博通经史,"虽居市里,如处岩壑,足迹未尝及府县之门,交游惟喜山林之士"。⑪

---

① 林弼:《林登州集》卷一三《秋山高隐图序》。
② 邓雅:《玉笥集》卷一《寄邹椿龄》。
③ 王礼:《麟原文集》后集卷五《大隐楼记》。
④ 王礼:《麟原文集》后集卷五《大隐楼记》。
⑤ 林弼:《林登州集》卷一八《廛隐赞》有引。
⑥ 朱晞颜:《瓢泉吟稿》卷五牟巘《瓢泉吟稿原序》。
⑦ 宋濂:《文宪集》卷三《兰隐亭记》。
⑧ 顾嗣立:《元诗选》二集丁集《成廷珪》。
⑨ 胡行简:《樗隐集》卷五《秋江诗意图序》。
⑩ 刘基:《刘基集》卷三《贾性之市隐斋记》。
⑪ 韩奕:《韩山人诗集》卷首,姚广孝《韩山人诗集序》。

2.隐于朝者。此类隐者虽不乐仕进,但往来于缙绅公卿之间,传统士人的经世意识若隐若现,并未泯灭。在他们看来,"隐与显非二致也,时焉而已矣"①,"谓之隐而仕可也,谓之仕而隐亦可也"②。认为仕隐之间是可以通达的,也可以"游乎两端"③。若是官员,"劳心服役,往往有不遇之叹",所以也可以隐,这叫作"吏隐",强调的是"心隐";若不是官员,则具有"可隐之时,可隐之资,无可隐之地"④,隐与不隐都具有较强的自由度,可以自由地选择。

较之山林之士,朝隐者的隐居情形较为复杂,他们并不是弃绝尘世,有些人原本颇有用世之心,只是在遭遇挫折之后,心灰意冷才出世为隐;有些人纯粹出于天性淡泊,不乐为官,但他们愿意客游于缙绅公卿之间,并以隐者的身份关心时事。如:王冕,曾北游大都,与秘书卿泰不华等相交游,欲荐以官职,曰:"不满十年,此中狐兔穴矣,何以禄为?"即归隐九里山。⑤ 桐庐士人董希颜,隐居邻钓台,"与游者皆贤师良友","与交者皆名公硕卿"。⑥ 王鉴,字明卿,今河北正定人。受学于虞集,善作近体诗。尝游大都,以荐授侍仪司舍人,辞曰:"吾虽不敏,安能为人所役?"遂隐居吴中,足不出户达二十年。⑦ 俞和别(1313—1382年),字子中,号紫芝生,今浙江桐庐人。精于书法,不乐仕进,与文章巨家黄溍、陈旅、张雨往来甚密。逢辽、金、宋三史修成,以翰林应奉张翥之荐,入史局缮写镂版。事竣,拟授学官,辞曰:"某以国家有文事,劾薄劳耳,不愿仕也。"⑧张宪(1311—1370年?),字思廉,今浙江山阴人,别号玉笋生。负才不羁,尝赴大都畅论时事,"众骇其狂"。后归隐富春山。⑨ 李康(?—1358年),字宁之,号梅月处士,桐庐人。工诗文,兼擅书画琴奕。至正二年(1342年),郡守马九皋聘之,不起。后行省官员巡视桐庐,李康极论时弊,欲荐之,以母老辞。⑩

另外,一些朝隐者的遁隐方式还表现为:身处庙堂,担当职务,但心萦隐者生活,也喜与隐者交游;或曾出仕为宦,后辞官归隐。前者如上文提及的张翥、黄

① 陈谟:《海桑集》卷七《镜湖书隐记》。
② 唐桂芳:《白云集》卷五《兰溪渔者序》。
③ 唐桂芳:《白云集》卷五《兰溪渔者序》。
④ 唐桂芳:《白云集》卷五《兰溪渔者序》。
⑤ 宋濂:《文宪集》卷一〇《王冕传》。
⑥ 王礼:《麟原文集》后集卷五《克复斋记》。
⑦ 柯劭忞:《新元史》卷二四二《王鉴传》。
⑧ 徐一夔:《始丰稿》卷一三《俞子中墓碣》。
⑨ 张廷玉:《明史》卷二八五《张宪传》。
⑩ 邵远平:《元史类编》卷三六《李康传》。

潘、柯九思、虞集、柳贯、危素、余阙、杨维桢等皆为朝廷命官,但他们与隐士顾瑛、倪瓒、高启、金涓、陶宗仪等人相得欢甚,这是一种"亦官亦隐",将"官"与"隐"集于一身的朝隐形象。后者则更多,尤其在农民战争爆发后,辞官归隐者不绝如缕。如汪泽民(1286—1355年),字叔志,今安徽婺源人。延祐五年(1318年)进士,授承事郎、同知岳州路平江州事。至正间,迁集贤直学士,寻移书告老。大学士和尚挽留之,辞曰:"以布衣叨荣三品,志愿足矣。"遂以嘉议大夫、礼部尚书致仕。既归田里,与故人往返交游,超然若忘世一般。①

也有一些人虽为隐者,但心存济世之志,甚至选择入仕为官,"只有天公终可倚,我作巢居名倚天。未必高居无事业,负日读书兼打眠"②。这是一种较为现实的隐遁方式。如孙作,字大雅,今江苏江阴人。元末隐居不仕,曾撰《上卢御史书》表达用世之意:"士非好勤苦而忘逸豫,乐贫贱而恶富贵也,非苟为义而迂阔其行也。……仆生长闾巷,内无养亲之资,外乏声势之援,其穷抑亦至矣。家本儒,素好论著,文章不能与时浮沉,夙夜孜孜,独以不见阁下为恨。"③而贝琼(1314—1379年)与客人的对话则更能表露元末隐士的"谋仕"心态:

> 客有问于余,客曰:"迹云林而心市朝,其隐而谋仕者乎?"曰:"道不可以独善,必将推以及乎人,故隐非君子之所欲也。"曰:"迹市朝而志云林,其仕而求隐者乎?"曰:"功不可以久居,必将敛而法乎天,故仕尤君子之所惧也。苟必于云林以绝物为高,往而不返,固非义矣。必于市朝以殉物为通,进而不止,又岂足与邪!"④

在贝氏看来,"隐"并非士人的初衷,"仕"也并非士人的一贯追求,作为隐士可以"谋仕",作为庙堂之人也可以退隐,隐、仕之间可以根据情况作自由选择。盖因如此,元末不乏走出山林岩穴,出仕为宦的隐士。如:李孝光,以布衣出任秘书监著作郎;郑玉,以隐士出任翰林待制。此类隐者在元末数量不多,但却表明并非所有的隐士都离世绝俗,屏迹不仕,一些隐者仍然具有较强的入世精神与淑世情怀,"贤者不获用世,而亦不果于忘世"⑤。

除"小隐"、"大隐"而外,也有人游移于二者之间,兼具"小隐"与"大隐"的基本特点,此即元人所谓的"中隐"。这种情形,在元末名儒顾瑛、倪瓒等人的身

---

① 宋濂:《元史》卷一八五《汪泽民传》。
② 张雨:《贞居先生诗集》卷六《小诗以自见录呈华阳隐居资一捧腹》。
③ 孙作:《沧螺集》卷四《上卢御史书》。
④ 贝琼:《清江文集》卷三〇《云林解》。
⑤ 刘基:《刘基集》卷二《项伯高诗序》。

上表现得尤为突出。如,顾瑛(1310—1369年),今江苏昆山人。四十岁时,谢绝尘世,投身林泉,成为"隐君"①,此具有"小隐"的特点;筑玉山草堂,交游文士墨客,往来于朝市之间,此又具有"大隐"的特点。时天下文人缙绅如柯九思、陈旅、杨维桢、李孝光、黄溍、郑元祐、张翥、谢应芳、高明、剡九成、倪瓒、陈基、于彦成、王冕、昂吉等皆为草堂常客。这些人虽身份不同,或为朝廷官员,或为林泉雅士,或为地方名流,但其追求纵意飞扬,畅然自适,清风高致的隐逸之趣却并无二致。由此,他们的集会多以行酒放歌,题咏唱和为主题,创作了许多文学作品,在元代文学史和文化史上影响既深且远。

总之,元末隐士几乎遍及社会的各个角落,除了上述隐于山林、朝士者外,另有不少隐士施身释道,潜居学校。他们以一个相对独立、自由的群体置身于政治之外,以不同的生活方式践履着作为隐者的信念和理想,逐渐形成了一个让元朝统治者不可小觑的庞大社会群体。虽然元廷采取了一系列措施试图争取隐士参与时务,但多数隐士仍隐居守志,固辞不仕。由此,原本单方面的遁隐行为逐渐转化为与元廷的不合作。而这种局面的逐步形成和继续扩大,进一步加速了元朝精英分子的分化速度,越来越多的士人流入民间成为隐者,使元廷失去了大批人才和广泛的社会支撑。对于隐士而言,选择遁隐虽然有其合理的理由,但放弃参与国家事务和社会事业,无疑不利于其个人价值与社会价值的实现,也不利于国家社会的发展进步。

二、隐的原因

元末隐士作为中国历史上隐士群体的组成部分,其既有传统隐士的普遍共性,又有元末隐士的个性特质。其中,就士人遁隐的原因而言,论者观点较多,②概括起来大体有二:一是现实社会的影响;二是隐士自身的理论逻辑及性格特征。元末隐士数量庞大,分布广泛,生活方式千奇百怪,但究其遁隐原因,也兼具

---

① 陈基:《夷白斋稿外集》卷下《玉山草堂分韵书序》。

② 近人蒋星煜在《中国隐士与中国文化》中提出:"隐士之所以形成,从主观方面来说,完全是由于个人主义或失败主义。凡是隐士,不是个人主义者,便是失败主义者。"其中,个人主义者,在他看来是只知道盲目地为自己生活着,盲目地珍惜着自己的生命,而没有丝毫的服务观念。失败主义者,则"最多出现在某一政权瓦解,另一新的政治崛起而代之的时候。隐士是忠实于已瓦解的政权的。他们当然不做新政权的官吏。但他缺乏信心,怀疑自己的力量,不敢明目张胆地积极地举起反抗的旗帜,只是用隐居手段对新政权表示一种消极的抗议"。除主观因素外,蒋星煜认为隐士的形成也有其客观因素,如传统逃避的哲学思想深入了士大夫阶层。参见《中国隐士与中国文化》,中华书局1947年版,第6—8页。

以上两端；但受特定社会环境之影响，元末士人选择遁隐又有其具体理由，"古今时不同，而士之出处亦有不可以概论"①。具体表现在如下几点：

（一）"仕途壅滞"

元末科举制度虽持续推行，顺帝在士人政策上也多有革新，但由于其存在民族歧视等不足，士大夫在仕途上仍屡受顿挫，经历坎坷。他们深感到科举的艰难和入仕的艰危，逐渐丧失了仕进的热情，转而走向了出世一途。这种以仕途壅滞而遁隐的例子在元末士人中屡见不鲜。其中，科举不顺而避隐者，如：曾顺（1273—1347 年），字至顺，今江西临江人。早年有志事功，会至正初科目始行，欣然应试，结果未中。退而叹曰："吾能损所学以徇时好哉？"从此不再踏入场屋，娱情于清泉白石之间，与高人逸士相游。② 张中，字景华，江西临川人。少习儒，以《春秋》应进士举，不中，放情山水，历游江右诸郡。③ 周霆震（1292—1379 年），字亨远，号石初，今江西安福人。早年刻意学问，多从宋代遗民游，得其理学余韵。延祐元年（1314 年）以来，屡应江西乡试，皆不中，遂杜门专意诗文。此外，也有因仕途不顺而避隐者，如前述刘基，在官场屡受挫折，弃官而去。刘基并"非无意于用世，而世不能用"④，感愤："欲振迅以高举兮，无六翮以奋飞。抑志以从俗兮，非余心之所怡。长太息以增欷兮，哀时世之异常。……将登山而迷路兮，欲涉水而无航。"而经历仕途之后，他心灰意冷，遂"登高丘以咏歌兮，聊逍遥以永年"⑤。这不仅是刘基的真实写照，也代表了部分隐士的心声。陈中立（1326—1378 年），字诚中，今福建莆田人。至正间，以修撰张翥之荐试有司，不利，语人曰："我命薄故尔，非吾文之罪也。"遂隐居壶山，不复有仕进之意。⑥ 朱夏，字元会，延祐四年（1317 年）乡贡进士，因与同僚不合，隐居乡里，穷研理学。⑦ 在传统中国社会，"时有升降，道有显晦"⑧，若生不逢时，士人的济世抱负就难以得到制度的支持和政策的保障，也难以真正实现其经世致用的目的。

（二）"经世无策"

士大夫研求学问，最终是为了经世安民，但当经世无策之时，他们也会选择

① 赵汸：《东山存稿》卷三《素隐斋记》。
② 宋濂：《文宪集》卷二〇《故韶州路儒学教授曾府君墓铭》。
③ 宋濂：《文宪集》卷一〇《张中传》。
④ 刘基：《诚意伯文集》卷二〇《敕建诚意伯刘公祠堂记》。
⑤ 刘基：《刘基集》卷一五《述志赋》。
⑥ 宋濂：《文宪集》卷一九《莆田陈府君墓铭》。
⑦ 王祎：《王忠文集》卷五《朱元会文集序》。
⑧ 甘复：《山窗余稿·周氏山堂诗叙》。

急流勇退,沦为隐士。从人格类型上看,此类隐士颇有自知之明,深知自己无力改变政治现实,更无力与王权相抗衡,于是逃之夭夭,隐居不仕。如陈高,至正中进士,授庆元路录事,后辞官归隐,感言:"经世惭无策,归田且避喧。……不因来往客,终日闭柴门。"①张昱,字光弼,自号一笑居士,今江西吉安人。元末官至左右司员外郎行枢密院判官。后弃官不仕,云:"典午功名等羽毛,区区州县亦徒劳。折腰五斗无人识,只有归来最是高。"②李克恭,嗜学有志,有司欲辟之,辞曰:"郡邑事繁而务伙,非吾所能也。"③郑玉,隐居不仕,理由是:"某自幼知非用世之才,又乏过人之识,故弃干禄之学,绝进取之心,投迹山林,躬畊垄亩,自食其力,无求于人,暇则诵诗读书,以著述为乐,非敢不仕,无义以废人之大伦也。"④吴海,字朝宗,今福建闽县人。至正初,朝廷征召,吴海辞曰:"赋性愚戆,遇事疎拙,故自有知以来,绝意当世,非不欲进,不敢进也。"⑤郭与谅,今江西庐陵人。避居林壑,尝言:"予无才与艺之足以用世也,恶敢有所傲于当世哉?"⑥另如,宋濂,至正九年(1349 年)尝以翰林国史院编修官征之,固辞不起,后竟入仙华山为道士,号仙华道士。⑦宋濂之所以选择不仕,也有其理由:

> 余之所安,乃在于山林,而不在于朝市,使其以此而易,彼有大不可者一,决不能者四:余闻居人伦必以礼,处官府必以法。然自闲散以来,懒慢成癖,懒则与礼相违,慢则与法相背,违礼背法,世教之所不容,大不可者此也。又心不耐事,且惮作劳酬答,少顷,必熟睡尽日,神乃可复,而当官事丛杂,与夫造请将迎之不置,一不能也;啸歌林野,或立或行,起居无时,惟意之适而欲,拘以佩服,守之以卒吏,使不得自纵,二不能也;凝坐移时,病如束湿,一饭之久,必四三起,而当宾客满座,俨如木偶,俾不得动摇,三不能也;素不善作字,举笔就简,重若山岳,而往返书札,动盈几案,四不能也。以一不可之性而重之,以四不能自度,卒难于用世,故舍之而遁。⑧

同大多数隐士一样,宋濂所言虽是拒绝仕进的推托之词,但从中多少可以窥知经世无策是元末士人遁隐的原因之一。

---

① 陈高:《不系舟渔集》卷五《写怀》。
② 张昱:《可闲老人集》卷二《题渊明像》。
③ 胡行简:《樗隐集》卷五《送李克恭序》。
④ 郑玉:《师山集》卷一《上鼎珠丞相》。
⑤ 吴海:《闻过斋集》卷六《与使者书》。
⑥ 王礼:《麟原文集》前集卷一〇《跋小溪郭氏隐居记》。
⑦ 戴良:《九灵山房集》卷六《送宋景濂入仙华山为道士序》。
⑧ 戴良:《九灵山房集》卷六《送宋景濂入仙华山为道士序》。

（三）"不谐于时"

《论语·述而》云："天下有道则见,无道则隐。"此"道"既指一种政治环境,也指一种社会秩序,对广大士人而言,"道"是影响其进退的重要因素。元末政治腐败,纲纪失坠,人心浇漓,整个社会日益衰落,渐趋"无道"。处此形势,许多士大夫深感"不合于俗"①,难有作为,遂深隐肥遁,"得时则行,可隐而隐"②,"世之治也,则君子以类而进,否则肥遁而已矣"③。如:郑彦博,今浙江鄞县人,隐居谷口庄,尝言:"不欲轻试于不可为之时,故惟择夫所得为者而为之。"④周伯清,今江西临川人,好古道,傲然独处,以"不偶于时"⑤,避居不仕。卫德嘉(1287—1354年),字立礼,今河北沧县,笃于人伦,恬于势利。左丞郝经尝辟为爆使(录职试用),辞曰:"吾弗能为奴隶也。"⑥从此足不出户,以布衣老死林下。傅德谦,"知用不谐于时"⑦,退隐山薮,怡然自处。叶华卿,江西余干人。性情清修,深感"与世味酸醎不相入",遂筑兰隐亭,隐身市廛,"皭皭然屹立物外",终身不出。⑧ 黄本中,今浙江余姚人。早年有意仕进,曾言:"吾非隐者,上下古今且不欲出为治朝黼黻,匡翼以弘济乎斯民也?"但时世艰危,"时与吾悖",不得已脱略流俗,避居自怡。⑨ 王彦机,恬于仕进,韬光晦迹,其原因也在于"命与时违"⑩。徐垕,字宗实,今浙江黄岩人。负才抱气,有经世之志,元末"厌世不仕"⑪。吉祥文卿,西夏人,因遇衰世,"仕不足以屑其意",遂辞官隐居洛阳。⑫

总体上,对于这部分隐士而言,其选择遁隐,并非留恋深山老林,而是时势使然。他们不堪目睹政治的昏暗和混乱,也不愿与"无道"社会同流合污,屈志苟合,遂远离政治,追求自我价值。用时人的话说就是:"古来遁世士,冥心丘壑间。我生不偶俗,遗身在蒿蓬"⑬;"若世有道则仕,无道则隐,进将施利泽于人,

① 甘复:《山窗余稿》卷一《书人杰张先生哀辞后》。
② 宋濂:《元史》卷一九九《隐逸传叙》。
③ 李昱:《草阁文集》卷一《识字耕夫传》。
④ 戴良:《九灵山房集》卷二八《谷口庄记》。
⑤ 甘复:《山窗余稿》卷一《周氏山堂诗叙》。
⑥ 杨维桢:《东维子集》卷《尚絅先生墓铭》。
⑦ 吴海:《闻过斋集》卷三《淡轩记》。
⑧ 宋濂:《文宪集》卷三《兰隐亭记》。
⑨ 朱右:《白云稿》卷六《东山草堂记》。
⑩ 刘仁本:《羽庭集》卷六《松溪渔隐记》。
⑪ 焦竑:《献徵录》卷四〇《兵部侍郎徐公垕传》。
⑫ 陈基:《夷白斋稿》外集卷下《知还亭记》。
⑬ 刘基:《刘基集》卷二《招隐》。

退以避祸难于已，其出处固自有宜，非独以退为安，仕即为危也。"①

（四）"隐居求志"

这是元末士人潜居避世的主观因素之一。一般而言，当他们仕进无路，济世无门，又不甘心苟且残喘时，便退而求其次，选择隐退以"求志"，践行作为士人的价值取向和道德原则，这就是孔子所谓的："隐居以求其志。"②循此古训，元末士大夫亦认为："古之贤者未达而隐居以求志，莫不有所托而自晦焉"；③"夫隐居求志，行义达道之，二者恒相须也，然必兼善天下，乃可为达"④。具体来看，他们所求之"志"可以分为两点：

1.自乐自适。此类隐士认为，只有绝俗超世，才能摆脱世俗的约束和负担，获得心境的自由和意志的满足，实现精神境界的自乐与自适，"夫隐居之意，以自乐耳"⑤，"闲居自适者，乐天知命者也"⑥。基于这种认识，他们在隐居时往往"无心于富贵"⑦，无意于功名，也不计较所处的环境与生活的艰辛，就像顾瑛在《题钱舜举浮玉山居图》所言："无官落得一身闲，置我当于丘壑间。便欲松根结茂屋，清秋采菊看南山。"⑧林弼则云："君子隐居以求志，不以渔钓为可贱，夫亦即其所处而乐其所有事云尔"⑨；赵汸亦言："世尝言隐者，士之不遇也。余独以为不然，苟志于隐矣，遇不遇，不足道也，彼不遇而隐者，岂其中之所乐哉？"⑩因此，他们甘愿放情于名山大川，或赏游以自娱，"有志于尽天下之胜概者乎"⑪；或任情以自放，保持自然之本性，"不屈志于时以显其身，辟山筑室，种花木，植蔬果，啸歌云泉以适其趣，宠荣声利不一动其心，以忘世而自足焉"⑫；甚至将自己的书斋庭院命名为遗安堂、归帆楼、知止轩、友兰轩、悠然轩、心远堂、逸兴亭等，以明偃仰自适，悠然自得之意。

2.求学弘道。此类隐士有相对明确的目标和价值追求，他们会抛弃个人的

---

① 吴海：《闻过斋集》卷四《遗安堂记》。
② 《论语·卫灵公篇》。
③ 汪克宽：《环谷集》卷四《和溪渔隐图诗序》。
④ 殷奎：《强斋集》卷一《梅隐轩诗序》。
⑤ 舒頔：《贞素斋集》卷一《秀岩云逸记》。
⑥ 舒頔：《贞素斋集》卷一《秀岩云逸记》。
⑦ 赵撝谦：《赵考古文集》卷一《丹山书院记》。
⑧ 顾瑛：《玉山逸稿续补·题钱舜举浮玉山居图》。
⑨ 林弼：《林登州集》卷一四《浣花渔者詩序》。
⑩ 赵汸：《东山存稿》卷三《素隐斋记》。
⑪ 甘复：《山窗余稿》卷一《赠李伯禹序》。
⑫ 甘复：《山窗余稿》卷一《徐氏茅屋诗序》。

物质享受和世俗的荣华富贵,致志于某种学术、技艺与治道。在其看来,"隐者所以全身也,全身将以存其道也。盖吾身者,任道之器,身不遑恤,道恶乎存。夫君子抱道蓄德,固欲施之人,非独善而已也"①,"有材不适用,用不适时,徒取古人之道自娱。此君子自守之谊也"②。他们将孔孟等大圣大贤虽"不见用于当日",而能"道隆天地,泽被古今"③的境界奉为指南,潜心向学,追求至理。一方面,通过研习文化经典,"求圣贤之所谓道"④,以传播文化,衣被后学,"惟适吾身以养吾学,将以推之以及乎民"⑤;另一方面,以旁观者的心态,探索天下治乱之因,兴亡之由,试图为解决现实问题提供方案。诚如时人王行所言:"盖士大夫平时鉴观于往迹,习见于当世,有所感发兴慨,而不得行其志者,则必摅其所识所蕴,著之为言,以自见其志也"⑥;戴良亦说:"夫君子之出以行道也,其处以存道也,而其所以为道者,盖或施之于功业,或见之于文章,虽历千百载而不朽,垂数十世而弥存。"⑦可以说,此类隐士是士大夫中的"任道者",他们探索的大多是极有价值的学术问题,并有不少人取得了显著成就。

(五)隐以待用

此类隐士多介于"入世"和"出世"之间,有较强的经世意识,但由于种种原因,又不愿卷入政治旋涡。于是,暂时抱志处幽,隐居观望,伺机再行出世。总体来看,待时隐士的人格具有双重性,他们既不甘心终老林下,又不愿就范于权势,屈身于名利。他们其实是身隐、形隐而心未隐,往往对社会现状有着深刻体察,对时势变化有着先见之明,表现出浓郁的世俗与精明。这类隐士在元末为数不少,声名也较大。如:张丁(1338—1377 年),字孟兼,名以行,今浙江浦江人。元末隐居白石山中,其之所以隐,是"欲养其所学,以适当世之用"。⑧ 刘基选择优游肥遁,也并非要逍遥于山水之间,他曾作《蛟溪诗》以明志:在"大江扬浊澜,鼍蜃恣狂谲"的无道之世,"屈蟠深弯环"的蛟龙,要"闭藏当有待,保养慎无失",一旦海清江宁,终将"超腾云雷徯"⑨。与张、刘相类,宋濂、陶安、叶琛、章溢、朱升、

---

① 释妙声:《东皋录》卷中《小隐轩记》。
② 吴海:《闻过斋集》卷六《与使者书》。
③ 郑玉:《师山集》卷五《养晦山房记》。
④ 郑玉:《师山集》卷五《养晦山房记》。
⑤ 郑元祐:《侨吴集》卷一〇《清江一曲记》。
⑥ 王行:《半轩集》卷五《论鉴序》。
⑦ 戴良:《九灵山房集》卷六《送宋景濂入仙华山为道士序》。
⑧ 张丁:《白石山房逸稿》卷四郑渊撰《跋张孟兼白石山房诗卷》。
⑨ 刘基:《刘基集》卷二〇《蛟溪诗》。

陶凯、魏观等亦曾是待时隐士,后天下扰攘,幡然而起,与朱元璋一道缔造了朱明王朝,并为明初政权的建设作出了贡献。宋濂等人的行为抉择恰恰契合于隐士吴海之言:"古之豪杰之士,不幸遭时之否,而隐乎崆峒之野,寂寞之乡,与草木同腐而不悔。及值时之亨则出而经纶天地,品育万汇,使三纲九畴得其叙,昆虫草木遂其性,其出处固自有道,岂容易议哉?"①可见,对于此类隐士而言,隐居不仕只是卧薪尝胆,试图再举才是最终目标。

元末士人的归隐意识并未超越历代隐者的基本特征,其归隐意识的内核仍然是对自适、自保和自尊境界的需求。他们选择遁隐的原因也是多方面的,除上述以外,如欺世钓誉②、明哲保身、洁身自好、天性淡泊等也是其隐居的主要原因,但在元末农民战争爆发之前,此类隐士为数不多。但不论是哪类隐士,哪个隐士,其选择遁隐并非出于一个原因,而是多种原因合力的结果。

三、隐的特点及影响

元末士人遁隐之风从初萌到渐长,再到高涨,大体反映了元代政治局势的演变轨迹和士大夫的心路历程。综观这一过程,可以发现元末士人遁隐有一个鲜明特点:进退自由。他们可以随意隐,也可以随意出,即使元廷征召聘用,也可以不从,也可以从之,"出仕本行志,去官岂沽名。进退古所重,礼让以为荣。"③元末隐士之所以如此"自由",一方面与元代相对宽疏的文化政策和士人政策有关,如对隐士"不强之使起"④;另一方面亦与元末士人独立人格、主体意识的萌动有关。处此相对自由的遁隐环境中,隐士群体在理念、信仰和政治权力之间徘徊和抉择着,并以不同的行为方式实践着自身的价值追求和道德原则,对元明之际的社会产生了较深影响。

1.推动了民间学术文化的发展。元末许多隐士视自身为文化与思想的重要载体,自觉承担起研究、传承和发展学术文化的历史责任,取得了巨大成就。

在文化创作方面,许多隐士"潜心于经传,无意于利禄,非书史不谈,非理义不由"⑤,在文学、艺术、经学、史学诸领域皆有涉足,成果丰硕。产生了以隐士为

---

① 吴海:《闻过斋集》卷七《题太公钓渭图》。
② 宋濂:《元史》卷一九九《隐逸传·叙》。
③ 陈高:《不系舟渔集》卷三《送孔州判得代归乡》。
④ 宋濂:《元史》卷一九九《隐逸传叙》。
⑤ 郑元祐:《侨吴集》卷七《题石洞书隐记后》。

主体的"铁崖诗派"、"吴中诗派"等文学流派,涌现出了顾瑛、王冕、高启、郑玉、张雨、王逢、戴良、刘基等一大批文学巨匠。艺术方面,以王冕、黄公望、倪瓒、王蒙、吴镇等为代表的隐士画家,创作了《梅谱》、《富春山居图》、《渔庄秋霁图》、《清卞隐居图》等传世佳作,对水墨山水画风格的形成作出了重要贡献。经学方面,许多隐士热衷于钻研诸经,掀起了经学研究的热潮。如:山阴隐士胡龙臣,居越王山下,日读《易经》,名其居处曰"梅花易洞",自号"易洞"。① 陈樵,曾受学于李直方,于《易》、《书》、《诗》、《春秋》诸经之大义,皆有探究。学成后,邈然隐去,著成《易象数新说》、《洪范传》、《经解经》、《四书本旨》、《孝经新说》、《太极图解》、《通书解》、《圣贤大意》、《性理大明》、《石室新语》等著述。② 赵汸,笃志古学,于诸经无所不通,尤邃于《春秋》。所著有《周易文诠》、《春秋集传》、《春秋师说》、《春秋属辞》、《春秋金锁匙》、《春秋左氏传补注》等。③ 另外,汪克宽、朱升、梁寅、宋濂、曾贯、朱右等在经学方面也建树良多。可以说,元末经学的发展繁荣,隐士群体功不可没。

在学术传播方面,一些隐士在著述立说时,也收纳生徒,传授家学。如:王毅(1304—1355年),字刚叔④,今浙江龙泉人。早年从上饶郑原善游,闻圣贤之学,后添列金华许谦门墙,得"理一分殊"之旨。学成后,教授乡里,讲解经义,章溢、胡深、宋濂、叶子奇皆从其学。⑤ 汪克宽(1304—1372年),字德辅,今安徽祁门人。泰定举人。会试落第,潜心经学,教学于宣城、歙县间,四方学士求教者甚众。隐士们通过这种方式,培养了一批饱学之士,其中有不少成为后世思想文化的承载者和传播者。同时,在元末相对宽松的学术环境中,隐士之间时常通过诗会、雅集、结社等方式,交流心得,切磋砥砺,活跃了元末的学术氛围,推动了民间文化的深层发展。

---

① 徐一夔:《始丰稿》卷二《梅花易洞记》。

② 宋濂:《文宪集》卷二二《元隐君子东阳陈公先生鹿皮子墓志铭》。

③ 赵汸:《东山存稿》卷首汪仲鲁《东山存稿原序》。

④ 《明史》卷一二八《章溢传》载:王毅,字叔刚。笔者按:"叔刚",当作"刚叔"。据宋濂《文宪集》卷六《讷斋集序》载:"王先生毅,字刚叔。……先生殁后之十年,其高第弟子章君存道(章溢)与其弟存诚,皆笃学力践。"同书卷一一《王先生小传》又载:"王先生毅,字刚叔。"王祎《王忠文集》卷八《龙泉王先生祠堂记》同。另朱彝尊《曝书亭集》卷六三《叶子奇传》亦载:"王毅者,字刚叔。从许谦游,受理一分殊之旨。"再检黄虞稷《千顷堂书目》卷一七、姚之骃《元明事类钞》卷三二、《大清一统志》卷三三六《王毅传》、雍正《浙江通志》卷一六六《王毅传》及卷二二五《王先生祠》等,所载皆作"刚叔"。是知《明史》误。

⑤ 王祎:《王忠文集》卷八《龙泉王先生祠堂记》。

2.以"醇儒"形象,激励世风。在遁隐期间,很多人都注重修身养性,洁身自好,坚守"醇儒"①形象。而这种追求"醇儒"的生存方式,往往会在民间社会产生潜移默化、纯净风气的作用,"山林多隐逸,居乡俗化醇"②。元末世风失堕,"廉耻日丧,风俗日坏"③,而身居庙堂的文人学士远离民间,缺乏引领世风、净化士风的自觉性意识,故难以起到影响和端正社会风气的作用。在此情况下,广泛散布于民间的隐士群体自然成为激励世风的主力,"所谓隐士者,或因忿世疾邪,或欲廉顽立懦,故以恬退为事,高尚为风,盖欲养成廉耻,激励风俗,为天下劝耳"④。他们在遁隐之时,不忘通过道德教化的力量来纠正世风,营造趋善风潮,进而达到净化世风、整顿人心的目的。如:陈大伦(1298—1367 年),字彦理。屡试不中,从浦阳吴莱学。后隐居富春山中,时当地豪族"多负气善斗",陈大伦周旋其间,导之以理,"俗为丕变"⑤。当然,隐士的醇儒形象只能在一定程度上改善世道人心,维系民间秩序,而极难从根本上扭转世风日下、人心浇薄的总趋势。

3.抱道蓄德,为未来社会准备了智能资源。在传统中国社会中,士大夫是国家与社会之间的中枢,是维系统治秩序最主要的智能资源;而在元末,蒙元政权与士大夫之间的关系在黑暗政治的背景下日益紧张,致使其中一部分人疏离了国家,甚至游离了社会,成为一个相对独立而又散乱的隐士群体。其中,一部分人自始至终未弃用世之意,故在遁隐期间,仍然通过各种途径蓄积力量,等待时机。对其而言,隐居不是目的,只不过是存身之道。巧合的是,后来的局势变化正好为他们提供了展示才华的舞台:在分崩离析的乱局中,一部分人投身义军,贡献筹谋,驱驰奔走,成为埋葬元朝的主要力量;明朝建立后,一部分人积极入仕,成为洪武政权的主要缔造者和建设者。由此而言,元末隐士群体的存在,客观上为未来社会准备了智能资源,而倘若没有他们的存在,此后的历史也许会是另一种景象!

---

① 王祎:《王忠文集》卷二《国宾黄先生之官义乌主簿因赋诗奉赠》。
② 许有壬:《至正集》卷一四《辽州高士贾师敬以延佑三年六月捐馆明年四月过其墓以诗哭之》。
③ 郑玉:《师山集》卷一《让官表》。
④ 郑玉:《师山集》卷一《让官表》。
⑤ 宋濂:《文宪集》卷二三《故诸暨陈府君墓碣》。

第二节　清净自适:遁游寺观,潜心释道的另类

在中国传统社会,儒、佛、道关于人生出处的不同阐释,时常令广大士人在身心、仕隐之间进退维谷,难以抉择。唐宋以降,随着儒、道、佛由"并存"、"鼎立"到"一致"再到"合一"格局的初步形成,一定程度上调适、化解了士人的出处困境和仕隐矛盾,"外以儒行修其身,中以释道治其心"①的处世哲学日渐被越来越多的士人接受、认同和恪守。与此相联系,士人出入释道者也日益增多,渐成风气,或在思想上将释理道法当作一种人生感悟、情感体验融入内心深处,或在行为上交游佛道,遁游寺观,乃至成为一个"假僧侣"、"假道士"。元末,出入寺观,潜心释老的士人不乏其人,这中间既有在任的官员,也有在野的士人,更有避世的隐士;而他们之所以选择求禅问道,交游僧道,其原因与士人选择遁隐有相似之处,但又存在明显不同,且在价值取向与行为方式上表现出异样特征。

一、出入释道的行为表现

(一)与释道交游甚笃

士人与释道交游,是中国历史上一个引人注目的现象。在元代,这种现象依然存在。元初,一些汉族士人以节概相高,坚守故宋情思,拒仕元廷,终老林壑,栖身于缁衣黄冠之间。② 如:何时,宝祐进士,宋亡,削发为僧,窜迹岭南,自号"坚白道人"。③ 陈祥,宋末进士,元初遁迹为僧,大德间游于武昌,"或歌或笑,或戚或忧,人皆目为狂"。④ 赵孟僴,宋亡,拒食元禄,游情释老,自称"三教遗逸"。⑤ 温日观,元初落发为僧,寄寓玛瑙寺中,以书画自娱。⑥ 刘扬祖,景定进士。宋亡,徙家云湖寺东,与方士为友,终老不仕,"以示不臣之意"。⑦ 梁栋,咸

---

① 白居易:《白居易集笺校》卷七一《醉吟先生墓志铭》,上海古籍出版社 1988 年版,第 3815 页。
② 当然,此期汉族士人仕元者也较为普遍,可参阅王明荪《元代的士人与政治》(台湾学生书局 1992 年版)、李治安先生《元初华夷正统观念的演进与汉族文人仕蒙》(《学术月刊》2007 年第 4 期)等。
③ 脱脱:《宋史》卷四五四《何时传》。
④ 揭溪斯:《揭文安公全集》卷二《赠颠上人序》,《四部丛刊初编》本。
⑤ 万斯同:《宋季忠义录》卷一三《赵孟僴》,《四明丛书》本。
⑥ 万斯同:《宋季忠义录》卷一四《温日观》。
⑦ 万斯同:《宋季忠义录》卷一四《刘扬祖》。

淳进士，元初与道士梁柱等人屏迹茅山，潜心老氏。① 释德丰，南宋遗民，元初"隐禅"为僧。② 释善住，故宋遗老，元初寄居吴郡报恩寺，往来于吴淞江上，与仇元、白珽、虞集、宋无等儒士名宿相酬唱。③ 据《元史·隐逸传》、《新元史·隐逸传》及万斯同所辑《宋季忠义录》、王德毅等编《元人传记资料索引》所载，元初士人遁隐成风，但出入释道者并不多见，然借此亦可窥知，他们之所以交游佛道，大多是出于政治原因，其间无论是宋元鼎祚的嬗替，还是兵火战乱的摧残，无论是元初对汉族士人的排抑，还是推行"汉法"的迟滞，都将他们逼入困境，逼出宦途，进而远引深遁，出入释道。从这个意义上说，元初士人出入释道的行为一定程度上成了他们抵制元廷、持守名节、安身立命的一种无奈途径，诚所谓"寡欲自能坚铁脊"，"不须逐臭存吾香"④。

逮及元末，士人求禅问道蔚为风尚，"季代儒者，谈浮屠氏学十八九"⑤。其间，许多士人在现实生活中乐于与释道相交游，在其社会交往的网络中，释、道是极为重要的组成部分；反映在精神世界，则呈现出儒、佛、道杂揉的情态。兹以杨维桢、张昱、顾瑛、刘基等人为例，以窥其梗概：

杨维桢(1296—1370 年)，字廉夫，号铁崖，自号铁笛道人、抱遗道人，⑥浙江诸暨人。泰定四年(1327 年)进士，授天台县令。此后，长期沉抑下僚，历杭州提举、建德路推官。最后要升任江西儒学提举时，因战乱避于富春山(在今浙江桐庐县西)中。杨维桢在元末声名一时，与其交游者甚众，其中也不乏方外之友，据他说："余交浮屠南北之秀，凡数十人。"具体据其《东维子集》所载，主要有：东谷上人、释震上人、释报上人、雪舟尊师、守仁上人、如兰上人、象元淑公、行已方上人、照上人、释用上人、毛隐上人、雷隐禅师、无为法师、释训法师、江左道上人、断江法师、云师、沙弥仪、胡道士等。这些人多是"浮屠谈吾儒者"⑦，杨维桢与他们交往时，除了偶尔讲论佛理道法外⑧，主要是以诗文相知。如：雷隐禅师，杨维桢称之为"予以师友"，交往近二十年，禅师尝辑《高僧诗集》，维桢作序，云其"不

---

① 万斯同：《宋季忠义录》卷一五《刘扬祖》。
② 万斯同：《宋季忠义录》卷一五《释德丰》。
③ 《钦定续文献通考》卷一九五《经籍考·释善住》，文渊阁《四库全书》本。
④ 陈著：《本堂集》卷三《又次戴帅初诸前韵七首》，卷五《次韵梅山弟醉吟七首》，文渊阁《四库全书》本。
⑤ 杨维桢：《东维子集》卷一〇《竺隐集序》。
⑥ 杨维桢：《东维子集》卷一〇《雪庐序》。
⑦ 杨维桢：《东维子集》卷一〇《竺隐集序》。
⑧ 杨维桢：《东维子集》卷一〇《三境图论序》。

以空无为师,而以诗文命世"。① 照上人,曾从游于维桢之门,称"方外弟子"。杨维桢对其颇为得意,"性近于道,而才足与有为也",期望他能"还须发,加冠巾有禄位",但最终还是逃于浮屠,维桢"惜其学成,终归无所于用"。② 杨维桢在富春山时,与守仁上人、如兰上人相识,二人"皆有用世才",维桢授之经史之学,"以宗乘与吾圣典合而为一,以载诸行事,以俟昭代之太平"③。江左道上人,杨维桢与其亦有文字之交,上人有《竺隐集》,维桢作序,谓:"余喜其吐辞运旨,未尝有本教阔大不经之言。其雅颇近韩,畅近欧,而简白近太史公,求之浮屠文中,骎骎乎争驾牧潜,而于蒲室也殆将过之。此余较其格裁而言究其论道,则其不合吾道者亦盖寡矣。"④释用上人,本为儒士,后遁入浮屠,但"非忘于吾儒之教",由此杨维桢与之游。⑤ 僧子贤,字一愚,住天台山寺,作诗最为杨维桢所称。⑥ 此外,至正八年(1348 年),杨维桢应邀至顾瑛家主持顾氏家塾时,还结识了释道诗人文信、良琦、释椿、芝碉、良震、张雨、于立、张简等人,并与他们相唱和,作品收在杨维桢辑录的《西湖竹枝集》中。⑦ 盖因杨维桢与释道交往密切,且多为诗文唱酬,所以他所倡导的诗风被称为"方外别派"⑧,此亦释道影响元代文学思潮之显例。

张昱(1302—1384 年),字光弼,自称一笑居士,今江西庐陵人。元季隐居山野,参禅问道,"朝市山林自一家,要知逢披即袈裟。青萍波上凉风起,定到禅房看蕙花"⑨。其间,他与许多僧道结下了深厚友谊。在其《可闲老人集》(别本称《张光弼诗集》)中,关乎释道的作品甚多,从中可见他曾与海月方丈、别峰法师、中一元禅师、仁一初禅师、阐大猷尊师、伯举法师、宝林方丈、天镜方丈、照大千尊师、龙井智法师、印秋海、渤禅师、止庵祥尊师、玘法师、普照大师(钱王第十九子)、桢上人、殊无别上人、天印上人、渭清远上人、古禅上人、悟空叟长老等高僧及道士王景丹、邢本初、王东甫、简以道长老、丁道士、张道士等往来密迩。在其《题天平寺桢上人房》中,约略可知他与僧道交游的情形:"每过屡不逢,出寺乃一见。岩回树色暝,日转霞光绚。邀留复入寺,礼待良缱绻。欣同静者室,坐久

---

① 杨维桢:《东维子集》卷一〇《高僧诗集序》。
② 杨维桢:《东维子集》卷一〇《送照上人东归序》。
③ 杨维桢:《东维子集》卷一〇《送兰仁二上人归三竺序》。
④ 杨维桢:《东维子集》卷一〇《竺隐集序》。
⑤ 杨维桢:《东维子集》卷一〇《送用上人西游序》。
⑥ 顾嗣立:《元诗选》三集壬集《僧子贤〈一愚集〉》。
⑦ 顾嗣立:《元诗选》初集杨维桢撰《西湖竹枝歌九首序》。
⑧ 杨维桢:《东维子集》卷一〇《冷斋诗集序》。
⑨ 张昱:《可闲老人集》卷二《题纸鲱留别育王寺长老照大千》。

殊未厌。寂然禅榻外,炉烟落经卷。境静累自遣,情忘道非远。方丈如或容,吾将老贫贱。"①这种经历在张昱的生活中屡见不鲜。他在与释道交游时,主要是听读经义,讨论道法,"愿闻清净法,往谒富春僧。妙论听不厌,道心中自增。如此醍醐味,使我尝未曾。岂无夙世因,坐对古佛灯。庶几一言下,彼此证三乘。"②同时,与僧道赋诗作词,吟诵唱和,如《奉听玘法师讲楞伽经留别》《答仁一初禅师次韵》等皆为唱和之辞。作为一个隐者,张昱的避世情怀使他与僧道之间有了诸多共同话语,故每次交往会晤,他都格外兴奋:"老禅相见具袈裟,旋汲新泉自煮茶。笑问世间春几许,东风开遍石岩花。"离散之时,又显得依恋不舍:"为贪真境好,每到即忘归。叩齿漱明月,清光生羽衣。"③

顾瑛(1310—1369年),又名顾阿瑛、顾德辉,字仲瑛,号金粟道人,今江苏昆山人。年四十筑玉山草堂,与天下文人秀士相聚其间,征歌选色,觞咏赋诗,歌筵酒席之间也常常有释子黄冠之士。如顾瑛所纂《玉山名胜集》、《玉山名胜外集》、《玉山璞稿》、《草堂雅集》中,载有宝月、照、释良琦、元本、子贤、泉澄、广宣、行方、福初、法坚、良圭、超珍、自恢、文信、至矣、那希颜及道士张雨、于立、余善等僧道诗人的名字。尤其是释良琦、张雨、于立诸人,更是玉山草堂的常客,与顾瑛关系最深。《历代诗话》卷七〇引明杨循吉《苏谈》,谓与玉山草堂主人"尤密者为于立、释良琦"。如至正八年(1348年)二月十九日的"诸集之冠",有"冠黄冠坐蟠根之上"的于立。十年(1350年)五月、七月,释良琦、于立先后会于玉山草堂。④ 每次雅集,释道诗人与世俗文人既享受征歌逐醉的快乐,又尽情挥洒性情,展示吟唱诗歌的才华。⑤ 总体来看,能够参与的释道大多诗法高妙,词采华美,亦正因如此,才使顾瑛对他们产生了倾慕投入之情。可以说,他们的交游已经超越了宗教信仰之间的隔阂,通过诗文这一媒介,逐渐在心理、观念上趋向认

① 张昱:《可闲老人集》卷一《题天平寺桢上人房》。
② 张昱:《可闲老人集》卷一《访仁一初尊师》。
③ 张昱:《可闲老人集》卷一《泉月轩为开元宫张道士赋》。
④ 皆载顾瑛《玉山名胜集》卷上《雅集志》。
⑤ 在《玉山名胜集》卷二《雅集志》中,载有于立、释良琦、张雨、释照等释道诗人所作诗文多首。每逢雅集时,时常要命一话题,令在场诗人作诗,"诗不成者,各罚酒一觥"。但凡如此,于立、释良琦等多能立就。如:至正八年(1348年)二月十九日,以"爱、汝、玉、山、草、堂、静"分题赋诗,诗成者五人,其中于立得"爱"字;至正十年(1350年),以"冰、衡、玉、壶、悬、清、秋"分韵赋诗,诗成者四人,其中于立得"悬"字;同年七月二十五日,以"丹、桂、五、枝、芳"为韵,于立首得"丹"字,释良琦得"芳"字;至正十一年(1351年)冬十月廿三日,以"夜、阑、更、秉、烛、相、对、如、梦、寐"分韵赋诗,诗成者八人,其中于立得"更"字;又以"何、以、解、忧、惟、有、杜、康"分韵赋诗,释良琦首得"以"字,于立得"杜"字。凡此,可见释道诗人在诗文方面造诣之深。

同。盖在顾瑛的眼里,他们首先是文人,其次才是释道;而在释道诗人的意识中,他们既有方外之士应有的清心寡欲,又逐渐萌生了与世俗文人无异的真性真情。

刘基,慷慨有志于天下,早年对佛道并无笃信之念,甚至对佛教的荒谬、虚伪持以批评态度。[①] 但在他经历了仕途多舛之后,对佛、道的态度逐渐由怀疑、抨击转为阴取、信奉,僧侣道士也逐渐成为他现实生活中的良朋益友。至正八年(1348 年)以后,他辞职在杭州期间,曾与柯上人、竹川上人、照玄上人、别灯和尚、实庵和尚等人结成方外之契。据其《诚意伯文集》记载,元末他与别峰上人、玉涧和尚、仲山和尚、道元和尚、竺西和尚、玄旨和尚、懒翁禅师、允若上人、良上人、砥上人、奎上人、大章上人、严上人、瑞上人、衍上人、傅上人、宗上人、谦上人、基上人、音上人、良上人、弘上人及道士詹明德、蒋玉壶、刘云心、吴自福、张玄中、张道士、张雨等相契甚欢。这些人中间,多数是"著书以为乐"[②],"以文行闻于时"[③]的诗坛才隽。所以刘基在与其交游时,不光是为了讲究佛理道法,寻求一种精神的慰藉,更重要的是为了谈诗论韵,感受一种世俗的机缘和情趣。用他自己的话说就是:"盖吾徒之所以与上人游者,非欲求其道也。上人能赋诗而乐贤士,寺之胜,足以资吾游,道士又远来,见吾徒而欣慕焉。"[④]如,照玄上人,刘基素闻其"为诗雄俊峭拔,近世之以能诗名者,莫之先也",心向往之,后得以会面,拜读其诗文,感慨良多:"盖浩如奔涛,森如武库,峭如苍松之栖县崖,凛乎其不可攀也,而忧世感时之情,则每见于言外。呜呼! 是宜不以诗闻于杭之人矣!"[⑤]竹川上人,"为浮屠而志于儒",刘基"见其为歌诗,清越有理致,遂相与往来"[⑥];允若上人,"以文行闻于时,贤士人无不与交"[⑦],刘基早闻其名,后终得一见,结为忘年之交,一起"谈古今,论道理"。[⑧] 道士张雨,字伯雨,自号句曲外史,与刘基深相投契。刘基为其作墓志铭,有人评曰:"盖公(刘基)之才器非外史莫能识,而外史之德懿行非公亦莫之能铭"[⑨]。

可见,刘基与僧道交游,并非意在逃禅信道,而是寻找一种思想的共鸣点:一

---

① 周群:《刘基评传》,南京大学出版社 1995 年版,第 172—174 页。
② 刘基:《刘基集》卷五《竹川上人集韵序》。
③ 刘基:《刘基集》卷三《深居精舍记》。
④ 刘基:《刘基集》卷二《送道士张玄中归桐柏观诗序》。
⑤ 刘基:《刘基集》卷五《照玄上人诗集序》。
⑥ 刘基:《刘基集》卷五《竹川上人集韵序》。
⑦ 刘基:《刘基集》卷三《深居精舍记》。
⑧ 刘基:《刘基集》卷二《若上人文集序》。
⑨ 张雨:《贞居先生诗集》卷首刘基撰《句曲外史张伯雨墓志铭》附语。

是离世绝俗、洁身自处的精神状态，"上人远公徒，我亦渊明辈。会晤属时艰，观览增感慨"①。一是志于儒道，创作诗文的热情，如《次韵和谦上人秋兴一首》、《再用韵答严衍二上人》、《次韵追和音上人》、《蟾室诗为台州栖霞观道士作》等，皆是与僧道的唱和之作。同时，在交游过程中，刘基也并未完全沉寂于文墨交谊之中而忘却目击时艰，他时常借诗明志，以求"美刺风戒"，"裨於世教"②。

除杨维桢等人外，欧阳玄、柯九思、张翥、贡师泰、黄溍、郑元祐、李孝光、倪瓒、朱德润、余阙、许有壬、张羽、王逢、戴良、谢应芳、王行、钱惟善、郯韶、成廷珪、郭翼、袁华、黄公望、熊梦祥、俞明德、陈基、宋濂、陶安、高启、朱右、邵亨贞等元末士人，也与僧道交往甚笃。如：张翥（1287—1368年），字仲举，今山西晋宁人。曾与许多释道交游，仅其《蜕庵集》所载，就有梓上人、清远渭禅师、道存法师、愚上人、至上人、观性空上人、福上人、北山上人、释元谊、刘山甫方丈、释一元及道士周静修、刘伯达、俞刚中、彭大年、李自宾、张一无、张雨等。陈基（1314—1370年），与释良琦、于立等关系密切，所著《夷白斋稿》中，有《次韵怀彦成》、《次韵送彦成玉山》、《遂昌郑元裕、龙门僧良琦、临海陈基联句送匡庐道士于彦成归越》等诗。危素（1303—1372年），尝云："吾尝从浮图老子之徒，以求其人，亦时与之遇，虽不能尽窥其中之所存，察诸语言文字，有不可得而遁其情矣。"③又与衍道原、释妙声、宗衍、张雨等结为方外之友。④张雨曾赠诗于他，谓："莫怪道人居处僻，柴门今始为君开。"⑤倪瓒（1301—1374年），字元镇，今江苏无锡人。先后与福上人、礼上人、清上人、元朴上人、东白上人、蔄上人、杜真人、岳道士、梅花道人等交游，尤与张雨关系密切，在其《清閟阁全集》中，载有《寄张外史》、《与伯雨登溪山胜概楼》、《和虞学士寄张外史韵》、《对雨寄张伯雨》、《送张外史还山》、《对雨怀张贞居》等与张雨有关的诗歌多首。朱右（1314—1376年），字伯贤，今浙江临海人。元末善与僧道交往，其《白云稿》卷五所载《南堂录序》、《泪川文集序》、《西阁集序》、《全室集序》等文，即是为季潭禅师等人所作。有些士人虽对释道持有成见，但在生活中仍不忘出入释道，如高启尝云："余始不欲与佛者游"⑥，但在其《大全集》中，却有大量与僧道交往的记载。仅以卷六为例，

---

① 刘基：《刘基集》卷二〇《别峰和尚方丈题唐子华山阴图》。
② 刘基：《刘基集》卷五《照玄上人诗集序》。
③ 危素：《危学士全集》卷四《溪香文集叙》。
④ 释妙声：《东皋录》卷中《危学士赠渭上人诗序》。
⑤ 张雨：《贞居先生诗集》卷五《赠危太朴》。
⑥ 高启：《凫藻集》卷三《送虚白上人序》。

即有《与内兄周思齐思义同过僧浩西斋夜酌》、《夏日与高廉游无量佛院还憩王隐君池上》、《瞻木轩》、《次韵内弟周思敬秋夜同饮白莲寺池上》、《僧斋闻雨》、《将往海上舟行值雨投僧舍》等。可以说,结交释道几乎成为元末士人生活的重要组成部分,在其作品中,每每可见他们与释道交往的点点痕迹。

　　元末士人之所以与释道意趣相投,交游唱和,一个重要的基础就是他们对现实社会体验和对传统文化的认同。对他们而言,日渐溷浊的社会局面对其精神状态和生活环境造成了强烈的冲击,他们期望能够在与释道的交游中摄取精神养料和清净寡欲之旨,以弥补在道德理想难以实现时内心所产生的空虚、无奈和不安;对释道而言,与世俗之士进行交往本与强调清静修行的释子黄冠格格不入,但他们仍乐于道法之外,步入尘世,通过与士人的多方交游,以体验作为"文人"的价值之所在,并开始由佛道入儒,出现了"身禅而心则儒"①的情形。这种尔来我往的互动交游,意味着士人与释道之间的信仰差异渐渐淡去,而文化与心理的认同感却日久弥深。对此,徐达左在评价张雨时一语道破:"贞居(张雨)以儒者抽簪入道,负逸才英气,以诗著名,格调清丽,句语新奇,可谓诗家之杰出者。……贞居以豪迈之气,超然自得,独鸣于丘壑之间,而清声雅调,闻诸馆阁之上,诸君子亦尝与其唱酬往还,虽出处不同,而同为词章之宗匠。……贞居博学多闻,襟怀潇洒,故大夫士多景慕而乐道之也。"②这在一定程度上反映了封建社会后期三教逐渐走向"合流",进而"合一"的趋势。

　　(二)游居寺观,遁入释道

　　寺观是释道的实体。唐宋时期,寺观作为慈悲普救的道场,逐渐受到万众的景仰和膜拜。其间,文人墨客更是谈禅参禅、出入寺观的常客,他们之所以选择出入寺观,除了援佛入儒、援道入儒、复兴儒术的学术自觉外,也与其向往"脱略世俗"③、栖心禅寂的精神生活有着直接联系。但在三教争衡、兼而将合的思想格局下,儒、佛、道三教文化精神尚未在士人身上圆融地会通起来,所以许多以儒为本的士大夫接近寺观的行为多了些许"游"情,而少了几份"遁"意,即便是在仕宦升沉、生活困顿之际,他们也既不愿摒弃世俗的功名利禄,又要追求空灵玄净的精神境界,就像元稹、白居易、刘禹锡、王安石、文彦博、富弼等人游居寺观,除了参禅赋诗的文化需求外,也意在寻芳逐胜,读书修业,题咏寄情,以坐禅修道

①　杨维桢:《东维子集》卷二三《大中祥符禅寺重兴碑》。
②　张雨:《贞居先生诗集》卷首徐达左《序》。
③　方岳:《秋崖集》卷一九《通权教蔡金判》,文渊阁《四库全书》本。

来排斥尘世的纷纷扰扰，表达对幽远境界的执著追求。从这个意义上说，唐宋士人出入寺观并不意味着他们对释道的虔诚信仰和彻底皈依，曾经的世俗生活和长期的儒学熏陶，使他们对释道的接受持一种分析的态度，有意"参禅"却无心"证佛"①，纵然时时出入寺观，也不过是"公事之余喜坐禅"②罢了。

同样，元末一些士人在与释道交游时，自觉遁入寺观的现象也屡见不鲜。但较之唐宋，这一时期出入寺观的多为隐逸之士，在他们身上，多了几份创伤、挫折之后的逃禅、遁隐之意，表现出更加鲜明突出的释道情缘和更鲜明的释道形象。对于他们而言，释道境界中清净自然、超尘拔俗、安贫守道的精神状态令人神往，惬意无限。在经历了世俗间的坎坷与困顿之后，他们更愿意将寺观视为讲学论道，安顿生命的绝佳境地，"无忧者莫如僧，故能遂其情，而物之托焉者，亦得以全其性也"③。根据程度之不同，元末士人遁入寺观可分为两种情形：

1. 游居寺观，但并未离世绝俗。应该说，多数与佛道有关的士人都有游居寺观的经历，前述与释道交游的士人也不例外，如张翥、李孝光、顾瑛、倪瓒、杨维桢、张昱、刘基等皆是光顾寺观的常客。李孝光，喜好登山游寺。一次，他去游灵峰净明寺，将入寺门，门僧拒不让入，李孝光自称为"游山人"，乃得入寺；④不仅如此，他还时常食宿于宿能仁寺⑤、宿白云观⑥、宿天柱下寺⑦等处。如此，他先后游居的寺观极多，仅其《五峰集》所载，就有能仁寺、剑峰泉寺、天柱下寺、净明寺、灵云寺、灵隐寺、江心寺、铁塔寺、石头寺、本觉寺、过山寺、东林寺、道林寺、寒山寺、光孝寺、开元寺、竹林寺、山宫寺、鄱江寺及青玄观、崇福观、白云观等三十余处。贡师泰（1298—1362年），字泰甫，安徽宣城人。官至礼部尚书。常游居于龙华寺、观新寺、圆修寺、云门寺、宝林寺、延寿寺、玄沙寺、玄妙观等处，曾言："予所居香严寺，客有程伯来、吴志夫、张仲纯亦时来相与憩息焉。"⑧倪瓒，虽为儒者，但亦禅亦道，何端《云林倪先生墓表》云："（倪）往来五湖三泖间二十年，多居琳宫梵宇。"倪瓒也自称："元镇好僧寺，一住必旬日。篝灯木榻，萧然晏坐，时

---

① 朱光潜：《诗论》，北京出版社2005年版，第100页。
② 周在浚：《赖古堂尺牍新钞三选·结邻集》卷七《与暮庵方司理》，《四库禁燬书丛刊》本。
③ 刘基：《刘基集》卷二《双清诗序》，第64页。
④ 李孝光：《五峰集》卷一《游惠上人开西谷记》。
⑤ 李孝光：《五峰集》卷一《宿能仁寺东庵记》。
⑥ 李孝光：《五峰集》卷一〇《入三茅山夜宿白云观赠沈紫玄》。
⑦ 李孝光：《五峰集》卷一《访钦禅师过马鞍岭记》。
⑧ 贡师泰：《玩斋集》卷六《晨起夜坐诗后序》。

操纸笔,作竹石小景,客求必与,一时好事者购之,价至数十金。"①张昱在《可闲老人集》卷三云:"至普陀洛伽山寺,作佛事七昼夜,祈见海岸观世音及善财岩,七日之间,随心应现,大众瞻仰,无不庆赞。"宋禧言:"今年,余与河南郭子振读书吾乡圆智寺。"②而刘基的游寺经历,大概更可以反映这些士人的心境,他说:

> 曩余行江浙间,闻会稽有云门、若耶之胜,思一游不可得。甲午之岁,始至越以事弗克游。明年春,天台朱伯言自浙西来,乃与东平李子庚、会稽富好礼、开元寺僧玄中皆往游,则知所谓云门、若耶,果不谬于所闻。于是,慨然有留连徘徊之意,而人事不偶,不能如其愿,遂自广孝寺度岭至法华山而归。至于普济、明觉诸寺,名山古迹多不得一寓目,而余之兴终未已也。其年六月,乃复与灵峰奎上人往,颇得观所未历,而向时同游之人,俱不在焉。予每怪古人于欢会之际,辄兴悲感于此观之,良非过矣。③

一般而言,士人游居寺观,或登塔望远,或谈玄论道,或赋诗抒情,意兴盎然。由此,寺观不仅具有原始的宗教意义,也实际成为世俗文化交流的中心。在元末士人的精神世界里,佛道情缘浓郁而深厚,甚至在名号上也愿附会佛道。如:顾瑛,别号金粟道人,"金粟"属佛教,而"道人"属道教,顾瑛以一名号而兼具二者,也充分证明他对释道的皈依,故他说:"儒衣僧帽道人鞋,天下青山骨可埋。"④又如:杨维桢,铁笛道人、抱遗道人;沈仲参,自号自然道人⑤;黄公望,自号全真道士;王逢,号席帽道人;周之翰,自号易痴道人⑥;曹文晦,自号新山道人⑦;张简,自号云丘道士,等等。也有一些士人以"子"自命,如刘基的"郁离子"、苏伯衡的"空洞子"等。元末士人以释道为名号的做法,不妨可视之为他们对自己"三教合一"身份的另一种界定和认同。

2. 遁入寺观,成为释道。这是士人接受佛道的最高层次,也是其信奉佛道的最高形式。在元末,一些文人儒士在多种因素的驱动下,厌弃了(至少是暂时)尘世事务,遁入寺观,披缁衣,戴黄冠,变身为正宗的方外之士,凡"豪杰魁垒

① 倪瓒:《清閟阁全集》卷一一《云林遗事》。
② 宋禧:《庸庵集卷》一三《赠李生序》。
③ 刘基:《刘基集》卷三《游云门记》。
④ 顾嗣立:《元诗选》初集辛集《玉山璞稿》。
⑤ 杨维桢:《东维子集》卷二三《自然铭》有序。
⑥ 邵远平:《元史类编》卷三六《周之翰传》。
⑦ 顾嗣立:《元诗选》二集庚集《曹文晦〈新山稿〉》。

拔出之士,视其时与势,往往寄迹方外,以自晦其才智"①,"儒之才日衰折,而入浮屠家如毛,隐者多矣"②。一个叫龙门子的儒士,"爱老氏清净",元廷辟用为官,固辞不从,入仙华山为道士,刘基听说此事很是羡慕,作诗饯行,并嘱咐:"他日道成为列仙,无相忘也。"③像这样追求仙风道骨的处世姿态,对于儒学熏染下的儒士而言,无疑需要极大的勇气和魄力。盖因如此,当元宗室钱王第十九子出家为僧士时,张昱才会感叹:"王子能以身施佛,何异生居净饭宫。敝屣视他闲富贵,男儿到此是英雄"④;当吕敏出为道士时,高启才会感叹:"噫!山人之志亦可悲也!"⑤但即使如此,遁隐寺观者仍有不少,如张雨、张简、宋濂、吕敏、福恕、于立等就是其中的典型。张雨,今浙江钱塘人。世代业儒,博学多才,工诗善画。但素对尘世流俗心存不满,"常眇视流俗"⑥,遂有遁隐之念,"倦游早欲依香火"⑦。经过一番踌躇之后,最后终"以儒者抽簪入道"⑧。吕敏,字志学,今江苏无锡人。早年欲举进士,后嫉世远去,闭门教授,"服敝茹粝,以勤苦自厉,绝不干于人"。久之,"著黄冠谢遣弟子,将东游海滨,求大山长谷而居之",遂为道士。⑨ 福恕,字子微。幼习举子业,元季弃家为吴江昭灵观道士,与名僧膺择、中瑛、石室往还唱和,为方外之交。宋濂(1310—1381 年),早年从吴莱、黄溍、柳贯等修习儒学,有济世之志。至正九年(1349 年),元廷尝以翰林国史院编修官征之,辞而不起。⑩ 会时势益乱,入仙华山小龙门为道士,以著述自娱,成《龙门凝道记》《孝经新记》《周礼集注》等。⑪ 对此选择,宋濂有独到见解:"昔人有以绅笏为柴栅,声名为缰锁者,余岂为是过激哉?顾将顺性而动,各趋所安耳。余之所安,乃在于山林,而不在于朝市。"⑫应该说,像宋濂这种进持儒术,退守禅风的态度,几乎是封建社会后期士人的常行。

元末士人之释道因缘,最明显的呈现大抵是上述交游释道和游览寺观两个

① 危素:《危学士全集》卷四《溪香文集叙》。
② 杨维桢:《东维子集》卷一〇《毛隐上人序》。
③ 刘基:《刘基集》卷一六《送龙门子入仙华山辞》。
④ 张昱:《可闲老人集》卷二《化城寺》。
⑤ 高启:《凫藻集》卷一《送吕山人入道序》。
⑥ 张雨:《贞居先生诗集》卷首刘基撰《句曲外史张伯雨墓志铭》。
⑦ 张雨:《贞居先生诗集》卷五《赠危太朴》。
⑧ 张雨:《贞居先生诗集》卷首徐达左《序》。
⑨ 高启:《凫藻集》卷二《送吕山人入道序》。
⑩ 过庭训:《本朝分省人物考》卷五二《宋濂》。
⑪ 焦竑:《献徵录》卷二〇郑楷《潜溪先生宋公行状》。
⑫ 戴良:《九灵山房集》卷六《送宋景濂入仙华山为道士序》。

方面,但也有少数士人站在学术的立场上,"由吾儒而学浮屠"①,潜心释道之学,这是对释道另一层次的接受和推扬。如倪瓒有诗云:"南州有高士,乃在延陵东。清时不肯仕,灭迹云林中。拂石坐萝月,弦琴写松风。焚香坐黄老,望云送归鸿。"②描写了一个高士推究道教的形象。曹知白(1272—1355 年),字又玄,松江人。元末隐居长谷之中,"喜黄老氏之学,盖于是超然有所得矣"③。王本道,苏州人。与释妙声交往甚笃,曾给人写信说:"某今始知佛法之妙,虽悔颇晚,而愿学焉,遂取佛所说《大藏之经》,斋居翻阅。"④徐云,"至正时,年方弱冠,每有学道修真之想"。《元诗选》癸集归其为"羽士"之列,存诗一首。李瓒,字子粲,自号弋阳山樵,苏州人。多才能文,旁通浮屠之学。⑤

总之,释道已经成为元末许多士人精神世界和现实生活中的重要组成部分,即使他们与释道无缘,也不妨赴寺观一游,留下几行风流文字以示时尚。正是缘于这种儒释兼修、儒道兼习的士林风气,元末才出现了较之唐宋以来更加鲜明、独特的文人释道化、释道文人化的文化现象⑥。一方面,身处衰乱境地,元末士人出入佛道的生活状态,一定程度上使其获得了暂时的精神慰藉和生命安顿,进而形成了清淡平和的性格特征和放达通脱的精神气度;另一方面,士人参禅问道的文化追求,既与"三教合一"思潮的引领关系密切,又反过来进一步推动了"三教合一"之势,并造就了一大批三教融通于一身,既积极又淡泊,既执著又通达,既乐生又超脱的特殊士群。就此而言,汉唐以来,佛教的中国化和道教的普及化,与历代士人的执着参与休戚相关;"三教合一"思想格局的最终形成和深入发展,也与历代士人的自觉融摄密不可分。

二、出入释道的历史缘由

受时代因素及三教关系的影响,历代士人出入佛道的原因不尽相同。唐宋时期,士人参禅入道的原因在于:"儒门淡薄,收拾不住"⑦;官场受挫而遁入空

---

① 杨维桢:《东维子集》卷一〇《送用上人西游序》。
② 张羽:《静居集》卷一《倪云林画》。
③ 贡师泰:《玩斋集》卷一〇《贞素先生墓志铭》。
④ 释妙声:《东皋录》卷中《王居士阅藏经序》。
⑤ 顾嗣立:《元诗选》三集庚集《弋阳山樵李瓒》。
⑥ 元代释道文人化趋势明显,一度出现了诸多"诗僧"、"诗道"。其中"诗僧"有诗作传世者,仅《元诗选》所收即达 130 余人。黄溍《会上人诗集序》云:"昔之高人上士,游戏乎山光水影之间,以陶写其性灵者,比比有之,而于今为尤盛。"盖非虚言。
⑦ 潘永因:《宋稗类钞》卷二八《宗乘第四十六》,文渊阁《四库全身》本。

门;与禅僧诗文相酬,等。①元初士人之所以游情佛道,则多是缘于宋元嬗变造成的政治原因。较之以往,元季士人归心释道的原因也是多方面的,但除了与政治坏乱、仕途阻滞等有关外,尚有以下原因:

(一)传统士人遁游释道行为的历史影响。自佛道成为中国传统文化的重要组成部分之后,由于其极具特质的宗教义理在许多方面契合士人的心理需要,如心神超然、自由洒脱、清净无为、空寂无尘等,皆是在政治上失意、生活上无奈、精神上空虚的士人所追求和向往的精神境界。因此,士人在避世、逃世之时,往往会选择寄身寺观,遁入释道。这种现象作为一种传统形成之后,便在士人的行为方式和精神追求上产生至深的影响。魏晋时,即涌现出了一大批笃信佛道,与僧人、道士交往频繁的士人,如元末士人所推许的陶渊明,曾参与以僧人慧远为首的莲社,追求道教返璞归真的精神境界。降及唐代,李师政、李通玄、梁肃、王维、李翱、白居易、柳宗元、刘禹锡、裴休等,皆是与佛道关涉甚深的文人俊彦。至宋,士人参禅之风更为炽盛,出现了许多亦僧亦俗、亦儒亦禅的士人,如周敦颐、程颐、程灏、苏轼、王安石、文彦博、富弼、李遵勖、张商英、杨杰、张九成、黄庭坚等②,无不是出入释老、留心释典而自成学派,甚至就历史的渊源来说,程朱理学本身就是摄取释道理论养料的产物。承前代之遗绪,元代士人在恪守程朱理学之时,遁隐释道之风甚盛,至元末蔚为风潮,形成此期士人群体生活的另一独特画面。

(二)元代的佛道政策影响了士人的行为选择。有元一代,实行兼容并蓄的宗教政策,各种宗教皆有长足发展,尤其是佛、道二教更受到了前所未有的礼遇,"自佛法流通中国,时君世主咸知尊尚,概莫盛于元"③。

首先,在政治上,佛教中的喇嘛教派形成了元朝特有的帝师制度,不仅可以充任帝师,主持朝内各项大型佛事活动,还领有宣政院及各地僧录司等机构,礼遇之隆,前代无有,"崇尚释氏,而帝师之盛,尤不可与古昔同语"④,甚至"帅臣以下,亦僧俗并用"⑤。而以禅宗为代表的中原佛教不仅继续在民间广为流传,且一度受到了世祖、仁宗、英宗及朝中显贵的尊崇。道教(主要指全真教)在太祖、太宗时期地位颇高,一度拥有管领其他宗教的权力。此后,虽因受佛教的排

---

① 潘桂明:《中国禅宗思想历程》,今日中国出版社1992年版,第440—450页。

② 道融:《丛林盛事》卷上《丛林辨佞篇》。

③ 徐一夔:《始丰稿》卷二《送勤上人卒业天竺序》。

④ 宋濂:《元史》卷二○二《释老传叙》。

⑤ 陈邦瞻:《元史纪事本末》卷一八《佛教之崇》。

挤而屡屡受挫,但道教在融合三教的过程中,绝处逢生,全真、真大、太一等教派得到了迅速发展,朝廷也较为尊礼,"凡为其教师者,必得在禁近,号其人曰真人,给以印章,得行文书、视官府"①。

其次,在经济上,元代佛道长期享有蠲免赋税及一切杂役的优待,同时寺观可保有田产,并能得到朝廷和富豪的赐赠,物产丰厚,寺观宏丽,诗谓"缥缈浮图宫,俨若王者居。列徒二三千,僮仆数百余。饱食被纨素,安坐谈空虚虚"②。甚至在元末兵乱之际,这种优遇也无大的改观,"东南兵革休息垂六十年,而国家崇尚佛学,与之土田,蠲其徭役,使其徒坦坦施施,而无所忧,虞然自放于矩度者,亦有之矣"③。同时,寺观的财产受国家法律的保护。"元兴,崇尚释氏,……维道家方士之流,假祷祠之说,乘时以起,曾不及其什一焉。"④

再次,在社会上,元代提倡宗教信仰自由,对民众出家、信教不加严格限制。如入佛教者,只要"通晓经文,或能念诵书写,或习坐禅,稍有一能"⑤,便可剃度为僧;即使在顺帝时,虽禁私创寺观庵院,但若入钱五十贯,同样可以给予度牒,允许出家。⑥ 道教徒接收徒弟,亦只要领到张天师发的"戒法"作为凭证,便可称作"先生"(即道士)了。⑦

在元廷政策的支持和推动下,佛道发展迅速。以佛教为例,至顺帝时,全国佛寺比五十年前的成宗大德初年增加了10倍⑧,僧侣人数的增加情况也在想见之中;相形之下,元代儒教的地位却较为低下。这种差异,让素以儒学为尚的文人学士之价值尺度发生了异化,他们中的一部分人开始关注释道,进而遁入其中,以寻求内心的平衡。诚如刘基所言:"今浮屠之道大行于世,金碧焜耀弥天下,贝叶之书家畜而人诵之,不必走四方以施教……今之为士者,欲游四方,行李之往来,丰则患于盗贼,约则患于资粮之乏,裘马之敝,当何所取给哉?独浮屠以其徒为一体,所至则如归焉。"⑨

(三)"三教合一"趋势的影响。历史上,三教的冲突赓续不绝,而三教的融

① 虞集:《道园学古录》卷五〇《真大道教第八代崇玄广化真人岳公之碑》。
② 陈高:《不系舟渔集》卷三《感兴》。
③ 危素:《说学斋稿》卷一《昭福寺法堂记》。
④ 宋濂:《元史》卷二〇二《释老传》。
⑤ 《元典章》卷三三《礼部六·披剃僧尼给据》。
⑥ 宋濂:《元史》卷三八《顺帝纪》。
⑦ 《元典章》卷三三《礼部六·有张天师戒法做先生》。
⑧ 缪荃孙:《江苏通志稿》卷二三《金石·梅岩瞿先生作兴学校记》。
⑨ 刘基:《刘基集》卷二《送柯上人远游诗序》。

合也从未间断,并在不断的冲突、融通中形成以儒为主、佛道为辅的"三教合一"格局。在唐代,三教虽有冲突,但人们业已认识到"卒而同归"①的可能。与此相联系,文人学佛参禅、调和三教之风盛行,如李师政兼信释道,并作《内德论》以维护佛教;李通玄作《新华严经论》、梁肃作《天台止观统例》援儒入佛,融会儒释。至宋,儒、佛、道融合的时机和条件已经具备,三教同被视为治国"三宝",三教"同一"的思想得到广泛认同,并成为士人复兴儒学的重要契机和思想基础,程朱理学的产生即为显例。入元后,三教进一步交糅融合,"归一"的趋势更趋鲜明,统治者及士人普遍接受了三教一理,各具其用的观点。以元末士人为例,他们认为:"儒释门虽异,诗书味颇同"②,"老氏道与吾圣人之道,本无二也"③,"浮屠氏之言与吾儒合"④,佛道"与吾道类"⑤。不仅如此,以往水火难容、冲突不断的佛道之间,此时亦萌生了"老佛同道"的观念,郑元祐就说:"老之道清净在乎养性,佛之道寂灭亦在乎见性"⑥。僧人与道士时有交谊,甚至出现了师徒相授的现象,如释良琦作《送四明孙明远道士二首》,释宗衍作《赠玉隆宫道士》,道士于立作《送柏子庭归四明》,以及道士富恕与吴江名僧中瑛、膺择、石室的往还唱酬,道士席应珍与僧人道衍的师徒关系等。

总之,元末"三教"之间已达成求同存异的默契,产生了较强的文化认同感和价值归属感。这种观念上的调和、归一倾向,一定程度上符合蒙元王朝的统治利益,亦契合部分士人的心态动向和精神需求;表现在行为上,就是士人在恪守儒学之时,又兼综释道,选择交游僧道、参悟佛理、修习道法、遁入寺院的另类处世方式。也正是因为元末士人身处三教融摄的通达境界,他们才不至于在弃世遁隐之时患得患失、无所适从,而是以一种超然物外、随遇而安的心态看待一切人生挫折,保持一种积极、乐观的生活态度。从这个意义上说,元末士人浓郁的佛教情缘既是衰乱之际的心灵调适和精神抉择,又是顺应"三教合一"之势而作出的学术努力,并将其推延至更为广阔的文化领域,从而推动了元末文化的雅俗交融和整合转型。

---

① 欧阳修:《新唐书》卷一六一《徐岱传》,中华书局1975年版,第4981页。
② 顾嗣立:《元诗选》初集壬集《寄宋子虚》。
③ 杨维桢:《东维子集》卷一〇《抹撚氏注道德经序》。
④ 杨维桢:《东维子集》卷二三《大中祥符禅寺重兴碑》。
⑤ 陶安:《陶学士集》卷一四《送浮屠慧师序》。
⑥ 郑元祐:《侨吴集》卷九《虚白室记》。

第三节　谋营生计：改务农、医、教、商的多途选择

在中国传统社会,按照社会分工之不同,民有士、农、工、商四等,他们"各有所处,业有颛能"①,界限分明。作为儒士,其最理想的职业自然是从事"士业",元末士人就说:"夫业不可不慎也,而士之业最优"②,"人而不为儒,犹弃稻粱而嗜穗秕也,夫为人莫如儒,宜其世之人举,皆以为儒也"③。但在特定的历史时期,"四民"之间的界限是可以逾越的,尤其是对于士人而言,当他们踬于仕途,不仕无禄之时,就会面临孤寂清苦,"衣取蔽体,食取充口"④的生活窘境。所以为了生存,他们除了继续履行作为"士"的固有功能之外,又不得不打破传统"四民"之间的职业差异,根据现实之所需,选择不同的生活方式,从事农、商、医、教等谋生方式,"人之生不幸而失身,或为农圃负贩,或为百工技艺,或为皂隶倡优"⑤。这种历史画面在中国历史上屡屡展演,似已成为传统社会士人生活的常态。在元代,包括隐士在内士人虽然可以凭借儒户享受免役、补贴等优惠政策,但由于诸种原因,优惠政策实际上难以有效解决士人的生存困境,这一点在元末表现得尤为突出。那么在此情况下,在野士人该如何选择职业,安顿生命呢?兹择要缕述如次:

一、昼耕夜读,乐得其志

从耕士人与一般农夫的鲜明区别在于不仅能耕,而且能读,即古人所谓的"耕读"。这种既耕且读的生存境界,在失意士人的意识中根深蒂固,"古者耕读未尝分也"⑥,是其所仰赖的重要谋生手段之一,"惟士与农同体,故耕学往往并称于经,士生斯世,筋力不匮,才智有余,退恃可治之田,进挟可用之学,傲然无求于穹壤间,以听命于司造世之伟丈夫也"⑦。读元末士人的文集,其中载有大量

---

① 杨维桢:《东维子集》卷二一《游庵记》。
② 宋禧:《庸庵集》卷一一《送倪叔恽序》。
③ 鲁贞:《桐山老农集》卷二《送郑道源之金陵序》。
④ 宋濂:《文宪集》卷二一《戴仲积墓志铭》。
⑤ 苏伯衡:《苏平仲文集》卷六《赠林子山序》。
⑥ 唐桂芳:《白云集》卷四《耕读堂辞并引》。
⑦ 欧阳玄:《圭斋文集》卷一三《刘叔籽字说》。

关于士人"耕读"的历史画面。总体来看,耕读者的形象大致为:

> 结庐枫墅上,躬稼事诗书。田有一塍在,家藏万卷余。云中挂角诵,雨后带经锄。释耒吟风处,携壶咏月初。锄金终不顾,种玉学无虚。览帙从漂麦,观图自摘蔬。名垂贤士传,身寄野人居。岂惜田家苦,何惭儒术疎。秋声起庭树,凉气入郊墟。白酒开陶瓮,青灯照绮疏。子孙勤稼穑,诗礼重蓄畬。击壤歌声作,凭轩乐自如。①

这种抱志处幽,安贫乐道,以耕读自娱的生活方式在元末士人的生活场景中较为普遍。如:儒士吴彦冲,歙县人。好学能诗,耕田数十亩,自食其力,署其轩曰"稼友"。② 郑玉,自谦"才疎学陋,无所用于世",遂"退而躬耕垄亩,将以自养",③"每因躬耕之暇,读古人之书"④。倪仲玉,不仕而归农,名其居处为"耕闲堂",农暇之时,读书习文。⑤ 戴礼,隐居檇李西陵(在今浙江嘉兴),题所居之室曰"耕学斋",治田数亩以自给,暇则闭户读书,"殆与世若相忘者"⑥。郑士亨,南昌人。笃学敦行,"为文章一本于古","退而耕于野,朝则服田事,夕则诵诗书、六艺之文,以求周公、孔子之道"⑦。鲍伯原,歙县人,处耕读堂,"耕而且读,庶几乎两得矣"。⑧ 曹克成,涉猎经史,恬退不事进取,惟以耕桑自给,怡然自得。⑨ 施谦,字益谦,上虞人,其祖父皆仕于元,谦独投迹山林,躬耕垄亩,遍览群籍,尤精于天文、地理、老子之学,"暇则能力田园,不事华丽,衣止麻苘,食饮止充,渴饥务欲出已力,不一介取于人也"。⑩ 许文泰,字泰之,杭州人。颇通经书大义,后"归治农事,暇且读书,数岁家日以裕"⑪。黄本中,余姚人,"有空躬耕以自食,暇则考图读书"⑫。凡此等等。

那么,元末士人为什么会选择"耕读"呢?笔者认为除为了谋生之外,尚有其他原因:一是"以耕而乐"。时人甘复说:"四民所业,农为劳,比工、商于世为

① 周巽:《性情集》卷五《耕读斋为枫墅王兴定赋》。
② 唐桂芳:《白云集》卷六《稼友轩记》。
③ 郑玉:《师山集》卷四三《乐堂记》。
④ 郑玉:《师山集》遗文卷三《与丞相书》。
⑤ 杨维桢:《东维子集》卷一七《耕闲堂记》。
⑥ 贝琼:《清江文集》卷三〇《耕学斋记》。
⑦ 陈基:《夷白斋稿》卷二二《息耕亭诗序》。
⑧ 唐桂芳:《白云集》卷四《耕读堂辞并引》。
⑨ 邵亨贞:《野处集》卷一《对菊亭记》。
⑩ 赵㧑谦:《赵考古文集》卷二《寻常百姓传》。
⑪ 徐一夔:《始丰稿》卷六《耕乐处士墓志铭》。
⑫ 朱右:《白云集》卷六《东山草堂记》。

最重。士托迹于是,乃忘其劳,而以为乐焉,非乐于劳也,乐得其志而无慕于天下也。"①二是"耕与学理同事异"。古者有士、农、工、商四民,其中士的地位最崇。但在元末,士人对四民之尊卑有了新的诠释。陈谟就说:"岂不以士尊于农乎?曰非也。……士之得名以学,农之得名以耕,耕与学理同事异,二者可以得兼者,将古之民欤!"②三是承先贤之遗风。一方面,在上古时期,"耕读未尝分也","士之升于公者,往往多出于农"③;后世士农相分,故既耕又读者,常为人所不解。对此,郑玉论道:"夫古之时,一夫受田百亩,无不耕之士,家有塾,党有庠,术有序,无不学之人。秦废井田,开阡陌,焚诗书,坑学士,先王之道灭矣。汉兴,虽致隆平之治,卒不能以复淳古之风,而士农分矣。于是从事于学者,则不知稼穑之艰难,从事于农者,则不知礼义之所从出,后世有能昼耕夜读,以尽人道之常者,人至以为异,而称之其去古道益远矣。"④元末士人继承了古人"士农不分"的观念,认为作为士人(尤其是隐士),既要"志于学",也要"志于稼",二者不可偏废。另一方面,中国自古为农业社会,农本意识在士人观念中根深蒂固,由此历代都会涌现出无数耕读之士,诸如羲农、虞舜、伊尹、吕望、屈原、诸葛亮、陶渊明等皆是如此。⑤ 受先贤流风余韵之洗被,元末一些士人专注于耕读之事也并不意外。

二、济人利物,习医自娱

承宋金之后,元代医学日渐勃兴,涌现出王好古(1200?—1264年)、朱震亨(1281—1358年)、罗天益(1220—1290年)、曾世荣(1252—1332年)、危亦林(1277—1347年)、倪维德(1303—1377年)、滑寿(1304—1386年)、葛孙乾(1305—1353年)、王履(1332—1391年)、戴思恭(1324—1405年)等一批医学名家。在这些人的教授和影响下,元末习医者骤增,他们虽多为声名不响的医士、医师,但由于数量多、分布广,成为元末社会中不容忽视的社会群体,大大推

---

① 甘复:《山窗余稿》《何氏耕乐轩诗叙》。
② 陈谟:《海桑集》卷四《学畊说》。
③ 贝琼:《清江文集》卷三〇《耕学斋记》。
④ 郑玉:《师山集》卷四《耕读堂记》。
⑤ 王行《半轩集》卷五《又附杨孟载说一篇》载:"羲农之耕渔,所以教天下;虞舜之耕渔,所以化天下;伊尹、吕望之耕渔,所以待天下。教天下者立其极,化天下者变其俗,待天下者避其乱,是数圣人者,或以教民,或以善身,虽穷达不同,而皆有事于耕渔者也。千载而下,戴发含齿,操耒耜,运网罟于畎亩波涛之间者,皆羲农之遗教也。处圣明之世,事耕渔之业,以兴揖让厚风俗者,皆虞舜之遗化也。逃兵革,避祸乱,或芸于高,或钓于深,以待天下之清者,皆伊尹、吕望之遗风也。"

动了元代医学的发展繁荣。以这一时期医学发展速度较快的江南地区为例，有不少士人在仕途不畅、儒道不行的情况下，为了维持生计，纷纷弃儒从医或儒医兼习。如：葛子充，金华人。初习儒业，后从医学，"始以事亲，而终以济人，其活人亦众矣"①。荆茂之，濡须（在今安徽无为县）人，倜傥有志节，知名当时。有人劝其出仕，不屑为苟，而精于医术，为人治病，辄有验。②胡居敬，淮东（今江苏淮安）人，聪明强记，奄贯群籍，尤通医道，"于医书无不贯通，问其疑义，即应口酬析，历历有援据，其治疾也，若名将用兵，取胜神速，而常情不可测度。"③罗诚之，江西吉安人，初习儒学，"尝以明经三试有司，不一得，遂绝意名禄，而隐于医"④。周贞（1273—1355年），字子固，仪真（今江苏仪征）人。性敏而好学，擅长义理之学，朝廷征召，辞曰："仕所以济人，苟居一艺以拯斯人之疾苦，虽不仕于时，犹仕也。"遂隐居淞江，广涉医书，"以善医拯人之危困，起人之死至众"⑤。李士明，东吴人，"克自力于学，通某经，连试有司连屈，落魄江淮间，无所遇，乃更事医"⑥。刘本仁，字起元，河北河间人，曾远游京师，不得志，遂潜心医术，行医于吴中一带，人称"仁医"。⑦郑国才，通典籍，知古今，以医术济人，陶安称其："盖国才道则儒，艺则医，医者贵得其本，而儒又医之本也。"⑧项子全，三衢（今浙江衢县）人，"宦游江湖间，常勤劳王事，已而以医学自娱"⑨。周玄启，浙江金华人，读书好医，学于名医滑寿⑩。戴士尧（1307—1349年），字仲积，浙江浦江人，喜作古诗，兼工书法，然最善于医⑪。祝彦良，"业医而寓意于樵，其拯危赴急，类有古道"⑫。项子虚，"以医名京师，京师之人无贵贱贤愚，皆称重之"⑬。李词，字孟言，浙江杭州人。少受学于杨维桢，善为诗，"卖药金陵市中，市人病

① 陈基：《夷白斋稿》外集卷下《送葛子充序》。
② 王祎：《王忠文集》卷一〇《恒斋记》。
③ 宋禧：《庸庵集》卷一三《赠胡居敬序》。
④ 梁寅：《石门集》卷七《赠儒医罗诚之序》。
⑤ 戴良：《九灵山房集》卷一九《周贞传》。
⑥ 王行：《半轩集》卷三《来德堂记》。
⑦ 杨维桢：《东维子集》卷二七《仁医赠刘生》。
⑧ 陶安：《陶学士集》卷一二《送医者郑国才序》。
⑨ 朱同：《覆瓿集》卷二《赠项子全》。
⑩ 谢肃：《密庵集》卷八《针药二室铭》并序。
⑪ 宋濂：《文宪集》卷二四《先府君蓉峰处士阡表》。
⑫ 刘崧：《槎翁诗集》卷三《题华川樵逸图》有序。
⑬ 陈基：《夷白斋稿》外集卷下《叶孝墅哀词》。

者趋其门买药,无不与,所与必善,人人谈樗散生,美不置口"。① 朱子安,吴中人,"以儒者而业于医,四方大夫士莫不与之游"②。

总体来看,在元末医士中,多数人起家于儒业,也就是说,他们的初衷是要通过研习儒术进入仕途,而并非要成为医士。以元代名医朱震亨的弟子为例,宋濂言:"朱氏弟子多出自儒者"③。如:戴思恭(1324—1405 年),字原礼,浦江人。出身儒家,博闻诗礼,"惓惓有志于泽物"。从金华许谦游,得朱子之传;始学医于钱塘人罗知悌,后朱震亨以医术授之,"自是识日广,学日笃,出而治疾,往往多奇验"。④ 王履(1332—1391 年),字安道,号奇翁,昆山人。少年业儒,笃志经学,博通群书,以教授为生。后学医于朱震亨,尽得其传,著有《医经溯洄集》、《标题原病式》、《百病钩玄》、《医韵统》等医书数种。⑤ 赵良本(1304—1371 年),字立道。从学于吴莱,略通经史;又从朱震亨游,得医术之精髓,尝云:"吾欲及物,而患其无道,今乃得之。遂发其术济病者。"⑥徐益,字伯裕,"业儒而医之术益精,为医而儒之道益行"⑦。凡此,皆以儒入医之例。

医术是士人的传统职业,而元末之所以有更多的士人愿意参与其中,除了家学、兴趣和生计等因素外,尚有以下原因:

1."医特儒之一技"。长期以往,医术被视为"方技小道"⑧而遭人鄙薄,但在元末士人看来,"医岂他方技比,其于世非小有益,诚系人死生际也"⑨,从事医术是士人不可推卸的责任,"夫医固儒者之事也"⑩;事医亦并不影响其作为儒者的身份,"儒与医同轨而异户,医特儒之一技耳。耻一物不通者,儒也;达人身天地五行者,医也,然而各造其极,厥难其人焉。"⑪儒、医之间并非格格不入,而是相互同通的,医是儒的一个重要组成部分,二者并行不悖,相得益彰,"医儒之道所

---

① 宋濂:《文宪集》卷一〇《樗散生传》。
② 王祎:《王忠文集》卷七《送朱仲桓序》。
③ 宋濂:《文宪集》卷八《送戴原礼还浦阳序》。
④ 宋濂:《文宪集》卷八《送戴原礼还浦阳序》;张廷玉:《明史》卷二九九《戴思恭传》。
⑤ 纪昀:《四库全书总目》卷一〇四《医经溯洄集》提要;黄虞稷:《千顷堂书目》卷一四《医家类》。
⑥ 宋濂:《文宪集》卷二三《太初子碣》。
⑦ 胡炳文:《云峰集》前编《伯裕字说》。
⑧ 赵撝谦:《赵考古文集》卷一《赠医者方彦明序》、《赠眼科医汤道人序》。
⑨ 王行:《半轩集》卷五《赠杨君序》。
⑩ 陈基:《夷白斋稿》外集卷下《送葛子充序》。
⑪ 陈谟:《海桑集》卷九《书钟实可墓志后》。

谓并行而不相悖者信矣"①,"儒不医非通儒,医不儒非良医"②。且它们在学理上不存在孰尊谁卑的差异,二者虽各有不同的行为方式,但在经世致用,"济人利物"③的目的上却若出一辙,所谓:"儒者,《易》、《书》、《诗》、《记》、《春秋》谓之经;医者,《难经》、《素问》亦谓之经,玩其词旨,类先秦文章,然儒医虽殊科,仁慈恻怛,俱欲济世,《难经》、《素问》士良究之详矣。"④它们之间是可以互为我用,相济互补的,正如赵撝谦所言:"凡伎艺术数之道,皆可以常材而至,于学医非精于儒而笃于道者,则不能阅其藩篱,况欲登其堂奥乎。"⑤同时,元末士人认为,作为以儒家文化为旨归的士人,从事医术是顺理成章的职业,"故术之近道者莫如医"⑥,"顾非儒者不能读,而医固儒者之事也"⑦。基于此种认识,元末士人选择医术作为生存方式也就不难理解了,所谓"不为良相,则为良医"⑧就是这个道理。

2."医乃仁术也"。孟子说:"仁者爱人",道出了"仁"的本质。医乃仁术,集中表达了医学的仁爱、仁慈和仁义观,符合儒家的仁道。元末士人认为:"惟医以救死扶生为功,苟志于斯,使恻隐之心恒存而不死,岂非为仁之机括耶?"⑨"仁义之施于物者惟医"⑩。所以,即使经世之志难以如愿,从事医术同样可以实现治病救人、利物济人之目的。一方面,以儒家的仁义之心从事医术,不同于只顾糊口的庸医,"夫以儒为医,固当与常医殊,他日达而用于时,则又举其为医之心而措之"⑪。另一方面,作为医士,要把济世救人作为自己的崇高社会职责和医德修养的根本,要有"务利人,不务利于人"⑫的精神。对此,金华医士杜梁叟的感受颇具说服力,他"见世之仕者,类不能及物",叹曰:"仕而不得行志焉,用仕曷若医以济人为得行其志哉?"⑬医士李词亦言:"今生修善药以活疢疾者,有功

---

① 谢应芳:《龟巢稿》卷一五《芸室记》。
② 胡炳文:《云峰集》前编《赠医者程敏斋序》。
③ 王行:《半轩集》卷五《赠杨君序》。
④ 唐桂芳:《白云集》卷五《紫阳读书图序》。
⑤ 赵撝谦:《赵考古文集》卷一《赠骆则敬序》。
⑥ 王行:《半轩集》卷五《赠杨君序》。
⑦ 陈基:《夷白斋稿》卷一九《朱氏格致余论序》。
⑧ 赵撝谦:《赵考古文集》卷一《赠医者方彦明序》。
⑨ 宋濂:《文宪集》卷三《逊畊轩记》。
⑩ 宋禧:《庸庵集》卷一三《赠徐君采序》。
⑪ 宋濂:《文宪集》卷三《逊畊轩记》。
⑫ 徐一夔:《始丰稿》卷一《东皋隐者序赞》。
⑬ 吴海:《闻过斋集》卷三《乌稷堂记》。

于民甚博。吾之食者医,医之书易知,医之技易学,吾诚尽吾心焉。"①

3.元廷对医士的优待政策驱动了士人从医的积极性。蒙元统治者一贯重视医士的征聘与培养②,并制定了相关政策以发展医学事业。如:与儒、佛、道一样,对于从医者建立医户,并享受免除杂役赋税的优惠政策。③ 在中央、地方设立太医院、医学提举司等医疗管理系统和教育系统,以加强对医疗事业的管理和医学人才的培养。这些政策,一定程度上鼓励了那些在政治失意的士人从事医学的积极性,"白首攻医业,青山养道心"④。由此民间医学群体不断扩大,推动了元末医学的发展繁荣。

三、退居民间,传道授业

承宋金私学传统,元代私学兴盛。⑤ 这除了与元朝宽松的文化氛围和统治者对私学采取鼓励、支持的态度有关外,更与一大批士大夫积极参与民间私学教育休戚相关。自元初以来,相继出现了许衡、吴澄、许谦、刘因、柳贯、吴莱、黄溍、虞集、王磐、程端礼、李存、李昶等一大批从事于私学教育的文人雅士,他们私招门生,讲学传道,在培养人才,宣讲教化,传承文化等方面作出了重要贡献。至元末,私学发展赓续不辍,许多士人不求仕进,投身于私学教育。

当时,虽然元末较为重视人才的培养和荐拔,并推行了科举制度,但并未从根本上改变士人的政治命运,仍有无数士人被阻于仕途之外。在政治功能难以得到发挥之时,一些有志之士并没有摈弃自己所承载的文化教育功能,他们退居民间,身体力行,为民表率,积极参与各种文化教育活动,传播儒家的思想观念,维系传统的伦纪纲常。在民间社会逐步形成一个以道德修习、授徒施教为处世方式的士大夫群体。既然不能为"吏",那就选择为"师",似乎成为他们普遍的

---

① 宋濂:《文宪集》卷一〇《樗散生传》。

② 如:中统二年(1261年)五月,"遣王祐于西川等路采访医、儒、僧、道"。(《元史》卷四《世祖纪一》)至元十二年(1275年)七月,"诏遣使江南,搜访儒、医、僧、道、阴阳人等"。(《元史》卷八《世祖纪五》)十八年,"诏求前代圣贤之后,儒、医、卜、筮通晓天文、历数,并山林隐逸之士"。(《元史》卷八一《选举志一》)

③ 如:至元九年(1272年)三月,"诏免医户差徭"。(《元史》卷七《世祖纪四》)元贞元年(1295年)三月,"诏免医、工门徭"(《元史》卷一八《成宗纪一》)。

④ 张宪:《玉笥集》卷三《寄医士李性善》。

⑤ 参见刘迎胜主编《元史论丛》第九辑,中国广播电视出版社2004年版,第79—88页;欧阳周《中国元代教育史》,人民出版社1994年版,第60—74页。

价值趋向,一股"讲学于家者"①的社会风气蔚然兴起。

据史料记载,元末从事民间私学教育的士人确实不少,他们中间有郑玉、金涓、谢应芳、陆居仁、汪克宽、程从龙等鸿儒硕彦,也有许多名不经传的普通士人,他们广泛分布在乡里市井之间,通过家学、私塾、义塾等灵活多样的教学方式,对一般社会成员实行思想和道德教化,一定程度上扮演了制约民众,化民成俗,引领学风,传承文化的社会角色。但细言之,他们具体参与私学教育的经历又不尽相同。其中,一部分人混迹民间,从事教育事业,较有名气者如:谢应芳,武进人。笃志好学,潜心性理,以道义名节自励。至正初,隐居白鹤溪,构室曰"龟巢"。后教授乡校子弟,有人举荐为三衢书院山长,不就。② 汪克宽(1304—1372年),字德辅,一字德一,祁门人。泰定三年(1326年)举人,次年参加会试,因"答策忤直"落榜,遂慨然弃科举业,开馆讲授义理,在宣州讲学时,从学者甚众。③ 郑玉,歙县人。博究六经,尤邃《春秋》,绝意仕进,教授于乡。至正间,朝廷赐翰林待制,以疾不起。④ 陆居仁,字宅之,自号巢松翁,松江人。泰定三年(1326年)举乡试,隐居不仕,教授以终。⑤ 潘伯修,字省中,黄岩人。尝三举于乡,皆不遇,遂隐居教授,以著述为事。⑥ 此外,元代大儒许谦(1270—1337年)的弟子中间,也有不少人一直从事民间教育。如:金涓,字德原,义乌人。"淹贯经传,卓识过人",黄潛、虞集、柳贯等交荐之,皆辞不赴,栖居青村,教授乡里以终。⑦ 楼光亨(1296—1374年),字景元,义乌人,居乡教授。陈大伦,字彦理,诸暨人,绝意仕进,以教授为业。⑧ 汪祀(1305—1352年),金华人。受经学于许谦,教授乡里。叶仪,字景翰,金华人,曾说:"学者必以五性人伦为本,以开明心术,变化气质为先",遂授徒讲学,士人竞相趋之。⑨ 王顺,字性之,自幼嗜学,有经世之志,尝登许谦之门,谓"移风易俗必本于学",遂建书塾,招良师,教授乡里。⑩

---

① 贝琼:《清江文集》卷二一《故拙斋处士张公墓碣铭》。

② 张廷玉:《明史》卷二八二《谢应芳传》。

③ 张廷玉:《明史》卷二八二《汪克宽传》。

④ 宋濂:《元史》卷一九六《郑玉传》。

⑤ 顾嗣立:《元诗选》三集辛集《巢松翁陆居仁》;乾隆《江南通志》卷一六八《人物志·陆居仁》。

⑥ 徐象梅:《两浙名贤录》卷二《潘省中伯修》。

⑦ 顾嗣立:《元诗选》二集庚集《孤蓬倦客陈方》。

⑧ 徐象梅:《两浙名贤录》卷二《陈彦理大伦》。

⑨ 沈佳:《明儒言行录》卷一《叶仪》。

⑩ 宋濂:《文宪集》卷二二《义乌王府君墓志铭》。

　　元末从事民间教育者更多的是一些声名不显的普通文人。如：陈方，字子贞，京口（今江苏镇江）人。有诗名，尝试科举，不中，后主无锡华氏家塾。① 程从龙，字登云，嘉鱼人。不乐仕进，自元末隐居教授，入明仍不仕。② 王起潜，临海人，早年学《春秋》之学，会科举废，遂"因所居之胜奥，山水清幽，结庵遁处，教其子弟，将以淑诸后也"③。杨居（？—1376 年），字温如。悉究经史，尤精性理之学，曾以《春秋》应乡试，不利，遂闭门不出，讲授乡里，四方学子，趋之者如云，"日据高座，随其性资而开导之，学成而去，多著名于时"④。蒋之翰，祁门人，诗书世家，初从儒士汪克宽游，后避居黄山，讲授经史之学，祁门县令聘请其任县学训导，辞不就。⑤ 龙子高，楚人。早年习进士业，后"不屑就试席图进取，而教授草泽之间以自乐"⑥。张仁近，字如心，华亭人。至正初，科举恢复，屡试屡败，无奈归隐乡居，施教凡二十年，从其学者有数百人。⑦ 桂本，字林伯，覃思经术，著有《四书通义》、《五经统会》等，并讲学于兹山，"一时学者翕然从之游"。⑧ 吴履，字德基，兰溪人。少学《春秋》，淹贯诸史，最好书法，元末教授乡里。⑨

　　除了一直从事民间教育者外，也有一些人曾为朝廷官员，后退居乡里专事教育。如：管寿昌，字伯龄，昆山人。善属文，尤工于诗，初为学道书院训导，后以病告归。泗桥杜玉泉聘其为师，教授诸子凡二十余年，学徒愈盛。洪武间卒，年七十六。⑩ 郑钧（1316—？ 年），字汝一，江阴人。至正四年（1344 年）举乡试，任本郡学录，后退居筼谷下，聚教族人子弟。⑪

　　在传统社会，教化始终是治国安民的主要手段，明初儒士梁潜说："夫养民莫先于养贤，养贤莫大乎教化。"⑫对于传统士大夫而言，道德修习与从事教育则是其看家的本领和赖以存在的基本技能。元末士人作为一个被政治边缘化的社会群体，选择从事民间教育，既是维持生计的一种职业，也是传承文化、移风易

---

① 顾嗣立：《元诗选》三集庚集《孤蓬倦客陈方》。
② 雍正《湖广通志》卷五八《人物志·程从龙》。
③ 刘仁本：《羽庭集》卷六《约庵记》。
④ 宋濂：《文宪集》卷一九《故新昌杨府君墓铭》。
⑤ 汪克宽：《环谷集》卷五《竹径斋记》。
⑥ 宋禧：《庸庵集》卷一一《送龙子高序》。
⑦ 贝琼：《清江文集》卷二一《故拙斋处士张公墓碣铭》。
⑧ 王祎：《王忠文集》卷八《灵谷书院记》。
⑨ 宋濂：《文宪集》卷一一《吴德基传》。
⑩ 谢应芳：《龟巢稿》卷一九《管伯龄墓志》。
⑪ 王行：《半轩集》卷三《筼谷郑氏墓祠记》。
⑫ 梁潜：《泊庵集》卷二《重学校三》。

俗、宣布教化的一种责任。边缘士人通过自身的知识水平和思想素养获得了基本的生存条件和较高的社会声望，一定程度上实现了他们的个人价值。同时，正是因为他们的政治功能无法得到发挥，才使其获得了足够的时间和空间去展现他们最基本的教育技能和文化功能，而元末民间教育文化之勃兴，可以说正是这些边缘士人积极推动的结果。从这个意义上说，他们又在一定程度上实现了自身的社会价值。如果说在元末农民战争尚未爆发之前，平静的教育生活是边缘士人较为理想的生存状态的话，那么在此后的农民战争期间，退隐教授更为广大士人所仰赖，兵戈扰攘的乱世进一步将更多自由漂浮的士人逼进了民间教育的阵营，成为乱世中保护和传承文化的重要社会群体。

总之，在社会发生剧烈变动时，士大夫群体的处世方式、行为选择及其人生态度、价值取向往往大异其趣，元末士大夫的心路历程、行为方式和人格类型所表现出的多层次性、多样性特点充分印证了这一点。而上述所列，也只是元末士大夫的主要行为选择。在"舍本农，趋商贾"①风气的影响下，另有一些士人选择了趋末经商，自食其力，如吴中儒士沈志道与其父皆号称"隐君子"，其父"炼墨以自食"；沈志道，能读书，为求生计则以理发为业，尝曰："理人之发，可以自治心之躁动，以是而食，所得多矣"②。儒士沈学翁，隐居吴市，烧墨以自给，"不汲汲于富贵，不戚戚于贫贱者也"③。总体上，这些行为方式主要表现在那些非官员的士人身上，他们置身于政治生活之外，虽然时常表露出不能得志的忧郁和惆怅，但又能及时调整自身的价值追求，在一个更为宽阔的社会空间表现出一种自由豁达的情怀，他们既能引用古人"可以仕则仕，可以止则止，惟随时变易以从道"④一语聊以慰藉，又能通过"立名者近于朝，居货者近于市，栖真匿景者近于山林"⑤的感慨以自嘲。元末士大夫不论是隐居山林朝市，还是遁入寺观，抑或是选择农、医、教、工等生存方式，个中缘由既有传统的因素，也与其思想认识和价值追求密切相关，但从根本上讲，则是根源于元末的社会环境，具体就是元王朝的统治政策及其正在走向衰落的政治形势。

---

① 《农桑辑要》卷一《先贤务农》。
② 王行：《半轩集》卷一〇《赠栉生沈志道》。
③ 倪瓒：《清閟阁全集》卷六《赠墨生沈学翁》。
④ 王祎：《王忠文集》卷一〇《恒斋记》。
⑤ 李继本：《一山文集》卷八《近野说》。

第三章 "衰世"中士大夫群体之学风

作为一个个体,士大夫的道德品性、价值取向和主体意识等总是千差万别,但作为一个群体,在特定的历史时期,受社会政治、时代风尚、学术思潮的影响,其人格精神、思想观念和言行方式会表现出一定的趋同性特点,这种趋同性即所谓的"士风"。元朝至顺帝而统治日衰,在现实潮流的激荡中,元末士大夫面临社会剧变的种种考验,呈现出独特而异样的心态和作风。除上述遁隐避世、逃禅问道外,他们或交游讲学,以抒情怀;或感时伤世,针砭时弊;或狂狷怪诞,张扬个性,通过不同的行为方式展现了元末士大夫复杂多样、绚丽多姿的学术风貌和生活场景。以下,拟以现实生活中士大夫的言行为主要考察对象,兼顾个别事例的归纳与舆论倾向的追索,以见元末士风之概况。

第一节 雅集交游蔚然成风与区域士人群体的形成

一、雅集交游渐成风气

《论语·宪问》云:"士而怀居不足以为士矣。"交游讲学是中国历史上重要的文化现象,也是士大夫生活世俗化的重要表现。但在不同的历史时期,士大夫交游讲学的活跃程度又大相径庭。在元末,士大夫交游讲学之风渐盛,在南方吴中、浙东、浙西、闽中、江西及北方大都等处,一大批文人学士,尤其是那些游离于仕途边缘者,逐渐以集体的形式融入世俗社会,通过文化这一重要媒介,在不断的游走往来中,以风雅相尚,联诗结社,题咏唱和,讲论道义,心相孚,行相契,逐渐形成了具有独特品格的地域性士人群体。各地区成员之间又彼此交游,互相呼应,使区域性士人群体进一步扩大为一个更大的社会网络,领袖文坛,主宰风气,从而实现了边缘士人在元末社会文化界的中心地位。这种交游活动以空前浩大的声势,从一个侧面反映了元末士人在沉沦民间时的心理动向和价值选择,展现了传统士人的文化功能之所在,并对当时社会诸方面产生了广泛而深远的影响,对于元末文化,尤其是文学的发展产生了不可忽视的作用。总体上,受主、客观因素的影响,元末士大夫交游方式主要有如下几类:

(一)结雅集:"文墨相尚,必联诗社"

在中国历史上,一般意义上的士大夫雅集肇端于汉末魏晋,①唐代趋于频繁,②降及两宋,雅集(主要指诗社)之风尤盛。③至元代,商品经济日渐繁荣,文化政策更趋宽松,漂浮在民间社会的士人群体亦日益增多,城市文化蔚然勃兴。受此影响,各种雅集层出不穷,仅杭州一处,就出现了西湖诗社、杭清吟社、白云社、孤山社、武林社、武林九友会等诗会;另如浙东的越中诗社、山阴诗社,浙西浦江的月泉诗社,江西的明远诗社、香林诗社及熊刚申、陈尧峰等人在龙泽山创办的诗社。这些诗社活动的时间主要集中在元初。同时还出现了一些书会,较著名者如关汉卿主持的玉京书会、马致远主持的元贞书会、肖德祥主持的武林书会,以及古杭书会、九山书会等。继之,元末士大夫雅集再起高潮,《明史·文苑传》云:"当元季浙东西士大夫以文墨相尚,每岁必联诗社,聘一二文章巨公主之。"清人赵翼亦说:"元季士大夫雅集,四方名士毕集","燕赏穷日夜,诗胜者辄有厚赠"④。大体来看,元末士大夫雅集主要包括"雅集"、"书会"、"诗社"、"诗会"、"诗社"等名目,代表性的如下表所示:

---

① 东汉末年的"邺下文人",即以三曹、七子为代表的建安文学集团。魏晋时期,如阮籍等"竹林七贤"、王羲之等兰亭修禊、孙绰等永嘉集团、潘岳等太康作家群,以及释慧远与刘遗民、雷次宗等在庐山所结的白莲社、贾谧门下"二十四友"雅集、石崇金谷园雅集等。

② 如白居易等在洛阳组织的九老会,颜真卿、陆羽等人组织的吴兴诗会,已初具后世诗社的雏形。

③ 最早,有景德年间昭庆寺僧常师组织的西湖结社。此后,出现了徐俯等豫章诗社,叶梦得等许昌诗社,韩驹等临川诗社,范成大等昆山诗社,文彦博、富弼和司马光组织的洛阳耆英会,文彦博组织的同甲会,司马光组织的真率会,等。

④ 赵翼:《廿二史札记》卷三〇"元季风雅相尚"条。

表 3.1 元末士大夫主要雅集一览表

雅集名称	主要成员	史料来源
玉山雅集	顾瑛、杨维桢、柯九思、倪瓒、张雨,等	顾瑛《玉山名胜集》卷 2《雅集志》
北郭诗社	高启、杨基、张羽、徐贲、王行、吕敏、陈则,等	高启《凫藻集》卷 2《送唐处敬序》
耕渔轩雅集	徐达左、高启、谢应芳、王逢、高启、杨基、徐贲、张羽、杨维桢、许有壬、释道衍等	张雨《句曲外史集》补遗卷中《耕渔轩》
聚桂文会①	濮允中、杨维桢、江翰、周棐、吴毅,等	杨维桢《东维子集》卷 6《聚桂文集序》、卷 17《聚桂轩记》
应奎文会	吕良弼	《东维子集》卷 24《故义士吕公墓志铭》何良俊《四友斋丛说》卷 16
醉樵歌文会	饶介、高启、杨基、张羽、王行、宋克,等	《明史》卷 258《张简传》
景德诗会	曹睿之	沈季友《槜李诗系》卷 6
壶山文会	宋贵诚、方朴、朱德善、蔡景诚、陈本初、杨元吉、陈观、陈必大、吴元善、黄性初,等	乾隆《福建通志》卷 66《杂记》
南湖诗会	缪思恭	沈季友《槜李诗系》卷 6
续兰亭会②	刘仁本、赵俶、谢理、朱右,等	刘仁本《羽庭集》卷 5《送物元卓上人序》《元明事类钞》卷 3
东山赏梅诗会	戴良、桂彦良、王彦贞、沈师程、刘庸道,等	戴良《九灵山房集》卷 21《东山赏梅诗序》
云间诗社	杨维桢	杨维桢《复古诗集》卷 5《香奁集》序
狮子林雅集	释惟则、倪瓒、高启,等	朱德润《狮子林图》、释道恂《师子林纪胜集》
圭塘雅集	许有壬、许有孚、许桢、马熙,等	《四库全书总目》卷 167《圭塘欸乃集》提要许有壬《圭塘小稿》等
江村诗会	吴先生	唐桂芳《白云集》卷 7《江村诗会跋》

---

① 按:沈季友《槜李诗系》卷五《濮允中》载为"丛桂文会",云:"元末浙西,岁有诗社,(濮)允中集一时名士吴毅辈为丛桂文会,以文卷赴者五百余人,延杨铁崖(杨维桢)、江朝宗(江翰)读书桐香室,埋名不出。时贝琼结屋殳山,鲍恂居郡城之西溪;四方避地者,温州陈秀民居竹邻巷,闽人卓成大居罾川,江阴孙作居南湖,昆山顾德辉居合溪,天台徐一夔居春波门外,河南高巽志、江都丘民、钱塘陈世昌皆来侨居四明,周棐以宣公书院山长留居梨林,日以文酒倡酬山水间,传为胜事云。"

② 清人姚之骃《元明事类钞》卷三"上已"条载:"至元庚子(按:当作至正庚子,即 1360 年),刘仁本治师余姚州,作雪咏亭于龙泉左麓,仿佛兰亭景物,集名士赵俶、谢理、朱右、天台僧白云以下四十二人,修禊赋诗,名曰续兰亭会。"

雅集名称	主要成员	史料来源
总管诗会	朱克用	唐元《筠轩集》卷9《朱克用总管诗会序》
月泉社	吴清老、谢翱，等	赵翼《廿二史札记》卷30"元季风雅相尚"条 雍正《浙江通志》卷279《杂记》
白莲诗会	舒頔	舒頔《贞素斋集》卷7《月下白莲诗会》
鹤亭雅集	吕诚、郭羲仲、陆良贵、郭翼、陆仁、袁华，等	顾嗣立《元诗选》三集卷15《吕诚》
野航轩雅集	袁华	袁华《耕学斋诗集》卷3《野航轩雅集分韵得秋字》
义兴雅集	周砥、马孝常，等	顾嗣立《元诗选》三集卷13
虎丘燕集	马麐	顾嗣立《元诗选》三集卷15
梅雪斋雅集	张雨	张雨《句曲外史集》补遗卷上《梅雪斋雅集分题得酒香》

除了上述规模较大、影响较大的雅集外，一些临时性的聚会交游更是不胜枚举，如芳桥宴集、南山宴集、石门宴集、云林堂宴集、东山宴集、池亭雅集、鳌溪宴集、桐江宴集、西湖雅集、林泉雅集、道馆雅集、翠涛轩雅集、南园宴集等；而"其他以名园、别墅、书画、古玩相尚者，更不一而足"①。总体来看，与前代相比，此期士大夫雅集呈现出如下五个显著特点：

1.从活动区域看，元末雅集主要集中在江南地区。自元统一以后，江南经济发展迅速，城市规模不断扩大，尤其是苏州、松江、昆山、无锡、长洲、杭州、嘉兴、绍兴等处，至元末已成为江南经济文化中心。生活在其中的文人学士人，大都与官绅商贾、市井艺人有密切交往，流连于城市的繁华生活，甚至像顾瑛、徐达左、倪瓒等自身即为富商。由此，江南地区成为雅集最为集中的地区，如昆山的玉山雅集，苏州的北郭雅集，松江的应奎文会，东吴的醉樵歌文会，等等。应该说，江南士大夫雅集的活跃，与元末江南城市经济的发展密切相关。

2.参加雅集者身份复杂，主要由四部分组成：一是民间艺人；一是科场、仕途失意的文人；一是宗教人士；一是在任的官员。以玉山雅集为例，"诸君子者乃出处不齐"②，"今之名卿大夫，高人韵士与夫仙人、释氏之流，尽一时之选"③。其中，在

---

① 赵翼：《廿二史札记》卷三〇"元季风雅相尚"条。
② 陈基：《夷白斋稿》外集卷下《玉山草堂分韵书序》。
③ 顾瑛：《玉山名胜集》卷一《延陵吴克恭寅夫序》。

任官员如柯九思、张翥、杨维桢、贡师泰、许有壬等。宗教士人中,僧人有释良琦、元本、子贤、宝月、广宣、释道衍等;道士有张雨、于立、张简、余善等。此外,则多为民间艺人和失意文人,这是参加雅集的主体成员。从地域来看,由于雅集主要集中在江南地区,故参加者多来自江浙、江西等处,其他各省也有寓居江南者,如河南人陆仁①、高逊志(一作高巽志)②元末就寓居江南,并参与文人雅集。殊堪一提的是,部分士大夫还参见了两个或两个以上雅集诗会,如上表所列杨维桢、高启、杨基、张雨等即是如此。要之,元末士大夫在交游过程中,已打破地域界限,在江南这一较大的区域内进行频繁的交游,这种风气表明此期士大夫的群体意识开始增强。

3.雅集次数多、规模大。如玉山雅集,这是元末参与士大夫最多,活动最频繁,规模最大,历时最久的文人雅集。自建成后,举办各种文宴诗会达五十多次,仅至正十年(1350年)一年就达二十六次,创最高纪录;而一般的觞咏之会,玉山草堂几乎每月皆有,先后参与者达一百四十余人(具体名单见下文),可谓群贤毕至,胜流如云。又如聚桂文会,"以文卷赴其会者,凡五百余人"③。再如北郭诗社,一般认为由十人组成,但在具体交游过程中,十人到底为谁,史料所载相左④。总括起

① 顾嗣立:《元诗选》三集辛集《陆问南仁》载:"陆仁,字良贵,河南人,寓居昆山。……与郭翼羲仲、吕诚敬夫相唱和。"

② 沈季友:《檇李诗系》卷六《高太常巽志》载:"高巽志,一作逊志,字士敏,号啬庵。河南人。元末侨居郡中,尝受业于宣城贡师泰、鄱阳周伯琦,遂昌郑元祐。"

③ 杨维桢:《东维子集》卷六《聚桂文会序》。

④ 高启在《送唐处敬序》中云:"余世居吴之北郭,同里之士有文行而相美善者,曰王君止仲一人而已。十余年,徐君幼文自毗陵,高君士敏自河南,唐君处敬自会稽,余君唐卿自永嘉,张君来仪自浔阳,各以故来居吴,而卜第适皆与余邻,于是北郭之人物遂盛矣。"指出有王行、徐贲、高逊志、唐肃、余尧臣、张羽、高启七人。此外,在明代,如:焦竑《玉堂丛语》卷一称:"张羽……与高季迪、杨孟载、徐幼文、王止仲、张子宜、方以常、梁用行、钱彦周、浦长源、杜彦正辈结诗社,号'十才子'。"包汝楫《南中纪闻》云:"洪武初,张羽、杨基、高启、徐贲皆有盛名,世以拟唐初四子。又张羽诗社,自高季迪、杨孟载、徐幼文外,有张子宜、方以常、王子仲、浦长源、杜彦正、钱彦周、梁用行辈,号'十才子'。"黄暐《蓬轩类记·著作记》"张适"条:"张适,字子宜。……元季隐居不仕。洪武初,宋濂荐修《元史》,拜水部郎中,未几辞归,与高季迪、杨孟载、张来仪、徐幼文、王止仲、梁用行、方以常、钱彦周、杜彦正、浦长源辈结为诗社,号'十才子'。"在清代,王鸿绪《明史稿》列传一六一《高启传》载:"高启,字季迪,长洲人,博学工诗。家北郭,与王行比邻,其后徐贲、高逊志、唐肃、宋克、余尧臣、张羽、吕敏、陈则皆卜居与相近,号'北郭十友',又以能诗号'十才子'。"《明史》采此说。陈田《明诗纪事》甲籤卷八"余尧臣"条载:"余尧臣与杨基、张羽、徐贲、王行、王彝、宋克、吕敏、陈则、释道衍为高季迪北郭十友。"朱彝尊《静志居诗话》卷三引钱谦益语云:"唐卿居会稽,……后入吴,居北郭,与里中杨基、张羽、徐贲、王行、王彝、宋克、吕敏、陈则、释道衍为高启十友。"陈衍《石遗室诗话》舍王彝而取杨基,以"高启、杨基、张羽、徐贲、余尧臣、王行、宋克、吕敏、陈则、释道衍为'北郭十友'"。可见,"十才子"与"北郭十友"之间有明显区别:"十才子"之称起源于明初,而"北郭十友"之称则流行于清代,二者成员组成互异,实际上是由北郭诗社在不同时期参加者不同造成的。

来,可以入"十子者"有:王行、徐贲、高逊志、唐肃、余尧臣、张羽、高启、杨基、张
适、方彝、钱复、梁时、浦源、杜寅、宋克、吕敏、陈则、王彝、释道衍等。此外,壶山
文会,据乾隆《福建通志》卷六六载:初入会者九人:宋贵诚、方朴、朱德善、邱伯
安、蔡景诚、陈本初、杨元吉、刘晟、陈观;后入会者十三人:陈惟鼎、李芯、郭完、陈
必大、吴元善、方烔、郑德孚、黄性初、黄安、陈熙、方担、叶原中、清源方外士,共二
十三人,"月必一会"①。应奎文会,"一时文士毕至,倾动三吴"②。醉樵歌文会,
"四方名士毕至,宴赏穷日夜"③。如此浩大的交游声势,造就了元末文坛的繁荣
景象。

4.雅集组织相对正规、严密。宋代以前,文人诗社的组织较为松散,与一般
分韵赋诗的文人雅集并无二致。至元末,雅集组织相对正规、严密。以诗社为
例,明人李东阳《怀麓堂诗话》卷一云:"元季国初,东南人士重诗社,每一有力者
为主,聘诗人为考官,隔岁封题于诸郡之能诗者,期以明春集卷。私试开榜次名,
仍刻其优者,略如科举之法。"大体交代了诗社活动的程序一般为:由一人或数
人召集主持;向各地发出征诗启事,定出诗题、写作要求及提交时间;聘请有名望
的硕彦鸿儒担任考官,主持评裁;选出优胜,排定名次,写出评语,予以奖赏。这
俨然是一个组织有序的文学社团了。而在一般的雅集中,也有一些奖励规定,如
饶介主持的醉樵歌文会,"尝大集诸名士赋《醉樵歌》,(张)简诗第一,赠黄金一
饼;高启次之,得白金三斤;杨基又次之,犹赠白金一镒"④。吕良弼主持的应奎
文会,"聘四方能诗之士,请杨铁崖为主考,第其甲乙,厚有赠遗"⑤。

5.雅集以诗赋唱和为主,大多不出寄兴闲情、诗酒唱和、迎来送往、切磋诗艺
的范围。如《玉山名胜集》描述了玉山雅集一个情景:至正八年(1348年)二月
十九日,"杨侯铁崖宴于顾君玉山,赋咏叠笔……余后半月与吴兴郏九成至,玉
山顾君张乐置酒,清歌雅论,人言不减杨侯。雅集时,既酣畅,顾君征予赋诗,然
予于声乐诗咏何有哉?适其所遇而不违耳。"⑥袁华在《可传集》记道:至正十年
(1350年)秋七月廿九日,"予与龙门山人良琦、会稽外史于立、金华王祎、东平赵
元宴于顾瑛氏芝云堂。酒半,以古乐府分题,以纪一时之雅集,诗不成者,罚酒二

---

① 乾隆《福建通志》卷六六《杂记》。
② 何良俊:《四友斋丛说》卷一六《史十二》。
③ 张廷玉:《明史》卷二八五《张简传》。
④ 张廷玉:《明史》卷二八五《张简传》。
⑤ 赵翼:《廿二史札记》卷三〇"元季风雅相尚"条。
⑥ 顾瑛:《玉山名胜集》卷二。

舣。"在此过程中,产生了杨维桢《同郯九成过玉山舟中联句》、顾瑛《湖光山色楼联句》和《书画舫联句》、张雨《灯花联句》等一系列唱和联句。不仅如此,雅集中还产生了《草堂雅集》①、《玉山名胜集》、《玉山名胜外集》、《玉山纪游》、《西湖竹枝词》②、《群英诗会》③、《东皋唱和卷》④、《初阳台唱和卷》等诗词汇编。这些作品生动记录了元末士大夫雅集的真实画面,具有重要的文学价值与史学价值。很明显,元末雅集不再是前代文人消闲生活的点缀,而成了他们重要的生活内容。

(二)问友学:"朋友以道艺、文学相切磋"

元末士林对朋友之伦特别重视,所谓"天下之大伦五,友居其一,人不可以无友也"⑤。以期通过友伦以求学问道,进德修业,"朋友以道艺、文学相切磋者,天下之至乐也。是故合志同方,营道同术,并立则乐,相下不厌者,儒行之所美"⑥。所以"问友学"成为元末士人交游的一个重要方式。

1.元末许多士大夫有着较强的亲师取友热情。时人徐一夔的话大体道出了他们的心境:

> 君子为学求道,其可有自足之心乎?不可也。盖天下万事皆有足,惟为学求道不可以有足,是以广于取友。故近而一乡之士,远而一国之士,又远而天下之士,无不友焉。犹未足也,虽古之人亦尚友之。呜呼!学而至于尚友,未易言也。……今人生而同世,学而同道,以某问某,犹有不知者,而况立乎千百世之下,而取千百世之上之人友之,不已夸乎!……所谓一乡之

---

① 杨维桢《东维子集》卷七《玉山草堂雅集序》载,是集乃"昆山顾仲瑛裒其所尝与游者,往还唱和及杂赋之诗,悉锓诸梓,编帙既成,求余一言以引诸首。……此草堂雅集之出于家,而布于外也。集自余而次,凡五十余家,诗凡七百余首,其工拙浅深自有定品,观者有不待余之评裁也。"

② 杨维桢在《西湖竹枝词》中介绍创作情况云:"予闲居西湖者七八年,与茅山外史张贞居、苕溪郯九成辈为唱和交。水光山色,浸沈胸次,洗一时尊俎粉黛之习,于是乎有《竹枝》之声。好事者流布南北,名人韵士属和者无虑百家,道扬讽喻,古人之教广矣。"(《元诗选》初集辛集《铁崖先生杨维桢》)

③ 舒頔《贞素斋集》卷二《群英诗会序》云:"吾乡诸友遭群凶攘窃之余,复形诸咏歌,发其铿锵之音,宣其湮郁之气,和其性情之美,或登高临深,或良辰美景,或悲忧愉逸,一于诗是寄诗其将兴乎,然而诗之义有六,比、兴、赋、风、雅、颂是已;诗之格有四,清、奇、古、怪是已,此举其大略耳。"

④ 王行《半轩集》卷八《跋东皋唱和卷》载:"卷右诗一卷,渤海高启季廸、蜀山徐贲幼文、访梁溪吕敏志、学甫于东皋所唱和也。初吴城文物,北郭为最盛,诸君子相与无虚日,凡论议笑谈,登览游适,以至于琴尊之晨,芗茗之夕,无不见诸笔墨间,盖卷帙既富矣。"

⑤ 刘基:《刘基集》卷三《尚友斋记》。

⑥ 陈谟:《海桑集》卷六《送王子敬诗序》。

士，一国之士，天下之士，其必得而友之矣。①

在其看来，要"为学求道"，就须"广于取友"。由此，遍访各地俊贤能人，寻得志同道合的良师益友成为许多士大夫日常生活的重要组成部分。他们担簦负笈，游走四方，问友求师。如浙东不少士人流寓苏松，和吴中士人交游酬唱，像杨维桢、谢应芳、王逢、余尧臣、张雨、钱维善、陈基、徐贲、张羽、孙作、高逊志等即是玉山雅集的主要成员。曹知白，晚年以诗酒自娱，"醉即漫歌，掀髯长啸，人莫窥其际也"，四方士人闻其风者，争相与其交游。② 甚至有些士大夫为了求得挚友，甘愿承受奔驰之苦。如：郑玉，安徽歙县人，雅好登临，曾"南游浙左右，北上燕蓟，跨齐鲁之墟"③。在壮游大都时，他曾向虞集、揭傒斯、欧阳玄等请教诗文；后又与余阙、危素最为相知，由此"文名大振"④。陈焕翁，崇尚科目，尝以《尚书》试科考，屡遭摈斥，遂"泛舟东下，过彭蠡而览匡庐，泛大江以达秦淮，历览吴晋齐梁之都，以挹其山川之奇气，与当时之名卿贤士，议论上下，倾倒纶至"⑤。周正道，侨寓吴下，"求友从师，不惮千里"⑥。这种长途漫游、求友四方的生存状态，有意识地突破了乡里界限，展现了一种"大天下"的异样气象；而这种气象的出现与当时便利的交通网络、日益盛行的旅游风气有着密切关系。

同时，在观念上，元末士人强调朋友之于成德的必要性，"嗟乎！世乌有不因其友以成其德者"⑦，"夫友者，度其德则齐，比其义则叶，以相交益为道者也"⑧，意谓只有通过朋友之间相互商榷辩难，才能在成德的道路上不断精进，实现修身养性、进德修业的目的。又注重在言论和行动上展现以友为重的精神，"平生喜求友，结托尽名士"⑨，希望通过朋友之间的交游唱和，分享彼此的心灵世界，寻求彼此的共鸣点，一定程度上形成一个独具特征、自我认同的"圈子"。

2.元末士大夫在交友之时不忘求学问道。这主要包括两种方式：一是拜师学艺。当时的鸿儒俊贤往往是士人们追慕的对象，像虞集、黄溍、贡师泰、柯九思、杨维桢、顾瑛、张雨等，许多士人翕然从之。如戴良、宋濂、王祎、傅藻、李唐、

---

① 徐一夔：《始丰稿》卷一《尚友说》。
② 贡师泰：《玩斋集》卷一〇《贞素先生墓志铭》。
③ 汪克宽：《环谷集》卷八《师山先生郑公行状》。
④ 汪克宽：《环谷集》卷八《师山先生郑公行状》。
⑤ 李祁：《云阳集》卷四《陈古春诗序》。
⑥ 倪瓒：《清閟阁全集》卷一〇《拙逸斋诗稿序》。
⑦ 杨翮：《佩玉斋类稿》卷一《尚友斋记》。
⑧ 赵汸：《东山存稿》卷七《尚友斋铭并序》。
⑨ 王祎：《王忠文集》卷一《赠别彭仲愈分得水字》。

郑涛、杨苕、蒋允达等从黄溍游;金信、薛伦、任晖、卫仁近、郭翼、卢彦昭、吴毅、忻怀、色目人宝宝等从杨维桢游。这中间,顾瑛更是一个好文喜客、热衷于讲学接友的学者,其超脱豪迈的情志为东南士人所激赏,许多文人名士投于玉山门下,形成了独树一帜的"玉山学派"。同时,一些士人为了拜师求学,甚至"不远数千里鼓箧而逊志焉","盖子弟之欲就其业者,不可以不游也"①。如高以敬,"学科举业,将从师于闽",刘基赞曰:"生年甫弱冠,去乡里,违家室,以求师于千里之外,其志可谓勤矣。"②作为文人之师,门下有若干俊杰之士确乎是一种荣耀。

二是与友游学。这是士人最基本、最常见的交游方式。元末士人重视友伦的风尚与其游学聚会相伴随,许多人借助雅集、宴集等形式相聚一起,商榷学问,赋诗助兴,感慨人生,在不断的交游中逐渐形成某些共同的人文追求和心理趋向。这一点,在前述雅集活动中表现得尤为突出。此外如:王冕在至正初年漫游南北名郡,除了观山览水,体察社会,填补仕途失意的空虚外,另一重要目的就是欲在游历之中与各地名贤切磋学问。如在大都时,他与秘书卿泰不华等交往甚笃,商榷画艺,名动京师。高启在吴中与四方士人饮酒赋诗、次韵酬和,如《大全集》卷一四载有《与会稽张宪夜饮观铜台季壮士舞剑而作》、《与张宪、金起、王隅同赋》、《与青城杜寅、郯郡徐贲游白莲寺见病柏而作》、《与浔阳张羽、太原王行、郯郡徐贲游虎阜用壁间颜鲁公韵作》、《与金华宋璲、张孟兼作》等不少联句唱和之作。杨基曾梦见元末时与高启论学的场景,谓:"夜梦与季迪论诗,已而各出诗稿,互相商榷。季迪在吴时,每得一诗必走以见示,得意处辄自诧不已。"③胡翰(1307—1381年),字仲申,金华人,尝游寓金陵,"从先生长老考德问道"④。潘纯,字子素,博古通今,壮游大都,"名公大人无不与文"⑤。在交游过程中,这些士人之间追求的是一种文化层面的接触和交流,侧重于对自身文化功能的构建和完善,所谓"游而学焉,可以成其德"⑥,客观上有利于活跃元末的文化氛围,推动文化事业的发展。

(三)求仕进:"游而仕焉,可以行其道"

在通过科举等正常途径难以入仕的情况下,元末不少士人将出游看作成就

---

① 陈高:《不系舟渔集》卷一一《送章氏二生游国学序》。
② 刘基:《刘基集》卷二《送高生序》。
③ 杨基:《眉庵集》卷一一《梦故人高季迪三首》。
④ 胡翰:《胡仲子集》卷五《送吴思道归金陵序》。
⑤ 顾瑛:《草堂雅集》卷六《潘纯》。
⑥ 陶安:《陶学士集》卷一一《送刘仲修远游序》。

功名的一条出路。他们以为："游而仕焉，可以行其道"①，"士不好游，则名不扬"②，名不扬则不能为时人、朝廷所知，也就难能获得一官半职。如：儒士刘天吉，江西永新人。初教授乡里，叹曰："嗟乎！予之不遇也。予岂能郁郁居此哉？"于是慨然远游。离别时，好友李祁赠言："夫士之遇于时也，非徒安坐此室以俟。夫人之知也，必其学问之充，闻见之广，而又加之以交游之多，援引之重，然后足以得名誉而成事功。……今子以学问文章之富而自限于闾里，其不遇于时无恤也，然则子之行也，其将在渊之珠，在山之玉乎，抑将以蕲乎匠石伯乐之知乎，予于是有望矣。"③李祁所言，肯定了刘天吉的行为，亦道出了士人出游求仕的心声。周彦升，安徽宣城人。游寓金陵数年，"久而未禄"，翻然有远游之念，感叹："求显荣于时，乃麕麕处乡里，又安所得乎？吾当浮大江，逾长淮，遡黄河而上之，过齐鲁之邦，览观岱岳之雄，北抵燕畿，观光于阙庭，与天下豪士结交，吐吾术以臧否人物，震撼公卿，其或吾志可伸矣。"④倪骧（1293—？年），字子举，浙江吴兴人。尝走京师，以其所学自荐，不合，即绝仕宦志。⑤ 杨敬修，金陵人，尝游京师，出入缙绅之间，"礼乐衣冠文物之习。日接乎耳目"⑥。王祎，至正初以布衣游大都，上书平章扎拉尔"以自见"。⑦

无可否认，元末士人出游求仕，确实有不少人获得功名。如：李裕，字公饶，曾游京师，撰《至治圣德颂》一篇，"诣丞相府上之，丞相以闻英宗，召见玉德殿，令宿卫禁中"⑧。戴仲庸，负跌宕不羁之才，浪游湖海之间，"所遇王公大人皆朝廷重臣，为一时知己交"；后翰林承旨垫里公以茂才举，"始遂初志"⑨。李士赡（1313—1367年），字彦闻。至正初，以布衣游大都，平章政事悟良合台等荐之，用为知印。⑩傅若金（1303—1342年），字与砺，自幼工诗，受业范梈之门。至顺三年（1332年）北游大都，虞集、宋褧以异材推荐。顺帝即位，授官参佐，出仕安南（今越南）。⑪

① 陶安：《陶学士集》卷一一《送刘仲修远游序》。
② 乌斯道：《春草斋集》卷八《送刘庸道游闽中序》。
③ 李祁：《云阳集》卷五《赠刘天吉序》。
④ 陶安：《陶学士集》卷一二《送周彦升北上序》。
⑤ 杨维桢：《东维子集》卷二六《故处士倪君墓志铭》。
⑥ 刘仁本：《羽庭集》卷五《送杨敬修赴都序》。
⑦ 王祎：《王忠文集》卷一六《上平章扎拉尔公书》。
⑧ 宋濂：《文宪集》卷二一《元故承务郎道州路总管府推官李府君墓志铭》。
⑨ 舒頔：《贞素斋集》卷二《送戴山长之清忠书院序》。
⑩ 柯劭忞：《新元史》卷二一六《李士赡传》。
⑪ 柯劭忞：《新元史》卷二三八《傅若金传》。

卞深,河北大名人,至正初游学京师,补国子生。① 杨铸,字季子,江西南昌人。游京师,逢修三史,入史馆为校勘史事。② 李序,字仲伦,浙江东阳人。游京师,因许有壬举荐授浙江学官。当然,通过出游而获得官职者仅是少数,更多的士人并不能在游仕过程中求得一官半职,一如陶安所说:"今之世南士志于名爵者,率往求乎北;北士志于文学者,率来求乎南。求名爵有命,得不得未可期也,求文学委心穷理,必期于得也。"③

元末士人在游仕过程中,一般注重两个问题:一是出游的地点。士人心目中最理想的出游地点自然是政治中心大都,用他们的话说就是:"人有艺能术智者,莫不辐集京师,务以自售,展其四体,光大其业"④;"士有学周孔之艺者,不幸不荐于有司,而其志不甘与齐民共耕稼,则思自致于京师"⑤;"君子有志当世者,悉置身辇下,以备采擢,以利邦家"⑥。一是重视人际关系的建立,尤其重视和名公巨卿进行交往,希望通过他们的举荐以获取功名,"当世进取之士,必幸遇夫知己,而后庶几可以成名"⑦,"百年身世归歌咏,一代交游在缙绅"⑧。对于元末士大夫的游仕行为,尚不能单纯以沽名钓誉、显亲扬名来评价;相反,在仕途壅滞的困境中,他们仍能以一种迫切的热诚致力于远游求仕,表现出强烈的政治思虑和经世意识。而且,游仕行为也体现了元末士大夫多维的价值趋向和开放的价值视野,身处宽松的统治环境中,他们能够及时调整自己的价值观念以适应社会上出现的各种挑战。

实际上,元末交游之风的盛行,是士大夫与国家、社会内在关系紧张的一种体现。以科举制度为例,时人有言:"自宋科举废而游士多,自延祐科复而游士少。数年科暂废而游士复起矣。盖士负才气,必欲见用于世,不用于科则欲用于游,此人情之所同。"⑨明确指出了科举废设与游士多少之间的关系。顺帝年间,虽持续推行了科举制度,但通过此途进入政治中心者毕竟少数,由此多数士大夫不得不在仕途之外寻求其他生存方式;而交游作为一种既可以展现文化功能,又

---

① 柯劭忞:《新元史》卷二三〇《卞深传》。
② 王祎:《王忠文集》卷五《杨季子诗序》。
③ 陶安:《陶学士集》卷一二《送易生序》。
④ 吴海:《闻过斋集》卷四《心远堂记》。
⑤ 杨维桢:《东维子集》卷八《送于师尹游京师序》。
⑥ 刘仁本:《羽庭集》卷五《送杨敬修赴都序》。
⑦ 杨翮:《佩玉斋类稿》卷六《送曹元章之金陵序》。
⑧ 张昱:《可闲老人集》卷二《伯雨画像》。
⑨ 刘诜:《桂隐文集》卷二《送欧阳可玉》。

可以一定程度上实现政治功能的生存方式,自然被士大夫所热衷。从文化功能上看,他们可以在交游酬唱、求学问道的过程中创作诗文,获得知识,修身成德;也可以在遍游大江南北之时,观览古迹名胜,体察社会民情,创作大量怀古言志、揭露现实、抒发情怀的文化成果。从政治功能上看,他们可以通过游仕幸运地获得一官半职,有了直接参与国家事务的机会;也可以在交游时向名公巨卿提出治国安邦的建议,一定程度上践履了自身的政治功能。

总之,元末士大夫的各种交游方式表现出鲜明的特点:一是区域特征鲜明,主要集中在吴中、浙东、浙西及大都等地区。二是各种交游相对自由,诸如交游方式、交游地区及交游环境都有较大的自由度,甚至交游中的言论行为也很少受到各种外来的干预和限制。正因如此,当时许多士大夫虽然在政治上是失意的,但在雅集交游中总体表现出一种悠然自适、纵情放逸的情趣,"澄心以逍遥,坻流任行止"①。

二、区域士人群体的形成

元末士人群体的交游不仅是学术性的,同时也是地域性的。一如前述,他们的交游区域主要集中在江南、东南及大都地区,这种具有方向性、自觉向文化发达地区的流动,加速了士人的区域性汇聚。由于他们趣味相同,意气相投,所以自然易在交游中形成若干具有一定规模、且独具特色的区域性士人群体和流派。进而言之,这些士人群体和学术流派的不断发展壮大,据实展现了元末士人学术活动的热闹场景,客观上推动了宋代以来江南、东南区域文化的发展繁荣,使士人的聚点随之亦成为文化的中心,从而促成了浙东、吴中等相对独立又相互联系的"文化圈"。从这个意义上说,宋元以来江南区域"文化圈"的形成和发展与士人群体向这一地区的流动有着密切联系。

(一)浙东士人群体

历史上的浙江,文化昌盛,俊杰辈出,号为人文渊薮,尤其是宋室南渡后,浙江一度成为政治文化的中心,学者云集,思想迭起,蔚为文化史上之壮观。承南宋之余绪,浙江在元代仍为"理学之统会"②,"东南文献之邦"③。至元末,以婺州④、

---

① 刘基:《刘基集》卷一三《九日舟行至桐庐》。
② 陶安:《陶学士集》卷一一《送金梅窗序》。
③ 宋濂:《文宪集》卷二○《唐思诚墓铭》。
④ 据《元史·地理志》载:婺州路唐初为婺州,又改东阳郡。宋为保宁军。元至元十三年(1276年),改婺州路。有221118户,1077540人。领浙东海右道肃政廉访司,金华、东阳、义乌、永康、武义、浦江六县和兰溪州。

绍兴、台州、温州、处州为中心的浙东地区进一步成为浙江乃至全国的文化重镇，大量士人聚集于此，形成了独具特色的浙东士人群。于此，欧阳光《论元代婺州文学集团的传承现象》一文和徐永明《元代至明初婺州作家群研究》的第一章，已对元末婺州士人作了较详细的分析研究，后者还开列出元代婺州文人群体的名单。① 以此为基础，本书拟以师友关系为切入点，进一步对元末浙东士人群体的构成及特征予以考察。

1.浙东士人群体的构成。以婺州地区为例，时人苏伯衡说："吾婺以学术称者，在至元中则金公吉甫（金履祥）、胡公汲仲（胡长孺）为之倡，汲仲之后则许公益之（许谦）、柳公道传（柳贯）、黄公晋卿（黄溍）、吴公正传（吴师道）、胡公古愚（胡助），卓立并起；而张公子长（张枢）、陈公君采（陈樵）、王公叔善（王余庆），又皆彬彬和附于下。当南北混一，方地数万里，人物非可亿计，而言文献之绪者，以婺为称首，则是数君子实表砺焉。"②这些人皆为名重一时的鸿儒硕士，也是浙东士人之先导，在他们的引领下，元末形成一大批"师承有自、矩矱秩然"③的贤良俊才。如浦江吴莱（1297—1340 年），弟子有金华胡翰（仲申）、宋濂和浦江郑涛（字仲舒）、郑铭（字景彝）、郑深（字仲几）等；浦江柳贯（1270—1342 年），弟子有金华宋濂，浦江戴良、义乌王祎、绍兴路余姚杨璲（字元度）等。兰溪吴师道（1283—1344 年），弟子有徐原（字均善）、董思曾（字心传）、吴沉（字浚仲）、赵良恭（字敬德）、严天瑞（字景辉）、童梓（字良仲）等；义乌黄溍（1277—1357 年），弟子有金华宋濂、浦江戴良、郑涛，义乌朱廉（字伯清）、金涓（字德原）、杨荮（字仲彰）、傅藻（字伯长）、王祎，东阳蒋允达（字季高）、李唐等；许谦（1270—1338 年），在其隐居东阳八华山期间，学者翕然而至，从学者千余人，其中声名较著者仅金华就有范祖干（字景先）、叶仪（字景翰）、汪祀（字元明）、许元（字存礼）、唐怀德（字思诚）等。除婺州士人外，元末浙东地区的知名士人尚有：处州刘基、章溢（字三益）、胡深（字景渊），温州洪钦（字元成），绍兴申屠澂（字敬仲，黄溍门人）、陈大伦（字彦理），台州潘伯修（字省中）、陈基（字敬初，黄溍门人）等。总体上，元末浙东士人群体基本出自本土，具有较强的地缘关系；同时，群体的形成主要是通过师生、同门关系确立起来的。

2.浙东士人群体的特征。（1）承宋代以来金华、永嘉、永康学派的经世精神，

---

① 欧阳光：《论元代婺州文学集团的传承现象》，载《文史》第 49 辑，中华书局 1999 年 12 月版；徐永明：《元代至明初婺州作家群研究》，中国社会科学出版社 2005 年版。

② 胡翰：《胡仲子集》卷五《华川集序》。

③ 张廷玉：《明史》卷二八二《儒林传》。

元末浙东士人群体将经世致用、济世救民、明王道、行仁政作为共同的志向。一方面,他们倡导不事游谈、讲求笃实之学,强调学术的社会功用,即要"救当时之失,垂戒警于后世"①,"凡有关民用及一切弥纶范围之具,悉囿于文,非文之外,别有其他也"②。在学术生活中,他们"或谈性命道德之奥,或论古今人事之得失,民生之利害,或雅歌投壶,弹棋击筑,以尽其欢忻"③,所著诗文多"和易平实,无纤丽之态"④。同时,他们批评学界流行的空疏纤巧之辞说:"今世之以诗鸣者,蜂起而泉涌,其视唐宋又似有所未逮,姑置之勿论。间有倡为江南体者,轻儇浅躁,殆类闾阎小人骤习雅谈而杂以亵语"⑤,"文章舍六经弗讲,而事浮词绮语,何哉?"⑥另一方面,他们具有较强的入世意识和建功立业的志向。如柳贯官至翰林待制、黄溍官至翰林侍讲学学士、胡助官至太常博士、吴师道官至礼部郎中等;王祎曾以布衣向时宰上书"自见";宋濂、刘基屡试科举;在元末农民战争中,刘基、宋濂、王祎、章溢、胡翰、吴沉、范祖干等浙东士人纷纷投身于政治斗争中,一些人最终位至通显,成为明初风云人物。凡此,皆表现出浙东士人强烈的社会责任感和参与政治生活的热情。

(2)在理学方面,得朱学之正统。元代浙江朱子之学最昌盛的一支是以何基(1188—1269年)、王柏(1197—1274年)、金履祥(1232—1303年)、许谦(1270—1337年)等"金华四先生"为代表的朱子学派,其学术直接源自朱熹高弟黄榦(1152—1221年)。在元末,许多士人又通过师从许谦承续了朱学遗韵,以"理一分殊"为学术宗旨,推崇《四书》及《集注》,在修养论上强调以涵养本原为主,戒浮躁之气。如范祖干"以诚意为主,而严之慎独持守之功"⑦。叶仪说:"圣贤言行尽于六经、四书。"⑧唐怀德,"其学以濂洛为宗,粹然一出于正"⑨。戚仲咸,"潜心性理之学"⑩。马道贯,字德珍,金华人,师事许谦,

---

① 刘基:《刘基集》卷二《唱和集序》。
② 程敏政:《明文衡》卷一六宋濂撰《文原》。
③ 宋濂:《文宪集》卷五《景定谏疏序》。
④ 徐象梅:《两浙名贤录》卷二《瑞安州同知叶审言谨翁》。
⑤ 宋濂:《文宪集》卷九《樗散杂言序》。
⑥ 徐象梅:《两浙名贤录》卷二《鹿皮子陈君采樵》。
⑦ 徐象梅:《两浙名贤录》卷四《纯孝范景先先生》。
⑧ 徐象梅:《两浙名贤录》卷四《叶景翰先生》。
⑨ 徐象梅:《两浙名贤录》卷四《唐思诚先生》。
⑩ 徐象梅:《两浙名贤录》卷四《戚朝阳先生》。

"得濂洛之学"①。宋濂、王祎等人,亦以程朱为宗,融会理学诸派,提倡修身与治国的结合,注重心法,讲求持敬。② 上述学者的建树,对于元末理学的发展及明初理学"述朱"③局面的形成产生了重要影响。

(3)崇尚节义。浙东士人历来注重操行节守,故自唐宋以来,先后涌现出骆宾王、宗泽、梅执礼、滕茂实、黄中辅等一大批节义之士。④ 至元初,有方凤、吴思齐、谢翱创立,由南宋遗民组成的月泉吟社,"以风节行义相高"⑤;吴师道、柳贯、黄溍、吴莱、张枢等人则对岳飞、文天祥、陆秀夫的忠义事迹大加表彰。元末浙东士人承先贤之精神,也看重"风节行义"。如宋濂著《浦阳人物记》,将《忠义篇》置诸卷首,认为"忠义孝友"为"人之大节"⑥。王祎撰《文丞相画像记》,尤拳拳于文天祥的死节,而他自己在明初出使云南时也抗节而死,以实际行动践行了节烈之义。洪钦,温州人,"平居议论不依名节",后农民起义期间,张士诚欲用之,抗节不屈。⑦

(4)在文学创作上,浙东士人虽亦创作诗歌、散文,⑧但更擅长作文。如元末"文章四大家"中,浙东地区就有柳贯、黄溍两人。宋濂、王祎在明初总裁《元史》,参修的浙东士人还有朱廉、张孟兼、苏伯衡等,皆以文章名噪一时。其中宋、王二人,钱谦益称之:"国初之文,以金华(宋濂)、乌伤(王祎)为宗。"其中王祎之文"独心醉神融,若饮醇酎"⑨,宋濂更有明初"开国文章之首臣"的美誉。在文论上,浙东士人大体以"宗经"、"宗圣"为准则,以理明辞达为指归,"文以载道"的口号几乎成为其文论中的共同基调。如宋濂云:"文者,治具也,非指乎辞章"⑩;"文之所存,道之所存"⑪。王祎云:"君子之于文,止于理而已矣。"⑫应该说,浙东士人重视作文的创作倾向与其主张文章致用、不尚华藻的思想若出

---

① 徐象梅:《两浙名贤录》卷二《马德珍道贯》。

② 关于宋濂的理学思想,王春南在其《宋濂评传》(南京大学出版社 1998 年版)第十章有深入研究,可资参考。

③ 黄宗羲:《明儒学案》卷一〇《姚江学案》。

④ 徐永明:《元代至明初婺州作家群研究》,中国社会科学出版社 2005 年版,第 11—13 页。

⑤ 黄溍:《金华黄先生文集》卷三〇《翰林待制柳公墓表》。

⑥ 宋濂:《浦阳人物记》卷首"凡例"。

⑦ 徐象梅:《两浙名贤录》卷二《儒学提举洪元成钦》。

⑧ 参见前揭徐永明《元代至明初婺州作家群研究》第三、四章。

⑨ 王祎:《王忠文集》卷首宋濂《原序》。

⑩ 宋濂:《文宪集》卷六《讷斋集序》。

⑪ 宋濂:《浦阳人物记》卷下《文学篇》。

⑫ 王祎:《王忠文集》卷五《朱元会文集序》。

一辙。

(5)在生活中,浙东士人大多不喜声名酒色。如杨维桢评价黄溍说:"先生位至法从,萧然不异布衣时,又寡嗜欲,年四十即独榻于外,给侍左右者,两黄头而已。"①胡助,"生平诚实,素薄势利"②。陈樵,"生平未尝言利,家虽素饶,终其身恶衣菲食,澹如也"③。宋濂也不喜"声色之乐","独潜阃庐,五官内守,形若槀株"④。同样,他们的这种生活作风与其思想中敦厚稳健、正心修身的理学旨趣有着密切联系。

(二)吴中士人群体

吴中乃"东南文献之地"⑤,地理范围大概在以苏州为中心的苏南和浙西一带,主要包括苏州、昆山、无锡、松江、常州、长兴、江阴、湖州、嘉兴等地。吴中地区自宋代以来是全国的经济、文化中心,城市商业经济发展迅速,城市文化郁勃繁兴,文人学士交游密集。至元末农民战争前后,已初步形成了玉山草堂和以杨维桢为首的铁崖诗派两大士人群体,二者自成一派,又相互交游,共同构成了元末独具特色的吴中士人群。

1.玉山草堂士人群。对此,学界已有较为深入的研究,尤其是王忠阁《元末吴中诗派论考》⑥一书对吴中诗人的形成、创作活动及文学风格等进行了较系统的考究,但限于篇幅,书中尚未明确玉山草堂的成员构成及群体特征。鉴于此,以下撷拾相关史料,对玉山草堂士人试做统计,并在此基础上对其构成、地域来源等予以分析。

玉山草堂乃顾瑛所筑园林群。⑦ 顾瑛(1310—1369年),一名阿瑛,又名德

① 杨维桢:《东维子集》卷二四《故翰林侍讲学士金华先生墓志铭》。
② 徐象梅:《两浙名贤录》卷二《国子编修胡履信助》。
③ 徐象梅:《两浙名贤录》卷二《鹿皮子陈君采樵》。
④ 宋濂:《文宪集》卷二八《太乙玄征记》。
⑤ 嘉定人云都穆在《王常宗集原序》中言:"惟吴为东南文献之地,自汉唐以来名人魁士踵武相望。"
⑥ 王忠阁:《元末吴中诗派论考》,广西师范大学出版社1998年版。
⑦ 陈衍《元诗纪事》卷二七《顾谈》云:"顾阿瑛在元末为昆山大家,其亭馆盖有三十六处",明人郎瑛《七修类稿》卷四〇《顾陆李三子》:"顾有三十六亭馆"。但据《玉山名胜集》《光绪昆、新两县续修合志》统计,三十六馆分别是:玉山草堂、玉山堂、种玉亭、小蓬莱、碧梧翠竹堂、湖光山色楼、读书舍、可诗斋、醉雪斋、白云海、来龟轩、雪巢、春草池、绿波亭、绛雪亭、浣华馆、柳塘春、渔庄、书画舫、春晖楼、秋华亭、淡香亭、君子亭、钓月轩、拜石坛、寒翠所、芝云堂、金粟影、百花坊、嘉树轩、听雪斋、芙蓉馆、小东山、桃溪、菊田、芝室等,总名玉山佳处。

辉,字仲瑛,晚号金粟道人,昆山人。他出身豪门,不乐仕进,"轻财结客,豪宕自喜"①,好治园池,年三十时(约至元六年,即 1340 年),筑玉山佳处(玉山草堂),与高人俊流,置酒赋诗,觞咏唱和,"风流文雅,著称东南"②,"中吴多宴游之胜,而顾君仲瑛之玉山佳处其一也"③。

据顾瑛《草堂雅集》载,玉山雅集活动集中于至正八年(1348 年)至十二年(1352 年)之间,此即玉山之会的"黄金时期"④。期间,顾宅内外的燕集和宴游共约 60 次⑤,许多士人受顾瑛之邀,接踵而至,成为玉山常客。清四库馆臣云:"其所居池馆之盛,甲于东南,一时胜流,多从之游宴。……元季知名之士,列其间者十之八九。"⑥那么,当时参与玉山雅集的士人到底有多少呢?钱谦益《列朝诗集小传》甲集仅列出 37 人⑦,遗漏颇多。今笔者据顾瑛所编《草堂雅集》、《玉山名胜集》、《玉山名胜集外集》、《玉山璞稿》及相关史料,初步统计出在农民战争爆发前后(主要指至正十二年之前),参与集会的士人有 210 名,因其活动中心在玉山草堂,姑且称之为"玉山草堂士人群"。具体名单如下表所示:

表 3.2 "玉山草堂"成员一览表

姓 名	籍 贯	字 号	史料来源
黄 溍	今浙江金华人	字晋卿	《草堂雅集》卷 2
胡 助	今浙江金华人	字古愚	《草堂雅集》卷 12;《玉山名胜集》卷 1
虞 集	今江西崇仁人	字伯生	《玉山名胜集》卷 8
柯九思	今浙江台州人	字敬仲,号丹丘生	《玉山名胜集》卷 2;《明史》卷 285《顾瑛传》

---

① 张廷玉:《明史》卷二八五《顾瑛传》。
② 王鏊:《姑苏志》卷五四《人物·顾阿瑛》。
③ 陈基:《夷白斋稿》卷一三《玉山名胜集序》。
④ 邓绍基主编:《元代文学史》,人民出版社 1991 年版,第 520 页。
⑤ 黄仁生:《论顾瑛在元末文坛的作为与贡献》,《湖南文理学院学报》2005 年第 1 期。
⑥ 纪昀:《四库全书总目》卷一八八《玉山名胜集》提要。
⑦ 37 人分别指:柯九思、张羽、黄公望、倪瓒、熊梦祥、杨维桢、顾瑛、于立、张天英、张田、郯韶、刘西村、张简、沈明远、俞明德、周砥、瞿荣智、殷奎、卢昭、金翼、陈聚、陈基、张师贤、顾敬、郭翼、秦约、陆仁、王巽、卫仁近、吕恒、吴克恭、文质、聂镛、张渥、李廷臣、袁华、琦元璞。

姓　名	籍　贯	字　号	史料来源
张　翥	今山西晋宁①人	字仲举	《草堂雅集》卷4；《明史》卷285《顾瑛传》
危　素	今江西多溪人	字太朴	《草堂雅集》卷1、卷8、卷10
李孝光	今浙江永嘉人	字季和	《明史》卷285《顾瑛传》
顾　瑛	今江苏昆山人	字仲瑛	《明史》卷285《顾瑛传》
顾元臣	今江苏昆山人	字国衡	《玉山名胜集》卷4；陆容《菽园杂记》卷13
杨维桢	今浙江会稽人	字铁崖	钱谦益《列朝诗集小传》甲集
张天英	今浙江温州人	字南渠	《草堂雅集》卷3；《玉山名胜集》卷1
郑文学	今浙江吴兴人	字同夫	《夷白斋稿》卷14《送郑同夫归豫章分题诗序》
郑元祐	今江西遂昌人	字明德	《草堂雅集》卷3《玉山纪游·游天平山》
郯　韶	今浙江吴兴人	字九成	《草堂雅集》卷10、《列朝诗集小传》甲集
于　立	今江西匡庐人	字彦成	《草堂雅集》卷11、《明史》卷285《顾瑛传》
瞿　智	今江苏昆山人	字荣智，一字慧夫	《草堂雅集》卷12、《元诗选》三集卷卷15
吴克恭	今江苏常州人	字寅夫	《元诗选》三集卷11、《玉山名胜集》卷2
陈　方	未　详	字子贞	《草堂雅集》卷3

---

① 按：关于张翥的籍贯，《元史》卷一八六《张翥传》载为"晋宁人"。《辞海》（1999年）"张翥"条，据此说是"晋宁（今属云南）人"。《辞海》云"今属云南"，误。实际上，元朝有两处"晋宁"：一个是"晋宁路"，原称平阳路，大德九年（1305年）改为晋宁路，治在今山西省临汾市，"领司一、县六、府一、州九。府领六县，州领四十县。"一个是"晋宁州"，领二县，治所在今云南晋宁县。可见，晋宁路和晋宁州并非一处。《元史·张翥传》的"晋宁"是指今属山西的"晋宁路"，又以张翥同时代人的著作为证：一是释来复在为张翥《蜕庵集》所作序言（见《襄陵县志·艺文》）中，称张为"河东仲举（张翥字）张公"。一是顾瑛在《草堂雅集》卷一〇称"余写湖山清晓图，河东张仲举题诗于上"。一是《明史》卷二八五《顾瑛传》载：顾氏"与客置酒赋诗其中，四方文学士河东张翥、会稽杨维桢辈咸主其家。"元代晋宁路属河东山西道提刑按察司管辖，故此"河东人"即为"晋宁路人"，而绝非云南的"晋宁州人"。另外，在明清《山西通志》、《平阳府志》、《襄陵县志》和民国《襄陵县新志》等皆载张翥为元代山西晋宁路人。

姓　名	籍　贯	字　号	史料来源
彭宷，一作彭案	今江苏扬州人	字仲愈，一作宗愈	《草堂雅集》卷12
涂　颖	今江西豫章人	字叔良	《草堂雅集》卷12、《玩斋集》原序
马　麐	今江苏昆山人	字公振	《草堂雅集》卷12
卢　昭	今江苏昆山人	字伯融	《草堂雅集》卷12、《列朝诗集小传》甲集
张　逊	今江苏苏州人	字仲敏	《草堂雅集》卷12
李　简	今江西庐陵人	字士廉	《草堂雅集》卷12
张　简	今江苏苏州人	字仲简	《草堂雅集》卷12、《列朝诗集小传》甲集
袁　泰	今江苏吴县人	字仲长	《草堂雅集》卷12
唐　元	今江苏苏州人	字本初	《草堂雅集》卷12
文　质	今浙江甬东人	字学古	《草堂雅集》卷12、《列朝诗集小传》甲集
顾　盟	今浙江甬东人	字仲赟	《草堂雅集》卷12、《元诗选》三集卷12
倪　瓒	今江苏常州人	字符镇	《草堂雅集》卷6、《列朝诗集小传》甲集
卞思义	今江苏淮阴人	字宜之	《草堂雅集》卷13、《元诗选》三集卷9
陈秀民	今浙江温州人	字庶子	《草堂雅集》卷13、《元诗选》三集卷10
王　鉴	今河北真定人	字明卿	《草堂雅集》卷13
张善渊	未　详	字炼师	《龟巢稿》卷17《赠张炼师》
王　冕	今浙江会稽人	字元章	《草堂雅集》卷13
余日强	今江苏昆山人	字伯庄	《草堂雅集》卷13
李廷臣	今浙江台州人	字仲虞	《草堂雅集》卷13
宗本元	今江苏京口人	字景明	《草堂雅集》卷13
沈明远	今浙江吴兴人	字自诚	《玉山名胜集》卷1、《列朝诗集小传》甲集
陆　仁	今江苏昆山人	字良贵	《草堂雅集》卷13、《列朝诗集小传》甲集
王濡之	今江苏山阴人	字德辅	《玉山名胜集》卷1
张　雨	今浙江钱塘人	字伯雨	《草堂雅集》卷5
陆德源	今江苏吴县人	字静远	《草堂雅集》卷6
张舜咨	今浙江钱塘人	字师夔	《草堂雅集》卷6

续表

姓 名	籍 贯	字 号	史料来源
熊梦祥	今江西丰城人	字自得，号松雪道人	《草堂雅集》卷6、《元诗选》三集卷9
赵 奕	今浙江吴兴人	字仲光	《草堂雅集》卷6、卷10、卷14
僧可传	今浙江吴兴人	未 详	《草堂雅集》卷6
王 祎	今浙江金华人	字子充	《草堂雅集》卷10
陈 基	今浙江临海人	字敬初	《草堂雅集》卷1、《列朝诗集小传》甲集
潘 纯	今安徽人	字子素	《草堂雅集》卷6
郑 东	今浙江温州人	字季明	《草堂雅集》卷6
李元珪	今山西河东人	字廷璧	《元诗选》三集卷11、《草堂雅集》卷6
萧元泰	未 详	未 详	《玉山纪游·游天平山》
李 瓒	今江苏苏州人	字子粲	《草堂雅集》卷7、《元诗选》三集卷12
唐 棣	今浙江吴兴人	字子华	《草堂雅集》卷8
丁 复	今浙江天台人	字仲容	《草堂雅集》卷8
项 炯	今浙江天台人	字可立	《草堂雅集》卷8
高 明	今浙江永嘉人	字则诚	《草堂雅集》卷8
陈 贞	今浙江钱塘人	字履元	《佩文斋书画谱》卷54
赵 涣	今浙江人	字季文	《草堂雅集》卷8
宋 沂	今江苏清江人	字子与	《草堂雅集》卷8
郭 翼	今江苏昆山人	字熙仲	《草堂雅集》卷9
吕 诚	今江苏昆山人	字敬夫	《草堂雅集》卷9、《元诗选》三集卷15
姚文奂	今江苏昆山人	字子章	《草堂雅集》卷10
陆 友	今江苏苏州人	字友仁	《草堂雅集》卷10
郑守仁	今浙江天台人	号蒙泉	《草堂雅集》卷10
屠 性	今浙江会稽人	字彦德	《草堂雅集》卷13
释余泽	今江苏苏州人	字天泉	《草堂雅集》卷14
那希颜	今浙江四明人	字悦堂	《草堂雅集》卷14
释祖栢	今浙江四明人	字子庭	《草堂雅集》卷14
释文信	今浙江永嘉人	字道元	《草堂雅集》卷14

续表

姓 名	籍 贯	字 号	史料来源
释来复	今江西豫章人	字见心	《草堂雅集》卷14
释子贤	今浙江天台人	字一愚	《草堂雅集》卷14
释良琦	今江苏苏州人	字符璞	《草堂雅集》卷14、《列朝诗集小传》甲集
释自恢	今江西豫章人	字复元，一作复初	《草堂雅集》卷14
宣无言	今江苏吴中人	未 详	《玉山名胜集》卷2
释福初	今江苏吴淞人	字本元	《玉山名胜集》卷2
栢子庭	今上海人	未 详	《玉山名胜外集》、乾隆《江南通志》卷174
释元瀞	未 详	字天镜	《玉山名胜集》卷3
僧宝月	今江苏苏州人	字伯明	《玉山名胜集》卷2、《草堂雅集》卷14
释至奂	今浙江天台人	未 详	《玉山名胜集》卷5、《玉山名胜外集》
释法坚	今浙江会稽人	未 详	《玉山名胜集》卷5
释泉澄	未 详	号水长老见	《玉山名胜集》卷1
释良圭	未 详	字善住	《玉山名胜外集》
释 照	今浙江甬东人	字觉元	《玉山名胜集》卷2
冯 浚	今上海人	字渊如	《玉山名胜集》卷1
华 羃	今浙江吴兴人	字伯翔	《玉山名胜集》卷1
束宗庚，一作宗束庚	今江苏吴郡人	字章孟	《玉山名胜集》卷1
束宗癸，一作宗束癸	今江苏吴郡人	未 详	《玉山名胜集》卷1
陆居仁	今上海人	字宅之	《玉山名胜集》卷1
袁 凯	今上海人	字景文	《玉山名胜集》卷1
朱 熙	今上海人	未 详	《玉山名胜集》卷1
元 本	今海南琼台人	未 详	《玉山名胜集》卷1
张 玉	今河北邢台人	未 详	《玉山名胜集》卷1
黄 玠	今浙江金华人	字伯成	《玉山名胜集》卷1;《槜李诗系》卷5
顾 晋	今江苏昆山人	字进道	《玉山名胜集》卷2
刘 肃	今河南开封人	字子威	《玉山名胜集》卷2

姓　名	籍　贯	字　号	史料来源
杨祖成	今江苏长洲人	字伯震,一作伯振	《玉山名胜集》卷2
马　琬	今江苏南京人	字文璧	《玉山名胜集》卷3
李　祁	今河南茶陵人	字一初,别号希蘧	《玉山名胜集》卷3
顾　达,一作顾逵	今江苏吴县人	字周道	《玉山名胜集》卷3、卷5
卢　熊	今北京人	字公武	《玉山名胜集》卷3
钱惟善	今浙江钱塘人	字思复	《玉山名胜集》卷3、乾隆《江南通志》卷172
高　晋	今山东聊城人	未　详	《玉山名胜集》卷3
张　云	今江苏吴县人	未　详	《玉山名胜集》卷3
刘　起	未　详	未　详	《玉山名胜集》卷3
顾　衡	今昆山江苏人	未　详	《玉山名胜集》卷3
卢　震	未　详	未　详	《玉山名胜集》卷3
岳　榆	今江苏义兴人	字季坚,号黄鹤山人	《玉山名胜集》卷3、卷7
赵　珍	未　详	未　详	《玉山名胜集》卷3
吕　恂	今上海人	字德厚,自号铁砚生	《玉山名胜集》卷3
吴世显	未　详	未　详	《玉山名胜集》卷4
俞明德	今浙江钱塘人	字明在	《玉山名胜集》卷4、《列朝诗集小传》甲集
刘西村	未　详	未　详	《玉山名胜集》卷4、《列朝诗集小传》甲集
夏　溥	今浙江淳安人	字大之,一字大光	《玉山名胜集》卷4、《元诗选》二集卷24
李孝光	今浙江温州人	字季和	《玉山名胜集》卷4
陈汝言	今江苏吴县人	字惟允	《玉山名胜集》卷4
殷　奎	今上海华亭人	字孝章	《玉山名胜集》卷4、卷7;钱谦益《列朝诗集小传》甲集
金　翼	今浙江天台人	字敬德	《玉山名胜集》卷4、《列朝诗集小传》甲集
顾　敬	今江苏吴郡人	字思恭,自号灌园翁	《玉山名胜集》卷4、《列朝诗集小传》甲集
张　田	今河南开封人	字芸已	《列朝诗集小传》甲集

续表

姓 名	籍 贯	字 号	史料来源
全思诚	今上海人	字希贤	《玉山名胜集》卷1、《明诗综》卷4
冯文仲	未 详	未 详	《玉山名胜集》卷1
卫仁近	今上海人	字叔刚,一字子刚	《草堂雅集》卷10、《元诗选》三集卷12
昂 吉	今宁夏人（回族）	字启文	《草堂雅集》卷10、《元诗选》三集卷10
周 砥	今山东兰陵人	字履道	《草堂雅集》卷12、《列朝诗集小传》甲集
周 巣	今浙江四明人	字致尧	《元诗选》三集卷14《次韵顾玉山见寄》
陆仁乾	今河南人	字良贵	《元诗选》三集卷15《玉山佳处赋得山中好长日》
僧祖柏	今浙江四明人	号子庭	《元诗选》三集卷15《题玉山主人壁》
僧一贤	今浙江天台人	字一愚	《元诗选》三集卷16《题顾仲瑛玉山佳处》
王 蒙	今浙江吴兴人	字叔明,号黄鹤山人	《草堂雅集》卷10、《清閟阁全集》卷12
袁 华	今江苏昆山人	字子英	《草堂雅集》卷13、《玉山纪游·游昆山联句诗并序》
秦 约	今江苏盐城人	字文仲	《草堂雅集》卷13、《列朝诗集小传》甲集
姚文焕	今江苏娄江人	字子章	《玉山名胜集》卷7、《玉山纪游·游昆山联句诗并序》
张 渥	今江苏淮海人	字叔厚	《草堂雅集》卷7、《元诗选》三集卷12
袁 晿	今河南汝阳人	字子明	《玉山名胜集》卷4
缪 侃,一作缪偘	今江苏常熟人	字叔正	《玉山名胜集》卷4、卷5
王 楷	今山西太原人	字叔正	《玉山名胜集》卷5
张 逊	今河南南阳人	字仲敏,自号溪云	《玉山名胜集》卷6
陈 聚	今浙江天台人	字敬德	《玉山名胜集》卷6
高 智	今河南卫辉人	未 详	《玉山名胜集》卷6
张师贤	今山东清河人	未 详	《玉山名胜集》卷4、卷6;《列朝诗集小传》甲集
葛元素	今浙江吴兴人	字天民	《玉山名胜集》卷6
李 续	今江苏勾吴人	字子粲	《玉山名胜集》卷6

续表

姓　名	籍　贯	字　号	史料来源
李比珪	未　详	未　详	《玉山名胜集》卷7
谢应芳	今江苏常州人	字子兰	《玉山名胜集》卷7
陆　麒	未　详	字符祥,一字元祥	《玉山名胜集》卷7
朱　珪	今江苏昆山人	字伯盛	《玉山名胜集》卷7、《姑苏志》卷56
张高锡	未　详	未　详	《玉山名胜集》卷7
沈　石	今浙江吴兴人	未　详	《玉山名胜集》卷7
翟　份	今河北临漳县	字文中	《玉山名胜集》卷7
张　皞	今河北河朔人	未　详	《玉山名胜集》卷7
余　善	今江苏昆山人	字复初	《玉山名胜集》卷7
张士坚	今浙江四明人	未　详	《玉山名胜集》卷7
张守中	今江苏吴县人	字大本	《玉山名胜集》卷4、卷7
范　基	未　详	字君本	《玉山名胜集》卷4
钱　敏	今江苏徐州人	字好学	《玉山名胜集》卷4
赵　原	今山东荣城人	字善长,号丹林	《玉山名胜集》卷4、《姑苏志》卷56
马　晋	今陕西扶风人	字孟昭	《玉山名胜集》卷4
曹　睿	今浙江永嘉人	字新民	《玉山名胜集》卷5
吴国良	今江苏义兴人	桐花道人	《玉山名胜集》卷4、卷5
陈惟义	未　详	未　详	《玉山名胜集》卷5
虞　祥	未　详	未　详	《玉山名胜集》卷5
章　桂	未　详	未　详	《玉山名胜集》卷5
王元理	未　详	未　详	《玉山名胜集》卷5
陈　让	今山西涑水人	字汝吉	《玉山名胜集》卷5
柴　荣	未　详	字智和	《玉山名胜集》卷5
诸葛端	今江苏吕城人	未　详	《玉山名胜集》卷5
韩　性	今河南安阳人	字明善	《玉山名胜集》卷8
顾　权	今江苏昆山人	字用衡	《玉山名胜集》卷8、《姑苏志》卷54
张九可	未　详	字小山	《玉山名胜集》卷8
顾　进	未　详	未　详	《玉山名胜集》卷8

续表

姓　名	籍　贯	字　号	史料来源
徐彝	未　详	未　详	《玉山名胜集》卷8
张舜咨	今浙江钱塘人	字师夔	《玉山名胜集》卷6《玉山名胜外集》
黄文德	今河南开封人	号尚文	《玉山名胜集》卷12《玉山名胜外集》
张希颜	今江苏昆山人	未　详	《玉山名胜外集》、《菽园杂记》卷13
杨庆源	今山东泗水人	字宗善	《玉山名胜外集》
顾思敬	未　详	未　详	《玉山名胜外集》
茅贞	未　详	未　详	《玉山名胜外集》
王巽	未　详	未　详	《玉山名胜外集》
吕恒	今陕西宝鸡人	字德常	《玉山名胜外集》、《列朝诗集小传》甲集
聂镛	蒙古人	字茂宣，自号太拙生	《玉山名胜外集》、《列朝诗集小传》甲集
黄公望	今浙江永嘉人	字子久，号大痴道人	《玉山名胜外集》、《列朝诗集小传》甲集
徐缅	未　详	未　详	《玉山名胜外集》
郏经	今浙江杭州人	字仲谊	《玉山名胜外集》
孙作	今上海人	字大雅	《嘉庆松江府志》
王逢	今江苏江阴人	字原吉	《明史》卷《王逢传》
余尧臣	今浙江永嘉人	字唐卿	《曝书亭集》卷63《徐贲传》
徐贲	今江苏昆山人	字幼文	《明史》卷《徐贲传》、《曝书亭集》卷63《徐贲传》
高逊志	今江苏萧县人	字士敏	《列朝诗集小传》甲集
李孝光	今浙江温州人	字季和	《列朝诗集小传》甲集
张羽	今湖北浔阳人	字伯雨，号句曲外史	《草堂雅集》卷5
徐显	今浙江绍兴人	字福溪	《四库全书总目》卷61《稗传》提要
鲍兴	今山东邹平人	字熊飞	乾隆《山东通志》卷28
汤公雨	今江苏江阴人	字均泽	乾隆《江南通志》卷168
张著	今浙江永嘉人	字则明	光绪《苏州府志》
邵亨贞	今上海人	字复儒	乾隆《江南通志》卷166

姓　名	籍　贯	字　号	史料来源
申屠衡	今江苏长洲人	字仲权	《姑苏志》卷54
陈元朗	未　详	未　详	《玉山璞稿》
曹德昭	未　详	未　详	《草堂雅集》卷3、卷6
徐元度	未　详	未　详	《草堂雅集》卷6
陆友仁	今江苏昆山人	字辅之	《草堂雅集》卷6、卷10
段天祐	今山东兰陵人	字吉甫	《草堂雅集》卷4、卷6
金敬德	今河北赤城人	未　详	《玉山名胜集》卷6
俞在明	今浙江钱塘人	未　详	《玉山名胜集》卷6
夏仲信	未　详	未　详	《玉山璞稿》
刘季章	未　详	未　详	《玉山璞稿》
孟昉	今北京人	字天暐	《玉山璞稿》
朱贤	今浙江天台人	字君伯	《羽庭集》卷首刘仁本《自序》《玉山名胜集》卷7《饯谢子兰分韵诗》

据表可知,玉山草堂士人群在成员构成上表现出以下特征:

(1)打破了地域界限。表中共列士人 210 人,可知籍贯者 182 人。总体来看,多数人来自江浙地区,其中吴中(主要包括今江苏、上海)者共 71 人,来自浙东、浙西者共 59 人,来自北方山东、山西、河北、河南、陕西及南方江西、福建者仅 42 人。

(2)打破了出身界限。史载:"名卿大夫、高人韵士与夫仙人、释氏之流尽一时之选者,莫不与之游"①,其中多数是非官员的文人学士,也有少数在任的官员、宗教人士。在任官员如黄溍、虞集、柯九思、张翥、危素、孟昉、段天祐、赵涣、高明、杨祖成、夏溥、昂吉等;宗教人士如释良琦、释子贤、释自恢、释福初、释元澥、释至奂、僧宝月等 18 人。

(3)打破了民族界限。除了汉族士人之外,其中也有一些少数民族士人。如:孟昉,西域人;聂镛,蒙古人;昂吉,西夏人。这些士人同声相应、同气相求,共同组成了庞大的玉山士人群,进一步反映了元末士人强烈的趋群意识,在元代后

---

① 顾瑛:《玉山名胜集》卷一《延陵吴克恭寅夫序》。

期文学演进和文化繁荣过程中发挥了重要的作用。

2.铁崖诗派。杨维桢(1296—1370年),字廉夫,号铁崖、铁笛道人,晚号东维子。浙江会稽人。泰定四年(1327年)进士。在农民战争爆发前,任天台尹,改钱清场盐司令,升调江西等处儒学提举。至迟在至正八年(1348年)①,杨维桢受顾瑛、倪瓒之邀,游寓吴中,经常参与玉山雅集,并逐渐成为该群体的实际领袖,明人王世贞《艺苑卮言》云:"吾昆山顾瑛、无锡倪瓒,俱以猗卓之姿,更挟才藻,风流豪赏,为东南之冠,而杨廉夫实主斯盟。"与此同时,由于其倡导的古乐府诗追摄唐人风格,以务求新奇为特点,号称"铁体"或"铁崖体"。其门人众多,维桢自称:"吾铁门称能诗者,南北凡百余人。"②顾瑛《玉山草堂雅集》更夸张地说:杨维桢"江南弟子受业者以万数"。由此形成在元末文学界影响至巨、自成一家的"铁崖诗派"或"铁崖流派"③。

关于铁门成员的具体数量,黄仁生先生在其《杨维桢与元末明初文学思潮》附录《铁雅诗派成员考》中统计为145人,其中能诗者78人,实际有诗传于世者48人④,成就较著者有张宪、袁华、郭翼、吴复、贝琼、马文璧、张雨、殷奎、申屠衡等人。如:殷奎(1331—1376年),字孝章,号强斋。受业于杨维桢之门,"学行纯正,为当时所重"⑤。袁华(1316—1391年),字子英。工诗,尤长于乐府,与吕诚(字敬夫)齐名,时称"袁吕"⑥,杨维桢极称之。郭翼(1305—1364年),字羲中,号东郭先生。至正初从维桢游,所作《望夫石》、《精卫词》诸篇,"皆用铁崖乐府体,尤为酷似"⑦。吴复(1300—1348年),字子中,从铁崖游,"学古文歌诗"⑧。贝琼(1314—?年),字廷琚。至正初于钱塘从维桢学,其所著《清江诗集》十卷,存古乐府诗十余首。杨基(1326—1378年),字孟载,号眉庵。少负诗

---

① 关于杨维桢入吴时间,诸书无确切记载,但据杨氏诗文及相关史料,可以断定至迟在至正八年。如:杨维桢的《西湖竹枝词》乃至正八年作于玉山草堂,其序云:"至正八年秋七月,会稽杨维桢书于玉山草堂。"又所著《团黪乐隐园记》:"至正八年,岁在戊子,二月十有九日,铁笛道人杨维桢过昆山顾仲瑛氏桃园之所。"另,顾瑛《书画坊和铁崖韵》诗题下注云:"至正八年三月,玉山主人于杨铁崖饮于书画坊。"而在玉山草堂雅集中,杨维桢首次参加也是至正八年。

② 顾嗣立:《元诗选》初集辛集《铁雅先生杨维桢》。
③ 朱彝尊:《静志居诗话》卷三。
④ 黄仁生:《杨维桢与元末明初文学思潮》,东方出版中心2005年版,第398—409页。
⑤ 纪昀:《四库全书总目》卷一六九《强斋集》提要。
⑥ 乾隆《江南通志》卷一六五。
⑦ 纪昀:《四库全书总目》卷一六八《林外野言》提要。
⑧ 杨维桢:《东维子集》卷二五《吴君见心墓铭》。

名,以效法铁体作《铁笛歌》而为维桢所称赏,遂偕之游。①

总体来看,铁崖诗派主要是通过师徒关系而形成的,这一点不同于玉山草堂。当然,也有少数士人虽与杨维桢无师徒关系,但在与杨氏的交游唱和中,其所作古乐府诗也表现出"铁门诗"的特征,如张雨、陈樵、李孝光、顾瑛、倪瓒、陈基、袁凯、于立等。张雨,著《句曲外史》七卷,收古乐府十余首。陈樵,著《鹿皮子集》四卷,其卷二有古乐府十多首。顾瑛,著诗集《玉山璞稿》二卷、《玉山逸稿》四卷,收乐府诗二百余首。陈基,著《夷白斋集》三十五卷,其中外集一卷、补遗一卷,基本全为古乐府。袁凯(1310—? 年),著《海叟集》四卷,今存古乐府三十首。从地域来源上看,据前揭黄仁生《铁雅诗派成员考》所列 145 人,作者已考出有籍贯者 132 人,而来自江浙地区(主要指吴中地区)者就有 109 人,占绝对比例。

3.在玉山草堂、铁崖诗派频频集会之时,以高启为首的"北郭社"得以创立,并逐渐活跃起来。其成员最初为杨基、张羽、徐贲、王行、王彝、金尧臣、宋克、吕敏、陈则、释道衍(即姚广孝)等十人,后屡有增补,如高逊志、周砥、张适等先后为北郭社的成员。在这些人当中,以高启、杨基、张羽、徐贲成就最高,时有"吴中四杰"之称②。但由于此时高启年纪不大,声名不响,故"北郭十子"影响尚远逊于玉山草堂和铁崖诗派。

4.相较浙东士人群体,吴中士人群体表现出以下主要特征:

(1)从成员地域来源看,吴中士人群体主要由两部分组成:一是吴中本土士人;一是来自浙东、浙西等地的游寓士人。这一点不同于浙东士人群体以本土士人为主的特征。

(2)吴中士人多不乐仕进,传统的经世意识较为淡薄。其中,一部分士人本来也有意仕进,但由于与世多忤,故绝意不仕。如陈基,游宦大都时,被授予经筵检讨,因得罪顺帝,不得不避祸归里。后又流寓吴中,悠游度日,成为玉山草堂的常客。杨维桢虽进士出身,但仕途坎坷,遂辞官"浪迹浙西山水间"③。而更多的士人则从一开始就无意入世,如顾瑛,"不学干禄,投老于林泉"④,屡辞各方征辟。倪瓒溺于诗画,张雨为道士,释良琦、于立为释道,都是不问时事、远离政治的吴中文人。同时,元末吴中士人追求闲适淡远的情趣,表现出对隐逸生活的向

① 王鏊:《姑苏志》卷五二《杨基》;杨基《眉庵集》卷尾张习撰"后志"。
② 焦竑:《玉堂丛语》卷七"任达"条。
③ 董斯张:《吴兴备志》卷一三《杨维桢》。
④ 朱珪:《名迹录》卷四《金粟道人顾君墓志铭》。

往;甚至在农民战争期间和明初,吴中士人对政治的热情也较为漠然,虽有少数人参与了明初政权,但因其与张士诚曾有瓜葛,故命运多厄。

（3）在文学创作上,吴中士人多以诗显,时有"吴人多好示诗篇"①的说法。在玉山草堂中,顾瑛"嗜诗如饥渴,每冥心古初,哦诗草堂之下,既以成篇什,又彩绘以为之图"②。其他成员也"能诗好礼乐"③,如倪瓒、于立、郯韶、张雨、释良琦等大都致力于诗歌的创作。"铁门学派"成员则更以复兴乐府诗而名噪一时。从诗歌的表达方式和内容上言之,吴中士人强调诗要"发乎性情之自然"④,"诗本情性。有性,此有情;有情,此有诗也"⑤,视诗歌为表情达意的工具,而非圣人载道之体;诗中多漠视社会问题和政治问题,多为宴饮唱和之作。⑥ 同时,吴中士人的诗歌创作,一定程度上反映了其追求个性张扬、自由奔放的人格特征,"诗者,人之情性也,人各有情性则人有各诗"⑦,强调通过诗歌来抒发自己的精神情怀,表达自己的喜怒哀乐。

（4）从交游形式上看,吴中士人活动方式多样,诸如文酒之会上的即席赋诗、题画、歌舞及外出游览等,他们"或辩理诘义以资其学,或赓歌酬诗以通其志,或鼓琴瑟以宣埋滞之怀,或陈几筵以合宴乐之好,优游怡愉,莫不自有所得也"⑧。除即席赋诗外,吴中士人多集书画、音律于一身,因而作画、赏画、题画、歌舞也是其交游的重要内容。像玉山草堂的倪瓒、黄公望、王蒙、郯韶等就是名重一时的画家,"能诗者必知画,而能画者多知诗"⑨。同时,吴中士人还常常游览山水名胜,陶冶情操,在观赏自然景观之余,赋诗唱和,此在顾瑛《草堂雅集》、《玉山名胜集》、《玉山名胜外集》及袁华《玉山纪游》中多有记载。正是这种自由超然、不拘一格、不同流俗的交游方式吸引了元末无数向慕风雅、自命不凡的文人骚客,他们在交游过程中,切磋诗意、交流思想、相互提携,无形中长进了知识、活跃了文化氛围、推进了文化的传播,这在元末动荡不安的社会环境中显得

---

① 谢应芳:《龟巢稿》卷三《八月十六日,颠沛中见顾玉山,蒙置酒嘉树轩,相与剧谈痛饮,欢如平生,且有来夕草堂之约。既醉而别,赋此以赠》。

② 郑元祐:《侨吴集》卷一〇《玉山草堂记》。

③ 陈基:《夷白斋稿》卷一三《玉山名胜集序》。

④ 高启:《凫藻集》卷首《序》。

⑤ 杨维桢:《东维子集》卷七《刬韶诗序》。

⑥ 纪昀:《四库全书总目》卷一六九《可传集》提要。

⑦ 杨维桢:《东维子集》卷七《李仲虞诗序》。

⑧ 高启:《凫藻集》卷二《送唐处敬序》。

⑨ 杨维桢:《东维子集》卷一一《无声诗意序》。

弥足珍贵。

除浙东、吴中士大夫群体外,在大都、闽中、江西等处也有不少士大夫活跃于元末学界,但由于诸种因素,这些地区的士人尚未形成独具特色的群体,故影响不大。以大都士大夫而言,当时会聚了大批时贤俊彦,"集四方衣冠、礼乐、人物、文献之懿"①,"四方贤士大夫之所时集也"②。这些人中间,除了在朝为官的名公巨卿外,也包括许多游寓大都的文人学士。他们聚集京师的主要意图在于仕进,所谓"凡游都会之地者,非有析圭儋爵之想,则必贸迁废举之徒,否则挟其一技一能以自售,舍是三者,亦无因而至矣"③,但其相互之间的交游却并不限于政治生活。如:贡师泰(1298—1362年),字泰甫。安徽宣城人。泰定四年(1327年)进士,官至户部尚书。在京任官期间,"天下名贤硕师悉与之游",其中与欧阳玄有"师生之分",与黄溍有"兄弟之义",与张翥、危素等则有"朋友之厚爱"④。王祎,至正七年(1347年)至大都,先后与进士吴宗弼⑤、叶子中⑥、刘志伊⑦等以文字相交。郑玉,"主于明正道,扶世教",初入京师,"文名大振",得到虞集、揭傒斯、欧阳玄等的称赏,又与余阙、危素等最为相知。⑧ 但由于大都士大夫流动性强,在任官员的经常调动,外来士人也多是暂时游寓,故他们在交往过程中,虽可以成为挚友,但由于交往不深,难以形成风格鲜明的士人群体。另外,在明初活跃的以孙蕡为首的南园诗派、以刘崧为首的江右诗派、以林鸿为首的闽中诗派等士人群体,在元末也已逐渐成长起来,但萌生之初,特色不明,影响不大,限于篇幅,不遑详叙。

从元末士大夫交游情形而言,无论齐居一堂的大型雅集,抑或士大夫之间的书信往复、子弟教育和师友网络,都可以看到当时各地士大夫既有一定的群体意识,又具有跨地域联属的性质。他们在本地交游之时,又能自觉打破区域界限,相互介入彼此的学术阵营,互相交流,互相影响。各区域士大夫群体之间不存在对立,但存在对话,没有门户之见和地域之见,只有你来我往的交错交游。如:浙东士大夫黄溍、胡助、王祎、陈基等曾光顾玉山草堂,顾瑛《草堂雅集》中收有他

① 刘仁本:《羽庭集》卷五《送杨敬修赴都序》。
② 郑玉:《师山集》卷四三《送张伯玉北上序》。
③ 王礼:《麟原文集》前集卷五《会之再卜之送杨子牧九江谒吴廉使序》。
④ 贡师泰:《玩斋集》卷八《跋诸公所遗马编修书札》。
⑤ 王祎:《王忠文集》卷一一《崆峒山房记》。
⑥ 王祎:《王忠文集》卷六《送叶子中序》。
⑦ 王祎:《王忠文集》卷六《送刘志伊序》。
⑧ 汪克宽:《环谷集》卷八《师山先生郑公行状》。

们的诗作。黄溍曾为顾瑛的《玉山名胜集》作序。王祎至正十年(1350年)自大都南归,经过吴中时,为玉山草堂写下了《绿波亭词》、《可诗斋记》等,"吴中习举业者多从之"①。陈基,是黄溍在杭州任江浙儒学提举时的弟子,后流寓吴中,成为玉山草堂的常客。此外,张雨、郑元祐、钱惟善等也是寓居吴中的浙籍人士。同样,在玉山草堂与铁崖诗派中的许多士大夫,亦相互介入,如卫仁近、郭翼、吕诚、卢熊、吕恒、申屠衡、余善、殷奎、马琬、吕恂等既是杨维桢的门生,也是玉山草堂的常客。而彼此介入最典型者当属杨维桢,他是铁崖诗派的领袖,同时又是玉山草堂的盟主。北郭社的不少成员,亦与杨维桢、顾瑛等人相交甚笃,如周砥《荆南唱和诗集》中就有诗《怀玉山子》、《至正壬辰九月十二日过玉山草堂留别山中诸公》等;张羽、杨基、高逊志等深得杨维桢的激赏,如他称杨基为"又一铁"②。

可见,元末区域性士大夫群体的地缘特征是相对的,它们彼此之间并不存在不可逾越的界限,尤其是在士大夫雅集交游多是以学术文化为媒介的情形下,由于地域因素并不能充分涵盖学术文化的内在倾向,所以各地士大夫唯有通过跨区域的交游和流动,才能一定程度上实现某种文化、学术或道德的志向。应该说,这种自由、开放的学术交游,在元末学术文化中具有相当重要的地位。一方面,它加强了士大夫群体之间的联系,通过感染精神、传播时尚、促进思想,为元末士风的勃然兴起提供了充分的人文环境和肥沃土壤;另一方面,士大夫之间密切而广泛的交流,加强了地方社会之间的联系,促进了各区域之间学术文化的发展繁荣,加速了宋代以来江南"文化圈"的形成和发展进程。

第二节 批判时政与世风的激荡及悲情

在元末统治危机渐显端倪之时,一部分士大夫抱道忤时,操守守正,勇敢地支撑起道德与仁义的大旗,对现实社会进行了较为全面的反思和批判,一定程度上担当了舆论批评者的社会角色。他们慷慨自陈,拯时救弊,以明达的态度、犀利的笔锋、愤激的言辞,表达了对于现实社会的深刻洞察和尖锐批判。从其伤时浩叹、忧时托志的话语中,不仅可以感受到元末"衰世"境域中士大夫强烈的社

---

① 顾瑛:《草堂雅集》卷一〇《王祎小传》。
② 王鏊:《姑苏志》卷五二《杨基》。

会责任感、历史使命感及其扶衰救危的自觉意识和精神风貌,而且可以最集中、最强烈地领略到元末农民起义爆发之前不断显现的社会问题。以往,学界在论述元末社会危机时,对此重要问题虽略有涉及,但大多停留在简单的现象描述的层面上。鉴于此,以下揆诸以往学界征引较少的文集等文献,对元末士大夫舆论批评的风骨、气度及其所蕴涵的价值取向予以不同层面的诠释,以期借助这些基于现实体悟的真切话语来重新审视元末的社会问题,并进一步彰显社会舆论的批判对于社会政治秩序的价值和意义。

一、感时伤世,哀恤黎庶

元朝末年,许多士人踬于仕途,沉沦民间,长期流转于下层的困顿经历,使他们对于政治腐败和民生疾苦有着切肤的感受。为了国家的兴衰和生民的否泰,他们以强烈的济世之志对穷苦百姓寄予了深切同情,对伤害民生的"无道"行径进行了有力抨击。兹以王冕、周霆震、舒頔、刘基等所作有关诗歌为例,以窥大概:

王冕(1287—1359 年),在漫游南北之时,亲眼目睹了元代政治的腐败,也亲身体会了民命的颠危和苦难,并写下了不少吊古伤今、批判暴政、哀悯民瘼的诗篇。在《伤亭户》中,他描述了元末盐户的不幸遭遇,诗谓:

> 清晨渡东关,薄暮曹娥宿。草床未成眠,忽起西邻哭。敲门问野老,谓是盐亭族。大儿去采薪,投身归虎腹。小儿出起土,冲恶入鬼箓。课额日以增,官吏日以酷,不为公所干,惟务私所欲。田园供给尽,鹾数屡不足。前夜总催骂,昨日场胥辱。今朝分运来,鞭笞更残毒。灶下无尺草,瓮中无粒粟。旦夕不可度,久世亦何福?夜永声语冷,幽咽向古木。天明风启门,僵尸挂荒屋。①

亭户,即海边煮盐的小手工业者。诗中作者以叙事的手法,通过野老的口述,再现了元末盐场官吏催督、勒逼、拷打,以致盐户赔尽了田园尚不能满足官吏的贪欲,弄得无米无柴,最后被迫一死了之的残酷事实。诗文如唐代杜甫的《石壕吏》一样令人伤心惨目,对元末官吏不顾百姓死活,仍旧敲骨吸髓的行径揭露无遗。又在《悲苦行》中,王冕通过描写元末农民在兵役和重税的压迫下,卖儿鬻女,衣敝食无的痛苦经历,勾画出一幅农夫悲惨遭遇的图景。此外,王冕《江南妇》、《陌上桑》、《虾蟆山》、《猛虎行》、《盘车图》等诗,皆以平铺直叙、直抒悲情

---

① 王冕:《竹斋集》卷中《伤亭户》。

的笔调,对元末暴政进行了淋漓尽致的讽刺和批判。

刘基,躬逢政道浑浊之世,惠爱百姓的济世之情和忧患意识骤然升腾。如:至正六年(1345 年),济南南部黄河决堤,百姓庐舍冲毁殆尽,饥民塞途,满目疮痍,处处白骨,但朝廷囤粮自肥、不思赈济,对此行径,刘基深为不满:"陈红太仓米,丰年所储偫。为民备乏困,朝廷岂私此?"①对贪暴的官吏更是切齿痛恨:"赈恤付群吏,所务惟刻削"②;"奈何簿书曹,暴慢蔑至理"③,表达了时人"为政以恤民为先"④的普遍认识。

周霆震(1292—1379 年),字亨远,今江西吉安人。不乐仕进,专意诗文。虽为草茅穷居之士,但仍心系民瘼,所著《石初集》,忧时伤乱,感愤至深,四库馆臣称此集"亦元末之诗史欤"⑤。其中云:

> 万田草生农务忙,饭牛夜半饥且僵。侵晨荷耒散阡陌,和买犒军官取将。

> 高堂大嚼饮继烛,持遗妻子丰括囊。苍头庐儿饱欲死,义丁畴敢染指尝。

> 锄耰谩劳犊方稚,十步九顿空彷徨。将军大笑不负腹,东皋南亩从渠荒。⑥

诗中描写了在沉重的剥削下,民众生活难以为继的悲惨命运,倾诉了对括民蠹国之吏的恚恨和对苦难百姓的同情,真实展现了在农民大起义之前,农村社会凋零荒凉的悲凄景象。

舒頔(1304—1377 年),字道原,官至台州学正,后退隐林园。他亲眼目睹了元朝之盛,又亲身经历了元朝之亡,故在其诗文中,描绘元末生灵涂炭的历史画面一再出现。如《织妇吟》云:

> 妾家住西河,家贫守清素。年方二八初,学织常恐暮。父母生我时,不识当门户。夫君良家子,安肯受辛苦。

> 机织不畏多,但畏官府促。去年布未输,今岁粮未足。阿姑八旬余,缩

---

① 刘基:《刘基集》卷一三《北上感怀》。
② 刘基:《刘基集》卷一三《过东昌有感》。
③ 刘基:《刘基集》卷一三《北上感怀》。
④ 谢应芳:《龟巢稿》卷一六《上周郎中陈言五事启》。
⑤ 纪昀:《四库全书总目》卷一六八《石初集》提要。
⑥ 周霆震:《石初集》卷二《农谣》。

首日下曝。君戍忧边庭,妾心念机轴。①

诗中道出了一个织妇备受官租逼迫、生计困顿的哀怨。又在《三害传》中,舒頔以蛟、蝇、鼠三害为喻,揭露了元末地方官吏趋炎附势、凌暴盘剥、贪纵虐民的无道行为,感叹:"嗟夫!世之害者,微而害物,私而害公,大害天下国家,岂非斯类耶?"②比喻精辟,揭露深刻。同样,在《秋风行》、《缲丝行》、《为苗民所苦歌》等诗中,舒頔承绪传统诗歌现实主义的美刺意趣,以一个尚俗寒士的立场对挣扎在死亡线上的贫苦百姓寄予了深切的同情,表现出了一种仗义执言、为民请命的可贵精神。

曹文晦,字辉伯,浙江天台人。绝意仕进,颖悟多识,尤工诗文,"元季台人能诗者,以辉伯为首"③。有《夜织麻行》云:

> 松灯明,茅屋小,山妻稚子坐团团,长夜绩麻几至晓。辛勤岂望卒岁衣,阿翁几番催罢机。输官未足私债急,妾身不掩奚足恤。念儿辛苦种麻归,依旧悬鹑曝朝日。松灯灭,茅屋闭,麻尽机空得早眠,门外催租吏声厉。④

诗中极言百姓之辛劳,征敛之急迫。在强烈的对比中表达了作者对百姓的同情,对官吏的愤恨。另在《大堤曲》、《春愁曲》、《上山采蘼芜》、《鹅翎曲》、《效老杜出塞九首》、《水车歌》等诗中,作者或抒戍卒悲怨愤悱之情:"一旦应官徭,徒侣同驰驱。""卖牛买刀剑,不顾家业殚。密密缝衣袄,迢迢越河关。"或写狡吏贪官搜刮百姓之恶:"明日输官官数亏,探囊出钱贿吏胥";或叹元末世局下百姓的凄凉之景:"我欲歌向人,今人不如古。"⑤

与曹文晦相类,扬州人成廷珪(字原常),亦好读书,素有"六朝之情思",其《赋林泉民》云:"群居傍城郭,独汝向林泉。乱世谁知在,荒邨只自怜。白云栖晚树,流水界秋田。亦有催租吏,敲门横索钱。"⑥温州人陈高(1315—1367年),明敏刚决,声名赫赫,"行洁而不同于俗,抗节而不屈于物"⑦,其在《感兴七首》中云:"秋来入租税,鞭朴耕田夫。不恤终岁苦,征求尽锱铢。野人不敢怒,泣涕长欷歔。"⑧无锡人倪瓒(1310—1374年),在其《寄德朋》中言:"农人掩舍春明

① 舒頔:《贞素斋集》卷五《织妇吟五首次知县许由衷》。
② 舒頔:《贞素斋集》卷四《三害传》。
③ 顾嗣立:《元诗选》二集辛集《新山道人曹文晦》。
④ 顾嗣立:《元诗选》二集辛集《新山道人曹文晦·夜织麻行》。
⑤ 顾嗣立:《元诗选》二集辛集《新山道人曹文晦·效老杜出塞九首》。
⑥ 顾嗣立:《元诗选》二集戊集《成处士廷珪·赋林泉民》。
⑦ 陈高:《不系舟渔集》附录揭防撰《陈子上先生墓志铭》。
⑧ 陈高:《不系舟渔集》卷三《感兴二十五首》。

墅,县吏催租夜打门。"①钱惟善亦言:"虎狼凭威肆贪虐,雀鸟冻死何哀伤。"②凡此,皆遣责了官吏对百姓横征暴敛、苛刻徇私的行径,反映了作者忧国伤时之情怀。

另外,元末很多在任的官员对世风时弊亦有着清晰的认识和激烈的批判。以许有壬(1286—1364年)为例,在元末政局中,他位至学士,但因指陈时弊,违逆时意,屡遭贬抑,致使"志有所不得施,言有所不得行",无奈唯有将"忧愁感愤一寓之于酬唱"③,表达对社会现状的不满与忧思。其诗《哀弃儿》云:

> 雪霜载途风裂肌,有儿鹑结行且啼。问儿何事乃尔悲,父母弃之前欲追。
>
> 木皮食尽岁又饥,夫妇行乞甘流离。负儿远道力已疲,势难俱生灼可推。
>
> 与其尾莫我随,不如忍割从所之。今夕旷野儿安归,明朝道殣非儿谁?
>
> 父兮母兮岂不慈,天伦俱绝天实为。十年执政虽咸腓,发廪有议常坚持。
>
> 昔闻而知今见之,仓皇援手无所施。儿行不顾寒日西,哭声已远犹依稀。④

悲惨的描述,扣人心弦,催人泪下。苦难的百姓力疲不能胜其役,财尽不能胜其求,生活已陷入绝境,唯有割爱弃子,行乞流离。诗中作者通过亲眼目睹的一个事例,一吟一悲,既讥刺了元末暴政,亦表达了自己身为官宦而无能拯救天下苍生的悲愤和无奈。

宋沂,字子与,清江(今属江苏)人。历任艺文监掾、赣州从事、常山县尹,曾出入玉山草堂,著有《春咏亭稿》,今佚。他在《东海谣奉送宋太监降香海上天妃庙》中,描写了东吴百姓在大灾之年,仍备受征役的悲惨生活,诗谓:

> 东海鲤鱼摇赤尾,舳舻尽发江南水。帆樯出没蛟鼍窟,灵雨神风劳帝子。
>
> 紫衣使者麾金幢,麒麟暖玉隐天香。元君昼下翠旗湿,百灵冉冉天吴立。

---

① 倪瓒:《清閟阁全集》卷五《寄德朋》。
② 钱惟善:《江月松风集》卷一一《至元六年庚辰十有二月朔己亥大雨雪戊申复雨雪》。
③ 顾嗣立:《元诗选》初集丙集《许左丞有壬》。
④ 许有壬:《至正集》卷一〇《哀弃儿》。

使君骑马历东吴，吴中父老争迎趋。自言春涛漂白骨，官家下诏复征役。

今年陇亩秔稻空，县官索租到疲癃。丁男登山拾橡栗，妻孥含酸向人泣。

使君北来候神人，应怜赤子百忧集。明年海若不扬波，君归宣室当如何？①

诗的前节描述了元廷遣使祈雨的场景；后节则笔锋一转，真实展现了官府"征役"、"索租"与百姓困苦的历史画面。抒发了作者对元廷迷信"灵雨神风"行径的讥讽之意，以及对只顾征敛而不顾百姓死活官吏的痛斥之情。语意沉痛，发人深省。

要之，"民生多艰，弊源非一"②。农民起义爆发之前，元朝统治下的民众已经饱尝苦难、陷入绝境。对此，统治者心知其然，至正五年（1345年）顺帝说："朕自践祚以来，……虽夙夜忧勤，觊安黎庶，而和气未臻，灾眚时作，声教未洽，风俗未淳，吏弊未祛，民瘼滋甚。"为此，他曾"遣官分道奉使宣抚，询民疾苦，疏涤冤滞，蠲除烦苛。体察官吏贤否，明加黜陟，民间一切兴利除害之事，悉听举行。"同时，部分官员也极力倡导"宁杀县尹，毋伤百姓"，"民者国之本，不欲伤之也"③等民本主张。但从元末士大夫的舆论批判中，可见这些主张和举措并未扭转吏风日下的局面，"今之为民牧者，往往反为民害，以失民之心，无惑乎其从盗也"④。

二、揭露时政，针砭淫虐

元末士大夫不仅把自己当作民生疾苦的代言人，同时也关心时政，心忧天下，批评奢侈荒淫，抨击暴虐政治，以警戒当世。这种批判深刻而透彻，甚至达到了"贬斥天子"的高度和力度。

顺帝即位之初，力行改革，推行仁政，"日以敬天恤民为务，弭灾有道，善政为先"⑤。如在农民大起义之前，顺帝一度极为重视养育百姓，安抚民生，以下仅以《元史·顺帝纪》所载赈济事宜为例，以窥其一斑。如下表所示：

① 顾嗣立：《元诗选》三集庚集《宋常山沂》。
② 赵汸：《东山存稿》卷五《书苏奉使本末后》。
③ 吴海：《闻过斋集》卷一《美监郡编役叙》。
④ 王毅：《讷斋文集》卷一《送孔恕夫照磨之福建帅幕序》。
⑤ 宋濂：《元史》卷三八《顺帝纪一》。

表 3.3 元顺帝时期赈济措施系年一览表

时 间	赈济情况
至顺四年七月	大霖雨,京畿水平地丈余,饥民四十余万,诏以钞四万锭赈之。
七月	泾河溢,关中水灾。黄河大溢,河南水灾。两淮旱,民大饥。
九月	赈恤宁夏饥民五万三千人。
元统元年十一月	巩昌成纪县地裂山崩,令有司赈被灾人民。同月,江浙旱饥,发义仓粮、募富人入粟以赈之。
二年正月	东平须城县、济宁济州、曹州济阴县水灾,民饥,诏以钞六万锭赈之。
二月	塞北东凉亭雹,民饥,诏上都留守发仓廪赈之。
二月	安丰路旱饥,敕有司赈粜麦万六千七百石。
二月	滦河、漆河溢,永平诸县水灾,赈钞五千锭。瑞州路水,赈米一万石。
三月	杭州、镇江、嘉兴、常州、松江、江阴水旱疾疫,敕有司发义仓粮,赈饥民五十七万二千户。
三月	山东霖雨,水涌,民饥,赈粜米二万二千石。
三月	淮西饥,赈粜米二万石。
四月	成州旱饥,诏出库钞及发常平仓米赈之。
五月	江浙大饥,发米六万七百石、钞二千八百锭,及募富人出粟,发常平、义仓赈之,并存海运粮七十八万三百七十石以备不虞。
五月	云南大理、中庆诸路民饥,发钞十万锭,差官赈恤。宣德府水灾,出钞二千锭赈之。
六月	大宁、广宁、辽阳、开元、沈阳、懿州水旱蝗,大饥,诏以钞二万锭,遣官赈之。
七月	池州青阳、铜陵饥,发米一千石及募富民出粟赈之。
八月	南康路诸县旱蝗,民饥,以米十二万三千石赈粜之。
九月	吉安路水灾,民饥,发粮二万石赈粜。
十月	今年民租之半,内外官四品以下减一资。
至元元年三月	龙兴路饥,出粮九万九千八百石赈其民。
三月	益都路沂水、日照、蒙阴、莒县旱饥,赈米一万石。
四月	河南旱,赈恤芍陂屯军粮两月。
七月	西和州、徽州雨雹,民饥,发米赈贷之。
八月	沅州等处民饥,赈米二万七千七百石。
九月	耒阳、常宁、道州民饥,以米万六千石并常平米赈粜之。
十二月	宝庆路饥,赈粜米三千石。
闰十二月	江西大水,民饥,赈粜米七万七千石。赐天下田租之半。
至元二年三月	顺州民饥,以钞四千锭赈之。

时　间	赈济情况
九月	台州路饥,发义仓,募富人出粟赈之。沅州路卢阳县饥,赈粜米六千石。
十月	抚州、袁州、瑞州诸路饥,发米六万石赈粜之。
十一月	松江府上海县饥,发义仓粮及募富人出粟赈之。
十一月	安丰路,赈粜麦四万二千四百石。
十二月	江州诸县饥,总管王大中贷富人粟以赈贫民,而免富人杂徭以为息,约年丰还之,民不病饥。
十二月	庆元慈溪县饥,遣官赈之。
三年正月	临江路新淦州、新喻州,瑞州民饥,赈粜米二万石。
二月	发义仓米赈蕲州及绍兴饥民。
三月	发钞一万锭,赈大都宝坻饥民。
三月	大都饥,命于南北两城赈粜糙米。
三月	发义仓粮赈溧阳州饥民六万九千二百人。
四月	以米八千石、钞二千八百锭赈哈剌奴儿饥民。
四月	龙兴路南昌、新建县饥,发徽政院粮三万六千七百七十石赈粜之。
五月	以兴州、松州民饥,禁上都、兴和造酒。
八月	遣使赈济南饥民九万户。
十一月	发钞万五千锭,赈宣德等处地震死伤者
四年二月	赈京师、河南、北被水灾者。
二月	龙兴路南昌州饥,以江西海运粮赈粜之。
十一月	四川散毛洞蛮反,遣使赈被寇人民。
十二月	大都南城等处设米铺二十,每铺日粜米五十石,以济贫民,俟秋成乃罢。
五年正月	濮州鄄城、范县饥,赈钞二千一百八十锭。
正月	冀宁路交城等县饥,赈米七千石。桓州饥,赈钞二千锭。
正月	云需府饥,赈钞五千锭。开平县饥,赈米两月。
正月	兴和宝昌等处饥,赈钞万五千锭。
三月	八鲁剌思千户所民被灾,遣太禧宗禋院断事官塔海发米赈之。
三月	滦河住冬怯怜口民饥,每户赈粮一石、钞二十两。
五月	晃火儿不剌、赛秃不剌、纽阿迭列孙、三卜剌等处六爱马大风雪,民饥,发米赈之。
六月	汀州路长汀县大水,平地深可三丈余,没民庐八百家,坏民田二百顷,户赈钞半锭,死者一锭。
六月	达达民饥,赈粮三月。是月,沂、莒二州民饥,发粮赈粜之。

续表

时　间	赈济情况
八月	宗王脱欢脱木尔各爱马人民饥,以钞三万四千九百锭赈之。
八月	宗王脱怜浑秃各爱马人民饥,以钞万一千三百五十七锭赈之。
九月	沈阳饥,民食木皮,赈粜米一千石。
十月	衡州饥,赈粜米五千石。
十月	辽阳饥,赈米五百石。
十月	文登、牟平二县饥,赈粜米一万石。
十一月	八番顺元等处饥,赈钞二万二十锭。
十二月	袁州饥,赈粜米五千石。
十二月	胶、密、莒、潍等州饥,赈钞二万锭。
六年正月	察忽、察罕脑儿等处马灾,赈钞六千八百五十八锭。
正月	邛州饥,赈米两月。
二月	京畿五州十一县水,每户赈米两月。
三月	益都、般阳等处饥,赈之。
三月	四怯薛役户饥,赈米一千石、钞二千锭。
三月	成宗潜邸四怯薛户饥,赈米二百石、钞二百锭。
三月	顺德路邢台县饥,赈钞三千锭。
三月	淮安路山阳县饥,赈钞二千五百锭,给粮两月。
五月	济南饥,赈钞万锭。
六月	济南路历城县饥,赈钞二千五百锭。
七月	斋达达之地大风雪,羊马皆死,赈军士钞一百万锭;并遣使赈怯烈干十三站,每站一千锭。
十月	河南府宜阳等县大水,漂没民庐,溺死者众,人给殡葬钞一锭,仍赈义仓粮两月。
十一月	处州、婺州饥,以常平、义仓粮赈之。
十二月	东平路民饥,赈之。
至正元年正月	湖南诸路饥,赈粜米十八万九千七十六石。
二月	济南滨州沾化等县饥,以钞五万三千锭赈之。
二月	大都宝坻县饥,赈米两月。
二月	河间莫州、沧州等处饥,赈钞三万五千锭。
二月	晋州饶阳、阜平、安喜、灵寿四县饥,赈钞二万锭。
三月	大都路涿州范阳、房山饥,赈钞四千锭。
三月	般阳路长山等县饥,赈钞万锭。

续表

时　　间	赈济情况
三月	彰德路安阳等县饥,赈钞万五千锭。
四月	彰德饥,赈钞万五千锭。
五月	赈阿剌忽等处被灾之民三千九百一十三户,给钞二万一千七百五锭。
六月	扬州路崇明、通、泰等州,海潮涌溢,溺死一千六百余人,赈钞万一千八百二十锭。
至正二年正月	大同饥,人相食,运京师粮赈之。
正月	顺宁保安饥,赈钞一万锭。
正月	广平磁、威州饥,赈钞五万锭。
二月	彰德路安阳、临漳等县饥,赈钞二万锭。
二月	大同路浑源州饥,以钞六万二千锭、粮二万石兼赈之。
二月	大名路饥,以钞万二千锭赈之。
二月	河间路饥,以钞五万锭赈之。
三月	顺德路平乡县饥,赈钞万五千锭。
三月	卫辉路饥,赈钞万五千锭。
三月	杭州路火灾,给钞万锭赈之。
八月	冀宁路饥,赈粜米万五千石。
九月	归德府睢阳县因黄河为患,民饥,赈粜米万三千五百石。
三年二月	宝庆路饥,判官文殊奴以所受救牒贷官粮万石赈之。
十二月	河南等处民饥,赈粜麦十万石。
四年六月	巩昌陇西县饥,每户贷常平粟三斗,俟年丰还官。
十一月	以各郡县民饥,不许抑配食盐。
十一月	保定路饥,以钞八万锭、粮万石赈之。
十二月	赈东昌、济南、般阳、庆元、抚州饥民。
五年三月	大都、永平、巩昌、兴国、安陆等处并桃温万户府各翼人民饥,赈之。
四月	汴梁、济南、邠州、瑞州等处民饥,赈之。
七年四月	发米二十万石赈粜贫民。
四月	河东大旱,民多饥死,遣使赈之。
十二月	晋宁、东昌、东平、恩州、高唐等处民饥,赈钞十四万锭、米六万石。
八年二月	会岁饥,惟贞请降钞四万余锭赈之。
五月	山东大水,民饥,赈之。
七月	西北边军民饥,遣使赈之。

续表

时　间	赈济情况
十一年五月	大名路开、滑、浚三州、元城十一县水旱虫蝗,饥民七十一万六千九百八十口,给钞十万锭赈之。

由上表可见,自顺帝即位到至正二年(1342年),针对各地发生的自然灾害,元廷进行了及时而有力的赈济。其中,从元统元年(1333年)至二年,共赈济20次,平均每年10次。从至元元年(1335年)至至正二年(1342年),共赈济84次,平均每年12次。但时日未久,自至正三年(1343年)到十一年(1351年)农民大起义前夕,赈济力度大大减弱,其间仅赈济15次,平均每年不至2次。[①] 这并非由于这一时期自然灾害减少,而是由于元廷朝政日驰、昏聩腐朽造成的。与此相联系,至正十一年以降至元灭亡的十七年中,《元史·顺帝纪》所载赈济事宜仅有2次:十五年(1355年)正月,大同路饥,出粮一万石减价粜出;十七年(1357年)五月,免天下税粮之半。作为一个侧面,赈济之废弛,一定程度上折射出顺帝一朝的政治轨迹。

不仅如此,在其他方面,顺帝也逐渐骄奢淫逸,如他接受番僧灌输的颓废思想,习运气之术,房中之术,"广取女妇,惟淫戏是乐","君臣宣淫,丑声秽行,著闻于外"[②]。在生活上奢靡浮华,顺帝"溺于娱乐,不恤政务"[③],"凡遇天寿节,天下郡县立山棚,百戏迎引,大开宴贺"[④];并经常滥赏皇亲国戚及勋臣、宠臣等[⑤]。上行而下效,皇帝的腐化引起了连锁反应,官场腐败现象丛生蔓延,或"上下中贿赂,公行如市,荡然无复纪纲矣"[⑥],或"官贪吏污,漫不知忠君爱民之为何事

---

① 据《元史·顺帝纪》载,期间自然灾害仍较为频繁。如:六年,山东地震,七日乃止。黄河决。邵武地震,有声如鼓。七年,彰德路大饥,民相食。八年,河间等路以连年河决,水旱相仍,户口消耗。九年五月,白茅河东注沛县,遂成巨浸;蜀江大溢,浸汉阳城,民大饥。七月,大霖雨,水没高唐州城;江、汉溢,漂没民居、禾稼,等等。

② 宋濂:《元史》卷二〇五《奸臣传·哈麻传》。

③ 宋濂:《元史》卷二〇五《奸臣传·哈麻传》。

④ 叶子奇:《草木子》卷三下《杂制篇》。

⑤ 如:《元史·顺帝纪二》载:赐宗室灰里王金一锭、钞一千锭,毓德王孛罗帖木儿钞三千锭,公主八八钞二千锭;以钞五千锭赐荣王搠失江;赐宣让王帖木儿不花市宅钱四千锭。赵翼《廿二史札记》卷三"元代以江南田赐臣下"条载:顺帝以苏州田二百顷赐郑王彻彻秃,又赐公主不答昔你平江田五十顷。等等。

⑥ 叶子奇:《草木子》卷四《杂俎篇》。

也"①,或"进则慕权利以相夸,退则交结势要"②。

针对统治者昏聩无道之势,一些卓识之士进行了强烈批判。如:刘基在《卖柑者言》中,假借卖柑者之口,抨击了那些饱食终日的文武官员,深刻揭露了封建官僚"金玉其外,败絮其中"的腐朽本质,讽刺辛辣,颇为形象。其《郁离子》虽创作于至正十七年(1357年)归隐青田期间,但其中所载大体可以反映刘基在农民起义爆发前后的思想状况。作者通过生动活泼的寓言故事和发人深思的议论,表达愤世嫉俗的态度和补偏救弊的治世意图,古奥奇谲,寄兴深远,在思想上颇具创造性。如在《灵丘丈人》篇中,他通过《晋灵公好狗》、《卫懿公好禽》等文,揭示了君王荒淫愚昧及其臣下阿谀奉承、横行霸道的百般丑态。另如《枸橼》篇的《楚王问于陈轸》、《云梦田》篇的《楚王好安陵君》等,也妙用比兴,曲笔以讽,抒发了对统治者昏庸腐朽、追求享乐、"志利亡民"行径的不满之意。同时,批评元末昏乱的吏治也是《郁离子》一以贯之的思想,以《千里马》篇为例,《蜀贾》揭露了元末官场上廉洁者穷困潦倒,贪暴者飞黄腾达的情形;《北郭氏》抨击了元末官吏受贿之风,展现了官吏"求贿"而耽于国事的腐败现状,指出:"家政不修,权归下隶,贿赂公行,以失人心,非不幸矣。"通过这些寓言故事,刘基对元末统治者进行了讽刺、揭露和警告,感古伤今,寓意深切。

除刘基外,批判暴虐政治者不乏其人。如杨维桢(1296—1370年),先后任天台尹、钱清场盐司令、江浙四务提举等职,对官场的腐败感触良多,甚为不满,诗云:"法吏本止虐,非以虐为屠。仁君除肉刑,仁吏泣丹书。况以私怒逞,锻炼及非辜。冥理绝好还,天网元费疏。怀哉沈姆诚,可但惧焚如。"③王祯(1271—1368年),字伯善,山东东平人。其有《芟麦歌》云:"昨日公堂宴宾贵,尊俎横陈混淆藏。檀板珠绳按歌吹,万钱不值供一醉。"真实再现了元末官场的奢靡场面。谢应芳(1295—1392年),字龟巢,江苏武进人,有诗云:"远客相过说帝都,黄金如土米如珠。内园人歇催花鼓,市肆尘生卖酒垆。河北功臣称李郭,江南租税赖苏湖。"④通过"远客"所述,揭露了统治者的荒淫无度。宋濂在《龙门子凝道记》中,通过洛阳布衣申屠敦的一番话,讥讽了颠倒是非的权贵及其那些以权贵的是非为是非,阿谀奉承、趋炎附势的势利小人。⑤ 对于蒙古官员之作威肆

---

① 叶子奇:《草木子》卷四《杂俎篇》。
② 刘基:《刘基集》卷二《吕周臣诗集序》。
③ 杨维桢:《铁崖古乐府》卷五《法吏二首》。
④ 谢应芳:《龟巢稿》卷三《夏五杂书》。
⑤ 宋濂:《宋文宪公集》卷五二《龙门子凝道记》。

恶,宋濂更斥之为"猛虎"①。杨翮,字文举,南京人。至正中官休宁主簿,历江浙儒学提举,迁太常博士,尝曰:"今世之士大夫,往往徼华躐要恒薄焉,而不之即则亦懵甚矣。"②黄如徵,江右儒士,至正初曾"邀驾"上书,借流传江西的民歌民谣,指斥权臣散散、王士宏等,其中有云:"九重丹诏颁恩至,万两黄金奉使回。""奉使来时惊天动地,奉使去时乌天黑地。官吏都欢天喜地,百姓却啼天哭地。"③另外,郑玉云:"方今之吏,颓堕委靡,贪婪败阙者,固所不论。"④陈高亦云:"今世士大夫鲜自砥砺,率以官为生,……民瘼利弊,一置不问。"⑤以上所述,皆表达了士大夫对吏治浊乱的痛心疾首,隐含了他们对元末政治弊端的清醒认识和极大悲慨,既可视为笔锋锐利之时评,亦可视为精辟绝伦之政论。

然而,生逢衰世,杨维桢、刘基、郑玉等人虽然对现实政治心存不满,但强烈的经世意识和忧患意识,使他们的批判颇具讽刺与清澄意义,在其含蓄而又直接的批判言论中,蕴涵着充实的现实内容,表达了对时政国事的关切,格调凝重,时代特征鲜明。同时,他们对政风世道的批判,志在引起统治者的警觉注意,创业垂统、救民涂炭,以使衰颓竭蹶的蒙元王朝从困境中摆脱出来,维护蒙元专制统治的意味鲜明而浓郁。

三、砺节守正,抨击世风

元代后期,随着社会政治的渐趋衰微,世风人心也日益颓败浇漓,苟且之风、奢侈之风、奔竞之风、营利之风、游谈之风竞相泛起。处此情势,一些士大夫深感"风俗坏,国祚随之"⑥。因此,他们以励俗敦风、移风易俗为旨归,恪守儒道彝伦,砺节守正,矫首抗俗,对一些颓风败俗进行了自觉揭露和批判。

1.风气偷薄,人怀苟且。元朝末年,士风不正,道德沦丧,所谓:"贵曲通,贵狎和,贵巧辨伪容,近世务谐俗而不务道合者不少也"⑦,"元士大夫心术不明,风俗偷薄,陵夷波委,以至亡国"⑧。作为官员,则多不事政务,"人怀苟且,莫肯尽

---

① 宋濂:《文宪集》卷二一《元故翰林待制朝散大夫致仕雷府君墓志铭》。

② 杨翮:《佩玉斋类稿》卷四《送王文播宰含山序》。

③ 陶宗仪:《辍耕录》卷一九《阑驾上书》。

④ 郑玉:《师山集》卷六《休宁县达噜噶齐额森托音公去思碑》。

⑤ 陈高:《不系舟渔集》卷一一《送高彦平知高邮府序》。

⑥ 吴海:《闻过斋集》卷六《别后答页尚书书》。

⑦ 杨维桢:《东维子集》卷二二《痴斋志》。

⑧ 吴海:《闻过斋集》卷三《悠然轩记》。

心"①。

对于士人的心术不明,时人吴海(字朝宗)曾言:"世俗务声而不务实,称人多不得其当。见矫饰曰自修,见夸大谓多能,见隐伏云高尚。"点出了元末世风浇薄的表现,批评之意不言而喻。王冕作诗亦云:

> 白草黄沙野色分,古今愁恨满乾坤。飞鸿点点来边塞,寒雪纷纷落蓟门。

> 风景凄凉只如此,人情浇薄复何论。知机可有桑干水,未入沧溟早自浑。②

此诗乃作者至正七年(1347年)旅居大都时所作。前四句写秋冬凄凉景色,以此为衬托,后四句写人情之嚣张与浮薄,借桑干水变得浑浊,以比喻人人京师因沾染不正之风而变为浊物,言辞婉曲而嘲讽有力。

对于官员的苟且之风,宋濂说:"有才之士,非假爵位固不足以立功,然苟恃焉而不修其职,其能成名者鲜哉!"意谓身为官员,就应"修职"、"立功",尽忠职守,而不能苟且敷衍。以学校教官为例,陈高在描述元末教官因循之习时,批评道:"学校之职,上以轻授,而下以慢为,居其职者鲜能尽其职,苟延日月以希考选,甚者至糜廪庾之委,积而撖其赢以为已私,是岂皆其人之过?亦其势然也。呜呼!弊矣!"③所言多触及学校的"苟延"之弊,包孕着抑郁不平之气,表达了"德不可不修也,业不可不广也"④的忧患意识。至正中,翰林检讨李继本(名延兴)在给守令董涞水的信中,更直言不讳地批评了他在治校方面的因循之习,其谓:

> 阁下既已加意于政务之百端,独未尽美于学校之一节,仆深为阁下惜之。夫学校之事重矣,为守令者诚宜鼓舞而作兴之,使庠序之更新,士子之奋厉,士大夫争先为之快睹也。阁下因循岁月,托之空言,未臻实效,岂因陋就简而有所不为欤?抑亦政务丛委而有所未遑欤,仆皆不得而知也。⑤

言语爽直,径刺时弊,显示了一名在任官员深切的经世之意和忧思之苦。又如:郑元祐(1292—1364年)在描述至正初海盐州学的荒坠景象时,亦指出其原因在

---

① 郑元祐:《侨吴集》卷一二《江西行中书省左右司郎中高昌布达实哩公墓志铭》。

② 王冕:《竹斋集》卷上《即事二首》。

③ 陈高:《不系舟渔集》卷一一《送刘景玉赴金华县学教谕序》。

④ 宋濂:《文宪集》卷二二《故东吴先生吴公墓志铭》。

⑤ 李继本:《一山文集》卷八《与董涞水书》。

于:"长吏因循,而教官又忽略。"①至于为何元末会兴起一股苟且之风,时人杨翮一语中的:"有官之君子能尽其职者,多弗容于时,士大夫遂相率成风,而为因循苟且之政。宠极乎隆耀,则怀禄而保身;秩綦乎微下,则充位而具员,彼食焉而怠其事者,皆是也。"②实为确论。"呜呼!世道之偷薄,盖已无足论,而天道之茫昧,其果无知耶!"③面对世道颓败、人心浇薄的社会局面,士大夫的失意、无奈之情溢于言表。

2.黜素崇华,奢靡成风。在元末,不仅上层统治者沉溺于奢侈荒淫,民间社会也渐起奢靡之风,尤以江南为盛,"江南多富室,争以奢侈相高"。对此,刘基深有感触:"余避地会稽,尝见世俗之为宴集,大率以声色为盛礼。故女乐不具,则主客莫不黯然而无欢。及夫觞酌既繁,性情交荡,男女混杂,谑浪亵侮,百不一顾。"④言语间,刘氏对元末士俗奢靡、沉溺酒色之况暗含不满。谢应芳亦云:"余闻古鄱阳之地,土沃民富,物产饶衍。……其民习奢靡,荡礼法不才者居多。"⑤应该说,元末奢靡风气的兴起,客观上是社会经济发展的结果,也与地主豪强的无厌盘剥有着直接关系。王逢在目睹了江南巨室骄奢淫逸的生活后,作诗批判道:

> 浦东巨室多豪奢,浦东编户长咨嗟。丁男殉俗各出赘,红女不暇亲桑麻。
>
> 鹁鸠呼雨栋花紫,大麦饭香胜小米。一方青布齐裹头,赤脚踏车争捲水。
>
> 水低岸高力易歇,反水上田愁漏缺。谷种看如瓜子金,野鸦不衔田鼠窃。
>
> 黄草衣薄风披披,日色照面苍烟姿。南邻北伴更贫苦,糠粃糜粉随朝斋。
>
> 阿婆送茶相向语,巨室新为州府主。妻拜夫人婢亦荣,绣幰朱轮照乡土。⑥

诗中作者通过对富者奢华、贫者劳苦生活画面的比较,既抒发了对奢华腐朽者的

---

① 郑元祐:《侨吴集》卷九《海盐州学兴建记》。
② 杨翮:《佩玉斋类稿》卷六《送袁仲实序》。
③ 陈高:《不系舟渔集》卷一四《孝丐传跋》。
④ 刘基:《诚意伯文集》卷七《牡丹会诗序》。
⑤ 谢应芳:《龟巢稿》卷一四《送赵县尹之安仁序》。
⑥ 王逢:《梧溪集》卷四《浦东女》。

愤懑,也批判了社会上的不合理现象。与王逢相仿,王冕在旅居大都时,据所闻所见,作诗云:

> 绣房香幄紫驼车,队马连云拥醉娥。天上柳花随处滚,人间春色已无多。风流漫听《黄金缕》,慷慨谁知《白石歌》? 江北江南叹愁绝,落红如雨打渔蓑。①

诗中王冕一方面描述了贵族豪强如《黄金缕》(即《金缕曲》) 所表现的纵欲生活;一方面展现了如春秋人宁戚《白石歌》(即《饭牛歌》) 所描述的寒士与百姓的悲苦生活。作者批判矛头之所指不言而喻。同样,天台人刘仁本(字德元)尝云:"城中美少年,十万当腰缠。朝拥红姬醉,莫入花市眠。青春事游侠,白日行神仙。豪奢侈靡竞夸诧,千金之裘五花马。明珠的砾珊瑚赭,锦囊翠被熏兰麝。生来富贵无与伦,岂知耕稼识艰辛?"②作者以嘲谑之笔,生动展现了一个挥霍奢华的纨绔子弟形象,讽刺了当时贵族豪富的糜烂生活。

3.求名好利,奔竞请托。时人有言:元末"世衰俗薄,狥利忘义者,十常八九"③;"一时后生奔竞图进,挟势求为之"④;"世之仕者多不称,而居以营私者众也"⑤。凡此,一定程度上反映了元末求请无厌、追逐名利风气之盛。为了抑制这种风气,一些士大夫奉行先儒鄙薄名利的观念,对其进行了基于道德层面的批判。早在元中后期,针对社会上初露端倪的各类颓风败俗,即有人不以为然:"好名与好利,清浊无异宜。譬如尚经术,以及工文辞。同此慕光显,胡为分等夷? 捷哉终南径,邈矣西山薇。车马红尘际,滔滔良可悲。"⑥及至元末,求名逐利之风更盛,吴海感叹道:

> 嗟夫! 世俗日浇,人之交不以势则以利,不以利则以势。以势交者,势隆则附,势去则解,以利交者,利合则亲,利缓则弛。势利不可以长存,故交情不能以有终,惟义交者,无势利之去就,无炎凉之聚散,故久而愈敬,没而不能忘。⑦

在此,吴氏通过对比人际交往中追求"势"、"利"与追求"义"的不同结果,隐含

---

① 王冕:《竹斋集》卷上《都城暮春》。
② 刘仁本:《羽庭集》卷一《少年行》。
③ 谢应芳:《龟巢稿》卷一五《祭徐达卿文》。
④ 胡助:《纯白斋类稿》卷一八《纯白先生自传》。
⑤ 吴海:《闻过斋集》卷一《送王潮州叙》。
⑥ 胡助:《纯白斋类稿》卷二《京华杂兴诗》。
⑦ 吴海:《闻过斋集》卷四《景山楼记》。

了对元末好利之徒的批判。

不仅尘世间的士大夫如此,一些方外之士在与士大夫的广泛交游中,亦对世风深有感触,心怀不满。如禅师宗衍曾批判当时的奔竞之风云:

> 躁静失本性,滞寂圣所诃。不有止观幻,欲静动愈多。道人非避世,偶此住山阿。幽侣不到门,况闻车马过。闲云谢冗迹,止水无惊波。山光明户庭,定起聊婆娑。扰扰奔竞者,闻风意如何?①

诗中作者以一个佛教诗人的特殊身份,虽旨在彰显佛家恬静无欲的境界,但言语间也透露出对"扰扰奔竞者"追逐功名,蹀躞声利的讥讽之意。另如:至正初,郑玉在辞谢朝廷征命时说道:"使某得老倒山林,优游圣世,上不妨朝廷进贤之路,下不屈匹夫自信之心,虽不能有补明时之治,亦可以少息奔竞之风。"其中"少息奔竞之风"一语虽为推辞,但一定程度上也反映了当时奔竞之风的盛行,而郑氏则以辞谢不仕的实际行动更为深刻地表达了对这种风气的不满。应该说,一如郑玉者在元末不乏其人,如前文述及的隐士群体,多为"不交权贵,不务货利,不事庄饰"②之士,他们中的许多人原本具有强烈的仕进欲望,但因其入世的热情被冷酷的现实所阻遏,心忧天下而难展才志,由此会痛恨那些钻营利禄、请托求官之徒,并形诸笔端加以批判。从这个意义上说,他们的批判行为实际上是其怀才不遇,愤世嫉俗的心理表露。

总之,元末士大夫批判奔竞之风的努力,体现了其强烈的忧患意识,"始见世情薄,纷纷名利场。富贵不可期,人生难忖量。乾坤本无私,江山叹兴亡。"③这对于遏抑唯求功名而不事用世之风,进而收拾人心、净化世风颇具积极意义。

4.雅好虚谈,不务实学。苏伯衡曾言:"昔元氏有国,自延祐之后,士尚多弥文而驰骋虚名,其于问学不免苟且。及至正以来,而其风寖靡焉。"④大体勾勒出元代学风发展之大势,凸显了元末虚谈空疏之风,许多士人"雅好游谈,耽嗜华藻"⑤,"骤习雅谈而杂以亵语"⑥,真可谓"大道日已芜,游谈纷琐琐"⑦。对此,一些笃实之士持以批判态度,如:郑玉指出:"近世学者,唯性与天道,其弊益滋,

---

① 顾嗣立:《元诗选》二集壬集《石湖阐师宗衍·静趣轩》。
② 胡助:《纯白斋类稿》卷一八《大拙先生小传》。
③ 顾嗣立:《元诗选》初集丙集《赵待制雍·古诗》。
④ 苏伯衡:《苏平仲文集》卷一四《故庸斋吴君墓志铭》。
⑤ 戴良:《九灵山房集》卷五《修禊集后记》。
⑥ 宋濂:《文宪集》卷九《樗散杂言序》。
⑦ 贝琼:《清江诗集》卷二《丁一鹤》。

知而不行。"①批评了那些惟知高谈义理,不求社会实践的学风。钱惟善"赤气干北斗,太阴犯天王。天道信可惩,人事关兴亡。奈何龙光殿,戎服讲老子。玄谈纵精致,不救乌缦耻。介马不习骑,死矣独目儿。"②诗中援述古事,描述了梁元帝迷信道教,在西魏军队压境之际,仍空谈《老子》于龙光殿,群臣戎服以听魏军破江陵(今南京)的情形。作者通过对历史上荒淫亡国之君的讽刺和批判,以提醒当今统治者殷鉴不远,勿蹈覆辙。而针对学界蔑弃经术、驰骋纵横的学术风气,杨翮批判道:

> 《诗》、《书》、《礼》、《乐》者,古之君子所以致昌融,保长久之道也。……时士大夫子孙乘祖宗富贵之余,以《诗》、《书》、《礼》、《乐》为迂阔不切,往往蔑弃之而不务,故靡然而日下者,相望后先,不亦悲夫?③

在杨氏眼里,士大夫不习经典是极为可悲的,不仅难以保证"道"的传承流衍,更会造成世风"靡然而日下"。贡师泰则认为空疏之风与当时科举考试的误导有关,他说:"近世科目之设,饵之以著述,诱之以辞章,蛊之以记诵,假之以经术,遂使海内之士,疲精竭力,靡然向风,恣为新奇之言,巧饰颇僻之见,一切逢迎苟合以徼进取,而六经始为钓功名利禄之具矣。"④是故,士大夫的学术追求往往谈空说玄,沽名钓誉,而无补于民生实际。相形之下,陈高的批判显得更为透辟深刻,他说:

> (陈)高尝以为文章之气,与世变上下而亦有系……今世之为进士以取科第者,工虫篆之辞,饰粉黛之语,缉陈言,夸记问,斗侈靡,寝寝焉。竞取于萎薾颓堕,溃败腐烂之乡,而莫知其所止。……若此非无其人为之倡欤,为文章司命者,尚得以逃其责哉。……呜呼!世之盛而文之卑,文章司命者之忧也,高之不才而病此也。⑤

在此,陈高首先描述了元末文风中的"虫篆之辞"、"粉黛之语",进而分析了其兴起的原因,认为"文章之气"虽然与"世变上下"有着密切关系,但也与"文章司命者"的倡扬休戚相关。基于这种认识,元末一些士大夫强调"文章则必本于道理"⑥,认为读书习文,不可只求"夸多斗靡"、"博闻洽论"与"科名利禄",而更应

---

① 郑玉:《师山集》遗文卷一《王居敬字序》。
② 钱惟善:《玉笥集》卷一《龙光殿》。
③ 杨翮:《佩玉斋类稿》卷三《送赵子章游江西序》。
④ 贡师泰:《玩斋集》卷七《一经堂记》。
⑤ 陈高:《不系舟渔集》卷一五《上达秘卿书》。
⑥ 郑玉:《师山集》卷首《余力稿序》。

关乎"兴坏治乱之效，名物度数之详，动静消息之故"①。惟其如此，学术层面的努力才会裨益于政教，进而达到纾解时代困境、拯时济世的目的。

综上，在国势不振、危机四伏的情势下，元末士大夫洞见并勇于批驳现实社会中的"无道"因素，自觉担当起社会的批判者和文化价值、社会价值的维护者，体现了其强烈的时代感与社会责任心及其对历史运动的深刻把握。而这种批判之所以能够蔚为风气，原因有二：一是元末宽松的政治环境是士大夫得以自由批判的外在因素。一是传统士大夫"士志于道"观念和美刺精神是其关注现实社会并加以批判的内在因素。从意义层面上讲，士大夫的批判行为在揭露元末社会中的颓风败俗之时，对于弘扬道义、醇化世风、训诫世人颇具深意。但囿于时代，他们的批判只停留在对具体社会政治问题的激愤和悲怨的层次上，还没有表现出离经叛道的精神，提不出惊世骇俗的批判性话语，更没有批判甚至怀疑封建政治统治的勇气。这就决定了他们的舆论批评难以产生实际的社会效果，更难以进入统治者的视野，进而引发一场革新弊政的社会运动，这是元末士大夫作为舆论者和批判者的局限性之所在。

第三节　纵逸与迂怪：狂狷精神之崛起

有元一代，士大夫的政治出路虽较为狭窄，但生存方式的选择却是自由的；其文化行为虽缺乏政治权力的护持，但文化行为的选择却是开放的。这种相对宽松的政治和文化氛围，使元代士大夫从一开始就表现出一种决然独立、不拘格套的精神气质。及至元末衰世之际，士大夫的价值取向受到了空前强烈的冲击和涤荡。期间，他们中的一部分人冲决世俗的纷扰、俗务的羁绊和礼法的规约，旷达不羁，越礼任诞，表现出一种追求自然、肯定自我、张扬个性的独特气质。这种气质在以狂狷自诩的杨维桢、王冕、顾瑛、张昱、倪瓒等人的身上展露的尤为鲜明。以下，拟在分析杨维桢等人的个性、行为特征的基础上，尝试探寻这些"狂士"的价值取向及其背后所蕴藏的现实动因。

一、狂士及其个性、行为特征

在元末，狂士的放诞个性和行为构成了对传统价值观念和社会规范的强烈

_____

① 郑元祐：《侨吴集》卷一〇《读书舍记》。

冲击,表现出独特而极具活力的群体特征。此主要表现在以下三个方面:

1.特立独行,张扬恣肆。这是元末士人最为鲜明的个性和行为特征。如:杨维桢,于泰定四年(1327 年)以《春秋》登进士,历任天台县尹、绍兴钱清场盐司令、杭州四务提举、建德路总管府推官、江西儒学提举等职,勤于理事,政绩卓然。① 由于他为官廉直,"与时龃龉"②,故众恶其直,"目为狂生"③,仕途不能通达。后纵情湖山,"戴华阳巾,被羽衣,泛画舫于龙潭凤洲中,横铁笛吹之,笛声穿云而上,望之者疑其为谪仙人"④,"每酒酣兴发,辄自击铁如意,歌哀三良吊望诸君辞,识者以其天才似太白"⑤,身着奇装异服,嗜酒好诗,一个风流名士的形象昭然可见。盖因此故,其门生贝琼直呼其为"狂客"⑥,这也说明狂士形象在当时不仅未受到社会舆论的谴责,反之成为被推重、追慕的对象。同时,杨维桢的诗文辞赋亦眩荡一世,颇具放逸之趣,四库馆臣称:"诗歌乐府出入于卢仝、李贺之间,奇奇怪怪溢为牛鬼蛇神者,诚所不免。"⑦明人王彝(字常宗)更批驳杨维桢为"文妖",谓:

> 天下之所谓妖者,狐而已矣。然而,文有妖焉,又有过于狐者。……浙之西有言文者必曰杨先生,余观杨之文,以淫辞怪语裂仁义,反名实,浊乱先圣之道。顾乃柔曼倾衍,黛绿朱白,而狡狯幻化,奄焉以自媚,是狐而女妇,则宜乎世之男子者之惑之也。余故曰:会稽杨维桢之文狐也,文妖也。噫!狐之妖至于杀人之身,而文之妖往往使后生小子群趋而竞习焉。其足以为斯文祸,非浅小。文而可妖哉!然妖固非文也,世盖有男子而弗惑者,何忧焉?⑧

在此,王彝以儒家伦理道德为标尺,认为杨维桢的文章扰乱了"先圣之道",是破坏"仁义"与"名实"的"文祸"。清人则认为王彝所论有失偏颇,曾替杨氏辩护

---

① 如:天台多猾吏,杨维桢为县尹,即整饬吏治,铲除奸吏,百姓拍手称快。为盐场司令,他针对盐赋病民,为民请命,申闻上司力求减免,不惜丢官;调官四务提举,时"四务为江南剧曹,素号难治",他不辞劳苦,"日夜爬梳不暇,骑驴谒大府,尘土满衣襟间,有识者多怜之,而君自若也";转建德路总管府推官,他悉心狱事,钩摘隐伏,务使民无冤情。(宋濂《宋文宪公全集》卷二五《元故奉训大夫江西等儒学提举杨君墓志铭》)

② 宋濂:《宋文宪公全集》卷二五《元故奉训大夫江西等儒学提举杨君墓志铭》。

③ 贝琼:《清江贝先生文集》卷二《铁崖先生传》。

④ 宋濂:《宋文宪公全集》卷二五《元故奉训大夫江西等儒学提举杨君墓志铭》。

⑤ 贝琼:《清江文集》卷七《铁崖先生大全集序》。

⑥ 贝琼:《清江诗集》卷五《元夕次韵铁崖杨先生》载:"元戎出号初鸣铎,狂客忘归更赋诗。"

⑦ 纪昀:《四库全书总目》卷一六八《东维子集》提要。

⑧ 王彝:《王常宗集》卷三《文妖》。

道:"杨铁崖词章奇丽,虽被'文妖'之目,不损其名。"①虽然论辩各有侧重,但都肯定了杨维桢诗文创作中"豪纵不为格律囚"②的风格,这也从一个侧面印证了杨维桢任情放旷、越迈礼法的独立意识。

王冕,自幼好学,白天放牛,夜晚就读僧寺。后受业于大儒韩性,遂传其学。其个性"豪放不羁"③,"行多诡激,颇近于狂"④,人称"狂士"⑤。平日身穿古服,头戴古冠,行为怪僻,"乡里小儿竞遮讪笑",王冕自己却不以为然,"亦笑"而已⑥,表现出希求古礼、抗逆世俗、卓立不群的个性特征。宋濂在《王冕传》中称:

> 予受学城南时,见孟寀言越有狂生,当天大雪,赤足上潜岳峰,四顾大呼曰:"遍天地间皆白玉合成,使人心胆澄澈,便欲仙去。"及入城,戴大帽如簁,穿曳地袍翩翩行,两袂轩翥,哗笑溢市中。予甚疑其人,访识者问之,即冕也。冕真怪民哉!马不夏驾,不足以见其奇才,冕亦类是夫。⑦

宋濂以所见所闻,描述了王冕这个"狂生"、"怪民"不拘礼法、放荡不羁的个性和行为特征,并以"奇才"称之,赞誉、激赏之意溢于言表。后来,著作郎李孝光欲荐之为府史,王冕不仅不领人情,反而说:"吾有田可耕,有书可读,肯朝夕抱案,立庭下备奴使哉?"⑧平日,他隐居小楼,不与权贵相交,"部使者行郡,坐马上求见,拒之去。去不百武,冕倚楼长啸,使者闻之惭。"后屡应进士,皆不中,遂历览名山大川,"或遇奇才侠客,谈古豪杰事,即呼酒共饮,慷慨悲吟,人斥为狂奴"⑨。这些皆展现了一个特立独行、怡情自足的狂士形象。在诗文创作上,王冕亦笔法新奇,不拘常格,四库馆臣云:"(王)冕天才纵逸,其诗多排奡遒往之气,不可拘以常格,然高视阔步,落落独行,无杨维桢等诡俊纤仄之习。"⑩其傲视流俗的独立人格可见一斑,诚如他自己所言:"脱巾袒裸呼巨觥,旁人睥睨笑我狂。我狂忘势亦忘利,坐视宇宙卑诸郎"⑪,"妄人非我,谁当为妄哉?"⑫

---

① 纪昀:《四库全书总目》卷一六八《东维子集》提要。
② 杨维桢:《东维子集》卷二四《故翰林侍讲学士金华先生墓志铭》。
③ 王冕:《竹斋集》卷末魏骥撰《书〈竹斋先生诗集〉后》。
④ 纪昀:《四库全书总目》卷一六九《竹斋集》提要。
⑤ 王逢:《梧溪集》卷五《题王冕墨梅》有引。
⑥ 宋濂:《文宪集》卷一〇《王冕传》。
⑦ 宋濂:《文宪集》卷一〇《王冕传》。
⑧ 宋濂:《文宪集》卷一〇《王冕传》。
⑨ 宋濂:《文宪集》卷一〇《王冕传》。
⑩ 纪昀:《四库全书总目》卷一六九《竹斋集》提要。
⑪ 王冕:《竹斋集》卷下《船上歌》。
⑫ 宋濂:《文宪集》卷一〇《王冕传》。

顾瑛，殷奎在《顾君墓志铭》中描述道："少慕为侠，驰骛里间。中始变节，黜其豪奢。逍遥林泉，旷怀自逸。抗志烟霞，高谢荐辟。咄哉莫年，殒命遘迁。匪君之愆，其又谁怨。"①可见，顾瑛不仅是一个狂士，也是一个侠士。作为狂士，他"轻财结客，豪宕自然"②，"简旷不羁"③；作为侠士，他"通宾客，豪于郡邑"④。这一点，顾瑛自己也承认，他说："儒衣僧帽道人鞋，天下青山骨可埋。若说向时豪侠处，五陵鞍马洛阳街。"⑤实为一个狂侠之士的自我形象。时人谢应芳云：

> 若我玉山隐君，其亦可谓高尚者乎！君生长世家，一旦尽去其少年豪华
> 之习，结草堂玉山中，莳花种竹，日与山僧羽人、布衣韦带之士以游以居，达
> 官贵人未尝一见其面，征车之来，则踰垣闭门，甚于段泄不知者，或讥以迂
> 怪，君闻之自若也。⑥

在谢氏眼里，顾瑛是一个不喜财物、不附权贵、不合世俗的人，也正是这种超脱豪迈的情志为东南士人所激赏，并吸引了很多同类士人纷纷投到玉山门下。

此外，郑玉曾自嘲道："尔貌甚陋，尔才匪长，尔行多僻，尔性大刚，违世忤物，动辄中伤，有客过我，问尔行藏，远志小草，尔自主张，毋贻林涧之愧，而为一身之光也。希孔明徒有其志，学朱子莫知其方，谈天论地，都成话柄，登山临水，遂为膏肓，或者谓斯人之所造，其圣门之所谓狂也欤！"⑦在此，郑氏坦言自己是一个"多僻"、"违世忤物"的狂者。倪瓒，行为怪异，至正初天下无事，"忽尽鬻其家产"，人皆窃笑。后江南兵兴，富家财物尽被剽掠。⑧又有洁癖，"性好洁，盥颒易水数十次，冠服着时数十次拂振，斋阁前后树石，常洗拭，见俗士避去，如恐浼。"⑨许瑗，字栗夫，江西乐平人，至正中举会试不第，放浪吴越间，"每醉辄大言自负，人未有知之者"⑩。陈汝嘉，"履儒者行，衣道士服，荜门蓬户，与世泊然"，有"奇士"之称。⑪周砥，字履道，江苏苏州人，自称"狂士"，作诗云："万理由我

---

① 殷奎：《强斋集》卷四《故武略将军钱塘县男顾府君墓志铭》。
② 张廷玉：《明史》卷二八五《顾瑛传》。
③ 徐一夔：《始丰稿》卷一《寿藏图赞》。
④ 查继佐：《罪惟录》列传卷二二《顾仲瑛》。
⑤ 顾嗣立：《元诗选》初集辛集《玉山主人顾瑛》。
⑥ 谢应芳：《龟巢稿》卷一四《书画舫燕集序》。
⑦ 郑玉：《师山集》遗文卷四《自赞二首》。
⑧ 倪瓒：《清閟阁全集》卷一一《倪云林先生小传》。
⑨ 倪瓒：《清閟阁全集》卷一一，王宾撰《元处士云林倪先生旅葬墓志铭》。
⑩ 焦竑：《献徵录》卷八《高阳郡侯许瑗》。
⑪ 贡师泰：《玩斋集》卷七《皆梦轩记》。

具,逍遥极冥搜。为乐不在兹,况复储怨尤。予本楚狂士,意气迈九州。"①这种迈九州,具万理的意气,表现出来的正是一个不受任何约束的自我形象。邓弼,字伯翊,陕西关中人。自称"狂生",尝言"狂生不可近,近则必得奇辱"②。张雨,"以豪迈之气,孤鸣于丘壑",其《独行》云:"我意本静恬,中林便独行"③,抒发了对个人性情的肯定和追求。张昱,字光弼,自号一笑居士。刘仁本《一笑居士传》称其:"性直亮,胸襟坦夷,不吻流俗,特立独行。"④他自己曾说:"我死葬骨湖上,题曰诗人张员外墓,足矣!"⑤其任情风调的气度亦可以想见。

2.纵情逸乐,不循礼数。元末士人生活日趋世俗化,一个重要的表现就是:他们开始突破儒家禁欲黜利的思想教条,进而追求轻歌曼舞、美酒佳肴、追求世俗享乐的欢娱情调。如:杨维桢,纵情声色,嗜酒如命,"出必从以歌童舞女,为礼法所疾","无日不宾,亦无日不沉醉"⑥,时人有诗云:

先生爱酒称酒仙,清者为圣浊为贤。清江三月百花合,江头日坐流萍船。

左携张好右李娟,紫檀双凤鹍鸡弦。倾家买酒且为乐,老妇勿忧无酒钱。

白日西没天东旋,秋霜入镜何当玄。蓬莱有路不可到,祖龙已腐三重泉。

何如快饮三万日,酒楼即起糟邱边。愿持北斗挹东海,月落枕股楼头眠。⑦

他甚至在公众场合,取舞妓鞋,置酒杯其中,劝客传饮,名曰"鞋杯"⑧。四库馆臣评论道:"杨铁崖……惟'鞋杯'事,猥亵淫秽,可谓不韵之极。而见诸赋咏,传为佳话,后来狂诞少年,竞相依仿,以为名士风流,殊不可解。"⑨这种近乎心理变态

---

① 周砥:《荆南唱和诗集·读书》。
② 宋濂:《文宪集》卷二八《秦士录》。
③ 顾嗣立:《元诗选》初集壬集《句曲外史张雨·独行》。
④ 刘仁本:《羽庭集》卷六《一笑居士传》。
⑤ 纪昀:《四库全书总目》卷一六八《羽庭集》提要。
⑥ 贝琼:《清江贝先生集》卷二《铁崖先生传》。
⑦ 贝琼:《清江诗集》卷三《次韵铁崖先生醉歌》。
⑧ 顾元庆:《云林遗事·洁癖第三》。
⑨ 清人纪昀《阅微草堂笔记》卷一一《槐西杂志一》,清道光十五年(1835年)广东财政司木刊本。按:"鞋杯"之习,宋代已有之。据沈德符《万历野获编》卷二三《妓鞋行酒》载:"元杨铁崖好以妓鞋小者行酒,此亦用宋人例。"

的放诞行为无疑是对儒家礼法的极大挑战,更突破了传统价值观念之畛域,但在当时却是名士风流的真切写照。

与杨维桢相仿,吴中士人群体也表现了同样的生活志趣。这一点,我们从玉山草堂的雅集宴会中会有深刻体会。当时,玉山主人顾瑛家中养了一批艺妓,为了让名士们留下笔墨,顾瑛常让美妓索诗,《元明事类钞》云:"玉山草堂园池声妓之盛,甲于天下,有小琼花,南枝秀者,每宴会辄命侑觞乞诗。"而宴会之盛况,张翥描述道:

> 开尊罗绮馔,侑席出红妆。婉态随歌板,齐容缀舞行。新声绿水曲,秾艳大堤倡。宛转缠头锦,淋漓蘸甲觞。弦松调宝柱,笙咽炙银簧。倚策骖连蜷,钩帘烛绕廊。獠僮供紫蟹,庖吏进黄獐。卜昼宁辞醉,留欢正未央。分司莫惊坐,刺史欲无肠。①

顾瑛亦云:"盍簪各尽欢,杯行不知数"②,"分曹赌酒诗为令,狎坐猜花受作阄"③,"谈玄味妙理,谑笑杂微讽"④。这种表面上追求声色享乐的个性化心态,实际上折射出元末部分士人回归自然、肯定自我的心理趋向。

杨维桢等人的狂诞行为,在元末社会得到了广泛的认同和追模,一时胜流竞相依仿。⑤ 如,丁复,字仲荣,浙江天台人,有诗名,寓居金陵,终生不仕,生性酷似"诗仙"李白,嗜酒如痴,"四方之士,日载酒从之游"。杨翮《桧亭集原序》称其"诗必因酒而作。引觞挥毫,若不经意而语率高绝,饮至半酣,诗愈益奇,一饮或诗累数章,诗成,而先生亦颓然醉矣。"任昱,字则明,四明(今浙江宁波)人。与时人互相唱和,足迹不出吴越间,出入妓馆阁楼,《西湖竹枝集》称其"以小乐章流布裙钗"。唐桂芳,一名仲,字仲实,号白云,安徽歙县人。至正中用荐授建宁路崇安县教谕,以忧归,自称"酒狂先生"。⑥ 东禅寺僧人文友,自号松岩道人,不受戒律束缚,"日与士大夫饮酒赋诗,以风流自命"。对此,杨维桢深表赞赏,认为能"脱解禅缚","乃得称圣"。⑦ 舒頔,名所居曰"贞素斋",以明"自守之志",时人称他:"长裾破笠,嗜饮辄醉,不知者以为狂客。"⑧这种忘情世事、超然拔俗、略带颓废色彩

---

① 顾嗣立:《元诗选》初集戊集《张承旨翥·寄题顾仲瑛玉山诗一百韵并序》。
② 顾瑛:《玉山名胜集》卷四《夜集联句诗序》。
③ 顾瑛:《玉山逸稿》卷二《秋华亭以天上秋期近分韵得求字》。
④ 顾瑛:《玉山名胜集》卷二《以夜阑更秉烛,相对如梦寐分韵得梦字》。
⑤ 纪昀:《四库全书总目》卷一八八《玉山名胜集》提要。
⑥ 纪昀:《四库全书总目》卷一六九《白云集》提要。
⑦ 杨维桢:《东维子文集》卷一〇《清溪亭记》。
⑧ 舒頔:《贞素斋集》附录卷一唐仲实《贞素斋记》。

的生活境界,实际上是元末士人仕途失意,意志消沉时,藉此以释放自身内在力量,宣泄对现实种种不满的一种方式。在其看来,纵情声色,不单是出于满足情欲和物欲,而且还代表了一种风度,一种狂放不羁的名士风流。

3."无所顾忌,率多讥刺"。元末士人除了对时政败俗进行批判外,一些士人以豪侠之气,无所顾忌地畅言天下大事。这种行为往往有悖于蒙元政权的统治利益,也不一定符合传统的伦理道德规范,但却体现了元末士人的多元个性特征和多样行为方式。如:王冕,"负气怀愤,则出言无所顾忌,率多讥刺"①,他不仅敢于批判社会问题,且勇于直刺蒙元政权,其在题《白梅》中云:"疏花个个团冰雪,羌笛吹他不下来。"②此诗作于他游居大都期间,由于诗中"羌笛"一语有讽刺之嫌,故而引起了官府的不满,"欲执之",王冕"一夕遁去",才免去一场灾祸。③ 张宪,字思廉,浙江山阴人。负才不羁,曾游大都,"创谈天下事,众骇其狂"④。鲁钝,山东人,不事权贵,从杨维桢游,酒余必歌;后欲上书"陈天下利病成败",时人目之为"狂士"⑤。

不仅如此,一些士人甚至直言不讳,妄言天下将乱,元祚将尽。如:刘幹,字允恭,两试会试,皆不利,曰:"中原乱将作乎,风气日漓而人心不固,时敚邪说以蛊其中,譬犹病者已在心腹间,吾得瞑目不见之,幸矣。"未几,果然。⑥ 戴胃(1291—1363 年),字养和,浙江台州人。博涉众艺,尤通《易》学。左丞特穆尔推荐于朝,叹曰:"吾以数推之,中原将乱矣。"遂辞归。已而,乱果起。⑦ 朱景晖,尝言:"星变甚异,乱必自两淮始。"久之,果然。⑧ 王冕,北游大都时,馆秘书卿泰不花荐以馆职,辞曰:"公诚愚人哉!不满十年,此中狐兔游矣,何以禄仕为?"后南归故里,又大言"天下将乱"。⑨ 程伯崇,亦尝云元朝将"有陵谷之忧",时人目之为"狂人"。⑩ 如此大胆的预言,令世人惊骇,可视为士大夫对元廷绝望之后的

---

① 王冕:《竹斋集》卷末魏骥撰《书竹斋先生诗集后》。
② 王冕:《竹斋集》续集《素梅五十八首》。王逢《梧溪集》卷五《题王冕墨梅》引作"冰花个个团如玉,羌笛吹他不下来"。
③ 王逢:《梧溪集》卷五《题王冕墨梅》有引。
④ 孙作:《沧螺集》卷四《玉笥生传》。
⑤ 杨维桢:《东维子集》卷二八《鲁钝生传》。
⑥ 宋濂:《文宪集》卷二一《故泰和州学正刘府君墓志铭》。
⑦ 宋濂:《文宪集》卷二一《戴府君墓志铭》。
⑧ 赵汸:《东山存稿》卷一《吕景武哀诗序》。
⑨ 宋濂:《文宪集》卷一〇《王冕传》。
⑩ 吴海:《闻过斋集》卷二《送程伯崇还江西叙》。

最彻底、最激烈的批判,深蕴着他们对现实危机的清醒认识和极大悲慨。

总之,元末一些士人疏狂放浪、纵情自适的个性和行为特征,表现出一种追求自然、肯定自我、高扬主体生命意识的个性化倾向。这种个性化倾向,标志着士人自我意识的复苏与觉醒,不仅表现在行为上,也充斥在他们的言论中。如杨维桢的《大人词》,描述了一个博通千古、纵横天地、挥斥八极九州的"巨人"。他不服从"天子"、"王公",毅然超脱于封建礼法之外;他追求人欲,视伦理纲常为敝帚,这是一种摆脱一切羁绊,"荡乎宇宙如虚舟"的自由形象。"大人"所具有的个性特征,实际上就是杨维桢自己的理想追求。① 王冕《竹斋集》中载有大量咏梅诗,刻画了梅花"清香"、"洁白"、"耐寒"、"无意争春"等精神品质。他通过对梅花的品评,托物以寓己,表达了其在政治理想破灭后,对清高没世、特立孤行生存状态的追求。另外,倪瓒的"贵富乌足道,所思垂令名"②,"恬淡诚吾事,荣名非所欣"③,"不随世混混,自喜心得得"④;顾瑛的"脱吾帽,忘吾形,美人听我重丁宁"⑤;张宪的"但愿千日醉,不愿一日醒,世间宠辱何足惊"⑥。凡此,皆是他们摆脱束缚,向往自在心情的自然流露,反映了其追求个性自我的普遍心态,而这一点,正是他们不事检束的个性与放纵行为的根源所在。

二、狂士出现的现实依据

社会现实必然要影响到人的生存状态,影响他们的价值取向及其心境,尤其是人的自由度不仅受自我意识觉醒程度的制约,且要受到社会发展进程的制约。从这个意义上讲,元末狂士的个性与行为特征之所以得以高扬,不仅是承绪了传统士人的行为范式,更是在元末社会现实的驱动下,士人不得已而作出的价值抉择和生存方式。

1.从社会层面而言,蒙古贵族入主中原,游牧民族较为自由的文化传统及其性格豪爽、胸怀宽广、不拘礼法的习俗,使他们对于中原文化的发展采取一种放任的态度。由此,这一时期儒家的传统道德价值体系对大多数士人失去了权威性和约束力,尤其至元朝末年,随着蒙元统治的日渐衰微,世风日下,教化废弛,

---

① 杨维桢:《铁崖古乐府》卷三《大人词》。
② 倪瓒:《清閟阁全集》卷一《述怀》。
③ 顾嗣立:《元诗选》初集辛集《云林先生倪瓒》。
④ 倪瓒:《清閟阁全集》卷二《次韵别郑明德》。
⑤ 顾瑛:《玉山璞稿·碧梧翠竹堂,炎雨既霁,凉阴如秋,与客醉赋得星字》。
⑥ 张宪:《玉笥集》卷三《将进酒》。

人心浇薄,身处仕途边缘的士人内心充满了迷惘和苦闷、冲突和失衡,他们开始对生活进行多角度的思考,其价值取向也随即发生了裂变。他们可以恪守经世观念,为拯救社会发挥自己的作用;也可以急流勇退,辞却功名富贵,甘于隐逸山林的寂苦;还可以以批判者的身份对社会问题进行言论的"干预"。然而,在这些价值取向和行为方式中间,最具个性的就是以一个狂士的形象,率意而行,蔑视权力,不拘礼法,追求情欲和肯定自我。所以元末特定的历史环境是士风丕变、人心放逸的重要社会因素。

2.从思想层面而言,元代儒、佛、道三教融合趋势及朱陆和会思潮,是"狂士"出现的思想因素。一方面,如前所述,由于种种因素,元代"三教"融合趋势鲜明,这一点对士人的价值观念产生了重要影响。他们将遁隐避世视为时尚,更汲取佛家"空无"之旨和道家的"自然"之理,强调顺性自适,各遂其志。另一方面,他们在秉承程朱理学的精髓之时,又汲取心学之余韵,肯定"人欲",讲求自我,在实际生活中注重对于个性高扬和个人情性的自由抒发。上述表现,在杨维桢、顾瑛、张雨等出入佛道、和会程朱的驳杂思想中可以得到充分印证。以杨维桢为例,其治学兼综三教,崇尚自然,明确指出老氏"以自然为宗,以无为为本",并以此为基础,主张"各以得性为至,自尽为极也"。① 同时,杨维桢早年游学于陆学胜地四明,在此他深受陆学思想的濡染,继承了心学强调内心体验,扩大主观自我,"收拾精神,自作主宰,万物皆备于我"②的思想内涵;并进一步提出"我我说"的观点,认为:"万物为渠者,有我之见也;忘一己为予者,无我之见也。有我者固非,而无我者亦不是也。……上我,不我之我,为我我之主;下我,有我之我,为我我之所。……极于天地之所生,则我之我与天地俱生者久矣。"③意谓"我"是与生俱来的,是永恒不灭的,从而肯定了人的主体意识和自我价值。

3.从"狂士"自身的经历而言,传统的观念与世俗的现实纠结在他们身上,造成他们复杂的内心世界。一方面,他们中的一些人本来有着强烈的入世观念,但在元末特定的历史时期,"志不获伸,才不克售"④成为常事。如:王冕,曾以伊尹、吕尚自期,云"平生伊吕志,耕钓岂无为"⑤? 但在科举的路上,却屡试不售。

---

① 杨维桢:《东维子集》卷二三《玄妙观重建玉皇殿碑》。
② 陆九渊:《陆九渊集》卷三五《语录》。
③ 杨维桢:《铁崖文集》卷五《我我说》。
④ 张宪:《玉笥集》卷首刘轩《玉笥集原序》。
⑤ 王冕:《竹斋集》卷中《闰七月二十三夜记梦诗二首》。

杨维桢,抱有大志,曾言"学成文武艺,货与帝王家"①,任官后亦勤于政事,但仍遭排抑。另一方面,元代士人社会地位相对低下的事实,使他们中的一些人从一开始就表现出对官场的不屑与冷淡,如:顾瑛:"有仕才而素无仕志"②。张羽、张简等人,弃家入道。在现实社会的强烈冲击下,他们的思想观念逐渐发生了变异,传统士人以入仕为正途的观念渐次退淡,转而表现出一种独立、自我的个性特征和行为特征,在自己的天地里显露才华,追求适意,或诗酒相连,或山水为乐,追求有别于士人靠仕途谋生的生存方式,而狂士纵情放诞的行为,即是"与世相忤"的激愤心态的展露,蕴涵着一种深沉的沧桑之感。

总之,元末狂士是元末士大夫群体中最具活力和极具个性的一部分,虽然他们表现出的独立意识尚缺乏离经叛道的精神,其生活主题亦多以单纯的诗酒唱和为主,甚至表现出一些颓废的倾向;但他们在疏离政治生活之时,能够站在自己的立场上发出摆脱封建束缚,追求自我的呼声,却使人们仿佛看到了一丝新时代的曙光。然而,由于中国封建社会特有的顽固性和迂回性,随着此后朱明王朝的建立,专制主义的空前加强,程朱理学回光返照,元末萌动的自我意识亦随之淡化,走向沉寂。

---

① 杨维桢:《铁崖赋稿》卷下《白虎观赋》。
② 杨维桢:《东维子集》卷一八《玉山佳处记》。

第二编　流离与抉择

易代之际士大夫的处境及其与
各政治势力的关系

从至正十一年(1351年)农民大起义爆发至二十八年(1368年)元朝灭亡,为元明"易代之际"。这一阶段元朝国运渐衰,起义纷起,群雄逐鹿,士大夫饱受战乱之苦,面临着空前的生命危机和道德危机。在此兵戈扰攘、胜负难凭的时代,士大夫不得不对自己的价值取向、政治态度和生存方式重新进行调整,不管是为自己的切身利害计,还是据于超越个人得失的理想与抱负;不管是被动的抉择,还是主动的追求,都是他们难以回避且必须面对的严峻课题。正因如此,这一时期士大夫在历史舞台上作出了不同的选择:他们有的恪守忠义观念,死节效命,参与对农民军的血腥镇压;有的审时度势,投附各方割据群雄,借此实现个人的政治抱负,其时朱元璋的最终获胜,元王朝、陈友谅、张士诚、方国珍、明玉珍等的最终败亡,皆与能否得到俊彦贤士的辅翼有着密切关系;有的避隐山林,明哲保身,艰难地从事着各种文化活动,扮演了战乱时期传承文化的重要角色。还有的游寓江湖,感时悯乱,体味民瘼。在上述抉择中,士大夫在如何实现社会人生价值的考虑上,均经历了复杂、痛苦的心路历程,承受了伦理道德和社会历史的巨大压力。概言之,这一时期士大夫的生存境界表现出"流离"与"抉择"两大鲜明特征。

第四章 士大夫在"乱世"中的处境和体验

第一节 "乱世"格局及士大夫的命运

一、"乱世"格局的形成

元顺帝统治后期,蒙元王朝已走到山穷水尽的地步,王纲解纽,吏治腐败,土地兼并,赋税沉重①,灾害频仍②,物价腾贵③,致使民不聊生,甚至出现了人吃人的悲惨景象④。在此情况下,各种社会矛盾日益激化,民心思乱,乘时举兵,一场声势浩大、波澜壮阔的农民战争拉开了帷幕。

---

① 赋税沉重尤以东南为甚,陶安《陶学士集》卷一二《送海漕官徐师颜序》:"朝廷经国之资,仰给于东南,贡赋者,惟田租尤盛。"刘基《刘基集》卷二《送苏参政除大都路总管序》:"夫浙于江南为大藩,租赋所入,半四海内。"陈高《不系舟渔集》卷一一《送顾仲华督漕入京序》载:"国家岁漕,东南之米数百万由海道以达京师,米之所出,多仰吴郡。"李祁《云阳集》卷八《故将仕郎江浙财赋府照磨贺君墓志铭》:"至正改元,朝议以江浙财赋繁重,宜慎选清要官理都府事。"杨维桢《东维子集》卷二九《送赵季文都水书吏考满诗序》:"江浙粮赋居天下中九。"《东维子集》卷五《送沙可学序》:"我国家混一天下,方面之重,土贡之多,江浙实居最。"赵汸《东山存稿》卷二《送江浙参政傻公赴司农少卿序》:"今经费所出以东南为渊薮。"

② 陶宗仪:《南村辍耕录》卷二九《旗联》:"灾异叠见,黄河变迁。"《刘基集》卷二一《钱王箭头篇》:"近闻黄河水乱流,青徐一半悲鱼头。安得壮士斡地轴,为拯斯民涂炭忧。"

③ 如孙作《沧螺集》卷一《雨中》:"江南斗米三百钱,抱饥闭门人昼眠。衾禂入市不论直,破灶日中炊湿烟。"

④ 如周霆震《石初集》卷三有《人食人》、卷二《饥相食》两诗,其中有云:"连村鬼哭灶沉烟,野矍生人腥血赤。九疑对面森可畏,弱肉半为强者食。"

至正十一年(1351 年)五月,刘福通在淮西颍州最先起事。随之,江淮以南农民军蜂拥而起,彭莹玉、徐寿辉举事蕲、黄,芝麻李(李二)起兵徐州。不久,郭子兴、张士诚等相继起兵于两淮地区,浙东的方国珍也重新开始了反元活动。于是,天下大乱,"皇帝二十载,盗起东南隅"①,"朝廷竟知否,盗贼如流水"②。据史料所载,这一时期爆发的主要农民起义如表所列:

表 4.1　元末农民起义统计简表

起义时间	起义地点或活动地区	主要领导人	史料来源
十一年五月	颍州(今安徽阜阳)	刘福通、韩山童	《元史》卷 42《顺帝纪五》《明史》卷 122《韩林儿传》
十一年夏	江淮地区(袁州)	彭莹玉	《明史》卷 123《陈友谅传》
十一年八月	蕲州(今湖北蕲春南)	徐寿辉、邹普胜	《元史》卷 42《顺帝纪五》
十一年八月	今江苏徐州	芝麻李(李二)、赵君用、彭早住等	《元史》卷 42《顺帝纪五》
十一年	江西地区	欧普祥(欧道人)、周安	《明太祖实录》卷 15、卷 18
十一年	今湖北沔阳	陈友谅	《明史》卷 123《陈友谅传》
十一年	随州(今湖北随县)	明玉珍	《明史》卷 123《明玉珍传》
十一年	郧县(今属湖北)	田端子	《元史》卷 195《孛罗帖木儿传》雍正《湖广通志》卷 60
十一月	瑞州(今江西高安)	邓南二	《元史》卷 42《顺帝纪五》
十二月	今河南邓州、南阳等地	王权(布王三)	《明史》卷 122《韩林儿传》
十二年正月	今湖北襄阳、房县等地	孟海马	《明史》卷 122《韩林儿传》
十二年	今山东长山县	张虎山	道光《济南府志》卷 34《宦迹》
二月	今山东邹平县	马子昭	《元史》卷 42《顺帝纪五》
二月	今安徽濠州	郭子兴、孙德崖	《明史》卷 122《郭子兴传》
三月	今浙江地区	方国珍	《明史》卷 123《方国珍传》
四月	今福建宁州	应必达	《元史》卷 42《顺帝纪五》
四月	今江西临川	邓　忠	《元史》卷 42《顺帝纪五》雍正《江西通志》卷 31
八月	安陆(今湖北钟祥)	俞君正	《元史》卷 42《顺帝纪五》

---

① 林弼:《林登州集》卷二《书吕诚夫进士金环诗后为萨达道同年赠》。
② 刘基:《刘基集》卷二八《雨中杂诗四首》。

起义时间	起义地点或活动地区	主要领导人	史料来源
十二年	今广西钦县	黄圣许	雍正《广东通志》卷57
十二年	今安徽巢湖地区	赵普胜(双刀赵)、李普胜	《草木子》卷3《克谨篇》
十二年	今江西新淦	邓克明、邓志明	雍正《江西通志》卷31
十二年	今江西丰城	李明道	《明太祖实录》卷14
十二年	今福建福安、罗源等地	林君祥	/
十二年	岳州(今湖南岳阳)	张必先(泼张)	《草木子》卷3《克谨篇》
十二年	湖南地区	向思永	/
十二年	江西临川	陈天锡	《宋文宪公全集》卷20《金溪县尉陈府君墓铭》
十三年正月	浙西地区	张士诚	《明史》卷123《张士诚传》
十三年	广东南海	邵宗愚	《明史》卷129《廖永忠传》雍正《广东通志》卷6
十三年	陕西地区	金花娘子	《草木子》卷3《克谨篇》
十四年三月	浙江温州	韩虎、陈安国	《文宪集》卷18《大明故王府参军追封缙云郡伯胡公神道碑铭》《明史》卷133《胡深》
十五年八月	浙江平阳	李师、金翁瑞	《苏平仲文集》卷12《中书省参知政事周公墓志铭》
十五年	江西地区	黄濂举、黄濂靖	《大清一统志》卷287
十五年	广东东莞	王成、陈仲玉	《明史》卷130《何真传》
十六年	浙江青田	潘惟贤、华仲贤	《明名臣琬琰录》卷6 宋濂《缙云伯胡公神道碑铭》
十六年	浙江遂昌	周天觉	《苏平仲文集》卷12《中书省参知政事周公墓志铭》
十六年	淮西地区	张明鉴	《明太祖实录》卷5《明史》卷1《太祖本纪》
十七年	浙江婺源	汪同、程国胜、俞荣	《东山存稿》卷7《中书省左丞汪公传》《弘治休宁县志》卷16《人物》
十八年	广东地区	金元祐、刘文远	《元史》卷195《托里布哈》
十八年七月	怀庆地区	周全	《元史》卷45《顺帝纪八》
二十二年	广东惠州	王仲刚	《明史》卷130《何真传》

由上表可知,元末农民起义主要集中在南方地区,而其中心则在江淮地区,诗云:"两河兵合尽红巾,岂有桃源可避秦。马上短衣多楚客,城中高髻半淮人。"①这一格局,客观上造成了全国范围的南北分裂之势,"大江南北各分疆"②,"兵兴以来,南北道阻"③。以江淮地区为界,北方战乱较少,社会秩序相对稳定,南方则成为农民政权的占领地和各方斗争的主战场。史载:至正十五年(1365年)之前,"今天下州县丧乱过半,河北之民稍安者,以天堑黄河为之障,贼兵虽至,不能飞渡,所以剥肤椎髓以供军储而无深怨者,视河南之民,犹得保其室家故也"④。自中原乱起,"滋蔓淮浙,辙环既梗,邮传尼而不行,凡京师信史下江南者,率由海上浮桴以达。"⑤而且,由于南方各农民军相继建立政权,交相征战,"共来吴楚交兵地,烽火依稀似六朝"⑥,这又使南方地区渐成割据之势,出现了"我当六十将奈何,扶杖淮南望淮北"⑦,"吴越民难处,江淮路不通"⑧的历史景象。元末农民起义的这种分布格局,与士大夫主要集中在南方地区的状况相吻合,这就决定了这些士大夫在乱世之中必须承受更为严峻的考验,也正是这一点,使他们的价值取向、政治态度和生存方式表现出多样性特点,从而亦成为我们透视乱世士大夫方方面面的典型代表。

元末农民起义在发展过程中,随着战局的变化,起义队伍也发生了相应的变动,主要表现为:一是一些起义队伍先后被元廷镇压,如北锁红军、南锁红军及芝麻李、张虎山、马子昭、王世昌、邓忠、王仲刚、潘惟贤、金元祐等领导的起义,从至正十一年(1351年)到十四年(1354年)相继失败。二是一些起义队伍多是乘势而起,从一开始就没有明确的起义目标,所以后来纷纷投靠声势较大、有斗争目标的起义队伍,如陈友谅、赵普胜、张必先、应必达等归附天完政权;郭子兴、周全投靠刘福通;张明鉴、汪同投靠朱元璋;李明道投靠陈友谅。三是一些起义队伍动摇不定,曾一度降元,如张士诚、方国珍等。经过起义队伍的重新组合,元末群雄割据局面逐步形成。

1.北方红巾军:朱元璋领导的红巾军。韩山童、刘福通领导的主力红巾军高

---

① 贝琼:《清江诗集》卷七《秋思三首》。
② 舒頔:《贞素家藏集》卷三《招军行》。
③ 贡师泰:《玩斋集》卷六《送修敬宗序》。
④ 宋濂:《元史》卷一八六《成遵传》。
⑤ 刘仁本:《羽庭集》卷五《饯长信寺经历曹德辅序》。
⑥ 郭奎:《望云集》卷四《腊日》。
⑦ 成廷珪:《居竹轩诗集》卷一《闻中原河决盗起有感》。
⑧ 王冕:《竹斋集》卷中《对雨五首》。

举"复宋"大旗,取得了节节胜利,相继攻占亳州(今属安徽)、项城(今属河南)、朱皋(今河南固始北)、罗山(今属河南)、真阳(今河南正阳)、确山(今属河南)、光州(今河南潢川)、息州(今河南息县)等地。在此情势下,各地义军纷纷响应,如芝麻李、王权、孟海马等聚众而反,攻占河南、湖北多处州郡。至正十二年(1352年)二月,定远人郭子兴、孙德崖等攻占濠州,同年闰三月,朱元璋投奔郭子兴。此后,元廷以北方红巾军为"心腹大患",进行了残酷镇压,十四年(1354年)前后,起义一度陷入低谷。高邮之战后,农民战争再起高潮。十五年(1355年),北方红巾军开始主动出击,控制范围进一步扩大。是年二月,在亳州(今属安徽)建立政权,国号宋,改元龙凤,韩林儿为帝。宋政权建立后,元廷进一步加紧了对红巾军的镇压,为分散元军对亳州的压力,自龙凤二年(1355年)始,刘福通决定北伐,但由于种种原因,北伐失败。龙凤十二年(1366年),韩林儿溺死瓜步,北方红巾军宣告失败。但与此同时,朱元璋自投奔郭子兴以来,发展较为迅速,十五年三月郭子兴死后,朱元璋成为这支红巾军的主要领导人,但仍归宋政权的统辖。次年,朱元璋克集庆路(今南京),以此为根据地,采取巩固东、西,出击东南的战略,连克常州、长兴、泰州、常熟、安庆、婺州、浦江、湖州、信州等地,基本控制了以浙西为中心的南方阵地,开始走向独立发展、争夺天下的历史时期。

2.南方红巾军:陈友谅建立的汉政权。以徐寿辉为首的南方红巾军于至正十一年(1351年)八月起兵,十月攻克蕲水(今湖北浠水),建立政权,国号天完。这是元末农民起义军最早建立的政权,具有较为完备的行政机构和管军机构。[①]从十二年(1352年)始,天完政权以"摧富益贫"为口号,攻城夺池,先后攻占汉阳、兴国(今湖北阳新)、武昌、龙兴(今江西南昌)、沔阳(今湖北沔阳西南)、安陆(今湖北钟祥)、中兴(今湖北江陵)、袁州、瑞州(今湖北高安)、吉安(今属江西)等处,广泛活动在湖北、湖南、江西、安徽、广西及苏南地区。期间,元军联合汉族地主武装对南方红巾军进行了大规模围剿。至十三年(1353年)末,蕲水失守,天完政权遭到重创,陷于低潮。从十四年(1354年)始,天完政权重新崛起,十六年(1356年),据汉阳为都,重建政权,以倪文俊为丞,改元太平。次年,倪氏篡权不成,反被部将陈友谅所杀。至正二十年(1360年)五月,陈友谅又杀徐寿辉,建立汉政权,改元大义,自称皇帝。从此,代表农民利益的天完政权逐渐向封建割据势力转化,丧失了反元斗争的目标,斗争的矛头开始直指逐渐壮大的朱元璋起义军。

---

① 邱树森:《元末红巾军政权建设》,《元史论丛》第一辑,中华书局1982年版。

3.时叛时降的张士诚集团。至正十三年(1353年),红巾军起义爆发不久,张士诚与其弟士义、士德、士信及李伯升等起兵反元,连克泰州、兴化、高邮等地。但张士诚起兵并无推翻元统治的决心,故在元廷的剿抚面前,犹豫不定,渐有投降之意。至正十四年(1354年)正月,张士诚攻占高邮不久,自称诚王,国号大周,改元天祐。同年九月,元廷以百万大军出征高邮,但因临阵易将,士兵哗然,张士诚乘机出击,元军大败。高邮战役后,张士诚乘势南下,克平江路、常州、杭州等处,势力骤增,所据土地"南抵绍兴,北踰徐州,达于济宁之金沟,西距汝、颍、濠、泗,东薄海二千余里"①,与朱元璋形成南北对峙局面;同时亦表现出动摇、投降的政治倾向,接受了元廷的招揽。二十三年(1363年)九月,张士诚自称吴王,一方面与元廷断绝了关系,另一方面与朱元璋展开了大规模的武力较量。

4."两面三刀"的方国珍集团。早在至正八年(1348年)十一月,方国珍与其兄国璋、国瑛、国珉等在浙东海上聚众谋反,但在元廷的招抚下,方国珍反复无常,数降数叛,没有坚决反抗封建统治的意识。十二年(1352年)三月,再次入海反元,盘踞浙东,"治于庆元,而兼领温、台、全三郡之地"②,但仍向元臣服,接受封官。此后,方国珍始终与元廷有着千丝万缕的联系;但与此同时,从十九年(1359年)始,又迫于朱元璋的威胁,主动讨好朱元璋,并接受了朱的封职。方国珍这种两面派的做法最终未能逃脱灭亡的结果,二十七年(1367年)十一月终于被朱元璋平定。

5.从南方红巾军的支部到独立的夏政权:明玉珍集团。至正十一年(1351年),南北红巾起义爆发后,明玉珍组织地主武装,结寨自保。十三年(1353年),投靠天完政权,镇守沔阳。十七年(1357年),明玉珍出兵元军力量薄弱的四川地区,占领重庆,徐寿辉授其陇蜀省右丞。此后,明玉珍先后攻克嘉定、成都。二十年(1360年)五月,陈友谅杀徐寿辉,自称汉帝,明玉珍"不与相通",怒曰:"汝能为帝,我岂不能帝耶?"③遂于次年称陇蜀王。二十二年(1362年)三月建立夏政权,改元天统,自称皇帝,至此形成以四川为中心的割据势力。

除起义军集团外,在镇压起义的过程中,元朝军队和地主武装分散各处,逐渐形成了以大都为中心的中央政权及中原地区的扩廓帖木儿、孛罗帖木儿、察罕帖木儿、李思齐、张良弼,东南地区的陈友定、何真,西南地区的把匝剌瓦尔密等

---

① 张廷玉:《明史》卷一二三《张士诚传》。
② 《明太祖实录》卷八八"洪武七年三月壬辰"条。
③ 张廷玉:《明史》卷一二三《明玉珍传》。

军事集团。在农民战争的中后期,这些军事集团在形式上仍效忠于元廷,但基本上只限于自保自守,不仅未能遏制、镇压蓬勃发展的起义军,而且彼此之间冲突不断,自主一方,实际上分离、瓦解了元廷的军事力量。由此,随着元朝统治的崩溃,元军与农民起义军之间的斗争虽赓续不断,但已趋于消沉。相反,这一时期起义军集团之间的斗争却显得更为频繁激烈,其中朱元璋与张士诚、陈友谅之间的争夺战争规模最大,构成了元末农民战争中最惨烈的一幕。

元末农民战争带来的灾难是不言而喻的,颠沛流离,死亡相藉,土地荒芜,生产破坏,是最常见的历史情境,"自壬辰兵兴来,遭罹死地者凡四五"①;"至正壬辰,蕲黄妖寇起,破州郡,屠戮人如刈草菅"②;"原野萧条井邑虚,居人都是劫灰余"③;"江淮汹涌湖浙沸,骸骨成山连鬼锁"④。凡此景象,元末士大夫据所闻所见,形诸言辞,生动再现了社会板荡、民生疾苦的战乱场面。如扬州人成廷珪诗云:

> 客来为说淮南事,白骨如山草不生。
>
> 翻覆几回云雨手,登临无限古今情。
>
> 长街竟日人烟绝,小市通宵鬼火明。
>
> 欲省先茔归未得,悬河老泪若为倾。⑤

诗中作者借来客所述,怀古感今,以一种沉重悲郁的笔调,描写了丧乱之际生灵不保的萧瑟景象。

高启《过奉口战场》亦云:

> 路回荒山开,如出古塞门。惊沙四边起,寒日惨欲昏。
>
> 上有饥鸢声,下有枯蓬根。白骨横马前,贵贱宁复论。
>
> 不知将军谁,此地昔战奔。我欲问路人,前行尽空村。
>
> 登高望废垒,鬼结愁云屯。当时十万师,覆没能几存。
>
> 应有独老翁,来此哭子孙。年来未休兵,强弱事并吞。
>
> 功名竟谁成,杀人遍乾坤。愧无拯乱术,伫立空伤魂。⑥

此诗是作者游吴越时,途经德清县奉口时所作。其中通过对战争场面的描写,揭

---

① 杨维桢:《东维子集》卷二三《心太平铭》有序。
② 宋濂:《文宪集》卷一一《蒋贞妇传》。
③ 张昱:《可闲老人集》卷二《过萧山县》。
④ 刘基:《刘基集》卷二一《再用前韵》。
⑤ 成廷珪:《居竹轩诗集》卷二《次曹新民感时伤事韵三首》。
⑥ 高启:《大全集》卷三《过奉口战场》。

露了战争的残酷和罪恶。全诗笼罩在忧愤愁激的氛围下，感时悯乱，以寒日、饥鸢、枯蓬、白骨、空村构成了一幅凋残的画面。钱塘人李昱（字宗表）亲眼目睹了至正十八年（1358 年）起义军进犯钱塘的情景后，作诗记录了战后的凄惨景象："妖兵七月犯钱塘，百万吾民总可伤。白璧黄金随虎豹，青娥红颊伴豺狼。交游半是泉台客，城郭今为瓦砾场。休向吴山高处望，满前骸骨白如霜。"①

又刘基《悲杭城》云：

> 观音渡头天狗落，北关门外尘沙恶。
>
> 健儿被发走如风，女哭男啼撼城郭。
>
> 忆昔江南十五州，钱塘富庶称第一。
>
> 高门画戟拥雄藩，艳舞清歌乐终日。
>
> 割膻进酒皆俊郎，呵叱闲人气骄逸。
>
> 一朝奔迸各西东，玉罂金杯散蓬荜。
>
> 清都太微天听高，虎略龙韬缄石室。
>
> 长夜风吹血腥入，吴山浙河惨萧瑟。
>
> 城上阵云凝不飞，独客无声泪交溢。②

此诗作于至正十三年（1353 年）。是年刘基北上杭州，任浙江行省左丞，此前徐寿辉率领红巾军曾攻入杭州，半月后又被元军收复。历经兵燹，昔日繁华绮丽的杭州城，一片兵荒马乱的景象，折射出作者心灵的动荡不宁和对血腥战争的极大愤懑。与此同时，刘基在《癸巳正月在杭州作》一诗中进一步描述了战乱后杭城"江城阴气凝，积雨春凄凉。出门何所见，但见瓦砾场。市人半荷戈，使客尽戎装"的残破场景，抒发了一种"悲来怛中怀，泣涕从横流"③的凄苍沉郁之情。如此之类，在元末士大夫论著中屡见不鲜，从中可以想见战争所带来的灾难和祸害，也可以感受到在纷扰板荡之秋，士大夫对时局变幻的敏感和对自身命运的关切。

二、"乱世"中士大夫的命运

现实世界的没落意味着有序社会的崩溃，人们的生活因此陷入了一种不可预期的混乱状态，丧失了起码的生存安全，无奈、忧虑、紧张和痛苦成为生活中无

---

① 李昱：《草阁诗集》拾遗《哀钱塘》。

② 刘基：《刘基集》卷二一《悲杭城》。

③ 刘基：《刘基集》卷二八《癸巳正月在杭州作》。

法摆脱的梦魇。同样,元末战乱之际,士大夫的命运之感及其精神创伤自不待言。一方面,与一般的平民百姓一样,他们必须接受动荡不安的生存状态,承受战争造成的生命危机、生活危机和文化危机,"今天下亦多故矣,人才非幸之时矣"①;另一方面,基于对时势的敏感和对道德价值更深层次的判断,士大夫必须在心理上承受更为痛苦的道德危机,他们的任何抉择都面临着道义、道德与舆论的压力。析言之,元末士大夫面临的危机主要有如下几个方面:

(一)生命危机:"死于非命,亦死于道义"

由于士大夫自身的特点,他们承受战乱之苦的能力弱于平民百姓,伤亡亦更为惨重,大敌当前,他们血染衣冠,令人触目惊心。这些人中间,既有在任的官员,也有在野的士人。是官员多是恪守"忠义","死封疆","死守城","死社稷";是在野士人则或死于非命,或死于道义。其中,死于非命而没有留下姓名者不计其数,此从时人的言论可以略窥一二。如徐一夔"乱离以来,平昔交游或存或亡,或沦异地"②。李祁"丧乱以来,朋辈雕落已尽"③。邓雅"西乡丧乱后,宗族几家存"④。袁凯"九月十月岁将暮,贼兵突入观音渡。平章脱身向东走,大半尽死无人顾"⑤。"自红巾窃发,士大夫不幸死于难者多矣。"⑥战乱对士大夫的摧抑和迫害可以想见。也有一些士大夫死于道义。如《元史·忠义传》载:卞琛,大名(今属河北)人。早年游学京师,得补国子生。至正十二年(1352年),邻郡盗起,卞琛被擒,骂曰:"我国子生也,视汝逆贼真狗彘也,吾宁义死不从贼。"不从被杀。乔彝,字仲常,晋宁(今山西临汾)人。为人刚正有节。至正十八年(1358年),义军袭晋宁,赴井而死。张岩起,字傅霖,汾州(今山西汾阳)人。累举不中。起义军陷汾州,赴井死。王佐,字符辅,晋宁人。教授乡里。义军至,为所获,傲岸自如,诟骂不辍,因被害。吴德新,字止善,建昌(今江西南城)人。工医。久居宁夏,会义军至,被执,骂曰:"我生为皇元人,死做皇元鬼,誓不从尔。"遂被杀。

又《新元史·忠义传》载:陈元善,福建龙溪人,世以儒名家。至正中为贼胁迫,元善曰:"吾所畏者义,不畏者死。汝贼岂能久生耶!"与其妻及三子皆遇害。

① 杨维桢:《东维子集》卷二《送龙孔阳序》。
② 徐一夔:《始丰稿》卷三《题永思亭卷后》。
③ 李祁:《云阳集》卷一《挽陈子尚并序》。
④ 张宪:《玉笥集》卷三《后访西乡宗族》。
⑤ 袁凯:《海叟集》卷二《阿苏蒙古别号也》。
⑥ 《永乐大典》卷六六九七,第64册,第29页。

潘伯修,字省中,浙江黄岩人,尝试科举,辄不第,遂隐居教授,以著书自娱。方国珍寇海上,伯修挺身诣军前,力争曰:"倡乱者,国珍尔! 吾民无罪也。"国珍怒,沉死于海。陈谦,字子平,江苏苏州人。精于《易》学。适苗寇陷城,与其兄陈训被缚,贼劝其降,不屈,并被杀。陈无咎,永丰(今江西广丰)人,素有文名。叛将慕其才,强之降。不肯,乃大书一诗,诋毁叛乱,遂被杀。黄复圭,字均端,湖南安仁人。少博学,以诗鸣于时。后落入贼手,将剖其腹,曰:"腹可剖,赤心不可剖。"刺其心,又曰:"心可灭,吾心之正气不可灭也。"终被残害。

此外,卢明安,江西宜春人。端厚简言,有学问,至正十八年(1358年)四月,陈友谅攻豫章(今属江西),投池而死。① 程兼善,字士达,安徽休宁人。习举子业,将取科举第,逢蕲黄兵起,率乡里民众抵抗,败亡。② 祝兴可,宁州(今江西修水)人,世业儒。义军破城,被擒,骂不辍口而死。③ 陈子尚,乡贡士,湖南茶陵人。性颇嗜酒,少检束,死于兵祸。④ 朱夏,乡贡进士,字符会,一字好谦。屡试春官,皆不合,遂隐居乡里,穷研理学。至正中,遇难而殁。⑤ 这些士大夫皆是为道义而死。

可以说,道义成为元末士人勇敢蹈死的最合理的理由和最强劲的动力,这种"舍生取义,视死如归"⑥的行为彰显了他们对纲常礼教的执著和对叛逆行为的不满,是一种超乎生命危机的道德践履。面对"贼寇",识士文人实际上是可以不死的,但他们不愿苟活,更不愿屈从,甚至要杀其妻孥以殉道义,其激昂慷慨的赴死意志和行为,是基于道德层面的正义感和责任感而作出的抉择,一定程度上是为了避免社会的舆论批判,避免承受过多的耻辱感和罪孽感;同时也试图通过死节以维持世道人心和精神秩序于不坠,弘扬一种为气节和信念而死的道德风尚。明乎此,我们才可以理解士大夫为何"可不死而死"的义举,明白时人所言:"士大夫不幸而遭世变,或死或不死,盖其事有不同,志有所在也。"⑦所以,元末士人"处死之道"是从容的,甚至是残忍的,他们通过赴死的实际行动再次诠释了节义之气的内涵所在,展示了政治边缘的在野士人在生命危机之时所应付诸

---

① 吴海:《闻过斋集》卷八《书卢明安事后》。
② 程敏政:《弘治休宁县志》卷二九上王文若《程义民传》。
③ 范涞:《新修万历南昌府志》卷一七《人物》。
④ 李祁:《云阳集》卷一《挽陈子尚并序》。
⑤ 王祎:《王忠文集》卷五《朱元会文集序》。
⑥ 吴海:《闻过斋集》卷八《书卢明安事后》。
⑦ 贡师泰:《玩斋集》卷八《跋王经历小传》。

的行为方式。

当然，颠沛之际，士大夫之所以选择伏节蹈死，缘由自有种种。这中间，除了士大夫自身的特点和对节义的恪守外，一个重要的因素就是农民起义军一度推行清算政策造成大量士大夫性命不保。由于地主阶级的残酷剥削所造成的极端"贫富不均"是导致农民起义的根本原因，所以起义军在反对元政府时，也狠狠打击了地主阶级，"民皆相挺为变，杀掠巨室"①。在此过程中，部分士大夫作为有身份的地主，往往成为起义军打击乃至杀戮的对象，许多士大夫为了避免被农民军的清算，不得不举家出逃，亡命异乡，但纵然如此，命丧兵祸者仍不计其数。

（二）文化危机："儒者皆解散，书院毁于兵"

毋庸讳言，乱世时期同样可以出现文化繁荣局面，春秋战国时期、魏晋南北朝时期，明清之际的历史事实已充分印证了这一点。但乱世时期的文化繁荣并不能抹杀战乱对学术文化的摧残和破坏。与之相联系，作为学术文化的承载者和传播者，士大夫的文化活动在乱世之中同样会受到强烈的冲击和摧折。农民战争期间，虽然是士大夫诗文创作的高峰期，但总体来看，士大夫的文化生活中仍然充满了荆棘。这一点，我们从新安在战前战后的变化可以感受到："新安自南迁后，人物之多，文学之盛，称于天下。当其时，自井邑田野以至于远山深谷民居之处，莫不有学，有师，有书史之藏，其学所本，则一以郡先师子朱子为归。……迨夫世降日下，文治既微，俗亦少衰焉。荐经祸乱，自井邑田野以至于远山深谷民居之处，莫不荡为丘墟，学者逃难骇散，未安其生，又奚暇治《诗》、《书》、《礼》、《乐》之事哉？"②具体而言，这种变化主要表现在：

1.学校与科举遭到了空前的毁坏。就学校而言，"天下学校，自用兵以来，废者十八九"③。地方书院亦不例外，史载："国家承宋之旧，而书院之建遂遍满于天下。十数年来，中原衅难，远近绎骚，江淮闽浙之间，所在兵起，侵轶官宇，蹂践民庐，则所谓书院者，常十废其八九。"④"元末天下乱，儒者皆解散，书院毁于兵。"⑤而在此情况下，由于地方官员忙于战事，无暇修缮学校、书院，"学校非独不能有补，而又废之甚者"⑥。因此，不仅士子失去了最重要的学习场所，"学官

---

① 宋濂：《宋文宪公全集》卷一五《故庐陵张府君墓碣铭》。
② 赵汸：《东山存稿》卷四《商山书院学田记》。
③ 殷奎：《强斋集》卷一《送蔡教授诗序》。
④ 戴良：《九灵山房集》卷一一《重修甫里书院记》。
⑤ 王祎：《王忠文集》卷九《谒周公庙记》。
⑥ 李祁：《云阳集》卷六《赠王济舟序》。

废弛,人材散逸"①。同时,社会教化亦日益失坠,若时人所言:"呜呼! 干戈兴,
学校废,礼义丧,风俗隳,中人以下咸渐渍于失教,被服于成习,人伦之际,无不大
坏,而天理或几乎熄矣。"②元代科举制度自恢复以来持续推行,但在农民战争期
间,科举考试极难正常举行,"自江南被兵,科举废"③,"十数年来,四方多故,时
方尚武,中外选举之制遂格不行"④。如此一来,原本热心于科举的士子多无意
于科考,"世之为父兄者,因不复以科举之业教其子弟,而为子弟者,亦不以此而
为学"⑤。这一点,前述农民战争期间科举人数骤降的事实即为明证。

2.交游受阻。动乱期间,人心思散,难以会合,一度繁荣的雅集、诗会随即废
辍。如玉山草堂,从至正八年(1348 年)至十六年(1356 年)是草堂的兴盛期,交
游聚会相当频繁。但红巾起义后,玉山草堂的成员吴克恭、泰不华等先后死于兵
祸,玉山草堂首遭劫难。十六年,张士诚入主吴中,玉山草堂再次受到冲击,顾瑛
也难逃此劫,"无何,张氏据姑苏,军需征赋百出。昔之齐财豪户,破家剥床,目
不堪睹。"⑥《和岳孟坚韵》附义兴岳榆季坚序云:"至正戊戌(1358 年),余自虎
林抵吴城,⋯⋯玉山谓兵甲蝟集,朋友星散,会合诚难。"⑦期间,玉山草堂曾屡遭
火焚,《龟巢集》卷三有《闻顾玉山芝云堂火,而所藏之书俱焚,恐其不能为怀,寄
诗释之》,《玉山逸稿》卷四也有《玉山中亭馆折毁殆尽,今留一草堂耳》。同时,
草堂成员的思想观念也发生了分化:张简、饶介、陈基、张宪等投张士诚麾下;高
明等投方国珍;顾瑛、杨维桢、谢应芳、王逢等则避居外地,其中顾瑛自十四年至
十五年出任水军幕僚,参与平定海寇和守关赈民事宜。可见,这一时期玉山草堂
已失去往日的盛大气象,"朋旧星散,得一顷相见,旷如隔世"⑧。据《玉山雅集》
载,从十六至二十年前后,玉山集会先后仅十多次。又如,以高启为首的北郭社,
战乱时期的唱和亦时断时续。至正二十三年(1363 年)张士诚称吴王后,吴中相
对稳定,但仍对北郭社造成了很大冲击。至二十七年(1367 年),朱元璋占领平
江,徐贲、余尧臣、杨基谪临濠,高启避乱江上,张羽、吕敏隐居不出,北郭诗社遂
废。同样,以杨维桢为首的铁崖诗派也遭到干扰,杨维桢本人先后避地富春山,

---

① 刘仁本:《羽庭集》卷五《送韩致用之福建谒先庙序》。
② 戴良:《九灵山房集》卷一九《唐二子传》。
③ 李祁:《云阳集》卷四《王子嘉诗序》。
④ 戴良:《九灵山房集》卷一三《赠叶生诗序》。
⑤ 戴良:《九灵山房集》卷一三《赠叶生诗序》。
⑥ 夏庭芝:《青楼集》卷首《张鸣善序文》。
⑦ 顾嗣立:《元诗选》初集辛集《玉山主人顾瑛·和岳孟坚韵》。
⑧ 顾瑛:《玉山名胜集》卷四《口占诗序》。

奔波于江西与浙江之间,直到至正十八年(1358 年)十月徙居松江后,才有了一个相对安定的交游环境。

可见,战乱之中元末士人的交游活动是极为困难的,无奈间,他们感叹:"丧乱交游尽,艰难老病深。寥寥平世策,落落古人心"①;"干戈满地忆朋旧,道路蒙尘多贼奴。邂逅相逢又相别,高怀慷慨休嗟吁"②;"回首高歌出门去,天涯寥落少知音"③;"俗薄交游尽,时危出处难"④。往日一起酬唱的友人如今天各一方,原来的诗社雅集亦变成孤吟独唱,各自奔走于山谷之间,触物兴怀,思念故友,"自丧乱以来,士大夫离散颠踬,平生友朋生死不可知,每一兴怀,辄痛恨终日,相别之久,相念之深,苟得一人焉"。⑤

3.典籍遭毁。战乱对文化典籍的焚毁在中国历史上屡次上演,隋人牛弘等曾有"书厄"之称。元末农民战争持续近二十年,文化典籍遭毁严重。对此,时人每有论及。李祁说:"自兵变以来,吾湖广受祸独先且酷,故士大夫家衣冠典籍毁失无遗。"⑥沈梦麟说:"自昔年兵燹以来,先世之琴瑟典籍,与凡珍玩之物,不毁于兵燹,则必沦于草野。"⑦陈高亦说:"近岁兵燹蔓延,书画图籍残毁殆尽,前人墨迹此后盖不易得也。"⑧此类情形的发生,对于视书籍为生命的士大夫而言,无疑是个不小的打击。如:唐桂芳"家藏书万卷",壬辰涌乱,焚毁殆尽,唐氏痛惜万分:"往昔借书互读,何可得也!"⑨郑玉藏书颇富,至正间遭蕲黄红巾军焚烧,"累世藏书无片纸存者,求之亲旧,悉皆煨烬"。郑氏叹曰:"秦焚典籍而《易》独存,今虽欲一《周易》白文读诵,亦不可得。"⑩舒頔、贡师泰等人家中所藏谱画书籍,在兵变中亦荡废殆尽。⑪顾瑛玉山草堂中曾藏有大量典籍名画,也被劫掠一空,顾氏在《玉山雅集》中痛苦地回忆说:"余家玉山中亭馆凡二十有四,其扁题书皆名公巨卿、高人韵士口咏手书以赠予者,故宝爱甚古玩好。今年春正月兵

---

① 周霆震:《石初集》卷四《老病》。
② 刘仁本:《羽庭集》卷二《次龙子高见贻韵二首》。
③ 李继本:《一山文集》卷二《和梅尹寄来韵二首》。
④ 陈高:《不系舟渔集》卷五《赠章以元昆仲》。
⑤ 李祁:《云阳集》卷三《赠陈彦昌序》。
⑥ 李祁:《云阳集》卷三《龙子元书香世科序》。
⑦ 沈梦麟:《花溪集》卷一《西轩记》。
⑧ 陈高:《不系舟渔集》卷一四《赵子昂学士帖跋》。
⑨ 唐桂芳:《白云集》卷五《送程仲庸序》。
⑩ 郑玉:《师山集》卷三《〈周易大传附注〉序》。
⑪ 舒頔:《贞素斋集》卷首《自序》;贡师泰:《玩斋集》卷六《卢氏纪言序》。

人草堂,书画无长物,夏四月有军士数百持戈特来索予。甚急,及归草堂而书卷皆为分挈而去。"可见,典籍遭毁确实影响了士大夫正常的文化生活。

(三)生活危机:"烽火连石门,我归亦无路"

兵戈峥嵘之际,人命颠危,为了保全性命,士人们不得不奔波流离,亡命异乡。一如高启所言:"今天下板荡,十年之间,大夫士不能保其家,奔走离散于四方者多矣。"①李祁亦说:"夫自世道沦夷,陵谷易处,士君子孤危漂荡,或寄身千里之外,每一念其室庐,则荒烟野草,凄然在目,至有终其身而不得返焉者。"②可以说,元末许多士人,尤其是身处南方的士大夫大多经历过风尘仆仆的流亡生活。如:谢应芳,天下兵起,避地吴中,他曾描述自己的一次逃难经历说:

> 忆昨方卧病,妻子呼避兵。扶持上轻舟,烽火照夜明。问兵今远近,言围阊阖城。
>
> 赖有风满帆,送我东南征。三宿坐不寐,鹤鸣近华亭。晚泊青龙江,芦荻匝地青。
>
> 新知适相遇,留我居筱江。土风颇淳朴,地僻鸡犬宁。吾病日已瘳,客来能送迎。
>
> 老叟心自怜,或谓诗骨清。比邻两三家,情亲若平生。园蔬日持送,酒壶时共倾。
>
> 对酒不能乐,忧虞未忘情。怀哉数君子,雨打水上萍。漂摇各何许,吾将寻旧盟。
>
> 卖刀买黄犊,子孙共春耕。奈何西枝西,炮石犹雷鸣。③

兵乱骤至,连夜奔逃,企图在一个安稳的地方安顿生命,与"子孙共春耕",但"炮石犹雷鸣",逃亡生活并未结束。诗中充溢着作者强烈的悲忧困顿之情。与谢应芳相仿,高启、贝琼、陈高、刘嵩、钱宰等人也有类似的经历和体悟。高启在国家多故、战乱频仍之时,即至正十八年(1358年)到二十年(1360年)间被迫别离吴门,奔走于绍兴、钱塘、嘉兴之间,并留下了《吴越纪游》十五首,叙述丧乱,感叹羁旅,倾吐了自己在流离中的苦顿与狼狈、悲郁与苦涩,寄寓了对乱世的怨恨与感怆,"登临亦可悦,但恨时非平"④。贝琼,字廷琚,浙江崇德人。张士诚屡辟不就,长期避乱,曾写诗抒怀道:

---

① 高启:《凫藻集》卷一《游天平山记》。
② 李祁:《云阳集》卷七《海田耕钓所记》。
③ 谢应芳:《龟巢稿》卷四《怀徐伯枢诸友》。
④ 高启:《高青丘集》卷三《早过萧山历白鹤柯亭诸邮》。

茫茫新战场,白草迷四顾。烽火连石门,我归亦无路。

穷鱼久在辙,惊鹊空绕树。故园今何如,犹思读书处。

近闻遭杀戮,岂复有亲故。安得附晨风,从之西南去。①

陈高,至正十四年(1354年)登进士第,授庆元路录事,任职不满三年,便弃官归平阳。平阳陷落后,奔波于闽浙间。有诗云:

老病成羁旅,妻儿总异乡。卖文常困乏,生计媿农商。

盲废书犹著,忧深世未康。兵戈何处避,怅望海云黄。

近得吴中信,伤怀独倚楼。故人逃野外,盗贼满江头。

老益妻孥累,闲寻薮泽游。道傍争按剑,明月向谁投。②

刘嵩,字子高,初名楚,泰和(今属江西)人,元末举于乡。有诗谓:

惊尘飒南至,妻子哭道周。出门四山云,欲止安得留。

严风裂我肌,行潦冻不流。入洞怵岩蠵,度岭伤阻修。

风波一相失,咫尺生愁尤。大哉乾坤内,性命若云浮。

譬彼孤飞鸿,冥冥安所投。嗒然向西望,泪下不可收。③

钱宰(1299—1394年),字子予,一字伯均,今浙江会稽人,亦云:

中原丧乱起,群雄遍江河。我行江之南,亦复罹兵戈。

亲戚相奔窜,闾里传惊讹。一朝闻寇至,攀腾上岩萝。

路逢伟男子,负母匿山阿。弱妇行不前,缢死枯树柯。

岂忍弃尔死,救尔如母何。听此欲援之,山下寇已多。

行登寂高峰,天高郁嵯峨。怅然思匪风,吞声不成歌。④

上述所引,作者皆据亲身经历,以写实的笔法绘出了一幅幅颠沛穷厄的萧冷图画。这样的情景在时人的诗文中俯拾皆是。另如唐桂芳:"吾宗自李出,今各天一方。遭此乱离世,艰阻道路长。音问咸不及,焉知存与亡。"⑤陈高:"久望家书至不闻,南雁声几回愁。烂漫直欲泪纵横,骨肉三年别乡关。万里情且无拘束,苦即拟问归程。"⑥许恕:"今夜云间月,溪槁照野航。因风微有晕,映水惨无光。

---

① 贝琼:《清江诗集》卷二《丙午冬十一月辟乱亭林》。
② 陈高:《不系舟渔集》卷五《怀昆山诸乡友六首》。
③ 刘嵩:《槎翁诗集》卷二《乙巳正月九日大雪避抄兵由王山将入富田至洞口与家兄相失》。
④ 钱宰:《临安集》卷一《己亥岁避兵》。
⑤ 唐桂芳:《白云集》卷三《长儿文虎次儿文凤送士宜诗》。
⑥ 陈高:《不系舟渔集》卷五《家书不至》。

眼满逃亡屋,愁连战伐场。思亲不得见,空望白云乡。"①

颠沛流离、寄寓异乡的经历使元末士大夫空前感受了生存的艰窘,体味了兵乱的凄凉和客行的孤愁,经受了深沉的忧患情怀和思乡意绪,从而唤醒了他们的生命意识和贵生思想,"近来满目多荆棘,始信人间行路艰"②。对他们而言,这种内心的厄迫实际上要比生命的艰危更为痛楚,送离告别,友朋聚散,怀乡悼亡,乡思萦绕,情谊之恋,无不让滞留异乡的士大夫怅然伤怀,心绪难平。这样的感慨和叹息在其文集中不绝如缕。如:李继本,名延兴,以字行,湖北荆门人,尝云:

> 白首殊方客,奔驰戎马间。时危忧母老,岁晚寄书还。
>
> 冻雪连荒野,寒云出乱山。苍茫西日外,痛哭倚柴关。
>
> 不见严亲面,光阴忽四年。文章多散失,勋业竟流传。
>
> 故塚燕城曲,荒祠瘴海边。寒窗读诗处,新废蓼莪篇。
>
> 辛苦怜吾弟,荒山久避兵。素书连月断,白发满头生。
>
> 雪翳窗灯影,风涵戍鼓声。沉思忧百结,寂寞度残更。
>
> 妻子何时见,凄凉病转侵。虚传千里信,已负百年心。
>
> 短帽飞霜满,空阶落叶深。白头吟正苦,回首泪沾襟。③

诗中描述了作者流离颠沛、变动不居的生活状态。全诗在怀人思乡的感情中,融入了深深的孤寂心绪。同样的思绪,作者在《和梅知府寄来诗韵》一诗中也有动情的展露:"坐想亲朋摧肺肝,寄来尺素百回看。虚窗琴册尘埃乱,疋马关山雨雪寒。避地十年头欲白,去家千里泪难干。酒壶烂熳堪谋醉,强拨羁愁一尽欢。""束装晓发雪满路,云起荒山万里阴。菽水久违慈母养,绨袍还见故人心。"④又如:

> 淮楚风尘可奈何,南州又复动干戈。三山城郭故人远,八月江湖夜雨多。
>
> 白发满头同老境,沧洲何处可行窝。裁书欲问平安否,海阔天高雁未过。
>
> (成廷珪:《居竹轩诗集》卷三《七月十日浙省
有警怀罗善先掾史后闻使闽未回》)

> 折杨柳,送别离。朝朝送人远别离,门前杨柳折还稀。
>
> 今年折杨柳,来岁复生枝。奈何离别子,一去无回时。
>
> (陈高:《不系舟渔集》卷四《折杨柳》)

盗贼攻破信州城,传闻杀戮及孩婴。故人经年无信息,此时无地避

---

① 许恕:《北郭集》卷六《丁未四月十一夜避地船居沈华甫家》。

② 朱希晦:《云松巢集》卷二《寄天宁方丈》。

③ 李继本:《一山文集》卷二《咏怀》。

④ 李继本:《一山文集》卷二《和梅知府寄来诗韵三首》。

刀兵。

　　风雨每惊乡梦短,莺花偏唤客愁生。兰溪船上看红叶,长忆同归载酒行。

　　　　　　　　　　（陈高:《不系舟渔集》卷四《怀信州彭仲愈》）

　　少陵昔避乱,买屋西枝村。卜邻得赞公,聊可与晤言。四圆斗豺虎,烟尘塞乾坤。

　　中宵望北辰,惨戚衰老魂。我今亦漂泊,不得归本根。感此一太息,欲语声复吞。

　　　　　　　　　　（刘基:《刘基集》卷二八《题鲜于伯机书杜工部诗后》）

　　湖海交游老弟兄,十年不见困从征。干戈江上犹思斗,诗酒灯前且叙情。

　　世事看来棋局变,功名识破钓丝轻。到家风月知无恙,相见诸公烦寄声。

　　　　　　　　　　（舒頔:《贞素斋集》卷七《有客自北固来者留宿茅斋》）

　　祇恨孤城未解围,围开翻遣别相知。夕阳江上忽忽酒,细雨灯前草草诗。

　　有梦直从花落后,无书空过雁来时。郭西古寺题名处,今日重游却共谁。

　　　　　　　　　　（张羽:《静庵集》卷三《寄王止仲高季迪》）

可见,扰攘之际,四海风尘,士人别亲离友,无所归依,成为孤苦无告的游子。他们备受艰难,忍受了凄风苦雨,一种凄楚失望、孤旅悲凉的心境挥之不去。回望故里,归路受阻,"本根"难归,濒临绝境,急切思归的强烈愿望溢于言表,浓厚的乡愁中又蕴涵着家国沦落的悲痛。为了生存,士大夫不得不逃亡"偷生",渴望得到心灵的宁静与生命的安顿,这是一种近乎本能的反应,也是对个体命运和存在价值的自觉关注,此与任何战乱时期士大夫的求生欲望和求生手段并无二致。然而,兵戈四起,豪雄鼎峙,士大夫要想逃生求全又谈何容易,他们甚至疑惑地自问:"溥天何处非王土? 无地安身愧此生"①,"世间何处避红尘"②? 天下之大,却无卓锥之处,深沉的悲忧心愫和漂泊在外的苦绪油然而生,战乱之中士大夫的命运之厄可见一斑。

----

① 刘基:《刘基集》卷二三《晚泊海宁州舟中作》。
② 朱希晦:《云松巢集》卷二《次潘北山郑叔允韵》。

（四）道德危机："经术几无补，才华果绝伦"

元末动荡的社会现实，不仅对士大夫的生命造成了空前的威胁，同时也导致了其人格的分裂与矛盾，道德的困境与危机，使其成为精神上的离群索居者和进退失据者，呈现出复杂而鲜明的心态特征。

1.仕隐之间的徘徊与迷惘。入仕向来是传统士大夫生活的轴心，在仕途上有所作为，是其实现一生抱负的首选，但这在淆乱之际却显得极为困难。此时，法纪荡废，世教日衰，宗庙播迁，士人蓬转，"干戈满眼吾道丧"①，强烈的仕进愿望和理想失意之间的巨大落差，令其感到无所归依，内心充满了虚渺的痛苦，真所谓："壮志蹉跎为乱离，苍天不肯见清时"②，"人生如浮云，飘摇无根蒂。昨暮青山阿，今朝沧海澨。风波无定时，沦踬难为计"③。由此，一些士人不得不放弃仕途，退藏林莽，而这种舍此取彼的价值选择，无疑充满了无奈与迷惘。王祎的感受大概可以说明此点，他说：

> 仕隐二趣，吾无固必也。十年以来，吾南走越，北走燕，而惟利禄之，是干其劳心苦思殆亦甚矣。是岂志于隐者乎？今天下用兵，南北离乱，吾之所学非世所宜用，其将何求以为仕籍，使世终不吾用，吾其可以枉道而徇人，则吾终老于斯。益研穷六艺百家，而考求圣贤之故，然后托诸言语，著成一家之书，藏之名山，以俟后世，何不可哉？君子之行，止视时之可否，以为道之诎伸。是故得其时，则行守穷山密林，而长往不返者，非也；不得其时，则止汲汲于干世取宠、勇功智名之徒，尚入而不知出者，亦非也。一山之隈，一水之涯，特吾寄意于斯焉耳。④

在此，"天下有道则仕，无道则隐"这一古训成为王祎从追求利禄向寄意山水转变的理论依据，所谓"君子之行，止视时之可否"。与王祎相仿，受社会现实的强烈冲击，此时很多士人的功名意识渐趋淡薄，这样的事例不胜枚举。仅据《明史》所载，如：叶子奇，至正十年（1350年）举乡试，后"退隐不仕"⑤。陶凯，字中立，浙江临海人。领至正乡荐，除永丰教谕，不就。⑥ 任昂，字伯颙，河阴（在今河

① 郭钰：《静思集》卷五《赠王仪》。
② 高启：《大全集》卷一五《挽瞿隐君》。
③ 刘基：《刘基集》卷二八《杂诗》。
④ 王祎：《王忠文集》卷八《青岩山居记》。
⑤ 徐象梅：《两浙名贤录》卷二《巴陵簿叶世杰子奇》。
⑥ 张廷玉：《明史》卷一三六《陶凯传》。

南荥阳)人。举进士,除知宁晋县,不赴。① 朱升,蕲黄盗起,弃官隐石门。② 吴海,字朝宗,福建闽县人。元季以学行称,值四方盗起,绝意仕进。③ 陈遇,字中行,南京人。笃学博览,精象数之学,元末为温州教授,已而弃官归隐。④ 潘庭坚,字叔闻,安徽当涂人。元末为富阳教谕,谢去。⑤ 鲍恂,字仲孚,浙江崇德人。好古力行,学者称之。至正中,以荐授温州路学正,寻召入翰林,不就。⑥ 张九韶,字美和,江西清江人。能辞赋,累举不仕。⑦ 宋讷,字仲敏,河南滑县人。至正中举进士,任盐山尹,弃官归。⑧ 此外,刘基、宋濂、钱惟善、陈高等人,亦莫不如此。身处乱世,他们退隐不仕,但至明初,其中多数人却雀跃出仕,仅凭此点,也足见战乱对士人价值取向的冲击是相当强烈的。原本济济于仕进的士人,一转而成为理想消弭、鄙弃仕途的另类群体,这种在非常时期的特殊表现,一定程度上表明了其价值取向已出现了空前的危机。这种危机不仅表现在他们的行为中,也蕴涵在其言论中:"可笑春蚕独苦辛,为谁成茧却焚身?"⑨"漂泊身仍在,飞腾志已销"⑩;"虚负青云志,谬惭丹灶传"⑪;"经术几无补,才华果绝伦"⑫;"云霄飞腾无壮志,山林懒拙抱沉疴"⑬;"封侯万里须弓马,错教儿童尽读书"⑭。凡此,既展露了元末士人对时势的无奈与彷徨,也反映了其对自我价值的质疑与鄙视。

2.在元廷与起义军之间进退两难,依违不定。此在下文将有详论,只需一提的是,元末战争将士人推向了迷乱的旋涡,正因他们亲身经历了这种世事末造和纲常剧变,才导致了其心灵的严重失衡和价值标准及表现形态的迥然不同。在元廷与起义军之间,他们将何去何从? 内心之中充满了矛盾与危机:一部分士人

① 张廷玉:《明史》卷一三六《任昂传》。
② 张廷玉:《明史》卷一三六《朱升传》。
③ 张廷玉:《明史》卷二九八《吴海传》。
④ 张廷玉:《明史》卷一三五《陈遇传》。
⑤ 张廷玉:《明史》卷一三五《潘庭坚传》。
⑥ 张廷玉:《明史》卷一三七《鲍恂传》。
⑦ 张廷玉:《明史》卷一三七《张美和传》。
⑧ 张廷玉:《明史》卷一三七《宋讷传》。
⑨ 刘基:《刘基集》二四《春蚕》。
⑩ 许恕:《北郭集》卷六《辛丑除夜》。
⑪ 蓝智:《蓝涧集》卷一《奉寄龙虎外史雪舟》。
⑫ 唐桂芳:《白云集》卷三《怀鲜于必仁》。
⑬ 陈高:《不系舟渔集》卷七《辛丑元日》。
⑭ 贝琼:《清江诗集》卷一〇《归东郊偶成二首》。

从仇视起义军转而逐渐认同、接受乃至投顺起义军;一部分士人开始效命于元廷,但面对元廷崩溃之势,其对元廷的前途大失信心,遂辞官不仕,甚而背离元廷,成为起义军的"帮凶"和元廷的"掘墓人";一部分士人则坚守忠孝观念,对元廷抱有希望,"君子忧朝廷,野人念亲友"①。上述差异,虽表现为个体行为选择的不同,但深层次言之,则是价值判断的相异,意味着面对多元政治势力,士人思想的变动不居和心灵的动荡不宁。这种矛盾与危机的表现形式虽然会伴随着时势的变化而变化,但无论如何,士心的嬗变与困顿则绵延不绝,恒久不灭,最终导致了士人群体的大分裂和重新组合。

3.对儒家伦理道德的怀疑和重新审视。在传统社会,以"三纲五常"为核心的儒家伦理道德对士大夫具有普遍的规范性和约束性,也是其心中不可动摇的、近乎真理的价值体系。但在元末乱世这一特殊的历史时期,残酷的现实、惨淡的人生、强烈的反差使士大夫在精神上无所依傍,价值取向亦逐渐失去了应有的标尺,从而开始对"三纲五常"的固有内涵产生了怀疑,抑或提出了新的诠释。

一方面,面对政教凌夷、礼法寝废的无序社会,儒家伦理规范却不能发挥应有的作用加以补救,在儒学濡染下成长起来的士人也难以通过自己的道德力量来拯救邦国的荡覆。这种困惑,使不少士大夫的思想观念发生异化。其中,一些人对自己的价值产生了质疑,感叹:"腐儒于世嗟无补,拟听将军奏凯旋"②;"文章未必能经世,深愧飘蓬岁月徂"③;"落魄乾坤一腐儒,生逢四海日艰虞。异邦作客歌黄鸟,空谷怀人咏白驹。岂有纵横千七国,亦无辞赋拟三都。时危那敢辞贫贱,弟恨长年走畏途"④。此皆反映了作为儒者心系天下而难有作为的痛苦。一些人倡导"自我"、"自由"的主体意识,表现出一种离经叛道的气魄:在人性论上主张顺性自适,各遂其志,在政治观上主张无为而治,一定程度上将道家的自然理论奉为圭臬,前述狂狷之士在战乱时期的表现即属此类。也有一些人主张认识世界应"求诸心"⑤,逐渐淡化对立足于现实的实学精神的追求。还有一些人接受并推扬"三教合一"的思想,试图让佛老化其"异端"而归于儒家之道,以端正人心、拯救生民、维护礼教,就像杨维桢所说的那样:"于吾道陵夷之际,挈而尊之,彼二氏者若在弟子之列,化异端归皇极,使皆知有君臣、父子之伦,礼

---

① 郭钰:《静思集》卷二《闻龙兴警报有怀欧阳奎》。
② 许恕:《北郭集》卷四《吴中》。
③ 陈高:《不系舟渔集》卷七《独坐》。
④ 丁鹤年:《鹤年诗集》卷二《腐儒》。
⑤ 刘基:《刘基集》卷三《自灵峰适深居过普济寺清远楼记》。

乐、刑政之教,民之秀而出者,不没溺于虚无寂灭之归。"①上述诸端,或是士大夫对儒学意蕴的大胆背离,或是对儒学危机的尽力补救,虽然皆缺乏渊深而细密的理论支持,但却从一个侧面折射出元末思想界的异化和支离。

另一方面,战乱让元末士大夫最大程度上体验了封建伦理纲常的价值与功能,并在实践中重新审视了它的精髓与内涵。在此过程中,一些人基于客观时势的变化,对纲常理论进行了新的阐释。以对"君"与"亲"关系的认识为例:"君"与"亲"的关系,常常被理解为"忠"与"孝"的关系。对此,元末士人大都承认二者在内涵与外延上互为通同,但在战乱时期,二者的关系骤然紧张,以谁为先随即成为士人必须面临的道德抉择。虽然有人勉强指出"凡人处君亲之间,当大变之际,既不能两全其道,则当各尽其道而已"②,试图以"道"之是非来权衡舍谁取谁的矛盾,但在现实经历中,"道"的力量往往难以规约士人在君亲之间、忠孝之间作出一定与伦理纲常节应拍合的选择。所以,有人提出:"君臣者,天下之大义;母子者,一身之私亲。以私亲而忘大义,固不可因大义而杀私亲,岂人情也?"③意谓在"大义"与"私亲"之间,作为臣子既不能"忘大义",也不能"杀私亲",言语间并未明确二者之间孰重孰轻,矛盾之意昭然可见。也有人指出:

> 以吾身而视天下,则天下为重;以吾亲而视天下,则天下为轻。故君子之取天下,当大变之来,遇父母之难,又岂可不权其轻重而为之进退哉?方天下乱离,生民涂炭,以吾身犯锋镝之险,蹈不测之渊,为天下拯焚救溺者,天下重于吾身也。及亲陷贼庭,危在顷刻,则舍天下以全吾亲者,亲重于天下矣。④

论者以客观时势为依据,阐述了"吾身"、"吾亲"与"天下"关系及其以谁为重的缘由,其中"亲重于天下"的论说,某种程度上突破了传统理念中"大义灭亲"、"舍身取义"等理论范畴。这种观点虽在元末未能形成普遍认识,但却反映了一些士大夫重释伦理纲常礼教的勇气,不仅启迪了一种新的思维方式,而且在实际上拓展了道德的实践领域,具有一定的理论价值。出乎此,在农民战争期间,虽然有很多士大夫恪守并践履了忠义观念与国家意识,为维护蒙元统治而杀身殉义,但也有不少士大夫选择了明哲保身,苟且偷生。这种差异不仅是行为选择的差异,也是对伦理纲常在理解上的分歧,体现了元末士大夫思想观念的多样性

---

① 杨维桢:《东维子集》卷一四《蓝田山三一精舍记》。
② 郑玉:《师山集》卷二《李璀论》。
③ 郑玉:《师山集》卷二《赵苞论》。
④ 郑玉:《师山集》卷二《汉高祖索羹论》。

特征。

第二节 士大夫视野中的农民战争及其思想意义

在天崩地解、国破家亡的大事变中,元末士大夫的心灵世界受到了空前强烈的震撼。期间,他们围绕国家之兴亡、民生之否泰和自我之命运等时代命题,对农民战争进行了深刻反思和自觉总结,发表了一系列观点。这些观点不仅充分展示了元末士大夫复杂多样的价值取向、政治诉求和心理状态,而且一定程度上反映了传统士大夫对农民战争的基本倾向,具有十分重要的思想意义。

一、对农民起义的态度:从仇恨到接受

"元末农民战争是一场伟大的阶级斗争。这一时期,以农民为主体的广大劳动人民与地主阶级之间的矛盾是社会的主要矛盾。"[①]很多士大夫虽对元王朝的腐败政治深为不满,但因为他们多出身地主阶级,享有免除差发等特权[②],加及深受儒家伦理道德的熏陶,所以当农民战争蓬勃兴起之际,为了维护自身的利益,他们中的一部分人站在元廷的立场上,对农民起义抱持着刻骨铭心的仇恨心理。这种意向,在元末士大夫的诗文和行动中都有充分地表露,如杨维桢、顾瑛、王逢、谢应芳、张宪、宋濂、刘基、戴良、王冕、陈高、陈基、郑玉、赵汸、王毅、李祁、王礼、成廷珪等,莫不如此。在他们看来,农民发动起义不具有合理性,"朝廷何负尔辈,乃敢弄兵反"[③]。所以他们在竭诚为元效忠之时,又诅咒起义军为"妖"、"盗"、"贼"、"魔"等,力主加以镇压,"扫荡妖氛清社稷"[④],以达到消弭起义、维护封建统治的目的。诚如陈基作诗云:"生民苦涂炭,群妖方弄兵。大将肃旗鼓,三军严视听。所重奉天讨,慎勿妨农耕。鲸鲵示两观,熊虎行四征。努力平南服,以之答圣明。"[⑤]刘基在目睹了"至今盗贼辈,啸众如蜂蚁"[⑥]的情形

---

① 陈高华:《元末农民起义中南方汉族地主的政治动向:兼谈元末的阶级矛盾和民族矛盾》,《新建设》1964 年第 11—12 期。

② 蔡美彪:《元代白话碑集录》,科学出版社 1955 年版,第 84 页。

③ 宋濂:《文宪集》卷一九《元故累赠奉训大夫温州路瑞安州知州飞骑尉追封乐清县男林府君墓铭》。

④ 成廷珪:《居竹轩诗集》卷三《送秘书太卿高志道总戎淮西》。

⑤ 陈基:《夷白斋稿》卷二《彦文点兵余杭富阳新城道上赋诗见示因次其韵四首》。

⑥ 刘基:《刘基集》卷一九《北上感怀》。

后,"愁心如汶水,荡漾绕青徐"①,遂作诗云:"人言从军恶,我言从军好。用兵非圣意,伐罪乃天讨"②,颇"有忠君爱民之情,去恶拔邪之志"③。陈、刘二人虽然此后分别投靠了张士诚、朱元璋,但在农民战争初期,他们仇视农民起义的意思仍很鲜明,上述诗中无不洋溢着同农民起义军的不共戴天之情。

同时,一些士大夫为镇压起义的元军大唱赞歌。刘嵩《槎翁诗集》卷三《罗明远杀贼歌》、《战敖原美周公瑾》、《马将军歌》等即是歌颂义士杀"贼"的诗文。至正十二年(1352年)徐州一战,元军对农民起义军进行了惨无人道的屠杀,成廷珪特作《悲徐州》一诗赞颂"王师"之功绩。至于颂扬镇压起义军的余阙、李黼等的诗文,在士大夫的文集中更是不胜枚举。不仅如此,一些士大夫还直接参与或组织地主武装协助元军镇压起义军,甚至依仁蹈义,为元丧命,"此身许国誓不二,义不与贼同戴天"④。与这些思想倾向相联系,针对元廷招抚张士诚、方国珍的"怀柔"⑤举措,很多士大夫亦表示不满。例如朝廷对方国珍惮于用兵,一意招抚,台州达鲁花赤泰不华和时任浙东元帅府都事的刘基都坚决反对,力主剿捕,认为"方氏首乱,罪不可赦"⑥。可以说,仇视、镇压农民起义军是元末士大夫的共同基调,在他们的思想中,"没有任何的民族思想,也不对农民起义抱有丝毫的同情"⑦。

元末士大夫之所以仇恨农民起义,其理由与历代士大夫的观点并无二致:一是正统观念根深蒂固。在士大夫的心目中,元廷仍为唯一合法的统治政权,其正统地位是天经地义、不可悖逆的;而农民起义的斗争目标则是要打破现有的统治秩序,建立新的政权。这种不可调和的矛盾,使士大夫对农民起义的对抗情绪急剧增强。二是对农民起义破坏因素的畏惧与不满。身处战乱,士大夫亲眼目睹了"寇盗不仁还掠地"⑧、"杀守令、据城邑"⑨的历史事实,这对士大夫的生命财

---

① 刘基:《刘基集》卷一二《过南望时守闸不得行》。
② 刘基:《刘基集》卷二八《从军诗五首送高则诚南征》。
③ 刘基:《刘基集》卷二《王原章诗集序》。
④ 郑元祐:《侨吴集》卷三《汝阳张御史死节歌》。
⑤ 《刘基集》卷二三《闻高邮纳歀漫成口号》载:"闻道高邮已撤围,却愁淮甸未全归。圣朝雅重怀柔策,诸将当知掳掠非。尧帝封疆元荡荡,世皇功业甚巍巍。忠臣义士同休戚,纵欲寻安总祸机。"
⑥ 刘基:《诚意伯文集》卷首张时彻撰《诚意伯刘公神道碑铭》。
⑦ 陈高华:《元末浙东地主与朱元璋》,《新建设》1963年第5期。
⑧ 刘仁本:《羽庭集》卷二《时事》。
⑨ 余阙:《青阳集》卷三《大节堂记》。

产、文化生活、道德理想等产生了强烈的冲击，尤其是起义军剥夺士大夫（地主阶级）特权利益的斗争目标，使士大夫与农民起义军之间的敌对关系进一步加剧。如刘基坚持镇压方国珍，就与方氏军队"烧掠沿海州郡"①的行为有关。

当然，元末士大夫对农民起义的仇恨心理是随着时局的变化而变化的。大体来看，在农民起义初期，元廷的镇压方针成效显著，故士大夫主张镇压起义军的思想倾向占主流地位。至正十五年（1355年）以后，元军接连溃败，战局向有利于农民起义的一边发展。在此情况下，士大夫深感元廷已病入膏肓，不可救药，"战尘飞空暗南北，出门每恨山河窄"②，"喟皇天之不祥"③，很难依靠它来维护自身的利益，于是一部分士大夫开始疏离元政权，同时对起义军的敌对态度渐次缓和，甚而开始向起义军阵营靠拢。

二、渴望安定的忧患意识

元末群雄起兵后，士大夫原来安逸的生活受到了强烈的冲击，一如钱穆所云："元明之际，江浙社会经济丰盈，诗文鼎盛。元廷虽不用士，而士生活之宽裕优游，从容风雅，上不在天，下不在地，而自有山林江湖可安，歌咏筋宴可逃，彼辈心理上之不愿骤见有动乱，亦宜然矣。"④由此，经过战火的洗礼，元末士大夫厌恶战争，渴望安定的情绪日益高涨，在其诗文中，随处可以感受到这一点。如陈高："元日将堪喜，今年贼定平。天心占节候，人事厌戈兵。"⑤许恕："乾坤将厌乱，吴楚未休兵。梦想归田里，狂歌托圣明。"⑥吴当："废兴知运数，海内厌兵戈。"⑦郑玉："头白深知忧国事，身闲且复寄精庐。何时四海收兵甲，还向师山理旧书。"⑧又云："干戈欲定知何日，江汉相逢慰此生。"⑨刘基："城上几时罢击柝？愁见海云蒸晚霞"⑩，"愿闻四海销兵甲，早种梧桐待凤凰"⑪。舒頔："书生亦是

---

① 陈邦瞻：《元史纪事本末》卷二六《东南丧乱》。
② 郭钰：《静思集》卷四《送宋仲观迎亲江陵》。
③ 刘基：《刘基集》卷一《吊泰不华元帅赋》。
④ 钱穆：《中国学术思想史论丛》，安徽教育出版社2004年版。
⑤ 陈高：《不系舟渔集》卷五《乙未岁元日三首》。
⑥ 许恕：《北郭集》卷五《纪异》。
⑦ 吴当：《学言稿》卷四《远客》。
⑧ 郑玉：《师山集》遗文卷五《书怀》。
⑨ 许恕：《北郭集》卷四《送徐仲盟回松江》。
⑩ 刘基：《刘基集》卷二三《冬暖》。
⑪ 刘基：《刘基集》卷二三《普济寺遣怀》。

避世人,江海何日宁风尘。"①上所引摘,皆透露出士大夫对时代命运的忧虑和对战争的厌恶,以及追求一个有序、安定社会的强烈愿望。为此,有人甚至企图通过宗教迷信以消弭战乱,如张昱曾至普陀洛伽山寺,作佛事七昼夜,希望佛祖菩萨能够拯救群生于水火,他说:"丞相函香致此诚,愿深海水救群生。慈悲谓可消诸恶,征伐容将息大兵。金色圆光开宝髻,玉毫妙相络珠璎,手中示现杨枝露,愿洗干戈作太平。"②与此同时,士大夫伤时悯乱,抚今怀古,时常表现出对"大元"盛运的深沉眷恋,诗谓:"逝水自流人自老,依楹长忆至元年"③;"疲氓真可怜,忍令饲豺虎。追忆至元年,忧来伤肺腑"④;"四海正歌垂拱日,百年犹忆至元春"⑤;"父老歌延祐,君臣忆至元"⑥;"独不念至元延佑年,天下无城亦不盗"⑦。可见,结束战争,实现社会安定已成了元末士大夫的普遍愿望。

从某种意义上说,在社会失序的情况下,元末士大夫渴望结束战争的心态,实质上表现出了极其强烈的社会责任感和历史使命感。一方面,他们虽然对元朝弊政心存不满,但面对如火如荼的农民战争,仍恪守正统意识,站在元廷的立场上,希望朝廷早日平定战乱,恢复统治秩序,进而实现稳定的社会环境。这种理念既表明他们对元朝统治并未全然丧失信心,也表明他们对黎民困苦的深切同情。另一方面,在大乱已极、元祚垂尽的情况下,一些士大夫的政治立场趋于多元,到底依靠谁来实现社会的安稳呢?他们不惟寄希望于元廷,也开始寄希望于各路群雄。所以在农民战争的中后期,一大批士大夫投附起义军,除了谋求个人的功名利禄外,也希望通过直接参与起义军,并借助其力量以实现天下的一统和社会的安定。这种观念上的转变,虽然有悖于正统观念,但却从一个侧面反映了士大夫渴望安定的强烈愿望。然而,美好的愿望代替不了残酷的现实,士大夫呼吁安定的努力纵然代表了时人的普遍心声,亦符合统治者的基本意愿,但并不能阻止和改变群雄纷争、社会板荡的历史局面。从这个意义上说,在传统社会,尤其在时势变幻莫测的情势下,士大夫的言论是苍白无力的,极难作为一种力量来影响和改变当权者的统治理念,更无法扭转时势的发展大势。

---

① 舒頔:《贞素斋集》卷七《赟书李廷献》。
② 张昱:《可闲老人集》卷三《至普陀洛伽山寺作佛事》。
③ 刘基:《刘基集》卷二三《闻鸠鸣有感呈石抹公》。
④ 刘基:《刘基集》卷二〇《感时述事十首》。
⑤ 成廷珪:《居竹轩诗集》卷三《陈养吾寄韵》。
⑥ 贝琼:《清江诗集》卷九《书事二十韵》。
⑦ 刘基:《刘基集》卷一七《筑城词》。

三、基于农民起义对统治者的训诫

元末士大夫联系时代的厄运、国家的艰危和民众的疾苦,通过探讨治乱之源,明确而尖锐地提出了对社会现实的认识,并向统治者发出了训诫,表达了作为智虑之士的独到见解。在他们看来,"盗之起者,为饥寒所迫也"①,要避免起义的发生,统治者须以安顿民生为要务;民众的生活状况是统治者赖以存在的基础,要从根本上解除危机,就须体察民瘼,重视民生。至正二十年(1360年),顺帝不顾民生之困厄,欲修上都宫阙,时任参议中书省事的陈祖仁极言上疏,表示反对,其曰:

> 自古人君,不幸遇艰虞多难之时,孰不欲奋发有为,成不世之功,以光复祖宗之业。苟或上不奉于天道,下不顺于民心,缓急失宜,举措未当,虽以此道持盈守成,犹或致乱,而况欲拨乱世反之正乎! 夫上都宫阙,创自先帝,修于累朝,自经兵火,焚毁殆尽,所不忍言,此陛下所为日夜痛心,所宜亟图兴复者也。然今四海未靖,疮痍未瘳,仓库告虚,财用将竭,乃欲驱疲民以供大役,废其耕耨,而荒其田亩,何异扼其吭而夺之食,以速其毙乎! 陛下追惟祖宗宫阙,念兹在兹,然不思今日所当兴复,乃有大于此者。假令上都宫阙未复,固无妨于陛下之寝处,使因是而违天道,失人心,或致大业之隳废,则夫天下者亦祖宗之天下,生民者亦祖宗之生民,陛下亦安忍而轻弃之乎! 愿陛下以生养民力为本,以恢复天下为务,信赏必罚,以驱策英雄,亲正人,远邪佞,以图谋治道。夫如是,则承平之观,不日咸复,讵止上都宫阙而已乎!②

陈氏满腹忧国忧民的情怀,据以儒家仁政学说,承袭民本主义传统,认为在兵乱四起的情势下,朝廷应该"以生养民力为本,以恢复天下为务",而不能大兴工役,否则只能加剧社会矛盾,"违天道,失人心,或致大业之隳废"。基于这一认识,元末士大夫进而认为,人心是关乎国之存亡的关键,"夫人心者,天命之所系,国脉之所关也",欲在农民战争中取得胜利,"必先有以收天下之人心"③,"人心不一,而欲守之,固战之克者无也"④,用吴海的话说就是:"兵甲为利者,以民心为之本也。"⑤所以杨维桢提出,战乱之际,地方官员既然"以诛讨贼虏,恢

---

① 宋濂:《文宪集》卷一九《故岐宁卫经历熊府君墓铭》。
② 宋濂:《元史》卷一八六《陈仁祖传》。
③ 杨维桢:《东维子集》卷二七《人心论》。
④ 杨维桢:《东维子集》卷二七《总制论》。
⑤ 吴海:《闻过斋集》卷一《送燕经历入京叙》。

246

复王土"为己任,那就须"以收人心、固人心为第一义也"①。

针对当时"生不自聊,而赋敛日蹙,刑罚日滋"②的情况,元末士大夫建议朝廷推行有效的安民政策。一方面,各级官员要积极安抚疲于战乱的民众,"吏善抚之则易以治,不善抚之则易以乱"③;另一方面,朝廷应及时减轻民众负担,这是争取人心的关键,所谓"下诏蠲秋赋,为恩不亦宽。农安思报主,力尽敢辞难"④。此外,元末士大夫认为,兴举教化也是缓和农民起义的重要措施。儒家文化的治国方略是以德治教化为主,教化是治理百姓的首选政策,尤其在社会紊乱,秩序失坠之时,进一步倡导教化,对于整齐人心,划一风俗,进而恢复和巩固蒙元统治意义重大。刘基说:

> 国家自混一以来,以仁泽施于民,涵濡养育,蕃衍滋息,可谓庶且富矣。今乃至相率而为盗庸,非典教者失其职耶?夫民之所以敢犯法者,以其不知人伦也。圣人之教行,则人伦明矣。人伦既明,则为民者莫不知爱其亲,而不敢为不义以自累,为士者莫不知敬其君,而不敢自私以偾国事,盗贼何由而生?亦何由而滋蔓哉?诸君子可谓能知治道之本矣,可无述乎?⑤

在他看来,民众之所以敢于犯法为"盗",其原因在于"不知人伦"。所以,他力主推行教化,通过精神层面的熏陶,使民众"明人伦、爱其亲、敬其君",如此才能端正人心,防止盗贼滋蔓,进而达到治国安邦的目的。与刘基相类,吴海亦认为元末之所以出现"盗贼连起,攻城剽邑,杀掠民庶"⑥的局面,其原因亦在于教化不振,他分析说:

> 圣贤之流风未远,向背顺逆之在人心者易晓,虽以盗贼之暴而民不从,教之有益于世如是哉。……噫!天下古今治乱,时世不同,而人心无不同者,理一而已。夫兽困则斗,鸟穷则啄,皆非其欲也,势蹙而不得顾其死耳。在上者以赋敛为饮食,刑辟为娱乐,民安得保其生哉?夫欲使民回心而向道,士虽穷而不舍义,虽死而不为乱,则教之事也。⑦

又说:

---

① 杨维桢:《东维子集》卷二七《人心论》。
② 吴海:《闻过斋集》卷一《送燕经历入京叙》。
③ 吴海:《闻过斋集》卷二《送宁化训导序》。
④ 蓝智:《蓝涧集》卷三《闻诏》。
⑤ 刘基:《刘基集》卷三《诸暨州重修州学记》。
⑥ 吴海:《闻过斋集》卷一《送龙江书院山长叙》。
⑦ 吴海:《闻过斋集》卷一《送龙江书院山长叙》。

> 夫民知礼则不犯上,知义则可服,使生厚则自爱。……圣人有言,不教而杀,谓之虐;夫教,治之本也;学校,风化之原也;教之道德以淑其心,教之生产以立其业,教之礼义以正其俗,教非徒文词之谓也。……夫民知教则良心生,教立则善人众,大家既服,小民视之而化,风俗无不美矣。①

在此,吴海将治乱归于人心,指出欲使起义的民众"回心而向道",就须教之"圣贤之道",使其懂得向背顺逆之道,如此"虽穷而不舍义,虽死而不为乱"。言语中虽然暗含着为统治者"以赋敛为饮食,刑辟为娱乐"行为辩护的意味,反映了其思想的局限性,但强调教化为立国、救国之本的意思亦昭然可见。所以,与多数儒士文人一样,元末士大夫亦坚信:救治天下失序的关键在于唤醒人们对精神价值的关怀和遵循,而不是单纯依靠武力镇压来恢复社会的有序状态。

当然,元末农民起义的发生、发展有其深广的社会根源。故而,要从根本上解除社会危机,恢复和稳定统治秩序,除了重视安顿民生、争取人心外,士大夫认为统治者尚需整顿朝政,振肃纲纪,澄清吏治。对此,刘仁本(字德元)有言:"今家国多故,兵革四出,所急者振纪纲,明法度,肃官府之政令,以挈人心而已。"②林弼说:"元政既衰,令非其人,民不堪其虐,辄且挺而起,比寇平,则民以残矣。"③吴海亦说:"自海内多故以来,民心皇皇,无所底止,虽守令饕残之所致,亦由任是职者不能提纲振纪,取国家立法之意。"④同时,作为构造社会伦理的中坚,士大夫认为有意识地倡导和践行道德价值是人之存在的根本。由此,针对元末统治集团德行不修,致使天下大乱的局面,他们期盼君主的德行,认为"人君修德灾可弭"⑤,君主个人的道德影响是实现统治的要点,也是政治运作的原动力和天下治乱的根源。倘若统治者能够以身作则,以自身的道德感召力来引领风化,规约社会,便会在广大民众中形成强大的向心力,从而达到争取人心、恢复社会秩序的目的。如刘仁本在诗中所言:"礼乐将兴未百年,一时民物遽骚然。庙堂鼎鼐乖调燮,海宇兵戈苦结连。寇盗不仁还掠地,君臣修德可回天。独怜边将相蹂躏,纵立奇勋莫自全。"⑥

总之,元末社会的大动荡,不仅是封建王朝再度更迭的历史重演,也是对士

---

① 吴海:《闻过斋集》卷二《送宁化训导序》。
② 刘仁本:《羽庭集》卷五《送江浙行省检校官章君彦复序》。
③ 林弼:《林登州集》卷一二《赠长泰令邓侯新政序》。
④ 吴海:《闻过斋集》卷一《赠刘金宪卷后序》。
⑤ 倪瓒:《清閟阁全集》卷四《蟛蜞》。
⑥ 刘仁本:《羽庭集》卷二《时事》。

大夫人格的一次严峻锤炼。从某种意义上说,农民战争一定程度上激发了士大夫对伦理教化、礼法秩序、政治理念、安民之道等重要问题的自觉思考,而对农民战争的直接评论,则充分展示了他们的心理状态、价值取向和政治要求。然而,在王朝更迭、治乱交替之时,士大夫的理性言论极难被元朝统治者所接受,更无法成为元朝拯救自我、恢复统治的思想向导。幸运的是,伴随着一大批士大夫相继进入群雄阵营,他们的许多识见成为起义军领袖治军行政的重要依据,并对其思想观念和政权性质的转变以及农民起义的最终胜利,皆产生了重要作用。这一点我们从朱元璋集团那里会有较为明确的认识,如朱元璋提出的"驱逐胡虏,恢复中华,立纲陈纪,救济斯民",即在于重整封建纲纪,维护汉族统治,而这一口号正是对元末士大夫政治见解的实际践行。

第五章 "乱世"中士大夫的政治态度和生存抉择

在元末农民战争的激荡中,士大夫面临陵谷之变的种种考验,为了保全生命和实现自身的价值,他们审时度势,斟酌权衡,重新寻找出路就成为一种带有普遍性的态势。期间,士大夫的心灵更加无以依附,变得愈发复杂,形迹也依违不定,呈现出多途选择的分化之势。关于此,时人高启说道:

> 天下无事时,士有豪迈奇崛之才而无所用,往往放于山林草泽之间,与田夫野老沉酣歌呼以自快其意,莫有闻于世也。逮天下有事,则相与奋臂而起,勇者骋其力,智者效其谋,辨者行其说,莫不有以济事业而成功名。……今天下崩离,征伐四出,可谓有事之时也。其决策于帷幄之中,扬武于军旅之间,奉命于疆场之外者,皆上之所需而有待乎智勇能辨之士也。使山林草泽或有其人,孰不愿出于其间以应上之所需,而用己之所能,有肯槁项老死于布褐藜藋者哉!①

可见在"天下有事"之时,士大夫寻求出路、寻求精神寄托的方式是多种多样的,"当兵之兴,人无定志"②,"诸藩构隙兵戈里,江左名贤各有图"③。具体而言,此时士大夫的行为动向大体表现在三个方面:一是恪守忠义观念,继续为元效忠,甚而慷慨赴难;一是乘时崛起,归附起义军;一是避乱远祸,遁隐岩穴。总体来看,虽然随着社会局势的发展变化,士大夫的政治态度和行为方式也会发生

---

① 高启:《凫藻集》卷三《娄江吟稿序》。
② 许应鑅:《同治南昌府志》卷一八包希鲁撰《守城记》。
③ 徐贲:《北郭集》卷三《题葛仙翁移家图》。

相应的变化,但主要方向则不出以上三端。

第一节　救世护国,矢志守节的道德践履

忠义观念是传统士大夫道德精神的重要体现,亦是支配其行为方式的内在力量之一。在中国历史上,这一观念起源甚早,《论语·八佾》云:"君使臣以礼,臣事君以忠。"《国语·晋语九》亦云:"事君者,竭力以役事,不闻违命。"但起初作为臣子并不具有竭尽愚忠的绝对义务,所谓"邦有道,则仕;邦无道,则可卷而怀之"[①]。自两宋起,在程朱理学的濡染下,忠义观念趋于浓烈,"君臣父子,定位不移"[②],"饿死事小,失节事大"[③]等逐渐成为人伦纲常的重要环节而为士大夫所倡扬和皈依。元明鼎革之际,一大批士大夫心系天下之兴亡,社稷之安危,生民之否泰,高扬儒家道论旗帜,恪守忠义观念,挺然抗节,秉志不回,纷纷为元廷死节效命,为挽救元王朝的历史命运作了最后努力。

一、恪守忠义,"死为元鬼"

自元末农民战争爆发之初,部分士大夫即以拯救蒙元统治为己任,对元廷忠贞不渝,甚至不惜付出自己的生命。这些人中间,既有在任的各级官员,也有在野的文人雅士;有荣登王榜的进士举人,也有沉沦草莽的生员儒士。他们虽身份不同,地位各异,但大都认为"忠君"是作为臣民的唯一义务和生命意义的最高体现,强调忠君之德与自身生命价值的统一,所谓"道家论将忌三世,臣子报君惟一忠"[④],"士大夫行已立身,惟忠与孝而已"[⑤];甚至将捐躯赴难视为忠君精神的极端体现,"士之死也,就义焉"[⑥],"禄位无小大,见危则致死焉"[⑦]。基于这种认识,许多士大夫坚决与农民起义军为敌,忠实维护着元王朝的统治,通过"死节"这一极端方式践履了忠义观念与国家意识。

---

① 《论语·卫灵公》。
② 程颢、程颐:《二程集》卷五《河南程氏遗书·二先生语五》。
③ 程颢、程颐:《二程集》卷二二《河南程氏遗书·附杂录后》。
④ 张昱:《可闲老人集》卷三《杨忠愍公墓上作》。
⑤ 刘仁本:《羽庭集》卷五《饯长信寺经历曹德辅序》。
⑥ 林弼:《林登州集》卷二一《方简夫义节传》。
⑦ 王逢:《梧溪集》卷一《杭城陈德全〈架阁录〉示至正十一年大小死节臣属其都济尔以下凡十三人王侯以下凡九人征诗二首并后序》。

（一）"我元进士，有死无二"

元末战乱之际，进士群体的死难行为几成普遍现象，在士大夫群体中显得颇为典型和独特。对此，历来多有论及，如杨维桢云："至元初盗作，元臣大将守封疆者不以死殉，而以死节闻者大率科举之士也。"①《同治南昌府志》载："兵兴以来，凡死节效命，举进士、知经学者为多。"②清人赵翼亦云："元代不重儒术，……然末年仗节死义者，乃多在进士出身之人。"并据《元史》列出余阙、台哈布哈（泰不华）、李齐、李黼、郭嘉、王士元、赵琏、孙㧑、周镗、聂炳、刘耕孙、绰罗（丑闾）、彭庭坚、布延布哈（普颜不花）、伊噜布哈（月鲁不花）、穆尔古苏（迈里古思）等16人。③可见，死难进士群体的存在，确乎是元末农民战争期间一个令人瞩目的现象。据桂栖鹏先生统计，期间死难进士共有42名④，但仅列出了进士姓名，且对张桓、布景范等人的记载存在疏漏⑤。兹以此为基础，进一步补充为60人，如表所示：

表5.1　元至正年间死难进士一览表

姓　名	民族/籍贯	登科时间	任职/官至	死难时间	资料来源
李　黼	颍州人	泰定四年	江州路总管	十一年	《元史》卷194《李黼》
傅　常	铅山人	至正八年	余姚州判官	十一年	雍正《浙江通志》卷153 《乾隆绍兴府志》卷42
泰不华	蒙古人 台州人	至治元年	台州路达鲁花赤	十二年	《元史》卷143《泰不华传》
解子元	吉水人	至正五年	校书郎	十一年	《万历吉安府志》卷22 雍正《江西通志》卷51、95
丑　闾	色目人	元统元年	安陆知府	十二年	《元史》卷195《丑闾传》
朱　倬	新城人	至正二年	遂安县尹	十二年	《正德新城县志》卷8《人物》 《新安文献志》卷49
舒　泰	奉新人	至正五年	分宜县丞	十二年	《万历南昌府志》卷18《人物》

① 杨维桢：《铁崖先生集·送王好问赴春官序》。
② 许应鑅：《同治南昌府志》卷一八包希鲁《守城记》。
③ 赵翼：《廿二史札记》卷三〇"元末死难者多进士"条。
④ 桂栖鹏：《元代进士研究》，兰州大学出版社2001年版，第77—83页。
⑤ 如：将"张桓"统计为进士。实际上，据《元史》卷一九四、《新元史》卷二三〇、《明一统志》卷三一、《草木子》卷四等所载，张桓并未中进士，而是"以国子生累官陕行台御史"。又，布景范中进士的时间，其中据雍正《四川通志》卷一二所载，认为是泰定四年（1324年），但据更早的《万历四川总志》卷五〇、《明一统志》卷六七等所载，布氏中进士当在至正年间。

续表

姓　名	民族/籍贯	登科时间	任职/官至	死难时间	资料来源
李　齐	广平人	元统元年	高邮知府	十三年	《元史》卷194《李齐传》
赵　琏	临颍人	至治元年	参知政事	十三年	《元史》卷194《赵琏传》
程养全	德兴人	至正二年	铅山州判官	十四年	吴维新《程养全行实》《新安文献志》卷66
彭庭坚	温州人	至正五年	宣慰司副都元帅	十四年	《元史》卷195《彭庭坚传》
刘耕孙	茶陵人	至顺元年	宁国路推官	十五年	《元史》卷195《刘耕孙传》
汪泽民	婺源人	延祐五年	礼部尚书致仕	十五年	《宋文宪公全集》卷5《汪泽民神道碑》《元史》卷185《汪泽民》
王士元	恩州人	泰定四年	浚州知州	十七年	《元史》卷194《王士元传》
余　阙	色目人庐州人	元统元年	淮南行省左丞	十八年	《元史》卷143《余阙传》
郭　嘉	濮阳人	泰定四年	广宁路总管	十八年	《元史》卷195《郭嘉传》
帖谟补化	蒙古人	至正二年	淮西都元帅府都事	十八年	《元史》卷143《余阙传》《弘治桐城县志》卷2
月鲁不花	蒙古人绍兴人	元统元年	山南道廉访使		《元史》卷145《月鲁不花传》
普元理	高昌人	至正十一年	行省参政	十二年	《新元史》卷232《普元理传》
冯文举	成都人	／	云南儒学正提举	／	《新元史》卷232《冯文举传》《明一统志》卷67
郭景杞	新都人	／	益源州同知	／	《新元史》卷232《郭景杞传》
迈里古思	西夏人居松江	至正十四年	行枢秘院判官	十八年	《东维子集》卷24《西夏侯迈公墓志铭》
傻列篯	色目人高昌人	至顺元年	潮阳县达鲁花赤	十八年	《嘉庆溧阳县志》卷12
杨　惠	洛阳人	泰定四年	浙东廉访使	十八年	《元史》卷45《顺帝纪》《明史》卷124《杨惠传》
海鲁丁	／	／	参谋	十八年	《元史》卷196《获独步丁传》
胡斗元	靖安人	／	鳌溪书院山长	／	《新元史》卷231《胡斗元传》《大清一统志》卷239

姓　名	民族/籍贯	登科时间	任职/官至	死难时间	资料来源
燮理翰	蒙古人 成都人	/	云南儒学提举	二十三年	《正德云南志》卷17
普颜不花	蒙古人 益都人	至正五年	山东行省平章	二十八年	《元史》卷196《普颜不花传》
普达世理	色目人 岳州人	元统元年	湖广行省参政	/	《新元史》卷232《普达世理传》
吉雅谟丁	回回人	至正十七年	浙东金都元帅	/	《九灵山房集》卷14《题马元德伯仲诗后》、《嘉靖定海县志》卷11《名宦一》
张　翱	中原人	至正十七年	吏部尚书	二十八年	《永乐大典》卷2342引《古藤志》
逯鲁曾	修武人	至顺元年	淮东宣慰使	十二年	《庚申外史》卷上
塔不台	色目人 聊城人	元统元年	襄阳达鲁花赤	/	《元史》卷194《塔不台传》
石　普	徐州人	至正五年	山东义兵万户	十四年	《元史》卷194《石普传》
铁德刚	/	至顺元年	浙东防御元帅	十二年	《羽庭集》卷2《挽铁德刚防御》
孙　㧑	曹州人	至正二年	济宁路录事	十二年	《元史》卷194《孙㧑传》
聂　炳	江夏人	元统元年	荆门知州	/	《元史》卷195《聂炳传》
雷　杭	建安人	元统元年	潮阳县尹	/	《闽书》卷92《英旧志》
傅　常	铅山人	至正十四年	余姚判官	/	《万历绍兴府志》卷28《职官志四》
明安达尔	色目人 曹州人	元统元年	潜江县达鲁花赤	/	《元史》卷195《明安达尔传》
陈　高	平阳人	至正十四年	庆元路录事	二十三年	《不系舟渔集》卷16《陈子上墓志铭》
达　海	蒙古人	至正间进士	永嘉县丞	十一年	《弘治温州府志》卷8《宦职》
马合谋	回回人	至正间进士	郎中	二十二年	《国初群雄事略》卷1《宋小明王》
黄　绍	临川人	至正八年	靖安县尹	十二年	《元史》卷195《黄绍传》
李　廉	安富人	至正二年	信丰县尹	十二年	《嘉靖赣州府志》卷8《名宦》 《赣州府志》卷12
汤　源	湘乡人	至治元年	信州路同志	/	《嘉靖湖广通志》卷28《人物》

姓　名	民族/籍贯	登科时间	任职/官至	死难时间	资料来源
王　铨	安仁人	至正二年	温州路总管	/	《正德饶州府志》卷 4 《新元史》卷 232《王铨传》
周　铠	浏阳人	泰定四年	四川儒学提举	/	《元史》卷 195《周铠传》
黎应物	临江人	至正五年	章浦尹	十二年	《隆庆临江府志》卷 12
获独步丁	色目人	至顺元年	广东廉访金事	二十七年	《元史》卷 196《获独步丁传》
穆鲁丁	色目人	/	官集庆	/	《元史》卷 196《获独步丁传》
胡　善	绍兴人	泰定进士	松江儒学教授	十五年	《新元史》卷 230《胡善传》
陈祖仁	汴梁人	至正二年	翰林学士	二十八年	《元史》卷 196《陈祖仁传》
裴梦霆	清江人	至正十一年	江浙路儒学提举	十二年	《临江府志》卷 50《选举表》
唐元嘉	兰溪人	至正十四年	仁和县丞	/	《金华先民传》卷 9《忠义传》
文允中	成都人	至正十一年	四川儒学提举	/	雍正《四川通志》卷 12
布景范	新都人	至正进士	良州同知	/	《万历四川总志》卷 50
潘　炎	扶沟人	/	襄城县尹	/	《嘉靖河南通志》卷 27《人物》 《寰宇通志》卷 84
韩　准	沛县人	年二十登进士	江西行省左丞	/	《新元史》卷 217《韩准传》 乾隆《江南通志》卷 150《忠节》
王　瑞	临淮人	/	房州知州	/	《嘉庆溧阳县志》卷 13《人物志》

　　以上所列 60 人,自然不是农民战争期间死难的全部进士,但从中可以看出进士群体在这一时期的基本政治倾向,他们以自己的行动践履了忠义观念。这些人中间,一些为在任官员,他们或因守土,或因征讨,或因出使,而被杀或自杀;另一些人虽离职在野,却为保全名节而为元死命。

　　1.因守土而死者。当元亡之时,"守土臣仗节死者甚众"①,其中也包括不少

---

　　① 张廷玉:《明史》卷一二四《陈友定传》。

进士出身的官员,这些人在死难进士中所占数量较多。如,刘耕孙(1296—1355年),字存吾,守宁国,城陷被害。① 余阙(1303—1358年),字廷心,守安庆,誓以死报国,尝谓:"男儿生则为韦孝宽,死则为张巡、许远,不可为不义屈意。"至城陷,自刭沉水死。② 李黼(1298—1352年),字子威,守江州。抵御徐寿辉军,坚守孤城,城陷被执,不屈被杀,"可谓仁义之勇矣"③。丑闾(?—1352年),字时中,守安陆。城破,不肯屈从,且曰:"吾守土臣,宁从汝贼乎?"④普颜不花(?—1367年),守益都。至正中任江西行省郎中,陈友谅兵兴,守城有功。江西儒士周震霆作诗赞曰:"近时有客湖上归,能话郎中身许国。朝廷取士数十年,谁谓书生无寸策。江州李侯死可书,郎中百战全洪都。昔年廷对俱第一,鸾凤固与群飞殊。当其练兵首陈义,谓贼南征非所忌。"⑤后以山东行省守御益都。至正二十七年,明兵压境,城陷被执,曰:"我元朝进士,官至极品,臣各为其主。"不屈死。⑥ 此外,聂炳,守荆门;赵琏,守泰州;郭嘉,守上都;李齐,守高邮;彭庭坚,守建宁;李廉,守信丰;帖谟补化,守安庆;明安达尔,守潜江;达海,守永嘉;杨惠,守婺州;朱卓,守遂安;凡此等等,皆因守土而死者。对于这些进士,明初殷奎赞云:

① 宋濂:《文宪集》卷二一《宁国路推官刘君墓志铭》。
② 宋濂:《文宪集》卷一一《余廷心传》。按:余阙死难后,赞颂之辞不绝,如:周巽《性情集》卷三《哀故左丞余公阙》云:"舒州控淮海,蚩尤直层城。余公此战守,七年无援兵。公有大将略,烈烈如臬卿。百战死城下,向来一书生。长淮失保障,寒潮送哀声。至今父老言,闻者涕泣零。"王逢《梧溪集》卷四《过广浦林洪聪上人承示湖广郎中余阙书撰旧主漤河化城禅寺碑记淮西宪金王士点篆额为题左方》云:"舒州余柱国,百战死酬君。天地留元气,山林被庆云。世无哀九辨,吾及颂斯文。金宪俱陈迹,炉香为一焚。"蓝智《蓝涧集》卷一《过安庆城怀故元帅余阙廷心》云:"身为大国将,名与长江存。六合已一家,青山犹故坟。悲歌对落日,一吊忠贞魂。"李士瞻《经济文集》卷四《题安庆余阙廷心左丞死节说》:"忠臣志士当兹纷乱之际,屹然如中流砥柱,真足以回颓波而障狂澜,不然将滔滔不已,祗见其沦胥以亡耳。"另如,丁鹤年《鹤年诗集》卷二《过安庆追悼余文贞公》、刘炳《刘彦昺集》卷五《汉之季哀故御史余公阙守舒城死节而作》等。
③ 周霆震:《石初集》卷二《李浔阳死节歌》。按:李黼死难后,时人纷纷作诗悼念表扬之。如杨基《眉庵集》卷九《经潭州哭李太守》:"丁卯科中第一人,誓将孤壁障妖尘。百年事业归儒者,万里江山泣老臣。肝胆当时绍余阙,英灵此日配张巡。我来竟就船头拜,一盏寒泉荐绿苹。"周巽《性情集》卷三《哀故九江太守李公黼》:"正月江涛恶,浔阳妖雾昏。李侯守兹土,慷慨颜平原。身亲蹈白刃,大战城西门。结缨归府第,衣带战血痕。死且瞋吾目,骂贼不绝言。公真天下士,天子哀临轩。视彼佩符者,区区何足论。年年春草绿,来此吊忠魂。"吴当《学言稿》卷六《忠臣》:"万里江淮接楚舒,连云楼橹见储胥。睢阳不独张巡死,汗简应留太史书。"成廷珪《居竹轩诗集》卷三《哭江州太守李子威》:"将帅怆惶忽弃城,孤忠何以独支撑。尚闻传檄诛狂寇,犹自开仓举义兵。千古报君心未死,九江图像面如生。至今黑匼卢下,仿佛悲风有战声。"
④ 宋濂:《元史》卷一九五《丑闾传》。
⑤ 周霆震:《石初集》卷二《布延副使政绩歌》。
⑥ 宋濂:《元史》卷一九六《普颜不花传》。

"国家科举得人之盛,无愧前古,其魁天下者,又多贞亮死节之臣。自用兵以来,若李黼之死江州,余阙之死安庆,李齐之死高邮,其行事声迹,炳焕峻烈,至今焯焯在人耳目!"①

2.因征讨而死者。此类情况以蒙古人、色目人为多,其中原因盖与元代各族进士能够统兵者多为蒙古、色目人有关。如:塔不台(1308—?年),出征运饷至汝、亳,遭敌,被支解。普达世理(1308—?年)与徐寿辉部战,兵溃,一门尽死。② 迈里古思(?—1358年,汉名吴善卿),至正十八年出讨方国珍,被谋害。③ 逯鲁曾(?—1352年),至正十二年统所募两淮盐丁,讨徐州红巾军芝麻李,死于军中。④ 石普(?—1354年),至正十四年以枢密院都事从右丞相脱脱出征张士诚,奋战而死。⑤ 唐元嘉,从丞相答剌罕出征集庆,兵败被执,不屈死。⑥

3.因出使而死者。农民战争期间,为消弭祸乱,分化义军,元廷时常遣官出使群雄。这些使臣时常由于群雄反复而遭杀害,其中也有出身进士者。如马合谋(?—1362年),至正二十二年,从户部尚书张昶以江西省平章衔授朱元璋,朱不受,马合谋出言抗对,被杀。⑦ 李齐(1301—1353年),至正十三年受命招抚张士诚,被执,士诚迫其跪,齐叱之曰:"吾膝如铁,岂肯为贼屈?"遂被杀。⑧ 赵琏(?—1353年),至正十三年,受命处理张士诚投降事,士诚杀之复叛。⑨ 孙撝(1301—1355年),至正十五年,元廷以副使招降张士诚,被执杀。⑩

4.无官守义而死者。如果说在任官员为国殉职是一种义务,亦合乎情理,那么作为辞官归隐的士大夫仍"殉节"而死,则完全是为了保全名节,最高程度上践行了忠义观念。如:汪泽民(1274—1356年),字叔志,号堪老真逸⑪。至正初以礼部尚书致仕,后居宣州,以读书授徒自娱。十六年,蕲黄义军来犯,泽民曰:"我虽无官守,故受国厚恩,临危爱死,非臣子节。"城陷被执,不屈死。⑫ 宋濂赞

① 殷奎:《强斋集》卷一《送昆山教谕陶先生去官诗序》。
② 柯劭忞:《新元史》卷二三二《普达世理传》。
③ 杨维桢:《东维子文集》卷二四《故西夏侯迈公墓志铭》。
④ 权衡:《庚申外史》卷上。
⑤ 宋濂:《元史》卷一九四《石普传》。
⑥ 应廷育:《金华先民传》卷四《石普传》。
⑦ 钱谦益:《国初群雄事略》卷一《宋小明王》。
⑧ 宋濂:《元史》卷一九四《李齐传》。
⑨ 宋濂:《元史》卷一九四《赵琏传》。
⑩ 宋濂:《元史》卷一九四《孙撝传》。
⑪ 王逢:《梧溪集》卷三《故赠江西省左丞谥文节汪公挽词》。
⑫ 宋濂:《元史》卷一八五《汪泽民》。

云:"夫自壬辰之乱,四方瓦解,其能执节不回者,往往于学士大夫见之,如余阙之死于舒,李黼之死于江,尤号杰然者也。有如先生无城郭封疆之守,或保身于山泽,君子亦未必深议之。先生不以仕止为间,孜孜思卫斯民于危亡之际,遂及于难,非事君无二心者能之乎?"①以其与余阙、李黼相比,更进一步肯定了无官而死者的高风亮节。另如陈高(1315—1367年),至正十六年(1356年)辞官归平阳,至正末,明军陷两浙,浮海谒河南王扩廓帖木儿,陈天下之安危。未几卒。② 裴梦霆(?—1352年),至正十一年中进士,未赴职。次年兵兴,集义兵抗御,未几卒。③ 潘炎,曾任襄城县尹,免官归扶沟。红巾军陷城,遣人辟为学士,不从,触柱死。④ 获独步丁及其兄穆鲁丁、弟海鲁丁,闲居福州。至正二十七年,明军下福州,获独步丁曰:"吾兄弟三人,皆忝进士,受国恩四十年。今虽无官守,然大节所在,其可辱乎!"并投井死。⑤ 韩准,字公衡,任江西行省参政。陈友谅破隆兴,不屈,曰:"此吾所受于君者,并取吾首去。"寻死。⑥

总体来看,虽然有一些进士在农民战争期间依违不定,甚而败降奔窜,但坚决维护元朝统治仍是进士群体的基本立场。作为士大夫中的精英分子,进士群体视自己登科为国家所赐予的莫大恩宠和荣耀,他们在肩负重要职业之时,同时也担当了更为沉重的道德压力。因此,在国家多故之际,进士身份使他们表现出更为强烈的社会责任感和历史使命感,而选择死节效命也成为他们感恩图报的主要乃至唯一途径。盖因如此,死难进士在临难之时,总会高呼"我元进士,有死无二"⑦。从这个意义上说,元朝后期恢复和推行科举制度,确乎发挥了重要作用,诚如周霆震所言:"今世变滔滔,毅然左冲右溃而不可夺者,悉由进士中来。我朝廷进士得贤之盛,司徒之善于用人也,而进士之不负朝廷也必矣。"⑧赵翼亦说:"诸人可谓不负科名者哉!而国家设科取士亦不徒矣!"⑨皆为确论。

(二)"虽非进士,但亦忠魂"

除了进士群体外,以其他身份死难的士大夫更是不胜枚举,李士瞻有言:

---

① 宋濂:《文宪集》卷一七《追封谯国郡公谥文节汪先生神道碑铭》。
② 陈高:《不系舟渔集》卷一六揭汯撰《陈子上先生墓志铭》。
③ 徐颢:《临江府志》卷五〇《选举表》。
④ 邹恩愚:《嘉靖河南通志》卷二七《人物》。
⑤ 宋濂:《元史》卷一九六《获独步丁传》。
⑥ 乾隆《江南通志》卷一五〇《忠节二》。
⑦ 柯劭忞:《新元史》卷二三二《冯文举传》。
⑧ 周霆震:《石初集》卷三《送吴县丞赴江西省掾并序》。
⑨ 赵翼:《廿二史札记》卷三〇"元末死难者多进士"条。

"本朝自立国以来,仁义忠孝之道陶濡百年,士大夫以名节自立者风满天下。兵兴十年余,仗节死义之人固不为少。"①这从《元史·忠义传》《新元史·忠义传》《元史类编·忠义传》所载诸传略可窥知。王逢在《梧溪集》卷一《杭城陈德全〈架阁录〉序》亦曾列出至正十一年(1351年)臣属大小死节者凡13人,王侯以下凡9人,其中蒙古人12人,汉人10人。但即使如此,见诸史册者不过是死难士大夫中的极少数,且由于元末多数史籍出自汉族士大夫之手,故其中所载也以汉族士大夫为主,而有关蒙古、色目人的记载仅限于声名较高者,数量较少。大体上,死难的非进士身份的士大夫亦主要包括在任的官员和在野的士人两类。

1.在任的官员。如:吴讷,字克敏,休宁(今属安徽)人。少能诗。至正末,授建德路判官,守徽州。明兵至,战败,自刎死。② 刘焘孙,字长吾,茶陵(今属湖南)人。……至元初,署常宁州儒学。红巾兵起,常宁陷,焘孙大骂曰:"贼狗奴,我天子诸生,受国名爵,义当死报国,死吾所也。"遂遇害。③ 黄翊,字孟翔。通《春秋》,工于诗文。辟大府掾。蕲、黄兵兴,强之出仕,翊骂曰:"死狗奴! 我死即死,其能官于贼耶。"不屈被杀。④ 夏璿,字希政,湘阴(今属湖南)人。博学笃行,以气节自负。领乡荐,历湖广行省都事。至正十二年(1352年),屡为乱兵所胁,愤懑自经。⑤ 赵宏毅,字仁卿,真定(今河北正定)人,官至大乐署令。明兵入京城,叹曰:"忠臣不二君,烈女不二夫。我今力不能救社稷,但有一死报国耳。"自缢死。⑥ 总体来看,此类士大夫载于史册者较多,如邓可贤、陈元善、陈训、林梦正、汪伯正、邢飞翰、周冕、董嘩、丁好礼、曾止善、星吉、叶景仁、梅实、樊执敬等人,皆为死难的在任官员。

2.在野的士人。如:郑玉,至正中隐居师山精舍,以著书为事。除翰林院待制,辞疾不起⑦。明兵入徽州,劝其降,玉曰:"昔元朝授以隆赐,命之显秩,尚辞不出,今何出耶?"抗辞甚厉,曰:"人言食人之食则死其事,未食其食奚死? ……吾初欲忼慨杀身以敦风化,既不获遂志,今将从容就死以全节义耳。"遂自经

---

① 李士瞻:《经济文集》卷四《题王彦方小传后》。
② 乾隆《江南通志》卷一五五《人物》。
③ 王祎:《王忠文集》卷二一《刘焘孙传》。
④ 宋濂:《文宪集》卷二五《吊忠文》。
⑤ 柯劭忞:《新元史》二三二《夏璿传》。
⑥ 柯劭忞:《新元史》二三三《张宏毅传》。
⑦ 郑玉:《师山集》附录《师山先生郑公行状》。

死。① 张岩起,字傅霖,汾州(今山西汾阳)人。累举不中,以荐征为国子助教。寻免归。汾州陷,与妻赴井死。② 王佐,字符辅,晋宁(今山西临汾)人。居上都,教授里巷。义军至,不屈死。③ 黄复圭,字均端,安仁(今属江西)人。以诗鸣于时。后陷于贼,圭曰:"心可灭,吾心之正气不可灭也。"终被杀。④ 吴德新,字止善,建昌(今江西南城)人。工医。义军至,迫其降,德新厉声曰:"我生为皇元人,死做皇元鬼,誓不从尔贼!"遂被害。⑤ 乔彝,字仲常,晋宁人。以节守名于时。至正十八(1358年)年,晋宁陷,赴井死。⑥ 卞深,河北大名人,游学京师,补国子生。至正十二年(1352年),被义军擒。劝其降,琛骂曰:"我国子生,视汝逆贼,真狗彘也!吾宁义死,不从贼生。"骂不止,被杀。⑦ 曹彦可,亳州(今属安徽)人。至正十一年(1351年),红巾军破亳州,命其写旗,不从,曰:"我儒者,知有君父,宁死耳,岂为汝写旗耶?"遂见害。⑧ 另如魏中立、章善、陈元善、杨椿、赵元隆、堵简、潘伯修、陈谦、李冕、张正蒙、黄复生、陈无咎等,皆死难在野士人,他们纯粹是为了保全节义而死的。

较之进士群体,非进士身份的士大夫无疑少了些许"荣誉感",政治地位也并不比出身进士者显要,但这并未影响他们为元死难的坚定信念。如:曾任江浙行省照磨的陈训死难前曾说:"吾虽位卑,尝为王臣,义不可辱。"⑨龙溪儒士陈元善面对义兵亦说:"吾所畏者义,不畏者死。"⑩宋濂在吊念死难府掾黄奕(字孟翔)时说:

> 呜呼!事君竭忠,固以死继之,然亦视其位之何如耳。当是时,统制阃外者宜死之,专城而居者宜死之,荷戈御侮者宜死之,然皆未尝死。君以一府掾之微,可以不死也,即不死,物议当不及,乃能瞋目骂贼,视死如归,使其当前三者之任,其激扬奋厉足以有为可知矣。⑪

---

① 汪克宽:《环谷集》卷八《师山先生郑公行状》。
② 宋濂:《元史》卷一九四《张岩起传》。
③ 宋濂:《元史》卷一九四《王佐传》。
④ 柯劭忞:《新元史》卷二三二《黄复圭传》。
⑤ 宋濂:《元史》卷一九四《吴德新传》。
⑥ 宋濂:《元史》卷一九四《乔彝传》。
⑦ 柯劭忞:《新元史》卷二三〇《卞琛传》。
⑧ 宋濂:《元史》卷一九四《曹彦可传》。
⑨ 柯劭忞:《新元史》卷二三二《陈训传》。
⑩ 柯劭忞:《新元史》卷二三二《陈元善传》。
⑪ 宋濂:《文宪集》卷二五《吊忠文》。

表面来看,宋濂认为士大夫忠君死难应视职位之高低,身份之显卑,作为一个地位卑微的府掾可以选择不死,由此也不会引起人们的"物议"。但言语间却暗含着对"宜死不死"者的藐视和对"不死而死"者的崇敬之意。而正是这种基于"夫人臣尽忠,事君之常经"①的道德评判和议论,使一大批恪守忠义观念的士大夫陷入了道德的困境之中;最终,道德的力量战胜了生命的意义,他们选择了蹈死赴难。

(三)士大夫死节效命的作用及原因

元末兵兴后,虽然有大量官员或望风奔溃②,或战败投降,"为臣辱国,为将辱师,败降奔窜,不可胜计,甚者含垢忍耻、偷生冒荣以为得志,求其忠义英烈于千百之中莫克什一"③。但是,以死难进士为代表的士大夫所表现出的对元王朝的忠诚,在当时统治阶级内部仍然是相当突出的,他们不仅用自己的实际行动践行了忠义观念,亦通过参与镇压和抵抗农民军,一定程度上延缓了蒙元王朝的覆亡,成为元王朝所依靠的中坚力量。如,余阙"独守孤城逾六年,小大二百余战,战必胜"④,表现出卓越的军事才能。迈里古思被害后,其同年陈高悲其死,作诗云:"命殒艰危日,人推节义雄。……万里长城坏,东南保障空。"⑤可见迈里古思对保卫东南疆土的作用甚大。同时,死难士大夫的无畏精神鼓舞了朝野上下,成为许多士大夫效法的榜样和继续战斗的精神力量,诸如李黼、余阙、泰不华、普颜不花、李齐、张桓⑥等人,一时成为士大夫颂扬的模范,一定程度上发挥了垂训天下,树立纲常,扶植名教的作用,所谓"褒忠义在天之灵,激死生为臣之劝"⑦。

应该说,元末士大夫之所以坚守忠义观念,持节不移,既有深刻的心理依据,也有广泛的现实因素:

一方面,元中期以来推行汉法,崇尚儒术的策略,使包括汉人、南人在内的汉

---

①　宋濂:《文宪集》卷二五《吊忠文》。

②　顾嗣立:《元诗选》初集庚集《忠介公泰不华》载:"迨至正用兵,勋旧重臣与有封疆之责者,往往望风奔溃败衄,遁逃之不暇。"

③　陶宗仪:《南村辍耕录》卷一四《忠烈》。

④　宋濂:《文宪集》卷一一《余廷心传》。

⑤　陈高:《不系舟渔集》卷六《阅故同年吴善卿书悲伤赋十二韵》。

⑥　据《元史》卷一九四《张桓传》载:"张桓,字彦威,真定藁城人。……红巾军起,避之确山。后被起义军擒,迫其降,不从被杀。"事后,元廷倡议:"治国之道纲常为重。前西台御史张桓伏节死义,不污于寇,宜首旌之,以劝来者。"(《元史》卷一三九《朵尔直班传》)

⑦　郑元祐:《侨吴集》卷七《重建岳鄂王祠寺疏》。

族士大夫的"夷夏"观念日渐淡薄,他们开始打破民族之畛域,认同并接受了蒙元政权的合法性、权威性和正统性。所以,在群雄林立之时,许多汉族士大夫表现出与群雄势不两立的姿态,面对起义军威胁和劝诱,他们至死不渝,直言:"我即死,岂能官于贼耶?"[1]"我书生也,不能为国讨贼,反附之乎?"[2]"尔伪也,我何以降?"[3]"吾为元臣,义当死";[4]"我岂从贼者"[5]? 可以说,汉族士大夫的死难行为实际上是一种超越族群藩篱的现象,他们用最极端、最彻底的方式诠释了传统忠义观念的深刻蕴意,印证了元末汉族士大夫民族认同意识日渐泛起和高涨的客观历史事实。而对于以蒙古人和色目人为主体的少数民族士大夫而言,经过中原儒家文化的长期熏陶,忠义观念已深入其内心深处并化为实际行动的指南,正如拜住(字闻善)死难前所言:"今吾生长中原,读书国学,可不知大义乎? 与其苟生,不如死。"[6]

另一方面,作为官学的程朱理学以哲理化的形式将忠义观念提升到一个新的高度,元末士大夫在农民战争期间纷纷死节效命,亦与程朱理学教育、浸润有着密切联系。他们秉承宋儒所倡导的忠孝节义观念,将忠君报国视为臣子的第一要义,"纲常乃国家之大本,忠义为人事之先猷"[7],甚至认为忠君之义的极端体现就是杀身。这种意识,从士大夫在死难之前的呼声中可窥一二,如:朱春云:"吾当以死报国"[8];陈谦(字子平)云:"吾虽位卑,尝为王臣,义不可辱"[9];邓祖胜云:"吾受封疆之寄,分当效死报国"[10];刘耕孙:"吾委质为臣,誓与此城同死生"[11]。言语之中,莫不透露出忠君报国的豪情壮志,真所谓:"寸刃在手顾不惜,一死却了君亲恩"[12];"丈夫有志崇名节,莫使行藏愧此身"[13]。

---

① 柯劭忞:《新元史》卷二三二《黄翊传》。
② 柯劭忞:《新元史》卷二三二《刘以忠传》。
③ 柯劭忞:《新元史》卷二三二《林梦正传》。
④ 柯劭忞:《新元史》卷二三三《张正蒙传》。
⑤ 柯劭忞:《新元史》卷二三二《潘炎传》。
⑥ 柯劭忞:《新元史》卷二三三《拜住传》。
⑦ 郑玉:《师山集》遗文卷三《为丞相乞立文天祥庙表》。
⑧ 柯劭忞:《新元史》卷二三三《朱春传》。
⑨ 柯劭忞:《新元史》卷二三三《陈谦传》。
⑩ 柯劭忞:《新元史》卷二三二《邓祖胜传》。
⑪ 宋濂:《文宪集》卷二一《故宁国路推官刘君墓志铭》。
⑫ 王翰:《友石山人遗稿·自决》。
⑬ 刘仁本:《羽庭集》卷三《寄分省郎中赵文中》。

二、组织义兵,"保乡勤王"

(一)义兵的规模与特点

元末农民起义爆发后,元廷即"令郡县团结义民以自守"①。响应朝廷之号召,一些士大夫纷纷组织了"义兵"、"义旅"、"乡兵"、"乡勇"、"团练"②、"团社"③等不同名目的地方武装(为便于论述,以下总称义兵),成为抵抗农民起义军的重要力量。笔者据相关史料,初步统计了其间兴起的"义兵"组织,如下表所示:

表5.2 元末农民战争期间士大夫组织的"义兵"简表

姓 名	籍 贯	身份、职官	组兵时间	分布区域	史料来源
杜 和	历山人	瑞安知州	十一年	瑞安	《万历温州府志》卷9《治行》
杭和卿	钱塘人	未详	十一年	太仓	《弘治太仓州志》卷7《义行》
杨焕文	鄱阳人	未详	十一年	鄱阳	《刘彦昺集》卷9《关西义隐传》
吕 诚	婺源人	进士	十一年	婺源	《弘治徽州府志》卷8《人物》
张 理	安仁人	未详	十一年	安仁	《文宪集》卷23《张府君新墓碣铭》
张 瑑	安仁人	未详	十一年	兴仁	同上
刘则礼	大梁人	未详	十一年	安陆	《一山文集》卷6《刘则礼传》
刘 炳	鄱阳人	未详	十二年	鄱阳	《明史》卷285《刘炳传》
刘 明	鄱阳人	未详	十二年	鄱阳	《刘彦昺集》卷9《故府君刘公墓志铭》
刘 震	吉水人	进士	十二年	吉水	《寰宇通志》卷38《人物》
曾 贯	泰和人	绍兴府照磨	十二年	龙泉	《雍正江西通志》卷76《人物》

---

① 戴良:《九灵山房集》卷二三《元中顺大夫秘书监丞陈君墓志铭》并序。

② 按:除地方士大夫自发组织的"团练"外,元廷还建立了团练安抚劝农使司。据《元史》卷九二载:"团练安抚劝农使司。至正十八年九月,置奉元延安等处团练安抚劝农使司于耀州、巩昌等处,团练安抚劝农使司于邠州。各设参谋一人,每道置使二人,同知、副使各二人,检督六人,经历、知事、照磨各一人。"

③ 按:"团社"主要分布在福建地区。最早组织团社者为王伯颜,据《万历福宁州志》卷一六《时事》载:"十二年七月,始团义社。先是福州路红巾池田细等为乱,侵政和、松溪等县,下所部备寇。州尹王伯颜募壮士张子元、周显卿、袁礼文、周德辅等备团练,而社兵起矣。"继之,至正十三年(1353年)有福宁同知林德成组织的七莆团"安宁社"、袁安文组织的柘洋里"泰安社"(一作"太安社")等。至十七年(1357年)初,福宁"诸乡各起团社"。

续表

姓 名	籍 贯	身份、职官	组兵时间	分布区域	史料来源
俞士英	婺源人	未详	十二年	婺源	《云阳集》卷8《新安节士俞君墓志铭》
汪叡	婺源人	未详	十二年	婺源	《明史》卷137《汪叡传》
叶秀实	昆山人	未详	十二年	昆山	《嘉靖昆山县志》卷13《杂记》
赵汸	休宁人	儒士	十二年	休宁	《东山存稿·原序》、乾隆《江南通志》卷164
李冕	未详	未详	十一年	颍州	《正德颍州志》卷4《人物》
卞琛	大名人	国子生	十一年	大名	《元史》卷194《卞琛传》
刘俨	汴梁人	定江巡检司检	十二年	定江	《嘉靖宁州志》卷15《宦迹》
祝兴可	宁州人	儒士	十二年	宁州	《万历南昌府志》卷18《人物》
朱亮祖	六安人	义兵元帅	十二年	庐州	《明史》卷132《朱亮祖》
彭继凯	分宜人	未详	十二年	袁州	《明一统志》卷57、正德《袁州府志》卷8
刘翰	义城人	未详	十二年	义城	《春雨轩集》卷8《代伫斯干预书墓志铭》
丁子午	南昌人	未详	十二年	南昌	《同治南昌府志》卷64《人物志》
胡宗武	宁州人	未详	十二年	新昌	《同治南昌府志》卷51《人物志》
范复亨	南昌人	未详	十二年	袁州	《万历南昌府志》卷15
舒泰	奉新人	进士，县丞	十二年	分宜	《新元史》卷232《舒泰传》
尚从义	进贤人	未详	十二年	进贤	《同治南昌府志》卷51《人物志》
熊钊	进贤人	未详	十二年	进贤	《同治南昌府志》卷40《人物志》
樊复	进贤人	儒士	十二年	进贤	《新元史》卷230《樊复传》
邓思诚	金谿人	未详	十二年	金谿	《弘治抚州府志》卷24
邓烈	金谿人	未详	十二年	金谿	《弘治抚州府志》卷24《人物》
姜志和	南昌人	儒士	十二年	南昌	《同治南昌府志》卷51《人物志》
胡智伯	进贤人	未详	十二年	进贤	《同治南昌府志》卷51《人物志》
刘禹	应山人	未详	十二年	江西	《新元史》卷226《刘禹传》
邓彦诚	金谿人	未详	十二年	金谿	《文宪集》卷16《清风亭记》

续表

姓　名	籍　贯	身份、职官	组兵时间	分布区域	史料来源
刘焘孙	茶陵人	常宁州儒学正	十二年	常宁	《王忠文公集》卷17《刘焘孙传》
刘耕孙	茶陵人	进士、推官	十二年	宁国	《元史》卷195《刘耕孙传》
范　忠	中兴人	未详	十二年	中兴	《元史》卷42《顺帝纪》
罗文辉	庐陵人	未详	十二年	庐陵	《宣统庐陵县志》卷13《罗明远庙碑》
曾　鲁	新淦人	未详	十二年	新淦	《明史》卷136《曾鲁传》
王伯颜	福宁人	未详	十二年	福宁	《万历福宁州志》卷16《时事》
曹孟仁	宜黄人	未详	十二年	宜黄	《弘治抚州府志》卷24《人物》
彭士渊	建昌人	未详	十二年	建昌	《正德新城县志》卷8《人物》
鲍元康	饶州人	未详	十二年	饶州	《师山先生文集》卷8《鲍仲安墓表》
鲍　深	徽州人	未详	十二年	徽州	同上
郑　珹	歙县人	未详	十二年	徽州	《歙县志》卷20《拾遗》
罗　旦	歙县人	未详	十二年	歙县	《文宪集》卷23《徽州罗府君墓志铭》
罗明宣	歙县人	未详	十二年	歙县	《歙县志》卷20《拾遗》
程兼善	徽州人	儒士	十二年	徽州	《弘治休宁县志》卷29《程义士传》
汪耆英	休宁人	未详	十二年	休宁	《新安文献志》卷90《汪氏孝友二士传》
熊　鼎	吉安人	龙溪书院山长	十二年	吉安	《文宪集》卷31《歧宁经历熊君墓铭》
王伯颜	福宁人	福宁州尹	十二年	福宁	《不系舟渔集》卷13《王伯颜传》
聂　炳	江夏人	荆州知州	十二年	荆州	《元史》卷195《聂炳传》
单安仁	濠州人	授枢密判官	十二年	濠州	《明史》卷138《单安仁》
潮　海	蒙古人	靖安达鲁花赤	十二年	靖安	《元史》卷195《潮海传》
毛仁可	汴梁人	未详	十二年	汴梁	《嘉靖宁州县志》卷15《宦迹》
许　晋	江阴人	未详	十二年	江阴	乾隆《江南通志》卷153
莫天祐	无锡人	未详	十二年	无锡	《明史》卷123《张士诚传》
黄　绍	未详	靖安县县尹	十二年	靖安	《元史》卷195《潮海传》
斗　元	靖安人	未详	十二年	靖安	同上

续表

姓　名	籍　贯	身份、职官	组兵时间	分布区域	史料来源
舒伯源	靖安人	未详	十二年	靖安	《槎翁文集》卷8《舒伯源抒闷集后序》
买　住	蒙古人	韶州路同知	十二年	韶州	《新元史》卷232《买住传》
刘明道	吉安人	吉安路治中	十二年	江右	《解学士文集》卷9《吉安路总管刘明道神道碑》
章　溢	龙泉人	儒士	十二年	龙泉	《文宪集》卷17《御史中丞章公神道碑铭》
何　真	东莞人	未详	十二年	东莞	《明史》卷130《何真传》
胡绍远	武宁人	未详	十二年	武宁	雍正《江西通志》卷67《人物》
曾　贯	泰和人	绍兴照磨	十二年	龙泉	同上
叶　琛	丽水人	儒士	十二年	龙泉	《文宪集》卷49《季君墓铭》
胡　深	龙泉人	儒士	十二年	龙泉	《文宪集》卷18《胡公神道碑铭》
王　毅	龙泉人	儒士	十二年	龙泉	《木讷斋文集》卷1《诸君唱和诗序》
季　汶	龙泉人	未详	十二年	龙泉	《文宪集》卷19《季君墓铭》
陈　麟	温州人	进士、县尹	十二年	温州	《九灵山房集》卷23《陈君墓志铭》
秃　坚	蒙古人	进士	十二年	余姚	《弘治温州府志》卷1《人物》
迈里古思	西夏人	进士、判官	十一年	浙东	《东维子文集》卷24《迈公墓志铭》
胡振祖	鄱阳人	未详	十二年	浮梁	《刘彦昺集》卷5《义士歌》
郭　嘉	濮阳人	进士、总管	十二年	广宁	《元史》卷194《郭嘉传》
黄士能	袁州人	未详	十二年	袁州	《同治临江府志》卷11《武备志》
靳处宜	太平人	未详	十二年	太平	《陶学士文集》卷17《瑞麦记》
江日新	歙县人	未详	十二年	歙县	《嘉靖徽州府志》卷16《忠节》
江宏宗	歙县人	未详	十二年	歙县	同上
石　普	徐州人	山东义兵万户	十二年	山东	《元史》卷194《石普传》
程　择	婺源人	武昌路学正	十二年	武昌	《新元史》卷232《程择传》
汪　同	徽州人	行中书省丞相	十三年	徽州	《东山存稿》卷7《行中书省丞相汪公传》
俞　茂	徽州人	未详	十三年	徽州	同上
程国胜	徽州人	未详	十三年	徽州	《明史》卷133《赵德胜传》

续表

姓　名	籍　贯	身份、职官	组兵时间	分布区域	史料来源
吕　诚	婺源人	未详	未详	婺源	《弘治徽州府志》卷8《人物》
赵均保	临川人	未详	十三年	临川	《弘治抚州府志》卷24《人物》
陈德辉	临川人	未详	十三年	临川	同上
徐宗儒	临川人	未详	十三年	临川	同上
赵伯明	临川人	未详	十三年	临川	同上
袁安文	泰安人	未详	十三年	福宁	《万历福宁州志》卷16《时事》
林德成	福宁州	未详	十三年	福宁	同上
张贵和	慈利人	未详	十三年	慈利	《万历慈利县志》卷15《人物志》
程养全	德兴人	进士、判官	十四年	铅山	《新安文献志》卷66
郭　璞	平阳人	未详	十四年	平阳	《苏平仲文集》卷14《郭府君墓志铭》
卢　琦	永春人	未详	十四年	永春	《圭峰先生文集》卷上《永春县重建公署记》
周宗祥	吉水人	未详	十四年	吉水	《解学士文集》卷9《周君宗祥》
梁克中	吉安人	未详	十四年	吉安	《解学士文集》卷9《莘云先生传》
薛　祥	庐州人	未详	十五年	庐州	《献徵录》卷50《工部尚书薛公祥传》
杨　璟	合肥人	管军万户	十五年	合肥	《明太祖实录》卷147
王　珪	合肥人	未详	十五年	合肥	《明太祖实录》卷221
胡嘉祐	永康人	未详	十五年	永康	《筠谷诗集·永康胡元祚义士哀诗》
康茂才	蕲州人	未详	十六年	蕲州	《明史》卷130《康茂才传》
刘　基	青田人	枢密院经历	十六年	处州	《弇州四部稿·续稿》卷85《浙三大功臣传》
王　渊	未详	奉元路判官	十六年	商州	《元史》卷44《顺帝纪七》
俞　荣	溪西人	未详	十七年	溪西	《弘治休宁县志》卷16《人物九》
童　泉	香溪人	未详	十八年	香溪	《光绪兰溪县志》卷5中《义行》
吕文燧	永康人	未详	十八年	永康	《文宪集》卷30《故嘉兴知府吕府君墓碑》
贾　嵩	天台人	元帅府事	十八年	温州	《不系舟渔集》卷12《忠敬堂记》

姓　名	籍　贯	身份、职官	组兵时间	分布区域	史料来源
陈显道	永康人	未详	十八年	永康	《康熙东阳县志》卷13《武功》
吴　仁	金华人	未详	十八年	金华	《万历金华府志》卷21《义勇》
蒋　镛	浦江人	未详	十八年	浦江	《宋文宪公全集》卷49《蒋公墓志铭》
吴志德	浦江人	未详	十九年	浦江	《嘉靖浦江志略》卷7《人物志》
叶宗茂	徽州人	未详	二十年	徽州	《弘治徽州府志》卷11《词翰》
任本初	太平人	未详	二十二年	太平	《环谷集》卷2《哭任生本初哀辞》
周枢密	安庆人	至正进士	二十三年	安庆	《康熙安庆府志》卷19《武功》
毕　银	安庆人	未详	二十三年	安庆	同上
赵德胜	濠州人	义兵长	未详	濠州	《明史》卷133《赵德胜传》
郭　云	南阳人	湖广平章政事	未详	湖广	《明史》卷134《郭云传》
安　然	祥符人	山东行省左丞	未详	莱州	《明太祖实录》卷138
布景范	新都人	进士,同知	未详	凉州	《万历四川总志》卷50
张　赫	临淮人	未详	未详	临淮	《明史》卷130《张赫传》
金弘业	吴县人	未详	未详	吴中	《乾隆江南通志》卷157
刘天佑	清江人	未详	未详	清江	《新元史》卷232《刘天佑传》
韩　政	睢人	未详	未详	濠州	《明史》卷130《韩政传》

当然,在元末农民战争期间,士大夫组织的"义兵"不至上述所列,但据此大体可见此时义兵的总体规模,并从中得出如下结论:

1.从分布区域而言,与南方农民战争的蓬勃开展相应,义兵组织也主要分布在安徽、江西、江浙、湖广、福建等南方地区。

安徽地区,以徽州为最盛,主要有汪同、俞茂、叶宗茂、程国胜、程兼善、鲍深、杨璟、王珪等。此外,尚有休宁的赵汸、汪耆英;歙县的江日新、江宏宗、罗旦、罗明宣、郑瑈等①;婺源的汪叡、吕诚、俞士英;安庆的周枢密、毕银;濠州的韩政、单安仁、赵德胜等。

江西地区,"故家悉为义旅"②,其中较著者有:吉水的刘震、周宗祥,袁州的

---

① 据《歙县志》卷二〇《拾遗》载:"邑中兵燹,自黄巢、方腊而后,红巾其最炽也。然乡兵、义勇亦莫甚于此时,罗宣明、郑瑈、江宏宗其最著名。"

② 解缙:《解学士》卷七《万安赖氏源流记》。

彭继凯、范复亨,南昌的姜志和、丁子午,进贤的熊钊、胡智伯,临川的陈天锡,吉安的熊鼎、罗明远、刘明道、梁克中,安仁的张理、张璟兄弟等。他们聚众少者千数,多者上万,不仅结寨自保,而且不时主动出击。

两浙东地区,浙东影响较大者分布在婺州永康和处州青田、龙泉等处。其中,永康有吕文燧、陈显道、胡嘉祐、胡元祚等;青田有刘基,龙泉有王毅、胡深、叶琛、章溢、季汶、曾贯,温州有陈麟、杜和等。他们都是以镇压农民起义军而"声闻东南"①的人物。在浙西,有江阴的许晋、长兴的陈仲贞、无锡的莫天祐等;至正十二年(1352年),红巾军进入浙西时,这些义兵进行了抵抗。

东南地区,于"盗贼蜂起"之时,"富民各专武断,聚兵自卫"②,如福建福宁袁安文、林德成,建昌的彭士渊,永春的卢琦等。此外,湖广、两淮地区的义兵组织也为数不少,如武昌的程择,庐陵的罗文辉,茶陵的刘耕孙,安陆的刘则礼,庐州的朱亮祖、薛祥等。

2.从起兵时间而言,在整个农民战争期间,义兵组织此起彼伏,绵延不绝,但随着战局的变化,义兵的数量与规模亦在发生着相应的变化。由表可知,义兵主要兴起于农民战争初期,尤以至正十二年(1352年)为多;而从十五年(1355年)始,义兵数量呈现出递减趋势。之所以出现这种变化,其原因在于:至正十四年(1354年)底,元军与淮东张士诚进行的高邮之战,使"百万"元兵一时崩溃。以此为转折,此前,农民起义军处于劣势,尤其是至正十二年徐州大战前后,起义军遭到疯狂地镇压。受此影响,士大夫多站在元廷的立场上,视农民起义为仇敌,纷纷举义兵以抵抗。高邮之战后,战争逐渐向有利于起义军的方向发展,而"元军不复振矣"③,元祚垂尽之势不可遏止。在此情况下,多数士大夫逐渐对元廷丧失了信心,相反对起义军的敌对态度却有所缓和,于是组织义兵的积极性大为减弱,一些义兵相继解散,甚至主动投靠了起义军,史载:"元末所在盗起,民间起义兵保障乡里,称元帅者不可胜数,元辄因而官之,其后或去为盗,或事元不终。"④如刘基、章溢、叶琛、童泉、康茂才、吴志德、汪叡、韩政、张赫、郭云、单安仁等,后来皆投靠了朱元璋。同时,由于士大夫组织义兵多依赖于乡里民众,人数较少,力量较弱,加及其直接目的和主要任务是保障乡里,从一开始就表现出鲜明的独立性,很多义兵难以得到元廷的支援,义兵之间也未能相互协作。故此,

---

① 宋濂:《文宪集》卷一八《故嘉兴知府吕府君墓碑》。

② 王叔英:《静学集》卷二《凌府君行录》。

③ 钱谦益:《国初群雄事略》卷六《周张士诚》。

④ 张廷玉:《明史》卷一二四《陈友定》。

在至正十一年、十二年农民起义爆发之初,虽然南方地区义兵蜂起,但多数"孤军不振"①,很快被汹涌而至的农民起义军浪潮所覆没。

3.从组织者的身份而言,由表可知,组织者主要是在野的汉族士人,此外也有一些在任的官员、致仕的旧僚和少数进士。这中间,在任的官员组织义兵数量虽然不多,但多响应朝廷旨意,经常协同官兵作战,所以是镇压农民起义军的重要力量。如:永春尹率领义兵抵抗进入福建的起义军,"大小三十余战,斩获一千二百余人,而邑民无死伤者,贼大衄,遂遁去"。② 进士吕诚,在婺源"率先倡义,协辅元帅铁古迭儿克复城堡,生擒首贼"。③ 贾嵩,在任元帅府事时,逢海内用兵,"散赀鸠义旅保乡聚。至正戊戌(十八年,1358 年)从军来温,每有征伐,未尝不在行距"。④ 刘基任枢密院经历时,募兵协助行省院判石抹宜孙镇守处州,或发兵进剿,或设计诱捕,殄歼起义军无算。⑤ 进士程养全在任铅山判官时,"设团甲以保障,人乐为用",农民军来攻,养全"出义民力战,俘获凡万计"。⑥

相形之下,在野士人组织义兵多是自发的,"他们长期以来一直是这些地区的实际统治者,是封建制度下政权和族权力量的体现者,同时也拥有较大的财力,因而他们便有可能倚靠权势和声望,并利用宗族组织,在短期内建立起数百人以至数千人的武装"⑦。总体上,这些义兵多表现出地域性、宗族性和独立性特点。

所谓地域性,即多以县、乡、里为单位"聚众"而成,此颇具普遍性,不再举例。

所谓宗族性,即作为义兵的主要领导人和主体成员,多来自同一个宗族。如:刘炳,"当元季兵乱时,与弟煜结里闬相保,寇至辄郤走"⑧。张理(1314—1372 年),通经史。至正十二年(1352 年),蕲黄兵起,与弟张璟组织乡祖子弟结寨自保。⑨ 俞士英(1303—1356 年),能为诗赋,乡党宗族称为善良。至正十六年(1356 年)正月,蕲、黄起义军抵婺源,乃率子侄结乡曲,募义勇"以杜贼障乡

---

① 纪昀:《四库全书总目》卷一六九《刘彦昺集》提要。
② 宋濂:《元史》卷一九二《卢琦传》。
③ 彭泽:《弘治徽州府志》卷八《人物》。
④ 陈高:《不系舟渔集》卷一二《忠敬堂记》。
⑤ 王世贞:《弇州四部稿·续稿》卷八五《浙三大功臣传》。
⑥ 程敏政:《新安文献志》卷六六吴维新《程养全行实》。
⑦ 陈高华:《元末浙东地主与朱元璋》,《新建设》1963 年第 5 期。
⑧ 雍正《江西通志》卷八九《人物》二十四。
⑨ 宋濂:《文宪集》卷二三《故承事郎漳州府漳浦县知县张府君新墓碣铭》。

里"。① 吕文燧,为永康大族,元季兵乱,"散家资数千万,与弟文烨合谋,募里壮强子弟得三千人,将之与盗屡战,盗败走,复其邑,斩获甚众"。② 这种通过宗族和乡里关系组织起来的地方武装,不仅便于号召和调动,且极为顽固、凶悍。

所谓独立性,即义兵的费用筹措、结寨设防、组织战斗等都是由组织者自主进行,表现出"衣我衣更食我食,望尘走马当杀贼"③的自给自足的作战方式。以经费筹措为例,其组织经费多出自富家大族的捐输和义兵将领的个人家财,而官方的支持实际很少。如:鲍仲安,"与乡人集丁壮,结保甲,捐财出粟以供费用"。④ 刘则礼,至正十一年(1351 年),两河乱,"乃割财募兵,兄弟子侄多死于兵"。⑤ 江日新,至正十二年(1352 年),蕲、黄兵攻歙县,与弟宏宗、宪度等"散财募兵御之"。⑥

在野士人组织的义兵,除了结寨自保、被动防御外,也时常与元军共同行动,一起镇压起义军。如胡元祚(字嘉祐),"立保伍之法",抗拒起义军,"会官军至,元祚率众助讨之"。⑦ 邓烈、邓思诚等集合族人,从元军袭起义军。⑧ 胡深,在处州"集乡兵结寨于湖山",寻投入元军,成为元廷镇压浙东起义军的主要力量之一。⑨

（二）士大夫组织义兵的目的

概言之,元末士大夫组织义兵的目的有三:一是"卫身";一是"保乡";一是"勤王"。

首先,"卫身"。这是士大夫,尤其是在野士人组织义兵最直接的目的。在农民战争期间,士大夫面临着空前的生命危机,保住性命是他们必须考虑的首要问题。虽然在其看来,"卫身"、"谋身"是一种耻于言表、低层次的道德境界⑩,

---

① 李祁:《云阳集》卷八《新安节士俞君墓志铭》。
② 宋濂:《文宪集》卷一八《故嘉兴知府吕府君墓碑》。
③ 王逢:《梧溪集》卷三《义兵谣》。
④ 郑玉:《师山集》卷八《鲍仲安墓表》。
⑤ 李继本:《一山文集》卷六《刘则礼传》。
⑥ 何东序:《嘉靖徽州府志》卷一六《忠节》。
⑦ 胡翰:《胡仲子集》卷九《胡义士墓表》。
⑧ 杨渊:《弘治抚州府志》卷二四《人物》。
⑨ 宋濂:《文宪集》卷一八《大明故王府参军追封缙云郡伯胡公神道碑铭》。
⑩ 这一观点在元末士大夫的言论中随处可见,如:成廷珪诗云:"满目干戈独损神,古之忠义不谋身。"(《居竹轩诗集》卷三《次顾清逸见寄韵》)宋禧云:"夫有忠义之心者,然后能忧生民,虑社稷,而一己之富贵弗谋也。自寰宇弗谧,国家遗材与无辜之众委于涂炭多矣。任天下之责,急于削暴除乱者,宁能迟迟其进,而尚有所待乎?"(《庸庵集》卷一一《送徐彦威序》)刘基:"士有以一身任社稷之安危,能出入危邦,扶持庸君,宠之而不阿,违之而弗惩,知有国而不知有其身,若是真可谓大臣哉。……先蒙君之知而期尽心以报效,知祸而不避。"(《刘基集》卷一二《嘉兴路重修陆宣公书院碑铭》)

但作为危机时刻人之本能反应,"卫身"意识同样会在他们的身上得以自然流露,成为其内心深处组织义兵最为重要的目的之一,这一点义兵组织者刘炳一语道破:"乱世无兵,不足以卫身。"①

其次,"保乡"。这是士大夫组织义兵最重要的原因。元末农民起义之初,多实行杀掠政策,如:刘福通领导的红巾军,"焚城邑,杀长吏"②,"劫掠民财"③;徐寿辉"以焚荡屠洗,胁民出藏货为兵"④;方国珍于至正十二年(1352年)攻南昌时,"剽杀亘野,燎延庐舍,里民惶惶"⑤。这种政策,使原本对农民起义军心怀仇视的士大夫更是人人自危。为此,他们纷纷组织义兵,高举"保乡"旗帜,通过结寨自保的形式进行"防寇","出死力以抗之也"。在"保乡"这一层面上,士大夫虽以维护自身、宗社和民众的生命财产为目的,"保宗社以拯黎民可也"⑥,但相对"卫身"而言,又表现出一种以民为本的大局意识。如:龙泉人王毅,逢红巾军来攻,召门人章溢、季汶等曰:"吾岂忍以良民畀豺兕乎?"乃部勒乡民为兵,奋力抗御,"使三十万苍生去危即安"。⑦熊熊鼎,"江西寇渐起,君亦以拯民自任,悉心力为之计。结民兵自守田,由是赣独完于他郡。"⑧

再次,"勤王"。如果说"卫身"、"保乡"是为了维护士大夫自身和民众的利益,那么"勤王"则是从更高层面上来维护元朝的封建统治,是士大夫"忠义"观念的另一种表现形式。在义兵组织者看来,"夫人伦有五,而君臣为五伦之一,所系为尤重",所以在国家危亡之际,士大夫"兴义兵为国家出死力"⑨是不可推卸的责任和义务。浙东义兵组织者王毅赠诗门人说:"君才不在淮阴下,为报君王早筑坛。"⑩刘基亦说:"大丈夫生长草茅,当平世不务进,及遇变故,则挺身以为国,寄一方赤子命,不亦伟哉?"⑪而李祁(字一初)在称赞俞士英时说得更为清楚:

---

① 刘炳:《春雨轩集》卷九《自序墓志铭》。
② 宋濂:《元史》卷一四一《察罕帖木儿传》。
③ 刘炳:《春雨轩集》卷八《代佟斯干预书墓志铭》。
④ 赵汸:《东山存稿》卷四《休宁县达鲁花赤八侯武功记》。
⑤ 许应鑅:同治《南昌府志》卷七包希鲁《啸台记略》。
⑥ 宋濂:《文宪集》卷二〇《故奉训大夫金提刑按察司事王府君墓铭》。
⑦ 宋濂:《文宪集》卷一一《王先生小传》。
⑧ 宋濂:《文宪集》卷一九《故岐宁卫经历熊府君墓铭》。
⑨ 卢琦:《圭峰集》卷下《重修永春县学记》。
⑩ 王毅:《讷斋集》卷五《赠胡深》。
⑪ 刘基:《刘基集》卷二《送章三益之龙泉序》。

节士(俞士英)当太平全盛时,逸居而僻处,无所营于世。及其攘袂奋臂而起,志在杀贼,竟蹈白刃以死,忠愤激烈,见义勇为,夫岂小丈夫所能哉?况当时之为守为令,皆受国厚恩,宜有以为报,而不能死战以捍贼,至有望风奔溃不能与贼交一锋者,视节士何如哉?节士起布衣,无一民一社之责,特以忠义愤发,欲杀贼以保障其乡里,且欲因是以复婺源,事虽不就,而志则可称。①

在此,李祁批评了那些逢"贼"望风奔溃的地方守令,并以此为衬托,彰显了俞士英以布衣身份,仍组织义兵,保障乡里,骂"贼"而死的忠义行为。与俞氏相类,许多士大夫都以收复失地,"以克复为己任"②,积极参与了抵抗、镇压农民起义的"勤王"运动,甚至不惜付出生命。如:陈天锡,至正十二年(1352年),江、汉兵起,曰:"今天下大乱,贼以红帕首呼啸成群,所蹂踏处,绝无一人御者。天锡虽不才,誓竭忠以报国家。"遂举义兵千人,抗拒红巾军,寻遇害。③ 曾贯,曾官绍兴府照磨,后弃官家居,率义兵御龙泉,"战败抗节死"④。斗元,字元浩,至正十年(1350年)领江西乡荐第一。红巾军至靖安,率乡兵击败之,寻被执,"狂骂而死"⑤。胡振祖,以义兵克复失地,后转战浮梁,粮尽矢绝,"义不辱,愤骂以身死之"⑥。毫无疑问,此种行为与那些为国死难的士大夫所表达的道德价值是一致的,皆是救世护国、忠于元廷的最高表现。

当然,"卫身"、"保乡"、"勤王"并非截然分裂的三个目的,它们实际是同一问题的三个层面。无论士大夫的主观目的如何,根本上都是为了维护元王朝的封建统治。通过"勤王",客观上可以达到"卫身"、"保乡"的目的;反言之,通过"卫身"、"保乡",客观上又可以达到了"勤王"的目的,三者之间相互联系,互为作用。

(三)义兵的作用及局限

客观地说,由于元末义兵依托于地方宗族社会和民众力量,且分布较广,所以在一定时期内,确乎发挥了应有的作用,延缓了元王朝灭亡的速度。

元自立国以来,承平日久,武备寝弛,驻于南方的元军已腐朽不堪,战斗力大

---

① 李祁:《云阳集》卷八《新安节士俞君墓志铭》。
② 夏玉麟:《嘉靖建宁府志》卷二一《杂记》。
③ 宋濂:《宋文宪公文集》卷二〇《元赠进士副尉金溪县尉陈府君墓铭》。
④ 乾隆《江西通志》卷七六《人物》十一。
⑤ 宋濂:《元史》卷一九五《斗元传》。
⑥ 刘炳:《刘彦昺集》卷五《义士歌》。

大下降，"世袭官军,善战者少"①,而在农民起义军的打击下,更趋崩溃瓦解。时人胡深说："今天下之弊极矣。南北用武未有休息,而将帅之权不相统一,朝廷之赏罚不能明信,此殆不容言矣。至于军卒之单寡而无所于调发,钱粮虚匮而无所于征需。"②每与起义军交战,元军无不披靡,"将帅怆惶忽弃城"③,"文臣武将领郡寄握兵权者多望风先遁"④。由此南方郡县相继陷落,"通都大邑鲜能为斯民保障者"⑤。在此情况下,士大夫组织的义兵就成为抵抗农民起义军的重要力量,多少弥补了元军战斗力下降之不足。主要表现在:

1.短期内达到了"保乡"的目的。如:进贤人胡智伯,红巾兵乱,"结兵立寨,保障乡里,民赖以全"⑥。新城人彭士渊,至正十二年(1352年)红巾军陷新城,"招集义兵,为之保障,邑赖以安"⑦。太平人靳处宜,"募勇士,列营立栅",抵抗义军,"境内晏然,耕桑如常"。⑧ 临川人赵均保、陈德辉等,"相率举义,团结保障,守护郡城,城(临川)内不遭其难"。⑨ 王毅、叶琛、刘基、章溢、季汶等率义兵守处州,"江南诸郡多陷于盗,独处州以士大夫倡义兵坚守而完"⑩,有诗云:"一朝世事,异在壬辰。郡邑(龙泉)罗毒,遭此红巾。我公(王毅)崛起,团结乡民,此贼亦除,和乐邦郡。"⑪可见,在农民战争初期,义兵在保卫乡土,维护元朝地方统治秩序方面的确发挥了重要作用,同时也一定程度上减缓了起义军的进军步伐。

2.收复了一些失陷的地方。如:江西义兵在至正十二年(1352年)内曾先后收复了袁州、吉安、建昌等路。⑫ 其中,红巾军占袁州后,黄士能"率众夺而守之"。⑬ 又如:九月,鲍仲安(名元康)首起义兵,协助元军克复徽州。⑭ 范忠率义

---

① 余阙:《青阳集》卷五《再上贺丞相书》。
② 王祎:《王忠文集》卷七《送胡仲渊参谋序》。
③ 成廷珪:《居竹轩诗集》卷三《哭江州太守李子威》。
④ 胡行简:《樗隐集》卷四《晦园记》。
⑤ 胡行简:《樗隐集》卷四《晦园记》。
⑥ 许应鑅:《同治南昌府志》卷五一《人物志》。
⑦ 费案:《正德新城县志》卷八《人物》。
⑧ 陶安:《陶学士集》卷一七《瑞麦记》。
⑨ 杨渊:《弘治抚州府志》卷二四《人物》。
⑩ 宋濂:《文宪集》卷一九《故处州翼同知元帅季君墓铭》。
⑪ 王毅:《讷斋集》附章溢等《公祭文》。
⑫ 周霆震:《石初集》卷二《宜春将军取印歌》。
⑬ 黄士能:《同治临江府志》卷一一《武备志》。
⑭ 郑玉:《师山集》卷八《鲍仲安墓表》。

军收复中兴路,起义军俞君正部败走。① 同年,刘焘孙,红巾军乱湖南,陷常宁,焘孙率义兵万余人,"克复其州治,就以民兵守之"。② 凡此,皆是义兵主动出击的战果。

3.支援了元军的军事行动。如:以汪同为首的徽州义兵,积极协助元军镇压农民起义军。对此,清人钱谦益描述道:"蕲、黄之贼,既陷江州,旋略南康、鄱阳,即由婺州凡休宁,一夕而陷徽州。由是而陷昱岭关,破杭州,蔓延吴兴、延陵,江南之涂炭自此始。当时克复徽、杭,杀妖彭(即彭莹玉)、项奴儿(即项普略)诸贼魁,遏楚贼方张之势,虽董抟霄、三旦八辈督师剿御,而汪同、程国胜、俞茂结集民兵,誓死血战,恢复城栅,其功尚多。"③至正十三年(1353 年),吕诚率义兵协辅元帅铁古迭儿克复被起义军占领的婺源。④ 有时候,义兵的战斗力甚至在元军之上,如安仁张璨等率义兵配合元军抗击起义军,"丞相(即江西行省丞相亦怜真班)兵欲退,琢部骑卒执殳前驱",竟击败起义军。⑤

当然,从长远眼光来看,对义兵的作用切不可估计过高。⑥ 理由在于:一是虽然一些义兵亦主动出击,但总体来看,元末义兵多采取了结兵立寨、消极防御的战略。而这种战略方式只能抵抗小股起义军,一旦遇到大股起义军,则往往寨毁人亡,难以长久。二是义兵的独立性特征,使不同地区的义兵之间难以统一行动,由此难能对付来势凶猛的起义军。三是义兵多未能得到元廷的有力援助。期间,虽然元廷倡导兴举义兵,并时常通过封官晋级等方式予以奖赏,如授江日新为同知,江宏宗为石门主簿⑦,胡振祖为饶州府判⑧,康茂才为淮西宣慰司⑨,

---

① 宋濂:《元史》卷四二《顺帝纪五》。

② 王祎:《王忠文集》卷二一《刘焘孙传》。

③ 钱谦益:《牧斋初学集》卷八〇《回金正希馆丈书》。按:彭即彭莹玉;项奴儿即项普略,至正十二年(1352 年)为徽州义兵俘杀。详见赵汸:《东山存稿》卷五《克复休宁县碑》。

④ 彭泽:《弘治徽州府志》卷八《人物》。

⑤ 宋濂:《宋文宪公文集》卷一〇《故承事郎漳州府漳浦县知县张府君新墓碣铭》并序。按:丞相即江西行省丞相亦怜真班。

⑥ 虽然有人认为:在农民战争中后期,义兵是抗拒和镇压农民起义军的主要力量。但这里的"义兵"主要指以察罕帖木儿、李思齐、陈友定、张良弼、答失八都鲁及博罗帖木儿父子等为首的地方割据势力,他们时常不受元廷节制(《明史》卷一二四《李思齐传》),且相互争斗,故并非本书所谓的由士大夫组织的义兵。再者,这些武装在镇压农民起义时,也在向半独立、独立的趋势发展,进一步加剧了元政权的分裂和衰落。从这个意义上讲,其作用也是有限的,更难以挽救元王朝的历史命运。

⑦ 何东序:《嘉靖徽州府志》卷一六《忠节》。

⑧ 刘炳:《刘彦昺集》卷五《义士歌》。

⑨ 宋濂:《宋文宪公文集》卷四《蕲国康公神道碑》。

章溢为浙东都元帅府佥事①,叶琛为行省元帅②,汪叡为浮梁州同知③等。但在更为重要的军力援助、物资补给等方面,元廷却显得较为消极,致使很多义兵因寡不敌众、军需匮乏而纷纷告败。如:星吉,率义兵转战江西六月余,最后因"无继援之者"而失败。④ 刘晓,率义兵千人,"贼来则拒之,不期贼众多,官军不援,遂为所败"。⑤ 程择,至正十二年(1352年)起义军攻婺源,率兵力战,"救兵不至,城陷碑执,不屈遇害"。⑥ 四是元祚将倾之际,士大夫仍然固守忠义观念,站在元朝统治者的立场上与农民起义军进行对抗,实际上违背了历史发展的潮流。正是上述因素,决定了元末义兵的历史作用是极其有限的,它只能在短期内延缓元廷的灭亡时间,却无法阻挡元明更迭的历史步伐。

在元末农民战争期间(主要指前期),士大夫除了伏节死难、组织"义兵"外,也有人通过积极入仕、贡献筹谋、提供财物援助⑦等方式效忠元廷。对于他们的这种政治动向,可以从两个方面加以解释:从思想层面来看,阶级冲突的空前加剧激发了他们内心的君臣大义和忠义观念,在一定时期内,对农民起义军的仇视和对蒙元政权的忠诚是其基本的思想倾向;而与此同时,"夷夏"观念和民族意识却随着民族认同意识的强化而渐趋淡薄。从政治层面来看,士大夫的政治态度取决于他们的群体利益。所以,在元末农民战争中,为了维护自身的利益,他们必须站在元朝统治者的立场上与农民起义军进行对抗,这从一个侧面反映了此时的社会主要矛盾是阶级矛盾。⑧ 当然,用现在的眼光来看,在元王朝即将灭亡之时,士大夫仍然为元卖命,实际上是一种保守、顽固、愚昧和迂腐的行为。历史表明:他们的忠义精神和死难行为并不能阻止元王朝的覆亡之势,元明嬗替的历史洪流最终淹没了他们"我元进士,有死无二"、"虽非进士,但亦忠魂"的生命

---

① 张廷玉:《明史》卷一二六《章溢传》。
② 张廷玉:《明史》卷一二六《叶琛传》。
③ 张廷玉:《明史》卷一三七《汪叡传》。
④ 宋濂:《元史》卷一四四《星吉传》。
⑤ 宋濂:《元史》卷一九五《魏中立传》。
⑥ 何东序:《嘉靖徽州府志》卷一六《忠节》。
⑦ 如:江西部分士人"倾赀以助军储"(王礼《麟原文集》卷三《旷作楫行状》),像兴安张理当元军"乏食"时,便"率县大姓输粮一万二千斛散之"(《宋文宪公文集》卷一〇《元漳浦清县知县张府君墓碣铭》)。元廷为解决军粮,至正十二年(1352年)始推行"输粟拜官"政策,浙西士人踊跃应募,仅长兴陈仲贞就"输粟二千斛"(《宋文宪公文集》卷二五《元湖州路德清县尹陈府君墓铭》)。
⑧ 关于元末社会的主要矛盾,学界存在分歧,概括起来大体有三:一是民族矛盾是社会主要矛盾;二是阶级矛盾是社会主要矛盾;三是阶级矛盾和民族矛盾交织在一起。详见丁国范《元末社会诸矛盾的分析》(《南京大学学报》1963年第1期)。

呐喊与道德呼唤。

第二节 "弃旧从新":归附群雄的自觉

在农民战争肇兴之初,士大夫视起义军为仇敌,除了被迫投降者外,自觉归附者甚少①。此后,随着农民军的节节胜利和群雄割据局面的逐步形成,士大夫的价值取向和行为选择趋于多样,群体内部开始出现了分化。其中,一些在野士人(包括隐士)乘时崛起,出仕群雄;另一些原本忠于元廷的士大夫亦一反对农民起义的坚决敌视态度,纷纷弃旧从新,归依了群雄集团。应该说,对于深受儒学伦理浸染的士大夫而言,这种行为无疑要担荷沉重的道德压力,面临尖锐的舆论批评,但出于对生存安危的顾及和实现自我价值的考虑,他们经受了痛苦的道德考量,毅然走上了"重投明主"的人生道路。

一、士大夫出仕群雄之概况

(一)归附红巾系政权

这里的红巾系政权主要指陈友谅、明玉珍两系。朱元璋虽出自北系红巾,在形式上长期与其保持着联系,奉龙凤政权为正朔,但因其很早便具有鲜明的独立性,自成一系,故下文另辟专节讨论。

1.归附陈友谅者

陈友谅建立汉政权后,一改早期天完红巾军对士大夫采取不降即杀的政策,转而采取恭请礼致的政策。如陈友谅在攻下南昌后,即派人召辟名儒吴澄之孙、曾任江西肃政廉访使的吴当(1297—1362年)②。同时,还亲自登门礼请元江南行台侍御史韩准(1299—1371年),谦恭备至,谓"吾向为县小吏,已闻公名"。③虽然吴当、韩准最终皆未降从,但陈友谅意欲争取士大夫的信任,对其"竟然不

---

① 如:钱塘县尹范静善"从逆,劫府库"(孔行素《至正直记》卷二《宋末叛臣》);常州儒士吴寅夫、赵君谟等也参加了起义军(陶宗仪《南村辍耕录》卷七《忠倡》);江西李明道,"家富于赀,乘乱起兵,附陈友谅"(《明太祖实录》卷一四"至正二十四年二月癸丑"条)。丁玉,初名国珍,河中人。仕韩林儿为御史(《明史》卷一三四《丁玉传》)。

② 宋濂:《元史》卷一八七《吴当传》。

③ 吴海:《闻过斋集》卷五《元故资政大夫江南诸道行御史台侍御史韩公权厝志》。

敢加害"。① 及攻下西昌(今江西泰和),又下令"录寓官以待用"②。为了争取士大夫的合作,他甚至"遥拜"曾镇压过红巾军的徽州士人郑琏为"万户"。③ 陈友谅对士大夫的礼遇,博得了一部分人的赞赏,曾任元进贤县尹的傅箕在给陈友谅的信中称他"凡行师立署,所至之处,能者使,才者用,贤而有德者尊礼,俾各遂其性,无意于富贵功名者不强以职,此所以超轶群雄者也"④。在陈友谅的积极争取下,不少士大夫进入汉政权,"伪陈之在九江,趋者日众"⑤。

具体如:定住(? —1363 年),至正二年(1352 年)进士,原为临江守臣,后降陈友谅,抗朱元璋师,死于二十三年(1363 年)鄱阳之役。《游宦余谈》云:"观其人文雅风流,倘择贤主而仕,即不得与宋(濂)、刘(基)诸公旗鼓相向,当也不失为礼士好文之守也,乃为群雄所得,声名俱陨,惜哉!"⑥詹同,字同文,初名书,江西婺源人。至正中,举茂才异等,除郴州学正。遇乱,家黄州,仕陈友谅为翰林学士承旨。⑦ 黄昭,江西乐安人,至顺元年(1330 年)进士。至正中,除湖广行省参知政事,命未至,陈友谅已下江西诸郡。据宋濂云:"(至正)二十一年,陈友谅僭号于九江,用黄昭、解观等荐,以君(熊鼎)为太常卿。"⑧可见黄昭当时已归附陈友谅。解观,名子尚,字观我,江西吉水人。元进士,至正二十一年(1361 年)入仕陈友谅。⑨ 解开,解观侄,国子生。曾写信给陈友谅弟,"劝其杀伪主以归元,而友谅谋称帝"⑩;又"以书说陈友谅归正,不失为江都王,其大臣左右譁,大欲兵之,五王(即友谅弟友仁)者救之,得免"⑪。说明解开亦曾在陈友谅阵营。罗复仁(? —1371 年),江西吉水人。初从陈友谅于九江,为翰林编修官,甚见礼遇,

---

① 吴海:《闻过斋集》卷五《元故资政大夫江南诸道行御史台侍御史韩公厓志》。
② 刘崧:《槎翁文集》卷一六《故进士副尉临江路清江县主簿杨君墓表》。
③ 郑玉:《师山先生文集》附《济美录》卷四《元故歙县尹希贡郑先生墓志铭》。
④ 许应鑅:《同治南昌府志》卷四〇《人物志》。
⑤ 王礼:《麟原文集前集》卷三《教授夏道存行状》。
⑥ 德馨:《同治临江府志·轶事·杂类志》。
⑦ 张廷玉:《明史》卷一三六《詹同传》。
⑧ 宋濂:《文宪集》卷一九《故岐宁卫经历熊府君墓铭》。
⑨ 解缙:《文毅集》卷一一《伯中公传》载:"至正辛丑,陈友谅屡书聘之,不往。以书劝其息兵保境,友谅不从,遂谢病著书,江州破,死焉。"今人杨讷认为,这一说法不可信,他据前揭宋濂《文宪集》卷一九《故岐宁卫经历熊府君墓铭》,认为解观入仕陈友谅符合历史真相。(《天完大汉红巾军史论述》,《元史论丛》第 1 辑,中华书局 1982 年版,第 136 页)值得指出的是,杨文认为解观为进士,此误。据雍正《江西通志》卷五一《选举三》记载,解观曾中天历二年(1329 年)己巳乡试,而并未中过进士。
⑩ 解缙:《文毅集》卷一二《鉴湖阡表》。
⑪ 解缙:《文毅集》卷一一《显考筠涧公传赞》。

"然知友谅无成所为,遁去"。① 李仁,唐县(今河南唐河)人。初仕陈友谅,朱元璋克武昌,来归。② 胡美,湖北沔阳人。初名廷瑞。仕陈友谅,为江西行省丞相,守龙兴。③ 徐祥,大冶(今属湖北)人。初仕陈友谅,后归朱元璋。④ 蔡哲(?—1370年),字思贤,武昌人。始仕陈友谅为御史。至正二十二年(1362年)归朱元璋。⑤ 另外,蒋必胜、饶鼎臣,皆仕陈友谅为知院,史载:"陈友谅知院蒋必胜、饶鼎臣等复陷吉安。"⑥王溥,湖南安仁人。仕陈友谅为平章,守建昌。⑦ 吴宏,仕陈友谅为平章,后降朱元璋。⑧ 总体来看,归附陈友谅的士大夫主要集中在其统治的湖广地区,表现出鲜明的地域性特征。

2.归附明玉珍者

与陈友谅一样,明玉珍亦出自徐寿辉部。至正十七年(1357年)入蜀,二十年陈友谅杀徐寿辉,自立为陇蜀王。⑨ 在位期间,虽然明玉珍重视征用人才,但士大夫多不愿出仕夏政权。如:刘谌,江西人。原本为莫仁寿教官,"文章清古"。玉珍入蜀,弃官隐居泸州,子弟多从之游,玉珍屡征不就。⑩ 凤山人赵善璞,隐居深山,明玉珍聘为学士,亦不就。⑪ 为了解决人才匮乏的局面,夏政权一度设科取士,但士子的反应极为默然,首次取士仅得8人。⑫ 据史料所载,在夏政权中,刘祯是唯一一位出仕明玉珍的进士,也是夏政权中的核心人物。刘祯(?—1369年),字维周,四川泸州人。至顺元年(1330年)进士⑬。尝为大名路经历,弃官家居。明玉珍攻重庆,经泸州,部将刘泽民荐之。玉珍往见与语,喜曰:"吾得一孔明也!"二十一年(1361年)四月用为参谋,朝夕侍讲,裁决政事。⑭

---

① 《明太祖实录》卷六四"洪武四年四月丁酉"条;《献徵录》卷二〇《弘文馆学士罗公复仁传》;《明史》卷一三七《罗复仁传》。
② 张廷玉:《明史》卷一三八《李仁传》。
③ 张廷玉:《明史》卷一二九《胡美传》。
④ 张廷玉:《明史》卷一四六《徐祥传》。
⑤ 《明太祖实录》卷五七"洪武三年十月辛巳"条。
⑥ 《明太祖实录》卷一二"至正二十三年五月己巳"条。
⑦ 张廷玉:《明史》卷一三四《王溥传》。
⑧ 《明太祖实录》卷九"至正二十一年正月己未"条。
⑨ 张廷玉:《明史》卷一二三《明玉珍传》。
⑩ 杨学可:《平夏录》;张廷玉:《明史》卷一二四《陈友定传》。
⑪ 张廷玉:《明史》卷一二四《陈友定传》。
⑫ 《明太祖实录》卷一九"至正二十六年二月庚辰"条。
⑬ 虞集:《道园学古录》卷六《送进士刘祯序》。
⑭ 张廷玉:《明史》卷一二三《刘祯传》;黄标:《平夏录》。

史称他："精于易数,导明主修道,尽逐元人以安中夏,诏令多所代制,人比之孔明。"①二十二年(1362年)三月,明玉珍立夏,仿周制设六卿,以戴寿为冢宰,万胜为司马,张文炳为司空,向大亨、莫仁寿为司寇,吴友仁、邹兴为司徒,刘桢为宗伯。置翰林院,拜牟图南为承旨,史天章为学士。② 但这些官员多为武人出身,如万胜、张文炳、戴寿、邹兴、向大亨、江俨、吴友仁、莫仁寿、窦英等莫不如此。

笔者认为,士大夫归附明玉珍较少的原因在于:明玉珍部一开始属于徐寿辉部,队伍中间的士大夫原本就寥寥无几;入蜀后,虽重视网络人才,但蜀地人文落后,人才匮乏,由此明玉珍欲获得士大夫的支持便较为困难。

（二）归附非红巾系政权

这里的"非红巾系"主要指张士诚、方国珍两系③。大体而言,他们较重视延揽士人,钱谦益《列朝诗集小传》云:"张士诚据吴,方国珍据庆元,皆能礼贤下士;而闽海之士,归于有定,一时文士,遭逢世难,得以苟全,亦群雄之力也。"④同时,张、方二人曾投降元廷,接受元官,这不同于红巾系政权始终与元为敌的政治态度。出乎此,期间一些士大夫相继归附了张士诚和方国珍。

1.归附张士诚者

至正十六年(1356年),张士诚攻入平江,随即控制了经济富饶、人文荟萃的浙西地区。在吴期间,张士诚重视招纳贤士,时人称其"以武济世,以文经邦,不爱玉帛车马,招纳四方贤俊"⑤,"好招延宾客"⑥;而且在至正十七年(1257年)与二十三年(1263年)间,张士诚降元,受封太尉,这亦使士大夫主动仕张有了一个合理的理由——仕张也就是仕元,自己的身份仍是元官,不属于变节叛逆。由此,一些士大夫纷纷归附了张士诚,"诸侨寓贫无籍者争趋之"⑦,"凡不得志者,

① 杨学可:《明氏实录》。
② 《明太祖实录》卷一九"至正二十六年二月庚辰"条,又载:"乙巳(二十五)春,更六卿为中书省、枢密院。以戴寿为左丞相,万胜为右丞相,向大亨、张文炳为知枢密院,邹兴为平章,守成都,吴友仁为平章,守保宁,莫仁寿为平章,仍守夔关,邓元亨为平章,守通州,窦英为参政,守播州,荆玉为宣慰,守永宁,商希孟为宣慰,守黔南。"
③ 陈有定虽据闽中,但始终效忠元廷,兹不赘述。具体参见唐立宗《陈有定与元末福建地方政局》,《大陆杂志》第100卷,2000年第2期。何真据岭南,开府辟士,孙蕡、王佐、赵介、李德、黄哲并受礼遇,称"五先生"。(《明史》卷二八五《孙蕡传》)
④ 钱谦益:《列朝诗集小传》甲前集《陈平章友定》。
⑤ 戴良:《九灵山房集》卷一三《送董郎中序》。
⑥ 张廷玉:《明史》卷一二三《张士诚传》。
⑦ 张廷玉:《明史》卷一二三《张士诚传》。

争趋附之"①,"士之抠裳而趋,濯冠而见者相属也"②,"智者献其谋,勇者効其力,学者售其能,惟恐其或后"③。士大夫的络绎而至,使张氏麾下俊秀云集,一时"客之所聚者几七千人"④。其中,较为著名者如下表所示:

表 5.3 归附张士诚的主要士大夫统计表

姓 名	字/号	籍 贯	初任官职	史料来源
陈秀民	字庶子	四明人	参军	《元诗选》三集卷 10、《续文献通考》卷 198
饶 介	字介之	临川人	咨议参军事介	《殿阁词林记》卷 8《编修高启》、《姑苏志》卷 57
周伯琦	字伯温	鄱阳人	/	《元史》卷 187《周伯琦传》、《姑苏志》卷 57
陈汝言	字惟允	吴中人	太尉府参谋	《姑苏志》卷 57 《列朝诗集小传》甲前集《陈经历汝言》
姜 渐	字羽仪	诸暨人	淮南行中书左右司都事	《姑苏志》卷 57
苏昌龄	本名大年	真定人	参谋、学士	《姑苏志》卷 36、《畿辅通志》卷 79
陈 基	字敬初	临海人	参谋军府事	《明史》卷 285《陈基传》、《姑苏志》卷 57
鲁 渊	字道源	淳安人	江浙儒学副提举及提举	《梧溪集》卷 5《俭德堂怀寄》序《明一统志》卷 9
张 经	/	吴中人	吴县丞	《元史》卷 194《杨乘传》
钱用壬	字成夫	广德人	太尉参军 淮南行省参政	《明太祖实录》卷 37"洪武元年十二月丁卯"条 《明史》卷 136《钱用壬传》
周 砥	字履道	无锡人	/	《四库全书总目》卷 188《荆南倡和集》提要
汪 同	字仲玉	婺源人	/	乾隆《江南通志》卷 152《人物志》
杨维桢	字廉夫	山阴人	/	《铁崖古乐府》卷 6《凝香阁诗》⑤
王 蒙	字叔明	湖州人	官理问、长史	《明史》卷 285《王蒙传》

---

① 瞿佑:《归田诗话》卷下《哀故苏》。

② 高启:《凫藻集》卷二《野潜稿序》。

③ 倪瓒:《清閟阁全集》卷首钱溥《原序》。

④ 杨维桢:《东维子集》卷八《送王公入吴序》。

⑤ 杨维桢:《铁崖古乐府》卷六《凝香阁诗》序云:"凝香阁者,光禄大夫平章政事张公辟之以待四方贤士,即汉平津侯之东阁也,客卿铁崖杨子名之曰凝香。"

姓 名	字/号	籍 贯	初任官职	史料来源
张 宪	字思廉	山阴人	枢密院都事	《明史》卷285《张宪传》
杨 基	字孟载	吴中人	丞相府记室	《明史》卷285《杨基传》、《姑苏志》卷52
徐 贲	字幼文	平江人	/	《明史》卷285《徐贲传》、《姑苏志》卷57
戴 良	字叔能	浦江人	/	《九灵山房集》卷30《故九灵先生戴公墓志铭》
唐 肃	字处敬	山阴人	嘉兴路儒学正	《明史》卷285《唐肃传》
尧 臣	字唐卿	永嘉人		《明史》卷285《尧臣传》
郭良弼	/	平江人	/	《元史》卷194《杨乘传》、《国初群雄事略》卷13
董 绶	/	平江人	/	《元史》卷194《杨乘传》、《国初群雄事略》卷13
俞思齐	字中季	泰州人	参军	《平吴录》、《明史》卷123《张士诚传》
孙 作	字大雅	江阴人	/	《明史》卷285《孙作传》
蓝 仁	字静之	崇安人	/	《明史》卷285《蓝仁传》《四库全书总目》卷169《蓝山集》提要
周信夫	/	淮南人	椽史	《夷白斋稿》卷21《送周信夫序》
高元善	/	/	经历	《夷白斋稿》卷21《送周信夫序》
王敬甫	/	/	都事	《夷白斋稿》卷21《送周信夫序》
李志学	字椎鲁	吴中人	/	《东维子集》卷8《送李志学还吴序》
俞齐贤	字忠夫	/	淮省参政	《梧溪集》卷4《哀故淮省郎中海陵俞忠夫》
王 暇	字伯纯	河东人	儒学教授	《梧溪集》卷5《俭德堂怀寄》小序
苏大年	字昌龄	真定人	参谋,称苏学士	《元史类编》卷36《苏大年传》
钱 逵	字伯行	吴县人	行省员外郎	《吴下冢墓遗文》卷3 王立中《钱逵墓志铭》
章 善	/	钱塘人	浙江行省都事	《明太祖实录》卷105

元季吴中地区,汇聚了一大批文人儒士,虽然出仕张氏者仅为少数,但从上表可知,吴中及流寓吴中的士大夫对张士诚政权基本是拥护的。究其缘由,除了张氏本人重视招揽宾客,优渥士人外,亦与张士诚投靠元廷,接受封官的行为有

着直接关系。当时,张士诚身边的文人儒士,都劝其投降元朝,其参军俞思齐尤为卖力①。张氏降元后,在一些士大夫看来,他是受命为元廷的"太尉",故愿意归附于他,并大唱赞词。如杨维桢在给张士诚的信中说:"阁下乘乱起兵奖王室,淮吴之人万口一辞,以阁下所为,有不可及者四:兵不嗜杀,一也;闻善言则拜,二也;俭于自奉,三也;厚给吏禄,奸贪必诛,四也;此东南豪杰望阁下之足与有为也。"②王逢在《无题》诗中亦赞云:"张公鸿鹄志不小,翻然效顺开藩维。"高启在《代送饶参政还省序》中称:"太尉镇吴之七年,政化内洽,仁声旁流,不烦一兵,强远自格,天人咸和,岁用屡登,厥德茂矣。"③

　　但与此同时,很多士大夫并未将张士诚看作长期的依赖对象,尤其是至正二十三年(1363年)张士诚称吴王后,一些士大夫便纷纷辞去。如:杨基,张士诚辟为丞相府记室,未几,辞去。④鲁渊(1319—1377年),至正十一年(1351年)进士。曾建议张士诚降元,官至江浙儒学提举。士诚自立吴王后,拒仕之。⑤徐贲,张士诚辟为属,已谢去。⑥孙作,元季避兵于吴,受张士诚之招,旋以母病谢去,客松江。⑦陈基,参张士诚军事。士诚称王,独谏止,欲杀之,不果。⑧汪同,尝从张士诚,后知士诚"心不纯",欲叛去,为士诚所拘,同曰:"吾以汝为元太尉,忠于国家,今汝既叛,我岂得从汝反耶?"遂遇害。⑨戴良,尝依张士诚,知士诚"不足与谋",遂遁去。⑩杨维桢曾与张氏麾下的文臣武将交往颇多,但张氏自立吴王后,即拒绝与吴政权相来往。⑪俞齐贤,张氏称吴王,犯颜谏止,不听,遂杜门谢病,云:"太尉称王号,郎中谢病躯,孤猿霜月泪,群雁稻粱图。初志宗周鼎,余生待蜀镂。全归至正末,足愧楚钳徒。"⑫

---

①　吴宽《平吴录》载:"初士诚之臣服于元也,其俞思齐实劝之,既而士诚听谀臣之言,不漕贡。独思齐语曰:'向为贼,不贡犹可;今为臣,可乎?'士诚怒,抵案仆地而入。思齐知不可事,即弃官称疾而隐。"《明史》卷一二三《张士诚传》载:"元征粮不复与。参军俞思齐者,字中孚,泰州人。谏士诚曰:'向为贼,可无贡,今为臣,不贡可乎!'士诚怒,抵案仆地,思齐即引疾去。"
②　朱彝尊:《曝书亭集》卷六四《杨维桢传》。
③　高启:《凫藻集》卷三《代送饶参政还省序》。
④　张廷玉:《明史》卷二八五《杨基传》。
⑤　李贤等:《明一统志》卷九《松江府·鲁渊传》。
⑥　张廷玉:《明史》卷二八五《徐贲传》。
⑦　张廷玉:《明史》卷二八五《孙作传》。
⑧　张廷玉:《明史》卷二八五《陈基传》。
⑨　乾隆《江南通志》卷一五二《人物志》。
⑩　纪昀:《四库全书总目》卷一六八《九灵山房集》提要。
⑪　孙小力:《杨维桢年谱》,复旦大学出版社1997年版,第272—292页。
⑫　王逢:《梧溪集》卷四《哀故淮省郎中海陵俞忠夫》有引。

2.归附方国珍者

方国珍起兵较早,被称作乱兵之"首魁",所以从一开始士大夫对其就颇为仇视①,更不愿意投附于他,"知向背者以为国盗也,不可辅,皆匿不出"②。例如至正二年(1342年)进士孔旸(1304—1382年)就拒绝出仕方氏,据苏伯仲说:"方国珍据台、庆、温,用名士以收人心。凡士居其地者,不为所用,则为所祸。而其于公也,不得而用之,亦不得而祸之,四方之士,闻而莫不高其风。"③

从至正十三年(1353年)始,方国珍对元时叛时服,反复无常。十六年(1356年)以后,历任元朝封官海道运粮万户、浙江行省参政、左丞相等职,其间他招揽贤才,一些士大夫也开始依附于他。史载:方国珍在温州时,置官属人,士大夫"莫不趋附以苟求利禄"④;在台州时,"招延文士,萨天锡、朱右辈咸往之。刘仁本、詹鼎则亲近用事。"⑤萨都剌(1272—1355年),字天锡,号直斋。答失蛮(回族)氏,泰定四年(1327年)进士,其是否出仕方氏,史载相左,萧启庆先生经过考证,认为出仕方氏属于误传。⑥朱右,字伯贤,浙江临海人,所任官职不详。⑦刘仁本,字德元,浙江天台人。元末进士,历官浙江行省郎中。方国珍据温、台诸郡,招延士人,仁本入其幕中,参预谋议。⑧詹鼎,字国器,浙江宁海人,"国珍闻鼎有才,以计获之,鼎为所获,无奈因为之尽力,为其府都事"⑨。此外,史载:"国珍与兄弟俱不知书,时佐其谋议者同邑刘仁本、张本仁、郑永思,永嘉丘楠辈。"⑩

① 如刘基就认为:"方氏首乱,掠平民,杀官吏,是兄弟宜捕而斩之"(《诚意伯文集》卷二〇黄伯生《故诚意伯刘公行状》);"方氏兄弟首乱,不诛无以惩后"(《明史》卷一二八《刘基传》);"方氏首乱,罪不可赦"(《诚意伯文集》卷首张时彻《诚意伯刘公神道碑》)。
② 方孝孺:《逊志斋集》卷二一《詹鼎传》。
③ 苏伯衡:《苏平仲文集》卷一三《故元温州路同知平阳州事孔公墓志铭》。
④ 杨荣:《文敏集》卷二二《封荣禄大夫少保户部尚书兼武英殿大学士黄公墓志铭》。
⑤ 钱谦益:《列朝诗集小传》甲前集《方参政行》。
⑥ 钱谦益:《列朝诗集小传》甲前集《刘左司仁本传》载:"文人遗老如林彬、萨都剌辈,咸往依焉。"据萧启庆先生考证,林彬,即林彬祖,浙江丽水人,至正五年(1345年)进士,官至福建行省检校。其出仕方氏之说当不确。萨都剌,泰定四年(1327年)进士,其出仕方氏也是误传。参见萧启庆《元明之际士人的多元政治抉择——以各族进士为中心》,《台湾历史学报》第32期,2003年12月,第108页。
⑦ 廖道南:《殿阁词林记》卷八《编修朱右》。
⑧ 张廷玉:《明史》卷一二三《刘仁本传》。
⑨ 方孝孺:《逊志斋集》卷二一《詹鼎传》。
⑩ 《明太祖实录》卷八八"洪武七年三月壬辰"条。

其中,张本仁,天台人,由胥吏仕方国珍为郎中。① 郑永思,天台人。丘楠,字彦材,永嘉人。② 又:高明,字则诚,永嘉人。至正五年(1345年)进士。方国珍降元后,留置幕下,寻解官。③ 滕德懋,字思勉,江苏吴县人。元季辟帅府参谋讨方国珍;及国珍降,留其幕下。④ 可见,滕氏也是以元朝地方官的身份出仕方国珍的。

(三)归附朱元璋阵营

较之其他群雄,朱元璋最能重用士人,"所克城池,得元官吏及儒生尽用之"⑤。所以归附者数量最多,发挥的作用亦最大。据史料所载,在明开国之前,归附朱氏的主要士大夫如下表所示:

表 5.4　明开国前归附朱元璋的主要士大夫统计表

姓　名	字/号	籍　贯	归附时间	初任官职	史料来源
毛　骐	字国祥	定远人	十三年	掌文书	《明史》卷135《毛骐传》
冯国用	/	定远人	十三年	/	《献徵录》卷6《郢国公冯国用》
李善长	字百室	定远人	十三年	掌书记	《明史纪事本末》卷1《太祖起兵》《明史》卷127《李善长传》
范　常	字子权	滁州人	十四年	预谋议	《明史》卷135《范常传》
唐　铎	字振之	凤阳人	十四年	西安县丞	《明史》卷138《唐铎传》
陶　安	字主敬	当涂人	十五年	左司员外郎	《明史》卷136《陶安传》
李　习	字伯羽	太平人	十五年	太平知府	《明史》卷136《陶安传》
潘庭坚	字叔闻	当涂人	十五年	帅府教授	《明史》卷135《潘庭坚传》
汪广洋	字宗朝	高邮人	十五年	元帅府令史	《明史》卷127《汪广洋传》
宋思颜	/	/	十五年	以思颜居幕府	《明史》卷135《宋思颜传》
夏　煜	字允中	江宁人	十五年	调浙东分省	《明史》卷135《夏煜传》
郭景祥	/	濠州人	十五年	典文书,左司郎中	《明史》卷135《郭景祥传》
杨元杲	/	滁州人	十五年	行省左右司员外郎	《明史》卷135《杨元杲传》

① 《明太祖实录》卷七"至正十九年三月丁巳"条;《明太祖实录》卷八八"洪武七年三月壬辰"条。

② 雍正《浙江通志》卷一一六《职官六》。

③ 张廷玉:《明史》卷二八五《高明传》。

④ 乾隆《江南通志》卷一四〇《人物志》。

⑤ 刘辰:《国初事迹》。

姓　名	字/号	籍　贯	归附时间	初任官职	史料来源
阮弘道	/	滁州人	十五年	行省左右司员外郎	《明史》卷135《阮弘道传》、《杨元杲传》
汪　河	/	舒城人	十五年	行中书省掾	《明史》卷135《汪河传》
李梦庚	/	濠州人	十五年	典文书、左司郎中	《明史》卷135《宋思颜传》、《郭景祥传》
侯元善	/	全椒人	十五年	掌簿书文字	《明史》卷135《宋思颜传》、《杨元杲传》
栾　凤	/	高邮人	十五年	中书省管勾	《明太祖高实录》卷4"至正十六年七月己卯"条《明史》卷135《宋思颜传》
乐韶凤	字舜仪	全椒人	十五年	参军事	《明史》卷136《乐韶凤传》
樊景昭	/	/	十五年	簿书文字	《明史》卷135《杨元杲传》
韩子鲁			十五年	中书省博士	《明太祖高实录》卷4"至正十六年七月己卯"条
王　璘	/	/	十五年	中书省照磨	《明太祖高实录》卷4"至正十六年七月己卯"条
陈养吾	/	/	十五年	中书省都事	《明太祖高实录》卷4"至正十六年七月己卯"条
薛　祥	字彦祥	无为人	十五年	水寨管军镇抚	《明史》卷138《薛祥传》
孔克仁	字原夫	句容人	十六年	分省都事	《明史》卷135《孔克仁传》雍正《湖广通志》卷51
孙　炎	字伯融	句容人	十六年	分省都事	《明太祖实录》卷10"至正二十二年二月丁亥"条
汪　叡	字仲鲁	婺源人	十六年	婺源院判	《明史》卷137《汪叡传》
秦从龙	字元之	洛阳人	十六年	/	《明太祖实录》卷18"至正二十五年癸亥"条《明史》卷135《秦从龙传》
陈　遇	字中行	建康人	十六年	/	《明史》卷135《陈遇传》
单安仁	/	濠州人	十六年	守镇江	《明史》卷138《单安仁传》
杨　宪	字希武	太原人	十六年	博士咨议	《献徵录》卷11《资善大夫中书左丞阳曲杨宪传》《罪惟录》卷1《太祖高皇帝纪》
王　濂	字习古	定远人	十六年	/	《明史》卷135《王濂传》
朱　升	字允升	休宁人	十七年	授侍讲学士	《明史》卷136《朱升传》
吴　沉	字浚仲	兰溪人	十八年	郡学训导	《明史》卷137《吴沉传》

姓 名	字/号	籍 贯	归附时间	初任官职	史料来源
叶瓒玉	/	贵溪人	十八年	讲经史	《明太祖实录》卷6"至正十八年正月辛卯"条
许 元	字存仁	金华人	十八年	国子监祭酒	《明史》卷137《吴沉传》
胡 翰	字仲申	金华人	十八年	讲经史	《明太祖实录》卷6"至正十八年正月辛卯"条 《明史》卷285《胡翰传》
崔 亮	字宗明	藁城人	十八年	授中书省礼曹主事	《明史》卷136《崔亮传》
汪仲山	/	婺州人	十八年	讲经史	《明太祖实录》卷6"至正十八年正月辛卯"条
李公常	/	婺州人	十八年	讲经史	《明太祖实录》卷6"至正十八年正月辛卯"条
金 信	/	婺州人	十八年	讲经史	《明太祖实录》卷6"至正十八年正月辛卯"条
徐 孳	/	婺州人	十八年	讲经史	《明太祖实录》卷6"至正十八年正月辛卯"条
童 冀	/	婺州人	十八年	讲经史	《明太祖实录》卷6"至正十八年正月辛卯"条
戴 良	字叔能	浦江人	十八年	学正	《明太祖实录》卷6"至正十八年正月辛卯"条 《明史》卷285《戴良传》
吴 履	字德基	兰谿人	十八年	南康丞	《明太祖实录》卷6"戊戌春正月辛卯"条 《明史》卷281《吴履传》
孙 履	/	婺州人	十八年	讲经史	《明太祖实录》卷6"至正十八年十二月丙戌"条
张起敬	/	/	十八年	讲经史	《明太祖实录》卷6"至正十八年十二月丙戌"条
王 祎	字子充	义乌人	十八年	中书省掾史	《明太祖实录》卷6"至正十八年十二月丙戌"条
韩 留	/	/	十八年	中书省掾史	《明太祖实录》卷6"至正十八年十二月丙戌"条
杨 遵	/	/	十八年	中书省掾史	《明太祖实录》卷6"至正十八年十二月丙戌"条
赵明可	/	/	十八年	中书省掾史	《明太祖实录》卷6"至正十八年十二月丙戌"条
萧 尧	/	/	十八年	中书省掾史	《明太祖实录》卷6"至正十八年十二月丙戌"条

姓　名	字/号	籍　贯	归附时间	初任官职	史料来源
章史炳	/	/	十八年	中书省掾史	《明太祖实录》卷6"至正十八年十二月丙戌"条
宋冕	/	/	十八年	中书省掾史	《明太祖实录》卷6"至正十八年十二月丙戌"条
王宗显	/	和州人	十八年	讲经史	《明史》卷137《吴沉传》、卷140《王宗显传》
蔡元刚	/	/	十八年	主簿	《明太祖实录》卷6"至正十八年十二月庚午"条
陈显道	字如晦	东阳人	十八年	/	《明太祖实录》卷6"至正十八年十二月庚午"条 雍正《浙江通志》卷174
范祖幹	字景先	金华人	十八年	咨议参军	《明史》卷282《范祖干传》
刘炳	字彦昺	鄱阳人	十八年	中书典签	《明史》卷285《刘炳传》
陈修	字伯昂	上饶人	十八年	授理官	《明史》卷138《陈修传》
徐原	/		十九年	训导	《明太祖实录》卷7"至正十九年正月庚申"条
许瑗	/	乐平人	十九年	置幕府	《献徵录》卷8《高阳郡侯许瑗》 《罪惟录》卷1《太祖高皇帝纪》
王冕	字元章	诸暨人	十九年	咨议参军	《明史》卷285《王冕传》 《罪惟录》卷1《太祖高皇帝纪》
叶仪	字景翰	金华人	十九年	咨议参军	《罪惟录》卷1《太祖高皇帝纪》 《明史》卷282《范祖干传》
王天锡	/	/	十九年	/	《明史》卷289《王祎传》
王恺	字用和	太平人	十九年	诸暨知州、中书省都事	《明太祖高实录》卷10"至正二十二年二月癸未"条 《明史》卷135《宋思颜传》 雍正《浙江通志》卷153
程国儒	字邦民	鄱阳人	十九年	内省都事	《千顷堂书目》卷17 《万历绍兴府志》卷28《职官志》
苏伯衡	字平仲	金华人	二十年	国子学录	《明史》卷285《苏伯衡传》
宋濂	字景濂	浦江人	二十年	学正训导、江南儒学提举	《明太祖实录》卷8"至正二十年三月戊子"条 《明史》卷128《宋濂传》

姓　名	字/号	籍　贯	归附时间	初任官职	史料来源
吕文燧	字用明	永康人	二十年	副元帅兼知县事	《明史》卷140《吕文燧传》
刘　基	字伯温	青田人	二十年	置礼贤馆	《明太祖实录》卷8"至正二十年三月戊子"条 《明史》卷128《刘基传》
章　溢	字三益	龙泉人	二十年	营田司佥事	《明太祖实录》卷8"至正二十年三月戊子"条 《明史》卷128《章溢传》
叶　琛	字景渊	丽水人	二十年	营田司佥事	《明太祖实录》卷8"至正二十年三月戊子"条 《明史》卷128《叶琛传》
郭　奎	字子章	巢县人	二十一年	从事幕府	《明史》卷285《郭奎传》
叶　兑	字良仲	宁海人	二十一年	/	《明史》卷135《叶兑传》
胡　美	初名廷瑞	沔阳人	二十一年	/	《献徵录》卷8廖道南《豫章侯胡美传》 《明史》卷129《胡美传》
王　溥	/	安仁人	二十一年		《明史》卷134《王溥传》
吴　宏	/	余干人	二十二年	任中书省右丞	《明太祖实录》卷10"至正二十二年正月戊辰"条
罗复仁	/	吉水人	二十四年	留置左右	《献徵录》卷20《弘文馆学士罗公复仁传》 《明史纪事本末》卷3《太祖平汉》 《明史》卷137《罗复仁传》
李　仁	/	唐县人	二十四年	黄州府知	《明史》卷138《李仁传》
吴　琳	/	黄冈人	二十四年	国子助教	《献徵录》卷24黄佐《尚书吴公琳》 《明史》卷138《吴琳传》
朱守仁	字元夫	/	二十四年	/	《明史》卷138《朱守仁传》
魏　观	字杞山	蒲圻人	二十四年	国子助教	《明史》卷140《魏观传》
詹　同	字同文	婺源人	二十四年	国子博士	《明史》卷136《詹同传》
周　祯	字文典	江宁人	二十四年	江西行省佥事	《明史》卷138《周祯传》
滕　毅	字仲弘		二十五年	除起居注	《明史》卷138《滕毅传》
吴　彤	字文明	临川人	二十五年	国子博士	《文宪集》卷22《提刑按察司副使吴府君墓志铭》
朱梦炎	字仲雅	进贤人	二十六年	国子博士	《明太祖实录》卷21"至正二十六年八月壬辰"条 《明史》卷136《朱梦炎传》

续表

姓　名	字/号	籍　贯	归附时间	初任官职	史料来源
刘承直	字宗弼	赣县人	二十六年	国子博士	《明太祖实录》卷 19"至正二十六年正月庚午"条、雍正《江西通志》卷 94
熊　鼎	字伯颖	临川人	二十六年	国子博士	《明太祖实录》卷 21"至正二十六年八月壬辰"条《明史》卷 289《熊鼎传》
蒋　宫	字伯雔	仪真人	二十六年	授行枢勾管	《宋文宪公全集》卷 14《吴彤墓志铭》乾隆《江南通志》卷 144
钱用壬	字成夫	广德人	二十六年	按察司副使	《明太祖实录》卷 37"洪武元年十二月丁卯"条《明史》卷 136《钱用壬传》
杨思义	/	/	二十七年	起居注	《明史》卷 138《杨思义传》
逯永贞	/	覃怀人	二十七年	按察佥事	《明太祖实录》卷 26"吴元年十月甲寅"条《江苏金石志·重修平江路儒学记》
陈世昌	/	钱塘人	二十七年	国子学典簿	《明太祖实录》卷 26"吴元年十月丙午"条《明一统志》卷 39
李廷桂	/	洛阳人	元末归附	/	《弇山堂别集》卷 51

从表中，大体可以看出士大夫归附朱元璋的历史轨迹和基本规模，反映了明朝建立之前领导集团的基本格局。

1.按照朱元璋的征伐进程，士大夫归附朱氏阵营主要集中在四个阶段，分布在四个地区：第一，至正十五年（1355 年）渡江之前，投效朱元璋者主要是淮西士人，如李善长、冯国用、范常等。从这些人身上，朱元璋深知士人智谋较深，对开创基业助力甚大。第二，从十五年渡江至十六年克集庆前后，朱元璋实行"贤人君子有能相从立功业者，吾礼用之"①的政策，一批江东士人投于朱元璋幕下，如陶安、李习、孙炎、朱升、汪广洋、夏煜、陈遇等，皆为朱元璋所用。第三，十八年（1358 年），朱元璋下婺州，以刘基、宋濂、章溢、叶琛、王祎等为首的浙东士人相继进入朱元璋阵营，成为朱氏集团的核心力量，"可谓盛而奇矣"②。第四，至正

---

① 《明太祖实录》卷四"至正十六年三月庚寅"条。
② 王世贞：《弇山堂别集》卷三《皇朝盛事述三·金处二郡文武之盛》。

二十三年(1363年)，朱元璋败陈友谅，江西、湖广地区士人也有不少投附了朱元璋，如罗复仁、蔡哲、刘承直、朱梦炎、吴宏、詹同、李仁等。总体上，归附朱元璋的士大夫主要分布在南方地区，这亦说明当时朱元璋领导的尚是一个南方区域政权。

2.从归附者的出身来看，主要是布衣之士，出身进士者仅有刘基、程国儒、朱梦炎、吴彤、蒋宫、刘承直、逯永贞、钱用壬等8人。刘基，元统元年(1333年)进士，至正十八年至十九年(1358—1359年)，刘基隐居青田。孙炎克处州，朱元璋敦请刘基，基婉言辞谢。二十年(1360年)，朱元璋致书再次征聘，"基始出。太祖大喜，筑礼贤馆以处基等，宠礼甚至。"①程国儒，至正十一年(1351年)进士，授余姚州判官，摄绍兴录事。朱军下衢州，被执赴集庆，授内省都事。二十二年(1362年)为洪都知府，坐事自经。② 朱梦炎，至正十一年进士，仕元为金溪贤丞。二十六年(1366年)应聘至金陵，授国子博士。③ 吴彤，字文明，至正八年(1348年)进士，仕元为赣州府录事。二十六年被荐召用，授国子博士。④ 蒋宫，字伯雝，至正初进士，仕元为崇明州判官。二十六年，用言者荐，授行枢勾管。⑤ 刘承直，至正十一年进士。二十六年归朱元璋，除国子博士。逯永贞，登第科次不详，元末任平江路经历。吴元年(1367年)，以按察金事兼任详议官。⑥ 钱用壬，至正十四年(1354年)进士，授翰林院编修。张士诚据吴，用为淮南省参政。至正二十六年归朱元璋，授按察司副使。⑦ 朱元璋阵营中的进士数量虽然不多，但在群雄之中仍居首位。

二、士大夫出仕群雄之特点

通过上述分析，对士大夫出仕群雄可以得出如下初步看法：

① 刘基：《郁离子》附录吴从善《序》；张廷玉：《明史》卷一二八《刘基传》。
② 黄虞稷：《千顷堂书目》卷一七；《万历绍兴府志》卷二八《职官志》。
③ 雷礼：《国朝列卿记》卷三九《国初礼部尚书行实·朱梦炎》。
④ 宋濂：《文宪集》卷二二《提刑按察司副使吴府君墓志铭》；焦竑《献徵录》卷八二宋濂撰《北平等处提刑按察司副使吴君彤墓志铭》。按：《墓志铭》云吴氏"擢至正丁亥进士第"，误。"至正丁亥"为至正七年(1347年)，此年非会试之年，而次年"至正戊子"为会试之年，疑吴氏及第当为是年。另《千顷堂书目》卷一七载为"至正十三年"，亦误。
⑤ 焦竑：《献徵录》卷二一《翰林修撰蒋公宫传》。
⑥ 《明太祖实录》卷二六"吴元年十月甲寅"条。
⑦ 《明太祖实录》卷三七"洪武元年十二月丁卯"条；俞汝楫：《礼部志稿》卷五一《尚书钱用壬》。

1.在野士人，出仕群雄。前已述及，在农民战争爆发之前，已有许多士大夫不仕元廷而沉沦民间，但其经世意识并未全然泯灭。这些人选择遁隐避世，并非最终目的，而是存身之道，他们时时等待着"明主"的访求，一旦遇到时机即一跃而出，"君子不必于潜，亦不必于显，惟其时而已"①。可以说，元末纷争之势，正好为其提供了出仕的社会机缘。经过对时局的长期窥测和掂量，他们最终选择了出仕群雄。

大体而言，受整个战局之影响，在野士人大规模出仕群雄约始于至正十五年（1355 年）以后。在早期韩山童、刘福通领导的宋政权与徐寿辉领导的天完政权中，极少看到士大夫出仕的情形。但自十五年而后，随着朱元璋、张士诚、陈友谅、明玉珍等新势力的崛起，一大批在野士人审时度势，纷纷投入群雄阵营，这中间既有战争爆发之前业已在野的士人，也有战争爆发之后方才急流勇退的士人。以归附朱元璋者为例，如刘基，仕元遭到排抑，遂辞官归青田。朱元璋下金华，固邀始出。② 宋濂，至正中，授翰林编修，辞不行，入龙门山以著书为娱。及朱元璋取婺州，得召见。③ 朱升，元末举乡荐，为池州学正。蕲黄兵起，弃官隐石门。朱元璋下徽州，召问时务。④ 王冕，游走四方，志无所遂。逮见朱元璋，授以咨议参。⑤ 许瑗，以应对称旨，朱元璋留置幕府。⑥ 另如陶安、李习、夏煜、孙炎、叶仪、杨宪、许元、戴良、魏观、陈遇等，皆是以在野士人的身份归附于朱元璋的。

2.元朝官员，投降群雄。在农民战争中，在任官员投靠群雄者亦不乏其人，"能蹈死守节者不三四人，其叛恩取宠者比比"⑦。如至正十二年（1352 年），"红巾贼陷杭，凡扞城守土之臣，不微遁即卖降尔"⑧。十六年（1356 年），朱元璋克集庆，"宪台重臣入贼中受伪爵者，往往有之。或不幸死，率为乱兵所毙，鲜闻有伏节死义奋不受辱者。"⑨如：崔亮，仕元为浙江行省掾。朱元璋至，降之，授中书省礼曹主事。⑩ 朱守仁，元末官枢密同知，守舒城（今属安徽）。明兵下庐州，归降。⑪

---

① 高启：《凫藻集》卷二《野潜稿序》。
② 张廷玉：《明史》卷一二八《刘基传》。
③ 张廷玉：《明史》卷一二八《宋濂传》。
④ 张廷玉：《明史》卷一三六《朱升传》。
⑤ 王冕：《竹斋先生诗集》卷尾魏骥撰《书〈竹斋先生诗集〉后》。
⑥ 《明太祖实录》卷七"至正十九年正月庚申"条。
⑦ 吴海：《闻过斋集》卷五《元故资政大夫江南诸道行御史台侍御史韩公权厝志》。
⑧ 杨维桢：《东维子集》卷四《送监郡观间公秩满序》。
⑨ 陈高：《不系舟渔集》卷一四《刘忠宪公遗语跋》。
⑩ 张廷玉：《明史》卷一三六《崔亮传》。
⑪ 张廷玉：《明史》卷一三八《朱守仁传》。

投降的官员中间,一些人还是进士出身,如定住、逯永贞、刘仁本等。值得指出的是,其间蒙古、色目官员归附者极少,这说明他们对起义军的敌对态度是极为坚决的。

3.勇投"真主"的连续选择。一些士大夫在归附农民起义军时,往往根据时势和群雄势力之消长变化,流动于不同群雄之间,进行连续的选择。这种选择大体表现为:由其他群雄向朱元璋集团靠拢。如前述罗复仁、蔡哲、詹同、李仁、胡美等,先仕陈友谅,"知其无成"①,遂归朱元璋。钱用壬,仕张士诚为淮南省参政,至正二十六年(1366年)降朱元璋。唐肃,仕张士诚为嘉兴路儒学正。士诚败,降朱元璋。② 戴良,先依张士诚,至正十八年(1318年)归朱元璋,进讲经史。③ 如果说士大夫在元廷与群雄之间的选择要考虑名节与物议,那么在群雄之间的连续选择则主要考虑的是能否实现经世济民的理想。这些士大夫在不断的选择中,最终将自己的命运与一个出身于贫民,曾经做过僧侣的起义领袖朱元璋连在一起,朱元璋实际成为他们心目中的"真主"④。而这些士大夫之所以离开陈友谅、张士诚等而投靠朱元璋,自有其独到的见解和合理的理由,此下文另有论述,兹不赘。

三、士大夫出仕群雄之原因

元末士大夫出仕群雄的原因颇为复杂,举其要者,大体有三:

1.士大夫归附群雄,意在实现自身的价值。传统士大夫群体并不是一个独立的社会阶层,他们在经济上、政治上、情感上对封建皇权一直存有极强的依附性。士大夫要想实现自身价值,最主要的途径便是依靠政治权力、出仕做官。元末农民战争期间,归附群雄的许多士大夫有着经营天下,建功立业的经世意识,但随着战局的变化,一些士大夫对元朝的统治深感失望,"人生出处故有分,世

---

① 张廷玉:《明史》卷一三七《罗复仁传》。

② 张廷玉:《明史》卷二八五《唐肃传》。

③ 戴良:《九灵山房集》卷三〇苏伯衡撰《故九灵先生戴公墓志铭》;《明太祖实录》卷六"至正十八年正月辛卯"条。

④ 如:宋濂《文宪集》卷二三《故黄府君墓碣铭》载:"世大变,甲兵满天地,东西各不相闻,及真人起临濠,廓清六合,予入侍讲禁林。"刘基《诚意伯文集》卷二〇《谢恩表》:"伏以出草莱而遇真主,受荣宠而归故乡,此人人之所愿,欲而不可得者也。"张昱《可闲老人集》卷四《送单尚书致仕还乡》:"风尘澒洞识龙颜,便解兵符拜谏间。天上已扶真主出,榻前尚乞故乡还。"其中"真主"皆指朱元璋。

道如斯徒自忙"①。他们深知元廷大厦将倾,独木难支,自己无力改变政治现实的颓败局面,也不想充当政治祭坛的祭品。可以说,"艺成无所售,抚卷空太息"②,已成为当时士大夫的普遍呼声,而归附群雄则成为他们实现自身价值的重要途径。

刘基在出仕元廷时,屡遭顿挫,壮志难酬,遂隐居青田。至正二十年(1360年)归附朱元璋,以此为界限,刘基的人生道路发生了由"卫元"向"反元"的重大转折,而这种转折的发生全然是出于辅佐"真主"的动机,也是为了践行其济时救世的经世意识。对于刘基的选择,时人姚氏评论道:

> 王师下浙西,搜罗人才,先生(刘基)坚卧不出,亦岂无所见耶? 既而,吴、汉角立,东南、中原割据如蜂蚁,然天下非元有矣。先生之心,诚不忍天下之梦梦也。矧高皇帝握真符而定金陵,先生固预占于十年之前矣。于是,慨然以天下为己任,束帛朝临,而夕起一见之顷,首陈天命有在。高皇帝敬而信之,自谓吾之子房,谋无不用,用无不效,卒成天下大业,厥功伟哉。夫元运去矣,为元氏遗民,犹迟迟不肯轻于他就,及不得已必择真主,自辅运筹决策,取天下于群雄之手,非取于元氏也,先生于此盖亦审之熟矣。昔伊尹五就桀不用,退而耕于有莘之野,及遇成汤,翻然起而成佐商之功,圣贤所以汲汲于斯世者,岂有他哉? 诚以畏天命,悲人穷,不得已而然也。先生之心,其即伊尹之心欤,伊尹无愧于桀,先生无愧于元氏;无愧于元氏,则无愧于出处之节,夫何疑哉? 嗟夫! 自元失其鹿,天下群起,而逐之民不聊生者,盖匪伊朝夕矣。③

言辞中,姚氏肯定了刘基归附朱元璋实为明智之举。一方面,刘基投入反元兴明的事业,是"以天下为己任",而当时群雄并起,"元运去矣","天下非元有矣"。在此情况下,为元廷尽忠效命已经没有意义,故刘基"不得已必择真主"。另一方面,从道德层面言之,刘基选择朱元璋"无愧于元氏",亦"无愧于出处之节",理由是他的行为是出于"畏天命,悲人穷"的经世情怀,"不得已而然也"。姚氏所论,虽有为刘基的"背元"行为进行辩护的痕迹,但一定程度上揭示了刘基出仕群雄的心态动向。

与刘基相仿,许多士大夫审时度势,疏离元廷,择主而依,也是出于实现自身

---

① 王冕:《竹斋集》卷上《与王德强》。
② 王祎:《王忠文集》卷一《并怀陈检讨》。
③ 刘基:《诚意伯文集》卷二〇《敕建诚意伯刘公祠堂记》。

价值的考量。如:陈基,至正中以荐授经筵检讨,尝为人起草谏章,几获罪丧命,遂归附张士诚。① 王冕,本有"伊吕"之志②,但踬于场屋,有志难伸。到至正十九年(1359年)归附朱元璋,"自以为得行其志"③。王祎,"平生抱区区,期结明主眷",但因"天关九重深,先容孰吾援",便只好"低徊出都门"④了。陶安在至正十五年(1355年)初见朱元璋时,谓同行的李习说:"龙姿凤质,非常人也,我辈今有主矣。"⑤可见,士大夫出仕群雄志在通过佐明主、成王业,实现自身的价值,进而达到拨乱安民,拯救天下的目的。他们的行为并没有背离其兼济天下的儒家理想,只是采取的具体方式不同罢了。

2.各方群雄争相延揽人才,为部分徘徊观望的士大夫的归附提供了契机。前文述及,在农民战争的中后期,各方群雄开始改变杀掠政策,转而以王者姿态访隐纳贤,尤其是名重一时的贤士耆儒,因其可以聊备顾问,表彰文德,修明治术,兴举教化;又可以凭借其声望,归附诚服一方民众。所以,这些人往往是各方群雄竞相争取和礼遇的重要对象。群雄们对士大夫政策的转变,缓和了士大夫对农民起义军的敌对态度,一些有志于仕进的士大夫开始接受群雄的征聘,甚而主动向群雄靠拢。刘基有诗云:"孔明鱼得水,毛遂锥脱囊。雾晦豹始变,海激鹏乃翔。"⑥生动描写了士大夫归附群雄的景象。例如与刘基声名相埒的宋濂,隐居在龙门山中静观时变,时人戴良说他:"两浙兵起,每退偃一室,以默计胜败"⑦,他自己也说:"今之人入山著述,夫岂得已哉。"⑧至正二十年(1360年),朱元璋遣人礼聘,宋濂虽有所推辞,但还是接受了聘请。像宋濂这样的经历在归附群雄的士大夫中较为普遍,诸如陶安、李习、章溢、叶琛、许瑗、范祖幹、叶兑、吴沉、秦从龙、陈遇等,无不是因为朱元璋的礼聘而应命出仕的,充分说明宽容、开明的用人政策是赢得士大夫的重要途径。

3.群雄竞起之时,士大夫择主而事,亦意在追求功名富贵。在传统中国社会,士大夫有着强烈的功名意识和政治野心,这一人格特征意味着他们在任何时候既不会摒弃个人的理想追求,也不会完全排除个人的实际利益。同样,在元末

① 顾嗣立:《元诗选》初集庚集《陈学士基》。
② 王冕在《竹斋集》卷中《闰七月廿三日记梦诗三首》中说:"平生伊吕志,耕钓岂无为?"
③ 《明太祖实录》卷七"至正十九年正月庚申"条。
④ 王祎:《王忠文集》卷一《并怀陈检讨》。
⑤ 《明太祖实录》卷三"至正十五年四月壬寅"条。
⑥ 刘基:《刘基集》卷一七《放歌行》。
⑦ 戴良:《九灵山房集》卷六《赠勾无山樵宋生序》。
⑧ 宋濂:《宋文宪公全集》卷五一《凝道记·令狐微》。

农民战争期间,一些士大夫认为此时乃"志士取富贵之秋也"①,所以他们选择归附群雄不仅是为了实现自我的社会价值,也意在追求个人的生命安顿和功名利禄。此时人言论中每有论及:"始者将士相从,皆望成功以取富贵"②;"天下大乱,众方以智术干爵禄"③;"一时谋人、策士乘机遇会以取富贵者,又多其东西鄙人也"④;"及天下兵动,人皆出其智谋,乘时以取禄位"⑤。

总之,身处纷扰板荡之秋,士大夫归附群雄,既是政治上的选择,也是时势使然。他们经过对人生价值、意义和归宿的深刻思考,纷纷疏离元廷,归依群雄。在此过程中,他们获得了一个开放的历史舞台,但也经受了生命的危机与道德的困境;他们的抉择是自由的,但也是艰难的。所谓自由,是因为士大夫对蒙元政权业已失望,其内心中的君臣关系已经松动;也是因为豪杰并起,盘桓的空间很大,有自由"择主"的权利。宋濂:"君子出处,固立志之不同,然亦有命焉"⑥;高启:"君子不必于潜,亦不必于显,惟其时而已"⑦,即此之谓。所谓艰难,是因为时事多变,士大夫难以完全摆脱忠义观念与君臣关系的约束。如刘基在被召之初,就认为"自以仕元,耻为他人用,使者再往返,不起"⑧,忠诚不二依然是其内心中不易动摇的观念。后来虽然就道赴天,出仕朱明,但仍对名节物议颇为在意,自认"不能无芥于心"⑨。秦裕伯(1296—1373年),字景容,河北大名人。仕元官至福建行省郎中,后弃官避松江。吴元年(1367年),朱元璋欲起之,裕伯曰:"受元禄二十余年,背之不忠也。"⑩可见,士大夫在归附群雄的过程中,抱着复杂而矛盾的心绪:他们既想及时建功立业,青史留名,又躬逢浊世,壮志难酬;既不甘心无所作为,又怕误上贼船,辱没一生清名;既在乎名节与物议,又在乎前途与命运……乱世之中,这些士大夫始终处在理想精神与社会现实相分裂的深渊中,经受着不断的行为抉择与由此带来的心灵之苦。

---

① 苏伯衡:《苏平仲文集》卷一四《玄逸子碣铭》。
② 《明太祖实录》卷三六"洪武元年十一月丙寅"条。
③ 谢肃:《密庵集》卷七《和陶诗集序》。
④ 徐一夔:《始丰稿》卷二《送丘克庄赴会试序》。
⑤ 苏伯衡:《苏平仲文集》卷一四《玄逸子碣铭》。
⑥ 宋濂:《文宪集》卷一九《故诗人徐方舟墓铭》。
⑦ 高启:《凫藻集》卷二《野潜稿序》。
⑧ 黄宗羲:《明文海》卷四六一宋濂撰《孙炎墓铭》。
⑨ 刘基:《刘基集》卷一五《送宋仲珩还金华序》。
⑩ 廖道南:《殿阁词林记》卷四《翰林院侍读学士秦裕伯》。

第三节 明哲保身的处世哲学与文化生活

政治环境的恶化直接影响着士大夫的命运与表现,尤其在战乱纷飞之际,士大夫面临着空前的生命危机和道德危机。于是,所谓"既明且哲,能保其身"①便成为响彻士林的至理名言,亦成为士大夫普遍认同和接受的处世哲学。"明哲"重在"保身",因此,从心态史的角度来看,保全性命,减轻精神负担、寻求内心自适便成为他们主导性的心态表象。同样,在元明鼎革之际,群雄割据及其与元廷之间的对峙局面使整个时代的权力场域趋于多元,面对这种政治态势,士大夫对出处的思考渐趋多样,在行为选择上亦发生了分化。除了前述殉国忠义和归附群雄两种途径外,一些人为了躲避、消弭可能发生的险难,亦无可例外地选择了明哲保身的处世方式。他们拒绝出仕,选择隐逸,试图将自己与尘世隔绝开来,身不系世务,口不言是非,依违两可,即使身处稠人广众之中,也玄默自处,只是为了乱世之中苟全性命。同时,他们在政治之外寻找新的寄托,追求精神的自由独立,致力于著述立说、教授生徒、交游结社等士大夫独具的社会文化行为。从这个意义上说,他们虽然迫于时情势态而难以发挥自身的政治功能,但却一定程度上艰难地实现了自身的文化功能。

一、明哲保身的处世哲学

在农民战争期间,特定的历史情景使士大夫对明哲保身的思考有了独特的内涵。身临乱世,他们深刻体悟到了人之生命力量显得空前脆弱、单薄,进一步认识到了他们的抱负、志向受阻于世,不得伸展;他们开始懂得与世推移,力求全身自保,也懂得韬光养晦,坐待时机。于是,他们以明哲保身的姿态选择了不仕、拒仕与避世、退隐的处世方式。表面看来,不仕、拒仕与避世、退隐都是独立于政治之外的处世方式,且在具体选择时,表现出一定的被动性;但深层言之,在每一个士大夫那里,无论是选择不仕、拒仕,还是选择避世、退隐,都是基于自身所面临的不同的客观形势而作出的"合理"选择,其在动机和观念上都存在些许个体差异。

首先,对于不仕、拒仕者而言,在其内心之中,原本强烈的经世意识和功名意

---

① 《诗经·大雅》。

识开始淡薄,"盖世功名非我事,终期结屋卧云梦"①,"薄宦不如归去好,边城烽火正纷纭"②成为这些人的普遍心态。他们或辞官不仕,或不应辟召,相对和平时期,这种厌倦仕途,绝志世外的情结在此时表现得更为突出。这主要表现在两个层面:

1.辞官不仕。对于官场纷争、吏治腐败的不满,以及对元廷命运的失望,使一些士大夫不愿效命于这个日暮穷途的政权,"犹大木将颠兮,非一绳之能维"③。同时,受农民起义军的破坏与干扰,一些士大夫亦不得不选择辞官退隐。仅以进士出身的官员为例,如李祁,字一初,今湖南茶陵人,元统元年(1333 年)进士,仕元累官至江浙儒学副提举。会天下兵乱,隐居永新山中。④ 周友常,字景贤,今山东青州人。至正五年(1345 年)进士。官至庆元路提举。方国珍乱起,向元廷陈救援三策,弗用,挂冠隐居定海。⑤ 王遵道,今山西垣曲人。至正十七年(1357 年)进士,授翰林院编修。元末兵起,辞官归。⑥ 阎正叔、侯伯正,俱今陕西渭南人。泰定中同举进士,正叔授五经博士,伯正授太常博士,后以世乱,弃官归隐。⑦ 费著,今四川华阳人。泰定元年(1324 年)进士,官至重庆府总管。明玉珍入蜀,遁居犍为而卒。⑧ 宋讷,字仲敏,滑人。至正二十三年(1363 年)进士,任盐山尹,弃官归。⑨ 吴师尹(1303—1366 年),今江西永新人。至正八年(1348 年)进士,仕元至江西省掾。世变起,"遁事、迹庐陵山谷间,徜徉赋咏,绝意人事"。⑩ 汪文璟,今浙江常山人。泰定元年(1324 年)进士,累官廉访副使。元末退隐余姚,以国难忧愤不食卒。⑪ 杨维桢,泰定四年(1327 年)进士,署天台尹,改钱清场盐司令,擢江西儒学提举,未上。会兵乱,避地富春山,徙钱塘。⑫ 刘杰(?—1390 年),今江西金溪人。至正二年(1342 年)进士,官至集县学士。

---

① 朱希晦:《云松巢集》卷二《夏日书怀》。
② 刘仁本:《羽庭集》卷四《送四明录事陈子上归乡》。
③ 王逢:《梧溪集》卷二《题徐孺子小像》。
④ 李贤,等:《明一统志》卷五六《吉安府》。
⑤ 雍正《浙江通志》卷一九四《寓贤上》。
⑥ 纪弘谟:《康熙垣曲县志》卷七《人物》。按:乾隆《山西通志》卷六五《科目》作至正十六年(1356 年)进士,误。
⑦ 南大吉:《嘉靖渭南县志》卷一六;乾隆《陕西通志》卷六四《人物十》。
⑧ 雍正《四川通志》卷八《人物》。
⑨ 张廷玉:《明史》卷一三七《宋讷传》。
⑩ 李祁:《云阳集》卷八《永丰县丞吴君墓志铭》。
⑪ 李贤,等:《明一统志》卷四三《衢州府》。
⑫ 张廷玉:《明史》卷二八五《杨维桢传》。

元末因忤旨而辞官。① 欧阳衡,今江西吉水人。举进士,不仕,隐居山林间。②钱宰,字子予,今浙江会稽人。至正十一年(1351 年)中甲科,亲老不仕。③ 胡行简,字居敬,今江西新喻人。至正二年(1342 年)进士,累官至江西廉访史经历。遭乱乞归,教授乡里。④ 任昂,字伯颙,一字仲升,河阴(在今河南孟津东)人。举进士,除宁晋知县,不赴。⑤ 李延兴,字继本,今北京人。至正十七年(1357 年)进士,授太常奉礼兼翰林检讨。中原侭扰,隐居不仕⑥。凡此等等,作为进士却辞官不仕,应该说他们的行为在有同样经历的士大夫中间颇具代表性。

那些非进士出身的官员辞官退隐者更是不胜枚举,这中间还包括一些拒绝元廷召辟的在野士人,如顾瑛、胡翰、王逢、郑玉、谢应芳、陶宗仪、舒頔、鲍恂、陈高、郭钰、王景行⑦等即有这种经历。应该说,这些人拒仕元廷是迫于时势而作出的选择,他们自知即使效命于元,也"时不可为"⑧,加之对起义军屠戮官吏政策的畏惧,使其视仕途为危途,为了保全性命,他们不得不放弃济世之志,不再垂恋功名利禄。由此,在辞官、拒仕之时,其心中充满了无奈与忧郁,诚如吉水人郭钰所云:"君王无复问南州,贱子何能恋敝裘。菡萏风清长日度,梧桐雨冷晚秋愁。一穷到骨更何有,万事伤心不自由。避地惟应蓬岛去,羽轮人世向谁投。"⑨一种复杂、矛盾的心态了然可见。

另一方面,拒仕群雄。在一些士大夫归附群雄之时,另有一些士大夫则不肯屈身出仕群雄。如在吴中地区,归附张士诚者络绎不绝,但拒而不仕者也不乏其人。如:倪瓒,张士诚入吴时,闻其名欲官之,瓒不为所动⑩,而"与渔夫野叟混迹于五湖三泖间"⑪。时人宋禧作诗称:"菰蒲深处恨焚香,笠泽扁舟不可藏。谁倚疏林看山水,太平无事得清狂。"⑫顾瑛,张士诚据吴,欲强以官,隐于嘉兴。母丧

---

① 杨渊:《弘治抚州府志》卷二三《人物》。
② 雍正《江西通志》卷五一《选举三》。
③ 张廷玉:《明史》卷一三七《钱宰传》。
④ 纪昀:《四库全书总目》卷一六八《樗隐集》提要;雍正《江西通志》卷七四《人物九》。
⑤ 张廷玉:《明史》卷一三六《任昂传》。
⑥ 邵远平:《元史类编》卷三六《李延兴传》。
⑦ 苏伯衡:《苏平仲文集》卷一四《危斋先生王希言甫墓志铭》。
⑧ 陈高:《不系舟渔集》卷首苏伯衡《原序》。
⑨ 郭钰:《静思集》卷八《六月初十日客馆披凉寄伯刚文学盖伤于处者也》。
⑩ 宋禧:《庸庵集》卷一〇《题倪元镇平远图》。
⑪ 倪瓒:《清閟阁全集》卷首钱溥《原序》。
⑫ 宋禧:《庸庵集》卷一〇《题倪元镇平远图》。

归绰溪,士诚再辟之,遂断发庐墓。① 杨维桢,会兵乱,避富春山,徙钱塘。张士诚累招之,不赴,遣其弟士信咨访之,"反覆告以顺逆成败之说",士诚不能用。② 钱惟善,字思复,自号心白道人。今浙江杭州人。仕元官至副提举。张士诚据吴,退隐吴江,又移居华亭。③ 陶宗仪,至正间,浙帅泰不华、南台御史丑闾辟举行人、校官,皆不就。值天下兵变,张士诚开阃吴中,欲以宗仪参加咨军事,谢不往,隐云间凤皇山,后徙山阳南村。④ 宋克,字仲温,长洲(今属江苏苏州)人。博涉书史。张士诚欲罗致之,不就。⑤ 邵光祖,字宏道,长洲人,博通好古,研精经传,穷六书之旨。张士诚辟为湖州学正,不赴。⑥ 张昱,字光弼,今江西庐陵人。仕元累官行省左右司员外。以诗自娱,超然物表。后弃官归。张士诚礼致不屈,"策其必败,题蕉叶以寓志"。⑦ 贝琼,今浙江崇德人,笃志好学,年四十八,始领乡荐。张士诚屡辟不就。⑧ 高椿,字寿之,元季避地姑苏。张士诚据吴中,遣使聘之,度其无成,不就。⑨ 鲍恂,字仲孚,崇德人。逢时多故,遂澹于进取。张士诚开府吴中,辟为教授,辞不就。⑩ 王嘏,字伯纯,河东人。由乡贡擢学正,张士诚授教授,不从。⑪ 宗一,字贯之,今浙江海盐人。张士诚陷吴中,遣使迎之,以养母辞。⑫ 焦白,字任道,今江苏吴县人。张士诚欲用其为湖学教授,不从,避客海上。⑬ 凡此等等。

当然,除了拒仕张士诚外,也有士大夫不肯降心屈志,归附朱元璋、陈友谅、方国珍集团。如:王逢,朱元璋灭张士诚,欲辟用之,坚卧不起,隐居乌泾,歌咏自适。⑭ 吴当,字伯尚,今江西崇仁人。官至抚州路总管。陈友谅陷江西,遁迹不

---

① 张廷玉:《明史》卷二八五《顾德辉传》。
② 张廷玉:《明史》卷二八五《杨维桢传》;程敏政:《明文衡》卷六〇贝琼撰《铁崖先生传》。
③ 张廷玉:《明史》卷二八五《钱惟善传》。
④ 孙作:《沧螺集》卷四《陶先生小传》。
⑤ 张廷玉:《明史》卷二八五《宋克传》。
⑥ 柯劭忞:《新元史》卷二三六《邵光祖传》。
⑦ 柯劭忞:《新元史》卷二三八《张昱传》。
⑧ 张廷玉:《明史》卷一三七《贝琼传》。
⑨ 胡顺华:《万历兴化县志》卷七《人物》。
⑩ 徐一夔:《始丰稿》卷二《西溪隐居记》。
⑪ 王逢:《梧溪集》卷五《俭德堂怀寄凡廿二首》小序。
⑫ 沈季友:《槜李诗系》卷四《过布衣宗一》。
⑬ 王逢:《梧溪集》卷六《焦德乙郎哀辞》有序。
⑭ 张廷玉:《明史》卷二八五《王逢传》。

出,友谅遣人召之,以死自誓,后隐居吉水。① 程可绍(1296—1356 年),字致和,今江西婺源人。至正十六年(1356 年)挈家避乱于衢、饶等处,陈友谅辟之,辞不赴,曰:"人生百年,遭此厄会,偷生为幸,何意功名乎?"②秦裕伯,字景容,今河北大名人。仕元官至福建行省郎中。遭世乱,弃官避地上海,张士诚据平江,遣人招之,拒不纳。吴元年(1367 年),朱元璋命中书省檄起之,亦固辞不出。③ 高明(1298—1359 年),至正五年(1345 年)进士,官至福建行省都事。方国珍就抚,欲留置幕下,即日解官,寓居鄞县。④ 桂彦良,今浙江慈溪人。乡贡进士,为平江路儒学教授,罢归。张士诚、方国珍交辟,不就。⑤ 舒頔(1304—1377 年),字道原,今安徽绩溪人。至正十七年(1357 年),朱元璋部将邓愈克徽州,礼聘之,以疾辞,并以"贞素"为号以明志。⑥ 王子成,仕元为庆元路录事判官。及方国珍为行省左丞分治庆元,乃辞官隐去。朱元璋下浙东,欲辟子成,辞曰:"为我谢元帅,属时多故,幕府不有异材不足与共济,我素迂,加以衰老,即强为元帅起,无益万分毫,幸勿复来。"终未出仕。⑦ 像这样拒仕群雄的士大夫数量颇多,不再胪列。

总之,这些人无论是曾经仕元的官员,还是一直沉沦山林的隐士,他们都以绝大的勇气和忍耐,严正表明其对农民起义军的不合作态度,恪守人臣不事二主的政治道德。同时,他们也不愿意因为出仕群雄而卷入惨烈的政治争斗之中,遭受无谓的创痛,在他们眼里,板荡之秋,"士之出处进退,不可以不谨"⑧。

2.对于避世退隐者而言,在战乱中履薄临深,战战兢兢的生存状态,加强了其避祸祛害的自觉意识,他们避祸自适的心态,是出于生存和安全的考虑。当他们发现社会环境愈来愈难以安处之时,自全性命自然成为其合乎天性的首要要求。从这个意义上说,如果说在农民战争爆发之前,士大夫选择遁居,主要是主观上不羁于世俗名利,不甘于堕于尘网,那么在农民战争期间,士大夫萧然远隐,则主要是迫于客观时局而不得不作出的选择,就像时人刘仁本所言:"志尚于

① 宋濂:《元史》卷一八七《吴当传》。
② 赵汸:《东山存稿》卷七《孝则居士程君可绍墓表》。
③ 张廷玉:《明史》卷二八五《秦裕伯传》。
④ 邓淮修:《弘治温州府志》卷一○八《人物》;张廷玉:《明史》卷二八五《高明传》。
⑤ 张廷玉:《明史》卷一三七《桂彦良传》。
⑥ 顾嗣立:《元诗选》二集辛集《贞素先生舒頔》。
⑦ 苏伯衡:《苏平仲文集》卷五《王子成传后序》。
⑧ 孙作:《沧螺集》卷三《东郊草堂记》。

隐,何耶? 盖向之所为者,时也,势也,不得已也,非素志也。"①因此,相对承平时期的隐士,这一时期的隐士对山林之趣的追求更为执著,这在其诗文中有充分地展露,诸如:"干戈未定归无处,拟结茅庐积翠间。"②"束书屏迹住山中,白发苍颜见老翁。门外黄尘深似海,一家桃李自春风。"③"浊世干戈犹未息,便当学道此山中。"④"世间尘土今纷纷,吾当拂衣卧山云。"⑤"狂夫非是爱村居,山野情怀战伐余。"⑥身处乱世,士大夫的社会生活不再自由潇洒,诗文也失却了往日平和散淡的风格和傲岸狂放的抒情内质;相反,从中首先感受到的是被迫隐居的辛酸和痛苦。这些人经历了由若即若离世俗到看破世情的心态转换之后,即完全选择了高蹈远引。他们懂得,既然生不逢时,也只有在山林之中才能稍稍自在自安一些,如诗所云:"人生气运有穷通,生遇明时命不逢。千里江山纷扰际,七年踪迹隐沦中。柳偏阳地先摇绿,桃恰春寒未放红。遥忆故人江海上,飘零书剑各西东。"⑦又云:"疆场正多故,山林成久留。据鞍皆战马,扣角且歌牛。清德交游冷,光明诗思浮。从今脱尘浊,自可鄙公侯。"⑧天下多故,他们逍遥于政治之外,以旁观者的身份去漠视现实,淡化政治,由此进一步扩大了自我与社会的疏离程度。

　　毫无疑问,士大夫不仕、拒仕,即意味着退居民间,甚而沦为隐士、处士、居士、高士、山人等独具特色的群体。因而在避世退隐者的身上,同样具有不仕、拒仕者的特质,但相较而言,隐者身上那种远离现实,超然物外的情结显得更为浓烈,他们不但拒绝出仕,不求闻达,而且会潜居山野,避世存身。在其看来,隐居是求生的唯一稳妥和明智的生存方式,他们懂得在艰危之时,"闭门而隐,安土敦仁,乐天知命"⑨。正因如此,这一时期遁隐之士渐多,较为著名者如:顾瑛、张羽、杨维桢、张昱、周砥、李祁、宋讷、李希颜、桂彦良、鲍恂、张美和、钱宰、谢应芳、贝琼、胡翰、王逢、秦伯裕、张简、陶宗仪、孙作、张羽、高明、蓝仁、袁凯、高启、王行、赵介、王蒙、贡性之、刘仕貆、何景福、吕敏、钱惟善、梁寅、赵汸、陈谟、汪克宽、

---

① 刘仁本:《羽庭集》卷六《隐斋记》。

② 刘基:《刘基集》卷二三《次韵追和音上人》。

③ 金涓:《青村遗稿·幽兴》。

④ 鲁贞:《桐山老农集》卷四《题少华山》。

⑤ 刘基:《刘基集》卷二一《徐资深华山图歌》。

⑥ 许恕:《北郭集》卷六《次朱九龄感怀三首》。

⑦ 舒頔:《贞素斋集》卷七《吴琴道中有感》。

⑧ 金涓:《青村遗稿·自述》。

⑨ 舒頔:《贞素斋集》附录卷一章文麟《贞素先生花尊图记》。

沈梦麟、宋禧、胡行简、魏观、舒頔、陶凯、王彝、王祎、吴当、吴海、许恕、郭钰、郑玉、王冕、朱善、谢肃、陆居仁、胡乘龙等。①

另外,退隐者还包括一些前文提及的辞官者、不仕、拒仕者。这些人或自农民战争以前即已隐居,或有过短暂的仕宦经历,但在整个乱世期间,他们的主要身份都是"隐者"。如:陶凯,身逢乱离,"自度无所为用,去居深山之中,授经以养其亲"。② 胡乘龙,字天游,号松竹主人,今湖南岳阳人。当元季之乱,抗志不仕,养晦岩谷,著《傲轩集》。③ 谢肃,字原功,号密庵,今浙江上虞人。张士诚据吴,"肃见宰相献偃兵息民之策,卒无所遇,归隐于越"④。高启,元末避张士诚之乱,隐居松江青丘,自号青丘子,歌咏终日以自适。⑤ 胡翰(1303—1381年),字仲申,今浙江金华人。天下大乱,避南华山,著书自适。⑥ 张简,字仲简,今江苏吴县人。初师张雨为道士,隐居鸿山。元季兵乱,以母老归养,遂返儒服。⑦ 朱善,字备万,号一斋,今江西丰城人。元末兵乱,隐居山中。⑧ 吴海,字鲁客,今福建福州人。至正末绝意仕进,以文学自娱。⑨ 梁寅,字孟敬,今江西新余人。仕元为集庆路儒学训导。天下兵起,隐居教授。⑩ 吴仪,字明善,今江西金溪人。博极群书,尤精《春秋》。海内兵起,无意仕进。⑪ 魏观,字杞山,号梅初,今湖北赤壁人。元季兵乱,隐居蒲山。⑫ 凌云翰(1323—?年),字彦翀,自号柘轩。今浙江钱塘人。博通经史。张氏兵起,退居吴兴默林村,号避俗翁。⑬ 王祎,至正十五年(1355年),隐居义乌青岩山下,"若将终身焉"⑭。如此等等,可见这些人选择避世遁隐主要是因为兵乱,兵乱改变了他们的生活态度、价值取向和处世

---

① 参见《元史》卷一八七,《新元史》卷二三六、卷二三八,《明史》卷一三七、卷一四〇、卷二八二、卷二八五中的相关列传。

② 徐一夔:《始丰稿》卷五《陶尚书文集序》。

③ 乾隆《湖广通志》卷五八《人物志·隐逸》。

④ 戴良:《九灵山房集》卷二九《密庵文集序》;纪昀:《四库全书总目》卷一六九《密庵集》提要。

⑤ 高启:《大全集》陇西李志光撰《高太史本传》、卷首吴刘昌《大全集原序》。

⑥ 张廷玉:《明史》卷二八五《胡翰传》。

⑦ 张廷玉:《明史》卷二八五《张简传》。

⑧ 张廷玉:《明史》卷一三七《朱善传》。

⑨ 柯劭忞:《新元史》卷二三八《吴海传》。

⑩ 张廷玉:《明史》卷二八二《梁寅传》。

⑪ 邵远平:《元史类编》卷三六《吴仪传》。

⑫ 张廷玉:《明史》卷一四〇《魏观传》;程敏政:《明文衡》卷四四《蒲山牧唱集序》。

⑬ 凌云翰:《柘轩集》卷首夏节《钱塘凌先生行述》。

⑭ 王祎:《王忠文集》卷八《青岩山居记》。

方式。

客观地说,这一时期大多数隐士遁入山林,倒不是深山老林对他们有什么吸引力,而是深山之中战乱较少,遁入其中可以逃避祸殃,免遭厄运。其中,既包含着他们保全性命的本能意识,显示了他们俯视这些争斗时的轻蔑和冷笑;亦包含了他们对清平之世的期待和向往。选择潜迹隐居,避离尘世,也许就是对有序、安逸生存状态的自觉追求。

概言之,追求明哲保身、存身求生的隐士之中,绝大多数出于对时势的清醒认识而导致了对政治的绝望和对乱世的畏惧。他们颇有自知之明,深知自己无力改变政治现实,所以绝意仕进,相率遁隐,将自身的力量由政治行为转向文化行为,在实现"保身"之时,一定程度上发挥了自身的文化功能。但必须指出的是,其间士大夫在选择不仕与遁隐时,内心是极其痛苦和无奈的。单从道德层面来讲,他们虽然没有背叛元廷,归附群雄,但在亡国之时,选择疏离元廷,不尽人臣义务,更未忠守节义,为元死难,这种有悖于忠义观念的行为足以使其深负罪孽之感。同时,这一时期士大夫选择隐居,并非出乎道家的高蹈远慕,怡养情趣,羽化登仙,而是"时与愿有所难违者,故栖栖屑屑,非弗欲仕而固于隐也"①,"世方混浊,断断乎不可以有为也"②,时世无道而被迫归隐。这种行为选择固然隐含着对时代的批判和对政治的抗议,但对于以救助天下为当然责任的士大夫来说,不仕无以谋衣食,树功名,显父母,光祖宗,垂子孙,其虽容易保身,却终归难以成为他们的普遍向往,隐身避世不过是其在特定历史时期的被动选择而已。

二、明哲保身的生活方式

相较农民战争之前,战乱时期士大夫欲实现明哲保身的生存状态并非易事,举凡以往隐者所从事的商业、务农等生活方式,由于战争的破坏而被迫放弃。于是,在隐退山林,避居乡里的境地中,交游咏唱,著述立说,教授生徒等纯粹的文化行为便成为他们安身立命,自乐自娱,实现自身价值的主要生活方式,借用时人的话说,就是:"士生斯世,固乐于得时行道,然有命焉,非力可致。当此之时,苟能有一亩之宫,可以栖息,卖金买书,教子共读,客至沽酒,剧谈古今,真乐事也。"③

---

① 董纪:《西郊笑端集》卷二《云东小隐记》。
② 刘仁本:《羽庭集》卷六一《笑居士传》。
③ 谢应芳:《龟巢稿》卷一二《与孝章殷君书》。

1.交游酬唱。士大夫明哲保身并不是息交绝游,虽然相对于和平时期,这一时期士大夫的交游次数渐少,规模渐小,且多了几分悲凉与凄楚的意绪,但世乱时危并无妨于士大夫的山水游邀,切磋问学,拈韵联诗,倒像是为他们提供了交游的更多机缘。

从交游区域来看,仍然集中在士大夫分布较广的江南地区。以吴中地区为例,至正十六年(1356年)张士诚占据平江后,一度打破了吴中士人原来的狂欢气氛,但交游活动不绝如缕,仍显活跃,这在昆山玉山草堂、平江北郭诗社和松江等处表现得尤为突出。首先,顾瑛的玉山草堂仍不断有人相聚其间。如:至正十六年(1356年),张士诚初占平江,顾瑛感于时事,乃与河南陆仁(字良贵)、太原王楷(字叔正)同舟泊溪上,"相与折花剧饮,各咏言之"①。十七年(1357年)二月,又与陆仁、袁华(字子英)会于草堂,"留数日,日以诗酒相娱乐"②。同年冬,顾瑛燕客芝云堂,陆仁、袁华、谢应芳等作诗云:"频年两浙阻兵戈,黄柑绿橘不相过。此时共享此佳果,胡不取醉花前歌。汉庭传柑还赐宴,应念江南久征战。圣恩有诏息蠲租,可奈数州人已无。"③十八年(1358年)四月,岳榆(字季坚)、袁华、卢熊(字公武)、王蒙(字叔明)、范基(字君本)诸人造次玉山草堂,顾瑛于梧竹设筵款待。④ 九月,顾在草堂画舫设宴,与陆麒(字元祥)、释自恢(字复初)、袁华等人饯别谢应芳,各分韵赋诗为别。⑤ 二十年(1360年)夏,岳榆、翟份(字文仲)、于立等造访草堂,顾置酒楼上,以"人事惟艰,天时自适",遂赋诗"以纪其行乐"⑥。可见,战乱时期玉山草堂仍是士大夫的聚集交游之地。

其次,在松江地区,士大夫交游频繁。这一时期,松江地区相对稳定,"松江以东,一柝之警不起,民恬物熙,独保完实,斯其民亦幸矣"⑦。所以,诸如杨维桢、谢应芳、戴良、王逢、陆居仁、钱惟善、倪瓒、张简、杨基、郯韶、饶介之⑧、丘民

---

① 顾瑛:《玉山名胜集》卷五《秋日海棠花开序》。

② 顾嗣立:《元诗选》三集辛集《柳塘春小集分韵得水字》。

③ 谢应芳:《龟巢稿》卷三《至正丁酉冬玉山燕客芝云堂适有时贵自海上来以黄柑遗之玉山乃分饷坐客且曰吴中以连年扰攘无之今有之诸君子不容无诗故有是作》。

④ 顾瑛:《玉山名胜集》卷七《义兴岳榆季坚》。

⑤ 顾瑛:《玉山名胜集》卷七《饯谢子兰分韵诗》。

⑥ 顾嗣立:《元诗选》初集辛集《以红药当阶翻分韵得翻字》。

⑦ 高启:《凫藻集》卷三《送刘侯序》。

⑧ 倪瓒:《清閟阁全集》卷一二《听雨楼诸贤记》。

（字克庄）①、陈大伦（字彦理）②、苏大年（字昌龄）③等一时名士多避兵于此。尤其是杨维桢移居松江后，"慕学之士自远而来，十余年无虑千数。松江一时文风之盛，不下邹鲁"④，交游活动络绎不绝，场面热闹。仅以杨维桢为例，如顾起纶《国雅品》云："如东海倪元镇、昆山顾仲瑛、云丘张简、吴兴郯九成，皆其客也。"又"与华亭陆居仁及侨居钱惟善相唱和"⑤。至正十九年（1359 年）十月，杨维桢"偕吴兴桃庭美、义兴高玉膴、夏长佑、吴郡张学、湖西张吉、富春吴毅、东海徐子贞、阳羡高瑛、云间谢思顺同游淞之顾庄，联句成韵"⑥。云间吕良佐（字辅之）开应奎文会，聘杨维桢为主考，"一时文士毕至，倾动三吴"⑦。凡此，松江士大夫吟诗纵酒，逍遥逸乐之况可见一斑。

再次，张士诚据吴时，以高启为首的北郭诗社开始活跃起来。此时高启居北郭，王彝、杨基、杜寅、张宪、张羽、周砥、王行、宋克、徐贲、唐肃、高逊志、吕敏、余尧臣等人亦"各以故来居吴，于是北郭之文物遂盛矣"⑧。虽遭丧乱，但北郭士人交游频繁，"留连诗酒间，若不知有风尘之警"⑨。高启曾描述交游情况："朝夕诸君间或辩理诘义以资其学，或赓歌酬诗以通其志，或鼓琴瑟以宣堙滞之怀，或陈几筵以合宴乐之好。"⑩"今天下板荡，十年之间，诸侯不能保其国，大夫士之不能保其家，奔走离散于四方者多矣！而我与诸君蒙在上者之力，得安于田里，抚佳节之来临，登名山以眺望，举觞一醉，岂易得哉，然恐盛衰之不常，离合之难保也。"⑪大约至正十八年（1358 年）前后，高启移居青丘，期间尝数次出游吴越，足涉绍兴、杭州、湖州等地。而北郭成员也纷纷隐去，如高逊志往云间，徐贲往吴兴，唐肃往嘉禾等。⑫ 由此，北郭诸子的唱和，时断时续。至正二十三年（1363年）张士诚称吴王后，北郭社受到冲击，但仍有零星交往。至二十七年（1367年），朱元璋占平江，徐贲、余尧臣、杨基谪临濠，高启避乱江上，张羽、吕敏等隐

① 钱谦益：《列朝诗集小传》甲前集《丘郎中民》。
② 宋濂：《文宪集》卷二三《故诸暨陈府君墓碣》。
③ 倪瓒：《清閟阁全集》卷一二《听雨楼诸贤记》；孙作：《沧螺集》卷三《杞菊轩记》。
④ 钱谦益：《列朝诗集小传》甲前集《丘郎中民》。
⑤ 张廷玉：《明史》卷二八五《杨维桢传》。
⑥ 杨维桢：《东维子集》卷二九《联句书桂隐主人斋壁》。
⑦ 何良俊：《四友斋丛说》卷一六。
⑧ 高启：《凫藻集》卷二《送唐处敬序》。
⑨ 张羽：《静庵集》卷一《续怀友五首》并序。
⑩ 高启：《凫藻集》卷二《送唐处敬序》。
⑪ 高启：《凫藻集》卷一《游天平山记》。
⑫ 高启：《凫藻集》卷二《送唐处敬序》。

居不出,北郭遂废。

除吴中地区外,两浙、岭南、闽中、江西地区的士人在艰危之际,亦不忘彼此交游,更唱迭和,但由于这些地区的不少士人较早地归附了群雄,所以单纯的交游活动显得较为冷清。如两浙地区,此时扰攘不断,"惟越为无事,故士大夫之避地者多在越"①,所以文人学士不得不"流离播徙,不出于苏,则出于松而已"②。

总之,尽管这一时期士大夫仍保持传统文人士子的雅士风度,集会交游,但受时局之影响,次数与规模已远不若从前。如玉山草堂,据《玉山名胜集》载,至正十二年(1352年)的玉山雅集仅举行了12次,且宴会上的咏觞酬唱,已难以掩抑士人心中的迷茫与悲凉,很少有至正十六(1356年)以前那种狂欢气氛,"兵甲蝟集,朋友星散,会合诚难"③,似乎"慨时世之变迁,嗟友朋之睽离"④成为此时聚会唱和的主调。不仅如此,这一时期,虽然书信往来、以简酬诗成为士人采取的重要交游方式,但较之以往亦显得颇为困难,所谓"别来惊丧乱,秋尽转伤情。不见传书羽,唯闻落叶声"⑤。伤感凄凉之情溢于言表。

2.著书立言。这是传统士大夫实现文化功能的主要手段,也是其文化生活的重要组成部分,这在战乱时期的隐者身上表现得尤为突出。他们虽饱受了穷愁哀怨,艰难险阻,但奔走兵尘之际,晦迹隐居之时,仍不弃对道德文学的推扬和学术文化的研究,"世道虽乱,然抱其胸中之道德文学,不为造次颠沛所移也"⑥。对于他们来说,著述成为其对世间关怀的唯一现成而可靠的释放途径和表达方式,那种穷愁与失意一定程度上在著述生活中寻到了安慰与补偿。

如:刘基,至正十七年(1357年)弃官归里,隐居青田,著《郁离子》⑦。张羽,兵乱徙吴中,"闭门谢客以学自励"⑧。徐贲,喜为文词,遭时多虞,"乃避地于吴兴之蜀山,以著述自乐"⑨。任昂,元末隐居不仕,"日以经史自娱"⑩。张孟肤,

①　刘基:《刘基集》卷四《书绍兴府达噜噶齐九十子阳德政诗后》。
②　孙作:《沧螺集》卷四《上松江崔则明太守书》。
③　顾嗣立:《元诗选》初集辛集《和岳季坚韵》。
④　顾瑛:《玉山名胜集》卷六《后序》。
⑤　王偁:《获溪集》卷上《山中寄刘子中》。
⑥　邵亨贞:《野处集》卷二《送张孟肤移居吴门序》。
⑦　刘基:《诚意伯文集》卷二〇附录黄伯生撰《故诚意伯刘公行状》。
⑧　王行:《半轩集》卷三《静者居记》。
⑨　王行:《半轩集》卷三《蜀山书舍记》。
⑩　李贤,等:《明一统志》卷二七《开封府下》。

今江苏江阴人，虽遭兵祸，"然能忘其忧，惟从事翰墨文雅，长篇短什，靡日无之"①。刘霖，字雨苍，江西安福人，博通五经。元季避地泰和，著《太极图解》、《易本义》、《童子说》、《四书纂释》、《杜诗类注》等。② 端木复初（1321—1373年），字以善。会四方兵动，侨居金华，"以书史自娱"。③ 吴明善，今江西金溪人。遭逢乱世，屏迹薮泽，"益诵百家书，为秦汉文字，立言精辩"。④ 方舟（1299—1366年），兵乱闭户不出，著《瑶林集》、《沧江集》和《唐诗通考》。⑤ 成廷珪，字原常，一字符章，今江苏扬州人。初罹兵革，栖息山林，"凡所涉历，一寓于诗"。⑥ 黄枢，不齿名利，隐居不仕，以书自娱，"制作甚富"⑦。徐一夔，字大章，今浙江天台人。屡试有司，皆不利，遂潜心文辞。及乱，寓迹浙东，"专取经史、传记与凡诸大家集，伏而读之，虽处乱世，不忍弃此"。⑧ 赵汸，至正十九年（1359年）结茅于古阆山，"潜心著述，虽当颠沛流离而进修之功不少辍"⑨，诸如《春秋集传》、《春秋属辞》、《左氏补注》等大多成书其间。⑩ 朱希晦，今浙江乐清人。嗜学励行，元季遭乱，"闭户读书，于诗尤工，故因物寄情，伤时感事"，成《云松巢集》。⑪ 舒頔，虽居离乱中，艰难险阻，千情万状，"独与诗未尝忘情，复盈数帙，自题曰《古澹华阳稿》"。⑫ 陶宗仪，避乱松江华亭，耕作之余，随手札记，著《辍耕录》三十卷。⑬ 张昱，当乱世，不乐仕进，"独以山水琴书为事，谈性命仁义道德之学"。⑭ 孔齐，字行素，今山东曲阜人，避居四明，著《至正直记》（又叫《静斋直记》）⑮。宋濂，元至正中，荐授翰林编修，辞不行。十六年（1356年）入龙门山著书，成《龙门子凝道记》、《孝经新记》、《周礼集注》等。⑯

① 邵亨贞:《野处集》卷二《送张孟肤移居吴门序》。
② 柯劭忞:《新元史》卷二三六《刘霖传》。
③ 宋濂:《文宪集》卷一九《端木府君墓志铭》。
④ 甘复:《山窗余稿·吴明善先生文稿序》。
⑤ 宋濂:《文宪集》卷一九《故诗人徐方舟墓铭》。
⑥ 成廷珪:《居竹轩诗集》卷首邹奕《序》。
⑦ 黄枢:《后圃黄先生存集》卷首方塘汪思《重刊后圃黄先生存集序》。
⑧ 徐一夔:《始丰稿》卷三《通危大参书》。
⑨ 赵汸:《东山存稿》附录詹烜《东山赵先生汸行状》。
⑩ 张廷玉:《明史》卷二八五《赵汸传》。
⑪ 朱希晦:《云松巢集》卷首章陬《原序》。
⑫ 舒頔:《贞素斋集》卷首《自序》。
⑬ 张廷玉:《明史》卷二八五《陶宗仪传》。
⑭ 刘仁本:《羽庭集》卷六一《笑居士传》。
⑮ 纪昀:《四库全书总目》卷一四三《至正直记》提要。
⑯ 张廷玉:《明史》卷一二八《宋濂传》。

可以说,在困厄颠沛之余,多数遁隐之士不为战乱所困,仍能究心著述,至少也能触物兴怀,草就诗篇。这种行为选择不啻为士大夫处于现实痛苦深渊中的一种精神寄托,也是其人生趣向在离乱时代的被迫转移。对士大夫自身而言,著书立言不仅表达了其有关时代不淑、生不逢时的真切体验,也使其获得了难以济于世用的精神满足,曲折地实现了自身的部分文化功能;对中国文化史而言,期间所产生的一系列文化成果则无疑成为传承文化的重要媒介。

3.教授生徒。这是士大夫传承文化的主要途径,也是其在战乱时期主要的生活方式。在元末士大夫中间,在民间从事教授活动的士人也为数不少。如:谢应芳,及天下兵起,避地吴中,教授吴人弟子。① 王行,字止仲,今江苏吴县人。元季授徒齐门。② 梁寅,天下兵起,隐居教授。③ 胡行简;初任江西廉访司经历,世乱乞归,以经学教授乡里。④ 倪叔怿,干戈之际,"不以仕进为乐,而以授徒为安"。⑤ 章溢,至正十三年(1353 年)建龙渊义塾,辟塾聘师,教授生徒。⑥ 谢仲野,今江苏常州人,居乱世,"隐居教授以乐其志,歌诗不为愁苦无聊之言"。⑦ 朱善,兵变时隐居乡里,以经学授徒。⑧ 高尚礼,"无慕乎进取,乃执俎豆之事于乡校"。⑨ 李昱,字宗表,今浙江钱塘人。善为诗。避兵金华,奔走于东阳、永康之间,开门授徒。⑩ 吴皋,今江西临川人,兵变后,学宫荒废,遂以设馆授徒为业。⑪ 应该说,在官学教育遭到战乱破坏之时,这些士大夫自觉担当起教化事业,不仅对文化的保存、普及和传承意义重大,而且培养了大批文人学士,为此后明初的政权重建和社会发展储备了丰富的人力资源。

综上,兵戈扰攘之际,士大夫选择明哲保身的处世方式,虽然有悖于传统士大夫的经世意识,但对士大夫自身而言,却不仅达到了保身的目的,而且由于其中许多人并未归附群雄,一定程度上达到了"全节"⑫的目的,实现了人格的自我

---

① 张廷玉:《明史》卷二八二《谢应芳传》。
② 张廷玉:《明史》卷二八五《王行传》。
③ 张廷玉:《明史》卷二八二《梁寅传》。
④ 纪昀:《四库全书总目》卷一六八《樗隐集》提要。
⑤ 宋禧:《庸庵集》卷一一《送倪叔怿序》。
⑥ 宋濂:《文宪集》卷四《龙渊义塾记》。
⑦ 倪瓒:《清閟阁全集》卷一〇《谢仲野诗序》
⑧ 徐纮:《明名臣琬琰录》卷九杨廉撰《文渊阁大学士朱公言行录》。
⑨ 宋禧:《庸庵集》卷一三《赠高生序》。
⑩ 李昱:《草阁集》卷首宋濂《序》。
⑪ 吴皋:《吾吾类稿》卷首胡居敬《序》。
⑫ 刘仁本:《羽庭集》卷六《寄傲轩记》。

完善。同时,他们在遁隐期间,通过各种文化行为,释放了政治上的失落感,寄寓了对现实人生的感悟与体验,实现了自身的社会价值,一定程度上诠释了士人的生命内容和存在意义,更彰显了传统士人坚忍不拔的历史品格和精神风尚。但必须指出的是,艰危之际,士大夫避居民间、晦迹山林并非绝俗傲世,忘却尘世。一方面,他们虽身处政治之外,但时刻关注着政治时局的变化,关注着人生之艰辛和国家之命运,如他们在交游时,愤世嫉俗,评论时世,"相与议论时务,凡可惊可愕可忧可虑者不少"①;在其诗文中间,亦时常流露出对战乱的愤慨,对民生的怜悯和对清平的渴望之情。另一方面,在许多人看来,避世遁隐只是特定历史时期的权宜之策,在其内心深处,经世济时的意识并未全然泯灭,诚如他们所言:"名利孰不志,命系造化为。请君勿躁进,藏器且待时"。"古之宏廓之士,既不为时之用,以施其才,则混于渔樵、耕牧,不以自别,盖将有待也"②。"耕凿吾逃世,文章谁荐贤。艰难添白发,留滞隔青天"③。意谓退隐是一种姿态,是在"待王者之兴",用宋濂的话说就是:"不轻于自进,必待上之人致敬而后翩然以起。"④正因此故,明兴之初,即有许多战乱期间隐居不仕的士大夫翩然而出,效命朱明,完成了由不仕到出仕的价值转变。

① 顾瑛:《玉山名胜集》卷七《豫章熊自得梦祥》。
② 甘复:《山窗余稿·答李振宗书》。
③ 唐桂芳:《白云集》卷三《述怀》。
④ 宋濂:《宋文宪公全集》卷五一《龙门子凝道记·终胥符第三》。

第六章　士大夫与各政治势力的关系及其作用

　　在中国传统社会,士大夫的政治思想必须通过君主政治才能得以实现,而君主政治又必须依赖政治的中坚力量——士大夫的驾驭和操纵才能得以运作。这一规则表现在战乱割据时期,便会出现士大夫"择主而事",各政治势力延揽俊贤的状况。对此,元人甘复有言:"古之贤豪奋起,赫然以勋业隆于世者,莫不有奇伟非常之人,建谋定计于其间,是以后世抱才识之士,自视既重,虽当群雄角逐之秋,争以礼下于士,亦必择其人为之用,然后志有所展,功有所立,以流声于天下后世。方今用武,在势者以勇健才略征士为急,素以经济之策自重,不轻市于世者,既以抚抱振迹而起,显于当路矣。"①元末农民战争期间,随着时局的变化,政治势力趋于多元,除蒙元政权之外,相继出现了朱元璋、张士诚、陈友谅等割据一方的地方政权。处此情境,士大夫基于不同的道德评判和价值估量,对各政治势力的态度迥然异趣,或继续效忠元廷,或另寻出路,归附群雄。毫无疑问,这种政治态度决定了他们与各政治势力之间的关系,亦影响了各政治势力的未来命运,无论是朱元璋的最终胜利,还是其他政治势力的最终覆亡,皆与是否得到士大夫的辅佐和扶持有着密切关系。从这个意义上讲,对这一时期士大夫的心路历程及其与时代的呼应、与各政治势力间的复杂关系进行探讨,自有不容忽视的价值。

---

　　①　甘复:《山窗余稿·赠何孟车序》。

第一节 士大夫与元政权的关系

一、元季政局及其危机

元顺帝在位期间,图治日切,重视召用儒士文人,尤其是农民战争期间,更是思贤如渴,企图"进天下贤才以辅中兴之业"①,通过收买和拉拢汉族士大夫来缓和社会矛盾。为此,元廷进一步调整了用人政策。在中央,规定"南人有才学者,依世祖旧制,中书省、枢密院、御史台皆用之"②。自是累科南方进士始有"为御史、为宪司官、为尚书者"③。在地方,举荐贤士,"朝廷慎选守令,思革前日之敝,而不拘以常法,俾才干之士得罄展布识治体矣"④。同时,用人政策亦趋于灵活。如规定:士子会试京师,"优其蹈海而来者,即奉大对伦魁,又不限南士"⑤;"仕者弗由中出,多由外便宜版授"⑥;"乡试河南举人及避兵儒士,不拘籍贯"⑦;推行纳粟补官之令。元廷向来重视武人,"藩翰守臣多以武人为之"⑧,但在战乱之际,文人不仅可以担任守臣,甚至可以握有兵权,"凡守疆场绾兵柄者,始参用儒服之人,使以仁义为干戈,礼乐为甲胄,法令为矢石,是则安危大柄其遂倚重于儒臣矣乎"⑨。上述政策的推行,为士大夫参与社会政治提供了契机。但在农民战争期间,元运将尽之势已毕露无遗,诸如:

1.朝政失坠。至正十五年(1355 年)丞相脱脱被杀。继之,顺帝任命哈麻为中书左丞相,哈麻之弟雪雪为御史大夫,国家大权尽归哈麻兄弟。哈麻等人阴谋废除顺帝,立皇太子爱猷识理达腊,事泄,被杀。这种奸佞专权的局面,士大夫甚

---

① 宋禧:《庸庵集》卷一一《送龙子高序》。
② 宋濂:《元史》卷四二《顺帝纪五》;同书卷九二《百官志八》亦载:至正十二年(1352 年)三月,诏:有旨:"省院台不用南人,似有偏负。天下四海之内,莫非吾民,宜依世祖时用人之法,南人有才学者,皆令用之。"
③ 宋濂:《元史》卷九二《百官志八》。
④ 李继本:《一山文集》卷四《送内史金院董公景宁赴河间路总管序》。
⑤ 杨维桢:《东维子集》卷三《送倪进士中会试京师序》。
⑥ 杨维桢:《东维子集》卷九《送王熙易客南湖序》。
⑦ 宋濂:《元史》卷四五《顺帝纪八》。
⑧ 戴良:《九灵山房集》卷一三《送钱参政诗序》。
⑨ 戴良:《九灵山房集》卷一三《送钱参政诗序》。

为不满,诗云:"痛哭群庸误主恩,遗民无路叩天阍。"①而后,顺帝更加"怠于政事,荒于游宴"②,皇太子掌握了军政大权,"中书省、枢密院、御史台,凡奏事先启皇太子"③。与此同时,宫廷内部斗争也更加激烈,斗争主要在皇太子、扩廓帖木儿等人与御史老的沙、孛罗帖木儿等人之间展开,而斗争的结果是孛罗帖木儿被杀,扩廓帖木儿被任命为中书左丞相。④ 在此情况下,顺帝的独尊权威也受到挑战和威胁,如至正二十年(1360年)阳翟王阿鲁辉帖木儿拥兵数十万,屯于木儿古彻兀之地,将犯大都,扬言:"祖宗以天下付汝,汝已失其太半;若以国玺付我,我当自为之。"顺帝无奈,遣人报之曰:"天命有在,汝欲为则为之。"⑤

2.军备寝弛。至元末,曾风云一时的蒙古军队已丧失了战斗力,"自平南宋以后,太平日久,民不知兵。将家之子。累世承袭,骄奢淫逸,自奉而已。至于武事,略不之讲,兵政于是不修也久矣。"⑥由此,在与起义军的对抗中,元军往往不堪一击,这样的场景在整个农民战争期间屡屡上演。就带兵将领而言,元廷所用非人,"自盗贼梗化以来,将之贤者千百人中,不获一二焉。其不贤者,肩背相摩,踵趾相接也"⑦;"内外之臣,有能提卒总戎,出奇制胜以为王室之干城,四郊之保障者盖不多见"⑧。由此,每当遭逢起义军,他们或"望风而遁,听其陷没,甚者举城以降"⑨;或"以酒色为务,军士但以剽掠为营"⑩;或互相推诿,"将帅之权不相统一"⑪,甚而有"拥兵抗命之徒"⑫。所以时人言:"故城邑之陷,壤地之失,皆由乎将之不得其人焉"⑬;"五载江淮百战场,乾坤举目总堪伤。已闻盗贼多于蚁,无奈官军暴似狼"⑭;"见贼不须多,奔溃土瓦解。旌旗委屈野,鸟雀噪空

---

① 周霆震:《石初集》卷四《民哀》。
② 宋濂:《元史》卷四三《顺帝纪六》。
③ 宋濂:《元史》卷四三《顺帝纪六》。
④ 陈邦瞻:《元史纪事本末》卷二七《诸帅之争》。
⑤ 宋濂:《元史》卷四五《顺帝纪八》。
⑥ 叶子奇:《草木子》卷三上《克谨篇》。
⑦ 陈高:《不系舟渔集》卷一一《赠周元帅序》。
⑧ 陈高:《不系舟渔集》卷一五《与索珠金院书》。
⑨ 戴良:《九灵山房集》卷一二《送丁郎中赴京师诗序》。
⑩ 权衡:《庚申外史》卷上。
⑪ 王祎:《王忠文集》卷七《送胡仲渊参谋序》。
⑫ 李继本:《一山文集》卷七《代乞封故太师中书右丞相脱脱文》。
⑬ 陈高:《不系舟渔集》卷一一《赠周元帅序》。
⑭ 刘基:《刘基集》卷二三《次韵和孟伯真感兴四首》。

营"①……此皆元军衰落的真实写照,元廷由此丧失了最强有力的国家机器,覆亡之势已成必然。

3. 吏治腐败。古人言:"国家之败,由官邪也。"②元末战乱之际,许多官员丧失了应有的责任意识和危机意识,置朝廷将亡于不顾,乘机贪图私利,"官曹各有营身计,将帅何曾为国谋"③,"诸处所在权摄官员,专务渔猎百姓"④;"王官皆重禄,大厦许谁扶"⑤。一些地方官员还利用权力之便,或"以私天子之赋税者比比皆是"⑥,或"惟务丰其子女玉帛,君臣大义曾不经心,一旦盗贼临之,望风迎拜,献妻纳女,忍耻乞怜"⑦。这些行为,进一步加剧了元朝官僚系统的土崩瓦解。

4. 赋税沉重。元廷为了军事支出,不断增加各地赋税,尤其是对江南地区的搜刮,广大民众在这种压榨下深受苦难,汉族士大夫的经济利益也受到损害。诸如在浙西地区,元廷不时以官籴、纳粟补官等名义,强迫汉族士大夫交纳赋税,"补官使者招入粟,一纸白麻三万斛。频年官籴廪为空,数月举家朝食粥。"⑧松江在推行入粟补官时,因为"无有愿之者",致用"拘集属县巨室,……辄施拷掠,抑使承伏"的办法。⑨ 徽州地区,"大府日夜摧军需,和籴草料无时无。富家卖田为贡给,贫者缚窘充寨夫。"⑩在农民战争期间,许多士大夫本来是积极向元廷提供经济支持的,但这种过度损害其经济利益的做法,却激起了他们的极大反感。

此外,土地兼并,财政匮乏之势在这一时期亦更趋严重。所有这些,都将元廷推向覆亡之路。

二、士大夫与元政权的复杂关系

受元末政局之影响,士大夫与元廷的关系变得愈发复杂:一些人疏离元廷,投身群雄;一些人忠于元廷,或伏节死难,或组织义兵,或奔走于元军麾下,出谋

---

① 刘基:《刘基》卷二〇《感时述事十首》。
② 周霆震:《石初集》卷八《戴氏济美志》。
③ 刘基:《刘基集》卷二三《忧怀》。
④ 宋濂:《元史》卷四五《顺帝纪八》。
⑤ 张宪:《玉笥集》卷八《戎马》。
⑥ 贡师泰:《玩斋集》卷六《送曾仲衍之平阳州同知序》。
⑦ 周霆震:《石初集》卷八《戴氏济美志》。
⑧ 顾瑛:《玉山璞稿·长歌寄孟天暐都事》。
⑨ 陶宗仪:《南村辍耕录》卷七《鬻爵》。
⑩ 舒頔:《贞素斋家藏集》卷三《感时歌》。

划策；一些人则直接参与政务，竭诚为元廷效命；一些人虽有救世济时之志，但迫于时势，壮志难酬，转而通过批判朝政等方式来表达自身与元廷的关系。其中，前两部分士大夫前文已有详述，他们的行为一定程度上延缓了元亡的速度。就后两部分士大夫而言，农民起义爆发后，基于自身的阶级利益，他们自然地将自己的希望、命运与蒙元政权结在一起。他们时常对元朝怒其不争，哀其不幸，当看到"至今盗贼辈，啸众如蜂蚁。长戈耀白雪，健马突封了"①的情形，油然"愁心如汶水，荡漾绕青徐"②，进而升腾起匡世济时的愿望。在其看来，"君子何为而仕也，仕何为而急也，畏天命、悯人穷而已耳。天生众民，非徒生之，必有以治之；天生我材，非徒材之，必有以用之。"③基于这种认识，一些士大夫主动向元廷建言献策，试图通过批判现实来达到训诫统治者，拯溺济危的目的。如：至正十九年(1359 年)，参议中书事陈祖仁上疏反对营造上都宫阙，他说："今四海未靖，疮痍未瘳，仓库告虚，财用将竭，乃欲驱疲民以供大役，废其耕耨而荒其田亩，何异扼其吭而夺之食以速其毙乎。……因是而违天道，失人心，或致大业之隳废。愿陛下以生养民力为本，以恢复天下为务，信赏必罚，以驱策英雄，亲正人，远邪佞，以图谋治道，夫如是则承平之观不日咸复。"④又直言："祖宗以天下传之陛下，今乃坏乱不可救药，虽曰天运使然，亦陛下刑赏不明之所致也。"⑤与陈祖仁相仿，也有人从其他方面对统治者进行了殷殷告诫，表达了对国家命运的关注。如：至正十五年(1355 年)，中书左丞许有壬"言朝廷务行姑息之政，赏重罚轻，故将士贪掠子女玉帛而无斗志"⑥。至正二十二年(1362 年)枢密副使李士瞻上疏极言时政，凡二十条，如悔己过、罢造作、御经筵、延老成、去姑息、开言路、明赏罚、公选举、察近幸、严宿卫、省佛事、绝滥赏、招散亡等，皆是关乎国计民生之要务。⑦被誉为"循吏"的陈文昭，至正十四年(1354 年)廷试对策时，直斥时事而无所隐，云："今天下多故，使吾言得达上听，虽得罪死，无憾也。"⑧作为在任的官员，这些士大夫的言论，都是针对时弊开出的治世良方，有助于王道的推行。

---

①　刘基：《刘基集》卷二〇《北上感怀》。
②　刘基：《诚意伯文集》卷四《过南望时守闸不得行》。
③　殷奎：《强斋集》卷二《赠杭州同守梅侯考满序》。
④　孙承泽：《元朝典故编年考》卷八《上都宫阙》。
⑤　宋濂：《元史》卷一八六《陈祖仁传》。
⑥　宋濂：《元史》卷一八二《许有壬传》。
⑦　宋濂：《元史》卷四六《顺帝纪九》。
⑧　戴良：《九灵山房集》卷二三《元中顺大夫秘书监丞陈君墓志铭》。

　　与此同时，一些在野的士人虽不愿或不得参与政务，但却抱持拯溺济危、尽忠辅弼的态度。借此，其仕进不遂的郁闷心情得以宣泄，政治抱负不得伸展的失落得以弥补。如：孙作，字大雅，至正末避兵于吴，在《上松江崔则明太守书》中提出锄奸强、恤民隐、均贱役、急贤士等建议，认为"舍是而以政言则危政矣，乱国矣"①。丁鹤年，遭乱不求仕宦，笃尚志操，"凡幽忧、愤懑、悲哀、痛苦之情，一于诗焉发之。一篇之作，一语之出，皆所以寓夫忧国爱君之心，愍乱思治之意，读之使人感愤激烈，不知涕泗之横流也"②。王祎，鉴于"纲纪凌迟，用度匮乏"的情形，提出了解决的策略：一是固结人心，二是总揽政权；认为要实现此二者，就须认识到"开诚布公者，固结人心之本也；信赏必罚者，总揽政权之要也。"③郑玉，四方多故，"条列治安之策，极言时弊，通为一书"，时人因此称其"无负于君相矣"。④　张宪"尝以布衣上书辩（平）章三旦公；公奇之，列置三军之上"⑤。杭州人李介石，也在"风尘滇东南，衣冠就衰隤"之际，"以书见省臣"，得到器重，"征兵复三州，疾如破山雷"⑥。赵汸，曾协助汪同组织义兵，至正十五年（1355年），公开指责元廷："不求智勇之士真可任将兵者"，"郡县之间繁征横敛"，"赏罚不明"。⑦　高启在目睹元廷督促各地筑城防守的情形后，作《筑城词》云："去年筑城卒，霜压城下骨。今年筑城人，汗洒城下尘。大家举杵莫住手，城高不用官军守。"⑧高氏借乐府旧题感写时事，辛辣讽刺了统治者的懦弱和愚妄，同时也揭露了无休止的徭役给民众带来的深重灾难。士大夫的上述言行，大体反映了元末的社会矛盾和社会危机，流露出他们振颓起衰的愿望，一定程度上代表了此期多数士大夫忠于元廷的基本立场。

　　然而，在兵连祸结，元鼎将移之际，士大夫维护元朝统治的努力时常阻碍重重。尽管元廷采取了许多措施以笼络和争取士大夫，但在元政权中，汉族士大夫仍然受到歧视和排斥。如：元廷虽有汉人、南人入省、台之令，但实际不过贡师泰、周伯琦数人，而且贡、周二人也很快被遣外任⑨。在重大的军事、政治问题

①　孙作：《沧螺集》卷四《上松江崔则明太守书》。
②　丁鹤年：《鹤年诗集》卷首戴良《原序》。
③　王祎：《王忠文集》卷一六《上丞相康思公书》。
④　赵汸：《东山存稿》卷三《贺郑师山先生受诏命书》。
⑤　杨维桢：《东维子集》卷三《送张宪之汴梁序》。
⑥　王逢：《梧溪集》卷三《寄李守道》。
⑦　赵汸：《东山存稿》卷二《送郑征君应诏入翰林诗序》。
⑧　高启：《大全集》卷一《筑城词》。
⑨　宋濂：《元史》卷一八七《贡师泰传》、《周伯琦传》。

上,汉人、南人仍旧被轻视。如:刘基在协助元军镇压浙东农民起义中立有大功,结果是"置公军功不录"①;又反对招抚方国珍,结果以"擅作威福,伤朝廷好生之仁"②的罪名,被罢职羁管于绍兴。③ 胡深,举义兵以勤王,但"治兵殆十年,勤劳亦至矣,而朝廷无一命锡"④。王毅,曾组织龙泉义兵近万人抗御起义军,屡有战绩,但却为元廷所杀。江西士人萧晋、萧履兄弟,对元忠心耿耿,"诸有警,第承州府命,朝至夕行,军赏饷需并出己",但仍遭到色目官员的猜忌,"将夺晋产而杀之,晋先几遁去。逮捕履及晋二子,杀而有其财,卖其孥"⑤。"倾家事守御,反以结嫌猜"⑥,这两句诗写尽了这些士大夫的悲哀和不幸!

不仅如此,一些士大夫甚至因为直言时政而招致排抑和诬陷。如:至正十五年(1355 年)十二月,诏修大内河道,同知留守野先帖木儿建言:"自十一年以来,天下多事,不宜兴作。"顺帝怒,命往使高丽。⑦ 端木复初,四方兵动,策言时政,"上官闻之,皆落落不合",仰天叹曰:"彼以吾发狂言耶,时事从可知矣。"于是怅然有乡土之思,侨居金华。⑧ 谢肃,张士诚据吴,慨然献偃兵息民之策,"卒无所遇,归隐于越"⑨。方克勤,习性命道德之学,二十四年(1364 年)试科举,言国家利害,峭直无所忌,有司不敢取,飘然而归。⑩ 归旸(1305—1367 年),字彦温,汴梁人。十七年(1357 年),授集贤学士兼国子祭酒。时海内多故,上振纪纲、选将才、审形势三策,但"时以为老生常谈,不能用"。⑪ 这些情况,沉重打击了士大夫忧时痛国、拯世济时的积极性,一种有志难伸的苦闷与忧郁溢于言表。如:

成廷珪,遭世乱避地吴中,云:

驿程万里入皇都,还过梁城取别途。天下军需何日了,淮南民瘼几时苏。

求田问舍非良策,忧国忘家是壮图。黄阁相君应有问,愿闻一语赞

---

① 刘基:《诚意伯文集》卷首黄伯生撰《诚意伯刘公行状》。
② 刘基:《诚意伯文集》卷首黄伯生撰《诚意伯刘公行状》。
③ 谷应泰:《明史纪事本末》卷二《平定东南》。
④ 宋濂:《宋学士文集》卷三《胡参军神道碑》。
⑤ 陈谟:《海桑集》卷八《萧晋兄弟哀辞》。
⑥ 刘基:《刘基集》卷二〇《感时述事十首》。
⑦ 宋濂:《元史》卷四四《顺帝纪七》。
⑧ 宋濂:《文宪集》卷一九《端木府君墓志铭》。
⑨ 纪昀:《四库全书总目》卷一六九《密庵集》提要。
⑩ 宋濂:《文宪集》卷二四《故愚庵先生方公墓版文》。
⑪ 宋濂:《元史》卷一八六《归旸传》。

嘉漠。①

许恕,会天下大乱,乃遁迹于海上,云:

忧世知无补,新诗强自裁。凉风鸿雁到,秋雨决明开。

道路多豺虎,乡关尚草莱。未能身报国,空有泪盈腮。②

沈梦麟,字昭原,吴兴人。官武康令,至正中解官归隐。云:

越上官军未解围,江船连日羽书违。台城有恨忠良死,藩翰无谋将帅稀。

风雨满城蛙鼓合,乾坤日夜鬼灯微。腐儒忧国惭无补,北望神州泪满衣③。

郭钰,字彦章,江西吉水人。元末遭辞,隐居不仕。云:

腐儒忧国泪阑干,江海容身何处宽。惊报每愁诸弟隔,临危但祝老亲安。

对床风雨长相忆,负米晨昏不尽欢。最苦二郎独冥漠,晚烟原上鹡鸰寒。④

刘炳,字彦昺,以字行,鄱阳人。云:

壮志无成还故里,城西茅屋苔痕紫。钩帘听雨更焚香,柱笏看云时隐几。

自信胸澄渤海清,宁怜气与嵩华比。破浪谁擒北海鳌,穿林学射南山雉。⑤

蓝智,字性之,云:

我尚困衡门,十年坐书痴。济世已无策,忧时空赋诗。

国当用武士,选廉何能为。北阙高嵯峨,青云行有期。⑥

王翰,字用文,庐州人。尝屏居永福观猎山。云:

挟策南游已十年,梦魂几度拜幽燕。王师近报清淮甸,羽檄今当到海壖。

---

① 成廷珪:《居竹轩诗集》卷三《送霍仲皋还京》。
② 许恕:《北郭集》卷六《次赏静朱大帅韵三首》。
③ 沈梦麟:《花溪集》卷三《戊辰岁在杭简曾先生》。
④ 郭钰:《静思集》卷七《和寄从弟铨》。
⑤ 刘炳:《刘彦昺集》卷五《予昔与孟思鲁参戎事于三衢监司宋公幕府及兵溃得间道还乡遂归休之志故历叙之》。
⑥ 蓝智:《蓝涧集》卷一《赠青莲居士》。

妖气苍茫空独恨,生民憔悴竟谁怜。庙堂早定匡时策,我亦归耕栗里田。①

吴当,江西失陷,遁迹不出。云:

世路难如此,京华事若何。风云归草昧,日月傍干戈。

南土分争久,西秦王气多。累臣独洒泪,衰疾卧江沱。②

高启亦云:

阿伯迁官之五羊,严尊习隐水南庄。人生出处故有分,世道如斯徒自忙。

笑我漂流双鬓雪,羡君奔走满靴霜。功名固是男儿志,何日归来绿野堂。③

观上述诗篇,士大夫虽抱忠贞之心,匡济之姿,期待元朝有中兴之日,"坐令王纲复大正"④,"正是诸君报国时"⑤。但君昏臣虐,民生涂炭,世路艰难,国运倾危的现实状况,让他们跋前踬后,进退维谷,心中笔下时时流露出纷杂的人生感受,心灵的动荡不宁和济世无策的忧郁心境。经过对时势的长期观察与体认,一些士大夫深知时事不可为,中兴已无望,"兵兴十年,民劳孔棘,抚字久旷,泽不下流,兼之郡县毁败,守令之职,人每不乐为之,盖非不为,实不能为,亦不可为也"⑥。由此,他们逐渐失去了对元廷的信心,"天下之士不复以功名自期"⑦,"世道如斯徒自忙"。从此不再愿意支持这个政权,转而怀着一种更为复杂、矛盾的心情另寻出路。但必须承认:这些士大夫虽然对元蒙统治集团所推行的政策不满,但这并不等于他们从根本就反对、背叛整个封建地主阶级。

治世的实现和维持,固然离不开贤良辅佐,如果是衰世、乱世,则更需要正人君子坚持原则,弥补朝政紊乱造成的政策偏差、是非混淆和人心离散,以革新更化,重整秩序。元祚倾移之际,士大夫的价值信条受到了严峻考验,他们不能不经历思想上的震惊和嬗变,对天下一统的信念,对政权本身的信任,以及对政治参与的热衷,此时都成为有条件的价值期许和行为选择。一方面,强

---

① 王翰:《友石山人遗稿·闻大军渡淮》。

② 吴当:《学言稿》卷四《世路》。

③ 王冕:《竹斋集》卷上《与王德强》。

④ 高启:《大全集》卷一〇《送张贡士祥会京师》。

⑤ 成廷珪:《居竹轩诗集》卷三《寄李子洁宪副时湖北残破却于太平开司》。

⑥ 李继本:《一山文集》卷四《送内史金院董公景宁赴河间路总管序》。

⑦ 赵汸:《东山存稿》卷二《送郑征君应诏入翰林诗序》。

烈的仁者情怀、正统意识和忠义观念,促使一些士大夫仍心系天下,情系元廷,为实现王道政治,挽救元廷命运而努力有所作为。在这一点上,他们虽然在主观上顾惜的是自己的道德名誉、修养操守和基本的社会良知,但客观上却对巩固和维护蒙元统治产生了一定作用。另一方面,个人的现实遭际,粉碎了许多士大夫对元廷中兴的美好愿望,迫于此,他们淡化了自己与元廷之间的政治关系,做出了性情上的恬淡,言行上的退守和事业方向的新选择。这些士大夫以疏离政治的姿态处理与元廷的关系,其间他们虽无奈于仕途,却往往困扰于舆论,不希望被人视为潦倒的失意者。所以他们不惮絮烦地为自己的困境作出辩解。而对于元廷来说,士大夫的这种选择客观上使其失去了部分社会精英的有力支持,这在天下分裂,群雄纷争之秋,自然对蒙元统治带了诸多负面影响。

第二节　士大夫与朱元璋集团的关系

至正十五年(1355年)初,郭子兴死,朱元璋代领其军,并接受了北系红巾军领袖小明王韩林儿所授官爵,用龙凤年号,高举红旗。① 十六年(1356年),朱元璋占领南京后,从此走向了自我发展的道路。在此过程中,随着朱元璋军事势力的发展和在群雄中优势地位的逐步确立,朱明王朝的建立越来越成为可以预见的趋势。于是,许多士大夫审时度势,纷纷归顺元璋,"明兴仁者之师,讨伐四出,而权谋之士以智计见,文章之士以简册见,繁剧之才以吏能见,朝收暮荐,莫不极一时之选"。这些士大夫无论在数量上还是名望上都远超其他群雄,正是借助他们的辅翼和赞襄,朱元璋最终获得了成功,建立了明朝。

---

① 关于朱元璋部到底举何旗帜,学界有不同意见。王崇武先生认为,至正十六年(1356年)朱元璋下南京后,"已改用黄旗做标识,而不再用农民军的红旗"(《论元末农民起义的发展蜕变及其作用在历史上所起的进步作用》,《历史研究》1954年第1期,第107页)。陈高华先生则认为"尽管朱元璋集团的性质早已发生变化。但他一直沿用红旗为标识",并征引宋濂《宋文宪公全集》卷四〇《谢烈妇人传》、刘辰《国初事迹·借月山房汇钞》、权衡《庚申外史》卷下、陈高《不系舟鱼集》卷九《贞妇词四首》等文献以为证。详见《元末浙东地主与朱元璋》一文注释36,《元史研究论稿》,中华书局1991年版,第304页。

一、士大夫在朱元璋阵营中的作用

朱元璋成功的原因固然是多方面的,但士大夫的辅佐不能不视为重要的原因之一。① 他们"或以功业定乱","或以文章赞化"②,各自在不同的领域发挥了重要作用。

（一）参咨时政,以备顾问

在当时的社会局面中,朱元璋要想从事推翻元政权,结束群雄纷争,进而统一天下的事业,不仅要有明确的政治目标,还需制定一系列相应的政策和策略,以为胜利的保证。在这一方面,士大夫发挥了重要作用。

1.建议定鼎金陵。毫无疑问,占领金陵,是朱元璋获取政权,建立帝业的重要步骤,但这一决策的提出却应归功于他身边的文人儒士。至正十三年(1353年),正当朱元璋南略定远,尚无战略目标时,儒士冯国用及其弟冯国胜诣见,并向朱元璋面陈取天下之计:"金陵龙盘虎踞,帝王之都,先拔之以为根本。然后四出征伐,倡仁义,收人心,勿贪子女玉帛,天下不足定也。"朱元璋听后"大悦",使留居幕府。③ 十五年(1355年),朱元璋克太平,儒士陶安又力主夺取南京。他说:"金陵帝王之都,龙盘虎踞,限以长江之险。若据其形胜,出兵以临四方,何向不克!此天所以资明公也。"④朱元璋接受了这一建议,并于十六年(1356年)二月集合所部,经过激战,攻克南京。寻改集庆路为应天府,置江南行中书省,自总省事,以李善长、宋思颜为参谋,李梦庚、郭景祥、侯元善、杨元杲、孔克仁、陶安、阮弘道、王恺、栾凤、夏煜等数十人为左右司郎中、员外、都事、令史等官。南京在地理上是形胜之地,北限长江,南控江左,战略地位十分重要。经济上物阜民丰,财力雄厚,加之南京一带战争破坏尚少,取其资财可以支持长期战争。因此,攻占南京是朱元璋由弱

---

① 对此,南炳文先生在《略论三百年明史的经验教训》一文中总结道:"元朝末年,以蒙古贵族为核心的封建政权的黑暗统治,造成了阶级矛盾和民族矛盾的极为尖锐的局面,群雄之所以一时并起,根源即在于此。而要解决这时的混乱状态,就只有在消除或在一定程度上缓和这两种矛盾之后,才能奏效,这也就成了当时强烈的时代要求。通观这时的元朝政权和朱元璋以外的各地群雄,都没有能够提出符合这一时代要求的政策,而只有朱元璋这样办了。"(《明史新探》,中华书局2007年版,第19页)

② 方孝孺:《逊志斋文集》卷一九《待制华川王先生画像序赞》。

③ 张廷玉:《明史》卷一二九《冯胜传》。

④ 夏燮:《明通鉴》前编卷一。焦竑《玉堂丛语》卷二《筹策》载:"太祖自和州渡江至采石,陶安首先来见。太祖问曰:'有何道以教之?'安曰:'即今群雄兵起,不过子女玉帛。将军若能反群雄之志,不杀人,不掳掠,不烧房屋,首取金陵,以图王业,愿以身许之。'后太祖得建康等处,全有江西,安功居多。"

到强的一个转折点,为吞并群雄,坐战东南,建立基业奠定了基础。

2.建议"不嗜杀人"。元末群雄中,掳掠、杀戮的现象较为普遍,"群雄并起,惟事子女玉帛,荼毒生灵"①,"皆不知修法度以明军政","皆令其下夺人妻女,掠人财物"②。即使朱元璋,起义之初其部下也存在剿掠的现象,"诸将破城,暴横多杀人,城中人民夫妇不相保"③。鉴于此,一些儒士文人积极向朱元璋灌输儒家的德政思想,规劝他"勿妄杀戮"。最早,朱元璋在南下滁阳途中,定远耆儒李善长军门求谒,以汉高祖"不嗜杀人,五载成帝业"相说教,劝朱元璋"法其所为",元璋"称善"。④此后,朱元璋时刻以汉高祖为楷模来制定政策,谋划方略。对此,清人赵翼论道:"明祖亦遂有一汉高在胸中,而行事多仿之。"⑤至正十五年(1355年),范常又劝朱元璋说:"得一城而使人肝脑涂地,何以成大事。"据此,朱元璋"切责诸将,悉收军中所掠妇女还其家"⑥,并命李善长制定了严禁士卒剿掠的"戒辑军士榜";城下之日,将士"皆愕然不敢动","城中肃然"⑦。同年,针对"豪杰并争,攻城屠邑,互相雄长"⑧的情况,陶安向朱元璋献以治道:"反群雄之志,不杀人,不掳掠,不烧房屋"⑨。十七年(1357年),徽州儒士唐仲实举数汉高祖、光武、唐太宗、宋太祖、元世祖等,认为:"此数君者,皆以不嗜杀人,故能定天下于一。"⑩二十年(1360年),章溢劝朱元璋"不嗜杀人"⑪。这些建议,使朱元璋进一步认识到了整饬军纪的重要性,故在攻城略地时,"禁戢士卒,不许剿掠,务以安辑为心"⑫。这一政策不仅使所攻之地人心安堵,秩序稳定,而且使军威大振,"仁声义闻,所到降附"⑬,成为"神武不杀"⑭的仁者之师。

3.草拟"檄文"。在农民战争期间,朱元璋发布的许多"檄文"都是由身边的

① 赵翼:《廿二史札记》卷三六"明祖以不嗜杀得天下"条。
② 《明太祖实录》卷二〇"至正二十六年四月庚申"条。
③ 《明太祖实录》卷二"至正十五年正月戊午"条。
④ 张廷玉:《明史》卷一二七《李善长传》。
⑤ 赵翼:《廿二史札记》卷三二"明祖行事多仿汉高"条。
⑥ 张廷玉:《明史》卷一三五《范常传》。
⑦ 《明太祖实录》卷三"至正十五年四月壬寅"条。
⑧ 《明太祖实录》卷三"至正十五年四月丁巳"条。
⑨ 谷应泰:《明史纪事本末》卷一《太祖起兵》。
⑩ 《明太祖实录》卷六"至正十八年十二月庚辰"条。
⑪ 《明太祖实录》卷八"至正二十年三月戊子"条。
⑫ 《明太祖实录》卷二〇"至正二十六年四月庚申"条。
⑬ 赵翼:《廿二史札记》卷三六"明祖以不嗜杀得天下"条。
⑭ 《明太祖实录》卷三"至正十五年四月丁巳"条。

儒士文人起草的。如：至正二十五年（1355 年），朱元璋声讨张士诚的檄文就是
出自刘基、宋濂等人之手。① 二十七年（1377 年），朱元璋在西平陈友谅，东灭张
士诚之后，挥师北伐。为了争取广泛的社会支持并在政治上瓦解元政权，宋濂又
执笔起草了告北方官吏、民众的檄文，提出了"驱逐胡虏，恢复中华，立纲陈纪，
救济斯民"的斗争口号，并重申纪律："兵到，民人勿避，予号令严肃，无秋毫之
犯。"同时，对于蒙古、色目等少数民族，也提出了正确的政策："如蒙古、色目，虽
非华夏族类，然同生天地之间，有能知礼义，愿为臣民者，与中夏之人抚养无
异。"②这篇檄文在当时所起的宣传作用是巨大的，获得了民众的普遍支持和拥
护，尤其是打动了士大夫的主意，为最后的胜利铺平了道路。③ 据《明史纪事本
末·北伐中原》载，这一檄文发出后，"大军勘定者犹少，先声归命者更多，……
乃在人心之豫附矣"。上述檄文所起的战斗作用，不能不视为元末儒士对朱元
璋统一事业所作的历史性贡献。

　　此外，士大夫在其他方面也向朱元璋提出了建设性意见。如，至正十七年
（1357 年），朱元璋克徽州，儒士朱升提出了"高筑墙，广积粮，缓称王"的建议。④
当时群雄各据一方，纷纷立国称制；或骄侈淫逸以自娱，或东征西讨以奔命，实为
政治上的短见之举。因此，朱升的建议，不惟及时向朱元璋敲了警钟，也是力促
其长计远图的良策，其宗旨是要朱元璋一反群雄之短志，注意发展生产，积蓄力
量，讲究策略，减小目标。这一建议，对朱元璋统一事业产生了积极而深远的影
响。与此同时，朱元璋还召唐仲实、姚琏⑤等"论时务，问民疾苦"，⑥他们建议朱
元璋注重休养生息，收拾民心。⑦ 秦从龙十六年（1356 年）归附后，朱元璋与其
"同处朝夕访以时事，事无大小皆与之谋，每以笔书漆板，问答甚密，左右皆不能
知，尝称为先生，而不名。"⑧二十五年（1365 年），朱元璋接受孔克仁的建议说：
"方今天下用兵，豪杰非一，皆为劲敌，我守江左，任贤抚民，伺时而动，若徒与之

---

① 吴晗：《朱元璋传》，载《吴晗史学论著选集》（第四卷），人民出版社 1985 年版，第 297 页。

② 《明太祖实录》卷二六"吴元年十月丙寅"条。

③ 吴晗：《朱元璋传》，载《吴晗史学论著选集》（第四卷），第 308 页。

④ 张廷玉：《明史》卷一三六《朱升传》。

⑤ 按：《明史》卷一三七《朱升传》作"姚连"，误。据《明太祖实录》卷六"至正十八年十二月庚
辰"条，当作"姚琏"。

⑥ 查继佐：《罪惟录》纪卷一《太祖高皇帝纪》。

⑦ 《明太祖实录》卷六"至正十八年十二月庚辰"条。

⑧ 《明太祖实录》卷一八"至正二十五年十一月癸亥"条。

角力,则猝然难定。"①较之上述士大夫,刘基实为朱元璋麾下"渡江策士无双"②的谋士。二十年(1360年),刘基初诣南京,向朱元璋陈时务十八策,分析了群雄逐鹿的情势,朱元璋深为赞许。从此,刘基运筹帷幄,佐命之功甚巨,对此朱元璋十分清楚:"御史中丞刘基,世居括苍,怀先圣道。天下初乱,闻朕亲将金华,旋师建业,尔曾别闾里,忘丘垄,弃妻子,从朕于群雄未定之秋,居则每匡治道,动则仰观干象,察列宿之经纬,验日月之何光,发踪指示,三军往无不克。曩者攻皖城,拔九江,抚饶郡,降洪都,取武昌,平处城之内变,尔多辅焉"③;又谓刘基为"吾之子房,谋无不用,用无不效,卒成天下大业,厥功伟哉!"④诸如此类,士大夫的建言献策启迪了朱元璋,使他有了建功立业的愿望和明确的政治目标,举起了"顺天应人而行吊伐","拨乱救民安天下"的旗帜,⑤对于完成统一大业,建立朱明王朝发挥了重要作用。

(二)运筹帷幄,克敌制胜

朱元璋的政治目标是平定天下,而实现这一政治目标的最高斗争形式只能是战争。但是,他赖以进行战争的客观形势是险象丛生的:一方面,他必须解决与蒙元政权之间的带有全局性的、根本的社会政治矛盾;另一方面,至正十九年(1359年),全国反元起义明显地转入了军事割据状态,朱元璋又必须解决与几政治军事集团之间的局部性矛盾。很显然,单凭朱元璋当时的势力去解决如此尖锐而复杂的政治矛盾,是存在极大困难的。因为元政权的军事实力虽然为北方红巾军重创,但余部尚存,一批名将坚守城池,"百战之余,未肯遽下"⑥;而张士诚、陈友谅等皆地广势众,无时不觊觎朱元璋的军事力量和所占地盘。因此,只有制定正确的军事战略方针和斗争策略,才能保证统一事业的完成。在此方面,元末士大夫同样有赞襄之功。

1.对朱元璋军事行动的全局,一些士大夫提出了正确的战略方针。以刘基为例,他分析当时的战争格局说:"士诚自守房,不足虑。友谅……地居上流,其心无日忘我,宜先图之。陈氏灭,张氏势孤,一举可定。然后北向中原,王业可成

---

① 《明太祖实录》卷一六"至正二十五年四月庚子"条。
② 刘基:《诚意伯文集》卷二〇《资善大夫都察院左都御史兼吏部尚书臣詹徽宣奉赠谥太师文成诰》。
③ 刘基:《诚意伯文集》卷二〇《御宝诏书》。
④ 刘基:《诚意伯文集》卷二〇《敕建诚意伯刘公祠堂记》。
⑤ 《明太祖实录》卷三"至正十五年四月丁巳"条。
⑥ 张廷玉:《明史》卷三《太祖纪》。

也。"①刘基"先陈后张、先南后北、先划削群雄、后北伐元蒙"的战略方针,无疑是合乎客观形势的:第一,它正确地回答了全局与局部的矛盾,使得朱元璋得以在北上讨元之前,首先消除"后院起火"之忧;第二,在张、陈之间,由于陈氏兵强,无日忘我,张氏器小,实无远图,所以只要灭了陈氏,张氏就不足为虑了;第三,北方元军势炽,有红巾军在奋力征战,朱元璋后图可以避其锋芒。刘基这一建议实际上为朱元璋平定江南、统一中国,制定了一个切实可行的战略总方针,历史证明它是正确的。因此,史谓朱元璋败友谅,取士诚,北伐中原,遂成帝业,"略如基谋"②。

2.在局部战略上,朱元璋身边的谋臣儒士有的运筹帷幄,为其制定正确的战略战术;有的亲临前线,为朱明王朝的建立,四处征战。如:当陈友谅攻陷太平,率兵东下时,"势甚张,诸将或议降,或议奔据钟山",刘基力排众议,向朱元璋说明骄兵必败和打胜这一仗的重要性:"贼骄矣,待其深入,伏兵邀取之,易耳。天道后举者胜,取威制敌以成王业,在此举矣。"③朱元璋用刘基之计,二十三年(1363 年)与陈友谅决战于鄱阳湖。激战数日后,刘基又审时度势,及时建议朱元璋"移军湖口扼之,以金木相犯日决胜",结果"友谅走死"④。这是朱元璋统一天下的关键性一仗,诚如他自己所说:"友谅亡,天下不难定也。"⑤充分肯定了刘基军事策略的重要性。又如:宁海人叶兑,史称其"以经济自负,尤精天文、地理、卜筮之书"⑥,曾上书朱元璋,纵谈天下:"今之规模,宜北绝李察罕,南并张九四,抚温、台,取闽、越,定都建康,拓地江、广,进则越两淮以北征,退则划长江而自守。夫金陵古称龙盘虎踞,帝王之都,藉其兵力资财,以攻则克,以守则固,百察罕能如吾何哉。"⑦建议朱元璋以南京为根本,拒绝元朝的诱降,先着手平定江南,后北定中原,推翻元朝统治。朱元璋接受了他的建议,并大体循此完成了统一大业。龙泉人章溢、胡深,不仅长于谋略,且能亲临战阵,独当一面。朱元璋进攻闽浙,命其带兵作战,二人不负厚望,屡挫方国珍、陈友定,立下赫赫功勋,朱元璋曾对宋濂称赞胡深说:"浙东一障,吾方赖之。"⑧闽浙事平之后,章溢入朝,朱

① 张廷玉:《明史》卷一二八《刘基传》。
② 张廷玉:《明史》卷一二八《刘基传》。
③ 张廷玉:《明史》卷一二八《刘基传》。
④ 张廷玉:《明史》卷一二八《刘基传》。
⑤ 张廷玉:《明史》卷一《太祖纪一》。
⑥ 张廷玉:《明史》卷一三五《叶兑传》。
⑦ 张廷玉:《明史》卷一三五《叶兑传》。
⑧ 张廷玉:《明史》卷一三三《胡深传》。

元璋对群臣说:"溢虽儒臣,父子宣力一方,寇盗尽平,功不在诸将后。"①可见,在朱元璋阵营中,士大夫各尽其能,为朱明王朝的建立发挥了重要作用。

3.在保证军需上,李善长事功最著。史载,凡朱元璋出师,必以李善长留守,而李"转调兵饷无乏"②。尤其是朱元璋称吴王之后,政治军事活动空前增多。为保障军需国用,李善长在西吴地区推行屯田制度,兴修水利,奖励开垦种植。他还斟酌元制,改革弊政,提出了一系列建议,"请榷两淮盐,立茶法","复制钱法,开铁冶,定鱼税",开辟了财源,使"国用益饶,而民不困"③。洪武三年(1370年),朱元璋大封功臣,以李善长为功臣之首,赞其"给足军食,其功甚大"④。

(三)稳定社会,发展生产

元季政治腐败,民不聊生,加之连年战争,户口剧减,田地荒芜。因此,安定社会,发展生产就成为争取人心,取得胜利的最重要条件之一。在这方面,朱元璋的儒士也颇有治功。

1.建议朱元璋重视民生,施行德政。如,朱元璋定鼎南京后,唐仲实对朱元璋说:"然以今日观之,民虽得所归而未遂生息。"朱元璋十分感触地说:"此言是也,我积少而费多,取给于民,甚非得己,恒思所以休息之。"⑤二十四年(1364年),朱元璋与孔克仁论天下形势,鉴于"连年战争,饥馑疾疫"的窘境,孔克仁建议:"积粮训兵,待时而动,此长策也。"⑥受儒士们的熏陶,朱元璋以安定民心为急务,认为要取得最后胜利,不能单凭军事势力,还要靠政治的稳定,社会的安定和生产的发展,"今豪杰非一,我守江左,任贤抚民,以观天下之变,若徒与角力,则猝难定也"⑦。朱元璋打下南京后,即宣布:元朝政治腐败,自己兴师的目的在于为民除乱,贤人君子,礼聘征用,居民各安其业。重民思想对于朱元璋争取民心,壮大自身力量产生了重要作用。

2.推行安定社会,发展生产等行之有效的政策。如:太平儒士李习,以古稀之年知太平府,"精于治体,均平摇役",使"民受其惠,吏不敢欺"⑧。陶安知黄

---

① 张廷玉:《明史》卷一二八《章溢传》。
② 张廷玉:《明史》卷一二七《李善长传》。
③ 张廷玉:《明史》卷一二七《李善长传》。
④ 朱国桢:《皇明史概·皇明开国臣传》卷二《韩国李公》。
⑤ 《明太祖实录》卷六"至正十八年十二月庚辰"条。
⑥ 《明太祖实录》卷一四"至正二十四年正月庚午"条。
⑦ 张廷玉:《明史》卷一三五《孔克仁传》。
⑧ 朱国桢:《皇明史概·皇明开国臣传》卷六《太守李公》。

州时，"宽租赋，省徭役，民悦服之"①；知饶州时，鼓励垦荒，田野日辟，政绩斐然。他离任时百姓歌颂他说："千里榛芜，侯来之初，万姓耕辟，侯去之日。"②范常知太平府时，兴办学校，贷种与民，使生产得到发展，史称"常以简易为治，官廪有谷数千石，请给民乏种者，秋稔输官，公私皆足"③。章溢任营田司事时，"巡行江东、两淮田，分籍定税，民甚便之"；在守处州时，通过李善长上达"自兵兴以来加征颇重，民病之"的情况，朱元璋当即"诏复其旧"④。章溢任金营田司事时，巡抚江东、两淮，分籍定税，老百姓感到方便。朱元璋占领南京后，为解决军饷之不足，以"通经史大义"⑤的康茂才为都水营田使，领导生产，督促兴修水利，屯田积谷，成绩可观。由于士大夫的帮助，朱元璋成功地进行了根据地的建设，减轻了百姓的负担，较好地解决了军需造作、转输城守，地方治安等重大问题，保证了统一战争的胜利进行。

3.针对一些起义军"数攻下城邑"而"不能守"的情况⑥，士大夫向朱元璋提出"得地坚守"、"寓兵于农"的主张。如至正十四年（1354年）克滁阳，范常建议朱元璋，每得一地，务必使安顿百姓，并从中"拣精锐之士，半从军，半乘城，且择宽厚长者牧守之"，惟其如此，方可"使得耕守，不为他盗攻劫"⑦。在攻克和阳时，范常又建议从百姓中选拔"材勇"，"简阅为伍，各设长贰典司之，耕作隙则习肄无懈，事平之日听其为农"，如此则"不烦坐食，可得精兵数万；以战则胜，以守则固"⑧。这些建议，正是后来朱元璋设立"营田使"，实行屯田，设置"管理民兵万户府"，推行"民各于近城耕种，练则为兵，耕则为农，兵农兼资，进可以取，退可以守"⑨等一系列措施的张本，并收到了"民无坐食之弊，国无不练之兵"的实效，⑩大大加强了朱元璋的军事力量。

4.兴学施教，是朱元璋麾下儒士的又一治绩。如：范常在任太平府知府时，

---

①　《明太祖实录》卷三五"洪武元年九月癸卯"条。
②　项笃寿：《今献备遗》卷二《陶安》。
③　张廷玉：《明史》卷一三五《范常传》。
④　《明太祖实录》卷四二"洪武二年五月辛酉"条。
⑤　张廷玉：《明史》卷一三〇《康茂才传》。
⑥　张廷玉：《明史》卷一二二《韩林儿传》。
⑦　朱国桢：《皇明史概·皇明开国臣传》卷六《起居注范公》。
⑧　朱国桢：《皇明史概·皇明开国臣传》卷六《起居注范公》。
⑨　《明太祖实录》卷一四"至正二十四年正月庚午"。
⑩　谷应泰：《明史纪事本末》卷二《平定东南》。

"兴学校,延师儒"①。十九年(1359年)二月,宁越知府王宗显兴办郡学,礼聘宋濂、叶仪为五经师,戴良为学正,吴沉、徐原等为训导,"至是始闻弦诵之声,无不忻悦"②。丧乱之余,这些儒士仍坚持兴学施教,这在历代农民起义中是罕见的,不仅有利于培养人才,满足一时之需,且有利于文化的传播和社会秩序的安定,以吸引更多的士大夫。

(四)进讲经史,敷陈治道

《明史》馆臣曾评价元末儒士说:"明太祖起布衣,定天下,当干戈抢攘之时,所至征召耆儒,讲论道德,修明治术,兴起教化,焕乎成一代之宏规。虽天亶英姿,而诸儒之功不为无助也。"③这个评价是十分允当的,肯定了儒士在明朝建立中不可泯灭的功绩。

朱元璋出身贫寒,投军以前,不过是个文化水平很低的和尚,在斗争实践中他逐渐感受到文化的重要,因而极为重视礼致儒臣。朱元璋与儒士纵论经史,深思治道,注意总结历代帝王成败兴衰的经验教训。早在至正十五年(1355年)建立太平兴国翼元帅府时,军中就设有教授。十八年(1358年),朱元璋克婺州,辟儒士许元、叶瓒玉、胡翰、吴沉、汪仲山、李公常、金信、徐孳、童冀、戴良、吴履、张起敬、孙履凡十三人,"皆会食省中,日令二人进讲经史,敷陈治道"④。此外,陶安、刘基、宋濂、陈遇、李习、范祖干、许瑗、孔克仁、许存仁、毛骐、宋思颜、王祎、王天锡、叶仪、徐原、詹同等名士硕儒亦相继来归,他们奉朱元璋为"真命天子",一心一意向他灌输儒家治国经邦济世之道,"太祖起义兵,虽军中,尝令儒者陈说古人书义,资其智识,此明经筵所自始也"⑤。具体如:至正十八年(1358年)十二月,范祖干持《大学》拜见朱元璋,元璋问他:"治道何先?"对曰:"不出此书",并剖陈其义,讲陈"帝王之道",朱元璋深加礼貌。⑥二十年(1360年),刘基、宋濂等至南京,朱元璋甚喜,"与论经史,咨以时事"⑦。同年,置儒学提举,以宋濂为提举,讲授经学。⑧期间,宋濂曾为朱元璋讲解《春秋左氏传》、《黄石公三

---

① 《明太祖实录》卷三一"洪武元年四月癸亥"条。

② 《明太祖实录》卷七"至正十九年正月庚申"条;《明史纪事本末》卷二《平定东南》;《罪惟录》纪卷一《太祖高皇帝纪》。

③ 张廷玉:《明史》卷二八二《儒林传叙》。

④ 《明太祖实录》卷六"至正十八年十二月辛卯"条。

⑤ 查继佐:《罪惟录》志卷一七《经筵志》。

⑥ 《明太祖实录》卷六"至正十八年十二月辛卯"条;张廷玉:《明史》卷二八二《范祖干传》。

⑦ 《明太祖实录》卷一二"至正二十三年五月癸酉"条。

⑧ 《明太祖实录》卷一八"至正二十年五月丁卯"条。

略》、《尚书》等,并说:"《春秋》乃孔子褒善贬恶之书,苟能遵行,则赏罚适中,天下可定也"①;"《尚书》二《典》、三《谟》,帝王大经大法毕具,愿留意讲明之"②。二十四年(1364年),朱元璋阅《汉书》,与宋濂、孔克仁等论汉代之得失,批评汉代学术不纯,杂王霸之道。③ 二十五年(1365年),朱元璋问孔克仁:"汉高祖起自徒步,终为万乘,何也?"克仁对曰:"由其知人善任使。"④同年,朱元璋命起居注滕毅、杨训文袞集历代无道之君夏桀、商纣、秦始皇、隋炀帝等所行之事以进,并说"吾观此者,正欲知其丧乱之由以为之戒耳"。⑤ 二十六年(1366年),朱元璋与国子博士许存仁、起居注詹同等论用人,二人释疑解惑,向朱元璋阐述了乱世用人的重要性。⑥ 又与太史令刘基、起居注王祎议论治道,刘基建议战乱之后,"治道必当有所更革也";王祎亦认为"修人纪,叙彝伦",诚吻合于时势。⑦ 吴元年(1367年),朱元璋问宋濂:"帝王之学,何书为要?"宋濂请读宋人真德秀《大学衍义》⑧。遂命儒臣讲可以鉴戒的古人行事及《大学衍义》,书写在新宫的两庑间,"以借此朝夕观览"⑨。

在儒士的启迪和辅导下,朱元璋不仅通达儒学,熟悉历史,且"能操笔成文章"⑩,"手撰书檄"⑪,俨然成了一个博雅儒者。同时,通过儒士说教,朱元璋懂得了安邦治国之道,领悟了经世致用之学,具备了作为一个封建帝王的基本素质。可以说,朱元璋之所以成为中国历史上一位杰出的政治家、军事家,与其长期尊礼儒士,虚心学习有着密切的关系。

(五)开省置府,初建政权

元末农民起义爆发以来,大部分起义军只知攻城略邑,食尽弃去,而没有建立牢固的根据地,常常是旋起旋落,"数攻下城邑,元兵亦数从其后复之,不能守"⑫。朱元璋自渡江以后,即认识到建立根据地的重要性。在儒士文人的协助

---

① 刘基:《国初礼贤录》上。

② 张廷玉:《明史》卷一二八《宋濂传》。

③ 《明太祖实录》卷一五"至正二十四年五月丙子"条。

④ 《明太祖实录》卷一六"至正二十五年四月庚子"条。

⑤ 《明太祖实录》卷一七"至正二十五年六月乙卯"条。

⑥ 《明太祖实录》卷一九"至正二十六年三月戊戌"条。

⑦ 《明太祖实录》卷一九"至正二十六年三月甲辰"条。

⑧ 刘基:《国初礼贤录》上。

⑨ 《明太祖实录》卷二五"吴元年九月癸卯"条。

⑩ 徐祯卿:《剪胜野闻》。

⑪ 谈迁:《国榷》卷二"至正二十六年五月庚寅"条。

⑫ 张廷玉:《明史》卷一二二《韩林儿传》。

下,他开省置府,建立政权,逐步走向统一宇内的历史道路。

早在至正十五年(1355年),朱元璋率部渡江,攻占太平,改太平路为太平府,以李习知府事。置太平兴国元帅府,朱元璋自领大元帅,李善长为帅府都事,潘庭坚为帅府教授,汪广洋为帅府令史,陶安为参幕府事。① 依靠儒士,朱元璋建立了渡江后的第一个政治实体。②

十六年(1356年)三月,朱元璋攻占南京,改集庆路为应天府。七月,置江南行中书省,朱元璋自总省事,置僚佐,以李善长、宋思颜为参议,李梦庚、郭景祥为左右司郎中,侯原善、杨原杲、陶安、阮弘道为员外郎,孔克仁、陈养吾、王恺为都事,王璹为照磨,栾凤为管勾,夏煜、韩子鲁为博士③。又置理问所,以刘祯、秦裕为理问;置提刑按察使司,以王习古、王德芳为佥事④;寻以单安仁为副使⑤。至此,由更多儒生参加的一个更大规模政治实体初步形成。

十八年(1358年)十二月,朱军克婺州,置中书分省,调中书省左右司郎中李梦庚、郭景祥为分省左右司郎中,中书省都事王恺为分省都事,中书省博士夏煜为分省博士,中书省管勾栾凤为分省管勾,以汪广洋为照磨,儒士王祎、韩留、杨遵、赵明可、萧尧章、史炳、宋冕为掾史。寻改婺州路为宁越府⑥。可见,在中书分省这一更为完备的政权机构中,儒士仍是掌管政治、军事、经济的主要成员。二十二年(1362年)二月,改中书分省为浙东等处行中书省,杨宪、胡深为左右司郎中,照磨史炳、丹徒知县刘肃为都事。⑦

此后,随着战事的节节胜利,朱元璋进一步建立、完善统治机构,其间儒士文人往往被付以重任。如:二十四年(1364年)正月,朱元璋称吴王,建百司官属,

---

① 《明太祖实录》卷三"至正十五年四月丁巳"条。
② 关于朱元璋是否建立过农民政权,学界曾有过争论。多数人持肯定态度,认为朱元璋至正十六年(1356年)在南京建立的江南行省就是农民政权。也有人持否定态度,如张德信先生就认为:"朱元璋根本没有建立过农民政权。"在他看来:江南行省,仅是在名义上隶属于龙凤政权之下,而实际上是具有相当大独立性的临时军事机构。而至正二十四年(1364年)朱元璋称吴王,设百官而建立的吴政权,一开始就是封建性质的政权,而非农民政权。(参见《略论朱元璋及其政权性质》,《齐鲁学刊》1981年第1期)陈高华先生则主张朱元璋的队伍与地主武装之间的区别不大,其压根就没有进行过农民战争,只进行过"封建统一战争"(《论朱元璋与元朝的关系》,《学术月刊》1980年第4期)。笔者同意"没有建立农民政权"说。由于太平府、江南行省等建制为朱明政权的建立奠定了基础,具有鲜明的政治色彩,因而此姑且称之为"政治实体"。
③ 《明太祖实录》卷四"至正十六年七月己卯"条。
④ 《明太祖实录》卷四"至正十六年七月己卯"条。
⑤ 《明太祖实录》卷六"至正十八年二月乙亥"条。
⑥ 《明太祖实录》卷六"至正十八年二月丙戌"条。
⑦ 《明太祖实录》卷一〇"至正二十二年二月丙申"条。

置中书省,以李善长为右相国(正一品)①,"事无巨细,悉委善长与诸儒臣谋议行之"②。二十五年(1355年)九月,置国子学,设博士、助教、学正、学录、典乐、典书、典膳等官,以许存仁为博士。③ 次年二月,以刘承直为国子博士,李晔、张济、潘时英为助教,完誓为学正,郑贯、杜环为学录,张以诚为典膳④。七月,以苏伯衡为国子学录。⑤ 吴元年(1367年)十月,定国子学官制,以许存仁为祭酒(正四品),刘承直为司业(正五品),苏伯衡为学正(正九品),以陈世昌署典簿(正八品),陈宗义署博士(正七品),高晖署助教(从八品),张溥为学录(从九品)⑥。同月,置御史台各道按察司御史台,以汤和为左御史大夫,邓愈为右御史大夫(从一品),刘基、章溢为御史中丞(正二品)。文原吉、范显祖为治书侍御史(正三品),安庆为殿中侍御史(正五品),钱用壬为经历(从五品),何士弘、吴去疾等为监察御史(正七品)。其中汤和、邓愈虽出身武将,但朱元璋仍要求其注意请教儒臣:"卿以武臣而位处文职,当求儒者讲论。"⑦又置翰林院学士,召饶州知府陶安为学士(正三品)。⑧ 同时,命中书省定律令,以左丞相李善长为总裁官,参知政事杨宪、傅瓛,御史中丞刘基、翰林学士陶安、右司郎中徐本、治书侍御史文原吉、范显祖、经历钱用壬、监察御史盛原辅、吴去疾、赵麟、崔永泰、张纯诚、谢如心,大理卿周祯、少卿刘惟敬、大理丞周浈、评事陈敏、孙忠、按察使李详、潘黼、滕毅、佥事程孔昭、傅敏学、王藻、逯永贞、张引、吴彤为议律官。⑨

占领南京后,朱元璋接连克广德、长兴、常州、宁国、江阴、龙兴、常熟、徽州、信州、池州、扬州、建德、婺州、衢州、诸暨、衙州、处州等地。随着疆土的不断开拓,地方机构也逐渐建立起来,朱元璋让儒士担任其中的主要官员。如各府知府,以李习、许瑗、范常为太平府知府,王宗显为宁越知府,杨苟为龙游知府,王道同为安南知府、段伯文为广信知府,侯原善、陈景仁为金华知府,高复为长春知府,李德成为淮海知府,吴去疾为宁江知府,刘行任为池州知府,陶安为黄州府知府、饶州知府,叶琛为洪都知府,朱叔华为吉安知府,何质为苏州知府等。较多地

---

① 《明太祖实录》卷一四"至正二十四正月丙寅"条。
② 张廷玉:《明史》卷一二七《李善长传》。
③ 《明太祖实录》卷一七年"至正二十五年九月丙辰"条。
④ 《明太祖实录》卷一九"至正二十六年二月庚午"条。
⑤ 《明太祖实录》卷二〇"至正二十六年七月甲申"条。
⑥ 《明太祖实录》卷二六"吴元年十月丙午"条。
⑦ 《明太祖实录》卷二六"吴元年十月壬子"条。
⑧ 《明太祖实录》卷二三"吴元年五月己亥"条。
⑨ 《明太祖实录》卷二六"吴元年十月甲寅"条。

任用儒士担任各级机构的主要官员,对于巩固势力,安定人心都起到一定的积极作用,也成为朱元璋集团的一大特色。

总之,可以断言,如果没有众多士大夫的大力辅佐,朱元璋的成功是不可能的,士大夫与朱元璋的结合及其所发挥的作用,为朱元璋最终获得胜利奠定了社会人心、物质财富、思想意识、政治观念的基础。至于大批士大夫跻身于领导核心,对朱元璋政权性质的转变到底有多大影响,学界颇有争议。① 笔者认为,朱元璋集团最后向封建制转化,以刘基、宋濂等为代表的士大夫确实起了推动作用。如朱元璋帝王思想、封建正统意识的形成,斗争方向由镇压地主阶级向保护地主阶级的转变,与北方红巾军的决裂等,皆与士大夫的影响有关。但真正促使朱元璋政权蜕变的原因,还要从当时的社会经济上去寻找,明确内因和外因、民族矛盾和阶级矛盾等。惟其如此,才能对反元士大夫的历史作用作出全面、客观的评价。

二、士大夫与朱元璋结合的原因

在群雄纷争,干戈扰攘之际,士大夫之所以能够与朱元璋走到一起,并得以顺利发挥自身的价值和功能,绝非盲目行事,也并非偶然现象,而是元末特殊的社会矛盾及朱元璋所推行的各种政策所产生的必然结果,诚如时人林弼所言:"自昔帝王之兴,豪杰之士能识真主,云从景附,勇者效力,智者效谋,以战则克,以守则安,用能懋著殊勋,弼成大业,盖天生贤才以为真主之辅,非偶然之故也。"②在当时,一些士大夫表现出鲜明的"待时而动"、"择主而事"的思想动向。在此情况下,谁具备了"明君"、"真主"条件,谁就会赢得士大夫的支持和拥护。而要成为"明君"、"真主",在士大夫看来,就必须做到"神武不杀","勿贪子女玉帛"③,"知人善任","顺天应人"④,"复先王礼乐"⑤……只有符合这些条件

---

① 关于士大夫与朱元璋集团的性质转变问题,一种观点认为:朱元璋统率的武装力量曾经是一支农民军,他本人是一位起自寒微的农民领袖,但由于农民阶级自身的皇权主义倾向以及士大夫的加入和影响,这个集团逐渐蜕变,日益封建化。与之相反,一种观点认为:朱元璋部自始至终是一支农民起义队伍,士大夫的加入对此影响甚微。另一种观点则采取折中方法,一方面承认士大夫对朱元璋集团性质的影响;又认为这种影响是有限的,根本原因应从当时的历史背景中去分析,本书从此说。

② 林弼:《林登州集》卷二一《故开国辅运推诚宣力武臣荣禄大夫柱国东平侯加封郓国公谥义安韩公神道碑》。

③ 张廷玉:《明史》卷一二九《冯胜传》。

④ 《明太祖实录》卷三"至正十五年四月丁巳"条。

⑤ 张廷玉:《明史》卷一三五《陈遇传》。

者,才能成大事、立大业;而有作为的士大夫,只有遇上这样的可为之主,才能施展抱负,建不世之功。历史表明:当时唯有朱元璋具备了作为"明君"的基本条件,他所推行的一系列政策,成为争取、笼络士大夫积极归附、竭诚效力的重要原因。

1.拨乱救民。这是时代赋予各路群雄的重大历史任务。生逢衰乱之世,一些士大夫虽然为元末历史潮流所裹挟,但对农民起义并非无条件地拥护和支持,在激烈尖锐的阶级斗争中,其思想意识和政治态度都鲜明地表现出地主阶级的属性,如刘基反对招抚方国珍①,章溢不降起义军②等皆为明证。但无论阶级属性如何鲜明,在士大夫的内心深处,有一点是可以超越阶级界限的,即:心系天下的经世之志和拯民于水火的忧世之情。因此,当他们看到元廷无力拯救民生,看到元廷与民众之间的矛盾冲突已不可调和,且广大民众决心推翻蒙元统治时,他们同样可以投身于农民起义,为争取济苍生、安社稷的政治理想的实现而努力。如刘基由遁世到用世、由卫元到反元的转变,就主要是以有感于生民困苦、社稷安危为契机的。他途经东晋名将祖逖故里,作《吊祖豫州赋》,感佩其"系生民之休戚"的品节,哀叹祖逖生不逢时,壮志难酬,"男儿抱志气,宁肯甘衰朽! 松枏在深谷,枝叶拂星斗。虽无般匠顾,势自凌培塿。"③而就在此时,朱元璋顺应民心民意,推行的"拨乱救民"斗争路线,正好切合士大夫的心境。早在至正十四年(1354 年)十月,朱元璋曾言:

> 四方割据称雄者众,战争无虚日,又旱蝗相仍,人民饥馑,死者相枕藉,心甚忧之,乃祷于天曰:"今天下纷纷,群雄并争,迭相胜负,生民皇皇,坠于涂炭,不有所属,物类尽矣。愿天早降大命以靖祸乱,苟元祚未终,则群雄宜早息,某亦处群雄中,请自某始;若元祚已终,群雄之中当膺天命者,大命早归之,无使生民久阽危苦存亡之几。"④

此后,朱元璋每逢克城略地,必开仓赈济⑤,下令赦囚、禁酒⑥,"存恤鳏寡孤独"⑦,甚有救民之心。如:十六年(1356 年)三月,朱元璋克集庆,召官吏父老,

---

① 张廷玉:《明史》卷一二三《方国珍传》。
② 张廷玉:《明史》卷一二八《章溢传》。
③ 刘基:《刘基集》卷二八《题陆放翁晚兴诗后》。
④ 《明太祖实录》卷一"至正十四年十月"条。
⑤ 刘辰《国初事迹》载:"勿杀人,勿掳女妇,勿烧房屋,违者依军法斩。兵不离伍,市不易肆,开仓以济贫民。"
⑥ 《明太祖实录》卷六"至正十八年十二月辛卯"条。
⑦ 《明太祖实录》卷一〇"至正二十二年正月辛酉"条。

谕之曰:"元失其政,所在纷扰,兵戈并起,生民涂炭,汝等处危城之中,朝夕惴惴不能自保,吾率众至此,为民除乱耳。汝宜各安职业,毋怀疑惧,居官者慎毋暴横以殃吾民,旧政有不便者,吾为汝除之。"①十八年(1358年)正月,朱元璋命提刑按察司金事分巡郡县录囚,并说:"用法如用药,药本以济人,不以毙人,服之或误,必致戕生。法本以卫人,不以杀人,用之太过,则必致伤物。百姓自兵乱以来,初离创残,今归于我,正当抚绥之。"②同年末,朱元璋克婺州,又谕诸将曰:"今新克婺城,民始获苏,政当抚恤,使民乐于归附。"③二十一年(1361年),朱元璋对新任太平知府范常说:"太平吾股肱郡,其民数罹兵革,疲劳甚矣。今命尔往,当有以安辑之,使各得其所,庶几尽职。"④二十五年(1365年)十月,举兵征张士诚,下令:"王者征伐,应天顺人,所以平祸乱而安生民也。"⑤二十六年(1366年),又对太史令刘基、起居注王祎曰:"天下兵争,民物创残,今土地渐广,战守有备,治道未究,甚切于心。"⑥诸如此类,朱元璋所推行的一系列仁政措施,正好与一些士大夫一贯恪守的民为邦本的儒家思想相一致,由此朱元璋便被士大夫确定为实现自己理想的"真主"、"明君"。用陶安的话说,就是:"方今四海鼎沸,豪杰并争,攻城屠邑,互相雄长,然其志在子女玉帛,非有拨乱安民,救天下之心。明公率众渡江,神武不杀,以此顺天应人而行吊伐,天下不足平也。"⑦

2.治军有方。这是传统社会士大夫衡量乱世群雄能否成就大事的重要标尺之一。正因此故,士大夫时常建议朱元璋"不嗜杀人",而这一建议经由朱元璋的切实推行,进一步取得了士大夫的信任。关于朱元璋严禁杀掠、严肃军纪的事例,史料所载颇富。如:至正十六年(1356年)初,朱元璋命徐达为大将率诸将征江东,临行前戒之曰:"吾自起兵,未尝妄杀,今尔等当体吾心,戒戢士卒,城下之日,毋焚掠杀戮,有犯令者,处以军法,纵者罚毋赦。"⑧十九年(1359年)正月,朱元璋谋取浙东诸路,晓谕诸将士说:

> 仁义足以得天下,而威武不足以服人心。夫克城虽以武,而安民必以
> 仁,吾师比入建康,秋毫无犯,故一举而遂定。今新克婺城,民始获苏,政当

---

① 《明太祖实录》卷四"至正十六年三月庚寅"条。
② 《明太祖实录》卷六"至正十八年二月己酉"条。
③ 《明太祖实录》卷七"至正十九年正月乙巳"条。
④ 《明太祖实录》卷九"至正二十一年七月甲子"条。
⑤ 《明太祖实录》卷一八"至正二十五年十月戊戌"条。
⑥ 《明太祖实录》卷一九"至正二十六年三月甲辰"条。
⑦ 谷应泰:《明史纪事本末》卷一《太祖起兵》。
⑧ 《明太祖实录》卷四"至正十六年三月辛卯"条。

抚恤,使民乐于归附,则彼未下郡县,亦必闻风而归,吾每闻诸将下一城,得一郡,不妄杀人,辄喜不自胜。盖师旅之行,势如烈火,火烈则人必避之。……野民必归于宽厚之政,为将者能以不杀为心,非惟国家所利,在己亦蒙其福,为之子孙者,亦必昌盛。尔等从吾言,则事不难就,大功可成矣。①

二十四年(1364 年),常遇春、汪广洋等围赣州,朱元璋谕之曰:"当以保全生民为心,一则可为国家用,一则为未附者……不妄诛杀,得享高爵,子孙昌盛,此可为法向者。"②吴元年(1367 年)八月,命徐达、常遇春等征张士诚,亦谕之曰:"卿等讨张士诚,戒饬士卒,勿肆掳掠,勿妄杀戮,勿发丘垅,勿毁庐舍,闻士诚母葬姑苏城外,慎无侵毁其墓,汝等勿忘吾言。"③在这一思想的支配下,朱元璋诸将亦遵纪守法。如"善用兵"的名将胡大海就曾说:"吾武人,不知书,惟知三事而已:不杀人,不掠妇女,不焚毁庐舍。"④可见,与其他群雄及衰败的元军相比,朱军的确是一支军纪严明的仁义之师。这种政策的推行一定程度上保护了士大夫的性命和利益,赢得了他们的信任和好感,达到了收拾人心的目的。而朱元璋的远见卓识、雄才大略,也正好与士大夫渴望仁政的价值期许节应拍合,诚如儒士唐仲实所云:"主公英明神武,驱除祸乱,未尝妄杀,出民膏火,措之于衽席之上,开创之功,超于前代。"⑤

3.礼贤下士。士大夫在朱元璋的统一事业中竭诚效力,充分发挥自己的作用,又是以朱元璋礼贤下士的政策为保证的。朱元璋"初不知书,而好近儒生"⑥,自冯国用、李善长投靠并言时势起,朱元璋日益认识到文人学士的文韬武略在自己的统一大业中的地位和作用,认为"为天下者,譬如作大厦,非一木所成,必聚材而后成,天下非一人独理,必选贤而后治"⑦。因此,自克集庆后,即宣布:"贤人君子有能相从立功业者,吾礼用之。"⑧克婺州时,又说:"予用英豪有

---

① 《明太祖实录》卷七"至正十九年正月乙巳"条。
② 《明太祖实录》卷一五"至正二十四年八月庚子"条。
③ 皇甫录:《皇明纪略》。
④ 张廷玉:《明史》卷一三三《胡大海传》。
⑤ 《明太祖实录》卷六"至正十八年十二月庚辰"条。
⑥ 赵翼:《廿二史札记》卷三六"明祖重儒"条。
⑦ 《明太祖实录》卷一二八"洪武十二年十二月壬辰"条。
⑧ 《明太祖实录》卷四"至正十六年三月庚寅"条。

如饥渴耳"①;"方今有事四方,所需者人才"②。建吴称王后,进一步重申"立国之初,致贤为急"③,并令:"府、县每岁举贤才及武勇谋略、通晓天文之士,其有兼通书律廉吏亦得荐举。"④可以说,在整个统一战争中,朱元璋无时不以收罗儒士贤才为要务。至明朝建立之前,他已延揽了刘基、宋濂等一大批俊彦贤士,并于二十三年(1363年)建成礼贤馆以处之。⑤ 而士大夫之所以愿意投靠朱元璋,与其推行的用人政策有着直接关系。

朱元璋收录儒士,绝非只为了博个礼贤下士的好名声,而是为了应统一天下大业之所需,正如他在聘得刘基等浙东四儒时所言:"我为天下屈四先生。"⑥所以对于儒士的任用,朱元璋更是据其所能,用其所长,因才授职,因人授事,分别委以重任,如《明史纪事本末》有载:

> 太祖一日从容问陶安:"刘基四人之才何如?"安曰:"臣谋略不及刘基,学问不及宋濂,治民之才不及章溢、叶琛。"太祖深然之。未几,以濂为江西等处儒学提举司提举,遣世子受经,以溢、琛为营田司佥事,基留帷幄,预机密谋议。⑦

而且,朱元璋注意争取张士诚、陈友谅及元朝将官,一旦他们真心归附,即既往不咎,根据"恩均义一,无有所间"⑧的原则予以录用,礼遇甚厚。如:朱元璋平定浙西后,"元室大官贵人之縻于张氏者,相率旅见于廷,上既优待"⑨。二十二年(1362年)正月,朱元璋克龙兴(今南昌),胡廷瑞、祝宗暨、左丞张民瞻、参政廖永坚、枢密同金康泰、左右司郎中潘友庆等俱降,朱元璋"慰劳之,俾各仍旧官"。⑩ 此后的历史表明:这些士大夫确实能恪尽职守、效力于朱元璋的统一事业,甚至献身殉职。应该说,朱元璋知人善任、任人唯贤的作风,在以往农民起义

① 高岱:《鸿猷录》卷二《延揽群英》。
② 张廷玉:《明史》卷一《太祖纪》。
③ 《明太祖实录》卷一五"至正二十四年十一月辛酉"条。
④ 《明太祖实录》卷一九"至正二十六年三月丙申"条。
⑤ 《明太祖实录》卷一二"至正二十三年五月癸酉"条载:"置礼贤馆。先是,上聘诸名儒集建康,与论经史及咨以时事,甚见尊宠。至是,复命有司即所居之西,创礼贤馆处之。陶安、夏煜、刘基、章溢、宋濂、苏伯衡等皆在馆中。时朱文忠守金华,复荐诸儒之有声望者王祎、许元、王天锡至,上皆收用之。"
⑥ 张廷玉:《明史》卷一二八《章溢传》。
⑦ 《明史纪事本末》卷二《平定东南》。
⑧ 《明太祖实录》卷九"至正二十一年十二月己亥"条。
⑨ 徐一夔:《始丰稿》卷五《送都勒斡平章还燕序》。
⑩ 《明太祖实录》卷一〇"至正二十二年正月辛酉"条。

和农民战争中是极为少见的,正是这一点为素有经世之志的士大夫提供了参与时事,实现自己理想的契机。同时,朱元璋在用人时,注重搜罗名重一时的俊彦硕儒,利用他们的影响力和在士大夫心目中的威望来获取民心,吸引人才。如刘基是青田的名门望族,也是浙东士大夫中的佼佼者,自从被朱元璋聘请出山后,一大批浙东士大夫接踵而至。借此,朱元璋扩大了统治基础,稳定了浙东地区的社会秩序,这也是朱元璋较之其他群雄的高明之处。

4.保护士权。为了争取和笼络士大夫,朱元璋在军事行动中,还有意实行了一系列保护士大夫权益的政策。诸如:十八年(1358年)克婺州,令保护"浙东第一义门"浦江郑氏,"禁兵士毋侵犯"①;招募富民子弟充当宿卫,名曰"御中军"②;镇压小股农民起义,维护士大夫权益等③,如在讨伐张士诚的檄文中,朱元璋在辱骂农民起义"焚荡城郭,杀戮士夫"时,也提出要保护士大夫的利益:"凡尔百姓,果能安业不动,即我良民。旧有田产房屋,仍前为主,依额纳粮,余无科取。"④同时,对于余阙、李黼、靳义、福寿、石抹宜孙等为元朝守节死难的官僚,朱元璋"嘉其尽忠死事"⑤,誉之为"忠臣"、"义士"。而对于那些被俘而不愿意投降的士大夫,朱元璋认为:"为人臣者,各为其主"⑥,或礼遇出境,或纵走不追,这与其他群雄通常所采取的不降即杀的方针正好形成鲜明的对比。⑦ 这些措施对于缓和社会矛盾,分化敌对势力,壮大自身力量产生了重要作用,许多士大夫纷纷前来投降,并为之效死。

5.尊孔崇儒。元季的社会剧变,使深浸儒学思想的士大夫面临着空前的道德危机,他们在失去可以依附的政治势力后,对儒学这一精神性力量的期许便显得更为强烈。在此情况下,无论是元廷还是各方群雄,能否举起崇儒大旗,就成为赢得士大夫的一个重要举措。朱元璋虽出身草莽,但出于一种政治策略,他对孔儒的自觉崇尚却是其他群雄难以比拟的。大体来看,朱元璋尊孔崇儒政策的实质内容主要表现在对孔庙的祭拜和学校的建立两个方面:就前者而言,朱元璋

---

① 《明太祖实录》卷六"至正十八年六月癸酉"条。

② 《明太祖实录》卷六"至正十八年十二月辛卯"条。

③ 如《万历严州府志》卷一八《寇盗》载:"梁万户,于潜人。元末率众乱,乌合至数千人,皆以红巾缠头,号红巾军。自杭至徽,转掠淳安、建德地方。……未几,少保常遇春自新城来,李同签(即李文忠)自严州下,会师大战,尽剿红巾之众。"

④ 陆深:《续停骖录摘钞》卷二,《纪录汇编》本。

⑤ 《明太祖实录》卷八"至正二十年六月壬子"条。

⑥ 《明太祖实录》卷三"至正十五年十二月壬子"条。

⑦ 陈高华:《元末浙东地主与朱元璋》,载《元史研究论稿》,中华书局1991年版,第298页。

每占领一处,多要拜谒孔庙。如:至正十五年(1355年)六月克太平,次年三月克集庆,皆"首谒夫子庙,行舍菜礼"①。九月,入江淮府,"先谒孔子庙"。② 二十二年(1362年)正月,入龙兴城,"谒孔子庙"。③ 就后者而言,从十九年(1359年)始,朱元璋在辖境内就掀起了开办学校的热潮,至二十五年(1365年)臻至顶峰。期间,最具代表性的有:十六年(1356年)立三老堂,"以尊遗佚、博士院以蓄英才,凡讲明治道,悉资匡弼;郡县署知府知县员领庙学事,凛弗敢坠"④;二十年(1360年)置儒学提举司⑤;二十五年(1365年)正月设宁越郡学⑥、九月置国子学⑦等。作为一项重要的文治政策,学校的兴建,"既是吸收儒士的手段,又是吸收儒士的结果"⑧。

可见,在天下扰攘,群雄纷争,鹿死谁手尚难预料的情况下,士大夫冒着离经叛道、叛臣逆子的罪名,选择投奔朱元璋并非一时冲动,而是基于"治国平天下"的夙愿,是经过仔细观察、分析、考察后作出的抉择。士大夫从效忠于元到投靠朱元璋,有人怀疑他们的真实感情和道德品格,对此游潜在为刘基辩护时进行了合理的诠释,他在《梦蕉诗话》中说:"青田刘伯温,论者称其乘时佐命之功,甚与汉子房相似。然或谓子房乃为韩报仇,伯温则尝委事于元,其出处不免有音,是盖未深论也。夫伯温生元世,岂能超出天地外,不为元人也哉? 忧时痛国,每形于色。"与刘基一样,许多士大夫曾经渴望元朝中兴,改变积贫、积弱、积弊的局面,但元运将终,中兴的希望化为泡影。于是,通过对社会形势、各方实力及自身利益的估量,他们最终肯定了朱元璋集团优势所在,"我主上(朱元璋)宽仁神武,录人之功,忘人之过",但相形之下,"元君昏弱,奸孽擅政,强将跋扈,百姓荼毒,天绝其命久矣",张士诚、陈友谅等则"骄淫悖道,亡在旦夕"。⑨ 准此,士大夫视朱元璋为"真主",并"委身归之"⑩,与其"相需鱼水"⑪,共同为天下的一统

---

① 唐桂芳:《白云集》卷六《重修兴安府孔子庙记》。
② 《明太祖实录》卷四"至正十六年九月戊寅"条。
③ 《明太祖实录》卷一〇"至正二十二年正月壬戌"条。
④ 唐桂芳:《白云集》卷六《重修兴安府孔子庙记》。
⑤ 《明太祖实录》卷八"至正二十年五月丁卯"条。
⑥ 《明太祖实录》卷七"至正二十五年正月庚申"条。
⑦ 《明太祖实录》卷一七"至正二十五年九月丙辰"条。
⑧ 杨讷:《龙凤年间的朱元璋》,《元史论丛》(第四辑),中华书局1992年版,第169—229页。
⑨ 《明太祖实录》卷一八"至正二十五年十一月乙未"条。
⑩ 《明太祖实录》卷一八"至正二十五年十一月乙未"条。
⑪ 谷应泰:《明史纪事本末》卷一《太祖起兵》。

和封建秩序的重建协力战斗。

第三节　士大夫与其他群雄的关系

在群雄角逐中,一开始张士诚、陈友谅等发展迅速,势力强劲,朱元璋与之相比,"论兵强莫如友谅,论财富莫如士诚"①。其中,陈友谅先后占有安徽、江西、福建、湖广等大片地区,"拥众数十万"②;张士诚则跨有淮东浙右,"民物蕃盛,储积殷富"③,且有"甲士数十万"④,"实江南一劲敌"⑤。但争战的结果却是朱元璋获得了最终胜利,其中原因固然是多方面的,用朱元璋的话说:"曩者群雄并起,东西角立,孰不欲成大业?然不数年,徐氏以柔懦灭,陈氏以刚暴亡。今惟张氏存,来者咸谓政事废弛,亲昵奸回,上下蒙蔽,民心离怨,而费用无经,士卒困败,而征调不息,此将亡之时也。"⑥但有一点是不容忽视的,即张士诚、陈友谅等未能得到士大夫的有力支持,而其中原因则在于张士诚等自身存在的严重缺点以及所推行的相关政策的局限性。

一、士大夫效命其他群雄的原因

如前所述,在农民战争期间,在张士诚、陈友谅、方国珍身边,也曾有不少士大夫为其汲汲效命,出谋划策。这些人之所以愿意将自己的前途与命运托付于张、陈诸人,其原因同样是多方面的,概括起来,大体有二:

一是各方群雄多注重招揽宾客,优渥士人,尤其是张士诚,"颇好士"⑦,为"招纳四方贤俊"及"才识文艺之士"⑧,曾开弘文馆⑨,筑景贤楼;且于至正十九

---

① 钱谦益:《国初群雄事略》卷七《周张士诚》。
② 《明太祖实录》卷二一"至正二十六年八月辛亥"条。
③ 《明太祖实录》卷二五"吴元年九月己丑"条。
④ 《明太祖实录》卷二四"吴元年六月己酉"条。
⑤ 焦竑:《献徵录》卷八吴伯宗撰《江阴侯赠江国公谥襄烈吴良神道碑》。
⑥ 《明太祖实录》卷二〇"至正二十六年六月癸亥"条。
⑦ 钱谦益:《国初群雄事略》卷六《周张士诚》。
⑧ 戴良:《九灵山房集》卷一三《送董郎中序》。
⑨ 王鏊《姑苏志》卷三六载:"至正十六年,为天佑三年,国号大周。历曰明时,设学士员,开弘文馆,以阴阳术人李行素为丞相,弟士德为平章,提调各郡兵马,蒋辉为右丞,居内省理庶务,潘元明为左丞,镇吴兴,史文炳为枢密院同知,镇松江。郡州县正官,郡称太守,州称通守,县仍曰尹,郡同知称府丞,知事曰从事,余则损益而已。"

年(1359年)开科取士,儒士马世杰、郭良弼、董绶等都被罗致麾下。对此,戴良赞云:"十数年来,四方多故,时方尚武,中外选举之制遂格不行。今相国开藩中吴,文武并用,虽当干戈俶扰之际,不废治朝崇儒之典。"①

二是士大夫与张士诚、方国珍结合,与他们曾投靠元廷,接受封官的行为有着直接关系。以张士诚身边的士大夫为例,有人劝张士诚投降元廷,其中参军俞思齐尤其卖力,史谓"初士诚之臣服于元也,其俞思齐实劝之"②。另如,周伯温,张士诚据吴时,"公单骑而往,直抵城中,喻以逆顺祸福,士诚大悟,即称臣入贡"③。王鉴,字明卿,真定(今河北正定)人。善唐人近体诗。隐居吴中时,"张士诚每过之,劝以忠义"④。至正十七年(1357年),张士诚接受元廷招安,被封为太尉后,士大夫对其颇有好感,高启赞云:"太尉镇吴之七年,政化内洽,仁声旁流,不烦一兵,强远自格,天人咸和,岁用屡登,厥德懋矣。然犹不自满而图治弥厉,尚惧听览之尚阙,而思僚佐之相裨也,乃承制以淮南枭政临川饶公领咨议参军事。公辞以非材,即躬临其家,谕之至意,公感激,遂起视事。呜呼盛哉!此岂偶然也耶?盖天将兴人之国,则必赉以聪明奇特之士,与之左提右挈,以就大事,故其相合之深,相信之笃,冥契默谕,有莫知其所以然者。"⑤又评论道:"今天下板荡,十年之间,诸侯不能保其国,大夫士之不能保其家,奔走离散于四方者多矣,而我与诸君蒙在上者之力(指张士诚),得安于田里,抚佳节之来临,登名山以眺望,举觞一醉,岂易得哉!"⑥可见,诸如高启一样的有能之士对张士诚是有过期望的。盖因如此,一时间归附张士诚的士大夫数量骤增,这一点我们可以从前文所列名单中略窥一二。

必须指出的是,这些士大夫出仕张士诚,目的不是真正要扶持张氏,而是欲借其力量消灭其他势力,最终达到维护和拯救元朝统治的目的。如陈基,张士诚据吴时,被引为学士,"书檄多出其手"⑦,曾作诗云:"南斗星移天使下,东吴兵振岛夷惊。君须早决平妖策,杖节归朝奉圣明。"⑧维护元朝统治的意思昭然可见。无独有偶,山阴人张宪,出仕张士诚为枢密院都事,但亦"非其本愿",他在

---

① 戴良:《九灵山房集》卷一三《赠叶生诗序》。
② 杨可学《平吴录》、《明史》卷一二三《张士诚传》。
③ 贝琼:《清江文集》卷二三《跋坚白先生传后》。
④ 柯劭忞:《新元史》卷二四一《王鉴传》。
⑤ 高启:《凫藻集》卷三《代送饶参政还省序》。
⑥ 高启:《凫藻集》卷一《游天平山记》。
⑦ 纪昀:《四库全书总目》卷一六八《夷白斋稿》提要。
⑧ 陈基:《夷白斋稿》卷八《次韵钱都事诚夫海上书事》。

《枕上感兴诗》中将自己比为"王粲之依刘晚,韦庄之仕蜀",亦"自知所托非人"①。正是基于上述目的,士大夫对张士诚的好感大体持续到其自称吴王之际,张氏的叛而复变使士大夫的希望化为泡影,于是不少人相继离去,或隐居不仕,或归附朱氏。同样,一些士大夫选择归附方国珍,也仍与元廷保持着一种暧昧关系,如:刘仁本,方国珍据有温、台诸郡,仁本入其幕中,参与谋议,但仍"眷怀王室,其从国珍,盖欲借其力以有为,徐图兴复"②,内心之中出对王纲解纽的浓郁忧患和对元廷复兴的热切盼望纯然未改。

二、士大夫拒仕其他群雄的原因

当然,此时有更多的士大夫从一开始就不愿出仕张士诚、陈友谅、方国珍诸部,即使那些原本投靠他的士人也纷纷疏离而去。此类情形我们从前文列举的事例中可以见得。而士大夫之所以不愿与其合作,则大体与以下因素有关:

一是不善用人,不问良莠。张士诚虽有好士之名,一度"僚友官以百数"③。从表面上看,一时间"士大夫咸声随影附,争游其门以自效"④,大有成就一番事业之希望,但其实不然。张士诚用人一定程度上是为了沽名钓誉,附庸风雅,"士有至者,不问贤不肖,辄重赠遗,舆马居室无不充足"⑤,只要愿意游其门下者,便来者不拒,并大加赏赐,"动以金帛啖诱将士"⑥,让其"身衣天下至美,口甘天下至味"⑦。这种给士以养尊处优的生活条件,实际上并不能起到积极作用:一方面,造成了"士之嗜利者,多往趋之"⑧的局面;另一方面,导致士人的腐化堕落,"或卧不起,邀求官爵,美田宅"⑨。在此情况下,贤者"见士诚不足与有为"⑩,往往不屑与之为伍,如杨维桢就是如此,当张士诚招他时,杨氏坚辞不赴,且遗书士诚,尖锐地批评了他所用之人"有生之心,无死之志";所用守令,"有奉上之道,无恤下之政";甚至把假伥当作忠臣,把狡猾当作耿直,把贪虐当作廉

---

① 纪昀:《四库全书总目》卷一六八《玉笥集》提要。
② 纪昀:《四库全书总目》卷一六八《羽庭集》提要。
③ 杨维桢:《东维子集》卷八《送李志学还吴序》。
④ 戴良:《九灵山房集》卷一三《送董郎中序》。
⑤ 《明太祖实录》卷二五"吴元年九月己酉"条。
⑥ 焦竑:《献徵录》卷八吴伯宗撰《江阴侯赠江国公谥襄烈吴良神道碑》。
⑦ 《明太祖实录》卷二四"吴元年六月己酉"条。
⑧ 钱谦益:《国初群雄事略》卷七《周张士诚》。
⑨ 钱谦益:《国初群雄事略》卷七《周张士诚》。
⑩ 钱谦益:《国初群雄事略》卷七《周张士诚》。

洁，搞得"是非一谬，黑白俱紊，天下何自而治乎"①。又如马俊，字世杰，高邮人。仕张士诚为浙东道宣慰使司，深感其不能有为，宏伟抱负难以实现，遂归附朱元璋，感叹："蝇不附翼，不能致千里；人不得所依，独能发名成业乎！"②同时，张士诚心胸狭隘，不能虚心纳谏。如，郭翼，字熙仲，昆山人，尝献策张士诚，若想成就霸业，须"反其政休劳之，率以乘时进取"③，若一味贪图享乐，待到四方豪杰并起之日，即使关门自守恐怕也来不及了。这颇中时弊的言语，切合实际的计策，张氏竟"不能用"，郭翼遂"归耕娄上"④。俞齐贤，张士诚称吴王时，累犯颜谏止，不听，遂杜门谢病，时人王逢作诗云："太尉称王号，郎中谢病躯，孤猿霜月泪，群雁稻粱图。初志宗周鼎，余生待蜀镂。全归至正末，足愧楚钳徒。"⑤

与张士诚相仿，陈友谅虽然"把争取和依靠地主阶级知识分子及元故官的支持，作为政权建设的一个重要目标"⑥，但他"性雄猜，好以权术驭下"⑦，妄自尊大，刚愎自用，将士均不敢进谏，致使人心丧失，众叛亲离，到头来成了孤家寡人。方国珍开府庆元后，置官属人，急需贤才，时人建议他"欲举大谋，当用天下贤士，一心守法"⑧。但方氏不善用人，不从即杀的事情经常发生，"凡士居其地者，不为所用，则为所祸"⑨。如，詹鼎，字国器，浙江宁海人，国珍闻其有才，"以计获之，鼎为所获，无奈因为之尽力，为其府都事"⑩。他又不能虚心纳谏，如儒士张善曾劝其"以师泝江窥江东，北略青、徐、辽海"，方氏固执不从，曰："吾志不及此。"⑪

二是法度不明，滥杀无辜。朱元璋曾言："今群雄蜂起，皆不知修法度以明军政，此其所以无成也。"⑫实为确论。如：张士诚安于淫乐、颓废消沉。对将士管束不严，放任自流，将士出征，恣情掳掠。如取平江，"劫掠奸杀，惨不忍言"；

---

① 钱谦益：《国初群雄事略》卷七《周张士诚》。
② 苏伯衡：《苏平仲文集》卷一二《温州卫中左所千户马公墓碑》。
③ 刘凤：《续吴先贤赞》卷九《文学·郭翼》。
④ 纪昀：《四库全书总目》卷一六八《林外野言》提要。
⑤ 王逢：《梧溪集》卷四《哀故淮省郎中海陵俞忠夫》有引。
⑥ 杨讷：《天完大汉红巾军史论述》，《元史论丛》第 1 辑，中华书局 1982 年版，第 129 页。
⑦ 张廷玉：《明史》卷一二三《陈友谅传》。
⑧ 方孝孺：《逊志斋集》卷二一《詹鼎传》。
⑨ 苏伯衡：《苏平仲文集》卷一三《故元温州路同知平阳州事孔公墓志铭》。
⑩ 方孝孺：《逊志斋集》卷二一《詹鼎传》。
⑪ 张廷玉：《明史》卷一二三《方国珍传》。
⑫ 张廷玉：《明史》卷一三五《孔克仁传》。

破杭州，"检刮掳掠"①，或将帅自由散漫，"偃蹇不用命。每有攻战，辄称疾，邀官爵田宅然后起。甫至军，所载婢妾乐器踵相接不绝，或大会游谈之士，皆不以军务为意。及丧师失地，士诚概置不问。已，复用为将，上下嬉娱，以至于亡。"②陈友谅部也"上下骄矜，法令纵弛"③，如部将邓克明兄弟"御众无纪律，所过荼毒，人以邓贼称之"④；饶鼎臣也"所至毒害"⑤；还有的部将为求珍宝，竟至领兵"发冢行劫"⑥。加及陈友谅经常屠杀战俘，使自己陷于孤立，更被反对滥杀的士大夫所斥责。尤其是杀倪文俊、赵普胜、徐寿辉诸人，不仅促使将士离心，"多不服而叛"⑦，而且导致了明玉珍部的分裂。刘桢曾对明玉珍说："陈友谅弑主自立，明公必不可听命也。"⑧所以朱元璋分析陈友谅失败的原因说："陈氏之败，非无勇将健卒，由其上下骄矜，法令纵弛，不能坚忍，恃众寡谋，故至于此"，"举措一失，逐致土崩"⑨。方国珍部"势亦横暴"⑩，经常焚掠沿海，如：至正十二年（1352年）春，国珍"率海岛贫民千余艘突入刘家河，烧运船无算，遂抵太仓，大肆焚掠"⑪；同年五月，"寇台州，纵火焚郭外民舍，楼并毁"⑫。像这种军纪涣散，如一盘散沙的队伍，自然难以得到民众的支持，一些士大夫亦深感失望，觉得"势不可久"⑬，纷纷倒向朱元璋一边。

三是立场不明，叛服靡常。在农民战争期间，如何对待元朝，"对于各支起义军及其领袖来说，都是一个根本的政治态度问题"⑭。史实表明：元末各方群雄在不同的历史时期对元朝的态度有所不同。其中，朱元璋部与元廷的关系大体经历了准备投降——友好往来——招降——对抗四个阶段⑮，一度表现出暖

① 陶宗仪：《南村辍耕录》卷二九《纪隆平》。
② 张廷玉：《明史》卷一二三《张士诚传》。
③ 《明太祖实录》卷一四"至正二十四年三月戊辰"条。
④ 《明太祖实录》卷一五"至正二十四年八月壬辰"条。
⑤ 《明太祖实录》卷一一"至正二十二年八月癸巳"条。
⑥ 孔迩述：《云蕉馆纪录》，《丛书集成初编》本。
⑦ 《明太祖实录》卷一三"至正二十三年八月壬戌"条。
⑧ 黄标：《平夏录》。
⑨ 《明太祖实录》卷一四"至正二十四年三月戊辰"条。
⑩ 《明太祖实录》卷八"至正二十年正月己丑"条。
⑪ 钱谦益：《国初群雄事略》卷九《台州方谷真》。
⑫ 钱谦益：《国初群雄事略》卷九《台州方谷真》。
⑬ 解缙：《文毅集》卷一一《显考筠涧公传赞》。
⑭ 陈高华：《论朱元璋与元朝的关系》，《学术月刊》1980年第4期。
⑮ 张德信先生在《略论朱元璋与元朝的关系》（《江淮论坛》1990年第3期）一文中分为：准备投降——友好往来——招降三个阶段。

昧态度①。陈友谅部对元朝则始终持敌对态度，反元斗争极为坚决，其定国号为"汉"，就是以民族斗争为号召，目的是要取元而代之。二十年（1360 年），元廷派礼部员外郎姜硕南下招安陈友谅，结果被杀。② 后又拘留了另一个招安官员迭里迷失。③ 陈友谅的这种态度，使许多士大夫视其为敌人，不愿意仕之，已经出仕者后来也相继投向朱元璋。

相形之下，张士诚、方国珍对元的态度就显得较为复杂多变：一方面，他们都曾向元称臣入贡，这一行为一度赢得了站在元廷立场上很多士大夫的赞赏，但同时也为一些士大夫所不齿，在其看来，张、方降元表明其立场不定，胸无大志，不可依附。如二十一年（1361 年）九月，杨维桢应张士诚之招，勉行至姑苏，适逢张士诚降元，遂赋诗曰："江南岁岁烽烟起，海上年年御酒来。如此烽烟如此酒，老夫怀抱几时开？"寻辞归。④ 另一方面，他们又对元朝阳奉阴违。期间，张、方虽与地方元军时有战斗，但从根本上说，只是割地自保，"徒拥兵众为富贵之娱耳"⑤，并无反元之志。尤其是方国珍于十四年（1354 年）称王建国⑥；张士诚先于十四年称诚王，后于二十三年（1363 年）称吴王。这使他们过早地与元政权走向了对立，致使人心涣散，原本投靠他的不少士大夫愤然离去，另谋出路。二十七年（1367 年）九月，平江城破。高启乱后踏寻吴城废墟，写下这首伤时感怀的七律："城苑秋风蔓草深，豪华都向此消沉。赵佗空有称尊计，刘表初无弭乱心。半夜危楼俄纵火，十年高坞漫藏金。废兴一梦谁能问？回首青山落日阴。"⑦诗咏张士诚"废兴一梦"，批评他拥地自重，不图进取，最终落得个空城难守的下场。

四是生活奢靡，不顾民生。如：张士诚固守江浙一隅，"上下逸豫，遂忘远图"⑧，只想保住江浙富饶之地，永世享乐，不愿担冒风险。张士诚自己则养尊处

---

① 陈高华：《论朱元璋与元朝的关系》，《学术月刊》，1980 年第 4 期。另，针对陈先生提出的"暧昧"关系，任崇岳先生在《朱元璋评价的几个问题——与陈高华同志商榷》一文中提出了不同意见，认为"朱元璋抗元坚决，态度并不暧昧"。

② 杨渊：《弘治抚州府志》卷二四《人物》。

③ 苏伯衡：《苏平仲文集》卷一三《吴府君墓表》。

④ 徐干学：《资治通鉴后编》卷一八〇"至正二十一年九月壬申"条。

⑤ 《明太祖实录》卷二〇"至正二十六年七月丁未"条。

⑥ 方国珍是否建国称王问题，相关的原始资料，在方失败后已毁灭殆尽，正史又乏记载。对此，丁伋先生撰《方国珍有否建国称王？》、《方国珍建国称王再证》两文，肯定了方国珍至正十四年（1354 年）攻下台周后称王的事实。

⑦ 高启：《大全集》卷十四《吴城感旧》。

⑧ 钱谦益：《国初群雄事略》卷八《周张士诚》。

优，"终岁不出门，不理政事"①，将一切军政大事委于其弟张士信。士信身为江浙丞相，奢侈淫逸，利用职权，大肆兴建楼台亭榭，第宅园池，广蓄歌妓舞女；行军作战又携婢带妾，朝夕酣宴不绝。② 上行而下效，文官武将亦竞相兼并土地，贪求财富，一时"买献之产遍于平江"③，甚至"用吏术以括田租"④，"掳巨室甥女"⑤，不断加重百姓的负担。朱元璋曾言："张氏骄横、暴殄、奢侈，此天亡之时也。"⑥同样，陈友谅生活豪侈，"尝造镂金床甚工，宫中器物类是"⑦；又横征暴敛，史载："江西巡抚张朝璘言，南昌府属浮粮系陈友谅横行征派，明季相沿。"⑧由此可以推知陈友谅统治时的赋税是极为沉重的。所有这些，都使士大夫对张、陈诸人大失所望。

五是所用非人，奸佞任事。以张士诚为例，他"信佞为忠"，"信诈为直"，"狃于小安而无长虑"⑨。初期，张士诚用兵专靠张士德及史椿出谋划策，后来张士德被俘，史椿因遭谗被杀，遂委政于张士信，用为丞相。此人贪污无能，又嫉妒贤才，"疏间旧将"，搞得"上下乖疑，不肯用命"⑩，如参谋史椿就是因为士信听信谗言而被杀害的。时人认为"张氏亡国，亡于其弟士信"⑪。其实，张士诚之亡，何止亡于其弟士信，也与他所用非人不无关系，如只知高谈阔论，舞文弄墨，而不知大计的迂腐书生黄敬夫、蔡彦文、叶德新等，竟然成了张氏的重要参谋。⑫ 他们操控国政，"惟事蒙蔽，故其国政日非"⑬，正如民谣所云："丞相做事业，专靠黄、菜、叶，一夜西风起，乾瘪！"⑭而杨维桢在其乐府诗中描绘得更为淋漓尽致：

---

①　钱谦益：《国初群雄事略》卷七《周张士诚》。
②　长谷真逸：《农田余话》卷上载："诸公经国为务，自谓化家为国，以底小康，天起第宅，饰园池，畜声伎，购图画，唯酒色耽乐是从。"
③　顾炎武：《日知录》卷一〇《苏松二府田赋之重》。
④　贝琼：《贝清江先生文集》卷二《铁崖先生传》。
⑤　王逢：《梧溪集》卷四《怀唐伯刚》有引。
⑥　谷应泰：《明史纪事本末》卷四《太祖平吴》。
⑦　张廷玉：《明史》卷一二三《陈友谅传》。
⑧　《清朝文献通考》卷二康熙元年"减江西南昌府浮粮"条。
⑨　钱谦益：《国初群雄事略》卷七《周张士诚》。
⑩　《明太祖实录》卷二五"吴元年九月己丑"条。
⑪　杨维桢：《铁崖古乐府》卷六《周铁星》。
⑫　《明史纪事本末》卷四《太祖平吴》载：徐达曾对朱元璋曰："张氏骄横、暴殄、奢侈，此天亡之时也，其所任骄将如李伯升、吕珍之徒，皆龌龊不足数，惟拥兵将为富贵之娱耳，居中用事黄、蔡、叶三参军辈，迂阔书生，不知大计。"
⑬　谷应泰：《明史纪事本末》卷四《太祖平吴》。
⑭　谷应泰：《明史纪事本末》卷四《太祖平吴》。

君不见伪吴兄弟四六七,十年强兵富金谷。大兄垂旒不下堂,小弟秉钧独当国。山阴蔡药师,云阳叶星卜。朝坐白玉堂,夜宿黄金屋。文不谈周召,武不论颇牧。机务托腹心,边筹凭耳目。弄臣什什引膝前,骨鲠孤孤内囚犒。去年东台杀普化,今年南垣杀铁木。凤陵斲棺取含珠,鲸海刮商劫沉玉。粥官随地进妖艳,笼货无时满坑谷。西风卷地来六郡,下破竹朽索不御。六马奔腐木,那支五楼覆。大钺先罪魁,余殃尽孥戮。寄谢悠悠佞幸儿,福不盈眶祸连族。何如吴门市卖药,卖占饥死心赤足。①

这是对张士诚所用之士的绝妙讽刺,怨愤和指责之情溢于言表。同样,方国珍身边的士大夫不算很多,但亦多为平庸无能之辈,"时佐其谋议者,同邑刘仁本、张本仁、郑永思,永嘉丘楠辈。惟丘楠颇廉慎,余皆由州县胥吏进用,贪贿营私,无深虑远略。……而兄国璋、弟国瑛居台,惟以买田、造舟、殖货,为富家计。"②

可见,张士诚、陈友谅、方国珍等人在政治态度、政治行为、用人政策等方面的表现,远逊于朱元璋,也正是这种差异,成为能否获得士大夫支持的关键。历史表明:战争的胜负固然取决于双方政治、经济、军事力量的对比,但要使这些条件充分发挥作用,在很大程度上还取决于双方在智士资源上是否胜出一筹。若能胜过对方,则即使原来处于劣势,也会转变为优势;反之,原来虽处于优势,亦会转化为劣势。张士诚、陈友谅等人之所以失败,其中一个重要原因就在于他们没有真正得到士大夫的有力支持和辅佐,使自己由优势转化为劣势,最终不可避免地落得丧身亡命的下场。

---

① 杨维桢:《铁崖古乐府》卷六《蔡叶行》。
② 《明太祖实录》卷八八"洪武七年三月壬辰"条。

第三编　机遇与困境

士大夫与明初封建统治秩序的重建
及其政治艰危

元明易代,结束了动乱分裂的局势,天下复归一统。在新的历史时期,士大夫的政治态度、价值观念和行为方式随之发生了转变。其中,一部分士大夫深怀故国之思,坚守遗民人格,不仕新朝,逸于山林。他们的此种追寻,既基于一种自我尊严,也源于一种道德尊严,道德层面的羞辱感和叛逆感,使他们甘愿忍受生存的窘迫和价值认同的焦虑;亡国之际未能以身殉国,又且能再仕新朝? 这几乎是他们内心之中最鲜明、最浓郁的想法。而与此同时,定鼎之初,朱明王朝革新更化,尊崇儒术,扶植彝伦,敦行教化,重用文人,一个以儒术治天下,以理学开基业的文治社会略显雏形。处此情景,更多的士大夫则顺应历史之潮流,积极响应朱明新朝之召唤,锐意仕进,参与政治,佐君化民,在不同的领域通过不同的方式贡献自己的睿智,施展自己的抱负,一定程度上实践了自身的政治功能和文化功能。对于明廷而言,士大夫的竭力佐命,成为统治者重建封建统治秩序,缔造鸿猷伟业的社会基础和中坚力量,当时在政治、经济、军事、文化等方面所采取的许多措施,士大夫皆扮演了倡导者、改革者和实践者的重要角色。然而,伴随着君主专制的强化,明太祖在利用士大夫之时,也通过重典治吏、文狱党祸等极端措施,对士大夫进行了严密的控制和惨烈的迫害。在经历了空前的政治艰危之后,士林学界逐渐兴起了一股谨固柔顺、沉寂僵化、复古守旧的社会风气。

第七章 明初"善于用人"政策的进一步强化

一如前述,在翦灭群雄,混一宇内的过程中,朱元璋求贤若渴,礼贤下士,延揽群英,知人善任,遂成一代帝业,是故吴晗先生有言:"农民、地主和知识分子三方面的合作,是他之所以成功的最大原因。"①明开国之初,天下甫定,百废待举,朝廷和地方更需各类人才。因之,朱元璋进一步强化"善于用人"②的政策:一方面,在观念上提出积极有效的用人思想和尊儒重文的文治主张,倡导"为治实在于得贤材"③、"定天下以武,治不以武也"④的治国理念;另一方面,在政策上打破元代用人注重根脚、吏员的窠臼,切实推行学校、荐举、科举等多种途径,不拘一格,网罗贤才,逐步奠定了汉族士大夫的政治核心地位,开辟了终明一代绵延不绝的文人政治和文治局面。

第一节 朱元璋的人才观及文治主张

一、朱元璋的人才观

中国传统政治是在儒家思想的指导下建立起来的,有较强的人文色彩,极其看重人在政治中的地位和作用,知人善任也就成了君主的政治道德之一。朱元

---

① 吴晗:《元帝国之崩溃与明之建国》,《国立清华大学学报》,单行本 1936 年。
② 杨维桢:《东维子集》卷二《送淞江同知李侯朝京序》。
③ 谢肃:《密庵集》卷七《送屠士弘应召序》。
④ 宋讷:《西隐集》卷七《大明敕建太学碑》。

璋在长期的统治实践中，不仅做到了知人善任，且善于总结用人经验，逐步形成了内涵丰赡、求实致用的人才观。关于朱元璋的用人问题，以往研究主要侧重于政策层面的考察，以此为基础，兹从思想层面对他的人才观及其实践加以探讨，以期揭明洪武政权的建立和巩固与其积极、进步的人才观有着密切联系。

（一）重人："举贤任才，立国之本"

人才是国家致治的关键，历代统治者无不重视人才在治理国家中的重要作用。经历了元末大乱的朱元璋，深知创业难，守成更难。何以守成？他认为关键在于人，所谓："举贤任才，立国之本"①，"世有贤才，国之宝也"②，"天下之治，天下之贤共理之"③，"治国之道，当以用贤为先"④。朱元璋以史为鉴，吸取元代鄙薄人才的教训，认为"昔古创业之君，必由群英而兴，又必以贤能而治"⑤。所以，立国伊始，他即把笼络人才、用好人才视为朱明王朝安危治乱的关键。洪武八年（1375年）七月，朱元璋谓侍臣曰："举大器者，不可以独运，居大业者，不能以独成，故择贤任能，列布庶位，安危协心，盛衰同德。"⑥十三年（1380年）三月，又说："朕闻昔列圣之驭宇内，必贤能以辅之。"⑦在他看来，文人儒士博闻赅洽，足智多谋，谙熟安邦治国之道。因此，作为君主，欲治理新生国家，唯有设官分职，依赖广大官员方能保证国家机器的正常运行；相反，若无贤才辅弼，即使雄才大略之君也难成大业。他曾将人才喻为"木材"，认为："为天下者，譬如作大厦，非一木所成，必聚材而后成；天下非一人独理，必选贤而后治，故为国得宝不如荐贤。"⑧又说："若官爵得人，则九关为通衢之事进，天下之事达矣。若爵以非人，则假九关为虎豹之纵横为由，则上下闭塞矣。"⑨强调人君治天下，须以进用贤人为要务，如能真知贤者，便可保证吏治清明、社会稳定，最终达到经邦济世、治国安民的目的。

当然，朱元璋也承认用人之难，难在知人，唯有知人，才能做到善任。洪武二年（1369年）三月，他在与儒臣秦裕伯论《易》时说道："人主职在养民，但能养贤

① 《明太祖实录》卷二九"洪武元年正月辛巳"条。
② 《明太祖实录》卷八一"洪武六年四月辛丑"条。
③ 张廷玉：《明史》卷二《太祖纪二》。
④ 《明太祖实录》卷一四〇"洪武十四年十一月乙巳"条。
⑤ 《明太祖集》卷七《赐魏鉴等守服家用》。
⑥ 《明太祖实录》卷一〇〇"洪武八年七月庚申"条。
⑦ 《明太祖集》卷三《中国公邓镇诰文》；《明太祖实录》卷一三〇"洪武十三年三月丙申"条。
⑧ 《明太祖实录》卷一二八"洪武十二年十二月壬辰"条。
⑨ 《明太祖集》卷四《御史左右大夫诰》。

与之共治,则民皆得所养,然知人最难,若所养果贤而使之治民,则国无虚禄,民获实惠,苟所养非贤,反厉其民,何补于国哉,故人主养贤非难,知贤为难。"①与之相应,在朱元璋看来,如果用人不审慎,便可败国亡身,元朝覆亡,群雄殄灭的历史结局便是明鉴。他说:"昔元时,不重名爵,或以私爱辄授以官职,名虽易得,实无益于事,徒拥虚名而已。朕今命官,必因其才官之,所治必尽其事,所以然者天禄不可虚费也。又尝思昔在民间时,见州县官吏多不恤民,往往贪财好色,饮酒废事,凡民疾善视之漠然,心实怒之。"②在此,朱元璋把为官择人视为致安之本,把"用得贤才"与"安人宁国"的治国方针紧密联系在一起,并成为他的一贯思想,构成其人才观的核心。在上述思想指导下,洪武年间朱元璋屡次下诏求贤,充分实践了其为政之要,惟在得人的用人思想。

(二)用人:"量能授官,各取所长"

量能授官、各取所长是朱元璋选用人才的重要标准和原则。在他看来,国之兴衰与贤才是否各得其用关系甚大,广纳贤才后,若用之不当,对国家是一种损失,对人才无异于扼杀,故朱元璋再三告诫臣下:"人才不绝于世,朕非患天下无贤,患知人之难耳,苟所举非所用,为害甚大。"③并提出了量能授官,各取所长的用人思想,其标准就是:"察其言行,以观其德;考之经术,以观其业;试之书算,以观其能,策其经史时务,以观其政事"④,即从德、才、能、事四个方面选拔人才;良臣与明君相配合,便"足以纲维天下"⑤。

为了真正做到以才用人,各尽其能,朱元璋主张用人不可求全责备,强人所难,所谓:"人之才能少得全备"⑥,"若唯见其人之小节,未睹其大端,而辄置之,乃有天下无贤之叹,虽有稷契之才,亦难见矣"⑦;"人之才有长短,任人之际,量能授官……毋求备于一人可也"⑧。在他看来,作为国家所用之才,贵在学有所长,学有所用,当国者则须用其所长,拚其所短,"任人之道,因材而授……故国家用人,当各因其材,不可一律也"⑨。人之才力有"大器"与"小能"之分,任人

① 《明太祖实录》卷四〇"洪武二年三月乙未"条;查继佐:《罪惟录》纪卷一《太祖高皇帝》。
② 《明太祖实录》卷三九"洪武二年二月甲午"条。
③ 《明太祖实录》卷三六"洪武元年十一月己亥"条。
④ 《明太祖实录》卷二二"至正二十七年三月丁酉"条。
⑤ 《明太祖实录》卷二六"至正二十七年十月丙寅"条。
⑥ 《明太祖实录》卷一三四"洪武十三年十二月丙戌"条。
⑦ 《明太祖实录》卷一〇一"洪武八年十月丙辰"条。
⑧ 《明太祖实录》卷二一〇"洪武二十四年七月甲寅"条。
⑨ 《明太祖实录》卷三四"洪武元年八月丙子"条。

之道,贵在扬长避短,量才而用,真正做到人尽其才。由此,在具体选拔人才时,朱元璋要求有司对于"其长于一艺者,皆在选列",认为"其廉让也,可以知其仁;其善谋也,可以知其智;其果断也,可以知其勇"①。同时,对于那些有过错又知错能改者,朱元璋主张不嫌不弃,他说:"良工琢玉,不弃小疵,朝廷用人,必赦小过。故改过迁善,圣人与之,录长弃短,人君务焉。苟因一事之失而弃一人,则天下无全人矣。"②"人之成才至难,自非圣贤,鲜有无过者,若有过能改,则志乎善矣,可以录用。"③出乎此,他经常命令有司:"凡士人因小过罢黜及迁谪远方者,知其才德果优,并听举用。"④一些才敏学行之士因有微罪而被免官,朱元璋指示吏部说:"近内外官员有以微罪罢免者,其中多明经老成,练达政务,一旦废黜,不得展尽其才能,朕甚惜之。"⑤遂令将这些人礼送京师,摆居要职。凡此,都成为朱元璋选才用人的重要标准和原则。

(三)选人:不拘资格,唯才是举

在等级森严的封建社会,统治者用人注重阀阅资望,强调论资排辈,出身卑微的才学之士往往限于资历只能屈沉下僚,碌碌无为者却可以迁延岁月而位居枢要。出身寒微的朱元璋痛感此中之弊:"近代官人必举世族,则有志者不得上达多矣。"⑥因而在位期间,他坚持任人不拘一格,强调"资格为常流设耳,若有贤才,岂拘常例。今后庶官之有材能而居下位,当不次用之"⑦,进而指出"朝廷爵禄所以待士,彼有卓越之才,岂可限以资格,朕但期得贤,名爵非所吝"⑧。基于这种认识,朱元璋主张选拔人才时,应该打破年龄、亲疏、民族和地域的界域。

1.参用青老。早在称吴王时,朱元璋用人已注意老中青参而用之。至正二十四年(1364年)三月,他诏谕中书省:"郡县官年五十以上者,虽练达政事,而精力既衰,宜令有司选民间俊秀年二十五以上、资性明敏、有学识才干者辟赴中书,与年老者参用之。"⑨称帝后,朱元璋进一步重视对文章秀异、经国佐时之士的选

---

① 《明太祖实录》卷一〇一"洪武八年九月丙辰"条。
② 《明太祖实录》卷二二三"洪武二十五年十二月丙辰"条。
③ 《明太祖实录》卷一九七"洪武二十二年十月丙申"条。
④ 《明太祖实录》卷二二三"洪武二十五年十二月丙辰"条。
⑤ 《明太祖实录》卷一五九"洪武十七年正月丙寅"条。
⑥ 《明太祖实录》卷九六"洪武八年正月丙寅"条。
⑦ 《明太祖实录》卷一一七"洪武十一年三月丁亥"条。
⑧ 《明太祖实录》卷一九七"洪武二十二年九月戊辰"条。
⑨ 张廷玉:《明史》卷七一《选举志三》。

拔与培育,举凡"果有才学出众者"①,则擢为各级官吏,甚至直接充任行省布政、按察两使及四方大吏,"故其时布列中外者,太学生最盛"②。与此同时,对于久任的老成之士,朱元璋一方面鼓励年老体衰者致仕,如洪武十三年(1380年),"命文武官年六十以上者,皆听致仕"③;十七年(1384年)又诏吏部"凡文职官年七十者,听其致仕"④。另一方面,对于那些经明行修、练达时务之士,又不以年龄为限,委以重任,如翰林官员,其年龄大率都在六十以上七十以下。⑤

2.不避亲疏。在封建官僚体制中,官员的任免升降取决于皇帝及长官的意志,因而任人唯亲,裙带之风盛行,堵塞了大批贤能之士的仕途。朱元璋认为此法弊甚,应当矫正,"国家用人,唯才是与,使苟贤无间于疏远,使不肖何恤于亲昵"⑥,"自古圣贤之君,不以禄私亲,不以官私爱,惟求贤才以治其民"⑦。据此,他注意招揽才俊,甚至"得元朝官吏尽用之"⑧,如故元户部尚书张昶,有才辩,谙熟典制,归附后,朱元璋高兴地说:"元朝送一贤人与我",并授中书省都事。另外,一些曾仕张士诚、陈友谅、方国珍等的士大夫,朱元璋也大加礼遇。

3.擢用少数民族人才。元朝用人讲求民族差异,对此朱元璋不以为然,他说:"元朝出于沙漠,惟任一己之私,不明先王之道,所在官司,辄以蒙古、色目人为之长,但欲私其族类,羁縻其民而矣,非公天下爱民图治之心也。"所以他一反元朝的民族歧视政策,重视对少数民族士人的任用。他在北伐檄文中申明:"如蒙古、色目,虽非华夏族,然同生天地间,有能识礼义,愿为臣民者,与中国之民抚养无异。"⑨克元大都后,又下诏:"蒙古人,色目人,有才能者,许擢用。"⑩至明初,更宣布:"蒙目、色目人氏,既居我土,毕吾赤子,果有才能,一体推用。"⑪由此,洪武年间,许多少数民族士大夫得到任用。

4.南北人才兼用。明建国之初,官僚队伍中的南北乡土之见甚为鲜明,各级

①　《明太祖实录》卷五二"洪武三年五月己亥"条。
②　张廷玉:《明史》卷六九《选举志一》。
③　《明太祖实录》卷一三〇"洪武十三年二月戊辰"条。
④　《明太祖实录》卷一六八"洪武十七年十一月己巳"条。
⑤　张廷玉:《明史》卷七一《选举志三》。
⑥　《明太祖实录》卷四八"洪武三年正月癸巳"条。
⑦　《明太祖实录》卷二八"至正元年十二月戊辰"条。
⑧　刘辰:《国初事迹》。
⑨　高岱:《鸿猷录》卷五《北伐中原》。
⑩　张廷玉:《明史》卷二《太祖纪二》。
⑪　吕毖:《明朝小史》卷一《洪武纪》。

官员大体是以淮西、浙东士大夫为主的南方人,而北方士人多被排挤在政治之外。为解决这一矛盾,朱元璋一方面通过荐拔录用北方士人,以打破淮西集团的宗派体系,并"定南北更调之制,南人官北,北人官南"①;另一方面通过办学,积极发展北方的教育事业,提高北方人的文化水平。② 而洪武三十年(1397 年)"南北榜"案件,则充分表现朱元璋解决南北人才问题的决心。是年会试,"中者皆南人,北士无预者",朱元璋大怒,处置了主考官刘三吾、白信蹈及状元宋琮等,还亲自命题重考,中六十一人,全是北人③。这一事件虽是一场冤案④,但朱元璋却借此安抚了北方士人,扩大和巩固了明王朝的统治基础,反映了他不以地域为限的用人思想。

(四)容人:推心待士,从谏如流

君主要使臣下无所顾忌,敢于直谏,做到人尽其才,才尽其能,就要有容人之量,任贤无疑,从谏如流。以往史学界普遍认为朱元璋用人猜忌,拒纳直言,但实际上,在其内心深处仍饱含着推心待士,从谏如流的容人思想。

首先,在推心待士方面,朱元璋在得天下之前,就认为:"君之于臣,好而信之,谗言虽至而不入;恶而疑之,毁谤不召而自来。"⑤认识到用人不疑,则人人尽力;用而疑之,则离心离德。当时,有许多儒士武将投靠朱元璋,他都相待以诚,用之不疑,表现了一个政治家的风度。建国之初,有个叫王兴宗的人,老实不贪,朱元璋破例授为金华知县。但李善长等认为其出身卑贱,不可牧民,朱元璋不听:"兴宗从我久,勤廉能断,儒生法吏莫先也。"王氏果然不负所望,到县三年"以治行闻"⑥。御史攻陷陶安,"太祖曰:尔何由知之? 对曰:闻之于道路。太祖曰:御史但取道路之言以毁誉人,此为尽职乎?"⑦遂黜而不用。又学正孙询攻

---

① 张廷玉:《明史》卷七一《选举志三》。

② 此类举措颇多,以《明太祖实录》所载为例:洪武八年(1375 年)三月,"命御史台官选国子生分教北方"(卷九八);十四年(1381 年)三月,"颁五经、四书于北方学校"(卷一三六);二十年(1387 年)十月,"以北方学校无名师,生徒废学,命吏部迁南方学官之有学行者教之"(卷一八六);二十四年(1391 年)六月,"命礼部颁书籍于北方学校"(卷二〇九),等等。

③ 张廷玉:《明史》卷七〇《选举志二》。

④ 关于"南北榜"案件,吴晗先生分析道:"朱元璋是从政治出发的,是从大一统国家的前提出发的,白信蹈等的被杀,宋琮的充军是冤枉的。"这个分析是很有见地的。参见《朱元璋传》,三联出版社 1980 年版,第 275 页。

⑤ 《明太祖实录》卷一八九"洪武二十一年三月辛巳"条。

⑥ 张廷玉:《明史》卷一四〇《王兴宗传》。

⑦ 《明太祖实录》卷三四"洪武元年八月甲午"条。

讦税使孙必贵为"胡党",攻讦故元参政黎铭"谤讪朝廷",朱元璋皆"不问"。①
并下令凡告讦不实者抵罪。不信谗言,任人不疑,这是朱元璋之所以能得到士大
夫悉心辅政的重要原因之一。

其次,在进谏纳谏方面,朱元璋认为君主能否纳谏关系到国家的治乱兴衰,
他曾以成汤、唐宗从谏,殷纣拒谏为例,论述了"兴亡之道在从谏与咈谏"②的道
理。在他看来,"清明之朝,耳目外通,昏暗之世,聪明内蔽……国家治否,实关
于此。"③谏言是君主下通民情,知晓民声的重要途径,所以作为君主须广开言
路,接纳直言。对此,朱元璋深有感触地说:"朕常患下情不能上达,得失无由以
知,故广言路以求直言,其有言者,朕皆虚心以纳之,尚虑微贱之人,敢言而不得
言,疏远之士欲言而恐不信,如此则所知有限,所闻不广。"所以他"令天下臣民
凡言事者,实封直达朕前"④,充分显示了其作为一代明君的博大胸怀。

在专制社会,君主虽有无上权力,但即使明君也不能遍见万物,遍知万事。
所以君主要巩固自己的统治,就应该用贤纳谏,用臣下的智慧来疏导、启沃和补
充自己的不足,只有这样,才能见妄知实,进而采取相应的措施来维护统治地位。
对此,朱元璋有深刻见解,认为进谏是臣下匡正君主的重要责任,从谏是君主必
备的政治道德之一,所谓"若君有过举,而臣不言,是臣负君;臣能直言而君不
纳,是君负臣"⑤。所以,是君主就应该"舍己从人,改过不吝",此"帝王之美
事"⑥;是臣子就应该"言朝廷庶务",此"有益于天下国家"⑦。但明察历史的朱
元璋体察臣下的处境,他深知"为君难,为臣不易"⑧,故而他时常鼓励臣下直言
己过,无须顾及。如:洪武二年(1369年)二月,朱元璋曾敕谕中书省臣说:"中书
法度之本,百司之所禀承。凡朝廷命令政教,皆由斯出,事有不然,当直言改正,
苟阿意曲从,言既出矣,追悔何及?……自今事有未当,卿等即以来言,求归至
当,毋从苟顺而已。"⑨九年(1376年)五月,又对侍臣说:"朕日总万几,安能事事

① 《明太祖实录》卷一四六"洪武十五年七月甲子"条。
② 《明太祖实录》卷八〇"洪武六年三月乙卯"条。
③ 《明太祖实录》卷一一三"洪武十年六月丁巳"条。
④ 《明太祖实录》卷一一三"洪武十年六月丁巳"条。
⑤ 《明太祖实录》卷三〇"洪武元年二月己未"条。
⑥ 《明太祖实录》卷一〇六"洪武九年六月壬寅"条。
⑦ 《明太祖实录》卷三〇"洪武元年二月己未"条。
⑧ 《明太祖实录》卷一一〇"洪武九年十二月庚戌"条。
⑨ 《明太祖实录》卷三九"洪武二年二月乙酉"条。

尽善,所望者左右之臣,尽忠补过耳。"①又说:"朕访察民间利病,何事当兴,何事当革,具为朕言,朕当行之,毋为容默,但保禄而已。"②甚至申明:"至于言无实者,亦略而不究。"③在他看来,作为臣下,对于君主不能一味顺从,阿谀奉承,而应以一种求真务实的态度匡正君主之过、朝政之失;作为君主,应广开言路,虚怀纳谏,以臣下之长补己之短,而不能偏听顺言,更不能独断专行,刚愎自用,理由是:"护短恶谏,诛戮忠直,人怀自保,无肯为言者,积咎愈深,遂至不救。"④洪武元年(1368年)二月,他尝谓侍臣说:

> 凡人之言,有忠谏者,有谗佞者。忠谏之言,始若难听,然其有益,如药石之能济病;谗佞之言,始若易听,然其贻患不可胜言。……自古若此者甚多,而昏庸之君,卒莫之悟,由其言甘而不逆于耳故也。惟刚明者审择于是非,取信于公论,不偏信人言,则谗佞之口可杜矣。⑤

即此观之,朱元璋明白君主能力之不足要依靠百官来补充,臣下的进谏议政,并非为了一己之私的干政行为,而是为了天下之治的补正行为。基于此,虽然朱元璋本人在洪武后期猜忌群臣,大兴党狱,致使群臣矜持柔顺,不敢妄言时政,一度出现了言官台臣"久无谏诤"⑥的局面。但这种局面的出现,并不能抹杀朱元璋倡导臣下进谏、君主纳谏的思想,在其统治期间,他确实做到了远离奸佞,不恶直言,从谏如流,这一点从其"屡敕廷臣直言无讳"及其与群臣议政的场面中可以略窥梗概。

(五)管人:严明驭吏,赏罚公正

朱元璋出身下层,深知奸吏之害,认为元朝对官吏的失驭,"以致社稷倾危而卒莫之救"⑦。鉴于元亡,朱元璋认识到"此弊不格,欲成善治,终不可得"。所以他主张"严明以驭吏,宽裕以待民"⑧,视加强对官员的管理是治国之要务。朱元璋告诫群臣要修明道德,端正其身,"邪者戒之,正者效之"⑨。在行政时,要

① 《明太祖实录》卷一〇六"洪武九年六月壬寅"条。
② 《明太祖实录》卷九二"洪武七年八月辛丑"条。
③ 《明太祖实录》卷三〇"洪武元年二月己未"条。
④ 《明太祖实录》卷三〇"洪武元年二月己未"条。
⑤ 《明太祖实录》卷三〇"洪武元年二月癸卯"条。
⑥ 《明太祖实录》卷一〇六"洪武九年六月壬寅"条。
⑦ 《明太祖实录》卷二八"至正二十七年十二月戊辰"条。
⑧ 《明太祖实录》卷五四"洪武三年七月己亥"条。
⑨ 《明太祖实录》卷七二"洪武五年二月壬午"条。

勤政爱民,忠君无私,对百姓做到"求夫民情"①,"安养生息之"②;对君主则要"务欲助君,志在行道"③。惟其如此,才能"张其纪纲,植其表仪,正其名位,善其辞令,基图以大,国家以安"④。

朱元璋心目中的理想官员就是"忠君爱民之臣"⑤,否则便是佞臣,应受到惩处。为管理官吏,朱元璋推行了一系列规章制度。诸如:制定颁布《大明律》、《大诰》等法律文献,对官吏的贪墨、失职、渎职等腐败行为作了详细规定;建立了包括都察院、六科给事中、按察司在内的检察系统,提高了行政效率,严防了贪污腐败;与监督机制相结合,加强官吏的考核制度,堵塞贪官污吏的仕进之途;实行民告官制度,利用民众力量,加强对官吏的广泛监督;颁布《铁榜文》等垂戒文献,警示天下百官。上述措施,经过洪武一朝的贯彻执行,使明初吏风大变,"一时守令畏法","吏治焕然不变"⑥。

同时,朱元璋亦视赏罚严明为管理官吏的重要手段。在他看来,只要做到赏罚公平,一视同仁,则臣下同心同德;相反,若厚此薄彼,以亲间疏,则臣下离心离德。他说:"赏罚者,国之大权。有功者虽所憎必赏,有罪者虽所爱必罚,赏以当功,上不为德,罚以当罪,下不敢怨。"⑦又说:"人言天子居至尊之位,操可致之权,赏罚予夺得以自专。朕则不然,凡出一言,行一事,兢兢业业,惟恐上违天命,下拂人情。况赏罚予夺,国之大柄,一有爱憎忿戾于其间,则非大公至正之道,是以此心,斯须不敢忽也。"⑧出乎此,朱元璋对于违法干纪、倚势横暴者,一律严惩不贷,即使是皇亲国戚也毫不宽宥。早在建国之前,朱元璋即严明法纪,大将邵荣谋反,"乃饮荣酒,流涕而戮之"⑨;大将胡大海之子犯酒禁,朱元璋以"不可坏了我号令",亲手杀之⑩;汤和姑夫席某隐瞒常州田土,不纳税粮,亦"诛之"⑪。当时战事正殷,前途未卜,朱元璋能够做到执法严明,实属不易。这种作风在建

---

① 《明太祖实录》卷二五五"洪武三十年十二月乙巳"条。
② 《明太祖实录》卷二九"洪武元年正月辛丑"条。
③ 《明太祖实录》卷二五一"洪武三十年三月癸丑"条。
④ 《明太祖实录》卷一三一"洪武十三年四月戊子"条。
⑤ 《明太祖集》卷四《钦天监令诰》。
⑥ 张廷玉:《明史》卷二八二《循吏传序》。
⑦ 《明太祖实录》卷一一二"洪武十年五月戊寅"条。
⑧ 《明太祖实录》卷一二九"洪武十三年正月乙巳"条。
⑨ 张廷玉:《明史》卷一二五《常遇春传》。
⑩ 刘辰:《国初事迹》。
⑪ 刘辰:《国初事迹》。

国之后得以发扬,如洪武十四年(1381年)驸马欧阳伦横行不法,私自贩茶,家奴周保擅作威福,朱元璋大怒,赐之死。① 若说在盘根错节、官官相护的专制社会,王子犯法与庶民同罪只是一句空话,那么朱元璋的举动可以说是一个例外。

总之,朱元璋的人才观汲取了历史的经验教训,并注入自己的思想认识,从而把封建时代统治者的人才观提高到一个新的水平。一方面,他的人才观一定程度上是对元代鄙夷、钳制和糟践用人政策的批判和反驳。朱元璋为了巩固其统治地位,重建统治秩序,在选用人才方面可谓开明,许多才能之士得以擢用;对广大士人而言,在久经磨难之后,他们终于迎来了新的历史机遇。另一方面,如果说朱元璋能击败群雄,一统天下,建立大明政权,与士大夫的尽心赞辅休戚相关;至明初,其正确的人才观,则使他建立起一个相对协调、稳定的统治集团,并直接促成了明初君臣一心一德,共济天下的政治风气,对于明初"贤人各尽职"②局面的形成以及明王朝的建立和巩固起到了极为重要的作用。诚如时人所言:"有明受天新命,开基金陵,百辟效职,百将効忠,实君臣千载一时之会,所以创大业,臣妾天下,皆国家善于用人也。"③当然,在君主专制空前强化的时代,朱元璋的人才观中也存在诸多缺陷,其猜忌、压抑、打击乃至杀戮官僚士大夫的行为就充分印证了这一点。

二、朱元璋的文治思想及其实践

一张一弛,文武之道,"武足以拨乱,文足以经邦"④,"武"可以解决建国的一时之危,"文"则是治国的长久之计。有元一代,文武二途并行不悖,刚柔相济。期间,文治一途围绕汉化政策的推行曾为蒙元统治者所重视,诸如尊祭孔子,崇尚儒学,兴办学校,任用儒士,乃至立理学为官学等。但质言之,这些措施更多的是蒙元统治者立足中原的权宜之计,作为传统政治思想的主要内容之一,以儒学为核心的文治理念并未成为元朝占主导地位的治国方式,甚至在很长一段时间,文治理念还遭到了蒙元统治者的压抑和鄙视。

明兴之初,海内新定,惩亡元之弊,如何缔造一个法度划一、风俗整齐、官吏守职、黎民本分的文治社会,就成了朱元璋的政治目标。朱元璋是个文治武功兼

---

① 张廷玉:《明史》卷一二一《公主列传》。
② 《明太祖实录》卷二九"洪武元年正月辛巳"条。
③ 杨维桢:《东维子集》卷二《送淞江同知李侯朝京序》。
④ 朱同:《覆瓿集》卷四《舟行分韵诗序》。

备的封建皇帝,"武定祸乱,文致太平,太祖实身兼之"①。在明王朝的建立过程中,他建有赫赫武功;立国后,又继承唐宋文治,确立并大力推行堰武修文之举,"武功既成,文治大洽"②。对此,《明史·太祖本纪》赞云:"礼致耆儒,考礼定乐,昭揭经义,尊崇正学","修人纪,崇风教"③。《皇明史概》亦称:

> (朱元璋)不得已起义兵,即条法令,明约事务,以安辑为事,故所至抚定,民咸安堵。十余年间,平一天下,虽曰天命人归,要亦神武不杀之故所致也。即位之初,稽古礼文,制礼作乐,修明典章,兴举废坠,定郊祀,建立学校,尊孔子,崇儒术,育贤才,注《洪范》,叙《九畴》,罢黜异端,表章经籍,正百神之号,严祭祀之典,察天文,推历数,定封建,谨法律,慎赏罚,抚四夷,海外远方皆遣子入学……退朝之暇,即延接儒臣,讲论经典,凡诏诰命令之词,皆自制。④

所论大体勾勒出了洪武文治政策之概况。毫无疑问,朱元璋振兴文事的举措,是以其本人浓厚的文治思想为理论基点的。在其看来,治国之道,随时而异,"天下可以马上得,不可以马上治,于是大兴文教"⑤,用他自己的话说就是:"王者受命武功文德,相继成治,定天下以武,治不以武也"⑥;"治天下之美,非贤何以洽民,非文何以昌化? 文所以备载万物,阐演幽微,无所不至"⑦。意谓国家唯有行文治才能得到治理,走向兴盛。具体而言,朱元璋的文治思想内涵颇丰,举其要者有:

(一)祭祀先师,尊崇儒术

自汉武帝"独尊儒术"以来,儒家思想就成为历代封建王朝的统治思想。在元代,虽确立了理学的正统地位,但官方儒学体系始终不够完备,元末甚至出现了儒术分裂,"各备私知"的学术情势,致使儒道衰微,世道混乱,人心不正。明开国之初,统治者即将尊孔崇朱,推明儒术作为思想文化的基本方针,并视作一项鸿猷伟业加以鼓吹。儒术的大行其道,有其深刻的社会、政治、经济和文化背景,但最高统治者朱元璋的倡导是一个不可忽视的原因。他在为《资世通训》作

---

① 张廷玉:《明史》卷三《太祖纪三》。
② 刘基:《诚意伯文集》卷二○《甘露颂》。
③ 张廷玉:《明史》卷三《太祖纪三》。
④ 朱国祯:《皇明史概·皇明大政记》卷六。
⑤ 宋濂:《文宪集》卷五《庚戌京畿乡闱纪录序》。
⑥ 宋讷:《西隐集》卷七《大明勅建太学碑》。
⑦ 《明太祖集》卷八《翰林侍讲学士李翀敕》。

序时,回顾了自己对"圣贤之道"的理解经历了从"一概无知"到"微知其理"发展历程。① 在此过程中,他深感"上古哲王,道与天同",②儒术关乎国家的治乱兴衰。

早在农民战争期间,朱元璋就打出了尊孔崇儒的旗号,以便争取汉族士大夫的支持,与群雄争夺天下。明朝建立后,结束了元末分裂割据的局面,政治上的统一必然要求思想上的统一。因此,朱元璋登基伊始,即宣布要"明教化以行先圣之道"③,重行汉法,复崇文治,宣扬文教,收揽人心,成为朱元璋治国之要务。析言之,朱元璋尊孔崇儒的思想主要表现在如下几点:

1. 祭拜孔子④

祭拜孔子乃历代之常制,自汉迄元行而不辍⑤。及明初,朱元璋损益旧制,仍祭孔子。在他看来:"孔子明帝王之道,以教后世,使君君、臣臣、父父、子子、纲常以正,彝伦攸序,其功参于天地。"⑥"先师孔子,扶持世教,功德广大,万世帝王之师也。"⑦对孔子的尊崇之情溢于言表。不仅如此,朱元璋还认为"孔子有功万世,历代帝王莫不尊礼"⑧。因而每到一地,他自己必躬行实践,拜谒孔庙⑨,

---

① 《明太祖集》卷一五《资世通训序》。

② 《明太祖集》卷一五《资世通训序》。

③ 《明太祖实录》卷三〇"洪武元年二月丁未"条。

④ 关于明太祖朱元璋祭祀孔子一事,朱鸿林先生《明太祖的孔子崇拜》一文已从野史对明太祖的误会事例、元朝的孔子崇拜情况、明初的兴学与祭祀先师礼仪、明太祖朝孔庙祀事的议论等方面作了深究细析(参见《中国近世儒学实质的思辨与习学》,北京大学出版社2005年版,第70—119页)。以此为基础,本书拟对朱元璋祭祀孔子规制的形成、基本规模和次数、祭祀礼仪的演绎等予以补充式探讨。

⑤ 对此,《明太祖实录》卷三四"洪武元年八月丁丑"条有载:"汉儒以先圣为周公,若孔子以先师为礼乐诗书之官,……故释奠各以其师而不及先圣,惟春秋合乐,则天子视学,有司总祭先圣先师。是则汉时释奠亦略可见矣。魏正始中,使太常释奠于辟雍。晋释奠皆于国学。东晋成穆孝武皆亲释奠。隋制,国子监每岁四仲月上丁,释奠先圣先师,州、县学则用春秋仲月。唐初释奠,儒官自为祭主直,书博士姓名,敢昭告于先圣。武德、贞观中,皆以二月亲幸国子监释奠。开耀、景龙中,皆皇太子释奠于太学。开元中,诏春秋释奠,以三公摄事,著之常式;若遇大祀,则用仲丁,州县用上丁。宋、元因古礼而损益之。"

⑥ 《明太祖实录》卷一四四"洪武十五年夏四月丙戌"条。

⑦ 《明太祖实录》卷三八"洪武二年正月庚戌"条。

⑧ 《明太祖实录》卷八七"洪武七年二月戊午"条。

⑨ 早在建国之前,朱元璋重视祭拜孔子。如:至正十六年(1256年)三月(按:原文载为龙凤元年,即至正十五年(1355年),误)朱元璋克应天,首谒孔子,行舍菜礼。(唐桂芳《白云集》卷六《重修兴安府孔子庙记》)同年九月,克江淮府,"入城,先谒孔子庙"。(《明太祖实录》卷四"至正十六年九月戊寅"条)二十二年(1362年)正月,入龙兴城,谒孔子庙。(《明史》卷一《太祖纪一》)

"幸学崇儒重道之意已肇于此"①。朱元璋之所以尊崇孔儒,既是历代王朝兴衰的经验总结,也是自身在斗争实践中的深切体会,亦意在将孔子奉为至上权威,进而确立起社会形态的指导思想和观念体系。在朱元璋的倡导和引领下,明初祭孔之风渐兴,并初步形成了明代祭孔的基本规制,其具体内容包括:祭孔的时间、祭物、乐章、流程等。据此,以下拟对洪武间祭孔规制的形成、祭孔的规模及基本仪式等加以梳理。

其一,祭孔规制的形成

最早,洪武元年(1368年)二月,朱元璋诏以大牢祀孔子于国子学,同时遣使至曲阜祭孔,并诚谕使臣曰:"仲尼之道,广大悠久,与天地相并,故后世有天下者,莫不致敬尽礼,修其祀事。朕今为天下主,期在明教化以行先圣之道,今既释奠国学,仍遣尔修祀事于阙里,尔其敬之。"②这是明朝祭孔的真正开端,自此每岁仲春、秋上丁,皇帝降香,遣官祀于国子学。③ 但此时,祭孔活动主要集中在京师国子学和孔子阙里曲阜两处。次年二月,朱元璋下诏强调:孔庙春秋释奠,止行于曲阜,天下学校只行释菜礼以祀孔子,而不必通祀。④ 对此,刑部尚书钱唐提出反对意见:"孔子垂教万世,天下共尊其教,故天下得通祀孔子,报本之礼不可废。"侍郎程徐亦言:"古今礼典,独社稷、三皇与孔子通祀。天下民非社稷、三皇则无以生,非孔子之道则无以立。……发挥三纲五常之道,载之于经,仪范百王,师表万世,使世愈降而人极不坠者,孔子力也。孔子以道设教,天下祀之,非祀其人,祀其教也,祀其道也。今使天下之人,读其书,由其教,行其道,而不得举其祀,非所以维人心扶世教也。"朱元璋皆不听。⑤ 实际上,朱元璋坚持暂不在地方学校通祀孔子,并非不愿意,而是"不敢"⑥,按照朱鸿林先生据《明集礼》、《始丰稿》卷五《临安县新建庙学记》所言:太祖不令地方通行释奠,是怕流于随便不敬之失。⑦ 因之,暂不通祀并不能否定朱元璋对孔子的尊崇。有一例为证:洪武三年(1370年)六月定岳镇海渎、城隍诸神号时,下诏:凡岳镇海渎去其前代所封

① 李东阳,等:正德《明会典》卷八四《祭先师孔子》。
② 《明太祖实录》卷三〇"洪武元年二月丁未"条。
③ 张廷玉:《明史》卷五〇《礼志四》。
④ 谈迁:《国榷》卷三"洪武二年二月丁卯"条。
⑤ 张廷玉:《明史》卷一三九《钱唐传》。
⑥ 据《明集礼》卷一六载:"朕代前王统率庶民,目书检点,忽睹神之训言:'非其鬼而祭之,谄也';'敬鬼神而远之';'祭之以礼';此非圣贤明言,他何能道? 故不敢通祀,暴殄天物,以累神之圣德。"
⑦ 详见前揭朱鸿林《明太祖的孔子崇拜》,第81页。

名号,郡县城隍神号一体改正,历代忠臣烈士的"溢美之称"皆宜革去。惟孔子例外,所有封爵一仍其旧,称"大成至圣文宣王"①,理由在于:"孔子善明先王之要道,为天下师以济后世,非有功于一方一时者可比。"②四年(1371年),令进士释褐,诣国学行释菜礼。③此制后世赓续不绝,举凡新科进士一般都要诣国子监孔子庙,行舍菜礼。

至洪武十五年(1382年)四月,鉴于"天下郡县庙学并建,而报祀之礼止行京师"的局面,朱元璋下诏天下通祀孔子,并令礼部尚书与儒臣定释奠礼仪,颁于天下府、州、县学④,规定"以每岁春秋仲月通祀孔子"⑤。次月,京师太学成,遣官释奠于孔子⑥;太祖朱元璋亦择日幸国子监,谒拜孔子,行释菜之礼。⑦十七年(1384年),又敕:每月朔望遣内臣降香;朔日,祭酒以下行释菜礼于国子监⑧;府、州、县长官以下则诣学校行香⑨。同年六月,命礼部制大成乐器颁于天下儒学,令州县如式制造⑩。二十九年(1396年),黜扬雄从祀,进董仲舒。以后,又定:"遇登极、皆遣官祭告阙里。又驾幸太学、行释菜礼。"⑪至此,比较完备的祭孔规制基本形成。

其二,祭孔时间和规模

循宋元之旧⑫,自洪武元年(1368年)始,已大体确立了每年仲春、仲秋祭孔于国子学的规定,其中"仲春"指二月,"仲秋"指八月⑬。洪武一朝,除洪武二

---

① 关于孔子封号,历代屡有变更,但总的趋势是越往后越尊崇,具体为:晋及隋,或号先师,或称先宣尼、宣父。至唐玄宗,始谥为文宣王,宋真宗加至圣,元成宗加大成,明初仍之,称"大成至圣文宣王"。

② 《明太祖实录》卷五三"洪武三年六月癸亥"条。

③ 申时行,等:万历《明会典》卷九一《先师孔子》。

④ 《明太祖实录》卷一四五"洪武十五年五月丁丑"条。

⑤ 《明太祖实录》卷一四四"洪武十五年四月丙戌"条。

⑥ 《明太祖实录》卷一四五"洪武十五年五月己未"条。

⑦ 《明太祖实录》卷一四五"洪武十五年五月乙丑"条。

⑧ 申时行,等:万历《明会典》卷九一《先师孔子》。

⑨ 丘濬:《大学衍义补》卷六六《释奠先师之礼下》。

⑩ 《明太祖实录》卷一六二"洪武十七年六月甲午"条。

⑪ 申时行,等:万历《明会典》卷九一《先师孔子》。另:正德《明会典》卷八四《祭先师孔子》载:"每岁二丁传制遣官致祭;列圣登极,皆遣官祭告阙里;驾幸太学,行释奠礼;每月朔望遣内臣降香。"

⑫ 《政和五礼新仪》卷一《时日》载:"春秋二仲上丁,释奠文宣王。"《宋史》卷九八《礼志一》所载同。《大金集礼》卷三六《祀仪》载:"大定十四年正月六日,以国子监申请,每年春秋仲月上丁日,释奠于文宣王。"

⑬ 申时行,等:万历《明会典》卷九一《先师孔子》。

年、六年祭祀三次,三十一年祭祀一次外,其他诸年皆为两次。具体祭祀情况,兹仅据《明太祖实录》所载,列表如次:

表 7.1　洪武年间祭孔系年简表

时　间	祭孔史实	史料来源
元年二月	遣使至曲阜祭孔。	卷 30 "洪武元年二月丁未"条
元年八月	遣官释奠于先师孔子。	卷 34 "洪武元年八月丁丑"条
二年正月	遣前国子祭酒孔克坚祀先师孔子。	卷 38 "洪武二年正月庚戌"条
二年二月	遣官释奠于先师孔子。	卷 39 "洪武二年二月丁卯"条
二年八月	遣官释奠于先师孔子。	卷 44 "洪武二年八月丁卯"条
三年二月	遣官释奠于先师孔子	卷 49 "洪武三年二月丁卯"条
三年八月	遣官释奠于先师孔子	卷 55 "洪武三年八月丁巳"条
四年二月	遣官祭三皇并释奠孔子。	卷 61 "洪武四年二月丁巳"条
四年八月	遣官释奠于先师孔子。	卷 67 "洪武四年八月丁亥"条
五年二月	遣官释奠于先师孔子。 乐舞器物陈设几案,用新定之礼。	卷 72 "洪武五年二月丁亥"条
五年七月	遣官释奠于先师孔子。	卷 75 "洪武五年八月丁丑"条
六年二月	遣官释奠于先师孔子。	卷 79 "洪武六年二月丁丑"条
六年八月	遣御史大夫陈宁释奠于先师孔子。	卷 84 "洪武六年八月丁丑"条
六年十一月	遣官代祀历代帝王并孔子等庙。	卷 86 "洪武六年十一月甲申"条
七年正月	遣官释奠于先师孔子,以朔日上丁日食,故以是日致祭。	卷 87 "洪武七年正月丁未"条
七年八月	遣官释奠于先师孔子。	卷 92 "洪武七年八月丁酉"条
八年二月	遣官释奠于先师孔子。	卷 97 "洪武八年二月丁酉"条
八年五月	遣官释奠于先师孔子。	卷 100 "洪武八年五月丁酉"条
九年二月	遣御史大夫汪广洋释奠于先师孔子。	卷 104 "洪武九年二月丁亥"条
九年八月	遣官释奠于先师孔子。	卷 108 "洪武九年八月丁亥"条
十年二月	遣御史大夫汪广洋释奠于先师孔子。	卷 111 "洪武十年二月丁巳"条
十年八月	遣官释奠于先师孔子。	卷 114 "洪武十年八月丁未"条
十一年二月	遣官释奠于先师孔子。	卷 117 "洪武十一年二月丁未"条
十一年六月	遣官释奠于先师孔子。	卷 119 "洪武十一年六月丁未"条
十二年二月	命丞相胡惟庸释奠于先师孔子。	卷 122 "洪武十二年二月丁未"条
十二年八月	遣官释奠于先师孔子。	卷 126 "洪武十二年八月丁卯"条
十三年二月	遣官释奠于先师孔子。	卷 130 "洪武十三年二月丁卯"条

时　　间	祭孔史实	史料来源
十三年八月	遣官释奠于先师孔子。	卷133"洪武十三年八月丁卯"条
十四年二月	遣礼部尚书李叔正释奠于先师孔子。	卷135"洪武十四年二月丁巳"条
十四年八月	命国子祭酒李敬释奠于先师孔子。	卷138"洪武十四年八月丁巳"条
十五年二月	遣官释奠于先师孔子。	卷142"洪武十五年二月丁巳"条
十五年八月	诏天下通祀孔子。	卷144"洪武十五年四月丙戌"条
十六年二月	遣官祭先师孔子。	卷145"洪武十五年五月己未"条
十六年八月	命国子监祭酒吴颙释奠于先师孔子。	卷147"洪武十五年八月丁丑"条
十七年二月	遣官释奠于先师孔子。	卷159"洪武十七年二月丁丑"条
十七年八月	命国子祭酒宋讷释奠于先师孔子。	卷164"洪武十七年八月丁卯"条
十八年二月	遣官释奠于先师孔子。	卷171"洪武十八年二月丁酉"条
十八年八月	遣官释奠于先师孔子。	卷174"洪武十八年八月丁酉"条
十九年二月	朔遣官释奠于先师孔子。	卷177"洪武十九年二月丁亥"条
十九年八月	遣官释奠于先师孔子。	卷179"洪武十九年八月丁亥"条
二十年二月	遣官释奠于先师孔子。	卷180"洪武二十年二月丁亥"条
二十年八月	遣奠于先师孔子。	卷184"洪武二十年八月丁巳"条
二十一年二月	遣官释奠于先师孔子。	卷188"洪武二十一年二月丁未"条
二十一年八月	遣官释奠于先师孔子。	卷193"洪武二十一年八月丁未"条
二十二年二月	遣官释奠于先师孔子。	卷195"洪武二十二年二月丁未"条
二十二年八月	遣官释奠于先师孔子。	卷197"洪武二十二年八月丁酉"条
二十三年二月	遣官释奠于先师孔子。	卷200"洪武二十三年二月丁酉"条
二十三年八月	遣官释奠于先师孔子。	卷203"洪武二十三年八月丁卯"条
二十四年二月	遣官释奠于先师孔子。	卷207"洪武二十四年二月丁卯"条
二十四年八月	遣官释奠于先师孔子。	卷211"洪武二十四年八月丁巳"条
二十五年二月	遣官释奠于先师孔子。	卷216"洪武二十五年二月丁巳"条
二十五年八月	遣官释奠于先师孔子。	卷220"洪武二十五年八月丁巳"条
二十六年二月	遣官释奠于先师孔子。	卷225"洪武二十六年二月丁丑"条
二十六年七月	遣官释奠于先师孔子。	卷229"洪武二十六年七月丁丑"条
二十七年二月	遣官释奠于先师孔子。	卷231"洪武二十七年二月丁丑"条
二十七年八月	遣官释奠于先师孔子。	卷234"洪武二十七年八月丁丑"条
二十八年二月	遣官释奠于先师孔子。	卷236"洪武二十八年二月丁卯"条
二十八年八月	遣官释奠于先师孔子。	卷240"洪武二十八年八月丁卯"条

时　间	祭孔史实	史料来源
二十九年二月	遣官释奠于先师孔子。	卷244"洪武二十九年二月丁酉"条
二十九年八月	遣官释奠于先师孔子	卷246"洪武二十九年八月丁亥"条
三十年三月	遣官释奠于先师孔子。	卷250"洪武三十年三月丁亥"条
三十年八月	遣官释奠于先师孔子。	卷254"洪武三十年八月丁亥"条
三十一年二月	遣官释奠于先师孔子。	卷256"洪武三十一年二月丁亥"条

由表可知,洪武年间遣官释奠孔子共63次。祭祀时间一般为每年二、八月,其中出现正月、三月、五月、七月的祭祀情形属于例外,并非常制。尤堪一提的是:表中"祭孔史实"一栏,所录文字大体为"遣官释奠于先师孔子",此并非偶然巧合,而是洪武时祭孔礼中的明文规定。最早,洪武六年(1373年)八月初定祭孔礼时,规定为:"某日遣官祭先师孔子"①。二十六年(1393年)在重定遣官祭祀礼时,又规定为:"某年月日祭先师孔子大成至圣文宣王,命卿行礼祭。"②此制后世行而不废,但文字略有变化:永乐年间,作"遣官释奠先师孔子"。宣德年间,开始明确指出所遣官员官职、名称,一般作"遣某官某释奠先师孔子",如"遣翰林侍讲学士王英释奠先师孔子","遣太子少傅工部尚书兼谨身殿大学士杨荣释奠先师孔子"等。此后,正统、天顺、成化、弘治、正德、嘉靖年间,皆为"释奠先师孔子,遣某官某某行礼",如正统时"释奠先师孔子,遣礼部尚书兼翰林院学士杨溥行礼",天顺时"释奠先师孔子,遣太子少保吏部尚书兼翰林院学士李贤行礼",成化时"释奠先师孔子,遣吏部尚书王翱行礼",弘治时"释奠先师孔子,遣少傅兼太子太师吏部尚书谨身殿太学士刘吉行礼",正德时"释奠先师孔子,遣太子太保吏部尚书兼武英殿大学士焦方行礼",嘉靖时,"释奠先师孔子,遣大学士毛纪行礼"。万历以降,用语始变化不定,如万历时就有"遣大学士张位释奠于先师"、"命礼部尚书于慎行致祭于至圣先师孔子"、"吏部尚书宋纁祭至圣先师孔子"、"遣礼部尚书范谦于先师孔子公"、"祭先师孔子,遣尚书范谦行礼"等。此种变化,表明自明初形成的祭孔之制开始松动,也从一个侧面反映了此时儒家正统思想开始受到了心学等新思潮的挑战。

① 《明太祖实录》卷八四"洪武六年八月辛未"条。
② 《明太祖实录》卷二二八"洪武二十六年六月壬寅"条;俞汝楫:《礼部志稿》卷八一《遣祀》;万历《明会典》亦载:"某年月日祭先师孔子大成至圣文宣王。嘉靖间,更定祭孔子制云:'某年某月某日,祭至圣先师孔子,命卿行礼'。"

其三，释奠礼仪

释奠礼仪，即明人所谓的"释奠先师孔子仪注"①。礼仪要素主要包括乐章、器物和祭祀程序等。(1)释奠乐章②。明建国之初，释奠乐章仍沿用宋元"大成登歌乐"③。如洪武元年(1368年)八月首祭祀孔子时，就规定"用大成登歌乐"④。至洪武六年(1373年)六月，命翰林承旨詹同、侍讲学士乐韶凤等在宋元乐章的基础上，重新加以修订。八月二日，始成。⑤ 按照祭祀程序，所奏乐章为：迎神，奏《咸和》曲；奠帛，奏《宁和》曲；初献，奏《安和》曲；亚献、终献，奏《景和》曲；彻馔、送神，奏《咸和》曲。⑥ 关于各曲的具体曲词，《明史》与《明太祖实录》、万历《明会典》所载略有不同，如表所示：

曲 目	《明史》卷62《乐志二》	《明太祖实录》卷84	万历《明会典》卷91
迎神 咸和之曲	大哉宣圣，道德尊崇。维持王化，斯民是宗。典祀有常，精纯益隆。神其来格，于昭圣容。	大哉先圣，道德尊崇。维持王化，斯民是宗。典祀有常，精纯并隆。神其来格，于昭圣容。	大哉宣圣。……典祀存常。精纯益隆。……
奠帛 宁和之曲	自生民来，谁底其盛？惟王神明，度越前圣。粢帛具成，礼容斯称。黍稷非馨，惟神之听。	自生民来，谁底其盛？惟王神明，度越前圣。粢帛具成，礼容斯称。黍稷非馨，惟神之听。	与前同
初献 安和之曲	大哉圣王，实天生德。作乐以崇，时礼无斁。清酤惟馨，嘉牲孔硕，荐羞神明，庶几昭格。	大哉圣师，实天生德。作乐以崇，时祀无斁。清酤惟馨，嘉牲孔硕，荐羞神明，庶几昭格。	大哉圣王。……荐修神明。……

① 《明太祖实录》卷一四五"洪武十五年五月丁丑"条。

② 关于洪武年间祭祀孔子的乐章，业师南炳文先生《洪武祭祀乐章和朱元璋》一文已有探究。文中首先将洪武年间的祭孔乐章与《宋史》、《元史》所载宋元祭孔乐章进行了比勘；接着揭明了洪武一朝乐章的变化情况；最后对嘉靖年间改定的乐章与洪武年间制定的乐章的关系，及《明史》误载洪武二十一年改定的乐章为洪武六年等方面进行了辨证。参见《明史新探》，中华书局2007年版，第52—54页。

③ 《明太祖实录》卷八三"洪武六年六月癸卯"条。

④ 《明太祖实录》卷三四"洪武元年八月丁丑"条。

⑤ 《明太祖实录》卷八四"洪武六年八月辛未"条。值得指出的是，乐章修订后，乐曲虽改，但原来所使用的大成乐器则沿袭未改。如：洪武十七年(1384年)六月，朱元璋谕礼部臣曰："近命制大成乐器，将以颁天下学校，俾诸生习之以祀孔子。"(《明太祖实录》卷一六二"洪武十七年六月甲午"条)二十六年(1393年)正月，以天下通祀孔子而乐器未备，命礼部、工部集工人制作大成乐器，颁给天下府学，各府儒学如式制之。(《明太祖实录》卷二二四"洪武二十六年正月戊辰"条；《明史》卷五〇《礼志四》载为："二十六年颁大成乐于天下。")

⑥ 张廷玉：《明史》卷六一《乐志一》。

续表

曲　目	《明史》卷 62《乐志二》	《明太祖实录》卷 84	万历《明会典》卷 91
亚、终献 景和之曲	百王宗师,生民物轨。瞻之洋洋,神其宁止。酌彼金罍,惟清且旨。登献惟三,于戏成礼。	百王宗师,生民物轨。瞻之洋洋,神其宁止。酌彼金罍,维清且旨。登献惟三,于戏成礼。	……于嘻成礼。
彻馔 咸和之曲	牺象在前,豆笾在列,以享以荐,既芬既洁。礼成乐备,人和神悦。祭则受福,率遵无越。	牺象在前,豆笾在列。以享以荐,既芬既洁。礼成乐备,人和神悦。祭则受福,率遵无越。	与前同
送神 咸和之曲	有严学宫,四方来宗。恪恭祀事,威仪雍雍。歆格惟馨,神驭旋复。明禋斯毕,咸膺百福。	有严学宫,四方来崇。恪恭祀事,威仪雝雝。歆兹惟馨,神驭还复。明禋斯毕,咸膺百福。	……四方来宗……威仪雍雍。歆格惟馨。神驭还复。……

其中《明史》所载乐章亦为洪武六年(1373 年)所定,但具体文字却与《明太祖实录》略有不同。其中原因,南炳文先生认为是《明史》所载并非定"洪武六年",而是洪武二十一年(1388 年)三月再次修订后的文字。据《明太祖实录》卷一八九"洪武二十一年三月乙酉"条载:迎神《咸和》曲中的"大哉先师"(南先生疑此误,当作"大哉先圣")改为"大哉宣圣";初献《安和》曲中的"大哉圣师"改为"大哉圣王"。所改文字与《明史》相合。殊堪注意的是,二十一年所改文字,恰与宋元乐章相同。据《宋史》卷一三七《乐志十二》、《元史》卷六九《礼乐三》载:迎神《咸和》曲为:"大哉圣王,实天生德。作乐以崇,时祀无斁。清酤惟馨,嘉牲孔硕。荐羞神明,庶几昭格。"初献《安和》曲为:"大哉宣圣,道德尊崇(《元史》载为"道尊德崇")。维持王化,斯民是宗。典祀有常,精纯并隆。神其来格,于昭圣容。"由此可见:二十一年的修改实际上是对宋、元旧制的回归。至于祭祀时乐章的演奏人员,洪武四年(1371 年)十二月已规定:用乐生六十人,舞生四十八人,引舞二人,凡一百一十人。这些人大体由国子生及在学公卿子弟组成,旨在彰显"奠释所以追崇先师"①的深意。

(2)释奠器物。一般而言,孔子之祀,所献祭器有牛、羊、豕、豆、罍、爵、笾、豆、簠、簋、登、铏等。以往,豆、罍、爵、笾皆陈于座下;洪武四年(1371 年)礼部奏定祭物时,始定各以高案陈设。同时,笾、豆、簠、簋、登、铏历来为木器,至是亦代

---

① 《明太祖实录》卷七○"洪武四年十二月癸未"条。

以瓷器,以展现事死如事生的教义。① 洪武一朝,释奠祭物种类、数量皆略有变化。对此,《明史·礼志一》虽有明确记载,但比照《明太祖实录》所载,可知其中有谬漏之处,其中差异如下表所示②:

《明史·礼志一》	《明太祖实录》	备 注
洪武元年定: • 正位,笾豆各六,簠簋各二,登一,铏二。牺尊、象尊、山罍各一。 • 四配位,笾豆各四,簠簋各一,登一。 • 十哲,两庑,笾豆二。	《明太祖实录》卷34"洪武元年八月丁丑"条载: • 正位,牲用牛、羊、豕各一,帛一,白色笾八,豆八,簠簋各二,登一,铏二,牺尊、象尊、山罍各一。 • 四配位,牲用羊、豕各一,帛一,白色笾四,豆四,登一,簠簋各一。 • 从祀十哲,两庑,各笾二,豆二,簠簋各一。	• 正位: 孔子位 • 四配位: 复圣颜子、宗圣曾子述圣子思子、亚圣孟子 • 十哲: 闵子损、冉子雍、端木子赐、仲子由、卜子商、冉子耕、宰子予、冉子求、言子偃、颛孙子 • 两庑从祀: 先贤:澹台灭明、宓不齐、原宪、公冶长、南宫适、高柴、漆雕开、樊须、司马耕、公西赤、有若、琴张、申枨、陈亢、巫马施、梁鳣、公晳哀、商瞿、冉孺、颜辛、伯虔、曹恤、冉季、公孙龙、漆雕哆、秦商、漆雕徒父、颜高、商泽、壤驷赤、任不齐、石作蜀、公良孺、公夏首、公肩定、后处、鄡单、奚容蒧、罕父黑、颜祖、荣旂、秦祖、左人郢、句井疆、郑国、公祖句兹、原亢、县成、廉洁、燕伋、叔仲会、颜之仆、邽巽、乐欬、公西舆如、狄黑、孔忠、公西蒧、步叔乘、施之常、秦非、颜哙;
四年更定: • 正位,笾豆各十,酒尊三,爵三,余如旧。 • 四配,每位酒尊一,余同正位。 • 十哲,东西各爵一,每位笾豆各四,簠簋各一,铏一,酒盏一。 • 两庑,东西各十三坛,东西各爵一,每坛笾豆各四,簠簋各一,酒盏四。	《明太祖实录》卷70"洪武四年十二月癸未"条载: • 正位,犊一,羊一,豕一,笾豆各十,登一,铏二,簠簋各二,酒尊三,爵三。 • 四配位,每位羊一,豕一,酒尊一,余同正位。 • 从祀十哲,东五位,共用豕一,分置于各位,帛一,爵一。每位用笾豆各四,簠簋各一,铏一,酒盏一。西五位陈设同。 • 东庑,五十三位为十三坛,共用豕一,分置于各坛,帛一,爵一,每坛用笾豆各四,簠簋各一,酒盏四。西庑,五十二位亦为十三坛,陈设与东庑同。	

---

① 《明太祖实录》卷七〇"洪武四年十二月癸未"条。按:丘濬《大学衍义补》卷六六《释奠先师之礼下》载:"国朝洪武三年十一月,礼部更定释奠孔子祭器礼物。正位:犊一、羊一、豕一、笾豆各十、登一、铏一、簠簋各二、酒尊三、爵三。初,孔子之祀,而器物陈于座下,弗称其仪,其来已久。至是,定拟各为高案,其豆笾簠簋,悉代以磁器。"其中云作"洪武三年十一月",乃"洪武四年"之误。

② 万历《会典》卷九一《先师孔子》载:正坛,犊一、羊一、豕一、登一、铏二、笾豆各十、簠簋各二、帛一;共设酒尊三、爵三、筐一于坛东南、西向。祝文案一于坛西。四配位,每位羊一、豕一、登一、铏二、笾豆各十、簠簋各一、爵三、帛一、筐一。十哲位,东五坛,豕一、帛一、筐一、爵三。每位铏一、笾豆各四、簠簋各一、酒盏一。西五坛陈设同。东庑,共豕一、帛一、筐一、爵一。每坛笾豆各四、簠簋各一、酒盏四。西庑陈设同。

续表

《明史·礼志一》	《明太祖实录》	备　注
十五年更定： ● 正位，酒尊一，爵三，登一，铏二，笾豆各八，簠、簋各二。 ● 四配位，共酒尊一，各爵三，登一，铏二，笾豆各六，簠簋各一。 ● 十哲，共酒尊一，东西各爵五，铏一，笾豆各四，簠簋各一。 ● 东西庑，每四位爵四，笾豆各二，簠簋各一。	《明太祖实录》卷145"洪武十五年五月丁丑"条载： ● 先师孔子位，酒尊一，爵三，登一，铏二，笾八，豆八，簠二，簋二，筐一，牲羊一，豕一。 ● 四配位，共酒尊一，各爵三，登一，铏二，笾六，豆六，簠一，簋一，筐一，牲共羊一，豕一。 ● 十哲位，共酒尊一，东五位，爵五，铏一，笾四，豆四，簠一，筐一，牲用豕一。西五位如之。 ● 东西庑，每四位共一案，爵四，笾二，豆二，簠一，簋一，牲用豕二。分两庑各设香案一，筐一。	先儒：左丘明、公羊高、穀梁赤、伏胜、高堂生、孔安国、毛苌、(扬雄)、董仲舒、后苍、杜子春、王通、韩愈、胡瑗、周敦颐、程颢、欧阳修、邵雍、张载、司马光、程颐、杨时、胡安国、朱熹、张栻、陆九渊、吕祖谦、蔡沈、真德秀、许衡 按：以上据万历《明会典》卷91《先师孔子》、《明史》卷50《礼志四》

由表可知，洪武年间祭物大体经历了洪武元年（1368 年）八月初定、四年（1371年）十二月更定、十五年（1382 年）五月再定三次变更。若以《明太祖实录》为准，可以看出，洪武年间祭物的数量变化表现为：①牲用物，正位：元年用牛、羊、豕各一；四年未改；十五年用羊一，豕一。配位：元年羊、豕各一；四年、十五年皆未改。十哲位：元年不设；四年、十五年用豕一。东西庑：元年不设；四年每坛用豕一；十五年每四位共一案，每案用豕二。②笾豆，正位：元年各八，四年更为各十，十五又改为各八。配位：元年笾豆各四；四年未改；十五笾豆各六。十哲位：元年各笾豆各二；四年每位用笾豆各四；十五年笾豆各四。东西庑：元年各笾豆各二；四年每坛用笾豆各四；十五年每四位共一案，每案笾豆各二。③酒器，正位：元年时，牺尊、象尊、山罍各一；四年更为酒尊三、爵三；十五年更为酒尊一，各爵三。配位：元年不设；四年增酒尊一；十五年增酒尊一，各爵三；十哲位：元年不设；四年增东、西五位，各位增爵一、酒盏一；十五年增十哲共酒尊一，东、西五位，各爵五。东西庑：元年不设；四年，东西庑各坛设爵一、酒盏四；十五年，改为四位共一案，每案爵四。④登、铏、簠、簋四器，正位：始终未改。配位：元年设登一，簠簋各一；四年为登一，铏二，簠簋各二；十五年改为登一，铏二，簠簋各一。十哲位：元年簠簋各一；四年，每位用簠簋各一，铏一；十五年，东、西五位，每位各铏一、簠一。东西庑：元年簠簋各一；四年，东、西庑十三坛每坛簠簋各一；十五年，每四位共一案，每案簠簋各一。此外，祭物种类也略有变化，如元年时正位、配位

有帛,但四年、十五年皆无;十五年正位、配位、十哲位、东西庑各设有筐,但元年、四年皆无。总体来看,洪武年间祭物的数量呈增长趋势。

值得指出的是,洪武十五年所定祭物并非最终规制,后世屡有变更,这在洪武年间已有所表现。如:洪武二十一年(1388 年)三月,祭先师孔子时,即规定:正位:犊一,羊一,豕一,笾豆各十,登一,铏二,簠簋各二,帛一;又共设酒尊三,爵三,筐一。配位:每位羊一,豕一,笾豆各十,簠簋各一,登一,铏二,爵三,帛一,筐一。十哲位:东五坛共豕一,帛一,筐一,爵三,每位笾豆各四,铏一,簠簋各一,酒盏一。西五坛陈设同。东西庑:东庑五十三位,共十三坛,共豕一,帛一,筐一,爵三,每坛笾豆各四,簠簋各一,酒盏四。西庑五十二位,共十三坛,陈设并同东庑。① 所设与元年、四年、十五年皆有所不同。

(3)释奠程序。释奠程序历代大同小异,但洪武祭祀礼数之隆重超迈前代。首先,释奠的具体程序,万历《明会典》卷九一《先师孔子》载为:斋戒——传制——省牲——陈设——正祭——祝文——分献官仪注——乐章八个步骤。洪武元年(1368 年)八月,初定释奠仪式。至六年(1373 年)八月,朱元璋认为"祭贵乎诚,若省牲,谓告充告脤及礼之繁文者,宜并革之"②。于是,礼部尚书牛谅进行了重定,成为明代定制。两次所定仪式的具体内容如表所示:

程序	《明太祖实录》卷 34 "洪武元年八月丁丑"条	《明太祖实录》卷 84 "洪武六年八月辛未"条
斋戒	先期,皇帝斋戒;献官及陪祀、执事官俱散斋二日,致斋一日。	前祭二日,太常司官奏"某日遣官祭先师孔子"。斋一日。
传制	前祀一日清晨,有司立仗,百官具公服侍班,皇帝服皮弁服,御奉天殿,降香。献官捧由中道出,至午门外,置龙亭内,仪仗鼓吹导引至庙学。	次日清晨,皇帝服皮弁服,御奉天殿,传制遣官。
省牲	是日,献官法服,并执事官集斋所,省馔省牲,告充告脤,视鼎镬,涤溉告洁。	是日,献官承制毕往祀所省牲。
陈设	至日丑前五刻,执事者各实祭物于器,献官及陪祀执事官各就位,监礼、监祭官阅陈设,纠不如仪者。	将祭,乐舞生就位,执事分献,陪祭官各就位,引赞、引献官就位。

---

① 《明太祖实录》卷一八九"洪武二十一年三月乙酉"条。
② 《明太祖实录》卷八四"洪武六年八月辛未"条。

程序	《明太祖实录》卷34 "洪武元年八月丁丑"条	《明太祖实录》卷84 "洪武六年八月辛未"条
正祭 祝文 分献官仪注 乐章	赞礼唱"迎神"。乐作,献官及在位者皆再拜。	典仪唱"迎神"。奏咸和之曲,献官以下各四拜。
	赞礼唱"奠帛"。……诣大成至圣文宣王神位前,乐作,献官搢笏,上香,奠帛,出笏,再拜。	典仪唱"奠帛"。奏宁和之曲。……献官诣大成至圣文宣王神位,前跪,搢笏,奠帛,献爵,出笏。执事者取祝,跪读,讫,献官俯伏,兴,平身。
	赞礼唱"进俎"。乐作,献官至大成至圣文宣王神位前,搢笏,奠俎,出笏。	
	赞礼唱"行初献礼"。……乐作,献官诣大成至圣文宣王神位前,跪,搢笏,上香,祭酒,奠爵,出笏。乐止,读祝官取祝跪读,讫,献官俯伏,兴,再拜。	典仪唱"行初献礼"。奏安和之曲。……献官诣大成至圣文宣王神位前,跪,搢笏,奠帛、献爵、出笏,执事者取祝,跪,读讫,献官俯伏,兴,平身。
	亚献、终献仪并同初献,但不用祝。	典仪唱"行亚献礼"。奏景和之曲。执事者以爵酌酒,奠于神位前。
	赞礼唱"行分献礼"。	典礼唱"行终献礼、行分献礼,其终献礼"。奏景和之曲,仪同亚献,亚终,舞皆同初献礼。
	赞礼唱"饮福受胙"。初献官诣饮福位,再拜,跪,搢笏,奉爵者以爵进,献官受爵,饮福酒;奉胙者以胙进,献官受胙,以授执事者,出笏,俯伏,兴,再拜;亚献官以下皆再拜,复位。	典仪唱"饮福受胙"。献官诣饮福位,跪,搢笏,执事者以爵进,献官饮福酒;执事者以胙进,献官受胙,出笏,俯伏,兴,平身,复位,再拜。分献官及陪祀官皆再拜。
	赞礼唱"彻馔"。乐作,掌祭官各彻豆。	典仪唱"彻馔"。奏咸和之曲,执事者各诣神位前彻馔。
	赞礼唱"送神"。乐作,献官以下皆再拜。	典仪唱"送神"。奏咸和之曲。献官以下皆四拜。
	读祝官取祝,捧帛者捧帛,各诣瘗位;献官诣望瘗位……礼毕。	典仪唱"读祝"。官捧祝,掌祭官捧帛、馔,各诣瘗所。献官诣望瘗位。礼毕。

由表可见,元年初定礼仪与六年重定礼仪相较,变化有四:①元年用"大成登歌乐",六年改为乐章。②在叩拜礼数上,元年迎神、送神各"再拜",六年则各为"四拜"。③元年专设"进俎"一节,六年虽有进俎之礼,但在程序上不再专设,可谓有其实而无其名。④元年称赞礼官,六年改称典仪官。可见,六年礼仪较元年趋于完备、严密。

同时,洪武年间的释奠礼较前代更为严敬隆重,"国朝崇尚儒术,春秋祭享先师,尊师之道可谓隆矣"①。具体表现在:①唐、宋、金、元时,释奠祭孔都由官司自行其事,如唐朝,《大唐开元礼》规定:释奠由国子学"司馆预申享日,本司散下其礼,所司随职供办"。宋元承唐旧制,明朝则皇帝斋戒并亲自降香遣官祭祀。②斋期:唐宋时斋期为五日(其中散斋三日,致斋二日),金朝三日,元朝则无斋戒规定②。明如金朝,亦为三日,其中散斋二日,致斋一日,但虔诚之意有增无减,太祖自己就说:"朕于祭祀,每斋戒必尽其诚,不敢少有怠忽。"③③省牲:历朝献官无须在释奠前元日便法服省牲;洪武时则规定:"献官法服,并执事官集斋所,省馔省牲。"④三献官:唐宋或由国学官充当,或以礼官为主。明朝则由百官之长、侍从顾问之长及国学官之长充当。具体为:国子学(国子监)祭祀:《明史·礼志四》载:"初,国学主祭遣祭酒,后遣翰林院官,然祭酒初到官,必遣一祭。十七年敕每月朔望,祭酒以下行释菜礼。"④后定制为:每岁仲春、秋上丁,遣官祀于国学,以丞相初献,翰林学士亚献,国子祭酒终献。曲阜祭祀:洪武二年(1369年)正月时,遣前国子祭酒孔克坚、通赞舍人张汉英往曲阜祀孔子。⑤ 次年八月,始命:"曲阜庙庭,官给牲币,俾衍圣公主祀事,岁以为常。"⑥地方府、州、县学祭祀:十五年(1382年)规定,由"三献,府、州、县各以正官行之,有布政司则以布政司官行;其分献则以本学儒职及老成儒士充"。祭祀时间与国子学同,亦为每岁春、秋仲月上丁日。⑦ ⑤正祭:总体上,唐宋以来正祭程序较为简略,如唐朝包括:奠帛、奠爵、饮福、受胙、赐胙,望瘗位礼毕,凡三跪、三俯伏、八再拜。⑧ 宋、金惟有奠帛、奠爵,饮福、受胙皆省,凡二跪、二俯伏、四再拜。⑨ 元朝不仅省饮福、受胙,且省赐胙。相形之下,明朝的正祭略如唐朝,包括奠帛、奠爵、饮福、受胙、赐胙、乐章;叩拜礼数为二跪、二俯伏、六再拜,较宋、金、元多再拜二次。在乐章一节,元朝由乐工担当乐舞,而明朝则专由学生中的乐舞生担当,显得较为正式端庄。

　　洪武祭孔不惟停留在制度层面的规定上,也表现在朱元璋对此事的重视程

　　① 《明太祖实录》卷一五二"洪武十六年二月丙申"条。
　　② 宋濂:《元史》卷七六《祭祀五》。
　　③ 《明太祖实录》卷七三"洪武五年五月庚戌"条。
　　④ 张廷玉:《明史》卷五〇《礼志四》。
　　⑤ 《明太祖实录》卷三八"洪武二年正月庚戌"条。
　　⑥ 《明太祖实录》卷五五"洪武三年八月丁巳"条。
　　⑦ 《明太祖实录》卷一四五"洪武十五年五月丁丑"条。
　　⑧ 萧嵩,等:《大唐开元礼》卷五四《吉礼·国子释奠于宣王》。
　　⑨ 分别见:郑居中,等:《政和五礼新仪》卷一二一《吉礼·释奠文宣王仪》;张暐,等:《大金集礼》卷三六《宣圣庙·祀仪》;宋濂,等:《元史》卷七六《祭祀五·宣圣》。

度上。如他本人对孔子的祭拜就颇为恭敬虔诚。洪武二年(1369 年)二月,遣前国子祭酒孔克坚等往曲阜祀孔子,朱元璋曰:"朕令命尔往祭,盖以尔先师子孙,祭必歆飨,尔宜致诚洁,以副朕怀。"①十五年(1382 年),太学落成,朱元璋将行释菜礼,议者言:"孔子虽圣,乃人臣,礼宜一奠而再拜。"不从,以为"孔子明道德以教后世,岂可以职位论哉? ……今朕君天下,敬礼百神,于先师之礼,宜加尊崇"。遂命礼部尚书刘仲质重定其制,②并具皮弁服,亲自诣孔子神位,再拜,献爵,复再拜。③ 此历代皇帝祭祀先师的空前之举。亦正因此,此时对百官祭孔要求也颇为严格。如:四年(1371 年)八月,降国子祭酒魏观为江西龙南县知县,司业宋濂为安远县知县,原因是他们"考祭孔子礼稽缓"。④ 二十五年(1392 年)二月,监察御史鲁德劼奏左佥都御史凌汉、大理寺丞曹瑾、应天府尹高守、礼府丞冯克昭等人在祭祀孔子时,"既迎神而后入班",不合礼法,请正其罪。朱元璋虽饶恕之,但仍说"祭祀不谨,固当罪"。⑤ 可以说,对孔子的顶礼膜拜实为明初尊崇儒术的一个缩影,也是朱元璋修文重礼的一个重要表现,但"他的孔子崇拜却不简单的是出于政治考虑,而是他的思想和价值观的忠实反映"⑥。

2.礼遇孔裔

自汉代起,孔子世孙为历代统治者所优待,唐玄宗时,封孔子三十五代孙为文宣公;北宋至和二年(1055 年)三月,改封衍圣公。⑦ 自此而后,历代相沿未改,即使在辽、金、元等少数民族建立的政权,也封孔子后裔为"衍圣公"⑧。同

<hr>

① 《明太祖实录》卷三八"洪武二年正月庚戌"条。

② 张廷玉:《明史》卷五五《礼志九》。又同书卷一三六《刘仲质传》载:刘仲质,……十五年拜礼部尚书,命与儒臣定释奠礼,颁行天下学校,每岁春秋仲月通祀孔子如仪。时国子学新成,帝将行释菜。侍臣有言,孔子虽圣,人臣也,礼宜一奠再拜。帝曰:"昔周太祖如孔子庙,左右谓不宜拜。周太祖曰:'孔子百世帝王师,何敢不拜。'今朕有天下,敬礼百神,于先师礼宜加崇。"乃命仲质详议。仲质请帝服皮弁执圭,诣先师位前再拜,献爵,又再拜,退易服,乃诣彝伦堂命讲,庶典礼隆重。诏曰"可"。

③ 《明太祖实录》卷一四五"洪武十五年五月壬戌"条。

④ 《明太祖实录》卷六七"洪武四年八月己亥"条。另,《明太祖实录》卷八〇"洪武六年三月乙卯"条亦载:魏观,洪武四年八月以考祭孔子礼不以时,贬为龙南知县。《明太祖实录》卷一一一"洪武十年正月乙酉"载:宋濂,四年迁国子司业,秋以议祭孔子礼稽缓,贬知安远县。

⑤ 《明太祖实录》卷二一六"洪武二十五年二月戊午"条。

⑥ 前揭朱鸿林《明太祖的孔子崇拜》,第 107 页。

⑦ 脱脱,等:《宋史》卷一二《仁宗本纪四》。

⑧ 参见陈高华:《金元二代衍圣公》,《文史》第 27 辑。另据朱鸿林《明太祖的孔子崇拜》一文注释[121]所记:Thomas A. Wilson, "The Ritual Formation Orthodoxy and Descendants of the Sage", *The Journal of Asian Studies* 55.3(1996.8)pp.559–584,其中述及南宋以后孔裔北宗(指金代衍圣公一宗)的递衍情况。

样，朱元璋认为："孔子垂教于世，扶植纲常，子孙非常人等也。"①所以他在尊崇孔子之时，对其后裔也倍加礼遇。此主要表现在三个方面：

（1）袭封"衍圣公"。洪武年间，共有两人袭封衍圣公。最早袭封者是孔希学（1335—1381年），字士行，孔子五十六世孙、元国子祭酒孔克坚（1316—1370年，字璟夫）之子。元时任秘书监卿。至正二十七年（1367年）冬，都督张兴祖克东平诸郡，希学乃与其从兄曲阜县尹孔希章、邹县主簿孟思谅等谒见兴祖。洪武元年（1368年）四月，徐达至济宁，希学复谒见于军门，徐达遣人送往京师。② 同月，孔克坚见太祖，因其以疾辞袭衍圣公，太祖曰："尔年虽未耄而疾婴之，今不烦尔官。但尔家先圣之后，为子孙者不可以不务学，朕观尔子资质温厚，必能承家，尔更加诲谕，俾知进学，以振扬尔祖之道，则有光于儒教。"③遂于十一月以孔希学袭衍圣公，并授诰曰：

> 古之圣人，自羲农至于文武，法天治民，明并日月，德化之盛，莫有加焉。然皆随时制宜，世有因革，至于孔子，虽不得其位，会前圣之道而通之，以垂教万世，为帝者师。其孙子思又能传述而名言之，以极其盛。有国家者求其统绪，尊其爵号，盖所以崇德报功也。历代以来，膺袭封者或不能绳其祖武，朕甚闵焉。今当临驭之初，访世袭者得五十六代孙孔希学，大宗是绍。爰行典礼，以致褒崇。尔其领袖世儒，益展圣道之用于当世，以副朕之至望，岂不伟欤！可资善大夫，袭封衍圣公。④

在太祖看来，衍圣公一定程度上就是孔子儒道精神的象征，孔裔就是孔子形象的历史延伸，在某种意义上，尊崇孔裔，即是尊崇孔子。所以每次在引见衍圣公时，太祖都要表达类似的意思，期望孔裔能做一个"领袖世儒，益展圣道"的模范圣裔，为朝廷效力，为祖宗增光。与此同时，置衍圣公官属，凡掌书、典籍、司乐、知印、奏差、书写各一人，皆以流官充之；另，立孔、颜、孟三氏教授司，教授、学录、学司各一人；立尼山、洙泗二书院，各设山长一人；……官属并从衍圣公选举，呈省擢用。⑤ 十四年（1381年）九月孔希学卒，年四十七，特诏礼部遣官致祭，其文曰：

---

① 《明太祖实录》卷三一"洪武元年四月戊申"条。
② 《明太祖实录》卷一三九"洪武十四年九月辛丑"条、卷二八上"至正二十七年十二月丁未"条、卷三一"洪武元年四月戊申"条。
③ 《明太祖实录》卷三一"洪武元年四月戊申"条。
④ 《明太祖实录》卷三六"洪武元年十一月甲辰"条。
⑤ 《明太祖实录》卷三六"洪武元年十一月甲辰"条。

> 三纲五常之道,自上古列圣相承,率修明以育生民,亘万世而不可无者,非先师孔子,孰能明之? 今天下又安,生民多福,惟先师此道明耳。夫世之大德者,天地不沦没,所以为帝者之师,庙食千万古不泯,子孙存焉。朕以尔孔希学先师之后,锡以名位,永彰斯教。①

继之,洪武十七年(1384年)正月,以五十七代孙、希学之子孔讷(一作纳,误)袭封衍圣公。讷(? —1400年),字言伯。袭封时,仪式隆重,史载:"命礼官以教坊乐导送至国学,学官率诸生二千余人迎于成贤街。"②太祖在华盖殿引见问语,并制诰曰:

> 三皇五帝之道,明陈攸叙,大展彝伦,协天地阴隲,定民居者为此也。至周,文繁于《三坟》,道迷于《五典》,兼《八索》、《九丘》之泛,而诸家之说并生,是致道纵途横,虽欲驰之,莫知所向。独先师孔子明哲,心枢睿智,定真析伪,以成《诗》、《书》。其修道之谓教,可谓至矣;率性之谓,道可谓坚矣。由是天鉴善德,血食之祀,万世子孙,弘衍于今,耿光而弗磨者,因幽明之诚无间,感通上下,故若是也。前衍圣公某婴疾长往,嫡长子讷服阕来朝,令袭其爵,以奉先师。③

在此,朱元璋再次肯定了孔子纲维斯道,垂宪后世,扶植纲常的历史贡献,表达了对其后裔的期望之情。

总体上,较之前代,自明初始,衍圣公的地位更趋显赫:一方面,从秩品上看,在金代,衍圣公的秩品历正八品、正七品、正五品,呈上升趋势。至元代,仁宗时衍圣公为四品秩;至顺二年(1331年)升为三品;至正六年(1346年)再升为从二品。洪武元年(1368年),朱元璋谓礼部臣曰:"孔子万世帝王之师,待其后嗣秩止三品,弗称褒崇,其授希学秩二品,赐以银印。"④九年(1376年)闰九月,诏定袭封衍圣公为正二品⑤,其袍带、诰命、朝班为一品待遇,并成为后世之典故。⑥不仅如此,衍圣公每"正旦"朝贺时,"特命希学班亚丞相"⑦;十三年(1380年)罢黜丞相后,孔讷进而以衍圣公"班文臣首"⑧。另一方面,从俸禄上看,金代时,

① 《明太祖实录》卷一三九"洪武十四年九月辛丑"条。
② 张廷玉:《明史》卷二八四《孔讷传》。
③ 《明太祖集》卷三《袭封衍圣公孔讷诰文》。
④ 《明太祖实录》卷三六"洪武元年十一月甲辰"条。
⑤ 《明太祖实录》卷一〇九"洪武九年闰九月癸巳"条。
⑥ 张廷玉:《明史》卷七三《职官志二》。
⑦ 《明太祖实录》卷一三九"洪武十四年九月辛丑"条。
⑧ 张廷玉:《明史》卷二八四《孔讷传》。

俸禄与四品同,为每月钱粟四十五贯,石麹、米麦各十二称石。春秋衣罗绫各八匹,绢各四十四,绵一百五十两①;元代在大德年间规定为"月俸百钱"(百贯,两定),后增至每月二百贯(四定)。明初,最早孔克坚在辞袭衍圣公时,"赐宅一区、马一匹、月给米二十石"②。后规定衍圣公"禄,月米六十一石"③,据正德《明会典》载:"洪武十八年,令天下有司官俸米折钞,每二贯五百文,准米一石。"④由此六十一石约为一百二十二贯,比金及元大德年间高。除俸禄外,明廷也时常通过其他方式赏赐衍圣公。如:洪武六年(1373 年)八月,希学服阕入朝,命"中书下礼部用心礼待,所有随行者皆要欢心,勿使有缺。故敕,速行无怠"⑤,仍赐袭衣、冠带、靴袜⑥。十二年(1379 年)正月,孔希学辞归曲阜,赐宴,给道里费。⑦十二月,孔希学来朝,敕中书下礼部,"赐希学廪饩,洁馆舍以安之"。⑧ 可见,洪武时对衍圣公的礼数不仅度越前代,甚至后世亦难以比拟。

(2)任曲阜知县。在金代,曲阜知县由衍圣公兼任⑨;前元时期,袭而未改。直到元贞年间,始定衍圣公不再兼曲阜尹,从此形成了"大宗"为衍圣公,"小宗"为曲阜尹的制度。承元之制,明洪武时,仍以孔氏小宗世为曲阜知县。洪武一朝,历任此职者共五人:依次为孔希大、孔克伸、孔克耇、孔希文、孔希范。

最早,元代末任曲阜县尹为孔希章,其于元至正二十七年(1367 年)与从弟希学归附明军,但后事不详。洪武元年(1368 年)十一月,始授孔子五十六世孙孔希大(字士功)为授承世郎,任曲阜"世袭知县"⑩,此明代首任曲阜知县。敕曰:

> 朕惟德相天地,道合四时,若此者古今罕焉。虽然始伏羲而至有元,圣相继,贤接踵,未尝缺也。然如仲尼者,无且秦焚之后,亡于纪册,但存者未

---

① 脱脱,等:《金史》卷五八《百官志四》。
② 《明太祖实录》卷三一"洪武元年四月戊申"条。
③ 《明太祖实录》卷二二二"洪武二十五年十一月丙午"条;李东阳,等:正德《明会典》卷二九《廪禄二》。
④ 李东阳,等:正德《明会典》卷三○《俸给二》。
⑤ 《全明文》(第一册)卷七《命中书劳袭封衍圣公孔希学》;《明史》卷二八四《孔希学传》载为:"所司致廪饩,从人皆有赐,复劳以敕,赐袭衣冠带"。
⑥ 《明太祖实录》卷八四"洪武六年八月戊子"条。
⑦ 《明太祖实录》卷一二二"洪武十二年正月辛巳"条。
⑧ 《明太祖实录》卷一二八"洪武十二年十二月庚辰"条。
⑨ 据《金史》卷一○五《孔璠附孔拯传》载:大定二十年(1180 年),以孔总兼曲阜令。陈高华先生指出这是金代衍圣公兼曲阜令的开始(前揭《金元二代衍圣公》)。元代承此制。
⑩ 张廷玉:《明史》卷七三《职官志二》。

完,独仲尼诚通上下,泽敷宇内。所以,自汉崇之至唐追封文宣王,宋加至圣,元加大成,号封至极。血食无穷,其子孙世享荣禄,所以前代以阙里之邑,职其子孙。今是邑缺官,导民族以贤推,惟孔希大最。今特以希大授承世郎,知济宁府兖州曲阜县事,汝往钦哉。①

然而,孔希大却辜负了明太祖的叮咛,六年(1373 年)时便因"不依祖训,屡干国宪,自蹈罪戾"②,终被免职,由此命"自后曲阜知县择孔氏子孙堪任者为之",并改"世袭知县"为"世职知县"。③

八年(1375 年)五月,以五十五代孙孔克伸(?—1382 年,字刚夫)为曲阜知县,敕其"承流宣化,宜鉴前车之失,求无忝于圣裔"④,此为明代首任世职知县。十五年(1382 年)初,孔克伸卒。三月,以衍圣公孔希学之荐,任孔克嶅为曲阜世职知县,敕曰:"朕惟圣明之裔,天必相之,故能世其爵禄,代有耿光,终天地而不泯焉。……今特命尔为曲阜知县,尔其修德慎行,敬事爱民,保厥职任,以无忝圣人之后。"⑤克嶅卒后,十七年(1384 年),以孔子五十六世孙孔希文(字士周)为曲阜世职知县,亦下敕颂扬了孔子之德,嘱咐希文"阙里乡邑,庙堂所在,民庶具瞻,尔其敬哉"⑥。此后,二十八(1395 年)二月,孔克坚之子孔希范(1348—1412 年,字士则)继任,其在任十有七年,"公为政直道而行于宗族,于乡人不以私废公,不以恩掩义,远迩之间,小大亲疏,咸怀其惠"。永乐十年(1412 年)十一月卒,年六十五。⑦

综上,以孔氏世袭曲阜知县,同样可以感受到朱元璋对孔裔的尊崇,从某种意义上讲,曲阜实际上成为孔裔的世袭领地。除曲阜知县外,孔裔也可任其他官职,如:洪武中规定孔裔二人可在翰林院世袭《五经》博士,正八品。⑧ 又如:六年(1373 年)四月,以荐授孔子五十五世孙孔克表为翰林修撰兼编修。⑨

(3)享有各种特权。早在洪武元年(1368 年)四月,明太祖召见前元衍圣

---

① 《明太祖实录》卷三六"洪武元年十一月甲辰"条。

② 《明太祖实录》卷一〇〇"洪武八年七月庚申"条。

③ 《续文献通考》卷四八《学校考》。

④ 《明太祖实录》卷一〇〇"洪武八年七月庚申"条。

⑤ 《明太祖实录》卷一四三"洪武十五年三月癸亥"条。

⑥ 《明太祖实录》卷一六八"洪武十七年十一月己巳"条。

⑦ 胡俨:《颐庵文选》卷上《故承事郎曲阜知县孔公墓表》;乾隆《山东通志》卷一一《阙里志六·世爵》。

⑧ 张廷玉:《明史》卷七三《职官志二》。

⑨ 《明太祖实录》卷八一"洪武六年四月戊子"条。

公、国子祭酒孔克坚时，就有明确表达："朕不授孔克坚以官者，以其先圣之后，特优礼之，故养之以禄，而不任之事也。"①至八月，明军克元都后，在大赦天下诏中，朱元璋更为明确地指出曲阜一地的孔裔，仍保持特殊的世家地位。② 具体以赋税、法律为例：

在赋税方面，洪武元年十二月十九日规定："孔氏子孙皆免差发，税粮有司依例科征。"③七年（1374 年）正月，衍圣公孔希文言："先师庙堂廊庑圮坏，祭器、乐器、法服不备，乞令有司修治。先世田产，兵后多芜废，而岁输税额如旧，乞从实征纳。"对此，太祖强调指出："孔子有功万世，历代帝王莫不尊礼，今庙舍器物废弛，如此甚失尊崇之意。乃命有司修治其田产，荒芜者悉蠲其税。"④

在法律上，规定"圣贤后裔"犯罪者一概"屈法以宥之"⑤。如：七年正月，曲阜民众告知县孔希大当依法逮问，太祖却认为："希大先圣之后，若罪之，恐累其世德，非所以示优崇也。"弗问。⑥ 二十四年（1391 年）正月，刑部言知县孔希文"境内水患不报，请逮问之"，太祖曰："阙里世职，先圣之后，非他有司比"，不问⑦。二十七年（1394 年），礼部言"曲阜县岁贡儒学生员考不中式，请以贡举非其人，坐知县孔希文罪"，太祖亦以"孔希文圣人之后，勿问"⑧。明太祖素以"重典治吏"闻名于世，但对孔裔却屈法从宽，网开一面，其笃敬孔氏的良苦用心可见一斑。

孔子及衍圣公，历来被儒士文人视为自己的精神领袖。所以为了安顿儒士文人的精神世界，吸引其进入政治中心，为维护统治者的利益竭力效忠，作为一种统治策略，历代统治者都重视对孔子的祭拜和对其后裔的礼遇。同样，明太祖之所以将孔氏作为一个特殊的社会群体加以褒扬和推崇，本质上是要凭借历史上的孔子形象以树立崇尚儒术的大旗，达到反拨元朝"蔑弃礼教，彝伦攸斁"⑨的治国理念，以古先圣王立教经世，重振纲常，进而达到维护封建统治的目的，诚如

---

① 《明太祖实录》卷三一"洪武元年四月戊申"条。

② 《明太祖实录》卷三四"洪武元年八月己卯"条。

③ 中国社会科学院历史研究所编：《曲阜孔府档案史料选编》第二编《成化修刊孔氏宗谱关于历朝崇奉孔子优礼后裔的记载》，齐鲁书社 1980 年版，第 5—6 页。

④ 《明太祖实录》卷八七"洪武七年春二月戊午"条。

⑤ 《明太祖实录》卷一七六"洪武十八年十月癸巳"条。

⑥ 《明太祖实录》卷八七"洪武七年正月癸未"条。

⑦ 《明太祖实录》卷二〇七"洪武二十四年正月壬子"条。

⑧ 《明太祖实录》卷二三二"洪武二十七年四月己丑"条。

⑨ 《明太祖实录》卷三一"洪武元年四月戊申"条。

太祖所言:"尔祖明先王之道,立教经世,万世之下,君君臣臣,父父子子,实有赖焉。"①同时,孔裔作为孔子形象的现实存在,明太祖对其特殊地位的肯定和礼敬,一定程度上显示了他建立文治社会的治国理念,客观上亦契合了广大儒士文人重振儒道、崇德报功的愿望。

　　3.传习经籍

　　自汉代儒术独尊以后,"由于孔子为代表的儒家学说含有多面性,他总能适合整个封建时代各个时期的统治阶级的需求,所以,不管他们如何争论,却是基本上都为封建统治服务的"②。与之相应,作为儒术载体的儒家经籍便逐渐超出一般典籍的地位,成为神圣的法定经典而为中国传统社会所尊崇。在政治领域,儒家经籍成为人们立论的法定依据,经邦济世、从政立法的指南;在文化领域,经学对文化教育的切入最为直接,影响也最大,从而使经学成为封建王朝的官方学术、选士的主要标准和教育的基本内容,儒家经籍亦随之成为学校教育和社会教化的主体内容。

　　朱元璋在称帝之前,就开始对儒家经籍笃敬笃信,"于军中喜阅经史"③。建国后,为了维护和巩固大一统的封建专制统治,他对经籍的迷信程度更趋浓郁:一方面远绍前古,倡言从儒家原典——"十三经"中汲取安邦经国之道;一方面近承宋元,确立了以程朱理学为核心的统治思想,刊行了朱熹《四书集注》等理学经籍,并使其地位扶摇直上,影响直逼儒家原典,不仅成为明初重建传统伦理秩序的参考书,也成为封建社会后期最有影响的经学注释著作。明太祖通过各种途径向广大臣民灌输儒家道统思想,在他看来,"道之不明,由教之不行也。夫五经载圣人之道者也,譬之菽粟布帛,家不可无。人非菽粟布帛,则无以为衣食,非五经、四书则无由知道理。"④时人钱宰称其"既武定天下,乃诞敷文教,盖将以六经之道致天下之治也"⑤。具体而言,明太祖对经籍的普及主要表现在如下几个方面:

　　(1)统治者讲习经籍。就太祖本人而言,读书使他尝到了甜头,他深有感触地说:"古先圣贤立言以教后世,所存者书而已,朕每观之,自觉有益。"因此他非

　　①　《明太祖实录》卷三一"洪武元年四月戊申"条。

　　②　周予同:《"经"、"经学"、"经学史"》,《周予同经学史论著选集》,上海人民出版社1983年版,第656—657页。

　　③　徐祯卿:《剪胜野闻》。

　　④　《明太祖实录》卷一三六"洪武十四年三月辛丑"条。

　　⑤　钱宰:《临安集》卷三《江西乡试小录序》。

常重视对古今书籍的收集、储藏、整理和刊印,尤其对儒家经籍更是奉为圭臬。早在至正十九年(1359年)正月,召诸名儒会食中书分省中,日令二人进讲经史,敷陈治道,此论道讲经之始。称吴王后,又设博士厅,令博士许存仁等日讲《尚书》等。称帝后,虽无经筵之名,但太祖时常令儒臣侍从左右,讲说经史,无定日,亦无定所;寻设华盖文华、武英等殿,由儒士沈德等主持讲经,其后专门由翰林院及殿阁大学士任其事,"每进讲,必反复讨论,以求义理之极致,讲毕,必及政事以为常"。① 以四书、五经为例,史载:"圣祖潜心道艺,于凡经史百家之书无不贯通,然每自博求约,惟务得其要,圣学益醇如也。尝令儒臣进讲四书,以《大学》为先,五经以《尚书》为先。"②他自己亦说:"吾每于宫中无事,辄取孔子之言观之,如节用而爱人,使民以时,真治国之良规,孔子之言诚万世之师也。"③具体如:洪武三年(1370年)二月,翰林学士宋濂、待制王祎等进讲《大学》,讲至"有土有人"。太祖言:"人者,国之本;德者,身之本。德厚则人怀,人安则国固。故人主有仁厚之德,则人归之如就父母,人心既归,有土有财,自然之理也。"④五年(1373年),与部侍郎曾鲁论治国之道时,又说:"《大学》,平治天下之本,岂可舍此而他求哉!"⑤洪武九年(1376年)十月,谕群臣曰:"《书》云'惟辟作福,惟辟作威,惟辟玉食,臣无有作福作威玉食。'君臣之分,如天尊地卑,不可踰越。故《春秋》有'谨始'之义,《诗》有'陵分'之讥。圣人著之于经,所以垂训天下后世者至矣。"据此,太祖进而希望群臣能够"以道事朕,当有鉴于彼,毋擅作威福,踰越礼分,庶几上下相保,而身名垂于不朽也"⑥。十六年(1383年)八月,御谨身殿,东阁大学士吴沈等进讲《周书》,太祖曰:"国家不幸有小人,如畜毒药不急去之必为身患,小人巧于悦上,忍于贼下,君若但喜其顺适己意,任其所为而不问,辟如犬马伤人,人不怨畜犬马者乎。"⑦十八年(1385年)九月,御文华殿,命文渊阁大学士朱善讲《周易》,至"家人卦"时,太祖曰:"齐家治国,其理无二,使一家之间,长幼内外各尽其分,事事循理,则一家治矣。一家既治,达之一国,以至天下,亦举而措之耳。朕观其要,只在诚实而有威严,诚则笃亲,爱之恩严,则无闺

---

① 黄佐:《翰林记》卷九《御前讲论经文》。

② 黄佐:《翰林记》卷九《讲读合用书籍》。

③ 《明太祖实录》卷二〇"至正二十六年五月庚寅"条。

④ 《明太祖实录》卷四九"洪武三年二月辛酉"条;黄佐:《翰林记》卷九《御前讲论经文》。

⑤ 《明太祖实录》卷七七"洪武五年十二月己卯"条。

⑥ 《明太祖实录》卷一一〇"洪武九年十月甲寅"条。

⑦ 黄佐:《翰林记》卷九《御前讲论经文》。

门之失。"①二十三年(1390年),御谨身殿,观览《大学》,谓侍臣曰:"治道必本于教化,民俗之善恶,即教化之得失也。《大学》一书,其要在于修身。身者,教化之本也,人君身修而人化之,好仁者耻于为不仁,好义者耻于为不义,如此则风俗岂有不美,国家岂有不兴? 苟不明教化之本,致风俗陵替,民不知趋善,流而为恶,国家欲长治久安,不可得也。"②

此外,为了垂训立教,扶植彝伦,明太祖笃信"敬天"、"忠君"、"孝亲"之旨。为此,洪武十六年(1383年),他令东阁大学士吴沉等撮取四书五经,分门别类,编成《精诚录》③。为了表示对《尚书》的重视,明太祖还让儒臣将《尚书》之《洪范》、《无逸》书于殿壁上,以供自己朝夕观览,并亲自为《洪范》作注。④

由上可见,在诸儒的熏陶下,明太祖不仅博览经籍,深明其理,且能以一个政治家的独特眼光对其加以发明阐述,融会贯通,学以致用,持论具有鲜明的现实针对性。正因如此,他本人通过尊儒读经,使其"晚岁训群臣,征引古道,出言成文,动协典谟"⑤,俨然升入儒学之堂。故而大学士李贤赞云:"高庙看书,议论英发,自汉唐以来,人君能事诗书如此留意者,亦不多见"⑥,殆非妄言。

另外,明太祖还经常令儒士为太子、诸王和文官武臣讲授儒家经籍。如:洪武二年(1369年)四月,明太祖命博士孔克仁等授诸王及功臣子弟经学,并谕之曰:"盖师所以模范后学者使之成器,因其才力各俾造就。朕诸子将有天下国家之责,功臣子弟将有职任之寄,教之道当以正心为本,心正则万事皆理矣。苟导之不以正,为众欲所攻,其害不可胜言。卿等宜辅以实学,毋使效文士记诵词章而已。"⑦三年(1370年)十月,聘任儒士,"令诸将帅于午门翻直说书"。⑧ 十一年(1378年)五月,懿文太子以《春秋》"错见间出,欲究其终始,则艰于考索",乃命东宫文学傅藻等按照国别重新编纂。⑨ 次年六月,书成,凡三十卷,赐名曰《春

① 《明太祖实录》卷一七五"洪武十八年九月庚午"条。
② 《明太祖实录》卷二〇三"洪武二十三年七月壬辰"条。
③ 《明太祖实录》卷一五二"洪武十六年二月己丑"条。
④ 张廷玉:《明史》卷九六《艺文一》。
⑤ 王圻:《续文献通考》卷一九八《道统考》。
⑥ 黄佐:《翰林记》卷九《御前讲论经文》。
⑦ 俞汝楫:《礼部志稿》卷一《兴学之训》。
⑧ 《皇明史概·皇明大政记》卷二"洪武三年十月丙辰"条。
⑨ 《明太祖实录》卷一一八"洪武十一年五月癸酉"条。

秋本末》①。又，太祖尝问宋濂："帝王之学，何书最要？"濂推荐读宋儒真德秀的《大学衍义》，自此太祖不仅自己"时时睇观之"②，还要求太子诸王一并颂读之。其中缘由，他在与侍臣的交谈中说得很清楚："朕观《大学衍义》一书，有益于治道者多矣。每披阅，便有警省，故令儒臣日与太子诸王讲说，使鉴古验今，穷其得失，大抵其书先经后史，要领分明，使人观之，容易而悟，真有国之龟鉴也。"③如所周知，《大学衍义》是一部推衍《大学》格物致知、经世治国的著作，明太祖站在统治者的立场上，对其特加申述，不仅说明他对《大学》及其《衍义》的奥义知之甚明，也反映了他表彰学术，崇尚儒道，建立文治社会的至深用意。

（2）各级学校教授经籍。明太祖在大兴学校之时，主张学校教育应本诸儒家经典，教化民众，使天下文治昌明，臻于大治。他说："朕昔戡定四方，即开学校，延师儒，俾勋贤之子弟，凡民之俊秀，莫不从学，教以经史六艺，明体适用，布列中外，以共保太平于无穷。"④基于这种认识，明太祖屡次申明各级学校须恪守儒道，教授经籍。

在国子监⑤，国子生所习课程内容，除刘向《说苑》、《大明律》、《大诰》及书、数、诏、诰、表、策、论外，一般要求监生专攻一经，兼习四书⑥。洪武十三年（1380年）钦定《监规》第四条云："每月务要作课六道：本《经》义二道，《四书》义二道，诏、诰、章、表、策、论、判语内科二道，不许不及道数。"⑦"每月作本《经》、《四书》义各二道。"⑧可见，经籍是国子生研习的主要内容。而国子生习经，则主要依赖于教官的讲授，按照规定：其中"博士掌分经讲授，而时其考课。……助教、学正、学录掌六堂之训诲，士子肄业本堂，则为讲说经义文字"⑨。

在地方各级学校，亦"一以孔子所定经书诲诸生"⑩，四书五经为生员必读之书。关于府、州、县学的课程设置，清人全祖望在《明初学校贡举事宜记》中所言

---

① 宋濂：《文宪集》卷五《〈春秋本末〉序》；《明太祖实录》卷一二五"洪武十二年六月乙酉"条；廖道南《殿阁词林记》卷八《编修傅藻》；黄虞稷《千顷堂书目》卷二《春秋类》；黄佐《翰林记》卷一三《东宫纂修》。

② 黄佐：《翰林记》卷九《讲读合用书籍》。

③ 《明太祖实录》卷一六一"洪武十七年四月庚午"条。

④ 《明太祖实录》卷一一一"洪武十年三月己卯"条。

⑤ 据《明太祖实录》卷一四三载："洪武十五年三月丙辰，改国子学为国子监。"

⑥ 张廷玉：《明史》卷七三《职官志二》。

⑦ 黄佐：《南雍志》卷九《谟训考上·学规本末》。

⑧ 《明太祖实录》卷二五四"洪武三十年七月己巳"条。

⑨ 张廷玉：《明史》卷七三《职官志二》。

⑩ 黄佐：《南雍志》卷一《事纪一》。

甚明："其所业自经史外,礼、律、书其为一科,乐、射、算其为一科,以训导分曹掌之,而教授,或学正,或教谕为之提调,经史则教授辈亲董之。自九经、四书、三史、通鉴,旁及庄老韬略。侵晨学经史,学律;饭后学书,学礼,学乐,学算;哺后,学射;有余力或习为诏、诰、笺表、碑版、传记之属。"①诸科中间,仍以经史为主。

殊堪一提的是,明初在北方地区,因长期战乱,经籍残缺,学术不彰,民风不正。对此,有人提出"南方风气柔弱,故可以德化,北方风气刚劲,故当以威制",明太祖不以为然,认为:"有南北,民无两心,帝王一视同仁,岂有彼此之间? 然君子小人何地无之,君子怀德,小人畏威,施之各有攸当,乌可概以一言乎?"②故洪武十四年(1381年)三月,特颁四书、五经于北方学校,并强调说:"北方自丧乱以来,经籍残缺,学者虽有美质,无所讲明,何由知道? 今以五经、四书颁赐之,使其讲习。夫君子而知学则道兴,小人而知学则俗美,他日收效,亦必本于此也。"③在周边少数民族地区,明廷一视同仁,亦重视普及儒家经籍,"谓其地虽在要荒之外,不可以不治,治之不以他道,必以儒术"④。在地方学校,经学的传播同样靠教官讲授,朱元璋时常叮嘱他们说:"卿等为师表,正当以孔子之道为教,使诸生咸趋于正,则朝廷得人矣。"⑤此不难看出朱元璋对读经的重视程度。

经籍在各级学校的颁布,与意识形态上的独尊儒术,祖述程朱相一致,从一开始即带有浓重的政治色彩,反映了明代统一政权对统一的意识形态的要求与期盼。同时,经籍在学校的广泛流播,使经学直接切入了教育,客观上将教育、学术和政治融为一体。一方面,以明道、明理为目的的学校教育,通过对求仁义、明人伦等儒家思想的灌输,培养出真才实学之士。另一方面,在学校,通过经师与弟子之间讲论经义、相互论难,诵读儒经蔚然成风,一定程度上促进了经学的发展,此后出现的《五经大全》、《四书大全》、《性理大全》等官私经籍撰述,无疑与此时期形成的经学教育制度有着密切的关系。

(3)科举考试本诸经籍。洪武年间,科举制度时兴时废,直到十七年(1384年),随着《科举成式》的颁布,科举制度才正式确立。明代科举沿唐宋之旧,但试士之法略有变化,即规定:科举考试与学校教育相一致,亦主要以四书及《易》、《书》、《诗》、《春秋》、《礼记》等儒家经籍为主要内容;考试文体略仿宋代

---

① 全祖望:《鲒埼亭集外编》卷二二《明初学校贡举事宜记》。
② 《明太祖实录》卷一九八"洪武二十二年十一月乙丑"条。
③ 《明太祖实录》卷一三六"洪武十四年三月辛丑"条。
④ 徐一夔:《始丰稿》卷五《送朱质夫知宁远县序》。
⑤ 《明太祖实录》卷一四五"洪武十五年五月乙丑"条。

《经》义,"体用排偶,谓之八股"①。具体而言,洪武三年(1370年)规定:乡、会试分三场,其中初场试《五经》义二道、《四书》义一道。至十七年,始规定:初场试《四书》义三道,每道二百字以上,《五经》义四道,每道三百字以上,"未能者许各减一道"。② 由于郡学生员专治一经,故《五经》义出的考题,考生只作平日专攻并于试前报选的题目。但由于《四书》、《五经》注家繁多,见解各异,所以为了鞭策士子皓首穷经,以明圣人之道,服膺程朱理学,十七年规定:《四书》主朱熹《集注》,《易》主程颐《传》、朱熹《本义》,《书》主蔡沈《传》及古注疏,《诗》主朱熹《集传》,《春秋》主左氏、公羊、穀梁三传及胡安国、张洽《传》,《礼记》主古注疏。考试时,考生只许代圣贤立言,以程朱注疏为准进行论述,绝对不许发表己见。永乐时,颁《四书大全》、《五经大全》、《性理大全》作为学校教材和科举依据,科举考试"废注疏不用"。其后,《春秋》亦不用张洽《传》,《礼记》止用陈浩《集说》。③

应该说,在科举考试中推广经籍,标志着儒术(理学)独尊地位的确立得到了制度的保证。这样,所有的思想言论都被强行纳入了孔孟、程朱的轨道;同时,经学、理学一旦与科举、仕途挂起钩来,便对广大文人学士具有无比的吸引力,他们只要精通一经,便可入朝为官,显著者还可晋身显爵。从这个意义上讲,科举考试强调独尊理学虽不利于学术文化的发展,但对于建立彬彬文治社会却具有不容忽视的作用。

明太祖普及经籍表面上是一种文化行为,但本质上却蕴涵着浓重的政治意味。儒学以程朱理学的形态成为明代占统治地位的意识形态,而儒家经典及其衍生品亦随之成为文化界不容置疑的最高权威,对国家政治的指导作用和士大夫的影响程度日益增强。此时,朝野上下莫不讲论儒道,颂习经籍。在朝内,凡国家大事,无论是皇帝的诏书,还是群臣的奏议,无不引经据典,折中是非,决定取舍。他们所引经义,既有往昔的经验教训,亦有前贤的古训格言。以此为借鉴,将经术义理运用、结合于国家事务中,对当时的政事起了一定的指导作用。在朝外,文人儒士皓首群经,覃思著述,或为修身养性,或为传道授业,或为谋取利禄,或为齐家治国,他们的学术理念和价值追求虽有不同,但对经籍的普遍崇奉和研习却若出一辙。在传统社会,儒家经籍所蕴涵的价值和意义始终不会过

---

① 张廷玉:《明史》卷七〇《选举志二》。
② 《明太祖实录》卷一六〇"洪武十七年三月戊戌"条。
③ 张廷玉:《明史》卷七〇《选举志二》。

时,任何封建王朝,都可以从中开掘出符合自己时代特点的政治资源、文化资源和思想资源。盖因如此,在漫长的君权社会中,儒家经籍作为先贤的"心法之传,教养之道,刑政之具"①而被持久地加以尊崇、推扬和发展。

(二)"治国之要,教化为先"

儒家文化的治国方略是以德治教化为主,《诗·周南·关雎序》云:"美教化,移风俗。"《礼记·经解》亦云:"礼之教化也微,其止邪也于未形,使人日徙善远罪而不自知也,是以先王隆之也。"一句话,用封建纲常礼教,道德规范整齐人心,划一风俗以维护现存的政治秩序,这是传统教化最主要的内容。朱元璋早在称吴王时,即把教化提高到与农桑并重的位置,认为:"天下初定,所急者衣食,所重者教化,衣食给而民生遂,教化行而习俗美,如是为治,则不劳而政举矣。"②建国后,更把教化视为立国固本的根本大计,"治国之要,教化为先,教化之道,学校为本"③。在他看来,要重建封建意识形态及统治秩序,进而构建一个高度道德化的文治社会,就必须发展教育,兴举教化,"治道必本于教化,民俗之善恶即教化之得失也。苟不明教化之本,致风俗陵替,民不知趋善,流而为恶,国家欲长治久安,不可得也。"④缘此,针对元季教化沦丧,风俗陵替的情势,朱元璋立足当世,鉴于往昔,倡导并坚持实践了自己的教化思想。其具体内涵主要有如下几点:

1.教化的途径:"学校,理道之原"

在历史上,推行教化的途径形式多样,但相形之下,学校一途最为重要,也最有效果。元季学校弊端丛生,名存实亡,尤其是兵乱以来,"人习战争,惟知干戈,莫识俎豆"⑤。鉴于此,明立国之初,朱元璋即以兴办学校为急务,重视学校教育的普及,认为学校是风化之原,教化之本,国家政务之先,他说:"朕统一寰宇,偃兵未久,创业未周,惟学校之设,国之首务"⑥,强调:"农桑,衣食之本,学校,理道之原"⑦。为此,洪武时不仅在京师设有国子学(监),且在府、州、县皆设学校,并及于边疆卫所,乃至穷乡僻壤犹立社学。

---

① 朱同:《覆瓿集》卷四《舟行分韵诗序》。
② 《明太祖实录》卷二六"吴元年十月癸丑"条。
③ 《明太祖实录》卷四六"洪武二年十月辛巳"条。
④ 《明太祖实录》卷二○三"洪武二十三年七月辛卯"条。
⑤ 张廷玉:《明史》卷六九《选举志一》。
⑥ 《明太祖集》卷八《谕太学生》。
⑦ 《明太祖实录》卷七七"洪武五年十二月甲戌"条;按:"理道之原",《明太祖集》卷一《农桑学校诏》作"道理之原"。

（1）"首建太学，以教育生徒"。早在元至正二十五（1365年）九月，朱元璋即改集庆路儒学为国子学。洪武十五年（1382年）又改"国子学"为"国子监"。朱元璋认为"国学者，天下贤材所萃"①，也是"礼义所由出，人才所由兴"②之地；甚至认为，首建国学，不仅能够引领政教风化③，表率天下学校，且能够彰显朝廷兴举教化之意。他曾对其臣僚说："太学育贤之地，所以兴礼乐，明教化，贤人君子之所自出，古之帝王建国，君民以此为重。朕承困弊之余，首建太学，招来师儒，以教育生徒。"④明太祖对国学最为重视，可从以下两点窥知：

一是对监生的礼遇与严苛。为了使监生成为封建道德规范的表率，精通封建"吏道"，成为皇帝的忠实奴仆，明太祖对他们态度表现出两面性：一方面，对监生优礼有加，"厚给廪饩，岁时赐布帛文绮、袭衣巾靴。正旦元宵诸令节，俱赏节钱。孝慈皇后积粮监中，置红仓二十余舍，养诸生之妻子。历事生未娶者，赐钱婚聘，及女衣二袭，月米二石。诸生在京师岁久，父母存，或父母亡而大父母、伯叔父母存，皆遣归省，人赐衣一袭，钞五锭，为道里费。"⑤同时，为了激励国子生员潜心问学，朱元璋时常特谕臣下：监生考试成绩优异者，"必奖谕，厚加赐予"⑥；学有成效，出类拔萃者，"即奏闻擢用之"⑦。另一方面，又对监生甚为严苛、残酷。为了使诸生养成严守伦理规范的自觉性，规定其"当以孝悌忠信礼义廉耻为本，必先隆师亲友，养成忠厚之心"⑧；在老师面前，"必须跪听，毋得傲慢，有乖礼法"⑨；对学无所成及有过错者，"俱送部充吏，追夺廪粮"⑩对敢于犯上作乱、有伤风化者，则或杖笞、或充军、或枭首⑪，残酷至极。而之所以如此，无疑是为了培养出大批"居无不正，习无不端"⑫，合乎封建道德标准的人才，而大批

---

① 《明太祖实录》卷一四四"洪武十五年四月癸卯"条。
② 张廷玉：《明史》卷七三《职官志二》。
③ 诚如国子监祭酒宋讷在《大明敕建太学碑》中所称："帝王之兴，首建太学，盖学所以扶天理、淑人心也。皇极由之而建，大化由之而运，世道由之而清。风化本原，国家政务，未有舍此而先者。"（宋讷：《西隐集》卷七《大明勅建太学碑》）
④ 《明太祖实录》卷四〇"洪武二年三月戊午"条。
⑤ 张廷玉：《明史》卷六九《选举一》。
⑥ 黄佐：《南雍志》卷一《事纪一》。
⑦ 黄佐：《南雍志》卷一《事纪一》。
⑧ 黄佐：《南雍志》卷九《谟训考上·学规本末》。
⑨ 黄佐：《南雍志》卷九《谟训考上·学规本末》。
⑩ 张廷玉：《明史》卷六九《选举志一》。
⑪ 黄佐：《南雍志》卷九《谟训考上·学规本末》、卷一《事纪一》。
⑫ 《明英宗实录》卷二三"正统元年十月癸亥"条。

的监生得到规范和教化，成为各级官员，又转而以"卫道士"的身份继续推动教化事业。

二是对教官的严格要求。朱元璋认为"师乃至精，模范之本根也"①，太学教官更应如此。所以在太学教官的选拔上，他十分看重才德，谓"古先哲王，必选名儒为之师表，其任甚不轻也"②。洪武一朝，历任国子祭酒多为当时名儒，或"学充德茂"③，或"夙学耆德"④，或"老成端谨"⑤；即使国子助教，朱元璋亦认为唯有"颇通性理，勤览群书"⑥之人，方称斯职。在实际工作中，更要求国子教官为人师表，以身作则。他强调说："国学者，天下贤材所萃，而四方之所取，正必师道严而后模范正，师道不立则教化不行，天下四方何所取？"⑦又说："卿等为师表正，当以孔子之道为教，使诸生咸趋乎正，则朝廷得人矣。"要求教官恪守儒家道德规范，躬修礼节，检身饬行，否则便会遭到严惩。据吴晗统计：洪武年间历任国学祭酒者十一人，除宋讷善终在任上，其余不是获罪，便是被杀。⑧ 这无疑使明代的学校教育深深地打上了专制主义的烙印。

从某种意义上说，朱元璋重视国子监，实际上是其遵循圣道，崇尚教化的集中体现。他曾屡屡宣谕："今太学之教，本之德行"⑨；"学校之所，礼义为先"⑩；并对监生说："仲尼之道，上师天子，下教臣民，自汉及今未有逾期斯道而能久。"⑪应该说，朱元璋在作为"风化之源"的国子监传习圣道，推扬礼教，别具意义。其中最重要的一点，就是对于恢复儒术，重振教化，淳化风俗起到一定的推动作用，史载："声教四达乎裨海之外，虽五三六经之籍有靡得而言者矣。夫孔子道阨于时，见而知之者终莫之显庸也，讵知百世之后，人文黎献，光弘邃初，有如今兹者。"⑫

① 黄佐：《南雍志》卷一〇《漠训考下·圣制本末》。
② 《明太祖实录》卷一二三"洪武十二年三月丙子"条。
③ 《明太祖实录》卷一二三"洪武十二年三月丙子"条。
④ 张廷玉：《明史》卷七三《职官志二》。
⑤ 张廷玉：《明史》卷一三七《宋讷传》。
⑥ 《明太祖集》卷九《国子监助教敕》。
⑦ 《明太祖实录》卷一四四"洪武十五年四月癸卯"条。
⑧ 吴晗：《明初学校》，载《吴晗史学论著选集》（第三卷），人民出版社1986年版，第534—536页。
⑨ 《明太祖实录》卷四三"洪武二年六月丁卯"条。
⑩ 黄佐：《南雍志》卷九《漠训考上·学规本末》。
⑪ 《明太祖实录》卷一四五"洪武十五年五月丁丑"条。
⑫ 黄佐：《南雍志》卷一《事纪一》。

（2）"天下郡县，并建学校以作养士"。与国学相联系，自唐代始，即在地方州县设立学校，宋元因而不废，但"其法皆未具"①。迄明，为弥补国学之不足，进而将教化推至广深，朱元璋于洪武二年（1369年）十月宣谕："今京师虽有太学，而天下学校未兴，宜令郡县皆立学，礼延师儒，教授生徒。以讲论圣道，使人日渐月化，以复先王之旧，以革污染之习。此最急务，当速行之。"②同月，命在全国郡县建立学校，诏曰：

> 古昔帝王育人材，正风俗，莫先于学校。自胡元入主中国，夷狄腥膻，污染华夏，学校废弛，人纪荡然，加以兵乱以来，人习斗争，鲜知礼义。今朕一统天下，复我中国先王之治，宜大振华风，以兴治教。今虽内设国子监，恐不足以尽延天下之俊秀，其令天下郡县，并建学校以作养士。③

至此，地方府、州、县学相继建立，成为"首善之地"④，"教养之法备矣"⑤。

同样，对于府州县学，朱元璋亦高度重视。如：入学生员专治一经，以礼、乐、射、御、书、数，设科分教，"务求实才，顽不率者黜之"⑥。如在学校开支上，提供较为充足的经费保障。如学粮，洪武十五年（1382年）四月，诏定府学一千石，州学八百石，县学六百石，应天府学一千六百石，"师生月给廪膳米一石，教官俸如旧"⑦。此外，入学生员还享有免差徭的特权，除本身外，还免其家差徭二人。⑧对教官的选拔，虽不如国学之"体统尊隆"，但绝不敢轻视，因为"儒学教官，士子观法所系"，必由国家"择立师范"⑨。在学校管理上，亦异常严格，此在十五年（1382年）颁布的《学校禁例十二条》⑩中有明确规定。凡此，旨在通过对地方学校的严格要求，使其真正发挥教化功能。这种功能，除了培育人才外，即在化民成俗，使之安分守己，循规蹈矩，稳定基层社会秩序。而且，由于地方学校广泛的区域分布⑪以及相对开放的教育模式，使其教化功能表现出广泛、深入和普及等

① 张廷玉：《明史》卷六九《选举一》。
② 《明太祖实录》卷四六"洪武二年十月辛巳"条。
③ 《明太祖实录》卷四六"洪武二年十月辛卯"条。
④ 吕坤：《吕公实政录》卷一《教官之职》。
⑤ 张廷玉：《明史》卷六九《选举志一》。
⑥ 《明太祖实录》卷四六"洪武二年十月辛卯"条。
⑦ 《明太祖实录》卷一四四"洪武十五年四月丙戌"条。
⑧ 申时行，等：万历《明会典》卷七八《学校》。
⑨ 申时行，等：万历《明会典》卷七八《学校》。
⑩ 《禁例》的具体内容，参见《明太祖实录》卷一四七"洪武十五年八月辛巳"条。
⑪ 关于洪武年间府州县学的分布及数量，郭培贵先生已有具体统计和分析。详见所著《明史选举志考论》，中华书局2006年版，第102—105页。

特点,而地方学校教育的普及,不仅使儒家伦理得到了广泛传播,而且使更多的一般社会成员从日常生活中剥离出来,逐渐具备了严守礼教、遵从权威、忠于君主等政治素养和循规蹈矩的行为自觉性。

（3）遍设其他学校。朱元璋在制定和推行教化政策时,非常注重教化的普及,认为教化应是全社会的教育活动,"夫圣人之教犹天也,天有风雨霜露,无所不施,圣人之教亦无往不行"①。所以,洪武年间,除了国子监、府、州、县学外,诸如都司卫所儒学、土官学、社学(乡学)等亦相继创立,逐渐勃兴。这些学校的设立具有特定的历史背景和社会意义,通过它们,朱元璋将学校的教化功能施之于社会基层和边疆少数民族地区,大大延伸和拓展了学校的教化功能。

就都司卫所儒学和土官学而言,朱元璋继承古先哲王教化远人的精神,提出了"朕惟武功以定天下,文教以化远人"②的安边方针,并对"边境之民不可以教"③论调进行了批驳。以此为指导,明太祖在文教落后,民风闭塞的东北、西北、西南等边陲地区设立都司、卫、所儒学④,目的在于敦教化,厚风俗,使边境官民悉知君臣父子之义,三纲五常之道,而无悖礼争斗之事,忠心报效朝廷。如洪武十五年(1382年)十一月,朱元璋对普定军民府知府者额说:"今尔既还,当谕诸酋长,凡有子弟皆令入国学受业,使知君臣父子之道,礼乐教化之事,他日学成而归,可以变其土俗同于中国,岂不美哉?"⑤由此,这些都司卫所儒学将朝廷宣化、布德施之于边疆,亦客观上起到了安边抚远的作用,用朱元璋本人的话说,就是"使之诵诗书,习礼义,非但可以造就其才,他日亦可资用"⑥。

另外,为了进一步推广教化,加强对基层民间子弟进行初步的纲常礼教和文化教育,洪武八年(1375年)正月,诏立社学,其中缘由,朱元璋说得很清楚:"昔成周之世,家有塾,党有庠,故民无不知学,是以教化行而风俗美。今京师及郡县

---

　①　《明太祖实录》卷一六八"洪武十七年十一月庚午"条。

　②　《明太祖实录》卷三六"洪武元年十一月丙午"条。《明史》卷三一八《广西土司二》载为:"朕惟武功以定天下,文德以化远人。"

　③　《明太祖实录》卷一六八"洪武十七年十一月庚午"条。

　④　具体学校的设立情况,如《明太祖实录》卷一六一"洪武十七年四月甲午"条:置岷州卫军民指挥使司儒学。《明太祖实录》卷一六七"洪武十七年闰十月辛酉"条:置辽东都指挥使司儒学。《明太祖实录》卷二二二"洪武二十五年十一月癸卯"条:置贵州宣慰司儒学。《明太祖实录》卷二〇四"洪武二十三年九月丁酉"条:置大宁等卫儒学。《明太祖实录》卷二三一"洪武二十七年正月壬寅"条:置普定卫儒学,等等。

　⑤　《明太祖实录》卷一五〇"洪武十五年十一月甲戌"条。

　⑥　《明太祖实录》卷一六八"洪武十七年十一月庚午"条。

皆有学,而乡社之民未睹教化,宜令有司更置社学,延师儒以教民间子弟,庶可导民善俗也。"①后有司以社学扰民,命停罢。至洪武十六年(1383年)十月,复设社学,并命"有司不得干预"。②据吴宣德《中国教育制度通史》第四卷不完全统计,当年全国社学达2150所。③社学之师,虽不在学官之例,且无廪禄,但其选任亦颇为审慎,"其经断有过之人,许为师"④,至洪武后期,甚至规定只有"明经之士,或年老致仕之人"⑤,才能担任社学之师。他们主要给民间子弟教授《御制大诰》、《孝子》、《内则》及《三字经》、《百家姓》、《千字文》等,主旨仍在于"崇美化育"⑥,"导民为善"⑦。当然,除了前文所举学校外,儒学内所设立的先师庙、乡贤祠、名宦祠、启圣祠、明伦堂等社教设施亦是教化的重要场所,其意义前文祭孔问题已有论述。

综上,朱元璋兴学立教,就是要借助学校广泛而有效的教化和善俗功能,来传播统治阶级的政治思想和道德训诫。通过学校,明初统治者网罗天下学子,让其接受道德的模铸和政治的教育,从而形成忠君爱国、仁孝节义等价值观念。专制统治者深知,要建立一个文治社会,就必须依赖以儒家思想和文化知识武装起来的士大夫;而士大夫也懂得,唯有一个有序的文治社会,才值得他们施展自身的才华和睿智。明初的历史表明:朱元璋的教化策略是有效的:一方面,它广泛传播了道德、纲常、礼法等价值观念,一定程度上使明初统治者的意志走向了"社会化"。另一方面,学校教育结束了士子们自元末以来的游离状态,进而将其纳入了统一有序的教育程序,成为官僚队伍的重要部分;而且长远来看,官僚队伍逐渐儒学化、学者化,亦大体奠定了明代文治社会的历史格局。

2.教化的目的:正人心,善风俗

元之末叶,人心浇漓,教化凌夷,风俗颓废,这些因素无疑加速了蒙元王朝的覆亡进程。明建国后,虽天下一统,四海承平,但在较长一个时期内,世态复杂,民风不振,人心乖戾等不利于统治的社会因素依然存在。在此情况下,如何实现道德划一,人心淳良,风俗朴厚的至治之世就成为以朱元璋为首的统治集团不得

---

① 《明太祖实录》卷九六"洪武八年正月丁亥"条。
② 《明太祖实录》卷一五七"洪武十六年十月癸巳"条。
③ 吴宣德:《中国教育制度通史》(第四卷),山东教育出版社2000年版。
④ 申时行,等:万历《明会典》卷七八《学校·社学》。
⑤ 《明太祖实录》卷二一三"洪武二十四年十月丙寅"条。
⑥ 李继本:《一山文集》卷五《易州山北乡学记》。
⑦ 《大诰·社学第四十四》。

不高度关注的重要问题。

洪武初年,朱元璋即宣布,"致治在于善俗,善俗本于教化"①。朱元璋自身的经历使他懂得了风俗人心关乎国之兴亡的道理,人心正则风俗醇,风俗醇则天下治,这几乎是包括朱元璋在内的专制统治者秘而不宣的普遍认识。明太祖曾谕李善长等曰:

> 人之一心,极难点检。朕起兵后,年二十七八,血气方刚,军士日众,若不自省察,任情行事,谁能禁我?因思心为身之主师,若一事不合礼,则百事皆废,所以常自点检。此心与身如两敌,然时时自相争战,凡诸事为必求至当,以此号令得行,肇成大业。今每遇祭祀斋戒,整心志对越神明,而此心不能不为事物所动,检持甚难。盖防闲此身,使不妄动,则自信已能。若防闲此心,使不妄动,尚难能也。

对此看法,善长等人顿首称是:"乃圣贤治心之要。心既治,天下无难治矣。"②因而,洪武一朝,明太祖始终重视对"人"的教化与管理。分开来讲,这里的"人"无非由两部分人构成,即在任的官僚士大夫和在野的庶民百姓。

官僚士大夫多为儒家思想的崇拜者,对他们,朱元璋主要结合政事,阐扬君臣大义,认为作为臣子,就应该循礼守节,忠君报国,立"忠君之志",懂"济民之道"③,"上昭君德,下福黎民"④。这就是朱元璋心目中的"臣心"、"臣道",虽然内涵与历代统治者的看法并无二致,但在百废待举之际,对此特加强调,不仅反映了朱元璋的远见卓识,更对君臣之礼,为臣之道的确立颇具意义。

洪武一朝,明太祖对官僚士大夫的劝教始终如一,未曾中绝,劝教方式亦随时而变,灵活多样,如:①亲自进行训诫,诸如"君能敬天,臣能忠君,子能孝亲,则人道立矣"⑤。②要求臣僚讲论经史,从儒家文化中汲取为臣之道,如洪武六年(1373年)五月,下令:"自今省台六部官,遇有暇时,集属吏,或教以经史,或讲以时务,以变其气质。"⑥对于"不知古今"的武官,下令从"儒官中选年富力强,通今博古之士,授以参佐之职,使之赞画军事,闲暇讲明兵法,诵说经史"⑦,并颁

---

① 《明太祖实录》卷九八"洪武八年三月戊辰"条;黄佐:《南雍志》卷一《事纪一》。
② 宋濂:《洪武圣政记·严祀事第一》。
③ 《明太祖实录》卷一三三"洪武十三年九月丙午"条。
④ 《明太祖实录》卷一七六"洪武十八年十二月己酉"条。
⑤ 《明太祖实录》卷一五二"洪武十六年二月己丑"条。
⑥ 《明太祖实录》卷八二"洪武六年五月癸卯"条。
⑦ 《明太祖实录》卷一一三"洪武十年六月甲戌"条。

《武士训诫录》,对诸将进行训诫,以"使知劝戒"①。③通过对贤臣循吏的赏赐来激励为臣之道,此类事例不胜枚举,兹不胪列。④加强对百官的督察制度,以迫使其恪守臣节,勤于王事。如十六年(1383 年)八月,令御史及按察司官巡历郡县,并说:"凡官吏之贤否,政事之得失,风俗之美恶,军民之利病,悉宜究心。若狥私背公,矫直沽名,妄兴大狱,苛察琐细,遗奸不擒,见善不举,皆为失职。"②⑤严肃礼法,宣传礼教,以规约官僚的行为,认为:"人之害莫大于欲,惟礼可以制之。先王制礼,所以防欲也。礼废则欲肆,为君而废礼纵欲,则毒流于民,为臣而废礼纵欲,则祸延于家。故循礼可以寡过,肆欲必至灭身。"③⑥颂扬忠义,认为"事君之道,惟尽忠不欺"④。如对元末忠义之士的颂誉,对忠于元室官吏的宽宥,"或优之以礼,或宠以褒赠,或列诸秩祀,或录其子孙"⑤,皆表明他对忠臣、顺臣、贤臣形象的赞赏和期盼。相反,对于那些沽名钓誉、骄悖恃功之臣,明太祖则大加斥谴,甚而重典治之。这虽是一种极端的劝教方式,但在本意上却无疑是维护为臣之道的权宜之计。不仅如此,在日常生活中,明太祖亦劝教臣僚勿忘敦修品行,维持风化,崇尚节俭,他说:"丧乱之源由于骄侈。大抵居高位者易骄,处逸乐者易侈。骄则善言不入而过不闻,侈则善道不立而行不顾,如此者,未有不亡。"⑥可见,明太祖对官僚士大夫的劝教,始终是围绕"忠君济民"这一道德范畴而展开的。

相形之下,在群臣百官中间,明太祖对功臣贵族的劝教更是不遗余力。究其原因,盖有两点:一是对历代权佞专政而亡的明鉴;二是对明初功臣贵族不守臣道情势的明察。正因如此,当洪武三年(1370 年)监察御史袁凯请言:"今天下已定,将帅多在京师,其精悍雄杰之士,智虽有余,而于君臣之礼恐未悉究。臣愿于都督府延致通经学古之士,每于诸将朔望早朝后,俱赴都堂听讲经史,庶几忠君爱国之心,全身保家之道,油然日生而不自知也。"⑦对此意见,明太祖欣然接受,并敕省台延聘儒士,在午门轮流为诸将讲论经史。对诸皇子诸王,太祖命儒臣采辑汉唐以来藩王善恶之事,编成《昭鉴录》,以训导皇子诸王,"使知所敬戒"⑧。

---

① 《明太祖实录》卷一九四"洪武二十一年十月乙丑"条。

② 《明太祖实录》卷一五六"洪武十六年八月甲戌"条。

③ 《明太祖实录》卷一二六"洪武十二年八月甲子"条。

④ 余继登:《典故纪闻》卷四。

⑤ 苏伯衡:《苏平仲文集》卷七《节义堂记》。

⑥ 《明太祖实录》卷二九"洪武元年正月丁亥"条。

⑦ 《明太祖实录》卷五七"洪武三年十月丙辰"条。

⑧ 《明太祖实录》卷八〇"洪武六年三月癸卯"条。

对于公侯功臣的劝教,朱元璋更是直言不讳:"卿等皆有功于国家,身致爵位,子孙世袭,夫生长膏粱,不知礼教,习于骄惰,鲜有不败,当念得之甚难而失之甚易也。宜令子弟入太学,亲明师贤士,讲求忠君亲上之道,监古人成败之迹,庶几永保爵禄,与国同久。"①期望通过对公侯功臣子弟政治思想和伦理道德的熏陶和培养,使其树立起高度忠君的自觉性。

较之对官僚士大夫的劝教,朱元璋对庶民百姓的教化,则意在使其循守礼法,心甘情愿地接受封建王朝的统治,"为吾民者,当知其分,田赋力役出以供上者,乃其分也"②。在他看来,士农工商各安其业,是社会稳定、政权巩固的基础,"务俾农尽力畎亩,士笃于仁义,商贾以通有无,工技专于艺业,所以然者,盖欲各安其生也"③。但要使其真正做到安分守己,首先是要通过教化敦化民俗,端正人心,所谓:"治道必本于教化,民俗之善恶,即教化之得失也。……苟不明教化之本,致风俗陵替,民不知趋善,流而为恶,国家欲长治久安,不可得也。"④在此,朱元璋把风俗提高到关乎国家治乱兴衰的高度加以申述,并非空穴来风,而是有根据的:

(1)元末颓风败俗在明初依然风行。如朱元璋言:"先王之治,天下彝伦为本。至于胡元,昧于教化,彝伦不叙,至有子纳父妾,而弟妻兄妻,兄据弟妇者,此古今大变,中国之不幸也。……比闻民间尚有顽不率教者,仍蹈袭胡俗,甚乖治体。"⑤监察御史高原侃亦言:"京师人民,循习元氏旧俗,凡有丧葬,设宴会亲友作乐娱尸,惟较酒殽厚薄,无哀戚之情,流俗之坏至此甚,非所以为治。"⑥为此,朱元璋倡导:"复先王之教,以叙彝伦,务使各得其序,既定于《律》,又著之《大诰》,以明示天下……违者,论如律。"⑦

(2)立国之初,"化民善俗之道,犹有未备"。如在京师地区,奢侈成风,"积习之弊,率以奢侈相高,浮藻相诱,情日肆而俗日偷"⑧。故明太祖下诏兴办教育,"凡闾里皆启塾立师,虽穷乡陋壤,莫不有学"⑨。在他看来,朝廷教化的重点

---

① 《明太祖实录》卷一三五"洪武十四年正月癸丑"条。
② 《明太祖实录》卷一五〇"洪武十五年十一月丁卯"条。
③ 《明太祖实录》卷一七七"洪武十九年四月壬寅"条。
④ 《明太祖实录》卷二〇三"洪武二十三年七月壬辰"条。
⑤ 《明太祖实录》卷二三二"洪武二十七年三月癸亥"条。
⑥ 宋濂:《洪武圣政记·新旧俗第七》。
⑦ 《明太祖实录》卷二三二"洪武二十七年三月癸亥"条。
⑧ 《明太祖实录》卷六六"洪武四年六月戊申"条。
⑨ 宋濂:《文宪集》卷四《长洲练氏义塾记》。

是广大庶民,"学校兴则风俗美,师道立则善人多"①;相反,"不明教化,则民不知礼义;不禁贪暴,则民无以遂其生。"②

具体而言,明太祖教化庶民百姓的内容主要集中孝行、节义、礼教等更具普遍性的道德范畴上,主要表现在:

(1)与官僚士大夫的忠君之道相呼应,作为庶民就应该恪守孝道。明太祖指出:"孝者,忠厚恺悌"③,唯有做到孝顺父母,才能进而忠于君,悌于兄,友于弟。所以,朱元璋把"孝"作为最重要的道德准则加以宣传和倡导。洪武八年(1375年)十一月,杭州有民犯罪,其子愿代父受刑,太祖释之不问,并说:"此美事也。姑屈法以申父子之恩,俾为世劝。"④其后,天策卫卒吴英,愿代父赎罪,太祖再次宽释,并重申:"汝爱父之至,特屈法宥之。"⑤为了倡导孝行,明太祖不惜"屈法",故明人评云:"皇明以孝治天下。"⑥此外,明太祖还重视"尊老敬长"风气的培植,认为"尚齿所以教敬,事长所以教顺"⑦,他多次下令在全国"行养老之礼",并逐渐制度化:"贫民年八十以上,月给米五一牛,酒三斗,肉五斤;九十以上,岁加帛一匹,絮一斤。"⑧同时,为了提高老人的社会地位,五年(1372年),在民建"申明亭",老人"听其乡诉讼"⑨。三十年(1397年)又置木铎,由老人持铎巡行诵唱:"孝顺父母,尊敬长上,和睦乡里,教训子孙,各安生理,毋作非为。"⑩朱元璋希望通过提高老人的地位,树立起尊老敬长的风气,使民间风俗日渐淳厚。

(2)明太祖还以旌表的方式,提倡节义。据《明太祖实录》载,自洪武三年(1370年)始,旌表事例即频频出现,限于篇幅,兹不胪列。九年(1376年)时,下诏:"天下郡县,凡孝子、顺孙、义夫、节妇,事关风教者,其悉以闻。"⑪继此,明王朝对节妇的旌表逐渐制度化:"凡民间寡妇三十以前夫亡守志者,五十以后不改

① 《明太祖实录》卷二〇九"洪武二十四年六月己巳"条。
② 《明太祖实录》卷二九"洪武元年正月乙酉"条。
③ 俞汝楫:《礼部志稿》卷一《荐举之训》。
④ 《明太祖实录》卷一〇二"洪武八年十一月戊午"条。
⑤ 《明太祖实录》卷二一五"洪武二十五年正月甲辰"条。
⑥ 宋讷:《西隐集》卷六《送孝子周巨渊请归序》;程敏政:《篁墩文集》卷二二《恩养堂八咏送王世英员外南还序》)。
⑦ 《明太祖实录》卷一八二"洪武二十年六月甲寅"条。
⑧ 张廷玉:《明史》卷三《太祖纪三》。
⑨ 《明太祖实录》卷二三二"洪武二十七年四月壬午"条。
⑩ 《明太祖实录》卷二五五"洪武三十年九月辛亥"条。
⑪ 徐一夔:《始丰稿》卷一四《何节妇传》。

节者,旌表门闾,除免本家差役。"①

（3）明太祖认为,教化应以宣传、倡导礼教为核心内容,"敦信义而励廉耻,此化民之本"②。只有礼义道德观念深入人心,社会风气才会好转,封建统治才会稳定,"世之治乱,本乎人情风俗,故忠信行则民俗淳朴"③。为此,他明确提出了"教化必本诸礼义"④的教化方针,主张以礼教民,用礼来约束百姓,规范百姓的行为,使其明白"定名分"⑤、"辨贵贱,明等威"⑥的道理,进而树立起等级尊卑观念,安分守己,循规蹈矩,做服从专制统治的顺民。

总之,要实现和强化社会及政治道德的统一性,首先应借助恰当的教化措施来匡正人心,醇化风俗,这是明太祖的基本观点。所以,当有人提出"欲整齐风俗,必以政刑先之,然后教化可行"⑦的观点时,明太祖不以为然,批评道:"教化必本诸礼义,政刑岂宜先之"⑧,"帝王抚临百姓,皆欲其从化,至于刑罚,不得已而用之"⑨;主张要正人心、善风化须通过教化一途,而非政刑,"仁义者,养民之膏粱也;刑罚者,惩恶之药石也。舍仁义而专用刑罚,是以药石养人。"⑩惟其如此,才能将儒家文化中的为臣之道、为民之道推延至广大臣民的内心深处,使其在思想观念上与国家的意识形态节应拍合,逐渐形成接受社会政治现状,维护王权合法性的自觉意识;同时使其在行为上与朱明王朝的根本利益保持一致,甚而成为构建人心规矩,风俗敦厚,秩序井然的文治社会的重要社会力量。

3.教化的条件:"君人者兼治教之责"

教化作为一项普及性的政治活动,要真正实现预期的目标,必须依赖若干条件的促动,其中最重要的一个条件就是需要各级官员,尤其是地方官员的支持和参与,这是关系教化成效的决定性条件。从某种程度上说,除了专门的"风化之官"⑪——教官而外,各级官员亦是社会教化的主要倡导者和推行者,他们的出

---

① 李东阳,等:正德《明会典》卷二二《明令》。
② 《明太祖实录》卷四四"洪武二年八月戊子"条。
③ 《明太祖实录》卷六六"洪武四年六月戊申"条。
④ 《明太祖实录》卷六六"洪武四年六月戊申"条。
⑤ 王祎:《王忠文集》卷一二《秦文除侍仪使诰》。
⑥ 《明太祖实录》卷五五"洪武三年八月庚申"条。
⑦ 《明太祖实录》卷六六"洪武四年六月戊申"条。
⑧ 《明太祖实录》卷六六"洪武四年六月戊申"条。
⑨ 《明太祖实录》卷一三九"洪武十四年九月辛丑"条。
⑩ 张廷玉:《明史》卷九四《刑法志二》;《明太祖实录》卷六一"洪武四年二月戊午"条。
⑪ 吕坤:《吕公实政录》卷一《教官之职》。

身和素养,使其在身份上表现出"吏"与"师"的双重身份。因此较之一般的教官,他们的教化方式和途径亦略显广泛,既可以通过举办教育、躬行教化来实现,也可以通过各种礼法祭祀活动来传延,还可以通过自身的"师"者形象来彰显(尤其是清官、循吏等)。正是基于这种认识,朱元璋反复强调治民与教民并重的原则,督促各级官员不仅要关注钱谷刑名,也要参与社会教化,所谓"君人者兼治教之责"①,认为:"治民固以教化为本,而身又为教化之本,长一邑则击一邑之望,民率视己以为则,己身不正,民将何法。"②所以朱元璋要求各级官员首先要自觉接受教化,提高自身修养,"勉修厥德,广施惠政"③。在他看来,官员只有在自身的德行修为达到了一定的高度,才能真正做到恪守职责,参与教化,播扬忠君爱国、忠孝节义等价值观念,他说:"治民固以教化为本,而身又为教化之本,长一邑则系一邑之望,民率视己以为则,己身不正,民将何法。故曰以身教者从,以言教者讼,尔其识之。"④在此前提下,朱元璋认为各级官员应该以淳美教化为要务,专任的教官则更应该潜心本职工作。如鉴于地方儒学教官屡为府县遣差,十四年(1381年)朱元璋下令"有司不得差遣学官"⑤。甚至官员致仕,他也希望其能师表一方,扶植教化。所以当国子祭酒钱宰致仕时,朱元璋嘱咐说:"师表一乡,训诱后进,以稗治政,庶几不愧古者乡大夫之教。"⑥至诚求治的心情显而易见。

地方各级官员最贴近庶民百姓,这就决定了他们的教化行为具有更强的实现性和广泛性。所以,欲将儒家的道德规范、政治理念行政化、教条化,进而借此来化民成俗,制约民众,就不得不有赖于广大地方官员的教化实践。洪武一朝,重视官僚队伍建设,其中许多方面就是围绕教化事业而展开的。如在官员的选拔任用上,朱元璋非常慎重,他说:"朕之任官,所用惟贤,举廉兴孝,惟欲厚俗,崇德劝善,惟欲成风。"⑦如布政司官,他认为其主要职责之一就是"宣教化"⑧,并强调说:"朕有天下,更行省为承宣布政使司。所以承者,朕命也;宣者,代言之也;布者,张陈之也。"⑨正因如此,洪武年间,朱元璋先后任命马懿、张励、赵新

---

① 张廷玉:《明史》卷一二八《宋濂传》。
② 《明太祖实录》卷二三二"洪武二十七年三月癸亥"条。
③ 《明太祖实录》卷七八"洪武六年正月乙巳"条。
④ 《明太祖实录》卷二三二"洪武二十七年三月癸亥"条。
⑤ 《明太祖实录》卷一四〇"洪武十四年十一月己酉"条。
⑥ 《明太祖实录》卷一一一"洪武十年三月己卯"条。
⑦ 《明太祖实录》卷七八"洪武六年正月乙巳"条。
⑧ 《明太祖集》卷二《谕山西布政使华克勤诏》。
⑨ 《明太祖集》卷四《承宣布政使诰》。

等许多儒士为布政司官。在他看来,让儒士担任其任甚重的布政司官,在于其饱览经籍,谙熟礼法,崇重道义,更有条件"承流宣化,通达民情"①,也更有条件正身率下,笃行仁义、施行教化。同样,选拔府、州、县官,也多用儒者,时人乌斯道有言:"今圣天子大兴文治,视天下学校实首风化,郡县无中外,毕用儒臣任厥政者,以其素所服习,惟圣人是归,必能严圣人之祀,敦圣人之教以笃扬朝廷,所以尊圣人之意焉耳。"②在官员考核上,教化亦是一条重要指标:"考课必书农桑、学校之绩。"③对于那些惰于教化的官员,明太祖严令"降罚"、"论如律",强调"彝伦不振,实君师之过,坐享民供而不修政教,亦岂职分之当为?"④

正是在上述制度的规约下,洪武年间,许多地方官员都能以教化百姓为己任,"皇朝革命,政教一新,设学校,置师弟子员以教以养,以求其实效。故官于郡县者,常以是切切也。"⑤具体如:魏观出任苏州知府,"以明教化、正风俗为治"⑥。广西、云南本属"蛮夷之地,自古王化所不及",十七年(1384 年)张紞(字昭季)出为云南参政后,致力教化,"民间丧祭冠婚咸有定制,务变其俗。滇人遵用之"⑦。杨卓(字自立)任杭州通判时,"有兄弟争田者,累岁不决",杨卓晓以人伦大义,结果兄弟罢争。⑧ 欧阳铭(字日新)为江都县丞时,"有继母告子不孝者",铭"委曲开譬",母子和好,"卒以慈孝称"。⑨ 这些中下级官吏敦笃教化的事例,说明明太祖的教民思想已逐渐被各级官员所接受。

当然,作为最高统治者,朱元璋无疑是教化政策的制定者、推动者,同时也是教化实践的指导者,但特殊的身份和地位决定了他的"教化功能"必须依靠群臣百官加以实践,或者借助于国家颁布的法令、政策得以实现。就后者而言,如朱元璋命大理卿周祯等编成《律令直解》一书,对所定律令"训释其义",颁行天下;⑩又下令民间子弟在农闲时,须讲读《大明律》、《大诰》等。朱元璋认为,对法律的宣传与普及也是教化的一项重要内容,将礼义道德与法律知识相结合,更

①　《明太祖实录》卷一三五"洪武十四年正月乙巳"条;余继登:《典故纪闻》卷四。
②　乌斯道:《春草斋集》卷六《重建石龙县儒学记》。
③　《明太祖实录》卷七七"洪武五年十二月甲戌"条。
④　《明太祖实录》卷七七"洪武五年十二月甲戌"条。
⑤　谢应芳:《龟巢稿》卷一八《重建县学事实》。
⑥　张廷玉:《明史》卷一四〇《魏观传》。
⑦　张廷玉:《明史》卷一五一《张紞传》。
⑧　张廷玉:《明史》卷一四〇《杨卓传》。
⑨　张廷玉:《明史》卷一四〇《欧阳铭传》。
⑩　张廷玉:《明史》卷九三《刑法志一》。

能够起到事半功倍的效果。洪武五年(1372 年),朱元璋"诏有司举行乡饮",规定:每年正月、十月,各地"有司与学官率士大夫之老者,行之于学校"①。行乡饮酒礼的目的很明确,是为了"人知礼让,父慈子孝,兄友弟恭,夫和妇顺之道不待教而兴"②。另外,推行科举制度,在朱元璋看来也是教化的重要内容之一,所以科举取士的标准即以"文德"为主,他说:"汉唐及宋,科举取士,但求辞章之学,而不求德艺之全。今设科取士,期必得于全,任官唯贤,庶可成于治道。咨尔有众,体予至怀。"③次年七月又重申:"科举初设,凡文字词理平顺者皆预选列,以示激劝,惟吏胥心术已坏,不许应试。"④同时,明太祖也时常对前来拜谒的庶民当面进行劝教,如洪武三年(1307 年)江南富民来诣,明太祖谕之"以生人、处世、治家、处身之道",翰林待制王祎赞云:"三代下人主,知政不知教。自古帝王身兼君师。陛下训民,天下师也。"⑤

教化是维系政治体系、构建政治秩序和规范人们的道德行为、政治行为的重要手段。要治国安邦,就必须依赖于良好的人心风俗,而要实现良好的人心风俗,就必须推行切实有效的教化措施。明太祖及其臣僚力行教化,对于更化天下、纲纪人心,导民善俗,摒弃元季陋习,扭转颓靡之风,重构封建统治秩序,具有重要意义,"当其时,士习淳朴,绝无伪巧,勉修职业,不务虚名,故事治民安,国家赖之"⑥。同时,明太祖通过教化手段不仅传播了统治阶级的政治思想、理念和道德观念,而且通过对一般社会成员实行思想教育和道德驯化,培育了一大批合格的官僚队伍和文人学士,营造了一个彬彬文治社会,"明时圣主作,文治在所尚,声教极被渐,舆图混轮广"⑦。而明太祖所奠定的业绩,亦为其后人的继续开拓铺平了道路,清顺治帝就曾赞誉明太祖说:"朕以为历代贤君莫如洪武。何也? 数君(指汉高、文、景、武、唐太宗等)德政有善者有未尽善者,至洪武所定条例章程,归划周详。朕所以谓历代之君不及洪武也。"⑧当然,必须指出的是,宥于时代,明太祖的文治思想并未突破儒家人治的传统旧臼,同样深深地打上了专制主义的烙印。

---

① 《明太祖实录》卷七三"洪武五年四月戊戌"条。
② 《明太祖实录》卷一三五"洪武十四年二月丁丑"条。
③ 王祎:《王忠文集》卷一二《开科举诏》;《明太祖实录》卷五二"洪武三年五月己亥"条。
④ 《明太祖实录》卷六七"洪武四年七月丁卯"条。
⑤ 谈迁:《国榷》卷三"洪武三年六月庚午"条。
⑥ 余继登:《典故纪闻》卷一七。
⑦ 凌云翰:《柘轩集》卷三《辛亥岁秋帝分韵得上字》。
⑧ 《清世祖实录》卷七一"顺治十年正月丙申"条。

第二节　洪武时期对儒士文人的征荐和录用

　　征荐是征辟和荐举的合称。所谓征辟,指由皇帝派专人聘任,被征召者多为饱学贤能之士,或避居不仕的隐者。所谓荐举,是指皇帝下诏,责成各级官员向朝廷推荐各类人才由皇帝加以策问然后遴选录用。作为选官的重要形式之一,征荐制度形成于汉代(时称察举制),后世虽有革新,但基本规制一脉相承,因之不绝。至明洪武时期,选官有征荐、科举、学校、吏员诸途,但相形之下,征荐最为重要,"明初人才率得之征聘"①,如诗所云:"束帛征贤出阿,来从明主定山河"②;"九五龙飞始建都,廷臣领命出分符"③;"圣主垂衣治天下,遣使南行访儒者。要令多士尽归朝,肯使一才闲在野"④;"朝廷尽明扬,岩穴竭搜访。世岂乏栋梁,意在得工匠"⑤;"薇省檄来征俊彦,黄金台筑聘时贤"⑥;"大朝定九牧,汲汲求英髦。旁搜复远索,不使岩穴韬"⑦;"金陵来取贤良士,岭表诸贤尽选抡"⑧。于此皆可见洪武间征荐人才之盛况。

　　以往,学界对洪武选官制度的研究主要侧重于科举、学校二途,对征荐制度的研究只是蜻蜓点水。直至近期,随着明代政治制度史研究的不断推进,较有影响的成果才陆续出现。⑨ 以此为基础,为进一步明确洪武时期的选官政策、官僚队伍的构成及士大夫的政治境遇等重要问题,以下拟对洪武年间征荐制度的推行过程及特点予以较为深入的论述。

---

　　① 孙承泽:《春明梦余录》卷四〇《礼部二》。
　　② 陶安:《陶学士集》卷五《喜伯温景濂辈至新京》。
　　③ 陶安:《陶学士集》卷五《送夏允中总制浙东兼巡抚》。
　　④ 蓝智:《蓝涧集》卷二《送郭按察还朝》。
　　⑤ 凌云翰:《柘轩集》卷三《辛亥岁秋帝分韵得上字》。
　　⑥ 舒頔:《贞素斋集》卷八《送叶宗茂之京陵》。
　　⑦ 姚广孝:《姚虚子诗集》卷二《送王彝太使还祁州》。
　　⑧ 刘三吾:《坦斋刘先生文集》卷下《老病得免起遣》。
　　⑨ 如:郭培贵先生在《明代选举志考论》一书中,以《选举志》为底本,旁征博引,寓论于考,首次对洪武时期诏举人才的状况、特点及荐举授官情况的等进行了考论(中华书局 2007 年版,第264—302 页)。台湾学者林丽月先生在《明初的察举(一三六八——一三九八)》(《明史研究专刊》第二期,第43—63 页)一文中,主要通过洪武朝察举制的探讨,考察了这一时期取士制度的特色及其察举对明初政治社会的影响。另外,张显清先生、林金树先生《明代政治史》(广西师范大学出版社 2003 年版,第553—558 页)、潘星辉先生《明代文官铨选制度研究》(北京大学出版社 2005 年版,第65—80 页)及一些制度史论著的相关章节也论及明初的荐举制度。

早在渡江前后,朱元璋就通过征荐方式延揽了刘基、宋濂、章溢、叶琛、朱升、陶安、范祖干、叶仪、胡翰等一大批儒士文人。① 至正二十四年(1364年)称吴王时,即令各府、县岁举贤才,谓"今有能上书陈言、敷宣治道、武略出众者,吾将试之"②。并提出:年五十以上的郡县官员,虽然练达政事,但精力衰退,故应选拔民间俊秀年二十五以上,且有学识才干者,"与年老者参用之","如此则人才不乏,而官使得人"。同时,为了能够得到真才实学之士,朱元璋令府、县每年荐举,得贤者赏,"蔽贤者罚"③,"滥举者逮治之"④。此后,随着江南政权的初步建立和辖区的不断扩大,朱元璋征荐贤才的心情愈发急切,吴元年(1367年)十月,特遣起居注吴林、魏观等以币帛求遗贤于四方。⑤ 次月,又令侍臣说:"各举贤良,以资任用。"⑥

明建立后,征荐仍然是明廷选拔人才最重要的方式,"荐举盛于国初"⑦,"遣使者四出,征辟贤能"⑧,并在规模和次数上日趋扩大,在制度上亦日渐完善,但受时局及相关政策调整之影响,洪武间征荐人才又呈现出鲜明的阶段性特征。

一、第一阶段:征荐人才的第一个高峰

从洪武元年至三年(1368—1370年),这是征荐人才的第一个高峰。明建国之初,急需大量人才,一如朱元璋所言:"惟天下之广,固非一人所能治,必得天下之贤共理之。"⑨但兵乱以来,有不少怀才抱德之士迫于政治、道德和生计等原因而隐于岩穴,不愿仕进。天下甫定,一些人虽萌生了仕进之意,但由于诸种因素,他们并不愿意主动干禄求仕。在此情况下,朱元璋及时向他们表达了朝廷重用人才的意向:一方面,下令文武百官荐举人才,并点名征辟了河南儒士睢明义及哈天民、王克明、冯子瑞、迈仲德、单有志、王仪等人;另一方面,洪武元年九月

---

① 关于征召刘基、宋濂、章溢、叶琛等人之详情,《国初礼贤录》有载。该书凡一卷,未题撰者姓氏。《明史·艺文志》、《千顷堂书目》载为刘基撰。《四库全书总目》卷五二则认为"非基所作审矣"。今存明抄本,另有四库全书存目丛书、元明善本丛书等影印本。

② 《明太祖实录》卷一四"至正二十四年三月庚午"条。

③ 谷应泰:《明史纪事本末》卷一四《开国规模》。

④ 张廷玉:《明史》卷七一《选举志三》。

⑤ 《明太祖实录》卷二六"吴元年十月甲辰"条。

⑥ 《明太祖实录》卷二七"吴元年十一月戊戌"条。

⑦ 张廷玉:《明史》卷六九《选举志一》。

⑧ 宋濂:《文宪集》卷二一《故泰和州学正刘府君墓志铭》。

⑨ 《明太祖实录》卷三五"洪武元年九月癸亥"条。

向全国下求贤之诏,指出:"愿与诸儒讲明治道,启沃朕心,以臻至治,岩穴之士有能以贤辅我以德济民者,有司礼遣之,朕将擢用焉。"①明确表达了求贤若渴的急切心情。从此,明廷每年都要屡次下诏求贤,文武百官亦纷纷应诏举荐。仅这一阶段而言,据相关史料记载,明廷先后征荐人才达 24 次。其中,洪武元年 12 次,二年 6 次,三年 6 次,如下表所示具体情况如表所示:

时　　间	征荐史实	史料来源
元年三月	徐达既下山东,命所在州郡访取贤材及尝仕宦居闲者,举赴京师。	《明太祖实录》卷 31 《皇明史概》卷 2
元年四月	征河南儒士睢明义等赴京师。	《皇明史概》卷 2
元年四月	征儒士哈天民、王克明、冯子瑞、迈仲德、单有志、王仪等赴京。	《明太祖实录》卷 31
元年闰七月	征天下贤才至京,授以守令,厚赐而遣之。	《明太祖实录》卷 33 《明史》卷 2《太祖本纪二》
元年八月	设六部官职,下诏求贤。	《罪惟录》卷 1《太祖高皇帝》
元年八月	命儒臣十人分行十道,访求贤哲隐逸之士。	《殿阁词林记》卷 19《巡行》 《翰林记》卷 15《巡行》
元年八月	征元故臣。	《明史》卷 2《太祖本纪二》
元年八月	有司以礼聘致贤士,学校毋事虚文。	《明史》卷 2《太祖本纪二》
元年九月	下诏求贤诏。	《明太祖实录》卷 35 《明史》卷 2《太祖本纪二》
元年冬	太子宾友李公行素奉旨搜访岩穴士。	《海桑集》卷 5《赠王孝廉序》
元年十一月	遣文原吉、詹同、魏观、吴辅、赵寿等分行天下,访求贤才。	《明太祖实录》卷 36 《明史》卷 2《太祖本纪二》
元年十二月	诏选牧,非贤能不任。	《西隐集》卷 6《送阳城知县李文辉序》
二年二月	征儒士修纂《元史》。	《明太祖实录》卷 39
二年二月	召四方儒士张唯等数十人,择其年少俊异者,皆擢编修,令入禁中文华堂肄业。	《明史》卷 128《宋濂传》
二年八月	令天下郡县举素志高洁、博通古今、练达时宜之士,年四十以上者,礼送至京。	《明太祖实录》卷 44

---

① 《明太祖实录》卷三五"洪武元年九月癸亥"条。诏文《明史》卷二《太祖纪二》略有删改,谓:"天下之治,天下之贤共理之。今贤士多隐岩穴,岂有司失于敦劝欤,朝廷疏于礼待欤,抑朕寡昧不足致贤,将在位者壅蔽使上不达欤。不然,贤士大夫,幼学壮行,岂甘没世而已哉? 天下甫定,朕愿与诸儒讲明治道。有能辅朕济民者,有司礼遣。"

续表

时　间	征荐史实	史料来源
二年九月	诏有司访求能通声律者送京师。	《明太祖实录》卷 45
二年冬	奉上旨纂修一代礼乐书,征取天下儒士十八人。	《西隐集》卷 6《送阳城县簿方彦清秩满序》
二年冬	省部符下郡县各举教官以应诏旨。	《白云集》卷 5《送俞子常举教官序》
三年二月	下诏求贤可官六部者,举学识笃行之士。	《明太祖实录》卷 49 《罪惟录》卷 1《太祖高皇帝》
三年四月	诏天下蒙古诸色人等,果有材能,一体擢用。	《明太祖实录》卷 51
三年五月	诏天下守令询举有学识笃行之士,礼送京师。	《明太祖实录》卷 52 《明史》卷 2《太祖本纪二》
三年六月	复命有司访求天下儒术深明治道者。	《明太祖实录》卷 53
三年十月	敕省台延聘儒士于午门番直,与诸将讲说经史。	《明太祖实录》卷 57
三年十月	征经学士江右胡子祺、王佑等十八人至。	《明太祖实录》卷 106 《皇明纪略》

　　总体上,这一阶段的征荐主要是根据设官分职的需要而进行的,具有较强的针对性,如:洪武元年(1368 年)八月,"设六部官职,下诏求贤"。三年(1370 年)二月,"下诏求贤可官六部者,举学识笃行之士"。正因如此,这一阶段对所征荐的人才往往不经考核即授之以官①,表现出某种程度的随意性。如元年闰七月,"征天下贤才至京,授以守令"。同时,建国伊始,由于选官制度尚不完善,荐举之法虽实施较早,但制度层面的规定并未形成,这主要表现在征荐的依据和标准尚比较模糊。此期求贤诏中一般强调的征荐标准为"贤才"或"贤哲",说得具体一些,就是强调征荐对象的学识、儒术和才能,而尚未形成较为明确、具体的征荐科目。这种模糊、宽泛的征荐标准,虽然在一定程度上可以鼓励不拘资格、唯才是举之风,大批贤能之士能够被选拔录用,但同时也使得各级官员在举荐"人才"时有了可乘之机,从而造成滥举的现象。针对这一点,尽管朱元璋一直反对

---

　　① 据笔者所及,此期考核所荐人才的史实极少,仅有的一条史料载于《明太祖实录》卷一〇六"洪武九年六月戊子"条:"戊子,升彭州知州胡子祺为延平府知府。子祺,吉安吉水人。洪武三年,以儒士举赴京,试于吏、礼二部,中选者十九人。……皆擢监察御史。"

滥举,告诫"苟所举非所用,为害甚大"①,但在实际征荐中,滥举现象仍然屡见不鲜,被荐的人才多名不副实,距离"贤才"的标准相去甚远,以致朱元璋感叹:"今朕屡敕百司访求贤才,然至者往往名实不副,岂非举者之滥乎?"②"今所用之儒,多不能副朕委任之意,何也? 岂选任之际不得实材欤?"③为革除滥举现象,朱元璋开始推行保举之法,令"今后严举主之法"④。同时,为了弥补征荐之不足,选拔"经明行修,博通古今,名实相称"⑤的人才,三年(1370 年)八月,朱元璋下诏全国开科取士,要求"中外文臣皆由科举而进,非科举者毋得与官"⑥;而且,为求"贤才众多,官足任使",又令"各行省连试三年","自后则三年一举,著为定例"⑦。但此时的科举取士,实为征荐的一种补救措施而已,并非主要选官方式,故而开科取士的一些目标实际上是难以现实的。

二、第二阶段:征荐科目细化,次数趋少

从洪武四年至十二年(1371—1379 年),征荐科目细化,年均征荐次数趋少。在此阶段初期,即洪武四年、五年,荐举、科举是选拔人才的两大途径。其中,科举制度自恢复后,的确选拔了不少官员,如四年三月录取进士 120 名;举人则除了少数人参加会试外,多数人"以官多缺员,俱免会试,赴京听选"⑧。但由于诸种因素,这一时期科举所取之士"多后生少年,能以所学措诸行事者甚寡"。鉴于此,六年(1373 年)四月,朱元璋下令罢停科举,"但令有司察举贤才"⑨,并下诏:曰:"人君之能致治者,为其有贤人而为之辅也。今山林之士,岂无德行文艺

---

① 《明太祖实录》卷三六上"洪武元年十一月己亥"条。

② 《明太祖实录》卷四五"洪武二年九月壬辰"条。

③ 《明太祖实录》卷六四"洪武四年四月辛卯"条。

④ 《明太祖实录》卷四五"洪武二年九月壬辰"条。又据《明太祖实录》卷一九"至正二十六年三月丙申"条载:"命中书严选举之禁。初,令府、县每岁举贤才及武勇谋略、通晓天文之士,其有兼通书、律廉吏,亦得荐举。得贤者赏,滥举及蔽贤者罚。至是复命知府、知县有滥举者,俟来朝治其罪;未当朝觐者,岁终逮至京师治之。"可见,朱元璋此时已将荐举与保举结合起来,此亦是朱元璋推行保举之法的最早记载。《实录》所载内容,《明史》卷七一《选举志三》删节为:"甲辰(至正二十四年)三月……于是州县岁举贤才及武勇谋略、通晓天文之士,间及兼通书律者。既而严选举之禁,有滥举者逮治之。"据此,《明史》卷七一《选举志三》所载"保举者,所以佐铨法之不及,而分吏部之权。自洪武十七年命天下朝觐官举廉能吏始"的说法不确。

⑤ 张廷玉:《明史》卷七〇《选举志二》。

⑥ 张廷玉:《明史》卷七〇《选举志二》。

⑦ 《明太祖实录》卷六〇"洪武四年正月丁未"条。

⑧ 张廷玉:《明史》卷七〇《选举志二》。

⑨ 张廷玉:《明史》卷七〇《选举志二》。

之有称者？宜令有司采举，备礼遣送至京，朕将任用之。"①由此，征荐再次成为选拔官吏最主要的途径，直到十五年（1382年）八月恢复科举，选拔官员"专用辟荐"②。据史料不完全记载，这一阶段征荐人才25次，如下表所示：

时　间	征荐史实	史料来源
四年	下旨尽取群儒以选任之，四方多士云集辐辏。	《覆瓿集》卷4《送休宁县尹杜贯道秩满序》、《舟行分韵诗序》
四年闰二月	征天下隐逸及下第者，给传至京。	《罪惟录》卷1《太祖高皇帝》
四年四月	命中书省征天下儒士贡举下第者及山林隐逸；其有业农而有志于仕才堪任用者，俱官给廪传遣之。	《明太祖实录》卷64
五年	诏天下以贤能荐贡于朝，抡选材可治郡者授职。	《西隐集》卷6《送张文炳同知绍兴府序》
五年	遣中人往苏杭，选民间妇女通晓书数者入宫给事，得四十四人。比至试之，可任者十四人，乃留之，赐金以赡其家。	《九朝野记》
六年二月	暂罢科举，别令有司察举贤才，以德行为本，而文艺次之。	《明太祖实录》卷79 《明史》卷2《太祖本纪二》
六年四月	命吏部访求贤才于天下。	《明太祖实录》卷81
六年	有司举秀才赴京师数千人。	《春草斋集》卷2《清节先生传》
六年五月	命礼部访求贤士于天下。	《续文献通考》卷48《选举考》
六年十一月	录故功臣子孙未嗣者二百九人。	《明史》卷2《太祖本纪二》
七年	命天下郡贤守令各荐士三人。	《荥阳外史集》卷24《送睢州学正永嘉刘贡寓上任序》
八年	诏宰臣、校文、国子、老成、端正、学博、经通者，分教天下，俾郡县广其生徒而立学焉。	《西隐集》卷6《送国子陈邦达还京序》
八年秋	有旨征郡县学弟子员，能通一经者，进胄监起潜中选来京师。	《林登州集》卷10《送吴起潜归养序》
八年十月	今郡县富民多有素行，端洁通达时务者，其令有司审择之以名进。	《明太祖实录》卷101
八年冬	诏天下士。凡寄迹佛老而有志于圣贤之学者，入国子学，俾习知天理民彝，然后授之政焉。	《临安集》卷4《知止斋记》

---

① 《明太祖实录》卷八一"洪武六年四月辛丑"条。
② 王圻：《续文献通考》卷四八《选举考·荐举》。

续表

时　间	征荐史实	史料来源
九年	诏天下举贤良。	《西隐集》卷6《送四明陈宪之归养序》
十年	诏府、州、县举士,有明经、辞章、才干之目,旁搜而致之,甄别而用之。	《荣进集》卷4《送邓伯恭赴渭南令序》
十年九月	敕谕浙江温州府访求师儒。	《续文献通考》卷48《选举考》
十年十二月	录故功臣子孙五百余人,授官有差。	《明史》卷2《太祖本纪二》
十一年春	有旨凡在有司,率举贤良一人。	《林登州集》卷6《送侯同知之漳州有引》
十一年春	有旨命中书、守令不拘资格选材而任之。	《林登州集》卷11《送王德常守韶州序》
十一年十二月	征天下博学老成之士至京师。	《明史》卷2《太祖本纪二》
十二年八月	有旨州、县学生员,在学年久,学通经术,善为文辞,容貌端庄,行无玷缺者,升入大学教而育之。	《海桑集》卷5《谢维高升太学诗序》
十二年十二月	诏征天下博学老成之士。	《明太祖实录》卷128《罪惟录》卷1《太祖高皇帝》《续文献通考》卷48《选举考》
十二年十二月	访求卜筮人。	《罪惟录》卷1《太祖高皇帝》

由表可知,相较前一阶段,这一阶段历时虽长,但征荐的次数却有所减少,其中《明太祖实录》所载仅有5次。究其变化原因,盖有两点:一是经过前一阶段的征荐,官僚的缺员现象暂时得到了缓解;二是监生入仕等选官方式逐渐普及,一定程度上削弱了征荐的作用。

除了上述变化外,这一阶段征荐的科目开始细化,出现了贤良方正、孝悌力田、聪明正直、博学、老成、明经、辞章、才干等科目①,并制定出"以德行为本,而文艺次之"②的选拔标准。同时,要求"中外大小臣工皆得推举"③,特令吏部、礼

---

① 主要科目除了表中所列外,另如:吴伯宗《荣进集》卷四《送邓伯恭赴渭南令序》:"洪武十年,诏府、州、县举士,有明经、辞章、才干之目。"王圻《续文献通考》卷四八《选举考》又载:"是年(六)罢科举,专用辟荐,其目有明经行修,有怀才抱德,有贤良方正,有人材,有孝廉。"又《明史》卷三二〇《外国二·安南》载:洪武五年(1372年)六月,"诏访求山林隐逸、明经博学、贤良方正、孝悌力田、聪明正直、廉能干济、练达吏事、精通书算、明习兵法及容貌魁岸、语言便利、膂力勇敢、阴阳术数、医药方脉诸人,悉以礼敦致,送京录用。于是张辅等先后奏举九千余人。"
② 《明太祖实录》卷七九"洪武六年二月乙未"条;张廷玉:《明史》卷七一《选举志三》。
③ 张廷玉:《明史》卷七一《选举志三》。

部察举"贤才",举凡符合规定科目者,"皆礼送京师,不次擢用"①,甚至一些才干出众的僧人、卜者,也被荐举并受到重用,如会稽僧人郭传,以宋濂之荐,被授为翰林应奉。② 太原僧人吴印,朱元璋"知其才可用",命其还俗立家室,并授以山东布政使。③ 然而,虽然科目渐详,但朱元璋对所征荐的人才仍不满意,他说:"朕前数年间,敕诸有司,访求民间俊秀,入学教养,以备将来。其有司如敕,连年贡到民人子弟,出入不等。"④所以,他下令对所荐之人在录用任官前进行必要的考核,要"甄别而用之"⑤;对"年长者许出学,权行历事,幼者考课作养"⑥。同时,对荐举者亦提出了要求:"蔽焉而不举者有罚,举而不当者如之。"⑦凡此,皆标志着这一阶段的征荐制开始趋于完善、规范。

三、第三阶段:征荐次数骤增,制度趋善

从洪武十三年至十五年(1380—1382年),征荐次数、规模骤增,相关制度趋于完善。一方面,科举制度罢停,使征荐制经此反复再次走向繁荣;另一方面,政局的变化也影响了征荐制的推行,最典型的就是洪武十三年(1380年)发生的胡惟庸系列案和十五年发生的空印案,使大量官员受到牵连被诛杀,加剧了各级机构的缺员情形。⑧ 为了及时补充官僚队伍,明廷不得不加大征荐的力度,其中无

---

① 张廷玉:《明史》卷七一《选举志三》。

② 张廷玉:《明史》卷七一《选举志三》。

③ 《明太祖实录》卷一〇八"洪武九年八月己亥"条。

④ 《明太祖集》卷七《谕恋阙臣僚敕》。

⑤ 吴伯宗《荣进集》卷四《送邓伯恭赴渭南令序》。具体的考核事例如:郑真《荥阳外史集》卷二一《送平凉崇信县主簿定海赵行远复任序》载:"赵行远,洪武六年夏,以秀才征至京师,试艺中选,授安西平阳府崇信县主簿。"同书卷二一《送知汝宁府事万公孟雅上任序》载:"洪武甲寅(七),以人材征至京师,天官策以时务,尽略去问目,直以己意答之。天官击节叹赏曰:'用世才也。'授侍仪司舍人,进殿廷仪礼司副。"又卷二四载:永嘉人刘南金,字贡寓。七年,重庆府巴县丞陈德源荐其名于四川行省,"吏部符温有司强起之。贡寓不得辞焉,与群士同诣吏部,试《易》义中选,……得为睢州学正。"王鏊《姑苏志》卷五十七载:张羽,字来仪。洪武四年,以儒士征至京,应对不称旨,放还。《明史》卷二八一《方克勤传》载:"方克勤,字去矜。……洪武四年征至京师,吏部试第二,特授济宁知府。"卷二八九《王纲传》载:"王纲,字性常。……洪武四年。以(刘)基荐征至京师,太祖异之,策以治道,擢兵部郎。"凡此等等。

⑥ 《明太祖集》卷七《谕恋阙臣僚敕》。

⑦ 吴伯宗《荣进集》卷四《送邓伯恭赴渭南令序》。

⑧ 王圻在论及胡案与征荐人才的关系时说道:"太祖自立国时,省台要地俱以勋旧充之,其所聘用如刘诚意、宋文宪辈,虽礼遇优崇而颇循资序。自胡(惟庸)陈(平)之后,群臣鲜当意者,法纲严密,诛斥相继,而学士大夫亦多所引避,于是不爱高爵,越资以收天下之贤俊。"(《续文献通考》卷四八《选举考·荐举》)

奈,朱元璋在召见儒士李延龄、李干时所言甚明:"朕即位十有三年,夙夜孜孜,思得四方贤才,相与共安天下,何期大臣不职,朋比为奸,虽四凶之罪已诛,而求贤之意未称。"①由此他屡次下诏广征贤才,要求各级官员推荐、访求贤才。十三年(1380年)五月,朱元璋谕:"朕承天命,养育黎庶,不能以独治,故求贤人君子以共治之。数敕有司荐举贤良之士,至者授以职任,使所至为民造福。"②十四年(1381年)正月,又下诏求贤:"今再诏寰宇之内,果有才高识广之士,隐于耕钓,困于羁旅,虽有至智,一时不能自伸者,有司以礼敦遣,朕将尊显之。"③十五年(1382年)正月,又命"天下朝觐官各举所知一人",并强调说:"古之荐举者,以实不以名。朕遵仿古制,举用贤才,各因其器能而任使之,庶几求其实效。今尔等来朝,其各举所知,皆具实以闻,朕将随其才以擢用之,毋有所隐。"④九月,又谕之曰:"卿等固皆贤人君子,山林之下,又岂无如卿者,其悉举以为朕用。"⑤在朱元璋的诏谕下,各级官员纷纷响应,从而形成了自建国以来规模最大、次数最多的征荐高峰。具体情况如下表所示:

时　　间	征荐史实	史料来源
十三年二月	下诏求贤录晓明术数者。	《罪惟录》卷1《太祖高皇帝》
十三年二月	诏举聪明正直、孝悌力田、贤良方正、文学术数之士。	《明太祖实录》130 《明史》卷2《太祖本纪二》 《续文献通考》卷48《选举考》
十三年二月	命礼部尚书偰斯,凡贤良方正、孝悌力田、文学之士举至京者,月给廪饩,以主事一人掌之。	《明太祖实录》130
十三年四月	命群臣各举所知。	《明史》卷2《太祖本纪二》
十三年五月	命吏部铨次各处所举儒士及聪明正直之人,皆授以官。	《明太祖实录》131
十三年四月	命群臣各举所知。	《明太祖实录》131
十三年五月	赐敕召兴化府儒学教授吴源。	《明太祖实录》131
十三年五月	赐敕召儒士王本等。	《明太祖实录》132
十三年六月	赐敕召儒士杨良卿、王成季。	《明太祖实录》132

① 《明太祖实录》卷一三二"洪武十三年六月癸酉"条。
② 《明太祖实录》一三一"洪武十三年五月癸卯"条。
③ 《明太祖实录》卷一三五"洪武十四年正月丙辰"条。
④ 《明太祖实录》卷一四一"洪武十五年正月庚戌"条。
⑤ 《明太祖实录》卷一四八"洪武十五年九月己酉"条。

时　　间	征荐史实	史料来源
十三年六月	赐敕召儒士石器等。	《明太祖实录》132
十三年六月	赐敕遣使召江都县学训导胡志远。	《明太祖实录》132
十三年六月	召儒士李延龄、李干。	《明太祖实录》132
十三年六月	儒士吕慎明。	《明太祖实录》132《皇明史概》卷4
十三年六月	儒士刘仲海。	《明太祖实录》132《皇明史概》卷4
十三年六月	召儒士邹鲁狂。	《明太祖实录》132
十三年六月	遣使召儒士揭枢、王舆、龚文达、白天民，用给事中徐日新、监察御史叶孟芳荐也。	《明太祖实录》132
十三年六月	召儒士杨良卿、王成季。	《明太祖实录》132
十三年七月	遣使召儒士林克坚、林有学、林孟高、孟思渊，用吏部主事丘兼善、序班蔡瑄荐也。	《明太祖实录》132
十三年八月	征贤良方正杨遇春等至京师。	《明太祖实录》133
十三年九月	征儒士王本等至京。	《明太祖实录》133
十三年九月	遣使召太原府学训导王观、阳曲县学训导李德彰。用给事中刘纬荐也。	《明太祖实录》133
十三年九月	遣使召儒士梁俯、贾惟岳，用右司谏宋浩、右正言石时中荐也。	《明太祖实录》133《皇明史概》卷4
十三年十月	使诏儒士张叔廉、陈贞、宋讷、教谕石璞、杨盘、训导曹文寿、张羽弋、李睿。用四辅官王本等荐也。	《明太祖实录》134
十三年十月	遣使召教谕王正民、训导韩均耀、史清、王景范、儒士武彧。用给事中董希颜、刘知微荐也。	《明太祖实录》134
十三年十月	上谕吏部臣曰："天下之务，非贤不治；求贤之道，非礼不行。故汤致伊尹由于三聘，汉徵申公安车束帛。近朝臣为朕举贤，朕皆征用之。所举者，多名实不称，虚应故事而已。尔吏部其以朕意再谕天下有司，尽心询访，必求真才，以礼敦遣。"	《明太祖实录》134
十三年十二月	天下府、州、县所举士至者八百六十余人。	《明太祖实录》卷134《明史》卷2《太祖本纪二》
十四年正月	命新授官各举文学、贤良方正、聪明正直、孝悌力田及才干之士凡五。	《明太祖实录》卷135
十四年正月	诏求隐逸。	《明史》卷2《太祖本纪二》

续表

时　间	征荐史实	史料来源
十四年正月	下求贤诏。	《明太祖实录》卷 135 《皇明史概》卷 4
十四年正月	命吏部凡郡县所举诸科贤才至京者,日引至端门庑下,令四辅官、谏院官与之论议,以观其才能。	《明太祖实录》卷 135
十四年三月	敕内外仓、库、司、局官各举贤良方正、文学、才干之士一人。	《明太祖实录》卷 136
十四年四月	命郡县访求明经老成儒士为儒学训导。	《明太祖实录》卷 136
四年四月	召儒士赵晋、张习等。	《皇明史概》卷 3
十四年八月	命天下府、州、县访求明经老成儒士,礼送至京。	《明太祖实录》卷 138 《明史》卷 2《太祖本纪二》
十五年	诏求贤才邑令。	《东里集续集》卷 32《中宪大夫肇庆府知府王公墓表》 雍正《江西通志》卷 89
十五年	聘儒士凡五百余人至京师。	《泊庵集》卷 12《王伯贞传》
十五年正月	命礼部遣使往福建、湖广、江西、浙江四布政司及直隶府州选善书者,凡得千九百十人。	《明太祖实录》卷 141
十五年正月	命天下朝觐官各举所知一人。	《明太祖实录》卷 141
十五年春	天子发币聘起天下贤士,讲求治道,时应诏者肩摩踵接。	《始丰稿》卷 10《思政堂记》
十五年春	诏举天下贤良共论治道。	《刍尧集》卷 4《正固萧先生行述》
十五年五月	谕天下郡县访求经明行修之士,年七十以下,三十以上,有司以币聘之。	《明太祖实录》卷 145
十五年七月	举秀才者二十一人赴京。	《海桑集》卷 6《赠程乡县丞刘斯得之官序》
十五年八月	上谓刑部尚书开济等曰:"今征至秀才不下数千,宜试其能否、考其优劣,然后任之以职。尔等定议以闻。"	《明太祖实录》卷 147
十五年八月	命征至秀才分六科试用。	《明史》卷 3《太祖本纪三》
十五年九月	吏部以经明行修之士郑韬等三千七百余人入见,授布政使等官。	《明太祖实录》卷 148 《罪惟录》卷 1《太祖高皇帝》 《明史》卷 3《太祖本纪三》
十五年九月	诏吏部近所征天下秀才有老疾不愿仕及考下等者,已授职而未任者,人赐钞四锭遣还乡。	《明太祖实录》卷 148
十五年十月	诏天下来朝官各举茂才一人。	《明太祖实录》卷 149

续表

时 间	征荐史实	史料来源
十五年十一月	遣使召耆儒鲍恂、余诠、全思诚、张长年等四人，此时至京。	《明太祖实录》卷150 《续文献通考》卷48《选举考》
十五年	敕谕各布政司暨府、州、县民间秀才三十以上，七十以下，无远近，悉征赴京师，共论治道，以安生民。	《密庵集》卷7《送屠士弘应召序》
十五年	上以敕符命郡县以礼罗致岩穴贤士，与共论治道。	《海桑集》卷5《赠乐正刘本和序》、卷8《黄岩知县袁君哀辞》

由上表可知，这一阶段的征荐大体呈现出以下特点：

1.征荐次数多、规模大。在次数上，这一阶段历时仅三年，但据相关史料记载，征荐次数却高达50次，其中十三年26次，十五年16次，是洪武年间征荐次数较多的两年。在规模上，其间虽多次出现了对个别或少数人专门征荐的情形，但较大规模的征荐仍占多数，如十三年（1380年）十二月，天下所举聪明正直、孝悌力田、贤良方正及文学才干之士，至京者860余人；十五年（1382年）九月，吏部以经明行修之士郑韬等3700余人入见。

2.征荐科目有所调整。这一阶段征荐的科目主要有聪明正直、贤良方正、孝悌力田、孝廉、秀才、茂才、耆儒、明经行修、文学、辞章、术数、才干等①，涉及范围极广，总体上偏重于强调所荐人才的"德行"。朱元璋要求：布、按二司、府、州、县及部、院、司、寺等官在举荐人才时，须"必求真才"，"凡有一善可称、一才可录者，皆具实以闻"②。至十五年（1382年）八月，刑部尚书开济等人建议："所谓孝弟力田、聪明正直者，多非其人，宜悉罢举。"朱元璋接受了开氏的建议，罢去孝弟力田、聪明正直两目。③ 但与此同时，对秀才的征荐却较为重视，朱元璋曾屡

---

① 笔者按：《明史》卷七一《选举志三》载其目有：聪明正直、贤良方正、孝悌为田、儒士、孝廉、秀才、人才、耆民。但实际上，洪武年间荐举科举不至上述八科。如《明太祖实录》卷一三五"洪武十四年正月戊子"条："命新授官各举文学、贤良方正、聪明正直、孝悌力田及才干之士，凡五等。"《明史》卷二《太祖纪二》载：十三年二月，"诏举聪明正直、孝弟力田、贤良方正、文学术数之士。"周是修《刍荛集》卷五《终慕堂诗序》："洪武二十五年，邑大夫以奇材异等举贡朝堂。"王直《抑庵集》卷九《故进县丞刘公墓志铭》："洪武壬戌（十五）以贤人君子征。"吴伯宗《荣进集》卷四《送汪子昭序》："朝廷以明经、辞章、才干求士，山林隐居，深藏而不市者悉罗而致之，下无遗士焉。"

② 《明太祖实录》卷一四一"洪武十五年正月庚戌"条。

③ 《明太祖实录》卷一四七"洪武十五年八月辛丑"条。洪武十八年（1385年）十二月，朱元璋曾回顾说："朕向者令有司举聪明正直之士，至者多非其人，甚孤所望。"（《明太祖实录》卷一七六"洪武十八年十二月丙午"条）

次敕谕各布政使司及府、州、县荐举"民间秀才",并量才授职。他认为:"刑罚未省,赋役未均,皆由所司不得其人,今以秀才任之,必能兴学校,教民有方,均平赋役,使民无讼矣。"①

3.严格甄别、选拔所荐之才。十四年(1381年)正月,朱元璋命"吏部,凡郡县所举诸科贤才至京者,日引至端门庑下,令四辅官、谏院官与之论议,以观其才能"②。十五年(1382年)八月又说:"设官分职,所以安民,官不得人,民受其害。今征至秀才不下数千,宜试其能否,考其优劣,然后任之以职。"③于是,刑部尚书开济等议定了考试之法,分为经明行修、工习文词、通晓四书、人品俊秀、言有条理、晓达治道六科,具体标准为:具备六科者为上,具备三科以上者为中,具备三科以下者为下,六科俱不具备为不堪,然后根据考试成绩量才授职。④ 同时,为防止滥举现象,进一步严格了保举法,规定:"举中者量加升擢,不当者罚及举主。"⑤不唯如此,朱元璋还亲自甄拔所荐人才,如十三年(1380年),针对胡惟庸的"谋逆"事件,朱元璋"点选俊秀聪敏者职于近侍,年长者职于部台",并说:"尝闻古有贤士,忠不舍君,意不欲离,虽死不忘,所以谓之忠也。"⑥

四、第四阶段:征荐次数锐减,规定趋严

从洪武十六年至三十一年(1383—1398年),这一阶段征荐次数锐减,规定趋严。其间,被罢十余年的科举得到恢复,十五年八月初一日,朱元璋诏:"礼部设科举取士,令天下学校期三年试之,著为定制。"⑦次年,特令"科举于荐举并行",并令任昂制定了"科场成式,视前加详"⑧。十七年(1384年),科举成式颁布,自此征荐与科举"两途并用,亦未尝畸重轻"⑨。尽管这一阶段朱元璋大兴党狱,妄加诛杀,数万官员死于非命,造成官僚队伍的严重缺员,但这一阶段科举、学校之途逐渐受到朱元璋的重视,成为选拔和补充官员的有效途径。如:洪武二十年(1387年)十二月,天下岁贡生员凡1200人,中式送国子监者975人,送中

① 《明太祖实录》卷一四七"洪武十五年八月辛丑"条。
② 《明太祖实录》卷一三五"洪武十四年正月丙申"条。
③ 《明太祖实录》卷一四七"洪武十五年八月辛丑"条。
④ 《明太祖实录》卷一四七"洪武十五年八月辛丑"条。
⑤ 《明太祖实录》卷一四七"洪武十五年八月辛丑"条。
⑥ 《明太祖集》卷七《谕恋阙臣僚敕》。
⑦ 《明太祖实录》卷一四七"洪武十五年八月丁丑"条。
⑧ 张廷玉:《明史》卷一三六《任昂传》。
⑨ 张廷玉:《明史》卷七一《选举志三》。

都国子监者 132 人①;次年正月,天下岁贡生员中式者 1027 人②;二十六年(1393年),国子监生达到 8124 名。受此影响,征荐制度渐次衰落,次数和规模大大减少。具体情况如下表所示:

时　间	征荐史实	史料来源
十六年二月	选举儒士。	《皇明史概》卷 4
十六年六月	命各府选举儒士、吏员练达时务、谙晓治体、善于词命者,或三四人,或一二人,赴京录用。	《明太祖实录》卷 155
十六年	诏天下府、州、县学,择其经明学该者一员,贡于京师,谓之岁贡。	《赵考古文集》卷 1《送族子学简序》
十七年三月	令有司会同老宿访求德行声名之士。	《罪惟录》卷 1《太祖高皇帝》
十七年七月	上谕吏部臣曰:"近郡县荐举多冒滥。其申谕之,凡贤才,必由乡举里选,择其德行著称、众论所推者贡之。违者罪之。"	《明太祖实录》卷 163
十七年七月	命吏部以天下朝觐官所举属官之廉能及儒士人才之堪用者,簿录举主姓名,俟任满考其当否,并为黜陟。	《明太祖实录》卷 163
十八年二月	诏举孝廉之士。	《明太祖实录》卷 176
十九年七月	诏举经明行修、练达时务之士年七十以下者,郡县礼送京师。	《明太祖实录》卷 178《续文献通考》卷 48《选举考》
十九年八月	命吏部选取直隶应天诸府、州、县富民子弟赴京补吏。于是,与选者凡千四百六十人。	《明太祖实录》卷 179
二十年十一月	征河南儒士岳宗源等九人,授布政使等官,各赐衣钞令观政于朝。	《明太祖实录》卷 187《罪惟录》卷 1《太祖高皇帝》
二十年六月	诏征天下孝廉之士。	《明太祖实录》卷 182
二十一年八月	命六部、都察院、通政司、大理寺等官各举文学、干济之士。	《明太祖实录》卷 193
二十二年六月	命孝廉茂才年四十以下者,于行人司差遣,以试其才。	《明太祖实录》卷 196
二十二年八月	诏天下府州县,各举高年有德,识达时务,言貌相称,年五十以上者一人。	《明太祖实录》卷 197

① 《明太祖实录》卷一八七"洪武二十年十二月乙亥"条。
② 《明太祖实录》卷一八八"洪武二十一年正月乙巳"条。

时　间	征荐史实	史料来源
二十三年六月	命吏部选天下耆民有才德知典故者授以官,凡四百五十二人。	《明太祖实录》卷202
二十三年十二月	是岁,选天下耆民才智可用者,得千九百十六人。	《明太祖实录》卷206
二十四年六月	选历事官习成等往十二布政司,整饬庶务,访求贤才。	《明太祖实录》卷209
二十五年	命督府都事张允直访求人才。	《献徵录》卷82
二十六年十月	选监生刘正等六十余人,为左布政使等官。	《罪惟录》卷1《太祖高皇帝》
三十年四月	户部上富民籍名。……命藏于印绶监,以次召至,量才用之。	《明太祖实录》卷252
三十年五月	令凡军民怀一才一艺者,得以自效。	《明太祖实录》卷253

由表可见,这一阶段历时十六年,但仅征荐21次,较之前三个阶段,次数锐减。总体上,这一阶段的征荐主要表现出如下特点:

1. 重视对耆民(耆儒)的征荐。此期征荐耆民者有洪武十九年(1386年)七月、二十二年(1389年)八月、二十三年(1390年)六月和十二月4次,且征荐人数较多,尤其是二十三年十二月选拔耆民多达1916人。之所以重视耆民,朱元璋有自己的理由:"古之老者,虽不任以政,至于咨询谋谟,则老者阅历多,见闻广,达于事情,周于物理,有可资者。"[1]同时,针对时人"人至六十精力衰耗,则不能胜事"的观点,他批评道:"士有耆年便置不问,岂知老成古人所重……岂可概以耄而弃之也。"[2]基于此,朱元璋特令:"若年六十以上者,当置翰林以备顾问;四十以上、六十以下者,则于六部及布政使司、按察司用之。"[3]

2. 重视对孝廉的征荐。这一阶段征荐孝廉者有3次,出现这种情形,无疑与此时朱元璋整顿吏治、严惩贪官污吏的政策有着密切的联系。十八年(1385年)正月,明廷考核全国布政使司、府、州、县来京朝觐官4117人,其中"称职"者仅435人,"不称职"及"贪污"者却高达785人。[4] 同年三月,还发生了震惊朝野的

---

① 《明太祖实录》一七八"洪武十九年七月癸未"条。
② 《明太祖实录》一七八"洪武十九年七月癸未"条。
③ 《明太祖实录》一七八"洪武十九年七月癸未"条。
④ 《明太祖实录》卷一七〇"洪武十八年正月癸酉"条。

郭桓盗粮案。不仅如此,一些通过举荐获任的官员,在任期内亦"贪虐挠法"①、"公事不谋,体统不行,谋取赃私,酷害下民"②。这种吏治状况,使朱元璋对廉洁的清官颇为期盼,他说:"朕闻古者选用孝廉,孝者忠厚恺弟,廉者洁己清修,如此则能爱人守法,可以从政矣。"遂令州县"凡民有孝廉之行,著闻乡里者,正官与耆民以礼遣送京师,非其人勿滥举"。③ 因此,至洪武后期,出现了布、按及府、州、县等官"多系民间起取秀才、人材、孝廉"④的局面。

3.进一步规范荐举制度。首先,正式实行规范的保举法。虽然前一阶段已经出台了较为严格的保举规定,但连坐举主的规定在大多数情况下尚属俱文,"滥举"、"冒滥"现象并未根本改观,用朱元璋的话说就是:"近郡县荐举多冒滥"⑤,"朕屡敕有司荐举贤才,而所荐者多非其人。岂山林岩穴真无贤者乎? 特在位者弗体朕意,滥举以塞责尔。"⑥故此,实行更为严格规范的保举之法势在必行。洪武十七年(1384 年)七月,朱元璋申明吏部"以天下朝觐官所举属官之廉能及儒士人才之堪用者,簿录举主姓名,俟任满,考其当否,并为黜陟其所举"⑦,甚至规定:"举荐不以实,受累降职"⑧,荐举"不行公,同精选者坐以重罪"⑨。

其次,严格荐举程序。以往,荐举程序主要由两个环节组成:一是朝廷下诏征荐,二是各级政府或官员应诏举荐。其间对各级政府与官员获得"人才"的具体程序尚无明确规定,这就难免会造成"滥举"、"蔽贤"等现象。为此,洪武十七年七月,朱元璋下令各布政使司、直隶、府、州、县在荐举人才时,必须经由严格的程序:一是"知州、知县等官会同境内耆宿长者,访求德行声名著于州里之人";二是"邻里保举";三是"有司再验言貌书判";四是"进呈书判";五是被荐者赴京。⑩ 较之

---

① 《明太祖实录》卷一三一"洪武十三年五月癸卯"条。
② 申时行,等:万历《明会典》卷一二《考核二·责任条例》。
③ 《明太祖实录》卷一七六"洪武十八年十二月丙午"条。
④ 申时行,等:万历《明会典》卷一二《考核二·责任条例》。
⑤ 《明太祖实录》卷一六三"洪武十七年七月丙午"条。
⑥ 《明太祖实录》卷一六九"洪武十七年十二月己亥"条。
⑦ 《明太祖实录》卷一六三"洪武十七年七月甲寅"条。
⑧ 焦竑:《献徵录》卷一二黄佐撰《武英殿大学士吴伯宗传》。
⑨ 李东阳,等:正德《明会典》卷一五《吏部十四·考核二·贡举》;王圻:《续文献通考》卷四八《选举考》。
⑩ 申时行,等:万历《明会典》卷一三《访举》;李东阳,等:正德《明会典》卷一五《吏部十四·考核二·贡举》;王圻:《续文献通考》卷四八《选举考》。《明太祖实录》卷一六三"洪武十七年七月丙午"条载为:明太祖谕吏部臣曰:"凡贤才必由乡举里选,择其德行著称,众论所推者贡之,考核官员称职与否,务从至公,岁终来朝,具实以闻,违者罪之。"

以往,这一阶段一个最重要的变化是加强了"乡举里选"这一环节。

再次,严格考核制度。具体规定,《诸司职掌·吏部·贡举》所载甚详,大体内容为:一方面,对于府、州、县每岁拔选的"容止端谨无过"的人才(一名),先申送布政司考核,再"转行按察司复考,堪充岁贡,开坐考过词语,差人送部。应有贤良方正及山林岩穴隐逸之士,并通晓经书儒士、秀才、孝廉者,俱各访求到官,审无过犯违碍,不拘名数,差人伴送到部"。另一方面,对于内外官员所荐人才、秀才,"即便行移原籍官司,起取赴部";若是儒士、秀才,则"出题考试";若是贤良、隐逸等,则"量其才能,定其高下,然后发送选部选用"。并特意规定:"如将鄙陋不堪之人,一概朦胧滥举,原举官吏,依贡举非其人律问罪。"①可见,这一阶段征荐在考核程序上更加严密,在考核要求上亦更加严格,从某种意义上说,对荐举制度的改革实际上亦是整顿吏治的重要内容之一。

综上可见,洪武时期征荐人才科目之多,数量之大,方式之多样,皆在中国古代荐举人才史上占有十分重要的地位。洪武以后,荐举制仍有一席之地,但由于科举日重,荐举随之日衰,条法虽存,渐成具文;至正统时,"荐举者益稀"。此后,明末虽曾出现了"荐举纷纷遍天下"的场景,但时逢四方多虞,国难当头之际,荐举之制"卒无大效"②。

通观征荐制度在明代的演变轨迹,其在洪武时期的发展程度最高,作用亦最为显著:一方面,对明廷而言,荐举制扩大了明初统治者的选官范围,并在短期内为政权的重建和巩固获得了大量人才。较之其他选官途径,征荐制虽然存在制度规定不严密、不规范,选拔官员不客观、不公正等不足,但正是这些不足,也使它同时具有了广泛性、速效性、灵活性、强制性等特点。广泛性,主要表现为对征荐对象的年龄、分布、出身等未有严格的要求;灵活性,主要表现在征荐时间的不定期性,征荐方式、名目的多样性,征荐人数的不确定性等;速效性,即征荐的环节相对较少,甚至可以通过径直授官直接获得人才;强制性,指明廷可以通过强硬手段强迫士人入仕,所谓"往年来庭之人,当此之际,或畏威而至,或怀惠而来,日渐有之"③。征荐制的这些特点决定了明廷可以借此在短期内获得大量人才,这也是它之所以能在洪武年间赓续存在和发展的重要原因。同时,作为一项重要的政治策略,朱元璋通过征荐方式,在短期内将大批处于"游离"、"漂浮"甚

---

① 按:万历《明会典》卷一三上《访举》引《诸司职掌》所载同。

② 张廷玉:《明史》卷七○《选举志三》。

③ 《明太祖集》卷六《命中书劳苗人勅》。

至"敌对"状态的士大夫纳入了朱明政权,一定程度上实现了对士大夫群体的制约和监控,有利于明初一统政权的建设和社会政治的有序和稳定。另一方面,对广大士人而言,荐举制为他们提供了入仕的契机,使其有了实现自身价值的可能。元代虽推行科举、荐举等选官制度,但浓重的族群等级观念和选官制度的不完备使很多汉族士大夫难以凭借荐举、科举获得一官半职。至明初,以荐举制为核心的选官制度强调不拘资格,唯才是用,即所谓的"国家任官,惟贤是用,有司承命,惟贤是举"①。在此情况下,广大士人的入仕热情逐渐高涨,纷纷响应朝廷的征荐,入仕为官,出现了"天子下诏征贤良,多士竞逐风云翔"②的盛况。

第三节　洪武时期文官群体的构成及来源

一、洪武时期文官群体的基本构成

明立国伊始,受特定历史环境之影响,选官制度尚不完备,正是这种不足使得这一时期的选官方式显得灵活多样,不拘一格。与之相应,洪武时期文官群体的构成与来源表现出多元化特征。对此,明人总结为:

> 皇明定有天下,文武元勋皆间世雄才,辅德建威而内外摄然矣。惟百执事擢于儒素,择于文吏,选于科目,收于胜国,取于学校,拔于行伍。虽量材受职,而计治考功,则不能无乖于法者。故陟罚臧否,实劳帝心,于是乎复举孝悌力田焉,举贤良方正焉,举文学焉,举聪明正直焉,以广开贤路,欲致英俊之才,以赞襄至治也。③

析言之,文官群体主要由以下部分构成:一是录用征荐的士人;二是自元末以来跟随朱元璋的士人;三是归附的元朝官员及群雄幕僚;四是学校培养的官员;五是科举选拔的官员;六是通过其他方式获得的人才。

为便于分析洪武时期文官群体的构成与来源,笔者根据雷礼《国朝列卿记》、焦竑《国朝献征录》、王世贞《弇山堂别集·列卿表》、《礼部志稿》、《明史·宰辅表》和《七卿年表》、《殿阁词林记》、《翰林记》、《明书》诸传、《罪惟录》诸传

---

① 林弼:《林登州集》卷六《送侯同知之漳州有引》。
② 高启:《大全集》卷九《送许先生归越》。
③ 谢肃:《密庵集》卷七《送卢季廉应贤良方正序》。

及各类地方志相关史料,着重对洪武时期中央、地方主要文官的数量、籍贯、出身及主要任职进行了初步统计。其中,中央官员主要来自中书省、殿阁,六部,御史台、都察院、通政司、大理寺、光禄寺、太仆寺、鸿胪寺、太常寺、国子监等部门;地方官员主要来自应天府、北平、浙江、江西、湖广、河南、山东、山西、陕西、四川、广东、广西、福建、云南等各布政司、按察司。各府、州、县主要官员的姓名、科贯因数量庞大且文献记载残缺甚多,故不具录。洪武时期主要文官籍贯分布及人数如表所示:

洪武年间主要文员籍贯分布及人数统计表　　　　（单位:人次）

机构＼籍贯	籍贯及人数																		各机构总人数
	直隶	安徽	湖北	江苏	河南	江西	山西	山东	河北	陕西	湖南	浙江	福建	广东	四川	广西	蒙古北京	不详	
中书省殿阁	3	16	7	6	6	11	8	3	4	0	2	6	2	0	0	0	0	6	83
吏部	1	3	2	8	8	4	5	5	0	3	1	3	0	2	0	0	0	23	68
户部	2	0	5	13	7	6	4	3	0	2	0	7	0	0	1	0	0	33	83
礼部	1	6	2	5	5	10	3	1	3	1	0	8	1	0	1	0	0	10	57
兵部	0	5	3	4	4	1	5	4	6	1	2	6	0	0	0	0	0	8	49
刑部	1	3	4	8	8	2	5	9	1	1	0	9	0	3	1	0	0	24	79
工部	0	5	0	7	7	2	1	5	1	2	0	7	1	2	1	0	0	14	55
御史台都察院	2	11	1	3	16	2	10	6	4	2	4	8	3	1	1	0	1	21	96
通政司	0	0	1	2	3	1	3	2	0	6	5	2	0	1	0	0	0	13	39
大理寺	2	1	3	4	1	4	1	1	0	2	2	3	0	0	0	0	0	8	32
光禄寺	0	1	0	0	0	0	0	0	0	0	1	0	3	0	0	0	0	2	7
太仆寺	2	1	1	2	0	0	0	0	1	0	0	0	0	0	0	0	0	9	17
鸿胪寺	0	0	0	0	1	0	0	0	0	0	0	0	0	0	0	0	0	1	3
太常寺	0	7	4	4	2	2	0	2	1	0	0	4	0	0	1	0	0	5	31
国子监	0	3	1	3	3	6	0	0	0	0	0	3	0	0	0	0	0	3	28
应天府	0	0	2	2	6	3	1	1	0	2	0	1	0	0	0	0	0	7	27
北平	1	0	1	2	1	2	0	0	0	1	1	0	0	0	0	0	0	7	19
浙江	1	4	8	10	9	6	10	5	2	3	2	3	2	1	2	2	1	32	103
江西	0	3	6	13	4	3	4	4	4	2	3	9	2	3	0	0	1	21	82

籍贯 ＼ 机构	籍贯及人数																		各机构总人数
	直隶	安徽	湖北	江苏	河南	江西	山西	山东	河北	陕西	湖南	浙江	福建	广东	四川	广西	蒙古北京	不详	
湖 广	1	1	1	3	7	4	0	3	3	3	1	3	3	2	0	1	0	9	45
河 南	0	0	2	2	1	4	3	3	1	0	2	3	1	0	1	0	0	3	26
山 东	2	2	0	1	5	3	1	1	2	1	2	5	1	0	0	0	0	8	34
山 西	1	7	2	4	16	1	3	10	2	2	0	13	1	0	0	1	3	24	90
陕 西	0	2	1	3	4	0	1	2	3	0	1	2	2	0	1	0	0	19	41
四 川	0	1	0	0	4	1	2	0	0	3	0	3	2	1	0	0	0	12	29
广 东	3	1	3	1	3	0	1	0	0	1	7	2	0	1	0	3	0	45	71
广 西	5	2	2	2	3	8	3	4	5	1	0	9	6	1	1	1	0	8	61
福 建	0	1	2	1	2	2	1	2	2	0	0	0	8	1	1	1	0	18	47
云 南	0	3	1	2	2	0	2	1	3	2	0	0	0	0	0	0	0	1	17
各 省 总人数	28	89	65	118	139	90	79	80	46	41	28	150	34	18	15	6	7	394	1419

据上表统计,洪武时期中央和地方重要部门的主要官员大体有 1419 人次(因少数官员曾历任两职或多职,故称"人次")。其中,中央的主要官员分别为:中书省、殿阁 83 人,吏部 68 人,户部 83 人,礼部 57 人,兵部 49 人,刑部 79 人,工部 55 人,御史台、都察院 96 人,通政司 39 人,大理寺 32 人,光禄寺 7 人,太仆寺 17 人,鸿胪寺 3 人,太常寺 31 人,国子监 28 人。地方的主要官员分别为:应天府 27 人,北平 19 人,浙江 103 人,江西 82 人,湖广 45 人,河南 26 人,山东 34 人,山西 90 人,陕西 41 人,四川 29 人,广东 71 人,广西 61 人,福建 47 人,云南 17 人。在这些人当中,笔者初步考证出"来源"者有 1029 人次,占总人次的 73%,具体分布为:录用征荐 481 人次;学校培养 168 人次,包括监生 95 人次,岁贡 49 次,生员 22(其中秀才 18 人)人次;科举选拔 154 人次,包括举人 28 人次,进士 105 人次;归附官员 173 人次;元末以来追随朱元璋者 32 人次;通过其他方式入仕者 21 人次,包括吏员 7 人次,税户 14 人次。① 各科所占比例如下图所示:

---

① 详见笔者《明洪武时期文官群体构成及来源考论》附《洪武年间主要官员籍贯、出身及任职编年简表》,《明长陵营建 600 周年纪念论文集》,社科文献出版社 2010 年版。

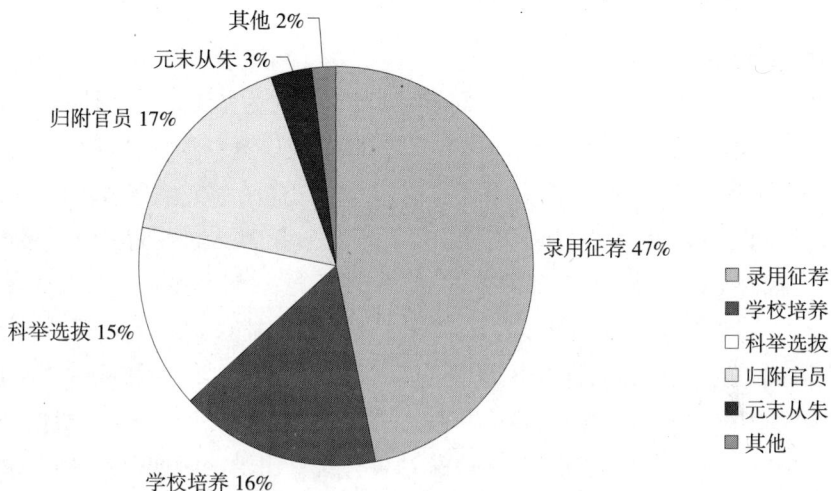

可见,录用征荐的人才是洪武时期重要官员的主要来源,占47%;而学校、科举等的培养和选官作用尚未凸显出来,仅分别占16%、15%。同时,与当时的历史条件相联系,这一时期亦有不少官员来自归附的群雄旧僚及元末以来追随朱元璋的士人,所占比例分别为17%、3%,但从职位上看,这部分人一般都身居要职,"太祖自立国时,省台要地俱以勋旧充之"①,中书省丞相、平章、参知政事,殿、阁学士、六部尚书等官多数由这些人担任。之所以如此,盖原因有二:一是明建国之初,选官制度不够健全,选拔的人才较为有限,学校培养的人才亦尚未成长起来,所以真正可以依赖的力量多是归附的元朝官员和长期随从朱元璋的士大夫;二是对元朝官员的重视展示了明廷不计政治出身的用人方针,一定程度上缓和了部分元朝故官对明廷的仇视态度,进而诱发了他们入仕明廷的信心和决心。对士大夫的最高待遇应该是让其获得合适的官位,"士患无所立,不患有司之不明,圣世之或遗也"②。明太祖以重建和巩固封建统治为政治目标,在强调任人唯贤的同时,根据士大夫的不同身份和处境,采取了不同的态度和政策,逐渐摸索出了适应时代特点的用人思路,初步建立起了一个多元化的官僚队伍。

---

① 王世贞:《弇山堂别集》卷一〇《布衣超擢》。

② 林弼:《林登州集》卷一《送周伯章之宜阳令有序》。

二、洪武时期文官群体的主要来源

(一)录用征荐

洪武年间对民间士人的征荐是不遗余力的。以此为基础,这一时期对征荐士人的录用也是空前的,"国初以来,凡于士之仕者,或以贤良选,或以草莱进拔,茅蒉征靡有遗焉者,用贤之广,前古未之有也"①。据王圻《续文献通考》卷四八《选举考·国初征荐姓名》统计,洪武时期由征荐任尚书者 64 人,侍郎者 93 人,御史中丞 2 人,都御史、副都御史、金都御史 33 人,大理寺卿、少卿、寺丞 9 人,太常寺卿 3 人,太仆寺卿 2 人,通政使 3 人,学士、大学士 13 人,四辅官 6 人,祭酒 7 人。而实际上,洪武一朝,以征荐任官者远远超过这一数字,除了拙文《明洪武时期文官群体来源及结构考论》所列之外,郭培贵先生在《明史选举志考论》一书中根据《明太祖实录》所载列出《洪武时期荐举授官统计表》,统计出洪武时期由荐举直接授官者,约 2800 余人。② 这一数量在整个官僚中无疑占有绝对比例。

值得一提的是,征荐制度虽然设有贤良方正、孝悌为田、聪明正直、博学、老成、明经、辞章、才干、孝廉、儒士、孝廉、秀才、耆民等多种科目作为征荐的标准和依据,但由于这些科目本身存在一定的缺陷,故即使出台严格的保举、考核制度,也难以保证征荐的公平性和客观性,录用的官员时常名不副实,一如时人所言:"今之仕者多起自草野,虽文艺间有可称,然类非涉历练达之士。故其莅政也,昧于设施之术,缓急之宜,一或挤以重难,则色丧而其沮,刚者过暴而民残,柔者过懦而事废。其能称厥职者,盖千百之十一也。"③朱元璋本人对此也十分清楚,他说:"迩者符出四方,令有司致贤良方正于廷,朕亲选擢之,意在布列诸州职为牧守以利黔黎,夫何至廷者,众若与之语,众口喃喃,艰分利钝。"④正因这种缺陷,征荐制逐步走向了式微,而与此同时,科举、学校等选官正途的功能日益加强,成为有明一代最主要的选官方式。

(二)学校培养

学校是明初培养人才的重要途径之一,而学校诸生入仕的方式主要有二:一是通过科举入仕,无论监生还是府、州、县生员都可以直接参加科考,合格者即可

---

① 吴伯宗:《荣进集》卷四《送长山徐县丞序》。
② 郭培贵:《明史选举志考论》,中华书局 2007 年版,第 277—289 页。
③ 林弼:《林登州集》卷九《送罗伯启之官夔州序》。
④ 朱元璋:《明太祖集》卷一〇《云生论》。

入仕为官,即所谓"学校以教育之,科目以登进之"①。二是监生及府、州、县学校生员直接任官。

洪武年间,在科举制度长期废置的情况下,监生、生员直接为官的现象相当普遍,他们不仅可以大量出任中、下级官员,且可以直接出任高级官员。就监生言之,"明于国子生,任之亦极重。……其为四方大吏者无算;台谏之选,亦出于太学;其常调者,乃为府州贤六品以下官"②,除前述监生直接入仕者95人次外,另据《南雍志》、《明太学志》、《明太祖实录》、《明史·选举一》、《弇山堂别集·卿贰表》、万历《明会典》、《明会要·学校上》及方志等所载,此期监生直接入仕者尚有不少,如表所示:

洪武年间监生直接入仕情况举例

时　间	人数	所授官职	时　间	人数	所授官职
元年	1	国子祭酒	十九年四月	14	六品以下官
二年	不详	行省参政、按察使、佥事及知府等	二十二年	1	夏则中,知县
初	1	成宁可御史	二十年十二月	1	署都察院右佥都御史
五年四月	1	摄监察御史	二十四年	639	行御史事
八年三月	366	代理教官③	二十四年三月	1	观察使
八年六月	2	监察御史	二十五年	2	监察御史
九年五月	1	监察御史	二十五年	1	户部主事
九年三月	1	湖广行省参政	二十六年	64	布政使、按察使、参政、参议、副使、佥事等
九年三月	1	考功监丞	二十六年三月	1	兵科给事中
九年八月	8	监察御史	二十六年	未详	以监生年三十以上能文章者授教谕等官
十三年十月	24	府、州、县官	二十七年十月	1	监察御史
十七年七月	63	给事中	二十六年十月	241	教谕等官
十七年七月	3	承敕郎	二十九年	1	刑部郎中

① 张廷玉:《明史》卷六九《选举志一》。
② 吕思勉:《吕思勉读史杂记·明初国子生》,上海古籍出版社1982年版,第1087页。
③ 据《明太祖实录》卷九八"洪武八年三月戊辰"条载:"命御史台官选国子生分教北方。……选国子生林伯云等三百六十六人,给廪食赐衣服而遣之。"但此时这些人并不是直接任职,而是暂时代理教官的责任,至十年(1377年)九月时,才受命"还朝擢用之"。(《明太祖实录》卷一一五"洪武十年九月辛丑"条)

续表

时　间	人数	所授官职	时　间	人数	所授官职
十七年七月	4	中书舍人	三十年正月	4	佥事
十九年	千余人	授知州、知县等官	三十一年正月	3	山东布政使司左右参议

可见，在洪武时期，监生直接任官十分普遍，数量相当可观，"其时布列中外者，太学生最盛"①，"明初，人才辈出，太学为盛。朝廷所用，内而台谏，外而藩臬，率以授太学生之成材者。"②同样，府、州、县学生员直接任官者也不乏其人。《明史》卷六九《选举志一》载："府、州、县学诸生入国学者，乃可得官，不入者不能得也。"实际上，洪武时期虽然生员直接任官者较少，但并非"不能得也"，前述22人次即为明证。通过任用学校培养的大批人才，满足了新政权对官员的需求，同时也说明了朱元璋兴学立教，培养人才的举措大见成效，发挥出极强的社会功能。

（三）科举选拔

总体而言，洪武时期科举官员在整个官僚队伍中并不占主流地位。以进士为例，此期共取进士934名，其中四年（1371年）辛亥科120人，十八年（1385年）乙丑科472，二十一年（1388年）戊辰科97人（《明代进士题名碑录》载为95人），二十四年（1391年）辛未科31人，二十七年（1394年）甲戌科100人（《明代进士题名碑录》重复1人），三十年（1397年）丁丑科114人（春季53人，夏季61人）。据笔者统计，这些进士在时期荣升显爵者仅105人次③，而更多的进士主要担任中、下级官员，尤其是四年辛亥科进士多数被授县丞（正八品），如该科录取的浙江籍进士共32人，但据雍正《浙江通志》卷一三○所载，其中任县丞者达23人。此后，进士的初授官职有所提高，除了少数人任县丞之外，更多的进士开始担任给事中、监察御史、六部主事、各府知府及推官、知县、经历等。以十八年乙丑科进士为例，如王朴，授吏科给事中。④ 张衡，授礼科给事中。⑤ 陈思道，授刑部主事。⑥

① 张廷玉：《明史》卷六九《选举志一》。
② 孙承泽：《春明梦余录》卷五四《国子监》。
③ 详见笔者《明洪武时期文官群体构成及来源考论》一文所附《洪武年间主要官员籍贯、出身及任职编年简表》，《明长陵营建600周年纪念论文集》，社科文献出版社2010年版。
④ 张廷玉：《明史》卷一三九《王朴传》。
⑤ 张廷玉：《明史》卷一三九《张衡传》。
⑥ 张廷玉：《明史》卷一三六《陈思道传》。

侯庸,授吏科给事中。① 叶宗,授黄州知府。项复,授承勅郎。曹仁,授工部主事。徐敏,授刑科给事中。② 邓文铿,授茂名县知县。③ 十八年(1385 年)八月,以赐进士出身方昇、同进士出身梁德远等 67 人为六科给事中、六部试主事。④ 同年十月,以赐进士出身胡昌龄等 10 人为监察御史及各府推官,赐同进士出身李烜等 20 人为各部试主事及各县丞。⑤ 等等。

虽然进士在洪武年间官位并不显赫,"进士经明行修,而多困于州县"⑥,但作为国家培养的正宗人才,他们仍然得到了朝廷的礼遇,如当时进士"任诸司者,时有不法者",对此,"重典治吏"的明太祖不仅不以法严惩,反而时常特加赦免,在他看来,进士的"朝廷培养人才,初入仕有即丽于法者,虽欲改过不可得",由此下令"所犯虽死罪,三宥之"⑦。如洪武十九年(1386 年)五月,监察御史郑祖奏梧州府兴业县知县王献、县丞曾玉容征输税课违期,请逮问,明太祖以其皆由进士授官,特宥之。⑧ 又如进士魏安仁等六人尝以过谪为浙江按察司,明太祖认为其"恐为小人所侮,则终身丧志",遂"召还用之"⑨。明太祖对进士的这种态度,一定程度透露出这一时期科举在铨选制度中的地位越来越重要了,虽然官僚队伍中的进士群体不多,但却初步形成了政权中的新生力量,亦成为明代首批正途出身的官员。

(四)归附官员

自古创业之君,莫不取材于前代,明太祖也不例外,他曾对六部官员说:"自古帝王肇造之初,所用人才,率资于前代,如汉、唐、宋、元,皆用秦、隋、五代、宋、金旧人。朕始定中原,卿等多前代良材,悉归于朕,既设六部,选任卿等各任其事。"⑩所以对于元朝及群雄旧僚,他一方面屡次下诏加以延揽、招抚,如在洪武元年(1368 年)八月"征元故臣入京师"⑪,并命中书省"察其才可取者用之"⑫;

---

① 《明太祖实录》卷一七七"洪武十九年正月丙寅"条。
② 雍正《浙江通志》卷一三〇《选举八》。
③ 《明太祖实录》卷二四八"洪武二十九年十一月壬申"条。
④ 《明太祖实录》卷一七四"洪武十八年八月己酉"条。
⑤ 《明太祖实录》卷一七六"洪武十八年十月乙未"条。
⑥ 解缙:《文毅集》卷一《大庖西封事》。
⑦ 《明太祖实录》卷一八一"洪武二十年三月丙辰"条。
⑧ 《明太祖实录》卷一七八"洪武十九年五月己丑"条。
⑨ 《明太祖实录》卷一七八"洪武十九年五月乙卯"条。
⑩ 《明太祖实录》卷三四"洪武元年八月戊寅"条。
⑪ 查继佐:《罪惟录》纪卷一《太祖高皇帝》。
⑫ 《明太祖实录》卷一二八"洪武十二年十二月丁亥"条。

十月,诏征元太史院使张佑、张沂、司农卿兼太史院使成隶、太史同知郭让、朱茂、司天少监王可大、石泽、李义、太监赵恂、太史院监候刘孝忠、灵台郎张容、回回司天太监黑的儿,阿都剌,司天监丞迭里月实等十四人至南京;① 又征元太史院官十四人。② 另一方面,对于曾经仕元的少数民族官员,明太祖也不计前嫌而加以任用,下诏"蒙古、诸色人等,皆吾赤子,果有材能,一体擢用"③;"蒙古诸色人等,朕皆许之入仕"④。由此许多蒙古人、色目人得到了任用,如蒙古人答禄与权,在元时任河南北道廉访司佥事,入明后,历任秦府纪善、御史、翰林修撰等职。蒙古人安童,元时任辔辔指挥,二十三年(1390年)正月出任刑部尚书。⑤ 同年,授故元太尉乃儿不花等官。⑥ 蒙古人世家宝,初降明,授大理寺少卿,历任礼部侍郎、刑部尚书、两浙盐运使司同知等职。⑦ 蒙古人脱因在初年任广东廉州知府,史称"郡邑良吏"⑧。故元万户元帅蒙古人纳哈出,两次被俘后仍封为海西侯,其子察罕亦封为沈阳侯。殊堪一提的是,在洪武政权中,少数民族官员主要充任武官,任文官者为数极少。⑨ 之所以如此,不仅与少数民族人口数量较少有关,也由于自元以来他们接受的文化教育较为有限。因之,在明初选官以"德材"为准的情况下,他们能够获得的文职席位自然不会很多。

综上,洪武时期多种选官途径杂存,官员出身庞杂,呈现出鲜明的多元化特征。明太祖对各种士人的选用,以元末以来追随的淮西、浙东等心腹集团为依靠,同时杂用各种士人,使其融为一体,共同构成了洪武政权的文官群体。期间,为了改善吏治,提高官僚队伍的整体素质,⑩明太祖强调任人以材德为准,他说:"用人之道,在于随材任使,则天下无弃人矣。观人之法有数等,材德俱优者,上

---

① 《明太祖实录》卷三五"洪武元年十月甲午"条。
② 朱国桢:《皇明大政记》卷二"洪武元年十月甲午"条。
③ 《明太祖实录》卷五一"洪武三年四月甲子"条。
④ 朱国桢:《皇明大政记》卷二补遗"洪武三年四月"条。
⑤ 《明太祖实录》卷一九九"洪武二十三年正月辛巳"条。
⑥ 朱国桢:《皇明大政记》卷五"洪武二十三年四月辛未"条。
⑦ 《明太祖实录》卷二三五"洪武二十七年十二月癸巳"条。
⑧ 张廷玉:《明史》卷一三八《周祯传》。
⑨ 参见笔者博士论文《元明之际士大夫政治生态研究》附录《洪武政权中的少数民族官员统计简表》,南开大学2008届。
⑩ 用宋濂的话说就是:"方今圣天子提三尺剑,平定天下如汉高帝,发政施仁,孜孜图治过唐太宗。且以吏弊未除,而为生民之害,乃征四方布衣之士,毕升于朝,命铨曹选而官之,高者擢守令,次亦不失为州县之佐。圣德至渥,度越前代,其所以然者,欲使儒术革吏弊,而臻夫太平之治也。"(《文宪集》卷二八《京畿乡试策问》)。

也;材德不及者,其次也;材有余而德不足,又其次也;苟二者俱无,此不足论矣。"①因此,他一改元代重吏轻儒的政策,不拘资格,破格用人,"黜吏用儒"②,"吏以儒选"③,从而使大量资低望轻的儒士进入了政治中心,逐步实现了官僚队伍的儒士化和文人化。尤其对于那些材德兼具之士,明太祖主张不拘常例,超级擢迁,他说:"朝廷悬爵禄以待天下之士,资格者为常流设耳,若有贤材,岂拘常例,今后庶官之有材能而居下位者,当不次用之。"④具体如:洪武十一年(1378年)三月一次性超擢者就达 95 人。⑤《弇山堂别集》卷一〇《布衣超擢》列出超擢者 120 人,《明异典述》卷五《超迁》列出 154 人。凡此,仅是洪武时期超擢的一部分,另如国子监生在这一时期就有不少人被超级擢用,如下表所示:

洪武年间部分国子监生超擢情况举例

姓 名	初任职务	品 秩	任职时间	升任职务	品 秩	升任时间	间隔时间	升 幅
李 扩	监察御史	正七品	八年六月	四川行省参政	从三品	九年三月	9 个月	7 级
郎 敏	监察御史	正七品	七年	饶州知府	正四品	九年七月	1 年多	6 级
李 庸	监察御史	正七品	十年	工部侍郎	正三品	同年	未几	8 级
方 鼎	给事中	从七品	十年	中书省左参议	正三品	十二年九月	2 年多	9 级
陆 镇	给事中	从七品	十一年	兵部侍郎	正三品	十二年十一月	1 年多	9 级
陶壼仲	监察御史	正七品	/	福建按察史	正三品	/	/	8 级
秦 逵	历事都察院	无品	十八年	工部侍郎	正三品	/	/	14 级
茹 瑞	承敕郎	从七品	十四年	通政使	正三品	二十年	6 年	9 级
金 纯	吏部文选司郎中	正五品	/	江西右参政	从三品	三十一年	/	3 级

(表中资料参见《明太祖实录》及《明史》诸传)

可见,超擢是洪武时期铨选制度中的一个鲜明特征,这不仅表现了明太祖对文人儒士的重用,也从一个侧面反映了此时铨选制度不够完善的客观事实,所以

---

① 《明太祖实录》卷二五六"洪武三十一年三月己酉"条。
② 贝琼:《清江文集》卷一二《石田说》。
③ 宋讷:《西隐集》卷六《送郭有初序》。
④ 《明太祖实录》卷一一七"洪武十一年三月丁亥"条。
⑤ 《明太祖实录》卷一一七"洪武十一年三月丁亥"条。

廷臣不满地说道:"比来儒士起自田里而擢用骤峻,非朝廷爱重名爵之意"①;"陛下进人不择贤否,授职不量轻重,建不为君用之法,所谓取尽锱铢"②。同时,洪武时期官员职位的变动频率十分频繁,许多官员上任不久,即或被罢免,或被谪贬,甚至被诛杀,如"终朝,为户部尚书者四十余人,皆不久于职"③;一些征荐来的官员,"其不越月踰时而抵于谴诃者比比矣"④。当然,此种情形的出现与明太祖实行重典治吏的政策有着直接的关系,所谓"文人学士,一授官职,亦罕有善终者"⑤。

---

① 《明太祖实录》卷一七九"洪武二十二年九月戊辰"条。
② 解缙:《文毅集》卷一《大庖西封事》。
③ 张廷玉:《明史》卷一三八《费震传》。
④ 吴伯宗:《荣进集》卷四《送长山徐县丞序》。
⑤ 赵翼:《廿二史札记》卷三二"明初文人多不仕"条。

第八章　明初君主专制统治与
士大夫的政治困境

　　所谓君主专制,就是把皇权作为一切权力的源泉,尽量用专制君主的个人人格取代臣僚的独立人格,用君主的利益取代国家的利益,将君主的意志作为决策的核心。明建立后,君主专制统治达到了登峰造极的地步。一方面,明太祖加强中央集权制度,集行政、军事和监察大权于一身,其中最重要的举措就是废除丞相制度,这不仅是对文官制度的一次重大改革,同时也是对士大夫,尤其是功臣贵族集团政治力量的一次规范和制约。另一方面,加紧推行文化专制主义,强化思想统治,传统的三纲五常、伦理规范被加以概括、抽象,提升为天理,并竭力借此以控制人、塑造人和驯化人。

　　开国之初,明太祖与士大夫关系甚为相得,但随着其皇权意识的逐渐浓烈,权力欲望的不断扩张,君臣矛盾日益激化。由此,他开始把对士大夫的信任和尊重变成了嫉恨、猜疑、排挤和杀戮。这大体表现为两种情形:一是"合法性"迫害,即通过法律手段加强对士大夫的管理,由于手段十分严酷,史称"重典治吏";二是借助士大夫的著述、言论、行为及政治经历中那些与君主专制不相应的和"偶然性"因素对士大夫加以威慑、迫害,制造了一系列惨烈的"文狱党祸"。对于很多士大夫而言,处此政治环境中,他们的道德理想便与政局发生了一定程度的错位,他们既渴望进入政治中心以施展自身的政治抱负,实现自身的社会价值,又对险恶的政治生活心有余悸,并不得不调整自己的处世方式。于是,在士林学界逐渐兴起了一股谨固柔顺,沉寂僵化和复古守旧的风气。

第一节 "重典治吏"与士大夫的厄运

明太祖的"重典治吏"是其专制统治的一个重要体现。对此,学界已从政治和法律两个层面作了深入讨论。从结论上看,多数学者站在人道主义的立场上对"重典治吏"持以批评态度。但客观地说,立国之初,百废待举,明太祖鉴于元末吏治之弊,力行改革,符合时势;一旦依法治吏难以奏效,必然严之以刑,制度和措施的强化推行是解决问题之良法,正如明太祖所言:"朕初法外加刑,此权时措置,非守成之君所用常法。"①但不可否认的是,洪武重典治吏的举措对于广大士大夫而言,无疑是一场空前的政治灾难。

一、明太祖重典治吏的缘由

明太祖对元末政治腐败,官吏贪赃,法纪荡然而招致农民大起义的教训记忆犹新,认为要整饬封建秩序,巩固专制统治,就须严惩贪官污吏。为此,洪武时期采取了一系列整顿吏治的措施:制定颁布了《大明律》、《大诰》等一系列法律文献,对官员的贪墨、失职、渎职等腐败行为作了具体详细的处罚规定;建立了包括都察院、六科给事中、提刑按察司在内的检察系统,三者相互配合,又相互制约,监察百官,严防贪污腐败;与监督机制相结合,加强官员的考核制度,堵塞贪官污吏的仕进之途;实行民告官制度,利用民众力量,加强对官员的广泛监督;颁布《铁榜文》、《醒贪简要录》、《志戒录》等垂戒文献,警示天下百官;重视对官员的道德教育和法制教育,提高官员的法律意识和执法水平。这些措施经过洪武朝的贯彻执行,贪污腐败之风大为扭转,"一时守令畏法","吏治焕然不变"②。明太祖之所以采取上述措施,既是社会现实的迫切要求,又是巩固统治的必要手段。具体表现在以下几点:

(一)革除元末吏治之弊。元末吏治,"上下贿赂,公行如市"③,对此明太祖深有体会,他曾申诫群臣说:"(元末)中外百司贪婪无耻,由是法度日弛,纪纲不振,至于土崩瓦解,卒不可救。"④又说:"元末仕进者多赂遗权,邀买名爵,下至州

① 查继佐:《罪惟录》纪卷一《太祖高皇帝》。
② 张廷玉:《明史》卷二八一《循吏传序》。
③ 叶子奇:《草木子》卷四下《杂俎篇》。
④ 《明太祖实录》卷一五"至正二十五年十二月丁巳"条。

县簿书小吏,非财赂亦莫得而进,及至临事,辄蠹政鬻狱,大为民害。"①尽管元末农民起义的洪流,给了这种腐败的吏治以猛烈的冲刷,无奈积弊已深,极难根除。因而明肇兴之初,官场袭元末遗风,腐败丛生,甚至出现了"掌钱谷者盗钱粮,掌刑名者出入刑名"②的局面,明太祖描述道:"吏治之弊,莫甚于贪墨,而庸鄙者次之。今天下府州县官于斯二者,往往有之。是以弊政日滋,民受其害,故命尔等按治其地,凡官吏贤否,军民利病,皆得廉问纠举,勿蹈因循。"③在此情况下,若不加以整顿,不采取"重典"的果断措施,元末官僚习气势必像瘟疫一样很快流行起来。所以建国伊始,明太祖即宣布要严立法度,以革吏弊,"朕收平中国,非猛不可"④,所谓"猛",即用"重典"惩处违法乱政的官员。

(二)恢复封建社会经济秩序的必要措施。明初社会经济残破不堪,为了安定民生,缓和社会矛盾,巩固新生的封建政权,恢复社会经济成为摆在统治者面前的重要任务,"今丧乱之后,中原草莽,人民稀少,所谓田野辟、户口增,此正中原今旧之急务"⑤。而要迅速恢复社会经济,就必须有一个清明的吏治,否则一切有益的措施和良好的愿望都将化为泡影。因此,整饬吏治,严肃法纪便成为明初恢复社会经济秩序之要务。

(三)加强封建专制统治的重要举措。明太祖在总结元亡时说:"主荒臣专,威福下移,由是法度不行,人心涣散,遂致天下骚乱。"⑥在他看来,要避免重蹈元之覆辙,强化专制统治,就须"重典治吏",认为"此弊不革,欲成善治,终不可得"⑦。他告诫群臣"当体朕怀,能修厥职"⑧。所谓"能修厥职",就是要遵守封建纲纪,忠君爱民,不结党乱政、朋比为奸,不贪财好货、因循玩愒。明太祖推行重典,就是要通过整顿吏治,训练和调教一批"共修厥职"的奴才,把权力高度集中在自己的手里,进而达到强化专制主义中央集权的目的。

(四)明太祖对贪官仇恨心理的驱动。明太祖早年目睹了元朝统治者的腐朽,对官吏的贪暴专横颇为不满。洪武二年(1369年)二月,他对臣下说:"昔在民间时,见州县长吏多不恤民,往往贪财好色,饮酒废事,凡民疾苦,视之漠然,心

---

① 《明太祖实录》卷六九"洪武四年十一月庚申"条。
② 《大诰·谕官毋作为第四十三》。
③ 《明太祖实录》卷一四八"洪武十五年九月癸亥"条。
④ 刘基:《诚意伯文集》卷二〇《皇帝手书》。
⑤ 《明太祖实录》卷三七"洪武元年十二月辛卯"条。
⑥ 《明太祖实录》卷一四"至正二十五年正月戊辰"条。
⑦ 《明太祖实录》卷六九"洪武四年十一月庚申"条。
⑧ 《明太祖实录》卷七二"洪武五年二月己卯"条。

实怒之。故今严法禁,但遇官吏贪污害民者,罪之不恕。"①又说元时"吏不恤民,惟好酒色财货。朕在民问,心疾之"。至明初,这种现象仍很猖獗,"法出而好生,令下而诈起",朝诛一人,暮即有犯者,这使明太祖十分恼怒。所以洪武一朝明太祖一贯坚持"官吏犯赃罪者无贷"②的重典政策,在他看来,"凡征收害民之奸,甚如虎狼","害民如此,罪可宥乎?"③他在打击贪官污吏时,始终高举为小民解除疾苦的旗帜,其惩治贪污的目的是为了"富者得以保其富,贫者得以全其生"④。

可见,明初推行"重典治吏"的措施,与当时特定的政治、经济条件以及明太祖个人的好恶有着密切关系。明太祖竭尽全力整顿吏治,其目的并不仅仅是为了制止贪污,更重要的是借此革除元季吏治之弊,整顿封建法纪秩序,树立皇帝的绝对权威,提高皇权的统治效能。

二、"重典治吏"对士大夫政治命运的冲击

整肃吏治是明太祖强化皇权统治的重大政治措施,其手段之残酷,行动之坚决,持续之长久,诛杀官吏人数之众多,在中国历史上可以说是空前绝后。《四友斋丛说摘抄》载:"洪武间秀才做官,吃多少辛苦,受多少惊怕,与朝廷出多少心力,到头来,小有过犯,轻则充军,重则刑戮,善终者十二三耳。"一度出现了"无一日无过之人","以区区小过纵无穷之诛"⑤的局面。如户部尚书朱昭,因怠职谪苏州知府;中书右丞相汪广洋,以事降广西行省参政;奇岚教官吴从权、山阴教官张桓,因不关心民生疾苦,"命窜之边方";河南左布政使徐贲,"坐犒劳不时,下狱死"。怀宁县丞陈希文、宜兴典簿王复春,"知其贪肆,旋置重典"。⑥洪武九年(1376年)闰九月,山西训道叶居升直言分封太侈,用刑太严等事,明太祖以其离间骨肉,"逮狱瘐死"⑦。四辅官中,王本犯极刑,其余安然、杜祐、何显周三人皆坐罪罢免。⑧十六年(1383年)正月,祭酒吴颙坐宽纵免。⑨十八年(1385

---

① 《明太祖实录》卷三九"洪武二年二月甲午"条。
② 《明太祖实录》卷六九"洪武四年十一月庚申"条。
③ 《大诰·折粮科敛第四十一》。
④ 《明太祖实录》卷四九"洪武三年二月庚午"条。
⑤ 赵翼:《廿二史札记》卷三二"明初文人多不仕"条。
⑥ 张廷玉:《明史》卷一四〇《赞》。
⑦ 查继佐:《罪惟录》纪卷一《太祖高皇帝》。
⑧ 查继佐:《罪惟录》纪卷一《太祖高皇帝》。
⑨ 查继佐:《罪惟录》纪卷一《太祖高皇帝》。

年)四月,吏部尚书余熂以私落,宋讷祭酒籍伏诛。① 二十七年(1394 年)四月,礼部员外郎俞体原坐法死。② 二十八年(1395 年)九月,左都御史曹铭及崇山侯李新以罪伏诛。③ 三十年(1397 年)七月,左都御史杨靖以罪赐死。④ 另如郭奎、朱同、詹徽、薛祥、开济、茹太素等,皆死于"重典"。可以说,自明初以来,"凡于士之仕者,其不越月踰时而抵于谴诃者比比矣"⑤,甚至"昨日立朝,而今日弃市者有之"⑥。

如果说依法治吏具有一定的合法性,明太祖以重刑、滥杀的方式整顿吏治就显得有些过火了。他倡导"出五刑以治之"⑦,推行法外用刑,沈家本说:"《大诰》所列诸峻令,族诛、凌迟、枭令,以寻常过犯,与叛逆贼盗同科;刖足、斩趾、去膝、阉割,既用久废之肉刑,而断手、剁指、挑筋,更非古肉刑之所有。"⑧规定:除受贿官吏必然重惩外,送贿者也要同样治罪,全家徙边,赃至六十两以上者,枭首示众⑨,甚至有"剥皮实草"⑩之例。同时又量刑"轻重失序",滥杀无度。明太祖主张以刑去刑,以杀止杀,株连既广,惩处尤烈。譬如,洪武九年(1376 年)的空印案,"凡主印吏署字有名者,皆逮御史狱,狱数百人。自尚书至守令,署印者皆坐抵欺论死,佐贰以下榜一百戍边";宁海人郑士利疏谏不听,"卒杀空印者数百人";"各府、州、县重者论死,轻者谪发,内外官员株连大半"⑪。十八年(1385 年)的郭桓盗粮案,"词连礼部尚书赵瑁、刑部尚书王惠迪、兵部侍郎王志、工部侍郎麦志德等,举部伏诛。株累天下官吏,死徙数万人。寄染遍天下,民中豪以上皆破家"⑫;"天下诸司尽皆赃罪,系狱者数万,尽皆拟罪"⑬。当时,因小事或直言忤旨而遭贬杀者亦不少,仅《明史》所载,就有陈汶辉、张衡者、王朴、许元、徐宗实、钱唐、廖钦、韩可宜、高逊志、刘郁、纪惟正、杜霔、高斗南、余彦诚、郑敏、

①　查继佐:《罪惟录》纪卷一《太祖高皇帝》。
②　查继佐:《罪惟录》纪卷一《太祖高皇帝》。
③　查继佐:《罪惟录》纪卷一《太祖高皇帝》。
④　查继佐:《罪惟录》纪卷一《太祖高皇帝》。
⑤　吴伯宗:《荣进集》卷四《送长山徐县丞序》。
⑥　董纪:《西郊笑端集》卷二《云东小隐记》。
⑦　《大诰三编·逃囚第十六》。
⑧　沈家本:《寄簃文存·书明〈大诰〉后》。
⑨　查继佐:《罪惟录》纪卷一《太祖高皇帝》。
⑩　赵翼:《廿二史札记》卷三三《重惩贪吏》。
⑪　谈迁:《国榷》卷六"洪武九年三月庚午"条。
⑫　谈迁:《国榷》卷八"洪武十八年三月戊午"条。
⑬　《大诰·朝臣优劣第二十六》。

康彦民、王佐、范志远、孟廉、苏亿、陈龚、甘镛、赵森、张宣、郑士利、李仕鲁等。对此,《明史》馆臣称:"太祖英武威断,廷臣奏对,往往失辞。而钱唐、韩宜可、李仕鲁辈,抱其朴诚,力净于堂陛间,可谓古之遗直矣。伯巨、敬心以缝掖诸生言天下至计,虽违于信而后谏之义,然原厥本心,由于忠爱,以视末季沽名卖直之流,有不可同日而语者也。"①客观地说,法外用刑,肆意杀戮虽然没有也不可能根绝贪污,但对于扭转积弊太深的吏治来说,却起到了一定的作用,正如赵翼所说:"明祖惩元季纵弛,特用重典驭下,稍有触犯,刀锯随之。法令如此,故人皆重足而立,不敢纵肆。盖亦整顿一代之作用也。"②《明史·循吏传序》亦说:"明太祖惩元季吏治纵弛,民生凋敝,重绳贪吏,置之严典","一时守令畏法,洁己爱民,以当上指,吏治焕然丕变矣。"

明太祖消灭贪官污吏,一个重要的目的就是要造成政治恐怖,"制不宥之刑,权神变之法,使人知惧而莫测其端"③。这就是朱元璋所追求的"猛",其时"人人惧法,却又不知如何守法。大小官吏动辄犯禁,遂置诸重典。人人有不测之祸,家家有不妄之灾",朝野上下弥漫着浓重的恐怖气氛。明太祖正是以血腥屠杀的恐怖手段,确立了皇权的绝对权威,朝廷政令,中外莫不奉行,明人陆容在《菽园杂记》中说:"国初惩元之弊,用重典以新天下,故令行禁止,若风草然。"真切地道出了"明祖用威"之效。当然,如果认为朱元璋只知诛杀惩处而不知奖劝,那是不符合历史事实的,《明史·高斗南传》载:"时太祖操重典绳群下,守令坐小过辄逮系。闻其贤,旋遣还,且加赏赉,有因以超擢者。"尽管奖劝良吏在当时来说,似乎被一片杀戮之声所掩盖,但仍然是"所以风厉激劝者甚至,以故其时吏治多可纪述云"④。

第二节　文狱党祸:规范士大夫言行的极端举措

"无论是在古典意义上,还是在现代意义上,政治都意味着权力,而权力则意味着统治和服从,统治和服从的顺利实现就标志着基本的政治秩序的形成。问题在于,谁有资格拥有这种统治的权力,人们凭什么服从统治者? 这就是所谓

---

① 张廷玉:《明史》卷一三九《赞》。
② 赵翼:《廿二史札记》卷三二《明祖晚年去严刑》。
③ 张廷玉:《明史》卷一三九《叶伯巨传》。
④ 张廷玉:《明史》卷一四〇《赞》。

的政治的合法性问题。"①在传统社会,由于臣僚的政治职务以及与之相适应的政治利益源于皇帝的授予,而不能通过其他某种制度化或者法律化的渠道理所当然地获得,这就使臣僚的政治命运完全由皇帝决定,充当皇家的忠实奴才,而一旦皇帝控制了臣僚的政治活动,取得了对他们的支配权,便非常自然地对政治生活的其他方面享有发号施令的权力,君主的独裁地位便由此得以确立。在明初极端君主专制下,君臣关系形同主奴,皇帝的意旨,任何人不得违拗,否则就是冒犯天颜、大逆不道,就要受到惩处,此在洪武文狱党祸中即有充分表现。

一、"文狱党祸"迭兴的缘由

明初"武功既成,文治大洽"②,士大夫地位骤增,但亦面临政治困境。明太祖大量网络人才,又大量摧残人才,是一个前恭后倨的专横雄主。从某种意义上说,洪武时期文狱党祸的迭兴,成为明太祖控制士大夫,维护专制统治的重要途径。

(一)控制士大夫。明太祖于乱世中成就大业,深知士人的政治影响力及其在夺取政权中的作用。他大力推行征荐的目的,固然是为了广征才士,而另一个用意则是网络、控制天下俊杰,不使其散佚治外,成为威胁其统治的不安定因素。同时,他要求士大夫"忍性动心,而所为拂乱"③,并采取了一系列措施,试图将士大夫的言行限制在专制王权政治的规则之中,大兴文祸就是当时采取的重要举措。

较之前代,洪武文字之狱最为苛酷:"藉诸功臣以取天下,及天下既定,即尽取天下之人而尽杀之。"④当时一些士大夫本想歌颂朝廷,却因涉嫌诽谤太祖而被诛。⑤据《朝野异闻录》载:浙江府学教授林元亮,为海门卫作《谢增俸表》中有"作则垂宪"而遭诛;常州府学训导蒋镇,为本府作《正旦贺表》中有"睿性生知"被诛。北平府学赵伯宁作《万寿表》中有"垂之子孙而作则",桂林府学训导蒋质作《正旦贺表》中有"建中作则",也遭到同样的下场。澧州孟清因"寿域千秋"中"寿"音同"兽"字而遭诛。亳州训导林云为本府作《谢东宫赐宴笺》中有

① 赵明:《先秦儒家政治哲学引论》,北京大学出版社 2004 年版,第 3 页。
② 刘基:《诚意伯文集》卷二〇《甘露颂》。
③ 《明太祖实录》卷一三五"洪武十四年春正月丙辰"条。
④ 赵翼:《廿二史札记》卷三二《胡蓝之狱》。
⑤ 赵翼:《廿二史札记》卷三二《胡蓝之狱》。另参见陈学霖《明太祖文字狱案考疑》,载《明史研究论丛》第 1 辑,江苏古籍出版社 1991 年版。

"式君父以班爵禄",因"式"有"弑"的猜忌,亦被诛。天台人徐一夔在给明太祖的贺表中,因有"光天之下"与"天生圣人,为世作则"之句,明太祖便疑心徐有意讥讽自己,杀之。① 徐祯卿《翦胜野闻》记载:太祖尝元夕出游,见一灯谜画一妇女,手怀西瓜,安坐马上,马蹄甚巨。朱元璋大怒,认为灯谜寓意指马后(淮西人,大脚),还朝后即下令刑官将作灯谜的士民缉拿处死。而士大夫讽刺现实更在禁限之列,稍有触及就招来杀身之祸,如名士王蒙、徐贲、孙贲、李仕鲁等,都被明太祖杀害。这种乱定罪名,妄加诛杀的行为,是朱元璋变态文化性格的反映,对明初文化思想起了极其恶劣的窒息作用。

洪武年间文字狱到底是由何引起,学界一般认为是源于明太祖本人猜忌、多疑、自卑嫌憎、小气,缺少知识等。笔者认为,其中原因还在于:一是为了整齐官僚队伍,巩固专制政权;二是树立皇权之威,钳制元末以来的"自由"士人;三是统一思想,控制舆论。明太祖的苛酷措施在向世人传递这样一种信息:皇帝的权力是至高无上的,正是这种看似荒唐的"文字游戏",才能显示自己绝对的权威。

(二)铲除"奸佞"。朱元璋目睹了元末大臣专政、武将跋扈的政治乱局,故将"主荒臣专,威福下移"视为导致元亡的根本原因。明朝建立后,追随朱元璋南征北战的"帷幄之谋臣",大多位跻公侯,形成了一个庞大的勋臣集团。早在明初,这些勋臣就恃功骄恣、违法乱纪,洪武元年(1368年)明太祖谕省府臣说:"承平之后,旧臣多有获罪者,究其所以,盖其事主之心日骄,富贵之志日淫,以致于败。"②三年(1370年),时"武臣恃功骄恣,得罪者渐众"③。五年(1372年)六月,又"以功臣多恃铁券犯法,奴仆杀人者匿不以闻"④。显然,勋臣集团在其势力膨胀之后,虽未必即刻"谋反",但却置朱元璋三令五申于不顾,恃功骄恣,专权乱政。这不仅破坏了明太祖"首正纪纲"政治方针的贯彻实施,也直接影响到封建统治秩序的稳定,如果任其发展下去,势必危及专制统治。于是明太祖借"胡蓝之狱",一举剪灭勋臣集团,"株连死者且四万"⑤,"元功宿将相继尽矣"⑥。诚然,明太祖在打击勋贵势力时,大肆牵引蔓延,滥杀无辜,充分暴露出专制君主凶狠残忍的一面,但这类祸事在封建统治阶级的内部斗争中并不鲜见。

---

① 赵翼:《廿二史札记》卷三二《胡蓝之狱》。
② 《明太祖实录》卷二九"洪武元年正月癸未"条。
③ 张廷玉:《明史》卷二八五《袁凯传》。
④ 夏燮:《明通鉴》卷四。
⑤ 张廷玉:《明史》卷九四《刑法二》。
⑥ 张廷玉:《明史》卷一三二《蓝玉传》。

对此，《明史》馆臣有公允评价：

> 治天下不可以无法，而草昧之时法尚疏，承平之日法渐密，固事势使然。论者每致慨于鸟尽弓藏，谓出于英主之猜谋，殊非通达治体之言也。夫当天下大定，势如磐石之安，指麾万里，奔走恐后，复何所疑忌而芟薙之不遗余力哉？亦以介胄之士桀骜难驯，乘其锋锐，皆能竖尺寸于疆场，迫身处富贵，志满气溢，近之则以骄恣启危机，远之则以怨望捍文网。人主不能废法而曲全之，亦出于不得已，而非以剪除为私计也。亮祖以下诸人既昧明哲保身之几，又违制节谨度之道，骈首就戮，亦其自取焉尔。①

（三）维护君主集权统治。明太祖论先代皇权与相权关系时说："昔秦皇去封建，异三公，以天下诸国合为郡县，朝廷设上、次二相，出纳君命，总理百僚。当是时，设法制度皆先圣先贤之道，为此设相。之后，臣张君之威福，乱自秦起，宰相权重，指鹿为马。自秦以下，人人君天下者，皆不鉴秦设相之患，相继而命之，往往病及于君国者，其故在擅专威福而致是欤。"②鉴于此，明太祖采取废除丞相制度，打击勋贵集团，整肃吏治等措施，大刀阔斧地进行"矫枉"。其间虽有"用刑太繁"③、"诛杀过当"之失误，但在政治上无疑大大加强了专制皇权的威力和效能，树立了封建法纪的权威，方孝孺评论道："当是时，郡县之官虽居穷山绝塞之地，去京师万余里外，皆悚心震胆，如神明临其庭，不敢少肆。或有毫发出法度，悖礼义，朝按而暮罪之。其重名实，辩臧否，诚古所未有也。"④

（四）与明太祖"雄猜好杀"⑤的性格有关。猜忌好杀是明太祖性格特征的一大弱点，"其心天心也，其威天威也，欲杀便杀"⑥，既无所顾忌，亦无所顾惜。这一弱点在其早年表现并不明显，但随着地位的上升和权力的扩大，其好猜疑的本性也日渐暴露出来，他说："为人君者，用人以为臣，此用臣之权在君，理之顺者也；为人臣者，立人以为君，则立君之权在臣，理之逆者也。理之顺者，百世行之而无异，理之逆者，苟非叛乱不得已者不敢行焉。然而有立君之权而君有不忘之者，何也？盖其君以为彼之权，既足以立我，则亦足以废我，故即位之初，未得

---

① 张廷玉：《明史》卷一三二《赞》。
② 《明太祖集》卷一〇《敕问文学之士》。
③ 张廷玉：《明史》卷一三九《叶伯巨传》。
④ 方孝孺：《逊志斋集》卷一四《送祝彦芳致仕还家序》。
⑤ 赵翼：《廿二史札记》卷三二《胡蓝之狱》。
⑥ 朱国桢：《皇明开国臣传》卷二。

国柄,常惴惴焉。"①在此心理的支配下,明太祖处处怀有戒备之心,怀疑臣民都在暗算他的生命,谋夺他的宝座。所以他对儒士文人的蔑视态度日渐鲜明,即使是对最亲近最谨慎的大臣也心怀猜忌。如宋濂,明太祖夸他"事朕十九年,未尝有一言之伪,消一人之短,始终无二,非止君子,抑可谓贤矣",但仍"密使人侦视"②。又对四辅官说:"若或用之觊心怀异志,无利济之诚,则昊天昭鉴,加以祸淫,又何救焉? 故敕尔群儒等,若果心无异志,诚可会神,与朕同游,以安天下。"③明太祖猜忌功臣,恐其将来作乱,子孙无力控制,所以时常要求群臣"去朝必坦怀而端志"④,而一旦见猜被嫌,即视如寇仇,滥加屠戮。

二、"文狱党祸"下的士大夫群体

据《明史·文苑传》记载,明太祖杀戮文人士大夫之多为历代罕见,尤其对江南士人,明太祖利用文狱党祸进行了不遗余力的打击,其时"文人学士,一授官职,罕有善终者"⑤,"士大夫无负国家,国家负天下士大夫多矣"⑥。由此,在"大戮官民,不分臧否"⑦的恐怖气氛下,元代遗留下来的文化精英、海内奇才摧折殆尽。一部明初开国文苑传就是一部文祸史,难怪王世贞在《艺苑卮言》中悲叹:"呜呼! 士生于斯,亦不幸哉!"

(一)浙东士大夫群体。浙江士大夫对朱元璋集团的介入既早且深,他们在元末辅佐朱元璋削平群雄,功勋显著。明建立之初,明太祖又征辟了很多江浙士人,委以各级职权,一些士大夫曾显赫一时;但好景不长,自洪武九年(1376 年)至二十六年(1393 年),随着统治阶级内部矛盾的加剧,明太祖为维护其统治,消除朱明政权的隐患,每次文狱党祸,浙东士大夫必遭受一次沉重打击,特别是胡蓝党狱,株连尤多,受祸最烈,使得"才能之士,数年来幸存者百无一二"⑧,鲜有善终。

在开国功臣中,首死的浙东士人是金华人许存仁。朱元璋克金华后,访得存仁,"出入左右垂十年,自稽古礼义事,至进退人才,无不与论议",然而仅因告归

---

① 王行:《半轩集》卷二《宋太祖论》。
② 张廷玉:《明史》卷一二八《宋濂传》。
③ 《明太祖集》卷七《谕王本等职四辅官》。
④ 《明太祖集》卷七《赐吏部尚书刘崧等致仕》。
⑤ 赵翼:《廿二史札记》卷三二《明初文人多不仕》。
⑥ 何良俊:《四友斋丛说》卷九《史五》。
⑦ 张廷玉:《明史》卷一三九《周敬心传》。
⑧ 张廷玉:《明史》卷一三九《茹太素传》。

"忤旨",下狱而死。① 像山人钱唐,官至刑部尚书,阻谏罢孟子配享等事,忤旨"待罪午门外竟日",虽未招来杀身之祸,但终谪寿州。② 山阴人唐肃,官应奉翰林文字,洪武六年(1373 年)谪佃濠梁,客死异乡。③ 金华人童冀,湖州府教授,调北平,坐罪卒。④ 与高启并称"十才子"的上虞人谢肃,洪武中举明经,授福建按察佥事,以事被杀。⑤ 浦江人戴良的下场也甚为悲惨,史载:"(明初)欲官之,以老疾固辞,忤旨。明年四月暴卒,盖自裁也。"⑥临海人陶凯,自号"耐久道人",明太祖"闻而恶之",终以事论死。⑦ 湖州人王蒙,洪武初应聘任泰安知州,十八年(1385 年)受胡惟庸"谋反"案的牵连,死于狱中。⑧ 有定策之功劳的刘基,也因诬陷被夺爵停俸,归老还乡,其间虽"惟饮酒弈棋,口不言功",但最终还是被毒死。⑨ 宋濂素有"开国文臣之首"的美誉,却屡以小过蒙辱,洪武三年(1370 年)仅以"失朝参"被降为编修,甚至要将其处死,以太子泣谏才获赦免;四年(1371 年)又"坐考祀孔子礼不以时奏,谪安远知县",最终因长孙宋慎坐胡案受牵连,远谪茂州,死于路途。⑩ 在洪武党祸中,浙江士大夫罹难者居多,如胡党案中,浙江士大夫"犯者不问实不实,必死而覆其家"⑪;蓝党案中,牵染者亦多浙江士大夫,仅《逆臣录》所列浙江士大夫就有近 200 人。经过几次大狱的打击,"浙东、浙西巨室故家,多以罪倾其宗"⑫。

(二)吴中士大夫群体。吴中士大夫在元末时就表现出逃避现实,独善其身的处世意趣,追求一种个性张扬、自然无为的生活态度。在当时,这也许是全身远祸、自得其乐的一条途径;然而,新建的朱明王朝需要的却是统一的思想,严整的秩序和士大夫为新政权服务的热情。这样,吴中士大夫那种超然物外、自由纵情的言行就显得不合时宜了。因为吴中士大夫是自由流动的特殊群体,其张扬恣肆的个性,浮华侈靡的文风容易引起不安因素,故而既然不能将其纳入政权之

---

① 张廷玉:《明史》卷一三七《许存仁传》。
② 张廷玉:《明史》卷一三九《钱唐传》。
③ 张廷玉:《明史》卷二八五《唐肃传》。
④ 纪昀:《四库全书总目》卷一六九《尚絅斋集》提要。
⑤ 张廷玉:《明史》卷二八五《谢肃传》。
⑥ 张廷玉:《明史》卷二八五《戴良传》。
⑦ 张廷玉:《明史》卷一三六《陶凯传》。
⑧ 张廷玉:《明史》卷二八五《王蒙传》。
⑨ 张廷玉:《明史》卷一二八《刘基传》。
⑩ 张廷玉:《明史》卷一二八《宋濂传》。
⑪ 方孝孺:《逊志斋集》卷二二《郑处士墓碣》。
⑫ 方孝孺:《逊志斋集》卷二二《郑处士墓碣》。

下,便要加以铲除。同时,朱元璋攻打张士诚时,吴中士大夫曾拥护、辅佐过张士诚,这无形中造成明太祖对他们的不信任感。这些都决定了吴中士大夫在明初颇不得志,结局大都悲惨,史称"是时国法严峻,故吴士有挟持者,皆贞遁不出,骯髒以死"①。

高启,在张士诚时代,不受征召,尚可以"闭门睡足诗初成"②,而在洪武年间,高启虽然辞官不仕,却因魏观"上梁文"事于洪武七年(1374年)被腰斩于苏州。好友张羽作诗哭忆:"灯前把卷泪双垂,妻子惊看那得知。江上故人身已死,箧中寻着寄来诗。消息初传信又疑,君亡谁复可言诗。中郎幼女今痴小,遗稿千篇付与谁。生平意气竟何为,无禄无田最可悲。赖有声名消不得,汉家乐府盛唐诗。"③与高启并称的"吴中四杰"杨基、张羽、徐贲经历了元末战乱,满怀热情地进入明朝,但没有一个得到善终。其中,杨基始为张士诚记室,明初任山西按察使,竟以事罢免,谪服苦役,最终死于工所。张羽作诗道:"恨不寻君未死前,须臾离别便千年。慰人幸有全乌在,他日应能续太玄。"④徐贲在洪武十三年(1380年)官河南布政使,因事下狱,不久死去。张羽,洪武初征授太常寺丞,娴静知退,名其室曰"静者居"。但十八年(1385年)还是以细故谪岭南,行至途中,投江自尽。与高启等人相仿,袁华,字子英,洪武初为苏州府学训导,后坐累逮系,死于京师。⑤江宁人夏煜,洪武初总制浙东诸府,"以不良死"⑥。句容人孔克仁,洪武二年(1369年)四月,命授诸子经。寻出知江州,入为参议,坐事死。⑦昆山人卢熊,官兖州知府,坐累下狱死。⑧此外,名士苏伯衡、傅恕、郭奎、张孟兼、杜寅、王洪、戴良、王彝等,亦皆死于非命。⑨

同时,在洪武大案中,牵染者也有不少吴中士大夫。如吴县人王行,遍读经史,"名士咸与交",洪武初曾馆于蓝玉家。蓝玉案发,受株连被诛。⑩同时,那些与胡、蓝有"只字往来"的富民和官吏也有被牵连进去的。据《同治苏州府志》

---

① 文徵明:《姑苏名贤小传》卷上。
② 高启:《大全集》卷一一《青丘子歌》。
③ 张羽:《静庵集》卷四《悼高启》。
④ 张羽:《静庵集》卷四《挽杨基》。
⑤ 王鏊:《姑苏志》卷五四《人物十三·袁华》。
⑥ 张廷玉:《明史》卷一三五《夏煜传》。
⑦ 张廷玉:《明史》卷一三五《孔克仁传》。
⑧ 张廷玉:《明史》卷一四〇《卢熊传》。
⑨ 赵翼:《廿二史札记》卷三二"明初文人多不仕"条。
⑩ 纪昀:《四库全书总目》卷一六九《半轩集》提要。

载,沈万三的女婿顾学文,嫡亲葛德润,重孙沈德全是三吴地区的大豪绅,都被加上"与蓝玉通谋"的罪名,七十二个家族统统被剿灭。吴江县粮长顾常的一纸供词,就牵连该地粮长富户多达四十余人,仅吴江一县罹祸的有处士张寿,侍郎莫礼、员外郎张瑾,主事李鼎、崔龄、徐衍等不下千家。如此,随着吴中文人的相继离世,其在文坛的影响日渐消沉。直到明代中晚期,个性鲜明的吴中文学才又逐渐成为文坛主力。

(三)淮西士大夫。淮西士大夫追随朱元璋南征北伐,功绩卓著,成为大明王朝的开国元勋。因此,明太祖对他们颇为礼遇,不仅加官晋爵,封为公侯,且剖符作誓,赐予铁券。然而功臣们位高势炽,威逼自恣,其所作所为和明太祖的主观意愿相悖,明太祖赐予功臣的种种优遇和特权并不能满足他们的欲壑,他们对利益的欲望,与明太祖所要建立的极端君主专制以及经济上的独占企图有着极其尖锐的矛盾。为了维护明朝统治,明太祖曾意味深长地警告淮西功臣说:"尔等从我身,艰难成此功勋,非朝夕所致,比闻尔等所蓄家僮乃有恃势骄态逾越不法,小人无忌不早惩治之或生衅隙,宁不为其所害?"①并特命工部铸造《铁榜文》,以法令形式警告公侯及其家人。尽管朱元璋苦心孤诣地三令五申,淮西功臣仍有恃无恐,"强占官民山场、湖泊、茶园、芦荡及金银铜场、铁冶",或"倚恃权势欺压良善,虚钱实契侵夺人田地房屋"②。如颍国公傅友德贪得无厌,公开奏讨"怀远田千亩"③;凉国公蓝玉"尝占东昌民田,御史按问,玉捶逐御史"④;隆平侯张信横行枉法,"强占丹阳练湖八十余里,江阴官田七十余顷"⑤。淮籍功臣倚功犯法已违背了太祖治国之策,更侵蚀和动摇了封建国家的统治基础。为了防止元末社会危机的重演,巩固新生政权,明太祖不得不利用专制铁腕,狠狠打击淮籍功臣。

如果说明太祖杀戮不法武将有合理理由的话,那么对功业卓著的文人大开杀戒则有些过火了。如有萧何之称的李善长,洪武二十三年(1390 年)被牵扯到胡惟庸案里,"并其妻女弟侄家口七十余人诛之"⑥这纯属冤案,时人为之鸣不平:"善长与陛下同一心,出万死以得天下,勋臣第一,生封公,死封王,男尚公

---

① 夏燮:《明通鉴》卷三。

② 《清续文献通考》卷一三六《刑考》。

③ 张廷玉:《明史》卷一二九《傅友德传》。

④ 《明太祖实录》卷二二五"洪武二十六年二月乙酉"条。

⑤ 张廷玉:《明史》卷一四六《张信传》。

⑥ 张廷玉:《明史》卷一二七《李善长传》。

主,亲戚皆被宠荣,此人臣之分极矣,志愿亦已足矣,天下之富贵无以复加矣。若谓其自图不轨,尚未可知,而今谓其欲佐胡惟庸者,揆之事理大谬不然矣。"①所言可谓大胆无畏,淋漓尽致。明太祖心里清楚李善长等无罪,所以对上奏者"不罪也"②,但专制主义是不讲情面的,为了巩固皇权,他并不认为杀李善长有何不妥。

(四)故元官员的厄运。总体上,故元官员在明初所任官职不高,难以对明政权造成威胁,但因其为故元遗臣,自然使明太祖对他们心存反感甚至敌对之意,"时帝方风厉天下,凡元降臣,始虽荣遇,终必摈辱"③,很多遗民被明太祖被流放到中都临濠,"当明之初,富家类多徙濠"④。仅据《明史》卷二八五所载,就有:顾瑛,因其子顾元臣在元朝任水军副万户,被流放到中都临濠,最终客死异乡。杨基,元末为淮南行省参政饶介的门客,明初因此被"安置临濠"。"北郭十友"的余尧臣、蓝仁等也被流放临濠。此外,一些故元官员虽未被流放,但命运多厄。如危素在元官至礼部尚书,主修三史;明兵克大都,欲投井殉国,被僧人救起。⑤ 洪武二年(1369年),明太祖任命危素为翰林侍讲学士,与修《元史》,撰《皇陵碑》文,极其信任。但时隔不久,即为御史所劾失宠,备受侮辱。一日,太祖燕坐屏后,问:"为谁?"素对曰:"老臣危素。"太祖低声笑曰:"朕谓是文天祥来耳。"⑥又令危素挂两拍,"一书危不如象,一书素不如象"。因为明太祖曾令元顺帝之象起舞,"象伏不起,令杀之"。乃喻危素之品行不如大象。后危素谪居和州(今安徽和县),不到一年即死。⑦

总之,以刘基、宋濂、李善长等人为代表的大夫,殚尽所学,在政治、经济、社会方面决大疑,持大计,更能洞察时变,折中古今,并以忧国之心为匡时之论。但可惜的是,在明初君主专制臻于造极之时,士大夫的主观努力不仅不能赢得最高统治者的肯定,反而会被视为一种争取政治资本的行为遭到摧抑。如果说元代士大夫在身份上可以随意挣脱依附关系的羁绊,那么到了明初,士大夫的生存环境显得较为险恶,如诗所谓:"勋名既以高,祸患随以至。轩冕等桎梏,古来同此

---

① 解缙:《文毅集》卷一《代王国用论韩国公冤事状》。
② 焦竑:《献徵录》卷一一王世贞《中书省左丞相太师韩国公李公善长传》。
③ 乾隆《广东通志》卷四五《人物志》。
④ 朱彝尊:《静志居诗话》卷四"华幼武"条。
⑤ 张廷玉:《明史》卷二八五《危素传》。
⑥ 夏燮:《明通鉴》卷三。
⑦ 《明太祖实录》卷七一"洪武五年正月戊寅"条。

事。象齿及翠毛，兹身适为累。咄哉若而人，生死如梦醉。古人吾焉从，欲往无两翅。"①

洪武政治是以贯彻彻底的皇权主义为目的的，所以用恐怖政策威慑士大夫，就成为实现这种彻底的皇权主义的手段。但必须指出的是，只靠高压和恐怖手段来维持统治是绝对不能持久的。明太祖也清楚这一点，洪武十三年（1380 年）五月，诏以"党诛过当，告天下罪十恶以下皆赦免，并释在京及临濠屯田输作者，免天下今年田租，官员罪黜情非实犯者补职"②。他开始意识到，刑政不过是救弊的药石，而礼乐才是治世的膏粱。所以他在大肆杀戮一番，牢固地巩固了皇权地位之后，便宣布废止严刑，规定"后嗣止循《律》与《大诰》"，臣下敢有请用酷法者，"置重典"③。

第三节　明初君主专制统治下的士风和学风

明朝的建立，结束了动乱分裂的政治局面，经由太祖朱元璋的治理，社会承平，民气渐舒。但在洪武年间，士林学界却生气索然，绝少创新。客观地说，这并不是朱元璋不重视文化建设，他深知文治教化的重大意义，并推行了一系列措施。但由于屡兴大狱，士大夫不断受到政治排挤和迫害，境遇日益恶化，以至"谨言慎行"④，惶惶不可终日。这给士大夫心头投射了浓重的阴影，多年战乱的创伤尚未痊愈，人主的猜忌与苛责又打破了重享太平的梦想。旧朝异族统治的屈辱尚未淡忘，新朝文网高涨的惊恐又接踵而至，令士大夫震慑胆怯，恭顺驯服，由此造成了士心萎缩，士习卑下，学术僵化，文风靡弱的局面。

一、谨固柔顺的士风

在明初空前的高压政策下，谨固、柔顺、屈从成为士大夫心理的显著特征，这是在杀气威逼下所形成的一种奴婢心理。当时，士大夫不管在朝在野，都提心吊胆，如履薄冰，终日懔懔然不知所措，这在洪武中后期表现得尤为突出。

清人赵翼在论及明初官员的恐怖心理时说道："明祖惩元季纵弛，特用重典

---

① 王祎：《王忠文集》卷一《次韵刘先生古诗十首》。
② 查继佐：《罪惟录》纪卷一《太祖高皇帝》。
③ 张廷玉：《明史》卷三《太祖纪三》。
④ 王祎：《王忠文集》卷一九《卮辞》。

驭下,稍有触犯,刀锯随之,时京官每旦入朝,必与妻子诀,及暮无事则相庆,以为又活一日。法令如此,故人皆重足而立,不敢纵肆,盖亦整顿一代之作用也。"①当时,大臣犯颜直谏者寥寥,苟合取容者比比,执政诸臣不乏廉明之贤,干练之才,政绩功业均有可称,然而事君惟恭惟谨,性格多偏于柔顺一路。有些官员就是在事过境迁以后,仍然余悸难消。如左佥都御史严德珉,"以疾求归。帝怒,黥其面,谪戍南丹。遇赦放还,布衣徒步,自齿齐民,宣德中犹存。"一次,有一教授"见其面黥,戴敝冠",问:"老人犯何法?"德珉述前事言:"先时国法甚严,仕者不保首领,此敝冠不易戴也。"乃北面拱手称"圣恩,圣恩"。② 不仅如此,即使位居显要,人主的猜疑和反复无常也令他们心存不安。如刘基,明建立不久,即感到重典之下,随时会有不测之祸,"探珠入龙堂,生死在一瞬"③。所以他曾在洪武元年(1368年)、四年(1372年)两度归老还乡,即使如此,也是深居简出,口不言功。又如宋濂,立朝处处小心谨慎,平日燕居之室题名"温树"④。一次,明太祖令其作《灵芝甘露颂》,不料因事误事,愕然谓学生方孝孺说:"我今日死矣。"⑤作为开国功臣尚且如此,更遑论布衣之士了。既然直言时政,谏君之失会招来横祸,不得已,大批官僚,包括专职言事的科道官为远祸保身,对政事得失、民生疾苦亦默默无言,甚至采取奴颜婢膝、颠倒是非、混淆黑白的卑劣作法,以博得君王的欢心和青睐。随着专制主义的加强,法网和文网的收紧,士大夫的骨气少了,奴性多了,文化的活力和创造力更趋低迷。

在朝为官,风险固然极大,在野的处士隐者同样矜持畏谨。这种心理在其诗歌中有明显的展露:"我愁何从来,秋至忽见之。欲言竟难名,泯然聊自知。"⑥"客愁欲断翻长笑,人事推迁古难料。明年未省又何之,一杯且听江南调。"⑦"乃知天变只须臾,人在艰难岂云久。"⑧"客愁草草不易除,世事茫茫本难料。"⑨与惶恐避世不可分隔的,便是这些士大夫内心始终纠结着的不安和无助,他们用诗歌传达出的是一种空虚之感,展现了对世事不可明言的消极体悟。面对复杂多故

---

① 赵翼:《廿二史札记》卷三二《明祖晚年去严刑》。
② 张廷玉:《明史》卷一三八《严德珉传》。
③ 刘基:《诚意伯文集》卷一五《旅兴》。
④ 张廷玉:《明史》卷一二八《宋濂传》。
⑤ 王世贞:《弇山堂别集》卷二一《史乘考误二》。
⑥ 高启:《大全集》卷四《我愁从何来》。
⑦ 高启:《大全集》卷一〇《京师午日有怀彦正幼文》。
⑧ 高启:《大全集》卷一〇《立秋前三日过周南饮》。
⑨ 高启:《大全集》卷一〇《次韵答朱冠军游城西之作》。

的政治环境,他们如惊弓之鸟,唯有隐忍偷生,正如高启对一同辞官的谢徽所言:
"并命超列卿,宠极翻忧惊。……来往片帆通,相期作钓翁。高歌虽鄙野,犹可
赞王风。"①江右文人刘崧惊恐地告诫朋友:"劝尔勿多言,多言生间危。"②但纵
然如此,许多士大夫仍难逃被杀的厄运。北郭诗人张适在为高启作的哀辞中说:
"君平居自爱,唯恐一毫不慎,获戾于时",终究难免罹难。高启之死,对吴中文人
震动很大,他们原先那种狂放不羁的个性似乎有所收敛,以至于在表达对高启的哀
情时,亦不得不采取了一种颇为隐蔽的方式。梁行赋诗:"歌残楚些魂归来,泣向
西郊泪暗垂。"③王行祭文云:"魂其来歆兮,涕泪于焉而偷雯。"④金珉诗:"西望
泪盈襟,诗盟竟陆沉。清淡徒入梦,常别每惊心。"⑤细品这些诗句,虽处处哀伤,
但也明显感到他们似有难言之隐,他们不敢触及高启遭罪的最终原因,只能就其诗
才陨落而表达惋惜之情。高压政治下,吴中文人明哲保身的心态显而易见。

明太祖的高压政策也影响到了士大夫的入仕态度。许多人开始视仕途为
"虎穴",避之唯恐不及。诚如叶伯巨所言:"古之为士者,以登仕为荣,以罢职为
辱。今之为士者,以涸迹无闻为福,以受玷不录为幸。"⑥当时,"自胡(惟庸)、陈
(宁)之后,群臣鲜当意者,法网严密,诛斥相继,而学士大夫亦多所引避。"⑦史
载:"明初,王行读书于徐某家,三年偏览其书,欲入仕为官,主人曰'此岂求仕之
时哉?'行曰:'虎穴中可以游戏'。"⑧在明争暗斗、争权夺利的时局中,士大夫理
想破灭,不仅"欲济无轻舟"⑨,雄心壮志无施展之机会,还不断遭受来自各方的
排挤、打击,成为君臣、派系之间倾轧斗争的牺牲品。在如此诚惶诚恐、痛苦不堪
的情势下,许多士大夫逐渐厌弃了仕途生活,开始寻找苟且偷生的机会。王佐
"将告归,时告者多获重谴,或尼之曰:'君少忍,独不虞性命邪?'佐乃迟回二年,
卒乞骸归。"⑩袁凯因奏对失帝意,"帝以凯老猾持两端,恶之。凯惧,佯狂免,告

---

① 高启:《大全集》卷七《酬谢翰林留别》。
② 刘崧:《槎翁诗集》卷四《告天鸟》。
③ 高启:《高青丘集》附录。
④ 高启:《高青丘集》附录。
⑤ 高启:《高青丘集》附录。
⑥ 张廷玉:《明史》卷一三九《叶伯巨传》。
⑦ 王世贞:《皇明异典述》卷五《布衣超擢》。
⑧ 王鏊:《震泽纪闻》卷上《王行》。
⑨ 《广州四先生诗》卷一《行路难为洪都义士杨安赋》。
⑩ 张廷玉:《明史》卷二八五《王佐传》,第7332页。

归"①。庐陵张昱因年老侥幸逃出官场，被赐还家，曾作诗表达其远离仕途的处境："洪武初年自日边，诏许还家老贫贱。池馆尽付当时人，惟存笔砚伴闲身。刘伶斗内葡萄酒，西子湖头杨柳春。见人断轮只袖手，听人谈天只箝口。"②一些士大夫参与修史、制礼，结束即还，甚至搜求岩穴，隐居不仕，以致"韬迹自远者亦不乏人"③。诗谓："人生本是风花枝，升沉聚散何足悲。优游晚岁谢微禄，悦得从君林下期。"④"何因散发林皋下，得似苏仙烂漫游。"⑤"清风双翅若乘轩，令我归心厌尘土。"⑥从周湞的《舟中望九华山》到林鸿的《金鸡岩僧室》，从凌云翰的《关山雪霁图》到甘瑾的《何梅阁山居》等，是为体现。有些在任的士大夫虽畏于皇威，不敢主动提出致仕，而将归田的期望深藏心底，但其话语之间却常常流露出恬退自适的思绪，"平生绝俗尚，幽期在一壑。何时税尘鞅，赋归蹑棕屩。"⑦可以说，对隐居生活的向往，对山野景致的倾心，构成了一些士大夫笔下反复出现的一个主题，"幽轩素壁泉声动，对此令我心为狂"⑧。他们深知，治国平天下的理想在君权独揽时只是妄谈，修身齐家也已沦为自身保全的最低要求。新朝初立，本是大展宏图之时，士大夫心里念念不忘的却是归隐还乡。面对猜忌的君王和恐怖的政治环境，为国效力固然重要，但全身引退却成为最理想的选择，他们所渴望的已不是世俗的功名利禄，而是作为人的最起码的活着的权利，以及作为"知识者"最后的一点想象的自由。

二、沉寂僵化的学风

洪武年间滥杀无辜的做法，使士大夫毫无人身安全感，严重伤害了其自尊心，亦禁锢了他们的思想，阻止了他们的政治行为和学术行为，尤其是文化专制的高涨，对士大夫造成的影响要比制度本身更为直接。高压之下，士大夫心灵收蹙，精神枯萎，士习卑下，主体精神难以舒扬，原本可贵的自觉、自适和自由意识趋于淡薄。士大夫的心灵世界和主体精神渐趋板滞、沉寂和僵化，粉饰之辞占据了明初文坛。

① 张廷玉：《明史》卷二八五《袁凯传》，第328页。
② 张昱：《可闲老人集》卷一《寄河南卫镇抚赵克家叙旧》。
③ 张廷玉：《明史》卷二九八《隐逸传》。
④ 孙蕡：《西庵集》卷四《寄罗都事文章》。
⑤ 孙蕡：《西庵集》卷六《次黄州》。
⑥ 《广州四先生诗》卷一黄哲《题招鹤轩》。
⑦ 宋濂：《文宪集》卷三一《忆山中》。
⑧ 刘崧：《槎翁诗集》卷四《题余仲扬画山水图为余自安赋》。

为了全面禁锢"异端"思想,强化思想统治,明初统治者采取了两面手法:一方面大兴文字狱,钳制文人思想并将其纳入统治思想的轨道;另一方面,恢复科举制度,并以"八股"等方式控制士林文风。就后者而言,科举取士是一项重大国策,关系到社会各个领域,尤其对世道人心,士林风气影响至为深广。王鏊指出:"夫科目之设,天下之士群趋而奔向之,上意所向,风俗随之,人才之高下,士风之醇漓,率由是出。"①此时理学通过科举制度得以强化,并对明代前期士大夫的精神心理构成了强力的渗透和规范,"三百年人士之精神,专注于场屋之业,割其余以为古文,其不能尽如前代之盛,无足怪也"②。明人张岱更揭穿了明太祖颁行科举的本质意图:"盖用以镂刻学究之肝肠,亦用以消磨豪杰之志气者也。"③认为制义取士根本目的在于塑造迂腐的书呆子,驯服奴才。当时,人心被"天理"笼罩着、主宰着,统治者按照"天理"的原则加强政治与文化、制度与思想的统治,竭力以理控制人、塑造人、驯化人。在森严天理与法治的威逼下,士大夫的自然欲望,合理需求,情感价值受到沉重的压抑,整个学界被弥天匝地的阴寒肃杀之气所笼罩。士大夫在心甘情愿地接受作为统治之术的天理道统时,甚至贬低了自我的主体意识,小心翼翼地对待自己的情欲、情感,而不敢稍有放纵。士大夫的这种奴性心理必然导致思想文化的因循保守和僵化枯萎,没有活力,没有生气,更谈不上创新和超越。后世批评明初学界带有"宋元余习"④,一味依傍宋儒,奉若程朱为神明,思想学术界只能听到同一种声音,"此亦一述朱,彼亦一述朱"⑤。他们强调对人情要"收敛"、"检束"、"自牧",执定一端而不做异想,株守一家而排斥异说,循规蹈矩,不越雷池半步。

在文学界,士大夫公开倡导"恢张皇度,粉饰太平"⑥的文学观念,文学成了润饰洪业,规范文臣的手段。他们规模唐宋,推崇合乎道统,温文尔雅、雍容纤余的台阁风度,歌颂皇帝之圣明,隆恩之浩荡,盛世之升平。如王祎云:"在上者莫不歌咏帝载,肆为环奇盛丽之词,以鸣国家之盛,其居山林间者亦皆讴吟王化,有忧深思远之风,不徒流连光景而已。"⑦徐一夔进而指出:"国家之兴,必有魁人硕

---

① 王鏊:《震泽集》卷三三《拟皋言》。
② 黄宗羲:《南雷文约》卷四《明文案序上》。
③ 张岱:《石匮书》卷首《科目志总论》。
④ 冯惟讷:《古诗纪》卷首《原序》。
⑤ 黄宗羲:《明儒学案》卷一〇《姚江学案》。
⑥ 倪谦:《倪文僖集》卷二《艮庵文集序》。
⑦ 王祎:《王忠文集》卷五《张仲简诗序》。

士乘维新之运，以雄词巨笔出而敷张神藻，润饰洪业。铿乎有声，炳乎有光，耸世德于汉唐之上，使郡国闻之，知朝廷之大；四夷闻之，知中国之尊，后世闻之，知今日之盛，然后见文章之用，为非末技故也。"①又如宋濂、刘基都是跨越元明的士大夫，刘基在元末著《郁离子》以针砭时弊，总结统治权术；宋濂著《龙门子凝道记》以批评时政。但入明之后，随着政治处境的变化，他们的诗文失去了昔日的犀利笔锋和灼人光焰。

同时，士大夫在文学创作中探视皇帝的好恶，窥视君王的底线，温和拘谨的文风逐步成为强权统治下士大夫心灵的保护膜，这使洪武年间的思想文化生气索然，绝少创新，元末那种初显自由活泼的气象不见了。如浙江士大夫的政治地位确曾扩大了其文学思想的影响，而文学与政治的联姻又使得他们的文学思想趋于僵化，他们只能用歌功颂德的文学来粉饰太平，致使文学变成了政治的附庸。再如江右文人刘崧、萧执、陈观等，皆为名重一时的笃行君子，他们没有吴中士大夫逞才使气，诗酒放荡的名士风流，也缺少浙江士大夫才赡学博、功名成就的显赫声名，但他们那种典雅和平、雍容大度、明哲保身的道德操守，自甘淡泊、隐忍以行的处世方式，进而为诗文则呈现出一种和平醇正、闲适淡雅的艺术风格，这与明太祖倡导的文风正相一致，也与明初政治文化的情势更相吻合，因而逐渐成为明初文坛的主要力量和主导风格。三十一年的洪武之治一扫元末肆意绮丽的文风，就这样将文人们的思想逐步规范到文化专制的藩篱中，最终促成了台阁体的一统天下，明太祖也实现了对士风的全面把握。士大夫原本豪爽、放达的精神意趣在入明以后进一步瓦解、消沉，最终以表面化的雍容平和来换取文坛的一线生机。这是当时士人群体普遍具有的心理特征，也是那个时代客观的产物。正是这种巨大转变，导致了明初学风的拘谨和文坛的暗淡。

三、复古守旧的文风

洪武时期，复古意识弥漫于社会的各个阶层，表现在政治、文化、文学、艺术等多个方面。可以说，复古已经成为此时最主要的社会思潮。

洪武开国，明太祖便一改"元氏胡人事不师古"②的做法，"稽古礼文"③，恢复古制，力图"复三代之旧"④。一方面，鉴于元末以来"道术裂于天下，百氏之

---

① 徐一夔：《始丰稿》卷五《陶尚书文集序》。
② 《明太祖实录》卷二九"洪武元年正月辛巳"条。
③ 《明太祖实录》卷一一八"洪武十一年四月己酉"条。
④ 《明太祖实录》卷一五"洪武二十五年五月丙子"条。

说并兴"①的局面,明太祖大力提倡祭孔读经,崇扬理学,并明令府、州、县学乃至间里私塾,均须"以孔子所定经书为教"②。试图通过复兴传统政治文化,凭借其中的纲常伦理、等级秩序来巩固新生的专制政权。另一方面,明太祖为配合其礼法统治的需要,又亲自制作诗文,倡导古朴文风,认为文章贵在简约明了,无须刻意藻饰:"欲使今之儒者,凡著笔之际,勿使高而下,低而昂。当尊者尊,当卑者卑,钦天畏地,谨人神,必思至精之言以为文,永无疵矣。"③他批评群臣所进笺文"颂美之辞过多,规诫之言未见,殊非古者君臣相告以诚之道。今后笺文只文章平实,勿以虚辞为美也"④。不仅如此,他又于洪武二年、六年、二十九年多次下诏禁止"奇巧浮艳"、"深险怪僻"、"卑弱哀怨"的文体。⑤ 正如时人梁寅所说:"今天子统一宇内,教化之行,无远弗届,文章归正,肇自上意,朝廷制作悉循于古,虽山岩之士皆承风而知所趋。"⑥这些文化政策的贯彻执行,使广大士大夫,尤其是汉族士大夫对传统文化的怀旧心理和复古意识日渐浓郁,从而带动了明初复古思潮的勃兴。

洪武初,那些由元入明的儒士文人便十分普遍地表现出复古的愿望,希望"复先王礼乐"⑦,重振汉唐雄风。一方面,在高压统治下,许多士大夫甘于因循,表现出一定的陈腐气息。在其看来,既然在险恶的政治环境中不能别立新说,只好乞灵于旧礼旧德,走"慕古"、"复古"的学术路径。这种文化心态契合于朱明王朝的统治理念,一时鼓吹纲常名教的声浪响彻朝野。如宋濂适应明初文治的需要,开始创作颂圣之文,如《应制冬日诗序》、《恭题御制文集后》等。与宋濂相仿,刘基的文风亦变得低回纤丽,在其《犁眉公集》中,早年飞扬雄奇的诗风虽非全然无存,却已是风流末绪。他以比兴的手法对其处境作了委婉曲折的诉说,如《墙头花》惕惕于"墙头花,红棉妒"⑧;《长松梢》则声言"宁为朴樕茎,莫作长松梢"⑨。就连思乡的吟咏,也饱含着复杂的生之忧患,组诗《旅兴五十首》直抒胸臆,诸如"守分"、"避祸"、"怀念"、"劳心"、"悲感"、"嗟生"、"伤怀"等语不时出

---

① 胡翰:《胡仲子集》卷四《王氏数学举要序》。
② 张廷玉:《明史》卷一三七《赵俶传》。
③ 《明太祖集》卷一三《辩韩愈讼风伯文》。
④ 《明太祖实录》卷二二"吴元年正月辛丑"条。
⑤ 廖道南:《殿阁词林记》卷一三、一四。
⑥ 金固:《雪崖先生诗集》卷首附梁寅《金征士守正文集序》。
⑦ 张廷玉:《明史》卷一三五《陈遇传》。
⑧ 刘基:《诚意伯集》卷一五《墙头花》。
⑨ 刘基:《诚意伯集》卷一五《长松梢》。

现,忧生惧祸的心境跃然纸上。

另一方面,金元时期,汉族传统文化的主导地位遭到了空前削弱。明初诏复汉制,承续正统,与此相应,一大批士大夫以极大的热情参与了汉文化的复兴活动,重倡"文以明道"、"文以载道"。如浙江士人的道统观念极为强烈,这一点直接决定了他们的文学创作以"复古"为主要特征,承续传统儒家文论之"统",恢复秦汉唐宋文学之"古"。如宋濂作为"开国文臣之首",主张文章应宗经师古①,讲求辞达道明,经世致用,师古不只师其辞,更要师其道,只有这样的文章才是"圣贤之文"②,才可称作"经天纬地之文"③。所以他的复古论带有明显的道统色彩,在《复古堂记》、《答章秀才论诗书》中,他提出要全面继承儒家之道,并要求诗歌继承汉唐诗府所表现出的精神气质。与宋濂一样,王祎更为推崇汉唐文风,他说:"三百篇尚矣,秦汉以下,诗莫盛于唐……至开元以后,久于治平,其言始一于雅正,唐之诗于斯为盛。"④又说:"三百篇而下,莫古于汉唐,莫盛于盛魏。"⑤刘基主张"美刺风戒,莫不有裨于世教"⑥,他上溯三代,远绍汉唐,近承两宋,呼唤人们继承文统,写出与盛世相辉映的"高文宏辞"⑦。朱右则以先秦、西汉、唐、宋文为正统,认为《史记》、《汉书》"诚后世之准衡也"⑧。他还特意作了《文统》一文,对自经传、孔孟以至唐宋古文的演变轨迹,做了明晰的勾画,认为:"唐韩愈上窥姚姒,驰骋马班,本经参史,制为文章,追配古作;宋欧阳修又起而继之,文统于是乎有在。其间柳宗元、王安石、曾巩、苏轼,亦皆远追秦汉,羽翼韩欧。"⑨他编辑的《八先生文集》即本之于这种认识,开启了明代文学史上推尊

---

① "宗经师古"是宋濂实现"明道致用"文学宗旨的具体途径。在宗经方面,他说:"文学之事,自古及今以之自任者众矣,然当以圣人之文文宗。"(《浦阳人物记·文学篇序》)"六经皆心学也,心中之理无不具,故六经之言无不该,六经所以笔吾心之理者也。"(《文宪集》卷二八《六经论》)又说:"夫五经孔孟之言,唐虞三代治天下之成效存焉。……小用之则小治,大施之则大治,岂止浮辞而已乎!"(《文宪集》卷二《经畲堂记》)宋濂认为推崇六经,则必师古,他就此论述道:"事不师古,则苟焉而已。……能师古则反是。然则所谓古者,何古之书也,古之道也,古之心也。道存诸心,心之言形诸书。日诵之,日履之,与之俱化,无间古今也。若曰专溺辞章之间,上法周汉,下蹑唐宋,美则美矣,岂师古者乎?"(《文宪集》卷一五《师古斋箴》并序)

② 宋濂:《文宪集》卷二五《文原》。

③ 宋濂:《文宪集》卷二五《文原》。

④ 刘基:《诚意伯文集》卷一五《苏平仲文集序》。

⑤ 王祎:《王忠文集》卷五《张仲简诗序》。

⑥ 王祎:《王忠文集》卷七《浦阳戴先生诗序》。

⑦ 刘基:《诚意伯文集》卷一五《苏平仲文集序》。

⑧ 朱右:《白云稿》卷五《秦汉文衡序》。

⑨ 朱右:《白云稿》卷三《文统》。

唐宋文风之端绪。

除了浙江士大夫而外,高启、贝琼、林鸿、高棅等亦昌言复古。以高启为首的吴中诗人任情达性,不讲义理之学,但也兼具复古意识。如高启,《独庵集序》是其"兼师众长,随事摹拟"①的代表作,时人王彝称其:"言诗必曰汉、魏、晋、唐之作者,而尤患诗道倾靡……自返而求古作者,独以情而为诗。"②大体点明了高启的复古倾向。明初昌言复古,以闽中诗人最力。他们承宋代严羽、元末张以宁诸人,祖述汉魏,标举盛唐。林鸿、高棅于洪武二十一年(1389年)编纂《唐诗品汇》将闽中复古论发扬光大。书中将唐诗的发展历程划分为初、盛、中、晚四个阶段,对诗人、诗风及各体诗歌在唐代的发展概况作了说明,为南宋以来唐诗复古论作了理论的总结。

唐宋诗文大家标举秦汉,以复古求革新,促进了诗文的发展繁荣。但在明初复古思潮中,儒士文人们远无超迈前人的胆略与气魄,他们将秦汉唐宋的诗文看成是一种很难企及的典范,在其心目中,六经以其"道纯"而代表着文学的最高水准,此后便等而下之,不及前代。③ 同样以浙江士大夫为例,宋濂、王祎、方孝孺等人"法古"文论的基本思路是沿程朱"文以载道"的主张而下,致力于恢复诗文的儒家正统地位。④ 其直接后果便是使明代诗文从其起步之始,便走上了偏重师古、仿古的道路,而缺乏创新与开拓精神。作为后学,他们只能将秦汉唐宋奉作楷模,而不能作为开拓创新的跃进基础。明代文坛之所以长期笼罩着浓重的复古氛围,与宋濂等在开国之初定下的一切以古为尚的基调有相当大的关系。

在程朱理学的规约下,洪武士大夫在学术上也因循守旧,多无创新。这主要表现在两点:一是独尊程朱,甘为"家奴"。明太祖采取政治干预的办法来维护程朱理学的绝对权威,极大钳制了士大夫思想的创造性。在士林学界,"道术尚一,而天无异习,士大夫视周、程、朱子之说,如四体然,惟恐伤之"⑤。儒士叶仪声称:"圣贤言行,尽于《六经》、《四书》,其微词奥义,则近代先儒之说备矣。由其言以求其心,涵泳从容,久自得之,不可先立己意,而妄有是非也。"⑥这段话把明初士大夫面对周、程、朱等理学偶像时的心态揭示得淋漓尽致,亦表明他们已

① 高启:《凫藻集》卷二《独庵集序》。
② 王彝:《王常宗集》卷二《高季迪诗集序》。
③ 宋濂《文宪集》卷二六《赠浩然子叙引》。
④ 方孝孺:《逊志斋集》卷三《明教》。
⑤ 黄佐:《泰泉集》卷三五《眉轩存稿序》。
⑥ 张廷玉:《明史》卷二八二《叶仪传》。

经丧失了作为文人应具有的独立品格。二是重道轻文,陈陈相因。在理学思想的影响下,洪武文人在学术思想上的因循守旧也表现得极为突出。以文学创作为例,如宋濂、刘基、王祎、钱宰等皆主张文道结合,以文阐道,提倡文章应以教化为主,不必刻意追求真情实感。宋濂认为:"大抵为文者,欲其辞达而道明耳,吾道既明,何问其余哉!"①方孝孺亦说:"夫诗所以列于五经者,岂章句之云哉!盖有增乎纲常之重,关于治乱之教者存也。"②如果说宋濂的说法多少沾染了道学的习气,其弟子方孝孺则纯粹是一副道学家的口吻。在此情况下,道学气、学究气弥漫着洪武文坛,创作上陈陈相因,缺乏激情和活力。尽管宋濂、高启、刘基等由元入明的文人对元季动荡的社会现实有着深切的体悟,创作了《王冕传》、《梅花诗》、《郁离子》等鲜活作品。但在洪武时期,士大夫独立的文学创作受到遏止,现实主义创作风格随之消散。永乐以还,特别是经过仁宣之治,社会承平日久,君臣关系融洽,文坛上又刮起了以粉饰太平、歌功颂德为特征的台阁之风,温柔敦厚,萎弱迂阔逐渐成为文坛的主导风尚。

---

① 宋濂:《文宪集》卷二五《文原》。
② 方孝孺:《逊志斋集》卷四《读朱子感兴诗》。

第九章　明初士大夫的政治态度及实践

　　1368 年,朱元璋称帝南京,元明易代的历史格局至此基本完成。时移世易,面对新生的政权,身经剧变的士大夫不得不根据时情世态调整自己的思想信念、价值判断和行为准则:一部分士大夫深怀故国之思,以遗民自守,对亡元的眷怀之情日益浓郁;一部分士大夫随遇而安,对易代所引起的政治变迁茫然不顾,漠然视之,一如既往地以逸民的身份隐居山林,晦迹不仕;一部分士大夫则顺应时代潮流,及时调整自己的心态,锐意仕进,添列缙绅,成为朱明王朝的主要建设者和维护者。士大夫这种迥然异趣的政治态度和行为表现,既与元明鼎革之局休戚相关,也与士大夫自身的生活经历、价值追求密不可分。

第一节　遗民情结,追思故元

　　在中国传统文化中,"遗民"、"逸民"时常被混用,但二者并非没有区别,清人归庄云:"凡怀道抱德不用于世者,皆谓之逸民;而遗民则惟在废兴之际,以为此前朝之所遗也。"①即言"逸民"是"不用于世"的不遇之士,是任何时期都存在的特殊社会群体;而"遗民"则是不仕之士,是政治变革的产物,惟存在于王朝鼎革之际。但从遗民的生存状态及价值取向言之,遗民身份的确定并不是截然划一的,作为遗民必须在易代之后不仕新朝,这是遗民的核心元素,也是遗民情结的最高表现。具体到明初这一特定历史时期,元代遗民又有其独特的内容和范

---

　　①　归庄:《归庄集》卷三《历代遗民录序》。

围:即他们首先历经元、明两代;其次是多具有一定声望和影响,是"遗士"、"遗儒",而不是普通的士群,更不是历经易代之变的普通民众。①

关于元遗民的数量,史载缺漏甚夥,且较为分散,其中钱谦益《列朝诗集》录遗民诗人77人;顾嗣立《元诗选》庚、辛二集录遗民诗人43人;孙道易《东园客谈》共录17人,"多元之遗民也"②。《明史·文苑传》录遗民49人。以此为基础,晚清张其淦(1859—1946年)博征广引,撰成《元八百遗民诗咏》八卷,其中共录蔡子英等元遗民850人。③ 在这些遗民中间,有不少人是名重一时的鸿儒硕学、俊彦名流,诸如:王逢、戴良、丁鹤年、王翰、伯颜子中、蔡子英、张昱、李祁、王礼、揭汯、倪瓒、周霆震、杨维桢、滕克恭、沈梦麟、舒頔、钱惟善、顾瑛、郭钰、朱希晦、胡翰、陈谟、陈遇、简祖英、张昶、俞渊、徐大年、周良卿、林清、杜琼、刘于、汪克宽、梁寅、贝琼、赵汸、王晋、叶颙、叶仪、叶兰、叶兑、金信、杨恒、高明、熊钊、吴海、吴会、袁华等。以下,拟以这些遗民为主要考察对象,围绕元明之际社会政治之变动,着重对遗民群体的思元情结诸问题加以探讨。

所谓遗民情结,简单地说,就是对旧朝的眷念和对新朝的不适,二者在遗民身上兼具并存,成为遗民身份的鲜明标志。面对朱明新朝,元遗民抚今追昔,发出了禾黍之悲与身份归属的焦虑,为了寻找生存的意义,以便在朱明王朝的统治下求得生命的安顿和灵魂的依托,遗民们于历史或现实中寻找类似的遗民人格,坚持"我是元人"的身份认同,并以不仕新朝,修故国之史等行为来彰显和表达浓郁的遗民情结。

一、"我是元人"

元明易代之际,深受诸多历史因素的影响,遗民群体选择了隐忍偷生,放弃

① 有关"遗民"泛指普通民众的例子,在史书中并不鲜见,以《明太祖实录》所载为例,如:《明太祖实录》卷六六载:洪武四年(1371年)六月,"徙沙漠遗民三万二千八百六十户屯田北平府"。《明太祖实录》卷七三载:洪武五年(1372年)四月,"收集故元山后宜兴等州遗民为军"。《明太祖实录》卷八八载:洪武七年(1374年)三月,明太祖敕谕边将曰:"元运既终,天命归我中华,凡其遗民皆吾赤子。"《明太祖实录》卷一二八载:洪武十二年(1379年)十二月,"初,元之遗民有避乱自北而南者多聚于京师。"《明太祖实录》卷一三八载:洪武十四年(1381年)七月,"故元将校火里火真等四十一人及遗民一百七十七户自沙漠来归"。《明太祖实录》卷一四〇载:同年十一月"故元遗民六十九人纳儿崖来归"。《明太祖实录》卷一四四载:洪武十五年(1382年)四月,"辽东东宁草河千户所招降故元合罗城万户府校卒及鸭绿江东遗民凡二千六百八十六人"。《明太祖实录》卷一四七载:同年八月"故元遗民一百四十八人自黄城即该来归"。凡此等等。

② 纪昀:《四库全书总目》卷一四三《东园客谈》提要。

③ 张其淦:《元代八百遗民诗咏》八卷,民国时期铅印本。

了殉国死难,这种复杂的心境使其陷于怀旧的种种包围之中,黎离之悲,故国之思,盛衰之干交织在一起,使遗民身份的认同和自我人格的寻找成为洪武初年遗民情结的突出表现之一。他们虽身处明朝,但仍不忘对元人身份的坚持,"言必称本朝,而其本朝则胡元也"①,崇重亡元,轻蔑新朝。如钱惟善在为《二胡节士》作序时,自称前乡贡进士。② 王礼在作《德庆路郭推官行状》及《廖冈铭》时,自称前乡贡进士广东道宣慰使司都元帅府照磨。③ 揭汯(1301—1373年),字伯防,揭傒斯之子,元时任秘书监丞。明兵入大都,"凡仕者例徒南京,汯称疾不往"④。洪武初,他在为《宋学士集》作序时,仍自称仕元官阶为中顺大夫秘书少监。张昱,元时历官左右员外郎。明初退居西湖,以诗酒自娱,自称"诗人张员外"⑤,仍看重故国皇恩。

有些人虽亲仕明廷,但心存元世,言语间每每表现出对故国的思念。如答禄与权,明太祖曾言:"今胡儒与权者,倒其词而赞元君之德,朕不知其何如耳,莫不是胡人之性理推之至极,有如是乎,不然则事属谬矣。"⑥贝琼,在明初任官,但洪武八年(1375年)在《潜溪先生宋公文集序》中仍称"故元"⑦。袁华,字子英,昆山人。明初为苏州府学训导。六年(1373年),作《癸丑正月风雨中偶成》云:

> 入春弥月雨霏微,惊蛰无雷雪又飞。抚节不愁花蕊晚,感时惟恐麦苗稀。

> 当歌对酒愁难遣,问舍求田志已违。只尺相望不相见,空吟偪侧思依依。

> 岁除风雨浃新正,二月将终未放晴。残雪不消犹待泮,轻雷欲震又收声。

> 樵苏后爨愁童穉,故旧凋零失老成。推枕无眠清夜永,淋淋檐溜百忧生。⑧

四库馆臣评此诗曰:"颇露悲凉感慨之语,盖欲自附于元之遗民,然已食明

---

① 钱穆:《中国学术思想史论丛》(六),安徽教育出版社 2004 年版,第 84 页。
② 王逢:《梧溪集》卷四《二胡节士》。
③ 王礼:《麟原文集》前集卷三《德庆路郭推官行状》、《麟原文集》后集卷九《廖冈铭》。
④ 柯劭忞:《新元史》卷二〇六《揭汯传》。
⑤ 张廷玉:《明史》卷二八五《张昱传》。
⑥ 《明太祖集》卷一六《辩答禄异名洛上翁及谬赞》。
⑦ 贝琼:《清江文集》卷二八《潜溪先生宋公文集序》。
⑧ 袁华:《耕学斋诗集》卷一一《癸丑正月风雨中偶成》。

禄，不必作是语矣。"①张昶，宛平（今属河北）人，元季官至户部尚书。明初虽任参知政事，但"以元之旧臣，心常怏怏"，尝曰："吾仍思归故土也。"后私通北元，明太祖令都督府查问，昶书八字曰："身在江南，心思塞北。"遂被杀。② 明人谓其"能于死生之际明焉，岂非忠于元者乎？"③韩准（？—1371 年），沛县（今属江苏）人。延祐五年（1318 年）进士，官至江西参政。元亡，以丧礼自处。明初推行新冠服之制，仍戴元旧冠不肯舍去。死后，遗民吴海称之为"纯臣"。④ 凡此，他们虽身仕明廷，但对故元的眷怀则不可掩也。从精神层面上，遗民实际上是一种基于政治变革而产生的特殊群体，他们对新旧王朝的态度往往不同。一方面，正统观念和对故国的眷恋情怀，使其对新生的明王朝存在一种不适；另一方面，他们虽然可以随波逐流生活在新的时代，甚而可以出仕新朝，但内心之中对故朝的追思之意并未全然泯灭。

同时，面对洪武新朝，许多元遗民表现出身份归属的焦虑与不安，为了寻求生存的意义，以便在新的统治氛围中求得灵魂的安顿，他们某种程度上受到了历代遗民的启示，殆亦余英时所谓："遗民于历史上求人格之认同之表现。"⑤前代遗民形象成为元遗民的心理原型，尽管他们所处时势不同，处境各异，可有着相同的经历、一样的情怀，前辈遗民的隐痛与心曲，深契于元遗民人格认同的心理需要，成为其遗民意识的思想源泉。所以，许多元遗民对前代遗民及节烈之士颇为推重，谢翱、郑所南、文天祥、余阙等被元遗民所津津乐道和效仿。如：王逢，在其文集中有不少颂扬历代忠节之士的诗文，如《感宋遗事二首》、《题余忠愍公所撰两伍张氏阡表》、《哭信州总管靳公二首》、《题岁寒桥》等，皆是胜国遗民自居的一种表现形式。又如：元遗民撰《宋遗民录》一卷，其旨意在于藉以自伤，或慕其为人，以为自况，或与之心曲相通；关于此书的作者，据四库馆臣推测："或元人所作，或明初人所作，均未可知。"⑥再如，安庆路总管余阙守城战死，遗民谢应芳作诗云："砥柱回澜屹吕梁，安知谁武复谁汤。六年守战孤臣死，一代文章万丈光。草木荒城威肃肃，丹青遗庙貌扬扬。悲歌沃酹知何日，北斗持来挹酒

---

① 纪昀：《四库全书总目》卷一六九《耕学斋诗集》提要。
② 柯劭忞：《新元史》卷二三三《伯颜子中传》。
③ 郎瑛：《七修类稿》卷八《张昶》；查继佐《罪惟录》列传卷七《张昶传》。
④ 吴海：《闻过斋集》卷五《元故资政大夫江南诸道行御史台韩公权厝志》。
⑤ 余英时：《方以智晚节考》，香港新亚研究所 1972 年版，第 150 页。
⑥ 纪昀：《四库全书总目》卷六一《宋遗民录》提要。

浆。"①李祁是至死忠于元朝的遗民,与余阙是同榜进士,曾为余阙《青阳集》作序,以不能如余阙那样死于军前为恨,"廷心文章、学问、政事、名节,虽古之人有不得而兼者,而廷心悉兼之,世岂复有斯人哉!……其后遭遇时变,余以母忧窜伏乡里,常恨不得乘一障以效死,而廷心以羸卒数千守孤城,屹然为江淮砥柱者五六年,援绝城陷,竟秉节仗义,与妻子偕死,生为名臣,殁有美谥,于是余之去廷心又大相远矣。"②为余阙作颂扬之词,既表现了他们对"殉国"行为的敬重,也显示出其反躬自省,"以生为耻",自惭形秽的艰难处境及其浓郁的生存焦虑。又《元音遗响》十卷,乃是胡布(字子申)、张达(字秀充)、刘绍(字子宪)的诗歌汇编,"三人皆元之遗民"③。洪武初,明廷征三人,皆不屈志出仕。其中《近闻》一诗云:"金台寥落并燕山,王气缠绵虎豹关。龙去鼎湖遗剑在,鹤飞缑岭载笙还。兴唐大位临藩邸,复汉雄才涉草间。想见霓旌拥行在,五云红日照天颜。"④四库馆臣云:此诗"为顺帝北狩后所作,故君旧国之思拳拳不置,其志节可见。"⑤吴志淳,字主一,晚号雁山老人,安徽无为人。元末以父荫历任靖安、都昌主簿,后避兵于鄞县东湖。入明,固守旧俗,不闻世事,诗谓:"贫病相兼气未舒,田园虽少乐耕锄。为儒已入他州籍,垂老频收故国书。夜雨湖山人去后,春风门巷燕来初。潘生喜遂闲居志,阮籍从教礼法疏。"⑥王颙(1323—1385年),字守敬,冰雪其号也,高邮人。至正末,尝仕吴中。明初尝言:"一声羌笛咽龙沙,万里燕云独梦家。吹入中原都是恨,如何只怕落梅花。"⑦凡此,对先朝的眷恋之情和悲愤之意昭然若揭。

在坚信"我是元人"的基础上,遗民们进而表现出对故元的忠贞不贰和深切思念。在其看来,既然是元朝臣子,就应忠于故元,为元殉道。这一点在少数民族遗民那里表现得尤为突出。

伯颜(1327—1379年),字子中,其先西域人,后徙江西进贤。以《春秋》领江西乡荐,授龙兴路东湖书院山长,改建昌路儒学教授,升江西行省都事。后间道入闽,为陈友定所器重,累迁兵部侍郎。元亡,潜形遁迹,隐约江湖。入明,

---

① 谢应芳:《龟巢稿》卷六《和陈推官过余公祠》。
② 李祁:《云阳集》卷三《青阳先生文集序》。
③ 纪昀:《四库全书总目》卷一八八《元音遗响》。
④ 胡布,等:《元音遗响》卷六《近闻》。
⑤ 纪昀:《四库全书总目》卷一八八《元音遗响》。
⑥ 顾嗣立:《元诗选》二集辛集《春日遣怀》。
⑦ 叶颙:《樵云独唱》卷四《读宋徽宗北狩龙沙赋忍听羌笛吹落梅花乐府》。

"变姓名,冠黄冠,游行江湖间。太祖求之不得,薄录其妻子。子中竟不出。"①尝曰:"吾元臣,死元固吾分,何妻子言哉!"②遂时时以鸩自随,只是等待一死的时机。洪武十二年(1379年),明廷以"博学老成"召伯颜入朝,闻使者将至,大哭曰:"死晚矣,乃以诏污我。"③便作《七哀诗》以见志,向北再拜,饮药自尽。④诗中云:"有客有客何累累,国破家亡无所归。荒村独树一茅屋,终夜泣血知者谁?燕云茫茫几万里,羽翮铩尽孤飞迟。呜呼我生兮乱中遭,不自我先兮不自我后!"⑤清代诗论家翁方纲在《石洲诗话》中评论道:《七哀诗》"沉痛郁结,令人不忍卒读"。伯颜存诗不多,但家国之念贯穿其中,如:"平川杨柳翠依微,暖日游丝挂绿扉。啼鸟不知家国变,多情到处劝人归。"⑥"忠愤邑郁,仰屋浩叹,付之无可奈何,而心不能自平,时时以其慷慨之情、憔悴之色一寓于诗。"⑦作者不愿接受元亡事实,复杂难言的心境可见一斑。

丁鹤年(1355—1424年),西域人,出身世宦。顺帝北狩后,避居四明、武昌,与戴良等结为诗友,时时作思国之咏,"眷眷然不忘故国"⑧,诗谓:"行踪不异枭东徙,心事惟随雁北飞。"⑨乌斯道作《丁孝子传》云:"鹤年自以家世仕元,不忘故国,顺帝北遁后饮泣赋诗,情词凄恻。"⑩钱谦益《列朝诗集》亦云:"其诗以为一篇一句皆寓忧君爱国之心,读之不知涕泗之横流也。"如他在《自咏十律》中道:"纪岁自应书甲子,朝元谁共守庚申,悲歌舞罢龙泉剑,独立苍溟望北辰。"⑪诗中表现了鹤年对庚申君(顺帝)寄予厚望,纪年仍然用甲子,表现了对故元的怀念及与新政权的不合作态度,"神龙归卧北溟波,愁绝阴山敕勒歌,惟有遗珠光夺目,万年留得照山河。"⑫"挟海怀山谒紫哀,拟将忠孝报君亲。……万言椽

---

① 张廷玉:《明史》卷一二四《伯颜子中传》。
② 柯劭忞:《新元史》卷二三三《王翰传》。
③ 柯劭忞:《新元史》卷二三三《王翰传》。
④ 《明太祖实录》卷一二九"洪武十二年十二月壬辰"条;郎瑛:《七修类稿》卷一六丁之翰《伯颜子中传》。
⑤ 顾嗣立:《元诗选》二集庚集《七哀诗》。
⑥ 顾嗣立:《元诗选》二集庚集《北山》。
⑦ 王礼:《麟原文集》卷四《伯颜子中诗集序》。
⑧ 纪昀:《四库全书总目》卷一六八《丁鹤年集》提要。
⑨ 孙绪:《沙溪集》卷一四《杂著·无用闲谈》。
⑩ 张廷玉:《明史》卷二八五《丁鹤年传》。
⑪ 丁鹤年:《鹤年诗集》卷二《自咏九律》。
⑫ 丁鹤年:《鹤年诗集》卷二《敬书宸翰后》。

笔今无用,闲向林泉纪逸民。"①丁鹤年以孝子著名,世受国恩,加及受儒家正统文化之影响,故其诗中"拟将忠孝报君恩"的意味颇为浓郁。

王翰(1333—1378年),字用文,又名那木罕,河西唐兀氏,世居西夏灵武。元季为陈友定幕府,官潮州路总管。元亡,屏居永福山观猎山中(一作"永泰山"),黄冠野服,以"友石山人"自号,与樵夫、牧竖、农夫杂处,隐姓埋名,自食其力,生活十年。洪武十一年(1378年),其行迹为人侦知,报给朝廷,"有司强起之"②。王翰叹曰:"女岂可更适人哉!"③自知无路可退,难过此关,就将九岁的儿子王偁托付给友人吴海,赋诗明志之后,北向自刎。吴海曰:"昔在潮阳我欲死,宗嗣如丝我无子。彼时我死作忠臣,覆宗绝嗣良可耻。今年辟书亲到门,丁男屋下三人存。寸刃在手顾不惜,一死了却君亲恩。"④王翰的诗收于《友石山人遗稿》,主要作于元末明初隐居观猎山期间,多表达了自己对元明易代的感受,故国旧情是其反复吟唱的主题,"咏于感慨者,极忠爱之诚;得于冲淡者,适山林之趣。"⑤如《游雁湖》有:"丹枫尽逐孤臣泪,黄菊空怜处士心。""停车欲问当年事,尺素何由到山林。""书断雁归沙塞远,丹成龙去鼎湖秋。"虽然此时蒙元已退避漠北,复国业已无望。但王翰的思念并未因之稍减,"故国栖迟去路难,园林此日又冬残。天涯往事书难寄,客里新愁泪未干。腊雪渐随芳草变,东风犹笑布袍单。堤边杨柳开青眼,肯傍梅花共岁寒。"他最终选择了用"死"的方式表达对故元的忠诚,证明了"我是元人"的本来身份,清人称其为"死元节者也"⑥。

较之宋明遗民,明初为元"殉道"的遗民为数较少,尚不能构成风气,更多的遗民是从自我立场出发,选择了退避隐逸、不仕新朝等生活方式。但不可否认的是,伯颜子中、丁鹤年、王翰式的心境却代表了许多遗民的隐衷,具有一定的普遍意义。

二、拒仕新朝

在中国历史上,每逢朝代更替,政权转承之际,便有一批忠于前朝,不仕新朝的遗民出现。洪武年间,同样有不少元遗民不愿出仕明朝。在当时归附明廷的故元臣子络绎不绝的情形之下,这些人虽身在明朝,但仍以遗民自守,尽礼守节,

① 丁鹤年:《鹤年诗集》卷二《奉寄九灵先生四首》。
② 焦竑:《献徵录》卷二二《翰林院检讨王偁传》。
③ 柯劭忞:《新元史》卷二三三《张昶传》。
④ 柯劭忞:《新元史》卷二三三《张昶传》。
⑤ 王翰:《友石山人遗稿》卷首洪武二十三年(1390年)陈仲序述。
⑥ 查继佐:《罪惟录》列传卷七《伯颜子中传》。

忠贞不贰,对功名利禄全然不顾。除了上文所述的伯颜、丁鹤年、王翰等少数民族遗民拒仕新朝外,不少长期生活在种族特权、民族阴影之下的汉族遗民也竭力尽忠元室。赵翼在《廿二史札记》中就列举了戴良、杨维桢、胡翰、赵埙、陈基、陶宗仪、张昱、王逢等"不忘故国",不受明官的汉族遗民。① 这些遗民受儒家正统思想影响较深,遗民情结较浓,在元遗民群体中颇具代表性。

王逢,元末未曾出仕,按理不应有食禄践土的心理负担,但其忠元之心却尤为典型。他的《钱塘春感六首》、《秋感六首》、《无题五首》、《后无题五首》等诗文,多是表达自己对时局的看法和对亡元的哀挽。对此,《元诗选》初集引称钱谦益的话说:"《无题》前后十首,皆感悼王师入燕,庚申北狩之事。"②王逢还写了《书无题后凡三首偶感燕太子丹事》,钱谦益认为这是洪武七年(1374 年)"遣元幼主之子买里八剌北归,此诗纪其事"。在《列朝诗集小传》甲集中,钱谦益说得更为直接:"前后《无题》十三首,伤庚申之北遁,哀王孙之见俘,故国旧君之思,可谓至于此极矣。"元亡以后,王逢的忠元情绪更为强烈,"中原板荡谁回首,只有春随北雁还"③,追思之意真切鲜明,寄希望于塞北残元势力早日南下复国。国破家亡的痛苦和悲哀,以悲壮激越的调子唱起一曲抗争之歌,表达出了其坚决不仕朱明的遗民意志。

杨维桢,对于其在洪武时期的政治态度,学界有两种观点:一是以《老客妇谣》④及其所谓"岂有老妇将就木,而再理嫁者邪"⑤来印证杨维桢拒仕明廷的决心;一是有人依据杨维桢参修礼乐书来否定杨氏的君臣之义,甚至视其为"贰臣"⑥。

---

① 赵翼:《廿二史札记》卷三二"明初文人多不仕"条。
② 顾嗣立:《元诗选》初集辛集《后无题五首》。
③ 王逢:《梧溪集》卷三《题李唐江山烟雨图》。
④ 陈田《明诗纪事》卷五"詹同"条载《老客妇谣》为:"老客妇,老客妇,行年七十又一九。少年嫁夫甚分明,夫死犹存旧箕帚。南山阿妹北山姨,劝我再嫁我力辞。涉江采莲,上山采蘼,采莲采蘼,可以疗饥。夜来道过娼门首,娼门萧然惊老丑。老丑自有能养身,万两黄金在纤手。上天织得云锦章,绣成愿补舜衣裳。舜衣裳,为妾佩,古意扬清光,辨妾不是邯郸娼。"朱彝尊在《静志君诗话》卷三《徐一夔》中认为《老客妇谣》是伪作。循此,孙小力广征博引,进一步认定《老客妇谣》确为伪作。参见《杨维桢年谱》(复旦大学出版社 1997 年版)及《杨维桢生平仕履考辨》(《上海大学学报》1989 年第 1 期)。
⑤ 张廷玉:《明史》卷二八五《杨维桢传》。
⑥ 如乾隆帝在《铁崖古乐府》卷首《题杨维桢铁崖古乐府》中就说:"杨维桢于元仕不显,而不肯仕于明,似为全人矣。而其补集中有《大明铙歌鼓吹曲》,非刺故国,颂美新朝,非真全人之所为,与剧秦美新何以异邪? 予命为贰臣传。"其中据《大明铙歌鼓吹曲》来斥责杨维桢剧秦美新。但至清末,葛漱白考证得知,《大明铙歌鼓吹曲》实为伪作,具体参见光绪十四年楼氏崇德堂补刻本《铁崖诗集三种》附《同邑葛氏编辑〈铁崖全集〉跋语》。

实际上,杨维桢在洪武年间的政治态度和行为表现并不是非常鲜明,作为一个遗民,他的态度是随着时代的变化而变化的。《明史》本传引宋濂赠诗云:"不受君王五色诏,白衣宣至白衣还。"这是杨维桢晚年的真实写照。陆居仁《华阳巾歌》称:"铁崖头骨如铁坚,高冠不肯著进贤……白眼不受天子宣,字称臣是诗中仙"①,这正是对杨维桢不仕明朝的肯定。他参修礼书,也不过是不得已而为之。

戴良,在人品、立身选择和政治态度上受精忠楷模余阙的影响极大,他始终坚持忠于元朝。元末,戴良避地吴中。入明,他的许多故友背主变节、投靠新朝,对此戴良深感耻辱,"结交数丈夫,有仕有不仕。静躁固异姿,出处尽忘己。此志不获同,而我独多耻。先师有遗训,处仁在择里。怀此颇有年,兹行始堪纪。四海皆兄弟,可止便须止。酣歌尽百载,古道端足恃。"②洪武六年(1373年),他变姓埋名,隐于四明山中。十五年(1382年)被召至京师,以病辞官,次年自裁,"功名久已成澌尽,节操由来与世存"③。戴良不惜以死明志,可见其遗民情结之至深且浓。

像王逢、杨维桢、戴良一样忠于故元而不改名节、不仕明朝的遗民,在明初不胜枚举。例如:

蔡子英,永宁(今属浙江)人。至正中举进士,累迁行省参政。后遁隐南山。明初被捕至京师,太祖欲官之,不受,曰:"吾自念故主耳。"太祖无奈,送之出塞。④四库馆臣赞其:"义不忘元,间关出塞,卒奉故主以终。"⑤

叶兰,字楚庭,鄱阳(今属江西)人。元末官太常礼仪院奉礼。明初,周伯琦应召入南京,兰讥讽之。后伯琦荐之,兰曰:"吾世为元臣,义不可仕。"赴水死。⑥

胡纯,平阳(今属浙江)人,元时翰林应奉。明初以耆儒硕学征至京师,授以官,不就,谪广西桂林府,闭户却扫,潜心性理之学。⑦

夏以忠,字尚之,宜春(今属江西)人。元至正二十年(1360年)进士,授翰林国史院编修官,调国子助教,迁太史院都事。洪武元年,明军克大都,欲官之,

---

① 杨维桢:《东维子文集》卷三一附陆居仁《华阳巾歌》。

② 戴良:《九灵山房集》卷二四《和陶渊明饮酒二十首》。

③ 戴良:《九灵山房集》卷二五《蒋彦章来访别后怀之》。

④ 柯劭忞:《新元史》卷二三三《蔡子英传》;查继佐:《罪惟录》列传卷七《蔡子英传》;张廷玉:《明史》卷一二四《蔡子英传》。

⑤ 纪昀:《四库全书总目》卷五八《中州人物考》提要。

⑥ 柯劭忞:《新元史》卷二三三《叶兰传》。

⑦ 冯从吾:《元儒考略》卷四《胡纯》;《明一统志》卷八三。

以老病辞。后遣使搜访《元史》,又强之仕,不得已而从,行至半途卒。①

王礼(1314—1386年),字子尚,自号清和道人,庐陵(今属江西)人。元末历任安远县教官、广南元帅府照磨。明兴不仕,聘为考官,不就。因所居后有憩麟山,学者称麟原先生。②

舒頔(1304—1377年),常以陶渊明自比,尽管他曾为明朝歌功颂德③,但其"不忘旧国之恩"④,不仕明朝的立场仍很坚定。他的《春日杂言》云:"湖海平生客,乾坤一布衣。义哉周伯叔,饱食首阳薇。"⑤又在《山居》中说:"我慕山居僻,幽深好避时。解愁浇浊酒,消困钓清池。欲作竹君说,恐令梅友知。兴亡百年事,翻覆几枰棋。"⑥

贡性之(约1318—1388年),字友初,一作有初。宣城(今属安徽)人。元末除簿尉,后补福建行省理官。明初有司征荐,避居会稽,更名"贡悦",躬耕渔樵以自给。死后,门人私谥"贞晦"。⑦

简祖英,字世英,东莞(今属广东)人。学问该博,兼有才略。事元为江西都省员外,后从左丞何真起兵,保护乡邑。廖永忠克广东,拜建平知县,以母辞归,并称"故元而不云伪朝",其不挠之节可以想见。⑧

鲁渊,字道源,淳安(今属浙江)人。励志为学,举进士,为华亭丞。元末以乱弃官。洪武初,以刘基之荐赴南京,辞不受爵。太祖怒,命暴晒于烈日下,不屈。遂放归。⑨ 学者称"岐山先生"。著有《春秋节传》、《策府枢要》。⑩

秦裕伯,大名(今属河北)人,元时官至福建行省郎中。会世乱,弃官寓扬州、松江。明廷征之,屡辞不仕,曰:"裕伯受元爵禄二十余年,背之是不忠也;母丧未终,忘哀而出,是不孝也。不孝不忠之人,何益于人国?"⑪直到洪武二年(1369年),因明太祖亲谕之:"海滨之民好斗,裕伯智谋之士而居此地,苟坚守不

① 雍正《江西通志》卷七二《人物七》。
② 王礼:《麟原文集》附录孔恂撰《元广东宣慰使司都元帅府照磨王公墓志铭》。
③ 杨镰:《元诗史》,人民文学出版社2003年版,第597页。
④ 纪昀:《四库全书总目》卷一六八《贞素斋集》提要。
⑤ 顾嗣立:《元诗选》二集辛集《春日杂言》。
⑥ 舒頔:《贞素斋集》卷七《山居》。
⑦ 顾嗣立:《元诗选》二集辛集《南湖先生贡性之》。
⑧ 查继佐:《罪惟录》列传卷七《简祖英传》。
⑨ 查继佐:《罪惟录》列传卷七《俞道源传》。
⑩ 《明一统志》卷四一《鲁道源》。
⑪ 陆深:《俨山外集》卷一九《豫章漫抄二》。

起,恐有后悔。"裕伯迫于压力,才出任翰林待制。①

　　李祁(1299—1370年),字一初,号希蘧。茶陵(今属湖南)人。元统元年(1333年)左榜进士,官至江西肃政廉访使。入明后,力辞征辟,绝意仕进,隐逸永新山中,自称"不二心老人"。他对明朝征聘的态度可以从其"绝笔"《题画二绝》中看出:"浩浩沧波天四围,秋风一鹤夜来归。祇应梦里闻长笛,知是年时旧羽衣。町畦高下水漫漫,痛惜辛勤学种田。便拟明朝结长网,与翁同住浙江边。"②明人彭华针对此诗说:"二绝必其与同志者,否则寓言耳。前以鹤归为况,后以耕渔为事。其高尚贞一之志,确然有不可拔者,于是乎概见矣。"③

　　陈遇,字中行,金陵(今江苏南京)人。元时为江东明道书院山长、温州路教授。明初屡征之,授以中书左丞、弘文馆大学士、太常卿、礼部尚书等官,皆辞之。④陈遇何以不仕明廷,明人郎瑛一语道破:"陈乃忠于元者,故不受职耆焉。"⑤

　　另如:陈介,金溪(今属江西)人。至正二十三年(1390年)进士,授漳州同知。元亡,母妻俱赴井死。介南归,终生不娶。洪武初征之,易姓名以避。⑥萧飞凤,吉水(今属江西)人。至正十一年(1351年)进士,元时仕历不详。入明,太祖欲官之,以病辞归。⑦李徵臣,扬州(今属江苏)人。元时为翰林待诏。洪武中,不肯屈,家属尽累死。⑧沈梦麟,归安(今属浙江)人,元时为武康尹;滕克恭,祥符(今属河南)人,元时为翰林学士。二人入明后,虽屡典文衡,却"不肯屈节仕宦"⑨。陶宗仪、赵㧑二人于洪武六年(1373年)被聘修史,书成,皆不受官。⑩阎正叔、侯伯正,皆为渭南人。泰定中同举进士,正叔授五经博士,伯正授太常博士。后以世乱弃官隐居。洪武初,并被征至南京,皆辞不仕。⑪

　　在元代,汉族士大夫处境悲惨,地位不高;明朝是汉族政权,汉族士大夫理应弃元投明,但许多汉族士大夫仍然拒仕新朝,表现出强烈的元遗倾向。若据遗民

①　《明太祖实录》卷三九"洪武二年二月壬辰"条。
②　顾嗣立:《元诗选》初集庚集《题画二绝》。
③　顾嗣立:《元诗选》初集庚集《题画二绝》。
④　沈佳:《明儒言行录》卷一《陈遇静诚先生传》。
⑤　郎瑛:《七修类稿》卷一一"陈遇"条。
⑥　《弘治抚州府志》卷一九《科第》、卷二三《人物》。
⑦　《明太祖实录》卷二四"吴元年八月丙寅"条。
⑧　查继佐:《罪惟录》列传卷七《李徵臣传》。
⑨　王世贞:《弇山堂别集》卷三《国初三遗老》;孙承泽:《春明梦余录》卷三四《征聘》。
⑩　孙承泽:《春明梦余录》卷三四《征聘》。
⑪　雍正《陕西通志》卷六四《人物十·隐逸》。

自己所言,似乎其拒仕明廷的理由为疾病、亲老和年老等,但这些理由不过是他们表面的推辞而已。究其根本原因,主要有四:

其一,儒家忠君观念是士大夫不仕明朝的内在因素。亡国之际,他们忍受苟生的焦虑与不安,恪守了作为儒者道德纯洁性的情怀,勇敢承当起了忠君的道德责任感,坚守忠节,不做贰臣,亦合乎情理。如宋讷洪武三年(1370年)作诗云:"事事伤心乱若丝,宫前重咏黍离诗。百年礼乐华夷主,一旦干戈丧乱师。凤诏用非麟阁老,雉门降是羽林儿。行人莫上城楼望,唯有山河似旧时。"①认为蒙元是"华夷主"的正统王朝。王逢在怀寄好友张吉②时亦作诗云:"甲子书茅屋,庚申梦紫宸。"③意谓张吉不肯承认明朝正朔,仍奉顺帝为正主。

其二,明初"重典治吏"政策是遗民不仕明朝的政治因素。诚如清人赵翼所言:"盖是时明祖惩元季纵弛,一切用重典,故人多不乐仕进。"④终元之世,虽科举时兴时废,士人入仕之途不畅,然元廷对士人的控制较为松弛,士大夫可以随意选择自己的生存方式,并不存在政治权力的强行干预。但在洪武时期,专制统治使士大夫失去了往昔的自由,甚至成为政治的牺牲品。也许正是这种高压政策,才使得遗民对明初的政治环境甚为不满,进而不愿踏入仕途。陈垣在分析丁鹤年晚年的心境时,认为他的诗中有"一种恐惧忧思之情",其"遁迹空门"也是为了避开祸害,保全性命。⑤

其三,北漠残元势力尚存,遗民仍对元朝的复国抱有一丝希望,"白发遗民真可哀,途穷犹望北兵来"⑥。这一点在洪武初期表现得尤为突出,如七年(1374年)八月,明太祖对元臣廓尔布哈尔说:"且尔等本元之臣,彼幼君流离沙漠,余气尚存,尔不得不听命,前日犯边,各为其主。"⑦

当然必须承认,元遗民的遗民情结并没有宋明遗民表现得突出和鲜明,其中原因有二:一是元朝鄙薄汉族士大夫,使汉族士大夫与元朝的关系不够深入广泛。所以当他们沦为遗民时,在其心目当中,对遗民情结的株守毋宁说是对元亡

---

① 宋讷:《西隐集》卷三《壬子秋过故宫十九首》。
② 据陈善《万历杭州府志》卷五六《选举志》载:张吉,西夏人,原名长吉彦中,改姓张。元至正十四年(1354年)进士,授宣城录事,因乱弃官,奉母教授华亭。明初隐居不仕。
③ 王逢:《梧溪集》卷五《俭德堂怀寄》。
④ 赵翼:《廿二史札记》卷三二"明初文人多不仕"条。
⑤ 陈垣:《元代西域华化考》卷三《佛老篇》,上海古籍出版社2000年版,第50页。
⑥ 郭钰:《静思集》卷八《乙巳夏五月茶陵永新兵奄至遂走淦西暑雨涉旬米薪俱乏旅途苦甚因赋诗示诸同行》。
⑦ 《明太祖集》卷五《与元臣廓尔布哈书》;《明太祖实录》卷九二"洪武七年八月癸卯"条。

历史事实的自觉记忆,不如说是对传统忠君观念的惯性继承。一是元末的腐朽统治早已使士大夫对元朝丧失了信心,而明朝的建立,使很多士大夫感受到了其中所蕴涵的某种"解放意义",他们不仅实现了从少数民族王朝的统治中解脱出来的愿望,而且重新迎来了汉族建立的封建王朝。正因如此,随着明政权的稳固和发展,人心思安,加及相关政策的推行,使得一些遗民逐渐放弃遗民立场,自觉融入了主流社会。

第二节 遁隐避世,甘为逸民

隐逸作为一种生活方式,是对现实生存状态的超越和升华,代表着传统士大夫对自由独立意识的追求。隐逸之风的兴盛,一定程度上是士大夫社会生活环境改变的结果,"古之君子遭世之隆盛,而时君圣明,若可出以行其道而措天下于至治矣。然而不事王侯,高尚其志,肥遯于山巅水涯者往往有之。"①同样,明初也有一批士大夫无意仕进,遁隐避世,以表示他们的高洁志操,穷饿自守。这种心态的产生既是基于内在品性的制约,也是由于外在形势的逼迫,各人的具体情形不尽相同,如史所载:"胡翰应修《元史》之聘,书成,受赉归。赵壎、陈基亦修《元史》,不受官,赐金归。张昱征至,以老不仕。陶宗仪被荐不赴。王逢以文学征,其子掖为通事司,叩头以父年高乞免。"②据其行为表现,明初逸民大体可以分为:素为逸民、遗民遁隐和先仕后隐三种情形。

一、素为逸民

此类隐士一般身经元明两代,多无仕宦经历而素为逸民,他们之所以选择潜迹隐居,是由其内在品性和价值追求决定的,时常表现出对隐逸生活的自足,漠然于王朝的治乱兴衰,对现实没有强烈的不满,也对明廷没有鲜明的敌对态度,而总是乐于隐居生活的恬然自在、独善自养和旷意自达。从地域分布上看,洪武时期此类隐士主要分布在江浙、福建、江西、广东等地区。

1.在江南

谢常,字彦铭,吴江人。洪武时举秀才,欲官之,以母年老,辞归终养,隐居震

① 钱宰:《临安集》卷六《汉庄陵画像赞》。
② 赵翼:《廿二史札记》卷三二《明初士人多不仕》。

泽东溪。①

陈汝秩,元末隐居,以授徒自给,人称"独行之士"。洪武初,以人才征,辞养母,归卒。②

韩奕,字公望,吴县人。绝意仕进,博学洽闻,尤工于诗。洪武中隐于医。③

倪瓒,字元镇,无锡人。从元至明一直隐居未仕。明初家境败落,流落他乡,寄食于人。直到洪武七年(1374年)去世。④

华晞颜,字以愚,无锡人。元末不仕。洪武初,辟为本府训导,以老病辞,隐居东湖。⑤

李大椿,字茂卿,无锡人。博学工文,隐居梁鸿溪。洪武初,召为御史,力辞不就,上《太平十二策》。⑥

华宗韡,字公恺,无锡人。博综经史,元季兵兴,往来苏松间。入明,修身教家,屡征不起,编《虑得集》。⑦

王文晏,字文静,宜兴人。元季兵乱,隐居不仕,以吟咏自娱。洪武中,以贤良征,辞疾不从。⑧

刘顗,字昂夫,崇明人。洪武初,以贤良方正荐,寻乞归,隐居不出,教授乡里。⑨

居仁,句容人,人称瞻箓先生。洪武初,以儒硕征入朝,辞职不就,归隐于家。⑩

顾瑛,昆山人。元末不仕,筑玉山佳处,与天下名士相交游。入明,与子元臣并徙濠梁,寻卒。⑪

吴买,字汉臣,休宁人。通五经,尤精《易》。洪武初,屡征不就。⑫

---

① 乾隆《江南通志》卷一六八《谢常传》。
② 文徵明:《文徵明集》卷二三《溪山秋霁图跋》;乾隆《江南通志》卷一六八《陈汝秩》。
③ 王鏊:《姑苏志》卷五五《韩奕传》。
④ 张廷玉:《明史》卷二九八《倪瓒传》。
⑤ 乾隆《江南通志》卷一六八《华晞颜传》。
⑥ 乾隆《江南通志》卷一六八《李大椿传》。
⑦ 乾隆《江南通志》卷一六八《华宗韡传》。
⑧ 乾隆《江南通志》卷一六八《王文晏传》。
⑨ 乾隆《江南通志》卷一六八《刘顗传》。
⑩ 乾隆《江南通志》卷一六八《居仁传》。
⑪ 张廷玉:《明史》卷二八五《顾瑛传》。
⑫ 乾隆《江南通志》卷一六八《吴买传》。

舒逊,绩溪人。工诗。洪武中辟举,不就。①

周良卿,建康人。素有德行,世号"三老"。明初征荐,不受官归隐。②

林景初,太平人。洪武初,求遗贤,知县梁德远劝之仕,以疾辞,隐居香城山,号独隐居士。③

杜浩,字守彝,和州人。洪武初,居南莠村,力学笃行,安贫不仕。④

林清,元末不仕。入明,变易姓名,匿于吴中寺院。⑤

杜琼,吴县人。洪武中下诏求贤,辞不就,学者称东原先生。⑥

金涓,字道原,义乌人。元末从许谦、黄溍游,与宋镰、王祎为友。明兴,有司荐辟,力辞不就,尝曰:"牺尊青黄,岂木所愿,孤豚之好,游戏污渎,且吾发已种种焉,能骋驰箠组间哉。"⑦遂隐居青村,教授生徒,学者称为"青村先生"。所著有《湖西》、《青邨》二集,四十卷,佚。⑧

何寿朋,字德龄,金华人。洪武初以孝廉举,以亲老辞,人称"归全先生"。⑨

杨恒,字本初,诸暨人。元末退居白鹿山,戴棕冠,披羊裘,以啸歌自乐,自号白鹿生。明初有司屡征,固辞不起。⑩

陈泂,义乌人。自元至明隐居不仕,戴青霞冠,披白鹿裘,悠然自适,自号竹溪逸民。⑪

汪与立,字师道,金华人。范祖干门人,其德行与寿朋齐名,而文学为优,隐居教授,以高寿终。⑫

叶颙(1300—1375 年?),字景南,金华人。少年肆力学问,不事干谒,无意仕进,隐居芙蓉峰下,以樵夫为旅,鲜为人知。⑬ 洪武七年(1374 年)他已七十五

---

① 乾隆《江南通志》卷一六九《舒逊传》。
② 查继佐:《罪惟录》列传卷七《周良卿传》。
③ 乾隆《江南通志》卷一六八《林景初传》。
④ 乾隆《江南通志》卷一六八《杜浩传》。
⑤ 查继佐:《罪惟录》列传卷七《林清传》。
⑥ 查继佐:《罪惟录》列传卷七《杜琼传》。
⑦ 雍正《浙江通志》卷一九三《人物十》。
⑧ 顾嗣立:《元诗选》二集辛集《青邨先生金涓》。
⑨ 张廷玉:《明史》卷二八二《何寿朋传》。
⑩ 张廷玉:《明史》卷二九八《杨恒传》。
⑪ 张廷玉:《明史》卷二九八《陈泂传》。
⑫ 张廷玉:《明史》卷二八二附《范祖幹传》。
⑬ 顾嗣立:《元诗选》初集辛集《云顶天民叶颙》。

岁,写下了《独乐歌》:"从教世俗骂痴狂,任彼时人笑愚鲁。"①

陶宗仪,黄岩人。元末隐居不仕,洪武六年(1373年)有司荐举,引疾不赴。又聘为教官,亦"非其志也"。②

吴会(1316—1388年),字庆伯,号书山。金谿人。元至正三年(1343年)乡荐第一,慕陶渊明风节,不求仕进。明朝定鼎,屡辞不出,与名士诗酒宴谈,诗论坟典。③

张庸,字惟中,号归全,慈溪人。元末隐居,方国珍据庆元路时,署其为上虞书院山长,辞不就。入明,好友桂彦良等应聘而起,独张庸置聘书不理,教授乡里。④

崔彦辉,号云林生,钱塘人。善书法,尤工篆隶。隐居市斤,以卖盐为生。⑤

陈子才,海盐人。元末隐居不仕。洪武初,下诏征聘,不就;再征,卒不起。⑥

董荆,字宗楚,博学好古,长于诗画。洪武十七年(1384年)举博学宏词,授县丞,不就。⑦

黄思铭,号东谷子。善诗文。洪武初,累以人才、明经聘之,皆不起。⑧

王璲,字公玉,淹贯经史,工篆隶。元末以荐授庆元路儒学提举,不就。明兴,复授前职,以母老辞。⑨

刘履,字坦之,号草泽闲民。洪武十六年(1383年)诏求博学之士。浙江布政使强起之,至京师,将授以官,以老辞。未行而卒。⑩

刘绩,字孟熙,江阴人。不干仕进,教授乡里。家贫,以卖文为生,人称西江先生。⑪

沈贞,字符吉,长兴人。元末隐居横玉山,自号茶山老人。明初不仕。有

---

① 叶颙:《樵云独唱》卷二《云顶天民独乐歌》。

② 贝琼:《清江文集》卷二〇《题秋江送别图送陶九成归云间》;张廷玉:《明史》卷二八五《陶宗仪传》。

③ 吴会:《吴书山先生遗集》卷首《明人吴直书山先生本传》。

④ 黄虞稷:《千顷堂书目》卷一七《别集类》。

⑤ 苏伯衡:《苏平仲文集》卷一五《云林辞》;乾隆《江南通志》卷一九二《崔彦晖传》。

⑥ 雍正《浙江通志》卷一九二《陈子才传》。

⑦ 凌廸知:《万姓统谱》卷六八《董荆传》;乾隆《江南通志》卷一九二《董荆传》。

⑧ 乾隆《江南通志》卷一九二《黄思铭传》;黄虞稷:《千顷堂书目》卷一七《别集类》。

⑨ 乾隆《江南通志》卷一九二《王璲传》。

⑩ 乾隆《江南通志》卷一九二《刘履传》。

⑪ 乾隆《江南通志》卷一九二《刘绩传》。

《茶山集》。①

叶兑,字良仲,宁海人,自号四梅先生。以经济自负,尤精天文、地理、卜筮之书。明初屡征,皆不就。②

朱希晦,号云松,乐清人。洪武初,以贤才召至京师,授朝列大夫,不拜归,与赵新、鲍原宏相唱和,称"雁山三老"。③

吴叔圭,宣平人。博学善文。洪武中举贤良方正,不就,隐居以终其身。④

2.在福建

吴海,字朝宗,自号鲁斋,闽县人。至正末,遭逢兵乱,绝意仕进。洪武初,守臣欲荐,力辞不就。既而,征修《元史》,亦不赴。⑤

林昆,字公俯,号晞髪先生,自号巢云子,闽县人。明初累征不起。⑥

邓定,字子静,闽县人。元末兵起,晦迹东山,以著述自娱。洪武间以遗逸征之,固谢曰:"幸犁锄无恙,愿从田间老耳。"年八十余卒,著《耕隐集》。⑦

庄逢辰,字士明,晋江人。自元至明隐居不仕,学者称"静斋先生"。⑧

郑昭,字仕贤,闽清人。洪武中,有司以孝廉荐,辞不就,垦田家居,立家塾以教子弟,"觞咏自娱,人敬仰之"。⑨

姚忠,字用恕,怀安人。明理笃学,深得圣贤之旨。雅好山水,不乐仕进,自号耕云山人。⑩

夏秦,字西仲,元进士。元末隐居青阳,授徒自给。洪武十五年(1382年),以儒士召至京师,以老疾辞归。⑪

3.在江西

郭钰(1316—1376年),字彦章,号静思。吉水人。元末隐居不仕,曾入伍参军,"我亦从军今四年"⑫。入明后,以胜国遗民自居。洪武四年(1371年)诏举

---

① 雍正《浙江通志》卷一九二《人物十·隐逸》。
② 张廷玉:《明史》卷一三五《叶兑传》。
③ 乾隆《江南通志》卷一九三《朱希晦传》。
④ 乾隆《江南通志》卷一九三《吴叔圭传》。
⑤ 张廷玉:《明史》卷二九八《吴海传》;查继佐:《罪惟录》列传卷七《吴海传》。
⑥ 乾隆《福建通志》卷五三《林昆传》。
⑦ 乾隆《福建通志》卷五三《邓定传》。
⑧ 乾隆《福建通志》卷五三《庄逢辰传》。
⑨ 乾隆《福建通志》卷五三《郑昭传》。
⑩ 乾隆《福建通志》卷五三《姚忠传》。
⑪ 李清馥:《闽中理学渊源考》卷五七《夏西仲先生秦》。
⑫ 郭钰:《静思集》卷一《题秋江送别图送杨亨衢少府参安军事》。

秀才,辞疾不就。"县司逼迫非情",因成短句:"恭承丹诏网群材,卧病空山百念灰。晋代徒闻三语掾,汉廷何待两生来。天关虎豹应难得,云锦衣裳不易裁。寂寞西山双鬓雪,独能永夜望三台。"①又其《癸丑首正诗》云:"盲废倦题新甲子,醉来谩说旧山川。贞元朝士今谁在,东郭先生每自怜。"其不忘故国,抗迹行吟的志操可以想见。②

杨引,吉水人。好学能文,为宋濂、陶安所称。明太祖召见,辞曰:"是其心易我,不可久居此矣。"复以修《元史》征,亦不就,"卓然有陶潜、徐稚之风"。③

周霆震(1292—1379年),字亨远,号石初,安福人。至正末年因战乱迁居吉安,闭门授徒。洪武十二年(1379年)卒,门人私谥清节。一生未仕,足迹未离江西,历经元之盛衰,所著《石初集》多描述战乱情境,可补国史之不足④,可谓"元末之诗史"⑤。

陈谟(1305—1400年),字一德,学者称为"海桑先生",吉安人。元时应科举不利,即弃去。洪武初征至南京,宋濂、王祎等请为国学师,引疾辞归,居家教授。尝云:"仆为先朝太平幸民者六十余年,屡不得志于文场,自诡'小隐'。每北望燕冀怅然以之,今复幸为圣代逸民。"⑥后人评价其:"虽不愿仕,而时务一一筹诸胸中,有叩如响,一时经生学士靡然从之。"⑦

刘元(1345—1385年),字原亨,抚州人。元末奉亲奔窜山谷间,励进讲学。洪武中,有人勉之仕,笑曰:"为太平幸民足矣。顾今天下文武智能,乘云龙风虎之会,颙颙济济,布列中外,宁独少元耶。"⑧

梁兰(?—1410年),字庭秀,吉安人。元末兵乱,养母至孝,不以家贫为意,苦学不辍,明初屡辞征辟。永乐中卒,有《畦乐集》。

朱嗣荣,字文昌,元末试乡试,立论与有司不合,弃去。明初,隐居澄源上。⑨

吴皋,字舜举,临川人,官临江路儒学教授。元亡后,抗志不出,遁迹以终。⑩

---

① 郭钰:《静思集》卷九《辛亥秋诏举秀才余以耳聋足蹩县司逼迫非情因成短句》。
② 纪昀:《四库全书总目》卷一六八《静思集》提要。
③ 张廷玉:《明史》卷二八五《杨引传》。
④ 陈谟:《海桑集》卷五《周石初集序》。
⑤ 纪昀:《四库全书总目》卷一六八《石初集》提要。
⑥ 陈谟:《海桑集》卷九《书刘氏西斋唱和卷》。
⑦ 沈佳:《明儒言行录》卷一《陈谟海桑先生》。
⑧ 杨士奇:《东里集》卷一七《赠承德郎吏部文选清吏司主事刘君墓碣铭》。
⑨ 宋濂:《文宪集》卷一九《故朱府君文昌墓铭》。
⑩ 雍正《江西通志》卷八一《人物十六》。

何淑,字伯善,乐安人。至正进士,授武冈丞,未任而兵起。洪武四年(1371年)召为太子宾客,辞不就。六月,又特召之,以老疾辞。①

甘复,字克敬,余干人。至正之乱,张翥侨居云锦山中,甘复从之游。洪武初,以前元遗才为士林推重。②

4.在广东,仅据乾隆《广东通志·隐逸传》所载,如:

黎正,字彦晦,新会人。从孙蕡游,博通经史。洪武初,补郡邑训导,不就,退筑钓台,曰:"此吾严陵濑也。"八年辟明经,以病不赴。杜门不出,学者多从之。著《林坡集》、《元史断》等。

张揭,字彦谦,新会人。嗜学强记,潜心经籍。洪武初,教授象山之麓,学者称"象山先生"。

黎和,字伯英,南海人。元末与孙蕡、唐豫友善。明初避地槎溪,以耕凿自适。

赵介,字伯贞,番禺人。博通六籍及释老诸书。"无仕进意,有司累荐,皆辞免。"③洪武二十二年(1389年)坐累逮赴京师,卒于南昌。④

林泉立,顺德人。博涉经史,皆通大义。明初隐居不仕,教授生徒。

王惠,字仲廸,雷州人。博学能文。洪武末,以荐至京,力辞归隐。著《截山咏史》、《岭南声诗》等。

王懋,字季成。敦行善诗,尤精于医。明廷屡征,辄辞不就,终身晦迹。

周伯玉,名瑶,潮阳人,少贫,读书自娱,累辟不起。有人劝之仕,伯玉曰:"读圣贤书,顾外慕干禄耶?"明初,复被征辟,辞曰:"吾老矣,无能为也。"以处士终。

上述所举,无疑是隐士中的极小一部分,但从他们的身上,多少可以看出此类隐士的基本特征。在生活方式上,他们与元末隐士并无二致,或著述立说,或教授生徒,或交游唱和,或观览山水,时常有一种远离社会、托志泉石、超然物外的境界,时势的剧变对他们追求自然、自适、自由的生活态度并无多大影响。他们的隐居是个人主义行为,是自我选择的结果,传统尚隐文化意识形态的激励和追求独立、崇德、求静等内在因素发挥了决定性作用。如诗所谓:

无名无利亦无能,我是人间有发僧。静坐冥思爱幽寂,何须向我说

---

① 雍正《江西通志》卷八一《人物十六》。
② 顾嗣立:《元诗选》二集辛集《甘布衣复》。
③ 《广州四先生诗》卷四赵介《临清诗选》卷首序。
④ 张廷玉:《明史》卷二八五《孙蕡传》。

掀腾。

（舒頔：《贞素斋集》卷七《题石照兰若》）

遗荣谢朝市，屏迹再丘樊。短褐不掩胫，而友好容颜。晨兴或持斧，长啸入云间。

（金守正：《雪厓先生诗》卷一《歧阳樵隐为陈伯渊赋》）

紫陌山下朱征士，白发近来垂满肩。清晨挂杖出门去，为爴昌阳求引年。

隐君缚屋万山幽，一日不见如三秋。闭门高枕了世事，肯信人间有列侯。

（汪广洋：《凤池吟稿》卷一〇《柬朱伯徽》）

秋风萧飒鬓毛衰，怀抱无因得好开。林壑独栖嗟已老，朝廷三聘愧非才。

乞归幸遂丘园乐，问讯多烦故旧来。谩写新吟谢知已，不妨共醉菊花杯。

（邓雅：《玉笥集》卷四《枉问赋此为谢并述鄙怀》）

在价值观念上，此类隐士所追求的是一种随遇而安的生活方式，体现出与传统"学而优则仕"全然不同的价值取向，认为："夫圣贤遇无不安者，非安于遇也，安于道也，道一而已，时自异耳焉。乎往而不安哉，非固知义命者，其孰能之？"[①]求"道"而不求"功"是这些隐士价值取向的核心，他们虽然拒仕新明，但对明朝政治并没有遗民群体那样强烈的敏感度，遗民情结较为淡薄。所有这些，成为他们疏离现实政治生活后仍能感到安慰、自适的理论依据。

二、遗民遁隐

对于遗民在洪武年间的政治态度和行为选择，《罪惟录·逸运外臣列传总论》分为三种情形：一是出仕明廷，"受官故浮相好，称上功德"；二是"就明不受官，赞密画至计、预修礼乐、充考官、考大典"；三是"称病不起，自晦为狂人，匿不见"。这中间，第三类即为遗民遁隐的情形。较之前一类隐士，此类隐士无疑是元明政治变革的产物，"失败主义"[②]在其身上得到了充分的表现，他们以遗民身

---

① 苏伯衡：《苏平仲文集》卷八《安遇堂记》。
② 近人蒋星煜在《中国隐士于中国文化》中说："失败主义的隐士最多出现于某一政权瓦解，另一新政权崛起而代之的时候。"（中华书局1847年版，第6页）

份选择了隐沦自遁的生活方式,从而具备了遗民与逸民的双重身份,亦使其心态更为复杂,隐居的意念更为坚决,表现出忠于故元,不仕新朝的鲜明态度。他们的心态,除了对故朝的依恋外,还包含了对新朝的敌意,隐居在某程度上成了他们对新政权表示消极反抗的重要方式。同时,在遗民群体中,他们怀抱经纶干济之怀而又特立独行,丘壑江湖作为一块辟远宁静的乐土,对于饱尝流离之苦和深怀家国败亡之痛的遗民来说,自然成为重要的精神家园,忠于元朝遂成为隐居的重要原因。所以钱穆说:"元帝远遁沙漠,朱明基业日固,诸儒心中乃始于往日之文章议论自觉有所不安,则唯有求退远避之一途,则明初诸臣的情切隐隐,其内心之所蕴,故不专为避祸,而转以召祸也。"又说:"盖元末群士,能初仕则以一忠报主,不仕则以隐为名高。"①

　　相对元末隐士而言,政治的剧变使此类隐士的身上饱含着浓重的忧思情怀和焦虑不安的复杂心境,他们对政治的态度,由元末以来的忧患愤慨变为冷漠恬淡,由热心参政变为消极隐退。这种态度的转变,使其与那些毅然弃旧图新,并为旧体制的崩溃和新时代的到来而奉献心智的士人恰成鲜明对比。在他们看来,唯有在隐逸中寻求山林之趣,田园之乐,才能使自己的精神获得慰藉,亦唯有隐逸才能保持人格的完整与自我的自尊。元朝的灭亡并不意味着士大夫也会斩断与蒙元王朝的精神联系,近百年的统治奠定了元朝作为中原正统王朝的历史地位。正因如此,曾经食禄元朝的经历使遗民在社会变革的历史境遇中自然不会忘记曾为元臣的本分,自然会站在"忠"的立场上选择不臣不仕,毅然走上隐居守志的道路。杨维桢曾以遗民的身份阐述了士大夫为元而隐的理由:

　　　我元承乎有宋,如宋之承唐,唐之承隋承汉也。……抑又论之,道统者,政统之所在也。尧以是传之舜,舜以是传之禹、汤、文、武、周公、孔子。孔子没,几不得其传千有余年,而濂洛周程诸子传焉,及乎中立杨氏,而吾道南矣,既而宋亦南渡矣。杨氏之传为豫章罗氏,延平李氏及新安朱子。朱子没,而其传于我朝许文正公,此历代道统之源委也。然而,道统不在辽金而在宋,在宋而后及我朝,君子可以观治统之所在矣。②

杨氏认为元承宋为正统的原因在于"道统者,政统之所在也",士大夫为元殉节隐居不仅是忠君,更是卫道,都是合乎情理的选择。对此,四库馆臣在评论遗民沈梦麟在明初任考官一事时说道:"以前朝遗老不能销声灭迹,自遁于云山烟水

---

① 钱穆:《中国学术思想史论丛》(六),安徽教育出版社 2004 年版,第 93 页。
② 杨维桢:《东维子集》卷首之《正统辨》。

之间,乃出预新朝贡举之事,此与杨维桢等之修《元史》,胡行简等之修礼书,其踪迹相类,以较丁鹤年诸人当降一格;然身经征辟,卒不受官,较改节希荣者终加一等。"①所言以忠节为准绳,对元遗民的政治态度和行为选择进行了比较和估量,明确肯定了遗民当隐的价值取向。

洪武年间,遗民遁隐的事例不胜枚举,可以说,举凡不仕明廷的遗民,大多有脱离政治,隐居不仕的意愿和经历,除了前文提及者外,另如:俞希鲁,字用中,丹徒(今属江苏)人。元末历永康令。明初征问政教之要,以疾辞隐。② 宣昰,字彦昭。浦江(今属浙江)人。元末历平阳判官、温州总管。兵乱,归隐孙并山。明初,召起官之,辞疾不受。③ 鲁贞,字起元,自号桐山老农,开化(今属浙江)人。其《桐山老农文集》作于元末明初,其中作于元末者,题至正年号,作于明初者,则题"甲子",暗含"栗里抗节之思"。④ 方道叡,浙江淳安人。至顺进士,仕至江西行省员外郎,引疾归。洪武初征召,不赴,结庐于龙山珠佩峰下,名轩曰"写易"⑤。童梓,浙江兰溪人。至正二十年(1360 年)进士,仕至河间路治中。元亡,以母老归养。⑥ 孔旸(1304—1382 年),浙江温州人。元至正二年(1342 年)进士,授平阳同知。元亡后乃退隐。明初不应征召,"士益以是高之"⑦。胡炳南,容城(今属河北)人,元末以五经登进士第,隐居自乐,屡征不就。⑧ 高明,字则诚,永嘉(今属浙江)人。至正进士,授处州录事,辟行省椽。明初召之,以老辞还。⑨ 黄伯远,至正二十年(1360 年)进士,仕至国子博士。元亡归隐故山而卒。⑩ 许汝霖,字时用,嵊县(今属浙江)人。元至正十一年(1351 年)进士,累官国史编修,已而遁隐于嵊。洪武初,征至南京,乞归隐居。⑪ 铁穆,元进士,至正十年(1350 年)任吴江州判。元亡后隐居上海,教授生徒。⑫ 熊太古,字邻初,豫

---

① 纪昀:《四库全书总目》卷一六八《花溪集》提要。
② 查继佐:《罪惟录》列传卷七《俞希鲁传》。
③ 查继佐:《罪惟录》列传卷七《宣昰传》。
④ 纪昀:《四库全书总目》卷一六八《花溪集》提要。
⑤ 黄宗羲:《宋元学案》卷七四《慈湖学案·员外方愚泉先生道叡》。
⑥ 雍正《浙江通志》卷一二九《选举七》。
⑦ 苏伯衡:《苏平仲文集》卷一三《故元温州路同知平阳州事孔公墓志铭》。
⑧ 乾隆《畿辅通志》卷八二《高逸》。
⑨ 张廷玉:《明史》卷二八五《高明传》。
⑩ 杨渊:《弘治抚州府志》卷二三《人物志》。
⑪ 乾隆《江南通志》卷一九二《杜浩传》。
⑫ 朱德润:《存复斋续集·山行图序》。另王逢在《梧溪集》卷五《俭德堂怀寄》中云:"铁穆公毅,由进士屡迁通显,今隐居教授海上。"

章(今江西南昌)人。至顺乡荐,官至江西行省郎中。天下兵起,力陈守御之计,当事者不从,遂弃官隐去,入明后不仕而终。① 舒頔,字道原,绩溪(今属浙江)人。元末官贵池校官、台州学正,后归隐山中。入明,屡召不出,名所居曰"贞素斋","以陶潜自比,义存故主"②。

同时,一大批号称"山人"的遗民隐者纷涌而显,如王逢号席帽山人,戴良号九灵山人,王蒙号黄鹤山樵,赵善瑛号玉峰山人,张简号白羊山樵等。政局的变动加速了他们与政统的离心倾向,虽然不能真正归隐,但"山人"名号也给了他们一些心灵的安慰。另有一部分遗民隐者笃信程朱理学,其"皆朱子门人之支流余裔,师承有自,矩矱秩然"③。如:汪克宽"箪瓢屡空,怡然自得";④叶仪"隐居养亲","安贫乐道";陈谟"隐居不求仕","著述教授以终",皆属此类。⑤ 他们宁愿经受隐居的寂苦和艰辛,也不愿意改变自己的道德信仰和价值追求,充分展现了遗民隐者坚守道统,守志自重的耿耿情怀。

亲历了沧桑陵夷之变,遗民隐者内心蕴涵的是世事难料、盛衰无常的感慨,"雨覆云翻无限态,故国寒烟榛棘"⑥。对于其复杂思绪,同为遗民隐士的戴良在诗中进行了含蓄而深刻的透露:"都邑集豪右,山林遗隐沦。隐沦端可慕,豪右何足陈。少小悟斯理,出处故绝人。杖策托幽栖,抗志辞垢氛。阴谷掇丹黄,阳冈望白云。对绶不敢绾,临符宁肯分。晚节婴世务,薄言走风尘。投末袭珪组,解褐纡缙绅。始愿竟难毕,俯仰悲此身。"⑦与戴氏相仿,丁鹤年的诗文同样意味深刻:"岁晏百忧集,独坐弹鸣琴。琴声久不谐,何以怡我心。拂衣出门去,荆棘当道深。还归茅屋底,抱膝梁父吟。岁晏百忧集,击节发商歌。商歌未终调,泪下如悬河。故乡渺何许,北斗高嵯峨。有家不可归,无家将奈何。"⑧可见,遗民隐者追慕隐沦之念和抗志不仕之心交织在一起,使其归隐山林的道路显得格外艰难,其心灵里程充满着不断自我超越的痛苦和挣扎。在他们看似通脱旷达的生活态度后面实际上蕴涵的是对世情的无奈,"三十年前鬓未苍,曾陪宰相入鹓行。解衣换酒寻常醉,跃马看花取次忙。乱后已非前日梦,老来那复少年狂。黄

①　《钦定续文献通考》卷一七九《经籍考》。
②　纪昀:《四库全书总目》卷一六八《贞素斋》提要。
③　张廷玉:《明史》卷二八二《儒林传叙》。
④　张廷玉:《明史》卷二八二《汪克宽传》。
⑤　张廷玉:《明史》卷二八二《叶仪传》、《汪克宽传》、《陈谟传》。
⑥　陶宗仪:《南村诗集》卷四《念奴娇》。
⑦　戴良:《九灵山房集》卷三《题栖碧山人卷》。
⑧　丁鹤年:《鹤年诗集》卷一《岁晏百忧集二首》。

冠野服新装束,稳把长竿钓海乡。"①面对新的历史局面,深受名节和道义的束缚,他们甚至否定了对建功立业的价值认定,"赫赫功名,堂堂事业,不傅先生这肚皮"②。"风雨连天黑,关河入望遥。青山怀故国,白首恋中朝。小市河鱼上,残城野火烧。寄身岩壑里,生意日萧条。"③由此,他们不得不通过归隐的方式来躲避新朝的政治生活。

三、先仕后隐

在传统社会,士大夫对现实政治的态度表现出多样性特征。从倾向上看,"学而优则仕"、"学以致用"是他们最基本、最鲜明的政治态度。但这只是其政治态度之一端,在许多时候,受客观政治环境的影响,士大夫的政治态度时常处于变动不居的状态,更多的人往复徘徊,经常处于出世与入世之间,在思想上陷于苦闷与焦虑之中。在主观上,士大夫确乎愿意为专制王朝服务,渴望自己的社会价值得到充分的发挥;同时他们也希望专制王朝能够尊重自身的利益和人格。但在客观的政治生活中,他们的人生追求往往与专制王权之间存在着不可调和的矛盾,这种矛盾的存在和激化时常使士大夫陷入进退维谷的境地。在此情况下,为了摆脱君主专制的压力和政治斗争的旋涡,保全自身的性命与人格,保持个体的独立意识,他们便选择了脱离官场,退隐江湖。

洪武年间,朱明王朝的肇兴和用人政策的进一步强化,赢得了大批士大夫的倾心,济济仕进一度成为多数士大夫的主要价值趋向。但随着君主专政的空前加强和高压政策的持续推行,激化了士人与政治的矛盾,士大夫的政治境遇日益恶劣,生存状态更趋艰危,"洪武间秀才做官,吃多少辛苦,受多少惊怕,与朝廷出多少心力,到头来小有过犯,轻则充军,重则刑戮,善终者十二三耳。其时士大夫无负国家,国家负天下士大夫多矣。"④这种滥用刑律的做法严重伤害了士大夫的自尊心,阻止了他们的政治行为和学术行为,也促使他们的心态发生了变化,或对仕途望而生畏,视之为"虎穴"⑤,"惧罪不敢出仕"⑥;或"以溷遁无闻为

---

① 丁鹤年:《鹤年诗集》卷三《赠陈章甫》。
② 舒頔:《贞素斋集》卷八《沁园春》。
③ 李继本:《一山文集》卷二《山中值雨》。
④ 何良俊:《四友斋丛说》卷九。
⑤ 王鏊《王文恪公笔记》云:"明初,王行读书于徐某家,三年偏览其书,欲入仕为官,主人曰:'此岂求仕之时哉?'行曰:'虎穴中可以游戏'。"
⑥ 归有光:《震川先生集》卷一一《赠弟子敏授尚医序》。

福,以受玷不录为幸"①,避之唯恐不及;或匿迹不出,以求自保,开始由积极入世转变为消极遁世。如此,便出现了明初隐士的另一种情形——先仕后隐。

(一)岭南的"南园五先生"(即"南园诗社"):孙蕡、王佐、黄哲、李德、赵介。至正末,南园诗社因战乱被迫解散。入明后,除赵介"无复仕进意"②外,其余四人相继告别南园,投身到复杂险恶的政治旋涡中,开始了他们的仕宦生涯。黄哲是最早归附朱元璋的南园诗人。早在至正二十四年(1364 年),黄哲即被李善长招揽麾下担任参政一职。继之,孙蕡于洪武三年(1370 年)以科举中试,入仕明廷。李德、王佐因"明《尚书》"③、"有才学"④,先后于洪武三年、六年(1373 年)被荐至京,授以官职。实际上,虽然他们入朝做官,但并非出自本意,"幕非其好"⑤。如李德先后担任了洛阳典史,南阳、西安幕官,但归隐的情思仍很浓烈:"飞鸟欣有托,吾生念归休"⑥,最终辞官归故。王佐洪武六年被拜为给事中,"论思补阙,恒称上意",可谓春风得意。尽管如此,他仍向往"最爱秋声满岩谷,万顷湖光带自苹"的世外生活,慨叹"我生垂老愿未酬,鲁人讵识东家丘。园中胜概倘易致,便从此地营菟裘。"⑦居官两载,即乞归乡里。孙蕡、黄哲原本入世态度积极,如孙氏历任工部织染局使、翰林典籍、苏州经历等职,但在招致贬抑之后,亦萌生了"怅望乡园去计违,春来唯有思依依"⑧的辞官归隐之念。

(二)与修《元史》的文人学士。易代修史乃古代中国之传统,也是继起王朝标示其合法性的重要手段,明太祖对修史的倚重,意味不言自明。洪武二年(1369 年)二月,明军克大都,得十三朝实录,"元虽亡,国事当记载","国可灭史不可灭"⑨,遂诏左丞相李善长监修,前起居注宋濂、漳州府通判王祎为总裁,⑩征山林隐逸之士汪克宽、胡翰、宋禧、陶凯、陈基、赵壎、曾鲁、高启、赵汸、张文海、徐尊生、黄篪、傅恕、王锜、傅著、谢徽 16 人分科纂修,开局天界寺。⑪ 阅六月,书

---

① 张廷玉:《明史》卷一三九《叶伯巨传》。
② 《广州四先生诗》卷四赵介《临清诗选》卷首序。
③ 《广州四先生诗》卷二李德《易庵诗选》卷首序。
④ 《广州四先生诗》卷三王佐《听雨诗选》卷首序。
⑤ 《广州四先生诗》卷二李德《易庵诗选》卷首序。
⑥ 《广州四先生诗》卷二《留题郎步山庄》。
⑦ 《广州四先生诗》卷三《题桑直阁江山胜槩图》。
⑧ 孙蕡:《西庵集》卷六《客平原春日有怀》。
⑨ 宋濂:《文宪集》卷九《送吕仲善使北平采史序》。
⑩ 宋濂:《文宪集》卷九《送吕仲善使北平采史序》。
⑪ 宋濂:《文宪集》卷一《进元史表》。

成,而顺帝元统以后之史未备。三年(1370年)二月,乃分遣使者欧阳佑等12人往北平、山东采遗事;同时仍以宋濂、王祎为总裁,再开史局,主要成员据宋濂《元史目录后记》所载,有赵壎、朱右、贝琼、王廉、朱廉(一作朱世廉、朱世濂)、王彝、张孟兼、高逊志(一作高巽志)、李懋、李汶、张宣、张简、杜寅、殷弼、俞寅(一作俞同)15人为纂修。其中赵壎"能终始其事",前后两入史馆。① 因而,除总裁官之外,正式参与修史者共30人②。这些人虽参与修史,但他们中的部分人对仕途并无兴趣,所以在史事结束后便纷纷辞官不就。如:王彝,字常宗,自号妫蜼子,嘉定(今属上海)人。以布衣参修《元史》,书成,以荐入仕翰林,辞曰:"吾非不欲仕也,顾母老不乐去其乡,旁又无他子侍养,吾可留此而使吾母久西望乎?吾亟归尔。"遂归,名其堂曰"归养"。③ 汪克宽(?—1372年),字德一(一作德辅),又字仲裕,祁门(今属安徽)人。史成,将授官,固辞老疾。④ 王祎有诗云:"怜君负才艺,命与壮心违。回首已华发,半生犹布衣。山空芳草歇,海阔蛰龙稀。岁晚东阳道,含凄赋式微。"⑤徐尊生,字大年,淳安(今属浙江)人。预修《元史》,书成,辞官不就。继与宋濂兼修《日历》。事毕,将授官,固辞如初,赐金帛还山。⑥ 赵汸,以征预史事,书成,辞官归隐。⑦ 高启,史成后,授翰林院国史编修官。洪武三年(1370年)擢户部右侍郎,以"不敢当重任",固辞不就,归隐青邱,授书自给。⑧ 另据《明史》卷二八五记载,谢徽(字元懿)、朱右(字伯贤)、朱廉(字伯清)等在史成之后,亦辞官归隐。这些人虽无意仕途,不求闻达于天下,却以一个儒者对文化的特殊情怀参与了史事,致力于学术文化的发展事业,个中原因无非是想借修史以寄托故元之思,保存故国之史。

(三)除了上述所列外,先仕后隐的士大夫在明初尚有不少,仅以江西、浙江为例,颇具声名者如:胡行简,字居敬,新喻(今江西新余)人。元至正二年(1342

---

① 宋濂:《文宪集》卷九《送吕仲善使北平采史序》。

② 据《明太祖实录》卷五四、《明史》卷二八五《赵壎传》、黄佐《翰林记》卷一三《修史》等记载,第二次召入史馆者为14人,无王廉。之所以出现这种差异,盖与王廉的经历有关。据宋濂《文宪集》卷五《南征录序》、《殷阁词林记》卷八《编修王廉》载:王廉,括苍人。进入史馆不久,洪武三年(1370年)四月奉诏出使安南,修史中断,至四年二月出使归来时,修史活动已于三年七月结束。因此《明太祖实录》不载。

③ 高启:《凫藻集》卷一《归养堂记》。

④ 张廷玉:《明史》卷二八二《汪克宽传》。

⑤ 王祎:《王忠文集》卷二《赠别汪先辈归永嘉》。

⑥ 查继佐:《罪惟录》列传卷七《徐大年传》。

⑦ 张廷玉:《明史》卷二八二《赵汸传》;赵汸:《东山存稿》卷三《答蔡参政书》。

⑧ 张廷玉:《明史》卷二八五《高启传》。

年)进士,授国子监助教,历翰林修撰,除江南道御史,迁江西廉访司经。元亡,归家隐居,以传授生徒经义为业。洪武二年(1369 年),与同郡刘于、刘永之、梁寅同被征至京,与修礼乐,事毕,欲官之,以老病辞官,赐帛遣归,"尚未受明官也"①。刘于(1317—1372 年),字允恭,又字永泰,吉安(今属江西)人。曾受学于虞集,深受器重。元至正中授泰和学正,寻辞官归隐。洪武元年(1368 年),征召遗逸,以病辞谢。四年(1371 年),再征至京,讲书称旨,聘为福建、广东考官。朱元璋欲授以官,坚辞不受,太祖怜其老,命太常赐酒放还,隐居以终。② 梁寅(1303—1390 年),字孟敬,号石门,新喻(今江西新余)人。博学多才,学者称为"梁五经"、"石门先生"。元时为集庆路儒学训导,至正中辞归。明初,被征与修礼乐,事毕,以老疾辞,结庐于石门山,讲经于石门书院,四方学子多从之游。③王沂(1317—1383 年),字子与,号竹亭,泰和(今属江西)人。精于程朱性理之学,与南昌刘崧、万石、清江杨伯谦、彭声之、刘永之、辛敬,江宁周浈,泰和王佑、王沂并称"江西十才子",交游唱和,声名远播。洪武三年(1370 年),被征至京,授福建盐运副使,以老辞归。所著有《王征士诗集》八卷。④ 刘永之,字仲修,自号山阴道士,清江(今属江西)人。元至正间任建宁左卫镇抚。明初,被召至京,与修礼乐。事毕,以疾辞归。所著有《山阴集》。⑤ 苏伯衡,字平仲,金华(今属浙江)人。元时历萧山令、行省都事。明初,以征荐授国子学录,后擢为翰林编修,以疾固辞。⑥ 杨大中,临海(今属浙江)人。博学洽闻,仕元为著作郎。洪武中召见,留文渊阁,数月以老归。⑦ 高彦常,湖州(今属浙江)人。洪武初,以荐出仕湖湘。未几,弃官隐于白鹤岭。⑧ 滕浩,字至刚,金华人。洪武中为府学训导,不久,退隐玉壶山,自号玉壶山人。⑨ 鲍恂,字仲孚,学者称"西溪先生",崇德(今属浙江)人。元至元进士,至正中荐授温州路学正。寻召入翰林,不就。明初,召为同考官,寻辞去。十五年(1382 年),以荐为礼部主事,继而授文华殿大

① 纪昀:《四库全书总目》卷一六八《樗隐集》提要;雍正《江西通志》卷七四。
② 雍正《江西通志》卷七四《人物十二》。
③ 张廷玉:《明史》卷二八二《梁寅传》。
④ 宋濂:《宋文宪公全集》卷七《王君子与文集序》。
⑤ 雍正《江西通志》卷七四《人物九》。
⑥ 宋濂:《文宪集》卷八《送国子正苏君还金华山中序》;张廷玉:《明史》卷二八五《苏伯衡传》。
⑦ 雍正《浙江通志》卷一八一《杨大中传》。
⑧ 雍正《浙江通志》卷一九二《隐逸传》。
⑨ 雍正《浙江通志》卷一九三《隐逸传》。

学士,固辞归,遂放还。① 余诠,湖州人。洪武十六年(1383 年),以耆儒征,同鲍恂、全思诚、张长年入见。先备顾问,后命为文华殿大学士,令侍东宫,四人皆辞,遂放还。②

大体看来,此类隐士原本对太平之世有一种满足感,安定的社会是他们首先渴求的生活状态,"余生重作太平民,雪色绫袍皂葛巾。儿业经鉏能养志,家居瓢饮不忧贫。"③同时,他们并不情愿被新时代所摒弃,内心之中的仕进之意亦并未全然泯灭。但明初日渐严酷的政治环境,又使他们在理念、信仰和权力之间难以抉择,对仕途的疑虑和畏惧时常萦绕于他们的胸中,隐士胡彦恭的话道出了他们的这种心理,他说:"吾岂矫世盗名而弗仕者,吾是以惧,故处贫贱而安之,非恶富贵而然也……处治世知才之不可仕而隐者,隐非盗名,示不敢焉也。"④当然,这些士大夫之所以辞官遁隐,并不全是出于政治原因,他们中的部分人原本就自甘淡泊,隐居山林,但朝廷、官府一再催逼他们入仕,为了避免迫害,这些人才不得已而出山,虚以应付而已,只要有机会,他们便立即归隐,前述士大夫参与修史、制礼,结束即还便是显例。

总之,在明初,士大夫对现实政治的不满和洁身自好的志向,使他们选择了避世隐居的道路。为了保持志与道的独立,入仕为官在一部分士大夫的心中已不再具有"治国平天下"的神圣意义,他们选择隐逸不仅是为了追求闲雅情趣,以求全身自适,保持个体的独立意识,而且在某种意义上是为了在抗衡专制统治,表现出鲜明的社会批评和政治对抗的色彩。正因如此,隐士成为明初专制王权所深切关注的社会群体。天下甫定,而大量隐于岩穴的士人不出为仕,即使是出仕明廷的士人,在严密法网的监视下,也是忧心忡忡,对明朝并没有什么感情,"旧朝已覆,新朝已兴,在当时士大夫心中,亦似乎茫然不知,漠然无动"⑤,反而流露出思念故元的情绪。所有这些,不能不令明太祖感到奇异和不适,他说:"今贤士多隐岩穴,岂有司失于敦劝欤,朝廷疏于礼待欤,抑朕寡昧不足致贤欤,将在位者壅蔽使不上达欤。不然,贤士大夫、幼学壮行,岂甘没世而已哉。"⑥又

---

① 《钦定续文献通考》卷一四三《经籍考》。
② 雍正《浙江通志》卷一九二《余诠》。
③ 谢应芳:《龟巢稿》卷六《生日口号二首》。
④ 董纪:《西郊笑端集》卷二《云东小隐记》。
⑤ 钱穆:《中国学术思想史论丛》(六),安徽教育出版社 2004 年版,第 84 页。
⑥ 张廷玉:《明史》卷二《太祖纪二》。

作《驳韩愈颂伯夷文》，认为以韩愈所说的"伯夷之忠义，明并乎日月，久同乎天地"①来表彰伯夷的气节是不合适的。借评论历史之名，太祖进一步阐明了对隐士的态度：

> 朕观当时之罪人，罪人大者莫过严光、周党之徒，不正忘恩，终无补报，可不恨欤！且耿弇、邓禹之贤，生禀天地之正气，孝于家而尊于师，忠于君而理于务。当汉中兴之初，朝无礼法，民尚彷徨，其弇、禹者，助光武立纲陈纪，盘石国家，天地位而鬼神祀，民物阜焉，此正大之贤，岂不济人利物也哉？所以名世于古今者为此也。②

明太祖对严光、周党及其所代表的价值取向进行了严厉批判，表明他将包括隐士在内的所有士人涵盖于君臣关系之下的鲜明意图。因之，尽管明初隐士大多数想躲避王权的控制，但王权统治并不允许隐士自由地逍遥于政权之外，总是千方百计地将其纳入统治范围之中。

按理，仕与不仕是士大夫可以自由选择的权利，但在明初这一特定的历史时期，士大夫对生存方式的选择并不完全具有决定权。洪武一朝，征召隐士"毋隐"③并入朝为官，是明太祖笼络士心、延揽人才的重要手段之一。为此，明廷不惜诱使、强迫隐士入仕，"时征辟之士，有司督趣，如捕罪囚。仕于朝者，多诈死佯狂，求解职事。自非刚敏博达之士，温恭畏畏之臣，乌能胜其任而遇合乎？"④同时，洪武十八年（1383年），又制定《大诰》规定："寰中士大夫不为君用，是自外其教者，诛其身而没其家。"⑤据《明史·刑法志》："贵溪儒士夏伯启叔侄断指不仕，苏州人才姚润、王谟被征不至，皆诛而籍其家。寰中士夫不为君用之科，所由设也。"由此，隐逸这种带有"叛逆"色彩的文化行为遭到了前所未有的打击。处此境地，士大夫不得不寻找苟且偷生的机会，王佐"将告归，时告者多获重谴，或尼之曰：'君少忍，独不虞性命邪？'佐乃迟徊二年，卒乞骸归。"⑥袁凯因奏对失帝意，"帝以凯老猾持两端，恶之。凯惧，佯狂免，告归。"⑦就连入仕明廷的刘基也曾感叹：

---

① 《明太祖集》卷一三《驳韩愈颂伯夷文》。
② 《明太祖集》卷一〇《严光论》。
③ 吕不用：《得月稿》卷四《成趣园记》载：洪武二十四年（1391年），明太祖诏曰："天下民年五十以上者，悉赴京老朝，其毋隐。"
④ 谈迁：《国榷》卷八"洪武十九年十月己丑"条引何乔远语。
⑤ 《大诰三编·苏州人材第十三条》。
⑥ 张廷玉：《明史》卷二八五《王佐传》。
⑦ 张廷玉：《明史》卷二八五《袁凯传》。

正凄凉,月明孤馆,那堪征雁嘹唳。不知衰鬓能多少,还共柳丝同脆。朱户闭,有瑟瑟萧萧,落叶鸣莎砌,断魂不系,又何必殷勤。啼螀络纬,相伴夜迢递。樵渔事,天也和人较计。虚名枉误身世,流年滚滚长江逝,回首碧云无际,空引睇,但满眼芙蓉、黄菊伤心丽。风吹露洗,寂寞旧南朝,凭栏怀古,零泪在衣袂。①

后人对此大惑不解:"公在金陵时,正得君行志之秋,而词意伤感如此,殆不可晓。"②也许刘基明知自己不能摸透喜怒无常的帝王之心,因而萌生了归隐之意,希望以此作为全身而退的后路。不仅如此,"甚至家有好学之子,恐为郡县所知,反督耕于田亩"③。所有这些,都反映了士大夫不愿出仕的心境,诚如史家所言:"搜求岩穴,侧席幽人,后置不为君用之罚,然韬迹自远者亦不乏人"④;"帝新定天下,以重法绳天下","士不乐仕"⑤。

第三节　锐意仕进,添列缙绅

明之肇兴,结束了元末的战乱局面,天下复归统一和平。处此情势,亲历了流离之苦的士大夫欢欣鼓舞,诗谓:"昔日搀枪照五兵,今时喜见泰阶平。春风绿酒扶残醉,斜立官桥听早莺。"⑥"遭逢洪武开新运,又十三年见太平。"⑦"帝德如天覆万邦,定期归棹到龙江。"⑧"四海静无尘,干戈化缙绅。兵符何用戴,聊复应时新。"⑨"衣冠复古多新制,尊俎论文有旧风。极目干戈无事日,车书重见万方同。"⑩风云际会,他们深感展示自身价值的时代已经来临,开始以其固有的政治理念主动而积极地调适自己与时代的关系,"与世推移,因其所宜,变而通之,

---

① 刘基:《诚意伯文集》卷一一《摸鱼儿》。
② 陈霆:《渚山堂词话》卷二。
③ 吕毖:《明朝小史》卷二《士不乐仕》。
④ 张廷玉:《明史》卷二九八《隐逸传叙》。
⑤ 吕毖:《明朝小史》卷二《士不乐仕》。
⑥ 宋濂:《文宪集》卷三二《宜兴强如心避地而归扁其居曰复初斋来征余诗》。
⑦ 张昱:《可闲老人集》卷四《寄表兄萧文棨处士》。
⑧ 宋濂:《文宪集》卷三二《和王内翰见怀韵》。
⑨ 张羽:《静庵集》卷四《重午四咏守宫艾虎百索辟兵符》。
⑩ 宋讷:《西隐集》卷三《归来即事再用前韵寄霍东崖元方》。

以润国家为务"①,表现出以天下为己任的济世心态和赞襄鸿业的价值取向,渴望求取功名,建功立业,辅君匡济,册业垂名成为他们实现自我价值的主要方式。这些士大夫纷纷作诗云:"盛世逢休明,俊彦皆罗搜。虞舜举元凯,汤武用伊周。"②"大明开运主文昌,多士争能翰墨场。有分只尝光禄酒,无缘得享大官羊。"③"愿为云中雁,寥廓恣高翔。"④"自古长才宜大用,太平功业焕皇猷。"⑤"青云高步快先登,万里鹏程自此升。"⑥"丈夫生世间,出身事明时。有材必有用,譬彼桐与椅。"⑦"金陵自古帝王州,策马飘然作胜游。"⑧"方今大明中天,照临万国,搜隐剔陋,野无遗才,斯有志之士激昂补报之秋也。"⑨诸如此类,与遁隐不仕相对应,济济仕进成为他们追求的主要生存方式。总体来看,此期士大夫入仕明朝主要表现为弃隐出仕、元官仕明、乐于科举三个方面。

一、弃隐出仕

在元末,由于诸多原因,士大夫隐居不仕蔚为风尚。至明初,生逢承平之世,许多士大夫纷纷出山入仕。如:隐士刘干(1318—1372年),永丰(今属江西)人。洪武四年(1371年)三月应诏来南京,明太祖召见,谓曰:"尔能任州邑之职乎?"对曰:"臣生于乱离,幸际真人启运,获见天日,岂不知效奔走以竭愚衷?"⑩径直道出了许多隐士渴望入仕的普遍心声。孙蕡,不仅自己出任工部织染局使、翰林典籍、苏州经历等职,还曾劝友人应放弃隐居,投身仕途,"王道今清平,有牙赞鸿酞。谁令抱孤志,坐恋林与丘。"⑪黄哲也以栖居桑田的野雉自喻,表达了自己的济世心态,在"下防虞罗,上畏雕鹗"的乱世中,不得不归居山林;然而当圣人出现,清乱肃反,天下形成"八纮山泽无畋渔"的太平盛世后,诗人即呼出

①　宋濂:《文宪集》卷九《送王子充字序》。
②　邓雅:《玉笥集》卷一《圣主得贤良诗》。
③　董纪:《西郊笑端集》卷一《九月十四日上亲策试赐膳华盖殿西庑下以大行皇后表设酒不荤》。
④　孙蕡:《易庵诗选·车东城高县长》。
⑤　谢肃:《密庵集》卷三《次汪金事登北固楼送同年金事之各府州县分治韵就送朝京》。
⑥　凌云翰:《柘轩集》卷二《送王士端赴成均》。
⑦　刘基:《刘基集》卷一八《送胡生之定远教谕任》。
⑧　金涓:《青村遗稿·送李子威之金陵》。
⑨　朱同:《覆瓿集》卷五《罢钓轩记》。
⑩　宋濂:《文宪集》卷二一《故泰和州学正刘府君墓志铭》序。
⑪　孙蕡:《易庵诗选·赠留隐士中美》。

"朝出陌上飞,莫还蒿下居"的豪言壮语。① 王蒙,字叔明,湖州(今属浙江)人。在元末享有时名,有用世之心,但当时的环境却未能提供与之相应的归宿,所以不得不隐居黄鹤山中。洪武初,朝廷聘之,遂出任泰安知州。② 高启,洪武二年(1369 年)与汪克宽、胡翰等 16 人一同应诏入京与修《元史》,曾作诗表达了当时的心情:

> 承诏趣严驾,晨当赴京师。佳征岂不荣,独念与子辞。子自归我家,贫乏久共之。闺门蔼情欢,宠德不以姿。天寒室悬磬,何忍远去兹。王明待紃文,不暇顾我私。恩恩愧子勤,为我烹伏雌。携幼送我泣,问我旋轸时。行路亦已遥,浮云蔽川坻。宴安圣所戒,胡为守蓬茨。我志愿裨国,有遂幸在斯。加餐待后晤,勿作悄悄思。③

诗中作者激情难抑,抒发了新朝兴起,可以入仕的喜不自禁。与高启诸人相仿,洪武时期弃隐出仕者举不胜举,诸如:钱唐,字惟明,象山(今属浙江)人。博通经史,元末隐居山谷。明初赴京敷陈王道,裁正礼乐,授刑部尚书。④ 方克勤,字去矜,元末隐居教授,明初仕至济宁知府。⑤ 杜敩,字致道,壶关(今属山西)人。元末举乡试第一,历官台州学正,归隐教授。洪武十三年(1380 年)九月,以荐授四辅官。⑥ 张美和,名九韶,以字行,临江(今属江西)人。元至正间隐居教授。洪武初,辟为清江教谕,转国子助教,擢编修。⑦ 吴颙,字伯昂,归德(今属河南)人。问学该博,隐居不仕。洪武十五年(1382 年)以儒士征至京师,拜国子监祭酒。⑧ 张孟兼,浦江(今属浙江)人,名丁,以字行。元末隐居白石山中,以读书自娱。至明,"负其所学,幡然而起"⑨,与修《元史》。书成,授国子学录,历礼部主事、太常司丞。⑩ 刘彬,字宗文,"元季肥遁山林,若将终身焉。及逢有道之朝,辄

---

① 《广州四先生诗》卷一《雉朝飞》。
② 张廷玉:《明史》卷二八五《王蒙传》。
③ 高启:《大全集》卷七《召修〈元史〉将赴京师别内》。
④ 张廷玉:《明史》卷一三九《钱唐传》。
⑤ 沈佳:《明儒言行录续编》卷一《方孝孺正学先生忠烈公》;宋濂:《文宪集》卷二四《故愚庵先生方公墓版文》。
⑥ 张廷玉:《明史》卷一三七《杜敩传》。
⑦ 廖道南:《殿阁词林记》卷八《编修张美和》。
⑧ 《明太祖实录》卷一四四"洪武十五年四月癸卯"条;王世贞:《弇山堂别集》卷六三《国子祭酒年表》。
⑨ 张丁:《白石山房逸稿》卷四郑渊《跋张孟兼白石山房诗卷》。
⑩ 张廷玉:《明史》卷二八五《张孟兼传》。

蹶然兴起"①。刘俨,字敬思,钱塘(今属浙江)人。元末隐居西湖。明初征修礼乐书,授广东市舶司令,有《樗隐集》。② 徐子贞,钱塘人。元末隐居城东,号匏瓜道人。洪武初,仕为潭府典宝正。③ 虞堪,字克用,一字胜伯,长洲(今属江苏)人。元末隐居不仕,洪武中为云南府学教授。④ 朱善,字备万,丰城(今属江西)人,元末隐居。洪武初出任丰城教授,八年(1378年)廷试第一,除翰林院修撰署院事兼知制诰。⑤ 史迁,字良臣,金坛(今属江苏)人。笃学慎行,元末隐居教授。明初出任蒲城、严州知县。著有《青吟集》。⑥ 陶凯,元末隐居深山之中,授经以养其亲。明初天子削平海内,应诏与修《元史》。书成,擢应奉翰林文字。未几,迁礼部尚书。⑦ 田子仁,宁远(今属安徽)人。元末隐居耕读,明初以好友刘三吾友之荐,授宁远儒学教谕。⑧ 王经,字孟远,金溪(今属江西)人。元末退隐漆溪,著《礼记纂要》、《金溪县志》、《唐诗评杂》。入明,朝廷征之,"幡然而起",擢为承直郎刑部司门员外。⑨ 尚志,字士行,同州(今陕西大荔)人。学通五经,元末隐居白水龙岗山,学者称南岗先生。明初,以荐授同州儒学训导。⑩ 丘子瞻,武平(今属福建)人。元末隐居教授。洪武初,以明经荐,授武平训导。⑪ 杨文启,天台(今属浙江)人,隐居于黄岩,"泊然无以求于外"。洪武七年(1374年),以荐征至京师,乃授荆州儒学教授,欣然而往。⑫

二、元官仕明

一如前述,洪武时期各级官员主要来源于录用征荐、学校培养、科举选拔、元官仕明等。其中,元官仕明的方式较多,也最为复杂,有的是在明兵扫平全国时,主动归附的地方守将,如安然、薛显、单安仁、蒋宫、朱守仁、吕本、世家宝、庞源、阎乃马歹、何真、李质、陆聚、王立中、李守道等;有的是迫降而至的,如李思齐、郭

---

① 宋濂:《文宪集》卷一〇《抱瓮子传》。
② 朱彝尊:《明诗综》卷八《刘俨》。
③ 徐一夔:《始丰稿》卷一二《送徐子贞还官序》;厉鹗:《东城杂记》卷下《兰菊草堂》。
④ 王鏊:《姑苏志》卷五四《人物十三·儒林》。
⑤ 项笃寿:《今献备遗》卷五《朱善传》。
⑥ 凌迪知:《万姓统谱》卷七四《史迁》。
⑦ 徐一夔:《始丰稿》卷五陶尚书文集序》。
⑧ 《明一统志》卷六五《辰州府》。
⑨ 焦竑:《献徵录》卷四七宋濂撰《承直郎刑部员外王君墓志铭》。
⑩ 雍正《陕西通志》卷六三《人物九·儒林》。
⑪ 乾隆《福建通志》卷四〇《选举八》。
⑫ 贝琼:《清江文集》卷二一《送杨文启序》。

云等;有的是征荐或弃元归明的文臣,如危素、曾坚、张以宁、李思迪、崔亮、安然、刘仁、开济、单安任、偰斯、钱用任、吕宗艺、孙克义、李质、偰斯、黄肃、周肃、高昌、王时、阎时雍、孙吾、胡益、雷焕、程徐、崔文耀、王溥、潘原明、张麟等。① 这些士大夫主动归附明朝,表明了他们愿意与新朝合作。这一点,洪武四年(1371 年)二月,故元辽阳行省平章刘益在归降书中所言甚明:

> 圣明启祚,实千载之遭逢,退迩倾心,岂一夫之抗越? 乃改途而易辙,愿效顺以投诚。伏念臣叨守边疆,忝分戎阃,天运既去,人力难为,国破家亡,顾孤忠之何托? 势穷力屈,惟有德之是归,兹盖伏遇皇帝陛下,道合乾坤,量包宇宙,阳春弘被于幽谷,大明下烛于覆盆。诏谕下颁,恩威旁达,臣等既荷涵涤,无任欢欣。谨遣右丞董遵、金院杨贤航海以朝天,望风而投款,休兵待命。②

可见,对于大部分元官来说,旧朝已经不复存在,要维护并扩大自身的利益,则不能不归附新朝。这对元官特别是汉族官员来说,无论从哪一方面考虑,都是明智的选择。《元史·王逊志传》中记载:"京城不守,公卿争出降,逊志独家居,衣冠而坐。"其友中政院判官王翼来告曰:"新朝宽大,不惟不死,且仍与官,盍出诣官自言状。"③保命且能获得一官半职,这是元朝一大批中下级官吏与明朝合作的本能动机。为了进一步说明洪武年间元官仕明的情形,以下姑且以元进士入仕明廷为例加以分析。据笔者初步统计,洪武时入仕明廷的进士有 66 人,如表所示:

表 9.1　洪武年间元进士仕明一览表

姓名	字、号	里　籍	登第科次	官　至	史料来源
林以顺	／	福建莆田人	至治元年	福建乡试考官	《文宪集》卷 29《黄仁渊静字辞》《圭峰集》附录《永春平贼记》
徐　恢	／	浙江常山人	泰定元年	户部尚书	杨准修《嘉靖衢州府志》卷 10
张以宁	字志道,号翠屏先生	福建古田人	泰定四年	侍读学士	《明史》卷 285《张以宁传》《翠屏集》卷首陈南宾序

---

① 分别见《明太祖实录》卷三八、卷四三、卷五四。
② 《明太祖实录》卷六一"洪武四年二月壬午"条。
③ 宋濂,等:《元史》卷一八六《王逊志传》。

姓　名	字、号	里　籍	登第科次	官　至	史料来源
张　兑	/	湖南慈利人	元统元年	翰林编修	余阙《青阳先生文集》卷7《张同知墓表》雍正《湖广通志》卷51
鲍　恂	字仲孚	浙江崇德人	至元元年	文华殿大学士	朱存理《珊瑚木难》卷1《听雨楼诸贤记》《清续文献通考》卷143
赵　俶	字本初	浙江山阴人	至元元年	翰林院待诏	《明史》卷137 朱存理《珊瑚木难》卷1《听雨楼诸贤记》
刘　杰	/	江西金溪人	至正二年	工部尚书	《明一统志》卷54 雍正《江西通志》卷68
答禄与权	/	河南怀阳人	至正二年	翰林应奉	《明史》卷136《答禄与权传》
吴　彤	字文明	江西临川人	至正八年	北平等按察司副使	《献徵录》卷82《北平等处提刑按察司副使吴君彤墓志铭》
林　弼	字元凯，一字唐臣	福建龙溪人	至正八年	登州知府	《明一统志》卷78
胡季安	/	江西南昌人	至正八年	国子祭酒	雍正《江西通志》卷68
邹　弈	/	江苏吴江人	至正八年	赣州知府	《夷白斋稿》卷18《送邹掾史还江西序》《水东日记》卷13《邹弈等诗文》
傅　箕	/	江西进贤人	至正八年	江西乡试考官	雍正《江西通志》卷52 曾作舟《同治南昌府志》卷40《人物志》
张元志	/	浙江临海人	至正八年	浙江廉访佥事	《雍正浙江通志》卷129
孔克表	字正夫	浙江平阳人	至正八年	翰林修撰	《殿阁词林记》卷8《修撰孔克表》
董　彝	字宗文	江西乐平人	至正八年	国子监学录	《明太祖实录》卷44、卷56《千顷堂书目》卷2
寻　适	/	/	至正十一年	广西按察使	《明太祖实录》卷54
程国儒	字邦民	安徽歙人	至正十一年	内省都事	《千顷堂书目》卷17 雍正《江西通志》卷51

姓名	字、号	里　籍	登第科次	官　至	史料来源
刘承直	字宗弼	江西赣县人	至正十一年	国子监司业	《明诗综》卷8 雍正《江西通志》卷九94
潘从善	字择可	浙江黄岩人	至正十一年	泗水知县	《万历黄岩县志》卷10 《台州府志》卷117《考异》
朱梦炎	字仲雅	江西进贤人	至正十一年	礼部尚书	雍正《江西通志》卷68
吴　颙	／	河南归德人	至正十一年	国子祭酒	《国朝列卿记》卷158《吴颙传》
钱　宰	字伯均，一字子予	浙江会稽人	至正十一年	翰林博士	雍正《浙江通志》卷129 《明史》卷137《钱宰传》
傅公让	／	山东益都人	至正十四年	浙西按察副使	李继本《一山文集》卷4《傅子敬纪行诗序》 乾隆《山东通志》卷15
乾隆	／	河南详符人	至正十四年	广信知府	《明史》卷164
曾　坚	字子白	江西金溪人	至正十四年	礼部侍郎	《金华文集》卷32《金溪曾君墓志铭》 《明太祖实录》卷34 雍正《江西通志》卷68、卷81
牛继志①	字士良	河北武强人	至正十四年	礼部尚书	《羽庭集》卷2《饯刑部郎中牛继志回京》
林　温	／	浙江温州人	至正十四年	秦王府纪善	《弘治温州府志》卷13《科第》、卷10《艺文》
杨万鉴	／	湖南安乡人	至正十七年	国子司业	《康熙安乡县志》卷6《选举志》
李延兴	／	北京人	至正十七年	河朔教官	《万历保定县志》卷36 《千顷堂书目》卷29
夏以忠	字尚之	江西宜春人	至正十七年	搜访《元史》	雍正《江西通志》卷72
危　於	／	江西金溪人	至正二十年	安庆儒学教授	《清江先生文集》卷20《送危於赴安庆教授序》
薛弥充	／	福建莆田人	至正二十三年	不详	《同治莆田县志》卷12《选举》

---

①　即牛琼，元季改名。

姓名	字、号	里　籍	登第科次	官　至	史料来源
曾　仰	/	江西金溪人	至正二十三年	中卫经历	《宋濂全集·曾学士文集序》
徐　宏	/	福建闽县人	至正二十三年	府学教授	《万历福州府志》卷46《选举志》 乾隆《福建通志》卷35
雷　燧	/	福建建安人	至正二十三年	翰林院编修	乾隆《福建通志》卷35
陈信之	/	福建闽县	至正二十三年	礼部主事	乾隆《福建通志》卷35、卷36
张敏行	/	陕西西安人	至正二十三年	翰林典籍	《文宪集》卷8《送甘肃卫经历张敏行之官序》
宋　讷	字仲敏	河南滑县人	至正二十三年	国子祭酒	《明史》卷137《宋讷传》 《殿阁词林记》卷3《文渊阁大学士宋讷》
薛允文	字彬夫	浙江温州人	至正二十三年	温州府教授	《万历温州府志》卷46《选举志》 《弘治福州府志》卷10《人物志》
钟黎献		浙江宁海人	至正二十三年	福建按察司佥事	《嘉靖宁海州志》卷6《选举》 乾隆《山东通志》卷1
凌　悦	/	浙江安吉人	至正二十三年	佥都御史	《弇山堂别集》卷62 雍正《浙江通志》卷129
王幼学	/	河南祥符人	至正二十六年	府学训导	《顺治祥符县志》卷5《人物》
王　钝	字士鲁	河南太康人	至正二十六年	礼部主事	《弇山堂别集》卷48 《嘉靖太康县志》卷22《人物志》 《献徵录》卷28
蒋　宫	字伯雔	江苏仪真人	不详	翰林修撰	《献徵录》卷21《翰林院修撰蒋公传》
赵　翱	/	河南灵宝人	不详	陕西考官	《万姓统谱》卷82
李　俨	字民瞻	江苏泰兴人	不详	刑部尚书	《弇山堂别集》卷48 乾隆《江南通志》卷145

姓名	字、号	里　籍	登第科次	官　至	史料来源
秦裕伯	/	河北大名人	不详	治书侍御史	《明太祖实录》卷39 《明史》卷285《秦裕伯传》
张　昌	/	山西临汾人	不详	国子助教	《清江先生文集》卷29《送国子助教李思广归平阳序》 《万历山西通志》卷19《人物》
许　元	字存仁	浙江金华人	不详	国子监祭酒	《明儒言行录》卷1《许存仁》 雍正《江西通志》卷94
史　彬	字文质	河北获鹿人	不详	户部郎中	雍正《江西通志》卷59
李　祥	字从吉	湖北咸宁人	不详	浙江按察使	《大清一统志》卷260
梅　溢	/	湖北广济人	不详	平阳知州	《宋濂全集·故歧宁卫经历熊君墓铭》 乾隆《湖广通志》卷32
滕克恭	字安卿	河南祥符人	不详	河南乡试考官	《弇山堂别集》卷3《国初三遗老》 雍正《河南通志》卷57
李　吉	字思迪	山东济南人	不详	山西参政	《宋濂全集·送晋王傅李君思迪之官序》 《明太祖实录》卷122 雍正《广东通志》卷41
蒋　彬	/	浙江永嘉人	不详	儒学训导	《经义考》卷256
陈　济	字子方	河南人	不详	国子学博士	《苏平仲文集》卷7《国子学同官记》
任　昂	字伯颙	河南河阴人	不详	礼部尚书	《弇山堂别集》卷49 《明史》卷136《任昂传》
钱用壬	字成夫	安徽广德人	不详	礼部尚书	《明太祖实录》卷37 《弇山堂别集》卷49
安　德	/	河南汝州人	不详	湖广左参政	《中州人物考》卷8 《明一统志》卷31
赵民望	/	浙江藁城人	不详	四辅官	《明史》卷2《太祖本纪二》 《弇山堂别集》卷46
刘　秩	字伯序	江西丰城人	不详	崇明知州	《姑苏志》卷41 《六艺之一录》卷374

续表

姓名	字、号	里　籍	登第科次	官　至	史料来源
钱仲益	名允昇 以字行	江苏无锡人	不详	太常博士	《殿阁词林记》卷17 《纂修》
陈南宾	名光裕 以字行	湖南茶陵人	不详	蜀府长史	《粤西文载》卷69《人物》
王　时	/	河北大宁人	不详	弘文馆学士	《明太祖实录》卷38
袁　焕	/	江苏丰县人	不详	翰林应奉	《元史》卷7《宰相年表》 《庚申外史》卷10

作为元朝的天子门生,进士群体食禄于元,且深受儒家文化的浸润,按理他们更应在乎名节及物议。但由上表可知,元朝进士仕明者仍有不少,出现这种情形的原因自然较为复杂,或是迫于生计,或是追逐名利,或是被迫而仕,但最重要一条当是试图在汉族政权中更加充分地实现经世济民的理想,正所谓"此吾竭思康道时也"①。由此,在遗民情结与经世济时两种价值取向的考量中,这些进士最终选择了服务于专制王朝,致力于现实社会。比如宋讷经过十余年的权衡才出仕明朝,鲍恂更在仕明之前曾屡次拒绝征聘。同时,他们改仕明朝,沦为贰臣,便意味着要承受不忠不孝的骂名,以危素为例,元时曾任翰林承旨。明军逼近大都,危素投井殉国,被僧人救起,并说:"国史非公莫知,公死,是死国史也。"于是他才打消了自杀的念头。洪武二年(1369年)任翰林学士,不久以"失朝"被罢。复官以后,一度受到明太祖的礼遇,但不久便被贬至和州看守余阙庙。在当时,为元朝死节的余阙被视为忠臣的典范,而归顺明朝的危素却成了时论不齿的人物,后人也斥之"晚节不终,为世谬笑"②。

由于这些士大夫曾为元官,明太祖多少对其有所顾虑。一方面,元朝故官很难进入明朝的主流社会。以仕明进士的品级为例,表中所列的66名进士中,官至翰林、六部尚书者极少,绝大多数进士主要担任了国学、地方学校及行政官员等。另一方面,元朝故官成为被压抑和打击的主要对象。诸如仕明进士曾坚、傅公让、程国儒、钱用壬、徐恢、潘从善、邹弈、秦裕伯、危素、张以宁等皆未得善终,"时上方以道德风厉天下,凡元朝降叛之臣,始虽遇荣,终必摈辱,盖以汉祖戮丁

---

① 林弼:《林登州集》附录张燮《林登州传》。
② 纪昀:《四库全书总目》卷一六九《说学斋稿》提要。

公之意"①。可以说,仕途不过是明廷诱惑、操纵故元遗官的手段而已,乃至"至于仕,则又在上者操爵禄以诱其下,在下者,怀智术以要其上,上下之间,皆非诚心以相与"②。元朝进士在洪武政权中的地位和待遇,不仅取决于太祖态度,亦与政局的变化有着密切联系。

三、乐于科举

明承元祚,恢复科举,天下士子欢欣鼓舞,积极应考,"率由场屋进以为荣"③。徐一夔记士子对科举的反响说:"方今天子更化,鉴观前代之失,独出睿算以为宜,近法宋首建科目,以广取士之途,诏书既下,家有弦颂之声,人有青云之志。"④如儒士许弼,字廷辅,一字廷佐,浙江黄岩人。专治《周易》,名于一时,会天下纷扰,绝意仕进。明初,大兴文治,建科目以取士,慨然曰:"圣天子在上,可以出而仕矣。"遂参加乡试,取浙江第二名。⑤ 陶宗仪不乐仕进,称疾不应荐举,但对于朋友的参与科举则表示祝贺,所谓:"鹏程鸑鷟气弥高",⑥"朱绂银章被宠荣"⑦,"九万鹏程从此始,登瀛视草步弥高"⑧,"一经夙继春秋学,三事难忘仕宦情"⑨。这些诗句,真实摄录了当时举子门热衷科举功名的心理状态,反映了他们长期以来对于仕宦的饥渴,对于新朝设科取士的欣喜。

当然,洪武时期士大夫之所以愿意参加科举、入仕新朝,并非一时冲动,而是有着诸多内、外原因。首先,内在因素:(1)对明初政局心存期望。元末政治黑暗,官场腐败,"于是名爵日滥,纪纲日紊,疆宇日蹙,而遂至于亡矣"⑩,"贼作官,官作贼,混愚贤,哀哉可怜"⑪;而且,元代采取"百官皆蒙古人为之长"的政策,挫伤了士大夫仕进的积极性,即使像刘基、张以宁、宋讷等才智之士也难有作为。而明之肇兴,许多士大夫重新萌生了入世的念头,期望学有所用,"为士子

---

①　黄佐:《广州人物传》卷一一,广东高等教育出版社1999年版,第279页。
②　王祎:《王忠文集》卷七《赠熊君序》。
③　张廷玉:《明史》卷七一《选举三》。
④　徐一夔:《始丰稿》卷五《送赵乡贡序》。
⑤　宋濂:《文宪集》卷二九《云中辞》;赖良:《大雅集》卷五《许弼》。
⑥　陶宗仪:《南村诗集》卷三《送钱敬叔岁贡赴礼部》。
⑦　陶宗仪:《南村诗集》卷三《送薛应翔人才之京》。
⑧　陶宗仪:《南村诗集》卷三《送徐思勉应聘书诰敕》。
⑨　陶宗仪:《南村诗集》卷三《送曹士望应聘书诰敕》。
⑩　宋濂,等:《元史》卷九二《百官志八》序。
⑪　陶宗仪:《辍耕录》卷二三《太平小令》。

者,仰掇高科,固将有为于世矣。……施诸天下国家,以佐圣世文明之治,以毋负所学。"①(2)经世思想根深蒂固。对于这些士大夫而言,"学而优则仕"仍是其主导意识,这种积极入世、为国效力的态度正与统治者治国安民的意图不谋而合。元朝虽是少数民族统治的王朝,但其设定的学校课程仍以儒家经典为主,士大夫自小就接受了儒家经世观念的熏陶,"圣贤之道所以致用于世也,故在学者尤不可以不讲。……是故致用在乎经邦,经邦在乎立事,立事在乎师古,师古在乎随时,苟不参古今之宜,穷始终之要,则何以涉事济变而弥纶天下之务哉!"②这可以从他们的诗作中得到印证,如:"少年有奇志,思欲分国忧。谁能学李广,百战不封侯。""腐儒身计疏,中夜思奋跃。何能投章甫,从尔上麟阁。""愿为宝阶千岁石,长近君王双履綦。"③"奚为绕枝鹊,亦企图南鹏"④,"庭草秋仍绿,江枫晚渐稀。年光随水去,事业与心违。"⑤但也须承认,其中有不少人之所以选择入仕,不过是为了曲学阿世,谋取利权,"如今仕宦皆因米,谁似先生懒折腰"⑥。此本质上有悖于儒家入世意识的基本内涵。

其次,外在因素:(1)明廷的笼络与礼遇。朱元璋注重招贤纳士,即使元朝故官,也是倍加礼遇,早在至正十六年(1356 年)攻克集庆时,朱元璋就宣布:"贤人君子,有相从立功业者,吾礼用之。"⑦在洪武元年的《平元都诏》中又说:"果能审识天命,衔璧来降,待以殊礼,作宾吾家。"⑧并明确宣布:"朕令命官必因其才官之,所治必尽其事。"⑨这使在元末素不得志的官员争相归附。(2)元明嬗替,意味着原被"异族"统治的天下又回到汉族人的手中,朱明政权是恢复汉族的中华正统。对一部分士大夫来说,归顺明朝就是归顺正统。所以明太祖在对元官尤加礼遇之时,还反复重申"华夷之辨"的观念,强调自己是受天明命,合乎天意:"盖我中国之民,天必命中国之人以安之,夷狄何得而治哉?予恐中土久汗膻腥,生民扰扰,故率群雄奋力廓清,志在逐胡虏、除暴乱,使民皆得其所,雪中

———————

① 钱宰:《临安集》卷三《会试小录序》。
② 王祎:《王忠文集》卷七《王氏迁论序》。
③ 《广州四先生诗》卷一《雪篷诗选·白苎词》。
④ 《广州四先生诗》卷一《雪篷诗选·初入书阁呈董宗文博士兼简同舍诸公》。
⑤ 《广州四先生诗》卷三《听雨诗选·忆舍弟彦章》。
⑥ 李晔:《草阁诗集》拾遗《戏题渊明图》。
⑦ 《明太祖实录》卷四"至正十六年三月庚寅"条。
⑧ 《明太祖实录》卷三五"洪武元年九月戊寅"条。
⑨ 《明太祖实录》卷三九"洪武二年二月甲午"条。

国之耻。"①这为明朝的统治提供了合法性理论依据,也解除一些士大夫的顾虑,使他们在入仕新朝时获得了一定的认同感和归属感。

第四节 士大夫与洪武政权的重建

洪武时期,一些士大夫选择出仕明廷,符合当时历史发展的潮流,亦深契于传统士大夫经世致用的价值追求。他们通过仕进一途,不仅施展了自己的才智,实现了自己的价值,而且对明初政治和社会的发展作出了重要贡献。他们立足现今,鉴于往古,正彝伦,复衣冠,制礼乐,立学校,修史书,安民生,备顾问,理所当然地担当起了重建封建政权的使命,史谓:"明始建国,首以人才为务,征辟四方,宿儒群集阙下,随其所长而用之。自议礼定制外,或参列法从,或预直承明,而成均胄子之任尤多称职,彬彬乎称得人焉。"②"深喜吾儒之大用,而朝廷之用儒有成效也。"③具体而言,士大夫重建明初政权主要表现在以下几个方面:

一、议定礼制

明创业之初,礼制未备,明太祖要制礼作乐,立一代之宏规,自然离不开士大夫的佐命辅弼,他说:"自古以来,兴礼乐、定制度、光辅国家,成至治之美,皆本于儒。"④为此,太祖初定天下,即命儒臣制定礼制,史载:"洪武中,命儒臣陶安定郊社群祀礼,詹同定四庙祫祭礼,李善长定官民丧礼,朱升定祭祀斋戒礼,崔亮定五祀礼,刘基定百官朝会礼,魏观定祭祀礼,陶凯定军礼。而又令天下郡县举高洁博雅之士年四十以上者,于是徐一夔、梁寅、周子谅、胡行简、刘中弼(一作刘宗弼)、董彝、蔡深、滕公琰、曾鲁至京,编集《大明集礼》。洪武己酉(1369 年)冬,宰相奉上旨纂修一代礼乐书,选取天下儒士十八人,(宋)讷备员在列焉。"⑤此外,据《明太祖实录》、《明史·礼志》、万历《明会典》、《翰林记》卷七《议礼》等

---

① 《明太祖实录》卷二六"吴元年十月丙寅"条。
② 张廷玉:《明史》卷一三七《赞》。
③ 吴伯宗:《荣进集》卷四《送梁伯兴赴苍梧太守序》。
④ 《明太祖宝训》卷三《任官》。
⑤ 宋讷:《西隐集》卷六《送阳城县簿方彦清秩满序》。又《明史》卷一三六《赞》云:"初之议礼也,宋濂方家居,诸仪率多陶安裁定。大祀礼专用安议,其余参汇诸说,从其所长:祫禘用詹同,时享用朱升,释奠、耕耤用钱用壬,五祀用崔亮,朝会用刘基,祝祭用魏观,军礼用陶凯。皆能援据经义,酌古准今,郁然成一代休明之治。虽折中断制,裁自上心,诸臣之功亦曷可少哉。"

文献记载,洪武年间参与制礼的士大夫还有宋濂、傅瓛、牛谅、乐韶凤、李原名、朱梦炎、张筹、赵时泰、兰以权、黄肃①、黄子邕②、朱右、范常、钱宰、林弼、刘俨③、唐处敬④、薛文举⑤、张绅、杨翮、钱逵、郑元、杨基、牟鲁、翟汾、余尧、姜渐羽、谢肃等。以宋濂为例,他"于书无所不通。在朝、郊社、宗庙、山川百神之典、朝会、宴享、律历、衣冠之制、四裔贡赋、赏劳之仪,旁及元勋巨卿碑记刻石之辞,咸以委濂"⑥。洪武一朝,儒士文臣先后编修的礼书有《洪武礼制》、《礼仪定式》、《诸司职掌》、《稽古定制》、《国朝制作》、《大礼要议》、《皇朝礼制》、《大明礼制》、《洪武礼法》、《礼制集要》、《礼制节文》、《太常集礼》、《礼书》、《存心录》、《孝慈录》、《乡饮酒礼图式》、《祭祀礼仪》、《祭祀仪注》等⑦,内容囊括了传统礼制的基本内容,成为有明一代奉行不悖的"祖宗之法"。

二、定立律令

明太祖鉴于"元氏法度纵弛,遂至于乱"的历史教训,主张"纲纪法度为治之本"⑧。所以,洪武一朝多次诏命儒臣议定律令。早在吴元年(1367年)十月,朱元璋即命左丞相李善长为律令总裁官,参知政事杨宪、傅瓛,御史中丞刘基,翰林学士陶安等20人为议律官。十二月,成《大明律》、《大明令》,颁示中外。洪武元年(1368年)八月,命儒臣四人讲《唐律》。五年(1372年)六月,定宦官禁令。次年夏刊《律令宪纲》,颁之诸司;十一月,诏刑部尚书刘惟谦详定《大明律》,"篇目皆准于唐"⑨。明年二月成,翰林学士宋濂为表以进。九年(1376年)十月,太祖以律条犹有未当之处,命丞相胡惟庸、御史大夫汪广洋等详议厘正。十六年(1383年)三月,命刑部尚书开济定诈伪律条。二十二年(1389年),刑部官员言:"比年条例增损不一,以致断狱失当。请编类颁行,俾中外知所遵守。"遂命

---

①　宋濂:《文宪集》卷四《代祀高丽国山川记》。
②　王祎:《王忠文集》卷七《黄子邕诗集序》。
③　管时敏:《蚓窍集》卷四《哭先师樗隐先生》。
④　苏伯衡:《苏平仲文集》卷一二《翰林应奉唐君墓志铭》。
⑤　谢肃:《密庵集》卷六《送太常博士薛文举还朝序》。
⑥　张廷玉:《明史》卷一二八《宋濂传》。
⑦　张廷玉:《明史》卷四七《礼志一》;黄虞稷:《千顷堂书目》卷九。
⑧　《明太祖集》卷二《废丞相大夫罢中书诏》。
⑨　参见《明史》卷九三《刑法一》、卷一二七《李善长传》;《明太祖实录》卷三四"洪武元年八月己卯"条、卷七四"洪武五年六月丙子"条、卷八六"洪武六年十一月庚寅"条、卷一一○"洪武九年十月辛酉"条、卷一五三"洪武十六年三月壬申"条。

翰林院同刑部官,取所增订的内容,以类附入,改《名例律》冠于篇首。三十年(1397年)《大明律》成,"一代大法"至此始定。①

三、考定制度

明有天下之初,凡有制度,即命翰林儒臣稽考古今加以裁定,仅据《明太祖实录》、《翰林记》卷七《定制度》所载,洪武年间儒臣参与制定的制度有:洪武元年(1368年)二月,陶安等奏定天子冕服之制。十一月,礼部、翰林等官议定乘舆以下冠服之制。十二月,中书省令礼官定官民丧服之制,礼部尚书崔亮等定官员亲属冠服之制。二年(1369年)二月,礼官议定侍仪舍人及校尉刻期冠服。三月,中书省定封建诸王国邑及官属之制。三年(1370年)六月,中书省臣与翰林院定文武官朝服之制。七月,礼部尚书崔亮奏定皇太子以下及群臣赐坐、上坐墩之制。十月,重定内使服饰之制;礼部尚书陶凯奏定品官坟茔之制。十二月,定武臣世袭之制。四年(1371年)正月,礼部、太常寺、翰林院议奏皇帝亲祀圜丘、方丘、宗庙、社稷祭服之制。礼部参考历代祀郊庙、社稷日月诸神冕服,并百官陪祭冠服之制。五月,定中宫妃主常服及外命妇朝服、常服之制。五年(1372年)三月,礼部更定品官命妇冠服制度。五月,礼官、儒臣定亲王仪仗车辂。六月,礼官定公主府第之制;礼部议宫官女职之制。八月,礼部及翰林院议省牲常服之制。九月,拟斋郎乐生、文武舞生冠服之制。六年(1373年)九月,礼部尚书牛谅、侍讲学士宋濂等定文武官诰命制度。十一月,诏定品官家用祭服、公服。九年(1376年)正月,定王国祭祀之制。五月,礼部翰林院议丧服之制。十三年(1380年)三月,重定内外文武官岁给禄米、俸钞之制。十四年(1381年)七月,定给授文职散官之制。十五年(1382年)六月,礼官定王国乐工、乐器、冠服之制。八月,礼部考皇后丧服之制。十一月,定磨勘司与在京诸司文移之制。十六年(1383年)五月,廷臣定拟文官封赠荫叙之制。六月,吏部奏定考核之制。七月,更定冕服之制。二十三年(1390年)八月,礼官考定使节之制。二十四年(1391年)六月,诏六部、都察院同翰林儒臣参考历代礼制,更定冠服、居室制度。十月,定生员巾服之制。二十五年(1392年)十月,儒臣重定品阶勋禄之制。二十八年(1395年)八月,更定皇太子亲王等封爵册宝之制。二十九年(1396年)十一月,诏翰林斟酌唐宋制度,定官民房屋、坟茔等第及官员兴贩禁例。凡此等等,儒士文臣酌古准今,制定了一系列重要制度,一代典章制度略显雏形。

---

① 张廷玉:《明史》卷九三《刑法一》、卷一二七《李善长传》;焦竑:《玉堂丛语》卷四《纂修》。

四、编修典籍

士大夫以文化创造为其当然责任,他们对学术的关怀最终都是以社会秩序、伦理道德的建立以及新的社会理想模式的建构为目标,"儒术之有功于名教也"①。同样,士大夫对明初文化的兴复亦显现出一种热爱和执著。以官修史书为例,洪武年间儒士文臣负责修撰的官修史书除了前文提及的《元史》之外,尚有:洪武三年(1370年)由魏俊民、黄篪、刘俨、丁凤、郑思先、郑权六人纂成《大明志书》②。七年(1374年)五月,詹同、乐韶凤、宋濂、吴伯宗、朱右、赵埙、朱廉、孙作、徐一夔、徐尊生、黄昶、陈孟旸等编成《大明日历》一百卷、《皇明宝训》十五卷。③ 八年(1375年)三月乐韶凤、宋濂、王僎、李叔允、朱右、赵埙、朱廉、瞿庄、邹孟逵、答禄与权、汪广洋、陈宁、刘基、陶凯等编成《洪武正韵》十六卷。④ 十五年(1382年)正月,翰林侍讲火原洁(《四库全书总目》卷四十三作"火源洁",钱曾《读书敏求记》作"史源洁")等编《华夷译语》,二十二年(1386年)成书一卷。⑤ 十七年(1384年),编成《大明清类天文分野之书》二十四卷;二十七年(1394年)九月,编成《寰宇通衢书》一卷。⑥ 二十六年(1393年),吏部署部事侍郎翟善同翰林儒臣编成《诸司职掌》十卷。另外,这一时期儒臣还先后参与修纂了大量史鉴书,诸如《女戒》、《省躬录》七卷、《昭鉴录》十一卷、《皇明宝训》五卷、《孝慈录》一卷、《彰善瘅恶录》三卷及《续录》一卷、《集犯谕》一卷、《薄福不臣榜文》一卷、《戒勑功臣铁榜》一卷、《申明诫谕书》一卷、《相鉴》二十卷、《昭鉴录》五卷、《公子书》三卷、《纪非录》一卷、《世臣总录》二卷、《精诚录》三卷、《醒贪录》二卷、《祖训录》一卷、《昭示奸党录》三卷、《清教录》一卷、《逆臣录》五卷、《志戒录》二卷、《臣戒录》一卷、《武士训诫录》一卷、《永鉴录》二卷,等等。这些史书与当代政治密切相连,完全是应时之作,如《臣戒录》、《相鉴》的成书是因为胡惟庸"谋反"事败而起;《昭示奸党录》与李善长获罪赐死有关;《逆臣录》与蓝玉谋反相连。史鉴著述的大量出现,不仅记录了洪武政治斗争的复杂格局,也集

---

① 宋濂:《文宪集》卷三一《宋摄松阳丞助教梅溶》。

② 《明太祖实录》卷五九"洪武三年十二月辛酉"条。

③ 宋濂:《文宪集》卷五《皇明宝训序》、《大明日历序》;《明太祖实录》卷八九"洪武七年五月丙寅"条。

④ 宋濂:《文宪集》卷五《洪武正韵序》;廖道南:《殿阁词林记》卷四《翰林院学士宋濂》。

⑤ 《明太祖实录》卷一四一"洪武十五年正月丙戌"条;廖道南:《殿阁词林记》卷一八《译课》;黄虞稷:《千顷堂书目》卷一五;张位:《词林典故》卷三;焦竑:《玉堂丛语》卷四《纂修》。

⑥ 薛应旂:《宪章录》卷一一下"洪武二十七年九月庚申"条。

中体现了明初史学功能走向政治化、工具化的基本趋势。

五、议政论道

明太祖听朝之暇,"延诸儒臣赐坐便殿,讲论治道"①;读书每遇"句读字义未明者,必召翰林儒臣质之"②。如翰林学士、四辅官、殿阁大学士等,都在洪武年间发挥了备顾问、值经筵,进讲经史,敷陈王道的重要作用。这样的事例极多,如翰林儒臣的一个重要职责就是"备顾问",《翰林记》中记载:"所谓顾问,大率咨询理道,商榷政务,评骘经史,而使之援据古今以对。"举凡国家政治得失,生民利病,知无不言。殿阁大学士品秩虽卑,但其议政论道的作用则亦较为显著。在议政方面,如宋讷、吴伯宗、吴沉、鲍恂、全思诚、余诠、张长年、朱善等殿阁大学士近侍左右,为明太祖所倚重,君臣之间献替答问,在许多政治问题上达成共识,形成治国方略。在论道方面,殿阁大学士稽古典学,侍讲经筵,讲论治道,成为明太祖鉴古筹今,治国安民的重要依据。据《明太祖实录》、《罪惟录》纪卷一七《经筵志》载:洪武十六年(1383年)六月,东阁大学士吴沉等进讲《周书》。十八年(1385年)五月,文渊阁大学士朱善进读《心箴》;七月,论治天下之道。九月又进讲《周易》。二十六年(1393年),秀才张宗璇等随东宫官入值文华殿讲筵。二十八年(1395年),儒臣进讲《尚书·无逸篇》,等等。文人士大夫议政论道的作用显而易见,真所谓"国家儒臣虽布衣皆得备顾问"③、"与政事无不与也"④。

此外,洪武年间士大夫还广泛分布在地方社会,担当了地方政权的建设任务,他们在安顿民生,发展生产,扶植教化,布陈王道,化导民众等方面发挥了重要作用,更为广泛地实现了自身的政治价值和文化价值。可以说,在朝廷内外,士大夫成为重建和巩固王朝政权的中坚力量,他们在实践经世致用理想的过程中,不仅成功地辅助明太祖缔造了朱明王朝,且为近三百年的明王朝奠定了统治基础。正因如此,洪武时期的许多士大夫成为名垂史册的"名臣"、"功臣",而其所创辟的一系列典章制度亦成为后世子孙所恪守奉行的"祖制"、"祖训"。

---

① 《明太祖实录》卷一二三"洪武十二年三月乙未"条。
② 黄佐:《翰林记》卷九《讲官趋召》;焦竑:《玉堂丛语》卷三《召对》。
③ 黄佐:《翰林记》卷八《备顾问》。
④ 赵翼:《廿二史札记》卷三二"明初文人多不仕"条。

结语：品性·价值·理想：元明之际士大夫的主流精神及其嬗变

深受特定时局的影响,元明之际士大夫的生存状态和价值取向处于一种变动不居的态势。元末"衰世"时期,他们既有不能出仕的困惑与失意,又有拯救时世的忧思与绝望;"乱世"时期,他们既经历了生命的危机和道德的困境,又经历了生存方式的探寻和政治前途的抉择。洪武"治世"时期,他们迎来了新的历史机遇,但又陷于专制政治的窘境而备受摧折。其间,士大夫的社会经历、生存状态和价值取向既存在鲜明的个体差异,又在诸多方面存在着普遍共性。总体上,这种共性主要表现在历史品性、社会价值和政治理想三个方面。鉴于此,为了给元明之际士大夫一个较为准确的历史定位,尽可能地揭示出社会变动时期士大夫的心理世界与现实行为、理论讲说与人生践履、原初动机与实际效果之间的种种复杂关系及历史原委,进而从宏观上把握传统士大夫的基本特质,本书拟在总结元明之际士大夫生存状态的基础上,围绕历史品性、社会价值和政治理想三个方面,对此期士大夫的主流精神及其嬗变予以阐申。

一、元明之际士大夫的历史品性

元明之际士大夫演绎着传统士人的历史品性,同时也表现出鲜明的时代个性。他们的理念和行为表明:政治行为是大显于世且垂之不朽的盛事鸿业,而进德修身则是其中的首要条件,所谓"士之特立于世者,其品有三:修于道德者上也,发于事业者次也,著于言辞者又其次也"[①]。但身处复杂多变的社会环境中,

---

① 陶安:《陶学士集》卷一一《送游景达序》。

他们又不得不随时调整自己的道德品藻、政治态度和处世方式,这又使其历史品性呈现出多样性特征。现在看来,元明之际士大夫的历史品性既有积极且值得肯定之处,也有囿于时代而存在的诸多不足。就其值得肯定的方面而言,主要表现在:

(一)强烈的社会责任感与浓郁的经世观念。元明之际,尽管士大夫经历不同,思想观点也迥然异趣,但整体来看,强烈的经世观念以及由此而形成的建功立业的人生理想、忧时伤世的忧患意识则是其灵魂的核心,"儒者怀道艺不独美其身,务以致用于时也"①。

在元末王道废坠、教化凌夷、吏治腐败、风俗浇薄之际,广大士人的卫道精神、济世情怀骤然升腾,日趋强烈。他们或入仕为宦,拯时救世;或评论时宜,建言献策;或务求实学,引领风尚。虽然迫于时势,士大夫的经世意图屡遭摧抑,极难如愿,但他们的经世努力,无疑彰显了其浓郁而强烈的社会责任感和历史使命感。如在贺惟一、许有壬、张起岩、吕思诚、刘基等人的坎坷仕途中,处处流露出积极用世的人生态度;杨维桢、谢应芳、王冕、周霆震、陈高等人感恨国事、指斥奸邪的激昂慷慨,亦抒发了一种经世意识和救世情怀。而且,面对"无道"社会,一些士大夫在无力改变现状,备受打击时选择了退隐之路,但这并非是对用世之志的淡忘和背弃,在其心目中,"兼济天下"仍是其人生的最终目的,而遁迹林泉、独善其身不过是其人生失意时的精神补偿和暂时安顿。

在元末战乱时期,士大夫萌生了对于生命群体的普遍关怀和忧虑,渴望出现内圣外王之君结束纷乱格局。为此,陶安、刘基、宋濂、陈遇、孔克仁、王祎、詹同等一大批士大夫应时而起,四处奔走,渴望得到各方势力的支持和信任,从而扮演了治世安民的重要力量。而像顾瑛、胡翰、王逢等人虽然选择了栖身山林,似乎摆脱了现实矛盾的直接困扰,但在其心灵深处,仍然蕴涵着无法泯灭的入世理想,选择隐居并非出乎道家的高蹈远慕,怡养情趣,而是"时与愿有所难违"②,时世无道而被迫归隐。这种行为选择固然隐含着对时势的批判和抗议,但对于以经世致用为己任的士大夫来说,不仕无以谋衣食、树功名、显父母、光祖宗、垂子孙,保身虽易,却终归难以成为他们的普遍向往,隐身避世不过是其在特定历史时期的被动选择而已。正因如此,许多隐士难以在林泉之中获得心灵的平静,在其作品中往往透露出灵魂的苦闷和对出世的渴望。

① 陶安:《陶学士集》卷一一《送总管贾凫山序》。
② 董纪:《西郊笑端集》卷二《云东小隐记》。

至明洪武时期,政治大门敞开,刘基、宋濂等一大批士大夫跃登政治舞台,竭尽心智,一定程度上实现了自身的用世情志和政治意愿。他们深谙"仕无崇卑,能尽其职则荣"①的道理,积极承担了议定礼制、定立律令、考定制度、编修典籍、议政论道、安顿民生、发展生产、扶植教化、布陈王道等封建政权的重建。这些努力不仅开创了明初的政治规模,且为后世奠定了坚实的统治基础。缘此,他们成为名垂史册的"名臣"、"功臣",而其所创辟的一系列典章制度,亦成为后世恪遵的"祖制"、"祖训"。

(二)社会良心的终极关怀和高扬人间正道的忧患意识。应该说,士大夫忧患意识的生成是以其浓郁的社会责任感为前提的,一个胸怀用世之志的士大夫一旦投身现实,便会萌生忧世之思。在元明变动之际,士大夫各有其曲折、复杂的人生历程,但在坚守"正道"的士大夫身上,用世之志和忧世之思总是其心灵深处的主导取向。其间,他们不论身处顺境,还是逆境,都不曾忘却忧国忧民的意识。这种忧患意识不是担忧个人的升沉荣辱,也并非担忧统治者的安危绝续,而是担忧社稷之安危,家国之兴亡和黎庶之否泰。

元明之际的史实再次表明:士大夫并不满足于以文化知识来填充自己的头脑,而是更乐于、勇于、善于去思考超越个体与群体的利益之上的社会问题,力图用真、善、美的标准,去追求社会的有序、安宁和繁荣。换言之,士大夫之所以被视为社会的良心和道德的标识,是因为他们拥有更高品位的终极关怀。这种终极关怀,可以浓缩为一个"忧"字。无论个人的境遇如何,或穷或达,或微或显,在朝在野,为官为民,绵绵不绝的忧患之思是其普遍心态,共同心声。元末政治腐败,杨维桢、王冕、倪瓒等一大批士大夫以批评者的身份针砭时政,在其诗文中,言此而喻彼,指事而演绎,借物而讽谏,评史而议政,畅快淋漓地传达着深沉的忧思情怀。可以说,作为社会价值的维护者,怀道而处的士人成了政治权力之外的另一种精神力量,这种颇具批判性的力量在"无道"社会更显示了其不容忽视的能量。同样,战乱时期士大夫的内心中仍充满了人生无常、生命短促的忧患意识,他们依然消极地感时伤世,哀恤黎庶,渴望四海归一,天下承平。明初,在激烈的政治斗争中,名士斫丧殆尽,对现实局势的极度失望逐渐笼罩了士林学界。此时,士大夫的忧患意识充满了深沉凄婉的忧生之嗟。应该说,这种情形是高压政治造成的,是士大夫忧患意识的一种畸形表现,并不能由此否认潜藏在其内心深处的批判精神和忧世意识。

---

① 宋濂:《文宪集》卷九《赠夏安礼序》。

（三）超越自我的道德性格和坚持不懈的实践精神。士大夫是社会道德的承载者和宣传者，是整个社会的精神领袖，借用路易斯·科塞（L.Coser）的话说，他们是"为了思想而不是靠了思想而生活的人"①。由此，道德性格成为士大夫的核心历史品性，这种品性是一种内发的价值取向，是士大夫一切心理趋向的出发点，他们自认为"道德君子之宝也。德其本也，道其用也，修行所以畜德也"②，并要求作为士大夫"决不可背名教，决不可负纲常，决不可亏忠义"③，在精神上要承袭传统士大夫求道、闻道、弘道的功能。

元明之际经历了由衰到乱、由乱而治的发展历程，历史的曲折演进使身处其间的士大夫内心世界复杂多变。但士大夫的可贵之处在于：无论在乱离时代，还是在承平时代，他们大体能够依照"道德"的尺度来规范自身的价值取向和行为方式，并不忘凭借道德的力量来评论时宜，建言献策。在"衰世"时期，他们循礼守节，持守道德。一方面，他们呼唤"道义"和"良知"，期望元廷顺应时势，体察民瘼，革新更化；并锐意仕进，辅佐元主，积极参与了拯救元廷的社会实践。另一方面，"立功"不成，他们便选择了"立德"、"立言"，强调"世之为士者，贵于立德、立言"④，企图以自己的文化优势和坚持不懈的实践精神，传承文化，引领学风，塑造社会。即使潜于山泽、幽居养志，一些士大夫仍然倾其心智，聚徒讲学，结社唱和。在"乱世"时期，士大夫面临着空前的道德危机，在连续不断的政治抉择中，其内心深处充满了"忠"与"逆"，"仕"与"隐"的道德冲突和思想矛盾。他们的每一次抉择，大都以合乎道德的最大限度为基点，大都伴随着超越自我生命意义的努力。其间不论是为元而死的忠义，还是投附起义军的自觉；不论是因为厌恶政治、仇恨战争的隐居，还是对安定社会的渴望和对统治者的训诫，表现出的不仅是一种人生态度和处世方式，更是一种道德境界和价值取向。至明初"治世"时期，道德与政治之间的关系一度紧张。明太祖并不拒绝道德，他愿意借助道德力量来实现自己的意志；但当道德与利益发生冲突时，强权政治便毫不迟疑地撕下道德的面具，利用政治权力来压制道德力量，表现在明太祖与士大夫的关系上，就是明太祖利用至上的权威来宰制"卫道"的士人。

（四）敏锐的时代眼光和自我调整的自觉意识。元明之际，士大夫注重探讨和把握社会的发展方向，他们始终站在时代的前列，顺应历史的发展潮流，自觉

① 许纪霖：《20世纪中国知识分子史论》，新星出版社2005年版，第2页。
② 王祎：《王忠文集》卷一九《卮辞》。
③ 宋濂：《文宪集》卷三一《宋户部尚书梅执礼》。
④ 宋濂：《文宪集》卷九《笔记序》。

调整自己的心态,扮演了引领风潮的重要角色。在元末,许多士大夫尽管生活环境不同,处事态度也存在差别,但对现实的弊端和时世的艰危皆有深刻认识。他们通过各种途径揭示时弊,并提出具体解决办法,表现了他们对社会问题的深刻洞察和对社会发展态势的先见之明。在战乱时期,一些士大夫审时度势,乘时而起,在不断的抉择中寻找可以依靠的政治势力,像刘基、宋濂、陶安等人投附朱元璋,皆与他们敏锐的时代眼光有着直接联系。至洪武时,更多的士大夫把握历史机遇,积极参与了明政权的重建。同时,也有一些士大夫迫于政治压力,急流勇退,以摆脱政治窘境,寻求生命、灵魂的自我安顿。

在元明之际的历史巨变中,士大夫又将自身历史品性的缺陷暴露得淋漓尽致,主要表现在:

(一)难以克服的软弱性。由于士大夫的政治职务以及与之相适应的政治利益只能来源于皇帝的授予,这就使士大夫的政治命运完全由皇帝决定,形同皇家的家奴,由此而在皇权面前泄露出迫不得已的软弱性。在元末,一些士大夫纵然可以近乎放肆地抨击时政,但在权势面前,他们的言论仍然显得苍白无力。洪武时,士大夫备受政治的迫害,但他们并未在困境之中奋起维护道统的尊严和地位,进而反抗政治的压迫,争取自身的地位和言论的自由。他们宁愿忍受肉体、灵魂的痛苦和折磨,也不愿质疑君主统治的专断和残酷。这一点大不如明清之际顾炎武、黄宗羲、王夫之等启蒙思想家所表现出的抗争精神,他们不仅开始在理论上反省道统,批判政统,并开始对皇权的绝对权威提出了大胆质疑,明确要求加以限制。

(二)鲜明的"奴性"和"工具性"。综观中国古代社会,士大夫无论得宠,还是失意,他们始终不可能脱离政治而拥有独立的社会地位,所谓"蝇不附翼,不能致千里;人不得所依,独能发名成业乎?"①在行为上,他们是专制王权的忠诚奴仆;在精神上,他们不具有独立人格和作为社会良心的主体性;在学术上,他们"尊道";在政治上,他们"尊王","居臣职者,不可不尽其忠"②。就元明之际而言,士大夫的政治独立性同样极其有限,他们必须依附于政治权力(或政治集团)方可发挥作用,实现价值。依附的对象正确,则前途光明,如依附朱元璋者;否则将误入歧途,最终成为历史的殉葬品,如依附张士诚、陈友谅、方国珍者。其间,他们虽然可以随着时局的变化而沉浮,也可以暂时脱离政治而流落民间,但

① 苏伯衡:《苏平仲文集》卷一二《温州卫中左所千户马公墓碑》。
② 宋讷:《西隐集》卷六《送四明陈宪之归养序》。

在其意识中,他们与政治的联系仍难割裂。在君主专制条件下,皇帝的权威高于一切,官员不过是皇帝的仆从,官员的得失取决于皇帝的好恶,"爵禄名器,人主所以御天下贤才之具也"①。如在元末,顺帝有限地调整士人政策,让少数汉族士大夫进入权力中心,其目的无非是为了缓和社会矛盾,利用汉族士大夫的政治影响力来维系蒙元统治。洪武时,明太祖对士大夫的招揽任用,反映了他对士大夫政治价值的认同和肯定,但在其心目中,士大夫也是一种可以利用的工具,可以随意地任用,也可以随意地罢黜甚至处死。

(三)保守、愚昧观念根深蒂固。元明之际,虽然有不少士大夫能够顺应历史潮流,及时调整自己的价值取向和行为方式;也有一大批士大夫不能顺应时势,顽固、保守、愚昧地抓住即将"死去"的东西不肯松手。在元末,一部分士大夫为腐朽的元政权歌功颂德,不求进促,单求保住个人利益。在战乱期间,一部分士大夫又为拯救即将灭亡的元王朝而抵抗农民起义军,甚至不惜牺牲生命。在明初,一部分士大夫不能适应时势,或坚持遗民身份,不仕新朝,或隐居山林,不求闻达于世。凡此,虽然皆有其"合理"的历史理由,但现在看来,在历史面前止步不前不仅不利于自身价值的实现,也无助于社会的发展进步。

二、元明之际士大夫的社会价值

与传统士大夫的价值追求相仿,元明之际士大夫的社会价值仍然表现在两个方面:一是创造和传承文化,并诉诸文字,传之久远,此为文化功能;二是以自己的知识技能服务于社会,积极参与社会政治事务,此为政治功能。对两者的态度,元明之际的士大夫有独到见解:"士患问学之不至,不患政事之不成;患政事之不成,不患禄位之不高。不以禄位为卑而勤于政事,不以政事可苟而本诸问学,则亦庶几耳矣。"②

客观地说,元明之际士大夫群体一定程度上发挥了自身的社会价值,在文化、政治、教育等领域实现了自己的价值。但受时局的影响,其社会价值在不同时期侧重点也有所不同。在元末,士大夫尤其是汉族儒士难以预闻政治,进入政权者也常常遭到排抑。所以,他们的价值主要集中在文化领域,"那时的知识分子,在此形势之下,却获得了意外的发展。诗文、戏曲、小说、艺术、字画、园林堆

---

① 宋濂:《文宪集》卷九《赠张致中序》。
② 谢肃:《密庵集》卷七《送陈中莹之沔阳丞序》。

造、医药、算术、历法、工程、水利、机械制造,多方面地分途迈进。"①在战乱时期,士大夫的生存环境艰危,入仕途径闭塞,这使更多的士大夫沉沦民间,通过教化、著述等活动,传承、传播和发展了传统文化。在明初,许多士大夫在政治领域时常遭到迫害,在文化领域亦陷入僵化沉寂、因循保守的境地。这些都表明,在传统社会,士大夫社会价值的实现是需要条件的,这些条件大体表现在四点:

(一)稳定的社会环境。士大夫不是绝对独立的社会群体,他们的存在意识和价值取向深受时代影响。一般情况下,在纷扰动荡、错综复杂的历史环境中,士大夫的心理态势、生存方式变化不定,社会价值的实现往往极为困难。元末战乱时期,"乾坤象纬寻常转,江海波涛日夜翻"②的动荡局面,迫使士大夫不得不重新思考自身的出处进退,他们的每一步抉择都面临着极大的挑战和冒险。如跟随张士诚、陈友谅等的士大夫,由于张、陈等人的失败,他们的政治命运随之受挫。明初局势渐定,士大夫所渴望的"太平盛世"③终于出现。幸逢盛世,一些士大夫抬头复起,参与时势,一定程度上实现了自身的社会价值。

(二)宽松的政治环境。政治环境影响着士大夫的志趣、性格和态度,若政治环境宽松,士大夫社会价值的有效发挥就会成为可能,相反则显得极为困难。元末许多汉族士大夫虽然难以通过政治途径实现自身价值,但宽松的政治环境使他们可以在文化教育等领域,较为自由地发挥自己的功能,实现自己的理想。洪武初,一度"君臣道合"④,但随着君主专制的强化,士大夫的命运变得被动起来,专制统治大大加剧了他们的生存难度,亦逼窄了其政治胸襟,对政治的畏缩成为士大夫的集体自觉,许多人主动脱离政治,隐居不仕。无可否认,士大夫从政治秩序中游离出来与其政治处境息息相关,在政治权势的重压之下,他们只有转而在政治的边缘地带寻求生存的空间和实现价值的方式。由此,作为当权者,应该在制衡政治,推扬"民主"之时,大力营造宽松的政治氛围,充分尊重士大夫的人格和尊严,充分肯定其社会角色,发挥其社会作用,充分尊重其选择职业和社会流动的自由,并推行有效的士人政策调动其积极性、自主性和创造性。惟其如此,士大夫才能真正成为社会建设的无可替代的中坚力量。

(三)积极的士人政策。作为一种社会力量,士大夫及其所具有的功能是任

---

① 钱穆:《中国知识分子》,载许纪霖《20世纪中国知识分子史论》,新星出版社2005年版,第90页。

② 刘基:《刘基集》卷二三《次韵张德平见寄》。

③ 宋濂:《文宪集》卷一四《恭跋御赐诗后》。

④ 宋濂:《文宪集》卷一四《恭跋御赐诗后》。

何统治者所无法全然忽视的。历代的统治者对于士大夫往往恩威并重,时而优渥有加,时而打击迫害。实际上,皇权的优待并非出于对士大夫人格的尊重,而是以此为诱饵牢笼士人心智,使其甘愿接受专制王权的操控。但即使如此,通过总结元明之际统治者所推行的士人政策,不难看出积极的士人政策无疑是赢得士大夫的最佳途径。其间,无论是元顺帝复兴科举,奖拔人才,还是战乱期间群雄招延俊秀、征聘名士,都使许多士大夫获得了实现自身价值的良好契机。与此相反,元末士人政策中的民族歧视以及张士诚、陈友谅等所用非人的现象,又使不少士大夫滞留在政治权力之外,进而丧失了实现自我价值的可能。诸多史实表明:在任何历史时期,当权者都须礼遇、重用士大夫,即使那些岩穴山林之士,也不可鄙薄忽视;对于那些立场不定,徘徊动摇的士大夫,则要积极团结争取,对其缺点加以宽容,使其自身的消极因素向积极方面转变。

(四)士大夫积极转换自身的社会角色。如果说良好的社会政治环境和积极的士人政策是士大夫实现价值的外在条件,那么能否顺应时势而认识自我,转换角色便成了士大夫实现价值的内在条件。元明之际的士大夫虽然生活在专制政权下,在政治操作层面,他们已成为统治阶级意识形态和行政管理的工具;同时,一些士大夫仍然在某种层面上保留着自己的个性。因此,士大夫群体对现实政治的态度趋于多样。其间,经世致用之士是多样化的一端,阿世依附之士是另一端;更多的士大夫则往来徘徊,在两难之间抉择。他们主观上愿意为政治权力服务,但又希冀自我人格能够得到应有的尊重;他们不愿无条件的屈服,可又不愿彻底的解脱。因此,当专制政权对其压力过大时,他们往往会进行积极的抗争和消极的发泄,这些抗争与发泄或见于言行,或示诸笔端;当社会承平,政治清明时,他们又乘时而起,锐意仕进。这些表现,可以说是元明之际士大夫的常态,借此可以洞察其复杂多变的政治境遇和内心世界,也可以感受其不断调整自我、转换角色的苦痛和无奈。不仅如此,从他们的身上,还可以进一步体会到:在任何历史环境中,士大夫都需学会认识自我,克服缺失,发挥优长,以求更大可能地成就自己的个人价值和社会价值。

三、元明之际士大夫的政治理想

在中国传统社会,士大夫的理想大体包括政治理想、道德理想、文化理想等。这中间,政治理想作为士大夫自我价值的归宿,始终是其自觉追求仕途的原动力。可以说,士大夫的社会定位就是要置身于政治中心。在他们看来,要想获得功名利禄,实现安民济世的理想,就须先获得官位。在此观念的支配下,士大夫对社会现象的评价和自我行为的规范,一般都是依据政治标准。所以当他们得到官位时,多能蒿目时艰,体察民瘼,革除弊政,争取承担起报效国家,安抚黎庶的职责。这一点从元明之际的士大夫,尤其是那些有志之士的政治行为中可以略窥梗概。

在元末,士大夫参与政治运作,旨在使时运光昌,政治复兴。但在国势衰微,政局失坠的情势下,这种政治理想极难实现,很多士大夫在元末政局中以悲剧结束了自己的一生。其间,一些士大夫汲汲仕进,希望得到实现理想的机会,但遇到的却是冷淡和排抑,因而常常陷入深沉的忧虑和救世无术的无奈。大体上,他们的经历可分为两类:一是曾经得志,未几就受到排挤、贬谪或罢免。二是一生都没有得到施展抱负的机会,不是职位卑微,就是终老布衣。这些士大夫的具体经历虽有相同,但大都长期陷入理想与现实尖锐对立的痛苦中,他们越是追求理想,就越是感到现实的沉重压力,因而忧世之思也就愈发强烈。这种忧世之思在许多士大夫的心中,往往伴随着一种自省、自愧心态。在现实的黑暗、险阻面前,许多正直的士大夫空有满腔报国的热情,他们的忧患除了化为孤愤的文学作品外,就只能变为徒劳的叹息了。这样,当他们面对天下纷扰、国势渐衰、民生疾苦时,强烈的政治理想和浓郁的社会责任感便促使他们自问、自审、自愧,责备自己不能有补于世,裨益于民,责备自己愧对朝廷、愧对天下。同时,作为批判者,一些士大夫抨击时政,力斥其弊,试图通过自下而上的行为来修正时弊,然其成效同样极为有限,苍白的言论终难扭转政治的黑暗。

实质上,元末许多士大夫失意、孤愤的根源,在于他们的理想追求与所面临的社会环境格格不入。当时纵使出现了由高启、王冕、杨维桢等人昌扬的抒发个性情感、突出主体价值的风潮,但深入到士大夫的内心深处,不难察觉,潇洒与凝滞,开放与孤独构成了他们特殊的心灵结构,他们所释放出来的新的人生追求,与当时的社会现实形成了强烈反差。所以那些表面逃遁社会的士大夫,虽过着隐居避世,看似潇洒的生活,但在其言论中,处处充溢着对现实社会的不满和壮志难酬的焦灼悲愤,正是由于这种个人理想与社会现实的尖锐冲突,使其心境更为凄厉悲苦,难以消解。

至洪武时期,士大夫的主导价值取向仍然是参与政治,对政治权威的崇拜同样是他们的基本心理趋向,而直接参与政治秩序的重建在某种意义上成为他们实现理想的主要方式。士大夫以官僚的身份直接帮助统治者构建各项制度,维系社会秩序,表现出巨大的政治能量。在这一点上,政治理想作为士大夫设定的人生目标之一,恰恰适应了君主政治的需要。同时,他们又以文化者和宣教者的身份,通过言论、教育、著述等途径来影响统治者及其所代表的政治权势。在专制时代,帝王是政治的核心,士大夫的政治理想无疑需要帝王的扶持,但却时常由于帝王的摧折而发生变异,甚至化为泡影。所以士大夫要想实现政治理想就须处理好与政治权力,尤其是与皇权之间的关系。但历史表明,在君主专制臻至造极的时代,士大夫与明太祖之间始终存在着不可调和的矛盾。之所以如此,概是士大夫与明太祖在价值取向、治国理念、政治思想等方面的不同认识决定的。

(一)在价值取向方面,二者存在"道统"与"政统"的矛盾。明初士大夫秉承传统士大夫"以道自任"的价值取向,恪守道统这一核心价值,并具有强烈的民众意识,诚如宋濂所言:"古之立言者岂得已哉,设使道行于当时,功被于生民,虽无言可也。"①在道统与政统之间,士大夫首先信奉和维护的是道统,而政统不过是其道统的延续而已。所以他们可以不参与政治事务,但必须担当起道德义务,即使隐居不仕,也不会舍弃道统意识,仍然能以一种独立的姿态传播道德观念。与士大夫不同,明太祖则更注重维护政治权力的独尊地位,他的一切政治宣言和策略都是围绕治统而展开,在道德与权力的权衡中,他始终将权力置诸至高地位,而对道德观念的强调也是以强化政治权力为目的的。

(二)在治国理念方面,二者存在"德治"与"法治"的矛盾。士大夫和以明太祖为核心的专制王权都强调治国须兼具德治与法治,二者不可偏废。但士大夫更强调德治在治国中的首要地位,认为元朝覆亡,主要原因在于不重视汲取儒家文化的道德和仁政因素,深入推行汉化政策,采取德治的治国策略。而明太祖则更认为元代失国,缘于以宽治国,所以他更强调法治的重要性,并推行了"重典治吏"的治国方针。君臣之间在德治、法治上的不同认识,难免造成政治观念的背驰,进而加剧了双方矛盾,最终引发了明太祖打压士大夫的悲惨局面。

(三)在政治理想方面,士大夫谋求实现一种正常的社会秩序,其理想的社会景象为民生安康、政治清明、文化昌盛,整个社会处于一种有序的运行状态。毫无疑问,这也是明太祖力图实现的社会景象,但在其潜意识中,他的政治理想首先表现为维护至高权力,以实现权力的有序。从某种意义上说,实现一种良好的社会秩序,最终目的在于巩固和维护持久的权力秩序。明太祖推行的一系列政策,客观上使明初社会趋于有序,同时也符合士大夫的政治期望,所以建国初期君臣关系融洽。然而至洪武后期,当社会秩序趋于稳定时,明太祖关注的重心便从社会秩序转向了权力秩序,而这与士大夫要求首先维持社会秩序的观念难

---

① 宋濂:《文宪集》卷七《守斋类稿序》。

免存在冲突。由之,君臣之间的矛盾开始暴露、激化,最终演化为文狱党祸的血腥画面。

总之,在元明之际这一特定的历史境域中,随着政治格局的剧变、社会风俗的变迁与学术思潮的泛起,士大夫固有的历史品性、价值取向和政治理想发生了相应的变化,并呈现出一种复杂而多变、异样而独特的历史景象。在"衰世"——"乱世"——"治世"的历史嬗变中,士大夫的心灵深处充满了矛盾与困境,在"夷夏之辨"与民族认同,仕进与遁隐,民族与国家,忠孝与叛逆,旧主与新主,文化认同与故国之思等一系列价值抉择中,他们通过不同的行为方式,艰难地践履着自身的政治功能和文化功能,充分展露了传统士大夫浓郁的经世情怀、忧患意识和担当精神,并在与专制权力的多元互动中印证了"权力宰制理性"①的普遍历史规则。

---

① 葛荃:《权力宰制理性:士人、传统政治文化与中国社会》,南开大学出版社2003年版,第4页。

附录　元代书院数量、创修及地域分布

　　元代书院向为学界所关注,但关于书院的具体数量,论者虽有统计,但疏漏较多。最早,王圻《续文献通考·学校考》载元代书院凡40所,"盖约略举之,不能尽载也"。近人何炳棣《明清社会史论,1368—1911》一书统计元代书院有407所,包括江苏26所,浙江62所,安徽17所,江西73所,福建55所,湖北19所,湖南37所,四川23所,广东24所、河北20所,山东22所,河南10所,山西12所,陕甘7所。[1] 此后,曹松叶《元代书院概况》[2]一文统计出元代新建书院143所,恢复书院65所,改建书院19所,总计227所。在此基础上,王颋《元代书院考略》[3]进一步统计出元代书院有408所,包括中书省55所、河南省37所、陕西省9所、四川省9所、江浙省167所、江西省80所、湖广省42所、其他9所,并详列书院名单,首次明晰了元代书院的基本规模和分布格局。白新良《中国古代书院发展史》[4]在梳理元代书院发展脉络时,也交代了此期书院的创修情况。徐梓《元代书院研究》[5]是专门研究元代书院的力作,但全书旨在论述元代书院制度的产生和发展,分析了元代书院的结构与功能,而对书院的数量触笔甚少。近期,邓洪波在《中国书院史》[6]一书中指出元代书院有406所,其中新建282所,

　　① 何炳棣:《明清社会史论,1368—1911》(*The Ladder of Success in Imperial China: Aspects of Social Mobility, 1368—1911*),Columbia University Press,1962,p.230。
　　② 曹松叶:《元代书院概况》,《中山大学语言历史研究所周刊》第19集第112期。
　　③ 王颋:《元代书院考略》,《中国史研究》1984年第1期。
　　④ 白新良:《中国古代书院发展史》,天津大学出版社1995年版。
　　⑤ 徐梓:《元代书院研究》,社会科学文献出版社2000年版。
　　⑥ 邓洪波:《中国书院史》,中国出版集团东方出版中心2004年版。

兴复 124 所,书中虽对元代书院的地域分布和时间分布作了分析,但未能详列具体书院的名称。此外,部分学者在考察各省教育史、书院史时,也涉及元代书院的相关问题,如柳诒徵《江苏书院志初稿》①、吴景贤《安徽书院沿革考》②、刘伯骥《广东书院制度沿革》③、李才栋《江西古代书院研究》④、王炳照《中国古代书院》⑤、李国钧《中国书院史》⑥、胡昭曦《四川书院史》⑦、冯象钦和刘欣森《湖南教育史》⑧等。上述成果,大体交代了元代书院的数量、分布等,但也存在遗漏、讹误、重复等不足,且未能明确各书院的创修时间、创修者及统计所依据的主要史料。鉴于此,以下拟在前人研究的基础上,搜诸相关史料,进一步对元代书院的数量作一考索,并尽量考证出各书院的创修时间、创修者及地域分布,而对于暂时难以明确的问题,则以"不详"标出。经笔者初步考证,元代书院共有 469 所,具体如下表所示:

书院名称	创修时间	创修者	分布地区	史　源
文靖书院	元代建	赵密	大都路房山县	《明一统志》卷 1 欧阳玄《圭斋文集》卷 16 附录
谏议书院	元泰定二年 (1325 年)建	刘蕡	大都路昌平县	《明一统志》卷 1 《新元史》卷 87《礼志七》 王圻《续文献通考·学校考》
老泉书院	元代建	苏主簿	大都路文安县	许有壬《至正集》卷 70《霸州创建老泉书院疏》
太极书院	宋嘉熙年间建 元太宗时杨惟中修	姚枢　建 杨惟中　修	大都路大兴县	《明一统志》卷 1 《宋史纪事本末》卷 36《北方诸儒之学》 《新元史》卷 4《太宗本纪》
益津书院	元代建	庄祺	大都路益津县	《明一统志》卷 1 《畿辅通志》卷 29

---

① 柳诒徵:《江苏书院志初稿》,《江苏国学图书馆年刊》1931 年第 4 期。
② 吴景贤:《安徽书院沿革考》,《学风》1932 年第 2 卷第 4—8 期。
③ 刘伯骥:《广东书院制度沿革》,商务印书馆 1939 年版。
④ 李才栋:《江西古代书院研究》,江西教育出版社 1993 年版。
⑤ 王炳照:《中国古代书院》,商务印书馆 1998 年版。
⑥ 李国钧:《中国古代史》,湖南教育出版社 1994 年版。
⑦ 胡昭曦:《四川书院史》,巴蜀书社 2000 年版。
⑧ 冯象钦、刘欣森:《湖南教育史》,岳麓书社 2002 年版。

续表

书院名称	创修时间	创修者	分布地区	史　源
道济书院	元代建	脱脱	大都路	《新元史》卷209《脱脱传》陶宗仪《书史会要》卷7
暖泉书院	元代建	王敏	上都路灵仙县	《明一统志》卷21《畿辅通志》卷29宋濂《文宪集》卷18《故翰林侍讲学士中顺大夫知制诰同修国史危公新墓碑铭》
封龙书院	汉李躬授业之所唐郭震、宋李昉及元李治讲学于此	/	真定路封龙县	《明一统志》卷3《畿辅通志》卷29安熙《默庵集》卷4《封龙书院释菜先圣文》冯从吾《元儒考略》卷1《安熙》
中溪书院	宋初李昉受业之所元中统初增修	李冶	真定路元氏县	《明一统志》卷3《畿辅通志》卷29宫梦仁《读书纪数略》卷13安熙《默庵集》卷1《封龙十咏》
西溪书院	宋代建	/	真定路元氏县	《明一统志》卷3《畿辅通志》卷29宫梦仁《读书纪数略》卷13安熙《默庵集》卷1《西溪书院废址》
太行书院一作大行书院	元代建	高健	真定路获鹿县	《明一统志》卷3《畿辅通志》卷29危素《说学斋稿》卷2《太行书院先贤祠记》
璧里书院一作璧里书院	元代建	赵士廉	真定路新乐县	《明一统志》卷3《畿辅通志》卷29
乐善书院	元代建	杜儒	保定路深泽县	《明一统志》卷57《畿辅通志》卷29
忠孝书院	元至正间建	/	保定路完县	《畿辅通志》卷29
静修书院	元皇庆间赐额曰"静修书院"	刘英李蒙王果	保定路新安县	《明一统志》卷2《畿辅通志》卷29危素《说学斋稿》卷2《静修书院记》
毛公书院	元至正间建	王思诚	河间路河间县	《明一统志》卷2《畿辅通志》卷29王圻《续文献通考·学校考》《钦定续文献通考·学校考》

书院名称	创修时间	创修者	分布地区	史　源
中和书院	南宋时建	高伯川	河间路清池县	王旭《兰轩集》卷12《中和书院记》
董子书院	元至正间建	王思诚	河间路蓨县	《明一统志》卷2 王圻《续文献通考·学校考》 《钦定续文献通考·学校考》
历山书院	元代建	千奴	濮州鄄城县	乾隆《山东通志》卷14 程文海《雪楼集》卷12《历山书院记》
泰山书院	宋代建 明弘治中重建	/	泰安州泰符县	《明一统志》卷22 《大清一统志》卷142 乾隆《山东通志》卷14
雪斋书院	元代建	/	卫辉路辉州县	许有壬《圭塘小稿》卷6《雪斋书院记》 刘昌《中州名贤文表》卷21《雪斋书院记》
共山书院	元代建	/	卫辉路辉州县	柳贯《待制集》卷16《共山书院藏书目录序》
闵子书院	元至顺三年(1334年)建	/	济南路历城县	《明一统志》卷22 乾隆《山东通志》卷11 王圻《续文献通考·学校考》 《钦定续文献通考·学校考》
伏生书院	元代建	扬温	济南路邹平县	《明一统志》卷22
洙泗书院	元至正十年(1350年)建	/	济宁路曲阜县	《明一统志》卷23 乾隆《山东通志》卷14 王圻《续文献通考·学校考》 《钦定续文献通考·学校考》
尼山书院	宋庆历大建 元至顺三年(1332年)重建	孔宗愿	济宁路曲阜县	《明一统志》卷23 乾隆《山东通志》卷16 王圻《续文献通考·学校考》 《钦定续文献通考·学校考》
圣泽书院	元延祐四年(1317年)建	马栎	济宁路汶上县	《明一统志》卷23 乾隆《山东通志》卷14、卷16

续表

书院名称	创修时间	创修者	分布地区	史　源
中庸书院	元至正间建	司居敬	益都路邹县	《明一统志》卷23 乾隆《山东通志》卷14
曾子书院	元代建	/	益都路郯城县	《明一统志》卷23 乾隆《山东通志》卷35
性善书院	元大德四年(1300年)建 延祐元年(1314年)修	尚敏　建 任居敬　修	益都路滕县	《明一统志》卷23 乾隆《山东通志》卷14、卷35
思圣书院	元至正间建	王谦	益都路费县	《明一统志》卷23 乾隆《山东通志》卷14
性善书院	元延祐元年(1314年)建	任居敬	益都路滕县	《明一统志》卷23 乾隆《山东通志》卷14
颜鲁公书院	宋代建	/	益都路费县	杨翮《佩玉斋类稿》卷5《送陈子恭山长任颜鲁公书院序》
玉泉书院	/	/	益都路费县	宋濂《文宪集》卷20《郑仲涵墓铭》
子思书院	元延祐二年(1315年)改子思书院	张曌	益都路邹县	乾隆《山东通志》卷11 《幸鲁盛典》卷14
王氏书院	元代建	王佐　建	益都路峄州县	《大清一统志》卷140
高节书院	宋崇宁元年(1102年)建 金末毁 元至元十三年(1276年)重建	黄铎　建 尹綦泰　修	益都路乐安县	乾隆《山东通志》卷14
明诚书院	元代建	程鹏	益都路乐安县	乾隆《山东通志》卷14
思圣书院	元至正间建	王谦	益都路费县	《明一统志》卷23 乾隆《山东通志》卷14
北麓书院	元代建	张子垫	益都路蒙阴县	乾隆《山东通志》卷14 《大清一统志》卷140
状元书院	金代建	张行简	益都路沂州	乾隆《山东通志》卷14
静轩书院	元代建	阎复	高唐州高唐县	乾隆《山东通志》卷9
弦歌书院	元泰定年间	/	高唐州武城县	《明一统志》卷24 《大清一统志》卷170 程敏政《新安文献志》卷86《贞白先生郑千龄公行状》

书院名称	创修时间	创修者	分布地区	史　源
学道书院	金大定间建明隆庆元年(1567年)改移	／	东昌武城县	乾隆《山东通志》卷14
牛山书院	元代建	张起岩	东平路平阴山	乾隆《山东通志》卷14《大清一统志》卷142
野斋书院	元代建	李谦	东平路东阿县	《明一统志》卷23乾隆《山东通志》卷14王圻《续文献通考·学校考》《钦定续文献通考·学校考》
曾子书院	元代建	／	东平路嘉祥县	《明一统志》卷23于慎行《兖州府志·学校志》
会斋书院	元代建	张汝卿	东平路恩县	乾隆《山东通志》卷14
源池书院	元代建明嘉靖三年(1524年)建	赵彬	冀宁路榆次县	雍正《山西通志》卷35《大清一统志》卷96
卜山书院	元代建明万历十二年(1584年)修	楚宗万，一作樊宗英	冀宁路西河县	雍正《山西通志》卷35、卷165《大清一统志》卷105
冠山书院	元代建	／	冀宁路乐平县	《明一统志》卷19《山西通志》卷36王圻《续文献通考·学校考》《钦定续文献通考·学校考》
松峰书院	元代建	孔克威	冀宁路乐平县	《明一统志》卷19《山西通志》卷36
晋山书院	元泰定二年(1325年)建	石彦明	晋宁路临汾县	《明一统志》卷20雍正《山西通志》卷35
文忠书院	元代建	／	晋宁路陵川县	《明一统志》卷21
雄山书院	宋靖康间建元泰定二年(1325年)修	李桓修	晋宁路上党县	雍正《山西通志》卷35、卷103、卷198
藕泽书院	元代建	宋思约	晋宁路屯留县	雍正《山西通志》卷35
首阳书院	宋元祐间建明初毁	王昉	晋宁路河东县	雍正《山西通志》卷36李东阳《怀麓堂集》卷65《重建首阳书院记》

书院名称	创修时间	创修者	分布地区	史　源
温公书院	元至正间建 明天顺二年(1458年)重修	/	晋宁路夏县	《明一统志》卷20 雍正《山西通志》卷36、卷38、卷60
董泽书院	元代建	赵翁	晋宁路闻喜县	《明一统志》卷20 虞集《道园学古录》卷8《董泽书院记》
涑阳书院	元大定间建	吕士俊	晋宁路绛阳县	雍正《山西通志》卷36 《大清一统志》卷108
林公书院	元代建	林起宗	顺德路内邱县	《畿辅通志》卷29 《大清一统志》卷120
崇义书院	元代建	唐元	大名路开州	《明一统志》卷4 《畿辅通志》卷29 王圻《续文献通考·学校考》 《钦定续文献通考·学校考》
景贤书院	元代建	喀尔托克托	顺宁府	《元史》卷138《喀尔托克托传》 《明一统志》卷5 《畿辅通志》卷29 王圻《续文献通考·学校考》 《钦定续文献通考·学校考》
龙首书院	辽代建	邢抱朴	大同路应州	雍正《山西通志》卷36、卷58、卷230
裕斋书院	元代建	岐裕斋	平阳路解州	雍正《山西通志》卷36 《大清一统志》卷107
丰湖书院	宋淳祐中建	何贵	惠州路归善县	《明一统志》卷80 《大清一统志》卷343 雍正《广东通志》卷16 光绪《惠州府志·书院》
张留书院	宋代建	/	惠州路归善县	《明一统志》卷80 《大清一统志》卷343
擢桂书院	宋代建	/	惠州路博罗县	光绪《惠州府志·书院》 民国《博罗县志·书院》
钓鳌书院	元代建	/	惠州路博罗县	《明一统志》卷80 光绪《惠州府志·书院》
清湾书院	宋代建	/	惠州路博罗县	光绪《惠州府志·书院》 民国《博罗县志·书院》

书院名称	创修时间	创修者	分布地区	史　源
罗浮书院	宋代建	/	惠州路博罗县	《明一统志》卷80 《大清一统志》卷343 光绪《惠州府志·书院》 民国《博罗县志·书院》
白鹤书院	/	/	惠州路归善县	《明一统志》卷80 光绪《惠州府志·书院》
湘江书院	宋淳祐间建	杨大异	韶州路曲江县	《明一统志》卷79 雍正《广东通志》卷40
涵晖谷书院	宋景德初建	王仲达	韶州路英德县	《明一统志》卷79 雍正《广东通志》卷10 《大清一统志》卷341
濂溪书院	宋代建，后毁 元大德间复建 元末废	/	肇庆路阳江县	《明一统志》卷81 雍正《广东通志》卷53
濂泉书院	宋代建 明正统中重建	方大琮	广州路海北县	《明一统志》卷79 雍正《广东通志》卷44 程文海《雪楼集》卷18《娄道 舆墓志铭》 解缙《文毅集》卷9《养志堂 记》
尊韩书院	唐韩愈读书于 此，后人因建 书院	/	广州路阳山县	《明一统志》卷79 《大清一统志》卷352
古冈书院	元至元间建	沈寿	广州路新会县	《明一统志》卷79 雍正《广东通志》卷44 《大清一统志》卷339
丞相书院	宋相张浚尝寓 此，后建书院 祀之	/	广州路连州	《明一统志》卷79 雍正《广东通志》卷53 《大清一统志》卷352
玉岩书院	元代	/	广州路番禺县	同冶《番禺县志·书院》
清节书院	元至正间建	萧继文	吉安路泰和县	《明一统志》卷56 雍正《江西通志》卷21 《大清一统志》卷249
白沙书院	元代建	张文文	吉安路吉水县	雍正《江西通志》卷21 刘岳申《申斋集》卷5《白沙 书院记》
龙洲书院 亦名鹭洲书院	宋嘉泰间建 明弘治中修	/	吉安路泰和县	《明一统志》卷56 雍正《江西通志》卷21 《大清一统志》卷249

书院名称	创修时间	创修者	分布地区	史　源
文溪书院	宋代建 明弘治间修	曾季永	吉安路泰和县	《明一统志》卷56 雍正《江西通志》卷21
朴山书院	元代建	严周父	吉安路泰和	雍正《江西通志》卷21 刘将孙《养吾斋集》卷15《朴山书院记》 周是修《刍荛集》卷4《复朴山书院后序》
湖头书院	宋代建 明永乐间重修	金汝砺	吉安路永丰县	雍正《江西通志》卷21
巽峰书院	/	/	吉安路永新县	雍正《江西通志》卷21
屏山书院	元大德间建	刘南可	吉安路永新县	雍正《江西通志》卷21、卷112
文昌书院	元代建 明初王氏修之	王相	吉安路吉水县	雍正《江西通志》卷21
武城书院	元代建	曾德裕	吉安路永丰县	《明一统志》卷56 雍正《江西通志》卷21
志欧书院	元延祐间建	曾靖翁	吉安路永丰县	雍正《江西通志》卷21
阳丰书院	元至元间建	陈应沐 （一作陈应求）	吉安路永丰县	《明一统志》卷56 雍正《江西通志》卷21·学校考 王圻《续文献通考·学校考》
浮云书院	初名道院,后更书院 元刘鹗建 元末毁	刘鹗	吉安路永丰县	雍正《江西通志》卷21
中山书院	元至顺间建	陈植	吉安路永丰县	雍正《江西通志》卷21、卷76
凤山书院	宋代建 元至正三年(1343年)县尹管文通重修	曾宏甫	吉安鹭庐陵县	雍正《江西通志》卷21
白鹭洲书院	宋淳祐间建 元至正十五年(1355年)修	江万里　建 纳速儿丁　修	吉安庐陵县	雍正《江西通志》卷21 《大清一统志》卷249
龙溪书院	宋代建 明洪武修	赵忭	吉安路万安县	《明一统志》卷56 雍正《江西通志》卷21
磻溪书院	宋代建	周泽之	吉安路吉水县	《明一统志》卷56 雍正《江西通志》卷21

书院名称	创修时间	创修者	分布地区	史 源
石冈书院	宋代建 元季毁	萧仪凤	吉安路安福县	雍正《江西通志》卷21 梁潜《泊庵集》卷6《石冈书院诗序》
竹园书院	南宋建 明永乐间修	刘弘仲	吉安路安福县	雍正《江西通志》卷21
同文书院	元代建	李克家	龙兴路富州	雍正《江西通志》卷21、卷67
敷山书院	宋代建 元揭傒斯记	孙余庆	龙兴路富州	雍正《江西通志》卷21
龙泽书院	元代建	熊若明	龙兴路富州	柳贯《待制集》卷18《跋新建龙泽书院本末》
东湖书院	宋代建 元元统二年 (1334年)迁修	程大度　修	龙兴路南昌县	《明一统志》卷49 雍正《江西通志》卷17
柳山书院	唐柳浑读书处, 后毁 宋代建书院	/	龙兴路宁州县	雍正《江西通志》卷21 《大清一统志》卷238
莲溪书院	宋代建	李从	龙兴路富州	雍正《江西通志》卷21
景濂书院	/	/	龙兴路宁州县	《明一统志》卷49
豫章书院	南宋建 明万历间修	/	龙兴路南昌县	雍正《江西通志》卷21
三贤书院	元至元间建	邓谦亨	龙兴路奉新县	雍正《江西通志》卷21、卷127 欧阳玄《三贤书院记》
龙光书院	元至正间建	陈必强	龙兴路丰城县	《明一统志》卷49 雍正《江西通志》卷21
贞文书院	元代至正初建	/	龙兴路富州	《明一统志》卷49 雍正《江西通志》卷127 王圻《续文献通考·学校考》 《钦定续文献通考·学校考》
义方书院	宋处士蔡覃筑室 元代胡俊孚重修	胡俊孚　修	瑞州路新昌县	雍正《江西通志》卷21、卷71
正德书院	元至元间建 延祐二年(1315年)修	姜荣	瑞州路上高县	《明一统志》卷57 雍正《江西通志》卷21
熊氏书院	宋代建 元末废	/	瑞州路新昌县	雍正《江西通志》卷21
石溪书院	元代建	胡俊孚	瑞州路新昌县	雍正《江西通志》卷21

书院名称	创修时间	创修者	分布地区	史　源
乐善书院	宋代建	王淹	瑞州路府城	《明一统志》卷 57 雍正《江西通志》卷 21 彭大翼《山堂肆考》卷 173
西岩书院	元代建	/	瑞州路高安县	陈旅《安雅堂集》卷 8《西岩书院记》
西涧书院	宋代刘凝之读书处，后建书院	张鞅	瑞州路高安县	《明一统志》卷 57 雍正《江西通志》卷 21 王义山《稼村类稿》卷 8《瑞州重建西涧书院碑》
白鹿书院	唐贞元中李渤读书于此 宋初置书院 元至元间总管陈炎酉修	陈炎酉　修	南康路星子县	《明一统志》卷 52 雍正《江西通志》卷 22 《大清一统志》卷 243
经归书院 初名云住书院	元代建	饶鲁 陈澔	南康都昌县	雍正《江西通志》卷 22 《大清一统志》卷 234
甘棠书院	元至元中建 明洪武间赵宗信重建	/	南康建昌县	雍正《江西通志》卷 22
山房书院	元代建	李仲谋 高若凤	南康建昌县	吴澄《吴文正集》卷 41《重修李氏山房书院记》
濂溪书院	宋代建 元末毁 洪武四年（1371年）重建	/	赣州路赣县	《明一统志》卷 57 雍正《江西通志》卷 21
先贤书院 一作安贤书院	宋淳熙元年（1174年）改修为书院 元大德间重修	陈鞾　修	赣州路赣县	《明一统志》卷 58 雍正《江西通志》卷 22
安湖书院	宋咸淳八年（1272年）建	何时	赣州路兴国县	《明一统志》卷 57 雍正《江西通志》卷 21 文天祥《文山集》卷 12《赣州兴国县安湖书院记》 吴澄《吴文正集》卷 57《题安湖书院始末后》
梅江书院	宋淳祐六年（1246年）建 元延祐二年（1315年）兵毁 至正十年（1350年）重修	夙子兴　建 赵天泽　修	赣州路宁都县	《明一统志》卷 58 雍正《江西通志》卷 22 《大清一统志》卷 256 危素《说学斋稿》卷 2《梅江书院极高明楼记》

续表

书院名称	创修时间	创修者	分布地区	史　源
道源书院	宋代建 元泰定间修	汪泽民　修	建昌路大庾县	《明一统志》卷58 雍正《江西通志》卷22 《大清一统志》卷255
仙堂书院	元至元间建	王邦叔	建昌路大庾县	雍正《江西通志》卷22
太傅书院	宋淳祐间建 元延祐修	伯颜察儿	建昌路上犹县	《明一统志》卷58 雍正《江西通志》卷22 《大清一统志》卷255
盱江书院	北宋李觏教授之所 元季毁 明正德七年(1512年)李梦阳改建	/	建昌路南城县	《明一统志》卷53 雍正《江西通志》卷22 李梦阳《空同集》卷41《盱江书院碑》
进修书院	宋元丰间建,淳熙间石致平重修	石松	建昌路泸溪县	雍正《江西通志》卷22 《大清一统志》卷254
四溪书院	/	/	建昌路南城县	雍正《江西通志》卷22
修江书院	南宋时建	朱熹	南康路星子县	雍正《江西通志》卷22 《大清一统志》卷243
武彝书院	南宋黄干、蔡沈、黄钟讲学处,后建书院	/	建昌路新城县	雍正《江西通志》卷22
西村书堂	元代建	朱民表	建昌路新城县	雍正《江西通志》卷22
山堂书院	元至元间建	王邦叔	南安路府城	《明一统志》卷58 雍正《江西通志》卷76
南丰书院	元至正初建	史文彬	南丰路南丰县	《明一统志》卷53 雍正《江西通志》卷22 《大清一统志》卷254
宗濂书院	元代建 至正十二年(1352年)毁于兵	万一鹗 熊朋来	袁州路萍乡县	《明一统志》卷49 雍正《江西通志》卷17、卷21 王圻《续文献通考·学校考》 《钦定续文献通考·学校考》
南轩书院	宋端平中建 元至元间修	彭方　建 张熙祖　修	袁州路宜春县	雍正《江西通志》卷21 《大清一统志》卷252
张岩书院	元代建	张千崖	袁州路万载县	《明一统志》卷57 雍正《江西通志》卷21 《大清一统志》卷252 虞集《道园学古录》卷36《重修张岩书院记》
胡安之书院	宋代建	/	袁州路萍乡州	《明一统志》卷57

续表

书院名称	创修时间	创修者	分布地区	史　源
铃冈书院	宋淳祐初建 明崇祯十六年 （1643年）毁	/	袁州路分宜县	《明一统志》卷57 雍正《江西通志》卷21 《大清一统志》卷252
景星书院	唐代建 元末毁于兵	李渤	江州路德化县	《明一统志》卷52 雍正《江西通志》卷22 《大清一统志》卷244
靖忠书院	元至正四年（1344 年）建	王国辅	江州路澎泽县	《明一统志》卷52 雍正《江西通志》卷22
濂溪书院	宋代建 明正统初修	/	江州路德化县	雍正《江西通志》卷22
高峰书院	宋代建 明嘉靖元年 （1522年）重修	黄榦	临江路新淦县	《明一统志》卷55 雍正《江西通志》卷21、卷 132 徐问《高峰书院记》 程文海《雪楼集》卷11《高峰 书院记》
临汝书院	南宋时建	冯去疾	抚州路临川县	《明一统志》卷54 雍正《江西通志》卷21 吴澄《吴文正集》卷37《临汝 书院重修尊经阁记》
青城书院	/	/	抚州路临川县	雍正《江西通志》卷21
槐堂书院	宋绍定间	陈咏之	抚州路金溪县	《明一统志》卷54 雍正《江西通志》卷21 《大清一统志》卷246 彭大翼《山堂肆考》卷173 《槐堂》
鹿冈书院	宋嘉祐间	孙子野 （一作杜子野）	抚州路宜黄县	《明一统志》卷54 雍正《江西通志》卷21 《大清一统志》卷246
漳溪书院	元代建	/	抚州路宜黄县	赵文《青山集》卷3《水云乡 记》
柳塘书院 亦名梅隐书院	宋代建	邹一唯	抚州路乐安县	《明一统志》卷54 雍正《江西通志》卷21
西溪书院	元代建	何中	抚州路乐安县	雍正《江西通志》卷21
龙冈书院	元代建	谢均福	抚州路乐安县	雍正《江西通志》卷21
鳌溪书院	元代建 皇庆元年（1312 年）赐额	夏友兰	抚州路乐安县	《明一统志》卷54 雍正《江西通志》卷21
石林书院	宋代建 明代周瑛题额	叶梦得	抚州路金溪县	雍正《江西通志》卷21、卷85

书院名称	创修时间	创修者	分布地区	史　源
心斋书院	宋代建	董德　修	抚州路乐安县	雍正《江西通志》卷21
慈竹书院	宋代建 明人乐翰重修	乐史	抚州路乐安县	雍正《江西通志》卷21
邵庵书院	元至正间建	重喜	抚州路崇仁县	《明一统志》卷54 雍正《江西通志》卷21
青田书院	元大德间建	张居怿	抚州路金溪县	雍正《江西通志》卷21
草庐书院	元至元间建	阿里	抚州路崇仁县	《明一统志》卷5、卷4 雍正《江西通志》卷21
崇儒书院	宋代建 元代修	/	抚州路	雍正《江西通志》卷21
成冈书院	元代建	李幼常	抚州路崇仁县	雍正《江西通志》卷21
韩山书院	宋代建 元至元二十一年（1284年）重修	王翰	潮州路海阳县	《明一统志》卷80 吴澄《吴文正集》卷37《潮州路韩山书院记》
得全书院	宋代建书院 元欧阳玄记	赵箕翁	潮州路海阳县	《明一统志》卷80 雍正《广东通志》卷59 欧阳玄《得全书院记》
元公书院	宋代建	周梅叟	潮州路	《明一统志》卷80 《大清一统志》卷344
鳌峰书院	元代建	/	循州龙川县	《明一统志》卷80
鄱江书院	宋代建	/	饶州路鄱阳	雍正《江西通志》卷22
初庵书院	元代建	傅立	饶州路德兴县	《明一统志》卷50 雍正《江西通志》卷22
蒙斋书院	宋代建	/	饶州路德兴县	雍正《江西通志》卷22 刘将孙《养吾斋集》卷35《蒙斋书院记》
锦江书院	宋代建 元至正赐额	倪镗	饶州路安仁县	《明一统志》卷50 雍正《江西通志》卷22 王圻《续文献通考·学校考》 《钦定续文献通考·学校考》
石鹿书院	元至正六年(1346年)建	陈桢	饶州路安仁县	雍正《江西通志》卷128《石鹿书院记》 危素《说学斋稿》卷2《石鹿书院记》
竹庄书院	元代建 明永乐间重修	危素讲学处	饶州路安仁县	雍正《江西通志》卷22

续表

书院名称	创修时间	创修者	分布地区	史源
玉溪书院	元代建	何英	饶州路鄱阳县	《明一统志》卷50 雍正《江西通志》卷22、卷89
银峰书院	宋淳熙间建 明崇祯间修	余渊	饶州路德兴县	雍正《江西通志》卷22 《大清一统志》卷240
石洞书院	宋代建 元至正间设馆廪	饶鲁	饶州路余干州	《明一统志》卷50 雍正《江西通志》卷22、卷88 王圻《续文献通考·学校考》 《钦定续文献通考·学校考》
忠宣书院	宋代建 明正德初改建	/	饶州路鄱阳县	雍正《江西通志》卷22 《大清一统志》卷240
南溪书院	宋提刑柴中行讲学处 元时其子孙作书院	/	饶州路余干州	《明一统志》卷50 雍正《江西通志》卷22 王圻《续文献通考·学校考》
东山书院	宋代建	赵汝靓	饶州路余干州	《明一统志》卷50、卷59 《大清一统志》卷240
忠定书院	宋淳祐初建 元至元间赵孟济重修	赵崇宪	饶州路余干州	《明一统志》卷50 雍正《江西通志》卷22 史简《鄱阳五家集》卷6《送马君采赴忠定书院教谕》
长芗书院	宋庆元三年(1043年)建 元元泰定二年(1325年)重修	李齐愈	饶州路浮梁县	雍正《江西通志》卷22
双溪书院	宋淳祐间建进士庄 元至正改书院	赵源	饶州路浮梁县	雍正《江西通志》卷22 陈文蔚《克斋集》卷7《双溪书院揭示》
新田书院	宋绍兴间建,嘉定间修	李椿年	饶州路浮梁县	《明一统志》卷50 雍正《江西通志》卷22 邓文原《巴西集》卷上《故宋登仕郎李君墓志铭》
慈湖书院	南宋建 元至正间县尹翟衡重建	杨简	饶州路乐平县	《明一统志》卷50 雍正《江西通志》卷22
稼轩书院 初名瓢泉书院	宋代建 元代改建	/	信州路铅山县	雍正《江西通志》卷22 《明一统志》卷51 戴表元《剡源文集》卷1《稼轩书院兴造记》

书院名称	创修时间	创修者	分布地区	史　源
翠岩书院	宋代建	叶舜民	饶州路万年县	《江西通志》卷22
宗文书院	元代建	/	信州路铅山县	程端礼《畏斋集》卷5《铅山州修学记》 《方舆胜览》卷18
鹅湖书院	元皇庆二年(1313年)建 元末兵毁 明正德间重建	窦汝舟	信州路铅山县	《明一统志》卷51 雍正《江西通志》卷22 《山堂肆考》卷173
牲湖书院	元代建	/	信州路铅山县	《新元史》卷236《程端礼传》
叠山书院	宋代建 元季毁于兵	郑康仲	信州路上饶县	《明一统志》卷51 雍正《江西通志》卷22 《大清一统志》卷242 程端礼《畏斋集》卷2《送迭山书院山长吴屿南》
白石书院	宋代建	刘光	信州路上饶县	雍正《江西通志》卷22 吴澄《吴文正集》卷77《有元征事郎翰林编修刘君墓志铭》 袁桷《清容居士集》卷18《白石书院记》
象山书院	南宋建	徐绍景	信州路贵溪县	《明一统志》卷51 《延祐四明志》卷14 雍正《江西通志》卷11 《元文类》卷34吴澄《陆象山语录序》
玉溪书院	宋儒卢孝孙讲学处 元季兵毁 明弘治间重建	何英	信州路贵溪县	雍正《江西通志》卷22
临清书院	元初建	裴方润	信州路贵溪县	雍正《江西通志》卷22
灵谷书院	元延祐间建	桂本	信州路贵溪县	王祎《王忠文集》卷8《灵谷书院记》 雍正《江西通志》卷22
理源书院	宋儒龚霆松讲学处 明万历三十九年(1611年)知县钱邦伟额之曰"真儒道脉"	/	信州路贵溪县	雍正《江西通志》卷22

续表

书院名称	创修时间	创修者	分布地区	史　源
带湖书院	宋淳熙间辛弃疾读书所,后建书院	／	信州路	雍正《江西通志》卷22
河源书院	宋嘉定间建	周天骥	信州路广丰县	雍正《江西通志》卷22
龙山书院	宋嘉定间建 元代修	／	信州路广丰县	雍正《江西通志》卷22 袁桷《清容居士集》卷18《封龙山书院重修记》
静明书塾	元代建	陈立大	信州路贵溪县	雍正《江西通志》卷22 危素《说学斋稿》卷1《静明书塾记》
端明书院	宋汪应辰讲学处 元始建书院	寿安	信州路玉山县	《明一统志》卷51 雍正《江西通志》卷20、卷22、卷128《端明书院记》
桐源书院 一作桐原书院	宋代建 元代修	高可仰　建 高惠甫　修	信州路贵溪县	雍正《江西通志》卷22 《明一统志》卷51
蓝山书院	元初张卿弼隐居于此,后建书院 至顺三年(1335年)重修	杨应桂 申益章	信州路弋阳县	《明一统志》卷51 雍正《江西通志》卷22 程端礼《畏斋集》卷5《弋阳县薪修蓝山书院记》
道一书院	宋代建	程月	信州路上饶县	雍正《江西通志》卷22 吴澄《吴文正集》卷36《明经书院记》
原道书院	元代建	何大衢	信州路广丰县	雍正《江西通志》卷22
西湖书院	宋太学故基 元至元末改为书院	徐琰	杭州路仁和县	《明一统志》卷38 陈基《夷白斋稿》卷21《西湖书院书目序》
集虚书院	元元贞年间建	孟宗宝	杭州路余杭县	邓牧《洞霄图志》卷1 仇远《山村遗集·集虚书院》
黄冈书院	宋代建 元至正间改为书院	贾氏建	杭州路海宁县	《明一统志》卷38 雍正《浙江通志》卷25 《大清一统志》卷216
宣公书院	元至元间建	／	嘉兴路嘉兴县	《明一统志》卷39 雍正《浙江通志》卷26 《大清一统志》卷220 刘基《诚意伯文集》卷9《嘉兴路重修陆宣公书院碑铭》

书院名称	创修时间	创修者	分布地区	史　源
传贻书院	宋咸淳年间建	/	嘉兴路崇德州	《明一统志》卷 39 《大清一统志》卷 220 徐硕《至元嘉禾志》卷 13《传贻书院记》 雍正《浙江通志》卷 26
燕居书院	元代建	/	嘉兴路嘉兴县	徐硕《至元嘉禾志》卷 7
白社书院	宋末建	卫富益	嘉兴路崇德州	《吴兴备志》卷 13 雍正《浙江通志》卷 175
安定书院	北宋淳祐中建 明宣德间重修	/	湖州路乌程县	《明一统志》卷 40 《大清一统志》卷 222 王圻《续文献通考·学校考》 《钦定续文献通考·学校考》
东湖书院	元代建	蒋必胜	湖州路长兴县	《明一统志》卷 40 《吴兴备志》卷 12 王圻《续文献通考·学校考》 《钦定续文献通考·学校考》
文学书院	元至顺三年(1335年)建	曹善诚	平江路常熟县	《大清一统志》卷 54 《姑苏志》卷 24 王圻《续文献通考·学校考》 《钦定续文献通考·学校考》
学道书院	宋咸淳五年(1269年)建	赵顺孙	平江路长洲县	《明一统志》卷 8 《大清一统志》卷 54
甫里书院	元元统间建	钱光弼	平江路长洲县	《明一统志》卷 8 王圻《续文献通考·学校考》 《钦定续文献通考·学校考》
文正书院	元至正间建	吴秉彝	平江路长洲县	《明一统志》卷 8 王圻《续文献通考·学校考》 王鏊《姑苏志》卷 17
和靖书院	宋代建 元延祐初改建 明嘉靖五年(1527年)重建	/	平江路长洲县	《明一统志》卷 8 王圻《续文献通考·学校考》 《钦定续文献通考·学校考》
鹤山书院	宋理宗时建 元至顺间修 明宣德间重建	魏了翁	平江路吴县	《明一统志》卷 8 《大清一统志》卷 54 王鏊《姑苏志》卷 24

续表

书院名称	创修时间	创修者	分布地区	史　源
范文正公书院	元至正年间建	吴秉彝	平江路吴县	李祁《云阳集》卷7《范文正公书院记》
东坡书院	宋代建	/	常州路晋陵县	《明一统志》卷10 乾隆《江南通志》卷13
依绿书院	/	/	常州路金坛县	《明一统志》卷10
龟山书院	宋绍定间建 元设山长主教事	郑必万	常州路晋陵县	《明一统志》卷10 王圻《续文献通考·学校考》 《钦定续文献通考·学校考》
道南书院	宋绍兴初建 元末毁 明正统修	黄灏	常州路	乾隆《江南通志》卷90 《大清一统志》卷60
玉峰书院	元代建，赵孟頫书额	/	平江路昆山州	乾隆《江南通志》卷90 《大清一统志》卷54
九峰书院	北宋代 明正德十一年（1516年）改建	卫谦	嘉兴路	《明一统志》卷9 乾隆《江南通志》卷90
孔宅书院	元至正间建	章弼	嘉兴路华亭县	《明一统志》卷9 乾隆《江南通志》卷90
西湖书院	元元贞元年（1295年）建	张之翰	嘉兴路华亭县	《明一统志》卷9 乾隆《江南通志》卷90
清忠书院	元至正建	张元泽	嘉兴路上海县	《明一统志》卷9 舒頔《贞素斋集》卷2《送戴山长之清忠书院序》
龙津书院	宋代建 元代修	察罕　修	庆元路奉化州	雍正《浙江通志》卷27 任士林《松乡集》卷1《重建文公书院记》
松溪书院	元至正七年（1347年）建	李德说	庆元路奉化州	雍正《浙江通志》卷27
广平书院	宋代建	/	庆元路奉化州	《明一统志》卷46
文公书院	元代建	/	庆元路奉化州	雍正《浙江通志》卷27 任士林《松乡集》卷1《重建文公书院记》
杜洲书院 一作杜州书院	宋代建	/	庆元路慈溪县	刘仁本《羽庭集》卷2《送杜洲书院山长胡幼学之任》 雍正《浙江通志》卷27
东湖书院	元代建	陆天祐	庆元路鄞县	《明一统志》卷46

续表

书院名称	创修时间	创修者	分布地区	史　源
鄞山书院	元大德二年(1298年)建	赵寿(《明一统志》卷46作赵儒)	庆元路鄞县	《明一统志》卷46 《延祐四明志》卷14 雍正《浙江通志》卷27 王圻《续文献通考·学校考》 《钦定续文献通考·学校考》
甬东书院	宋理宗时建	郑清之	庆元路鄞县	《明一统志》卷46 《延祐四明志》卷14
丹山书院	宋代建	赵善晋	庆元路象山县	雍正《浙江通志》卷27 赵撝谦《赵考古文集》卷1《丹山书院记》
鄞江书院	元代建	张式良	庆元路鄞县	《明一统志》卷46 雍正《浙江通志》卷27
鲁斋书院	元代建	锁南班	庆元路鄞县	雍正《浙江通志》卷27
泽山书院	/	/	庆元路昌国州	雍正《浙江通志》卷27
湖山书院	元至元间建 至正间毁	/	庆元路定海县	雍正《浙江通志》卷27
翁洲书院	宋理宗年间建 元延祐年间修	应傃	庆元路昌国州	《昌国州图志》卷2《翁洲书院》 雍正《浙江通志》卷27
岱山书院	宋咸淳间建 元至元三十一年(1294年)迁	魏榘	庆元路昌国州	袁桷《延祐四明志》卷14《岱山书院记》 雍正《浙江通志》卷27
慈湖书院	宋宝庆间建,咸淳七年(1271年)重建 元设山长主之	刘黻	庆元路慈溪县	《明一统志》卷46 《延祐四明志》卷4 王圻《续文献通考·学校考》 《钦定续文献通考·学校考》
虹桥书院	宋代建	余天锡	庆元路定海县	雍正《浙江通志》卷27
文献书院	元代建	刘本仁	台州路黄岩县	雍正《浙江通志》卷27 《大清一统志》卷229
桐江书院	元皇庆中建	方志道	台州路仙居县	《明一统志》卷47 雍正《浙江通志》卷27 《大清一统志》卷229
回浦书院	元元贞中建	/	台州路黄岩县	《明一统志》卷47 雍正《浙江通志》卷27

书院名称	创修时间	创修者	分布地区	史　源
柔川书院	元代建	王建	台州路黄岩县	《明一统志》卷47 雍正《浙江通志》卷27
九溪书院	元牟楷讲学于此,后建书院	/	台州路黄岩县	《明一统志》卷47 雍正《浙江通志》卷27
上蔡书院	宋景定中建	王华甫	台州路临海县	《明一统志》卷47 雍正《浙江通志》卷27 王圻《续文献通考·学校考》 《钦定续文献通考·学校考》
鉴溪书院	元代建	柯醺	台州路临海县	《明一统志》卷47
安洲书院	元至元中建	翁森	台州路仙居县	《明一统志》卷47 雍正《浙江通志》卷27
笏洲书院	宋端平三年(1236年)建 元至元年间修	/	处州路龙泉县	《明一统志》卷44 雍正《浙江通志》卷29 《大清一统志》卷236
桂山书院	宋端平年间建	张奉议	处州路龙泉县	《明一统志》卷44 雍正《浙江通志》卷29 《大清一统志》卷236
仙岩书院	宋咸淳间建	章公权	处州路龙泉县	雍正《浙江通志》卷29
石门书院	元至正中建	王俣	处州路青田县	《明一统志》卷44 雍正《浙江通志》卷29 《大清一统志》卷236
明善书院	宋咸淳间建	叶再遇	处州路松阳县	雍正《浙江通志》卷29 《大清一统志》卷236 吴师道《礼部集》卷12《明善书院记》
美化书院	宋嘉熙年间建	陈实	处州路缙云县	《明一统志》卷44 《大清一统志》卷236 王圻《续文献通考·学校考》 《钦定续文献通考·学校考》
八华书院	元代建	许彦洪	金华路东阳县	雍正《浙江通志》卷28 《大清一统志》卷231
五云书院	元大德间建	楼如浚	金华路义乌县	雍正《浙江通志》卷28 《大清一统志》卷231
说斋精舍	元代建	/	金华路	黄溍《文献集》卷9下《叶审言墓志铭》

书院名称	创修时间	创修者	分布地区	史　源
茅山书院	宋初建,绍定中修	侯仲逸	镇江路金坛县	乾隆《江南通志》卷90 《至大金陵新志》卷9
淮海书院	宋淳熙年间建 元至元中为甘露寺所并 元贞元年(1295年)重建	龚基先	镇江路丹徒县	《明一统志》卷11 乾隆《江南通志》卷90
濂溪书院	南宋周敦颐依舅氏郑向尝居此,后人因建书院。 明正统中改建	/	镇江路丹徒县	《明一统志》卷11
兰亭书院	晋内史王羲之修禊所 元时置书院	/	绍兴路山阴县	雍正《浙江通志》卷27 《大清一统志》卷226 陈基《夷白斋稿》卷21《西湖书院书目序》
稽山书院	/	吴革因	绍兴路会稽县	《明一统志》卷45 雍正《浙江通志》卷27 王圻《续文献通考·学校考》 《钦定续文献通考·学校考》
和靖书院	宋代建		绍兴路会稽县	雍正《浙江通志》卷27 《大清一统志》卷226
丽正书院	唐开元十一年(725年)建	/	绍兴路会稽县	雍正《浙江通志》卷27
泳泽书院	元至元间建 明万历间修	/	绍兴路上虞县	雍正《浙江通志》卷27 《大清一统志》卷226
二戴书院	元元贞二年(1296年)建 至正五年(1345年)县令冷瓒重修	完颜真尹余洪	绍兴路嵊县	雍正《浙江通志》卷27 王逢《梧溪集》卷4《题巴延守仁教授竹石》
高节书院	宋淳祐(一作咸淳)中建	刘黻	绍兴路余姚州	《明一统志》卷45 雍正《浙江通志》卷27
古灵书院	元代建	/	绍兴路余姚州	雍正《浙江通志》卷27 刘仁本《羽庭集》卷3《题古灵书院》
师山书院	元代郑玉构精舍于师山,后人因之为书院	郑玉	徽州路歙县	乾隆《江南通志》卷90 《大清一统志》卷79 郑玉《师山集》卷8《鲍仲安墓表》 《元史》卷196《郑玉传》

书院名称	创修时间	创修者	分布地区	史　源
倚山书院	元代建	程国宝	徽州路歙县	唐元《筠轩集》卷12《倚山书院辞》 程敏政《新安文献志》卷49 唐元《倚山书院辞》
明经书院	元至大初建	胡淀	徽州路婺源县	《明一统志》卷16 乾隆《江南通志》卷90 王圻《续文献通考·学校考》 《钦定续文献通考·学校考》
紫阳书院	宋淳祐间建 元人陈浩记	韩补	徽州路歙县	《明一统志》卷16 乾隆《江南通志》卷34 《大清一统志》卷78
虚谷书院	元代建	／	徽州路歙县	方回《桐江续集》卷32《唐师善月心诗集序》
晦庵书院	元至元二十四年(1287年)建	汪元圭	徽州路婺源县	乾隆《江南通志》卷90 柳贯《待制集》卷15《婺源州重建晦庵书院记》 吴师道《礼部集》卷12《婺源州学记》
阆山书院	元至正间建	汪同	徽州路婺源县	乾隆《江南通志》卷90
商山书院	元代建	／	徽州路休宁县	赵汸《东山存稿》卷4《商山书院学田记》
友陶书院	宋代建	／	徽州路歙县	《岩镇志草·建置》
西畴书院	宋代建	／	徽州路歙县	康熙《歙县志》卷9 道光《歙县志》卷2
翚阳书院	元代建	／	徽州路绩溪县	程敏政《新安文献志》卷53《翚阳书院》
永嘉书院	宋淳祐中建	／	温州路永嘉县	《明一统志》卷48
宗晦书院 旧名艺堂书院	宋代建	／	温州路乐清县	《明一统志》卷48
昭文书院	元至元年(1264年)间建	方拱辰	集庆路江宁县	《明一统志》卷6 《至大金陵新志》卷6
江东书院	元至治元年(1321年)建 泰定元年(1324年)定额"江东书院"	王霖	集庆路江宁县	乾隆《江南通志》卷90 《至大金陵新志》卷6上

书院名称	创修时间	创修者	分布地区	史　源
明道书院	宋淳熙初建	刘珙	集庆路上元县	《明一统志》卷6 《大清一统志》卷52 杨翮《佩玉斋类稿》卷5《赠明道书院权山长汤子逸序》
南轩书院	宋咸淳四年(1268年)建 元大德元年(1297年)修	/	集庆路上元县	《宋史》卷46《度宗本纪》 《大清一统志》卷52
青溪书院	元代建	陈黄裳	集庆路江宁县	赵文《青山集》卷3《青溪书院记》
清献书院	宋咸宁中建	陈蒙	衢州路安西县	《明一统志》卷43 雍正《浙江通志》卷28 王圻《续文献通考·学校考》 《钦定续文献通考·学校考》
柯山书院	宋代郑可简建精舍,淳祐中立书院	/	衢州路安西县	《明一统志》卷43 雍正《浙江通志》卷28 王圻《续文献通考·学校考》 《钦定续文献通考·学校考》
明正书院	宋咸淳中建	赵孟奎	衢州路安西县	《明一统志》卷43 雍正《浙江通志》卷28 黄溍《文献集》卷7上《明正书院田记》
包山书院	宋绍定(一作淳熙)中建	汪应辰	衢州路开化县	《明一统志》卷43 雍正《浙江通志》卷28 吴师道《礼部集》卷14《送包山孙山长序》
勉斋书院	元至正十九年(1359年)建	/	福州路闽县	《明一统志》卷74 乾隆《福建通志》卷71 王圻《续文献通考·学校考》 贡师泰《玩斋集》卷7《勉斋书院记》
城南书院	宋代张栻讲学处元代改为书院	/	福州路古田县	《明一统志》卷63、卷74 雍正《湖广通志》卷23
三山书院	宋宝祐二年(1254年)建	王佖	福州路侯官县	《明一统志》卷74 陶宗仪《辍耕录》卷30《祖孝子》 陈旅《安雅堂集》卷12
龙江书院	宋嘉定间建	危积	福州路福清县	《明一统志》卷74、卷78 《大清一统志》卷358

续表

书院名称	创修时间	创修者	分布地区	史 源
建安书院	宋嘉熙二年(1238年)建	王野	建宁路建安县	乾隆《福建通志》卷67《大清一统志》卷331
云庄书院	宋嘉熙三年(1239年)建	/	建宁路建安县	魏了翁《鹤山集》卷52《史少弼云庄集序》
西山书院	元代建	/	建宁路浦城县	虞集《道园学古录》卷7《西山书院记》乾隆《福建通志》卷71
考亭书院	宋淳祐四年(1244年)建 明宣德中重修	/	建宁路建阳县	《明一统志》卷76 王圻《续文献通考·学校考》《钦定续文献通考·学校考》
同文书院	宋代建	/	建宁路建阳县	《明一统志》卷76 熊禾《勿轩集》卷4《建阳书坊同文书院》彭大翼《山堂肆考》卷173
廌山书院	宋代嘉熙年间建	游酢	建宁路建阳县	《明一统志》卷76《大清一统志》卷331 李清馥《闽中理学渊源考》卷2《文肃游广平先生酢》
屏山书院	元代建 明洪武中重修	/	建宁路崇安县	《明一统志》卷76《大清一统志》卷325 乾隆《福建通志》卷18 虞集《道园学古录》卷36《屏山书院记》
庐峰书院	宋宝祐三年(1255年)建	蔡沈	建宁路建阳县	《明一统志》卷76 乾隆《福建通志》卷18
文定书院	元代建,祀宋儒胡安国 明正统中修	彭廷坚	建宁路崇安县	《明一统志》卷76《大清一统志》卷331 乾隆《福建通志》卷18
湛卢书院	元末建 明景泰中重修	/	建宁路松溪县	《明一统志》卷76《大清一统志》卷331 乾隆《福建通志》卷31、卷63
鳌峰书院	唐代建 明正统中重修	熊秘	建宁路建阳县	《明一统志》卷76《大清一统志》卷331 乾隆《福建通志》卷72
化龙书院	元代建	刘应李	建宁路建阳县	乾隆《福建通志》卷18 李清馥《闽中理学渊源考》卷6《主簿刘希泌先生应李》

书院名称	创修时间	创修者	分布地区	史　源
云谷书院	南宋时建	/	建宁路建阳县	《明一统志》卷78 《大清一统志》卷331 乾隆《福建通志》卷18
环峰书院	宋淳祐四年(1244年)建	/	建宁路建阳县	乾隆《福建通志》卷18、卷77 《大清一统志》卷331
紫阳书院	宋淳熙十年(1183年)建	/	建宁路崇安县	乾隆《福建通志》卷18、卷77 《大清一统志》卷331
少微书院	宋政和年间建	/	建宁路崇安县	《明一统志》卷78 乾隆《福建通志》卷18
梓翁书院	/	/	建宁路崇安县	乾隆《福建通志》卷77
武夷书院	南宋朱熹初建精舍,景定中建书院	朱松	建宁路崇安县	《明一统志》卷76
星溪书院	北宋宣和年间建	/	建宁路星溪县	《大清一统志》卷331 乾隆《福建通志》卷18 林雍《星溪书院记》
东川书院	宋代建	/	太平路当涂县	《大清一统志》卷295 黄溍《文献集》卷5《送东川书院陈山长序》
天门书院	宋淳祐六年(1246年)建 元至元十四年(1277年)修	陈垲	太平路当涂县	《明一统志》卷15 乾隆《江南通志》卷90 《钦定续文献通考·学校考》
采石书院	元至元十四年(1277年)建	张弘范	太平路当涂县	《明一统志》卷15 乾隆《江南通志》卷90
丹阳书院	宋景定五年(1264年)建 元至大间修	刘应安	太平路当涂县	《明一统志》卷15 邓文原《巴西集》卷上《丹阳书院田记》
齐山书院	元代建	/	池州路贵池县	《明一统志》卷16 乾隆《江南通志》卷90 王圻《续文献通考·学校考》
月泉书院	宋咸淳间王霖龙构精舍 元代改为书院	王霖龙	婺州路浦江县	《明一统志》卷42 戴良《九灵山房集》卷首《戴良年谱》
仁山书院	宋代建	/	婺州路兰溪州	雍正《浙江通志》卷28 《明文衡》卷99《仁山书院记》

书院名称	创修时间	创修者	分布地区	史　源
斋芳书院	元代建	/	婺州路兰溪州	雍正《浙江通志》卷28
瀫东书院	宋代建	/	婺州路兰溪州	雍正《浙江通志》卷28
四贤书院	元代建	/	婺州路金华贤	《明一统志》卷42 雍正《浙江通志》卷263
丽泽书院	宋淳祐间建 元至元间修	吕祖谦	婺州路金华县	《明一统志》卷42 雍正《浙江通志》卷28 《元史》卷172《袁桷》
北山书院	宋代建	何基	婺州路兰溪州	雍正《浙江通志》卷28 吴师道《礼部集》卷20《代请立北山书院文》
重乐书院	宋代建	/	婺州路兰溪州	雍正《浙江通志》卷28
东明书院	元末建	/	婺州路浦江县	雍正《浙江通志》卷28 《大清一统志》卷231
泉山书院	宋咸淳三年(1267年)建	/	泉州路晋江县	《明一统志》卷75 程文海《雪楼集》卷17《纯德郭先生墓碣》
大同书院	元代建	/	泉州路同安县	乾隆《福建通志》卷71 王圻《续文献通考·学校考》 《钦定续文献通考·学校考》
石井书院	宋嘉定中建	游绛	泉州路晋江县	《明一统志》卷75 乾隆《福建通志》卷18 《大清一统志》卷328 彭大翼《山堂肆考》卷173
浯洲书院	元代建	/	泉州路同安县	乾隆《福建通志》卷71
瑶台书院	/	/	兴化路莆田县	《明一统志》卷75 乾隆《福建通志》卷18 《大清一统志》卷327
涵江书院	宋淳祐五年(1245年)建	/	兴化路莆田县	《明一统志》卷77 乾隆《福建通志》卷62 《八闽通志》、《建宁府志》 《钦定续文献通考·学校考》
樵溪书院	宋景定中建 元代修	钱谦孙	邵武路邵武县	《明一统志》卷78 乾隆《福建通志》卷18 《大清一统志》卷332
崇仁书院	元代建	/	邵武路光泽县	《明一统志》卷78 乾隆《福建通志》卷18 《大清一统志》卷332

书院名称	创修时间	创修者	分布地区	史　源
云岩书院	宋李方子讲学处元天历中建	尹况达	邵武路光泽县	《明一统志》卷78乾隆《福建通志》卷771《虞集云岩书院记》虞集《道园学古录》卷8《光泽县云岩书院记》
双峰书院	南宋时建至元重修	高刚	延平路顺昌县	刘辰翁《须溪集》卷2《南剑双峰书院记》,刘将孙《养吾斋集》卷15《重修南剑路顺昌县双峰书院记》
道南书院	宋代建	/	延平路南平县	乾隆《福建通志》卷72 林瀚《道南书院记》
豫章书院	宋代建	罗天泽	延平路沙县	康熙《沙县志》
谏议书院	宋嘉定二年(1209年)建明永乐忠重修	余景瞻	延平路沙县	《明一统志》卷77《八闽通志》、《建宁府志》
龟山书院	宋咸淳二年(1266年)建明洪武七年(1374年)重建	/	延平路将乐县	《明一统志》卷77《八闽通志》、《建宁府志》
延平书院	宋嘉定二年(1209年)建明永乐初重建	陈宓	延平路南平县	《明一统志》卷77《八闽通志》、《建宁府志》《大清一统志》卷330
南溪书院	宋德淳元年(1275年)建明永乐中重修	李修	延平路尤溪县	《明一统志》卷77《八闽通志》
凤冈书院	宋代建	黄灏	延平路尤溪县	《明一统志》卷77《大清一统志》卷330
石峡书院	本方逢辰讲道之所宋度宗年间改书院	/	建德路淳安县	《明一统志》卷41
丹诏书院	宋绍定间建,淳祐中郡守黄朴书额	周申	漳州路漳浦县	《明一统志》卷78
钓台书院	宋绍定中建明正统初知府万观重修	陆子遹　建万观　　修	建德路建德县	《明一统志》卷41《景定严州续志》卷3《钓台书院》
马洲书院	元代建	陈函辉	江阴州靖江县	乾隆《江南通志》卷90
澄江书院	元至正中建	蔡以忠	江阴州江阴县	乾隆《江南通志》卷90

续表

书院名称	创修时间	创修者	分布地区	史　源
青阳书院	元代建	/	安庆路怀宁县	乾隆《江南通志》卷90
山谷书院	宋代建	/	安庆路怀宁县	《明一统志》卷14
赞化书院	宋代建	/	高邮路	王旭《兰轩集》卷9《题赞化书院》
南湖书院	宋淳祐间建 元至元间设山长 至正中重建	黄瑞谅 铁山	武昌路武昌县	《明一统志》卷59 雍正《湖广通志》卷22 王圻《续文献通考·学校考》 《钦定续文献通考·学校考》
南阳书院	元代建	/	武昌路江夏县	《大清一统志》卷165 ·法式善《陶庐杂录》卷1
龙川书院	元代建	/	武昌路武昌县	《明一统志》卷59 王圻《续文献通考·学校考》 《钦定续文献通考·学校考》
新溪书院	宋代建	周风仕	武昌路蒲圻县	《明一统志》卷59 雍正《湖广通志》卷22
六一书院	宋代建	欧阳修	武昌路江夏县	雍正《湖广通志》卷22
鸣鹤书院	元代建	艾朝瑞	武昌路崇阳县	民国《湖北通志》卷59 光绪《武昌县志》卷7
湖山书院	元代建	/	武昌路武昌县	民国《湖北通志》卷59 光绪《武昌县志》卷7
石鼓书院	宋至道三年(997年)请建,景祐二年(1035年)赐额曰石鼓书院	李士真	衡州路衡山县	《明一统志》卷64 雍正《湖广通志》卷23 《大清一统志》卷281 《元诗选》三集卷10《石鼓书院》
城南书院	宋代建	张栻	衡州路衡阳县	《明一统志》卷63 雍正《湖广通志》卷11、卷23、卷73 《大清一统志》卷276
清溪书院	宋代建 元至正间县令 王雪岩重修	王槐	衡州路安仁县	《明一统志》卷64 雍正《湖广通志》卷23
台山书院	宋嘉定中建	尹沂	衡州路酃县	雍正《湖广通志》卷23 《大清一统志》卷281 凌迪知《万姓统谱》卷80《尹沂》

书院名称	创修时间	创修者	分布地区	史　源
濂溪书院	宋代建	/	道州路营道县	《明一统志》卷65 雍正《湖广通志》卷11、卷23 《钦定续文献通考·学校考》
观澜书院	宋代建	曹靖	彬州路兴宁县	《明一统志》卷66 雍正《湖广通志》卷23
浯溪书院	元至元中建	曾圭	永州路祁阳县	《明一统志》卷65 雍正《湖广通志》卷23 苏天爵《滋溪文稿》卷2《浯溪书院记》
平湖书院	宋代建 元郭思诚重修	陈大震	雷州路海康县	《明一统志》卷82 雍正《广东通志》卷53
文明书院	宋代建 元彭从龙重修	/	雷州路遂溪县	《明一统志》卷82
江东书院	宋淳祐间建	毛基	平乐富川县	《明一统志》卷84 雍正《广西通志》卷37
清湘书院	宋代建 元贞间总管耿大节重建 元统间郡守柳宗监复修之 永乐间重修	赵必愿	全州路清湘县	《明一统志》卷83 雍正《广西通志》卷37 《大清一统志》卷355
璜溪书院	元至正七年(1347年)建 明正德九年(1514年)重修	/	全州路清湘县	雍正《广西通志》卷37 赵琦美《赵氏铁网珊瑚》卷11
宣城书院	宋景定三年(1262年)建,后毁 元元贞中重建 至正三年(1343年)重修 明洪武初以其地为临桂县学	朱禩孙	静江路临桂县	《明一统志》卷83 雍正《广西通志》卷37
沅阳书院	元代建	丁易东	常德路武陵县	《明一统志》卷64 雍正《湖广通志》卷23 王圻《续文献通考·学校考》
桃溪书院	宋代建	/	常德路桃源州	雍正《湖广通志》卷23 《大清一统志》卷280

续表

书院名称	创修时间	创修者	分布地区	史　源
车渚书院	元时碑记犹存，疑为宋代建立	/	澧州路澧阳县	雍正《湖广通志》卷23 同治《直隶澧州志·书院》
溪东书院	宋代建	/	澧州路澧阳县	雍正《湖广通志》卷23 同治《直隶澧州志·书院》
学殖书院	元成宗大德年间	杨国祯	澧州路澧阳县	同治《直隶澧州志·书院》
道溪书院	元代建	刘士美	澧州路澧阳县	同治《直隶澧州志·书院》
聚奎书院	/	/	澧州路澧阳县	《大清一统志》卷287 同治《直隶澧州志·书院》
天门书院	元初建	田某	澧州路慈利州	雍正《湖广通志》卷112 余阙《天门书院碑记》 《大清一统志》卷287
东冈书院	元代建	/	天临路长沙县	《明一统志》卷63 雍正《湖广通志》卷23 王圻《续文献通考·学校考》 《钦定续文献通考·学校考》
临汀书院	宋代建	/	天临路长沙县	《钦定续文献通考》卷190 《刘将孙》 《全元文》卷622《刘将孙》
岳麓书院	宋开宝九年(976年)建	朱洞	天临路善化县	《明一统志》卷63 雍正《湖广通志》卷23 《大清一统志》卷276 李东阳《怀麓堂集》卷65《重建岳麓书院记》
南岳书院	唐肃宗时李泌退隐室庐 宋改书院	/	天临路衡山县	《明一统志》卷64 雍正《湖广通志》卷23 《大清一统志》卷281 《钦定续文献通考·学校考》
湘西书院	宋代建	刘辅之	天临路善化县	《明一统志》卷63 雍正《湖广通志》卷23 《大清一统志》卷276 《钦定续文献通考·学校考》
乔江书院	元元统间建	黄澹	天临路长沙县	《明一统志》卷63 雍正《湖广通志》卷23 王圻《续文献通考·学校考》 《钦定续文献通考·学校考》
文靖书院	南宋建	/	天临路浏阳县	《明一统志》卷63 雍正《湖广通志》卷23 欧阳玄《圭斋文集》卷18《附录》

书院名称	创修时间	创修者	分布地区	史　源
庆州书院一作庆洲书院	元大德年间建	刘履泰	天临路益阳州	《明一统志》卷63 雍正《湖广通志》卷23 许有壬《至正集》卷36《庆州书院记》 王圻《续文献通考·学校考》 《钦定续文献通考·学校考》
清烈书院又名笙竹书院	宋大中祥符年间建 元代名清烈书院明末毁	/	天临路湘阴县	雍正《湖广通志》卷23
碧泉书院	宋代建	胡安国	天临路湘潭州	《明一统志》卷63 雍正《湖广通志》卷23
凤山书院	宋代建	/	天临路攸州县	雍正《湖广通志》卷22
主一书院	元元贞年间建	钟震	天临州湘潭州	雍正《湖广通志》卷57 程文海《雪楼集》卷12《主一书院记》
涟溪书院	宋德祐初建 元至正中知县	徐质夫　建 王文彪　修	天临路湘乡州	《明一统志》卷63 雍正《湖广通志》卷23
广德书院	元代建	/	靖州路永县	揭傒斯《文安集》卷11《靖州广德书院记》
阳坪书院	宋代建	吴雄	岳州路平江县	雍正《湖广通志》卷23 《大清一统志》卷279
石林书院	宋代建	黄照邻	桂阳路平阳县	雍正《湖广通志》卷23 邓文原《巴西集》卷上《故夫人俞氏墓志铭》
东坡书院	/	/	宁乾安抚司琼山县	雍正《湖广通志》卷23 王圻《续文献通考·学校考》 《钦定续文献通考·学校考》
儒林书院	元皇庆年间建	/	武冈路绥宁州	雍正《湖广通志》卷107 赵长翁《儒林书院记》
勾漏书院	宋代建	/	梧州路容县	《明一统志》卷84 雍正《广西通志》卷37 《大清一统志》卷362
虎溪书院	宋嘉定间建 元虞集有记	/	辰州路沅陵县	雍正《湖广通志》卷23 《大清一统志》卷284
紫微书院	/	/	河南路茶陵州	《明一统志》卷84
嵩洛书院	元代建	张惟敏	河南路巩县	雍正《河南通志》卷43

续表

书院名称	创修时间	创修者	分布地区	史　源
颍谷书院	元至正五年(1345年)建		河南路登封县	《明一统志》卷29 雍正《河南通志》卷43 彭大翼《山堂肆考》卷173
洛西书院	元至元元年(1264年)建 元元统元年(1333年)主簿完颜光祖重修	薛有谅	河南路永宁县	《明一统志》卷29 雍正《河南通志》卷43 程文海《雪楼集》卷22《洛西书院碑》
缑山书院	元代建	/	河南路偃师县	许有壬《至正集》卷43《缑山书院记》
诸葛书院	元至大二年(1309年)建 明嘉靖六年(1527年)重修	/	南阳府南阳县	《明一统志》卷30 雍正《河南通志》卷43 《大清一统志》卷165 王直《抑庵文集》卷2《诸葛武侯祠记》
博山书院	/	/	南阳府内乡县	雍正《河南通志》卷43
伊川书院	元延祐间建	克哷士希	南阳府嵩县治	《明一统志》卷29 雍正《河南通志》卷43
显道书院	宋末建 明金事刘咸修	/	汝宁府上蔡县	《明一统志》卷31 雍正《河南通志》卷43
涑水书院	涑水先生,宋司马光号也。后人因构书堂祀光明正统九年(1444年)重修	/	汝宁府光山县	《明一统志》卷31
问津书院	元代建	龙仁夫	黄州路黄冈县	雍正《湖广通志》卷23 《大清一统志》卷264 邹元标《愿学集》卷5下《问津书院记》
孔子书院	/	/	黄州路黄冈县	《明一统志》卷31
河南书院	元皇庆年间建	王义父	黄州路黄陂县	程文海《雪楼集》卷19《送王义父还黄陂重建河南书院》
颍昌书院	/	/	汴梁路长社县	郑元佑《侨吴集》卷9《颍昌书院记》
儒林书院	元代建	杨可道	汴梁路阳翟县	《明一统志》卷26
清江书院	元代建 明末毁	文璋	峡州路宜都县	雍正《湖广通志》卷22

书院名称	创修时间	创修者	分布地区	史　源
景贤书院	/	/	庐州路合肥县	乾隆《江南通志》卷 89 陈旅《安雅堂集》卷 5《送盛克明贰泰州税使序》
西岩书院	元代建	程谦夫	庐州路合肥县	陈旅《安雅堂集》卷 8《西岩书院记》
龙眠书院	元至顺中建	樊理溥化	庐州路舒城县	《明一统志》卷 14 乾隆《江南通志》卷 90 虞集《道园学古录》卷 8《舒城县学明伦堂记》
兴文书院	/	/	庐州路无为州	《明一统志》卷 14
修溪书院	/	/	庐州路无为州	乾隆《江南通志》卷 90
怀德书院	元至正年间建	伯嘉纳	庐州路六安州	危素《说学斋稿》卷 1《怀德书院记》
节孝书院	元至正年间建	/	淮安路山阳县	宋濂《文宪集》卷 18《危公新墓碑铭》
崇圣书院	/	/	淮安路盱眙县	《明一统志》卷 7 苏天爵《滋溪文稿》卷 2《盱眙县崇圣书院记》
东山书院	宋代建	/	中兴路江陵县	雍正《湖广通志》卷 22
白鹤书院	/	/	中兴路潜江县	雍正《湖广通志》卷 22 《大清一统志》卷 265
山谷书院	/	/	中兴路松滋县	《明一统志》卷 49
竹林书院	宋嘉熙年间建	孟珙	中兴路公安县	雍正《湖广通志》卷 22 《大清一统志》卷 268
白水书院	元代建	巴图摩欢司	中兴路枝江县	《明一统志》卷 62 雍正《湖广通志》卷 22 柳贯《待制集》卷 10《承直郎管领巴图尔民户总管伍公墓碑铭》
石桥书院	/	/	中兴路潜江县	《明一统志》卷 62 雍正《湖广通志》卷 22
公安书院	北宋时建	孟珙	中兴路公安县	《明一统志》卷 62 《大清一统志》卷 268 李曾伯《可斋杂稿续稿》卷 5《公安竹林书院记》 高斯得《耻堂存稿·公安南阳二书院记》

书院名称	创修时间	创修者	分布地区	史　源
沧浪书院	元代建	／	襄阳路枣阳县	雍正《湖广通志》卷22 《大清一统志》卷270
隆中书院	元代改建为书院	／	襄阳路襄阳县	《明一统志》卷60 雍正《湖广通志》卷10
浍滨书院	元代建	张思立	归德府永城县	《明一统志》卷27 雍正《河南通志》卷74
文山书院	元代建，旋废	／	归德府宿州	《明一统志》卷27
江汉书院	元儒赵复讲学 于此 明代建	／	德安府安陆县	雍正《湖广通志》卷22、卷48 《大清一统志》卷258
长庚书院	元代建	李仲章	德安府应城县	《明一统志》卷61 雍正《湖广通志》卷22 程文海《雪楼集》卷15《代白云山人送李耀州归白兆山建长庚书院序》 蒲道源《闲居丛稿》卷2《长庚书院》
汉东书院	宋代建	／	德安随州	雍正《湖广通志》卷22 《大清一统志》卷267
东庵书院	元代建	解节亨	／	程文海《雪楼集》卷13《东庵书院记》
鲁斋书院	元延祐元年(1314年)建	赵世延　请建	奉元路咸宁县	《明一统志》卷32 雍正《陕西通志》卷63 程文海《雪楼集》卷1《谕立鲁斋书院》 《新元史》卷17《仁宗本纪》
居善书院	元代建	赵谅	奉元路临潼县	雍正《陕西通志》卷27 《大清一统志》卷178
渭上书院	元延祐初建	／	奉元路高陵县	雍正《陕西通志》卷27 《大清一统志》卷178
横渠书院	元代建	／	奉元路郿县	《明一统志》卷34 雍正《陕西通志》卷27 王圻《续文献通考·学校考》 《钦定续文献通考·学校考》 《元史》卷30《泰定帝纪二》
正学书院	元代建	／	奉元路长安县	《大清一统志》卷178

续表

书院名称	创修时间	创修者	分布地区	史　源
学古书院	元延祐七年(1320年)建	李子敬	奉元路西安府	《明一统志》卷 32 雍正《陕西通志》卷 27 《大清一统志》卷 178 冯从吾《元儒考略》卷 4《程瑁》 萧䕫《勤斋集》卷 1《学古书院记》
紫阳书院	元代建	杨奂	奉元路乾州县	雍正《陕西通志》卷 27
芸阁书院	宋代建 明知县任文献重修	吕大临	奉元路蓝田县	雍正《陕西通志》卷 27 《大清一统志》卷 178
岐阳书院	元元统年间建	/	凤翔府歧阳县	雍正《陕西通志》卷 27 《明文衡》卷 30 王祎《谒周公庙记》 王圻《续文献通考·学校考》 《钦定续文献通考·学校考》
亲民书院	元至顺中建	任璇	成都路普安县	雍正《四川通志》卷 5 中
草堂书院	元代建	/	成都路成都县	李祁《云阳集》卷 10《草堂书院藏书铭》
石室书院	元代建	/	成都路成都县	刘岳申《申斋集》卷 6《西蜀石室书院记》 王沂《伊滨集》卷 18《石室书院记》
紫岩书院	宋张浚读书处,后建书院	/	成都路绵竹县	《明一统志》卷 67 雍正《四川通志》卷 5 中 张养浩《归田类稿》卷 5《勅赐成都紫岩书院记》
果山书院	宋代建 明成化中重修	王旦	顺庆路蓬州	《明一统志》卷 68 雍正《四川通志》卷 5 中 《大清一统志》卷 299 《蜀中广记》卷 27
金华书院	元至正间建	/	潼川府射洪县	《明一统志》卷 71 雍正《四川通志》卷 5 中 《大清一统志》卷 308
张九宗书院	唐贞九年(635年)建	/	潼川府遂宁州	《明一统志》卷 71 雍正《四川通志》卷 5 中 《大清一统志》卷 308

续表

书院名称	创修时间	创修者	分布地区	史　源
东台书院	宋任伯传读书处	/	潼川府盐亭县	《明一统志》卷 71 雍正《四川通志》卷 5 中 《大清一统志》卷 308
东馆书院	宋绍兴初建立 元至元间重修	/	嘉定府路眉州	《明一统志》卷 71 《蜀中广记》卷 12
栅头书院	宋绍兴间建	冯时行	嘉定府路眉州	《明一统志》卷 71 雍正《四川通志》卷 5 中 《大清一统志》卷 309
文贞书院	元代建	/	广元路普安县	雍正《四川通志》卷 5 中
云台书院	元代建	/	叙州路南溪县	《明一统志》卷 69 雍正《四川通志》卷 5 中 《大清一统志》卷 301
隐珠书院	元代建	/	/	程端学《积斋集》卷 1《题隐珠书院》
琴道书院	元代建	许彦栗	/	许有壬《至正集》卷 72《题许彦栗琴道书院》

征引及参考文献

一、史料类

许衡:《许衡集》,东方出版社 2006 年版。

黄潽:《金华黄先生文集》,四部丛刊初编本。

吴澄:《吴礼部文集》,北京图书馆珍本古籍丛刊本。

许有壬:《许有壬集》,中州古籍出版社 1998 年版。

李存:《鄱阳李先生文集》,北京图书馆珍本古籍丛刊本。

胡炳文:《云峰先生文集》,北京图书馆珍本古籍丛刊本。

吴师道:《吴礼部文集》,北京图书馆珍本古籍丛刊本。

傅若金:《傅与砺文集》,北京图书馆珍本古籍丛刊本。

杨奂:《还山遗稿》,北京图书馆珍本古籍丛刊本。

华幼武:《栖碧先生黄阳集》,北京图书馆珍本古籍丛刊本。

何中:《知非堂集》,北京图书馆珍本古籍丛刊本。

范椁:《范德机诗集》,北京图书馆珍本古籍丛刊本。

马祖常:《石田先生文集》,北京图书馆珍本古籍丛刊本。

李继本:《一山文集》,元人文集珍本丛刊本。

王逢:《梧溪集》,北京图书馆珍本古籍丛刊本。

郑元祐:《侨吴集》,元人文集珍本丛刊本。

卢琦:《圭峰先生集》,北京图书馆珍本古籍丛刊本。

张仲寿:《畴斋文稿》,北京图书馆珍本古籍丛刊本。

李祁:《云阳李先生集》,北京图书馆珍本古籍丛刊本。

王偕:《荻溪集》,北京图书馆珍本古籍丛刊本。

刘因:《刘文靖公文集》,北京图书馆珍本古籍丛刊本。

刘仁本:《羽庭集》,清同治求是斋本。

李士瞻:《经济集》,湖北先正遗书本。

李孝光:《五峰集》,影印文渊阁四库全书本。

邵亨贞:《野处集》,影印文渊阁四库全书本。

谢应芳:《龟巢稿》,四部丛刊三编本。

成廷珪:《居竹轩诗集》,知不足斋本。

鲁贞:《桐山老农集》,影印文渊阁四库全书本。

叶颙:《樵云独唱》,丛书集成续编本。

吴皋:《吾吾类稿》,影印文渊阁四库全书本。

杨翮:《佩玉斋类稿》,丛书集成续编本。

贡性之:《南湖集》,影印文渊阁四库全书本。

贡师泰:《玩斋集》,影印文渊阁四库全书本。

顾瑛:《玉山璞稿》,影印文渊阁四库全书本。

倪瓒:《清閟阁全集》,丛书集成续编本。

倪瓒:《倪云林先生诗集》,四库全书存目丛书本。

王礼:《麟原文集》,影印文渊阁四库全书本。

吕诚:《来鹤亭集》,影印文渊阁四库全书本。

朱希晦:《云松巢集》,影印文渊阁四库全书本。

汪克宽:《环谷集》,影印文渊阁四库全书本。

周巽:《性情集》,影印文渊阁四库全书本。

沈梦麟:《花溪集》,影印文渊阁四库全书本。

吴当:《学言集》,影印文渊阁四库全书本。

许恕:《北郭集》,影印文渊阁四库全书本。

胡行简:《樗隐集》,影印文渊阁四库全书本。

赵汸:《东山存稿》,影印文渊阁四库全书本。

杨维桢:《东维子集》,四部丛刊本。

杨维桢:《铁崖古乐府》,影印文渊阁四库全书本。

杨维桢:《杨维桢诗集》,浙江古籍出版社1994年版。

宋禧:《庸菴集》,影印文渊阁四库全书本。

吴海:《闻过斋集》,元人文集珍本丛刊本。

胡天游:《傲轩吟稿》,影印文渊阁四库全书本。

郭翼:《林外野言》,影印文渊阁四库全书本。

张宪:《玉笥集》,丛书集成初编本。

邓雅:《玉笥集》,影印文渊阁四库全书本。

陈高:《不系舟渔集》,上海古籍出版社2005年版。

朱德润:《存复斋文集》,四库全书存目丛书本。

宋旡:《啽呓集》,四库全书存目丛书本。

袁士元:《书林外集》,四库全书存目丛书本。

王毅:《木讷斋文集》,续修四库全书本。

沈贞:《茶山老人遗集》,四库全书存目丛书本。

刘永之:《刘仲修先生诗文集》,四库全书存目丛书本。

黄枢:《后圃黄先生存集》,四库全书存目丛书本。

柯九思:《丹邱生集》,四库全书存目丛书本。

吕彦贞:《沧浪诗集》,四库全书存目丛书本。

刘夏:《刘尚宾文集》,四库全书存目丛书本。

唐肃:《丹崖集》,四库全书存目丛书本。

王褒:《三山王养静先生集》,四库全书存目丛书本。

刘璟:《易斋稿》,四库全书存目丛书本。

虞集:《道园学古录》,四库全书存目丛书本。

金守正:《雪厓先生诗集》,四库全书存目丛书本。

姚燧:《牧庵集》,四库全书存目丛书本。

宋褧:《燕石集》,四库全书存目丛书本。

刘敏中:《中庵先生刘文简公文集》,四库全书存目丛书本。

吴会:《吴书山先生遗集》,四库全书存目丛书本。

余阙:《青阳先生集》,四部丛刊初编本。

周伯琦:《近光集》,影印文渊阁四库全书本。

胡助:《纯白斋类稿》,金华丛书本。

陈谟:《海桑集》,影印文渊阁四库全书本。

舒頔:《贞素斋集》,影印文渊阁四库全书本。

刘诜:《桂隐文集》,影印文渊阁四库全书本。

韩奕:《韩山人诗集》,续修四库全书本。

张之翰:《西岩集》,影印文渊阁四库全书本。

王结:《文忠集》,影印文渊阁四库全书本。

郑允端:《肃雝集》,四库全书存目丛书本。

郑玉:《师山集》,影印文渊阁四库全书本。

钱惟善:《江月松风集》,影印文渊阁四库全书本。

甘复:《山窗余稿》,影印文渊阁四库全书本。

陈樵:《鹿皮子集》,丛书集成初编本。

张雨:《句曲外史集》,影印文渊阁四库全书本。

丁鹤年:《丁鹤年集》,影印文渊阁四库全书本。

周霆震:《石初集》,豫章丛书本,江西教育出版社 2007 年版。

王翰:《友石山人遗稿》,影印文渊阁四库全书本。

王冕:《竹斋集》,丛书集成续编本。

朱元璋:《明太祖集》,影印文渊阁四库全书本。

释克新:《元释集》,四库全书存目丛书本。

朱善:《朱一斋先生集》,四库全书存目丛书本。

陶宗仪:《沧浪櫂歌》,四库全书存目丛书本。

陶宗仪:《南邨诗集》,影印文渊阁四库全书本。

张昱:《可闲老人集》,影印文渊阁四库全书本。

梁寅:《新喻石门先生集》,北京图书馆珍本古籍丛刊本。

梁潜:《泊庵集》,影印文渊阁四库全书本。

宋濂:《宋濂全集》,浙江古籍出版社 1999 年版。

刘基:《刘基集》,浙江古籍出版社 1999 年版。

刘基:《诚意伯集》,影印文渊阁四库全书本。

杨基:《眉庵集》,巴蜀书社 2005 年版。

陈基:《夷白斋稿》,四部丛刊三编本。

胡天游:《傲轩吟稿》,影印文渊阁四库全书本。

汪广洋:《凤池吟稿》,影印文渊阁四库全书本。

陶安:《陶学士集》,北京图书馆珍本古籍丛刊本。

宋讷:《西隐集》,明人文集丛刊本。

王祎:《王忠文集》,上海古籍出版社 2011 年版。

张以宁:《翠屏集》,影印文渊阁四库全书本。

危素:《说学斋集》,影印文渊阁四库全书本。

危素:《云林集》,影印文渊阁四库全书本。

唐桂芳:《白云集》,影印文渊阁四库全书本。

林弼:《林登州集》,北京图书馆珍本古籍丛刊本。

刘崧:《槎翁诗集》,影印文渊阁四库全书本。

刘崧:《搓翁文集》,四库全书存目丛本。

释妙贺:《东皋集》,影印文渊阁四库全书本。

朱同:《覆瓿集》,影印文渊阁四库全书本。

朱右:《白云稿》,续修四库全书本。

谢肃:《密菴稿》,影印文渊阁四库全书本。

凌云翰:《柘轩集》,丛书集成续编本。

贝琼:《清江集》,影印文渊阁四库全书本。

贝琼:《清江诗集》,四部丛刊初编本。

苏伯衡:《苏平仲文集》,四部丛刊初编本。

胡翰:《胡仲子集》,丛书集成初编本。

戴良:《九灵山房集》,四部丛刊本。

徐一夔:《始丰稿》,浙江古籍出版社1998年版。

吴沉:《濲川集》,北京图书馆古籍珍本丛刊本。

张丁:《白石山房逸稿》,影印文渊阁四库全书本。

孙作:《沧螺集》,丛书集成续编本。

钱宰:《临安集》,影印文渊阁四库全书本。

童冀:《尚絅斋集》,丛书集成续编本。

赵撝谦:《赵考古文集》,影印文渊阁四库全书本。

刘炳:《刘彦昺集》,影印文渊阁四库全书本。

蓝仁:《蓝山集》,影印文渊阁四库全书本。

蓝智:《蓝涧集》,影印文渊阁四库全书本。

高启:《高太史大全集》,影印文渊阁四库全书本。

高启:《凫藻集》,影印文渊阁四库全书本。

高启:《高青丘集》,上海古籍出版社1985年版。

张羽:《静菴集》,北京图书馆珍本古籍丛刊本。

徐贲:《北郭集》,丛书集成三编本。

林鸿:《鸣盛集》,影印文渊阁四库全书本。

王恭:《白云樵唱集》,影印文渊阁四库全书本。

王行:《半轩集》,影印文渊阁四库全书本。

孙蕡:《西菴集》,影印文渊阁四库全书本。

郭奎:《望云集》,影印文渊阁四库全书本。

管时敏:《蚓窍集》,丛书集成三编本。

董纪:《西郊笑端集》,影印文渊阁四库全书本。

李昱:《草阁集》,影印文渊阁四库全书本。

袁华:《耕学斋集》,影印文渊阁四库全书本。

殷奎:《强斋集》,影印文渊阁四库全书本。

陈谟:《海桑集》,影印文渊阁四库全书本。

郑潜:《樗菴类稿》,影印文渊阁四库全书本。

乌斯道:《春草斋稿》,丛书集成续编本。

郭钰:《静思集》,影印文渊阁四库全书本。

史瑾:《独醉亭集》,影印文渊阁四库全书本。

王彝:《王常集》,影印文渊阁四库全书本。

王翰:《梁园寓稿》,影印文渊阁四库全书本。

吴伯宗:《荣进集》,影印文渊阁四库全书本。

刘琏:《自怡集》,影印文渊阁四库全书本。

袁凯:《海叟集》,齐鲁书社 1997 年版。

刘璟:《易斋集》,影印文渊阁四库全书本。

解缙:《文毅集》,影印文渊阁四库全书本。

王璲:《青城山人集》,影印文渊阁四库全书本。

朱升:《朱枫林集》,四库全书存目丛书本。

史迁:《青金集》,北京图书馆珍本古籍丛刊本。

吕不用:《得月稿》,北京图书馆珍本古籍丛刊本。

韩奕:《韩山人集》,北京图书馆珍本古籍丛刊本。

刘骃:《爱礼先生集》,四库全书存目丛书本。

刘三吾:《坦斋刘先生文集》,四库全书存目丛书本。

黎贞:《重刻秫坡先生文集》,四库全书存目丛书本。

郑本忠:《安分先生集》,四库全书存目丛书本。

邓林:《退庵邓先生遗稿》,四库全书存目丛书本。

方孝孺:《逊志斋集》,宁波出版社 2000 年版。

王绅:《继志斋集》,影印文渊阁四库全书。

林右:《天台林公辅先生文集》,四库全书存目丛书本。

郑大和:《麟溪集》,四库全书存目丛本。

弓长瀚:《皇明疏议辑略》,四库全书存目丛本。

孙蕡,等:《南园前五先生诗》,中山大学出版社 1900 年版。

朱彝尊:《曝书亭集》,四部丛刊本初编本。

脱脱,等:《宋史》,中华书局 1985 年版。

宋濂,等:《元史》,中华书局 1976 年版。

《明太祖实录》,中研院史语所 1961 年版。

胡粹中:《元史续编》,影印文渊阁四库全书本。

邵远平:《元史类编》,文海出版社有限公司 1984 年版。

《庙学典礼》,浙江古籍出版社 1992 年版。

朱国祯:《皇明史概》,文海出版社有限公司 1984 年版。

吕毖:《明朝小史》,正中书局印行 1982 年版。

郑晓:《吾学编》,续修四库全书本。

何乔远:《名山藏》,续修四库全书本。

陈邦瞻:《元史纪事本末》,中华书局 1979 年版。

谈迁:《国榷》,中华书局 1988 年重印本。

薛应旂:《宪章录》,续修四库全书本。

高岱:《鸿猷录》,上海古籍出版社 1992 年版。

查继佐:《罪惟录》,浙江古籍出版社 1986 年版。

李贽:《续藏书》,中华书局 1959 年版。

王世贞:《弇山堂别集》,中华书局 1985 年版。

徐一夔:《明集礼》,续修四库全书本。

申时行,等:《大明会典》,中华书局 1989 年版。

刘惟谦,等:《大明律》,法律出版社 1999 年版。

朱元璋:《大诰》,江苏人民出版社 1988 年版。

黄佐:《南雍志》,续修四库全书本。

张廷玉,等:《明史》,中华书局 1974 年版。

谷应泰:《明史纪事本末》,中华书局 1977 年版。

傅维鳞:《明书》,四库全书存目丛本。

魏源:《元史新编》,江苏广陵古籍刻印社影印。

龙文彬:《明会要》,中华书局 1998 年版。

夏燮:《明通鉴》,岳麓书社 1999 年版。

柯劭忞:《新元史》,开明书店 1936 年版。

雷礼:《国朝列卿记》,台湾文海出版社 1970 年影印本。

焦竑:《献徵录》,上海书店 1986 年影印本。

徐纮:《明名臣琬琰录》,四库全书禁毁书补编本。

廖道南:《殿阁词林记》,影印文渊阁四库全书本。

徐象梅:《两浙名贤录》,四库全书存目丛本。

张昹:《吴中人物志》,四库全书存目丛本。

冯从吾:《元儒考略》,丛书集成续编本。

过庭训:《本朝京省人物考》,四库禁毁丛刊。

黄金:《开国功臣录》,明代传记丛刊本。

郑柏:《金华贤达传》,四库全书存目丛本。

王兆云:《皇明词林人物考》,四库全书存目丛书本。

王崇炳:《金华征献略》,四库全书存目丛书本。

杨德周:《金华杂识》,四库全书存目丛书本。

王世贞:《弇州四部稿》,明代论著丛刊本。

《宋元科举题名录》,北京图书馆古籍珍本丛刊本。

《元统元年进士录》,北京图书馆珍本古籍丛刊本。

钱大昕:《元进士考》,江苏古籍出版社 1997 年版。

黄宗羲,等:《宋元学案》,中华书局 1986 年版。

黄宗羲:《明儒学案》,中华书局 1985 年版。

钱谦益:《列朝诗集》,上海古籍出版社 1983 年版。

沈佳:《明儒言行录》,明代传记丛刊本。

朱彝尊:《明诗综》,中华书局 2007 年版。

周昂:《元季伏莽志》,续修四库全书本。

姚桐寿:《乐郊私语》,上海古籍出版社 1993 年版。

杨瑀:《山居新语》,上海古籍出版社 1993 年版。

孔行素:《至正直记》,上海古籍出版社 1993 年版。

陶宗仪:《南村辍耕录》,中华书局 1980 年版。

叶子奇:《草木子》,中华书局 1959 年版。

郑晓:《今言》,中华书局 1984 年版。

王士性:《广志绎》,中华书局 1981 年版。

叶盛:《水东日记》,中华书局 1980 年版。

陆容:《菽园杂记》,中华书局 1985 年版。

权衡:《庚申外史》,丛书集成初编本。

王鏊:《震泽纪闻》,《笔记小说大观》丛刊本。

郎瑛:《七修类稿》,中华书局 1959 年版。

钱贵:《吴越纪余》,四库全书存目丛书本。

《天潢玉牒》,中国野史集成本。

吴国伦:《陈张事略》,四库全书存目丛书本。

吴国伦:《方国珍本末事略》,四库全书存目丛书本。

杨学可:《明氏实录》,四库全书存目丛书本。

《皇明本纪》,四库全书存目丛书本。

杨仪:《垄起杂事》,中国野史集成本。

陆釴:《贤识录》,中华书局 1985 年版。

张萱:《宝日堂杂抄》,北京图书馆古籍珍本丛刊本。

宋濂:《洪武圣政记》,中国野史集成本。

刘辰:《国初事迹》,北京大学出版社 1993 年版。

王文禄:《龙兴慈记》,中国野史集成本。

徐祯卿:《翦胜野闻》,中国野史集成本。

刘基:《翊运录》,中国野史集成本。

余继登:《典故纪闻》,中华书局 1981 年版。

黄光昇:《昭代典则》,上海古籍出版社 2008 年版。

《蓝玉党供状》,北京图书馆珍本古籍丛刊本。

《逆臣录》,北京大学出版社 1991 年版。

《国初礼贤录》,北京大学出版社 1993 年版。

都穆：《南濠诗话》，江苏古籍出版社1997年版。

钱谦益：《国初群雄事略》，中华书局1982年版。

顾炎武：《天下郡国利病书》，中华书局1974年版。

赵翼：《廿二史札记》，中华书局1984年版。

李贤，等：《明一统志》，影印文渊阁四库全书本。

和珅，等：《清一统志》，影印文渊阁四库全书本。

王鏊：《姑苏志》，影印文渊阁四库全书本。

陈让等：《成化杭州府志》，四库全书存目丛本。

李侃等：《成化山西通志》，四库全书存目丛本。

王懋德等：《万历金华府志》，四库全书存目丛本。

陈道等：《弘治八闽通志》，四库全书存目丛本。

汪舜民：《弘治徽州府志》，四库全书存目丛本。

林庭昂，等：《嘉靖江西通志》，四库全书存目丛本。

陆釴：《嘉靖山东通》，四库全书存目丛本。

张岳：《嘉靖广东通志初稿》，四库全书存目丛本。

林云程，等：《万历通州志》，四库全书存目丛本。

程嗣功，等：《万历应天府志》，四库全书存目丛本。

沈应文，等：《万历顺天府志》，四库全书存目丛本。

张元忭：《万历绍兴府志》，四库全书存目丛本。

乾隆朝《江南通志》，影印文渊阁四库全书本。

雍正朝《浙江通志》，影印文渊阁四库全书本。

雍正朝《江西通志》，影印文渊阁四库全书本。

乾隆朝《山东通志》，影印文渊阁四库全书本。

雍正朝《河南通志》，影印文渊阁四库全书本。

雍正朝《四川通志》，影印文渊阁四库全书本。

雍正朝《陕西通志》，影印文渊阁四库全书本。

雍正朝《山西通志》，影印文渊阁四库全书本。

乾隆朝《云南通志》，影印文渊阁四库全书本。

乾隆朝《贵州通志》，影印文渊阁四库全书本。

乾隆朝《福建通志》，影印文渊阁四库全书本。

雍正朝《湖广通志》，影印文渊阁四库全书本。

雍正朝《广东通志》，影印文渊阁四库全书本。

雍正朝《广西通志》，影印文渊阁四库全书本。

焦竑：《国史经籍志》，中华书局1985年版。

钱大昕：《补元史艺文志》，江苏古籍出版社1997年版。

雒竹筠遗稿,李新乾编补:《元史艺文志辑本》,北京燕山出版社1999年版。

黄虞稷:《千顷堂书目》,上海古籍出版社1990年版。

纪昀,等:《四库全书总目》,中华书局1965年版。

邓士龙:《国朝典故》,北京大学出版社1993年版。

程敏政:《皇明文衡》,四部丛刊初编本。

沈节甫:《纪录汇编》,商务印书馆有影印本。

陈子龙:《明经世文编》,中华书局1987年影印本。

劳堪:《皇明宪章类编》,北京图书馆珍本古籍丛刊本。

张卤:《皇明制书》,北京图书馆珍本古籍丛刊本。

顾嗣:《元诗选》,中华书局2001年版。

陈衍:《元诗纪事》,上海古籍出版社1987年版。

陈田:《明诗纪事》,上海古籍出版社1993年版。

顾炎武:《皇朝修文备史》,北京图书馆珍本古籍丛刊本。

黄宗羲:《明文海》,中华书局1987年版。

李修生主编:《全元文》,江苏古籍出版社1998—2001年版。

魏伯城,等编:《全明文》,上海古籍出版社1992年版。

全明诗编纂委员会编:《全明诗》,上海古籍出版社1990年版。

杨讷、陈高华等主编:《元代农民战争史料汇编》,中华书局1985年版。

二、论著类

孟森:《明史讲义》,上海古籍出版社2002年版。

陈垣:《西域元人华化考》,上海古籍出版社2000年版。

钱穆:《中国学术思想史论丛》(六)安徽教育出版社2004年版。

吴晗:《朱元璋传》,人民出版社1985年版。

吴晗:《吴晗史学论著选集》(第二、三卷),人民出版社1986、1988年版。

吴晗、费孝通等:《皇权与绅权》,天津人民出版社1988年版。

吕思勉:《吕思勉读史札记》,上海古籍出版社1982年版。

周谷城:《中国社会之结构》,民国丛书本。

蒙思明:《元代社会阶层制度》,哈佛燕京学社1938年版。

容肇祖:《容肇祖集》,齐鲁书社1989年版。

蒋星煜:《中国隐士与中国文化》,民国丛书本。

李询:《下学集》,中国社会科学出版社1995年版。

李晋华:《明代敕撰书考》,燕京大学图书馆1932年版。

韩儒林:《元朝史》,人民出版社1986年版。

唐长孺:《山居存稿》,中华书局1989年版。

余英时：《士与中国文化》，上海人民出版社 1996 年版。

余英时：《中国知识分子之史的考察》，广西师范大学出版社 2004 年版。

余英时：《中国历史转性时期的知识分子》，台北联经出版事业公司 1994 年版。

余英时：《论士衡史》，上海文艺出版社 1999 年版。

余英时：《中国知识分子论》，河南人民出版社 1997 年版。

南炳文、汤纲：《明史》，上海人民出版社 1985 年版。

南炳文：《明清史蠡测》，天津教育出版社 1996 年版。

南炳文、何孝荣：《明代文化研究》，人民出版社 2006 年版。

周良霄、顾菊英：《元代史》，上海人民出版社 1998 年版。

黄冕堂、刘锋：《朱元璋传》，南京大学出版社 1998 年版。

徐复观：《知识分子与中国》，商务印书馆 1969 年版。

杨讷：《刘基事迹考述》，北京图书馆出版社 2004 年版。

罗宗强：《明代后期士人心态研究》，南开大学出版社 2006 年版。

刘泽华：《士人与社会》，天津人民出版社 2004 年版。

刘泽华：《中国的王权主义》，上海人民出版社 2000 年版。

邓绍基：《元代文学史》，人民文学出版社 1991 年版。

王春瑜：《明史论丛》，中国社会科学出版社 1997 年版。

陈得芝：《蒙元史研究丛稿》，人民出版社 2005 年版。

王天有：《明代国家机构研究》，北京大学出版社 1992 年版。

冯天瑜：《明清文化散论》，华中理工大学出版社 1998 年版。

郑克晟：《明代政争探源》，天津古籍出版社 1988 年版。

陈高华：《元史研究论稿》，中华书局 1991 年版。

陈高华：《陈高华文集》，上海辞书出版社 2005 年版。

陈高华：《元代画家史料》，上海人民美术出版社 1980 年版。

周清澍：《元人文集版本目录》，南京大学出版社 1983 年版。

张显清：《张显清文集》，上海辞书出版社 2005 年版。

张显清、林金树：《明代政治史》，广西师范大学出版社 2003 年版。

商传：《明代文化史》，东方出版中心 2007 年版。

毛佩奇、张自成：《中国明代政治史》，人民出版社 1994 年版。

林延清：《明清史探究》，中国文史出版社 2005 年版。

陈梧桐：《洪武皇帝大传》，河南人民出版社 1993 年版。

郭培贵：《明史选举志考论》，中华书局 2006 年版。

李治安：《元代政治制度研究》，人民出版社 2003 年版。

李治安：《忽必烈传》，人民出版社 2004 年版。

阎步克：《士大夫政治演生史稿》，北京大学出版社 1996 年版。

龚鹏程:《中国文人阶层史论》,兰州大学出版社 2004 年版。

葛兆光:《中国思想史》,复旦大学出版社 2000 年版。

朱鸿林:《中国近世儒学实质的思辨与习学》,北京大学出版社 2005 年版。

左东岭:《王学与中晚明士人心态》,人民文学出版社 2000 年版。

赵园:《明清之际士大夫研究》,北京大学出版社 1999 年版。

赵园:《制度·言论·心态:明清之际士大夫研究续编》,北京大学出版社 2006 年版。

史小军:《复古与新变:明代文人心态史》,河北教育出版社 2001 年版。

查洪德:《理学背景下的元代文论与诗文》,中华书局 2006 年版。

陈宝良:《悄悄散去的幕纱:明代文化历程新说》,陕西人民教育出版社 1988 年版。

陈宝良:《明代儒学生员与地方社会》,中国社会科学出版社 2005 年版。

陈宝良:《中国的社与会》,浙江人民出版社 1996 年版。

罗冬阳:《明太祖礼法之治研究》,高等教育出版社 1998 年版。

史卫民:《元代社会生活史》,中国社会科学出版社 1996 年版。

么书仪:《元代文人心态》,文化艺术出版社 1993 年版。

徐子方:《挑战与抉择:元代文人心态史》,河北教育出版社 2001 年版。

刘晓东:《明代士人生存状态研究》,吉林文史出版社 2002 年版。

杨镰:《元诗史》,人民文学出版社 2003 年版。

杨镰:《元西域诗人群体研究》,新疆人民出版社 1998 年版。

桂栖鹏:《元代进士研究》,兰州大学出版社 2001 年版。

孙立群:《中国古代的士人生活》,商务印书馆 2003 年版。

王忠阁:《元末吴中诗派论考》,广西师范大学出版社 1998 年版。

徐永明:《元代至明初婺州作家群体研究》,中国社会科学出版社 2005 年版。

邓洪波:《中国书院史》,中国出版集团东方出版中心 2004 年版。

徐梓:《元代书院研究》,北京社会科学出版社 2000 年版。

欧阳周:《中国元代教育史》,人民出版社 1994 年版。

董刚:《元末明初浙东士大夫群体研究》,浙江大学博士论文 2004 年。

申万里:《元代教育研究》,武汉大学出版社 2007 年版。

许守民:《蒙元统治下士人的顿挫与转折》,清华大学博士论文 2003 年。

赵骥:《宸衷与独断:明初皇权政治及其他》,南京大学出版社 2000 年版。

赵琦:《金元之际的儒士与汉文化》,人民出版社 2004 年版。

张德建:《明代山人文学研究》,湖南人民出版社 2005 年版。

黄仁生:《杨维桢与元末明初文学思潮》,东方出版中心 2005 年版。

张鸿翔:《明代各民族人士入仕中原考》,中央民族大学出版社 1999 年版。

徐茂明:《江南士绅与江南社会(1368—1911)》,商务印书馆 2004 年版。

朱义禄:《逝去的启蒙:明清之际的启蒙学者的文化心态》,河南人民出版社 1995 年版。

胡益明、周月亮：《儒林外史与中国士文化》，安徽大学出版社 1995 年版。

李渡：《明代皇权政治研究》，中国社会科学出版社 2004 年版。

王春南、赵映林：《宋濂、方孝孺评传》，南京大学出版社 1998 年版。

夏咸淳：《情与理的碰撞：明代士林心史》，河北大学出版社 2001 年版。

唐克军：《不平衡的治理：明代政府运行研究》，武汉出版社 2004 年版。

杨一凡：《明〈大诰〉研究》，江苏人民出版社 1988 年版。

多洛肯：《明代福建进士研究》，上海辞书出版社 2004 年版。

周群：《刘基评传》，南京大学出版社 1995 年版。

孙小力：《杨维桢年谱》，复旦大学出版社 1997 年版。

楼劲、刘光华：《中国古代文官制度》，甘肃人民出版社 1992 年版。

陈明：《儒学的历史文化功能：士族：特殊形态的知识分子研究》，学林出版社 1997 年版。

马良怀：《士人・皇帝・宦官》，岳麓书社 2003 年版。

葛荃：《权力宰制理性：士人、传统政治文化与中国社会》，南开大学出版社 2003 年版。

吴秀生：《社会转型的文化约束》，山西教育出版社 1999 年版。

谢天佑：《专制主义统治下的臣民心理》，吉林文史出版社 1990 年版。

李宝臣：《文化冲撞中的制度惯性》，中国城市出版社 2003 年版。

蒋云根：《政治人的心理世界》，学林出版社 2003 年版。

张仲礼：《中国绅士：关于其在 19 世纪中国社会中的作用》，上海社会科学院出版社 1991 年版。

萧启庆：《元朝史新论》，允晨文化公司 1999 年版。

萧启庆：《蒙元史新研》，允晨文化公司 1994 年版。

萧启庆：《内北国而外中国：蒙元史研究》，中华书局 2007 年版。

陈学霖：《明代人物与传说》，香港中文大学出版社 1997 年版。

陈学霖：《明代人物与史料》，香港中文大学出版社 2001 年版。

胡秋源：《古代中国文化与中国知识分子》，香港亚洲出版社 1959 年版。

胡务：《元代的庙学：无法割舍的儒学教育链》，香港中文大学博士论文 2000 年。

王建军：《元代国子监研究》，澳亚出版公司 2003 年版。

许家猷：《社会阶层化与社会流动》，台湾三民书局 1986 年版。

牟复礼（Frederick W.Mote）、崔瑞德（Denis Twitchett）编：《剑桥中国明代史》，中国社会科学出版社 1992 年版。

傅海波（Herbert Franke）、崔瑞德（Denis Twitchett）编：《剑桥中国辽西夏金元史》，中国社会科学出版社 1998 年版。

达德斯（John W.Dardess）：《儒学专制二义：职业精英阶层在明王朝建国中的作用》，加利福尼亚大学出版社 1983 年版。

史景迁（Jonathan D.Spence）：《皇帝与秀才：皇权游戏中的文人悲剧》，远东出版社 2005

年版。

杜维明：《道·学·政：论儒家知识分子》，上海人民出版社 2000 年版。

彼德·布劳（Peter M.Blau）著：《社会生活中的交换与权力》，孙非等译，华夏出版社 1988 年版。

马克斯·韦伯（Max Weber）：《学术与政治》，三联书店 1998 年版。

魏特夫（Karl A.Wittfogel）：《东方专制主义》，中国社会科学出版社 1989 年版。

杨讷：《元完大汉红巾军史述论》，《元史论丛》第一辑，中华书局 1982 年版。

杨讷：《龙凤年间的朱元璋》，《元史论丛》第四辑，中华书局 1992 年版。

李洵：《论明代江南地区士大夫势力的兴衰》，《史学集刊》1987 年第 4 期。

邱树森：《元末红巾军的政权建设》，《元史论丛》第一辑，中华书局 1982 年版。

郑克晟：《元末的江南士人和社会》，《南开学报》1989 年第 1 期。

陈高华：《元代的地方官学》，《元史论丛》第五辑，中国社会科学出版社 1993 年版。

萧启庆：《元朝科举与江南士大夫之延续》，《元史论丛》第 7 辑，江西教育出版 1999 年版。

萧启庆：《元明之际士人的多途选择：以各族进士为中心》，《台湾大学历史学报》2003 年第 12 期。

萧启庆：《元代多族士人网络中的师生关系》，《历史研究》2005 年第 1 期。

萧启庆：《元代的儒户：儒士地位演进史上的一章》，《社会变迁》，邢义田、林丽月主编：《社会变迁》，中国大百科全书出版社 2005 年版。

王颋：《元代书院考略》，《中国史研究》1984 年第 1 期。

王崇武：《论元末农民起义的发展蜕变及其在历史上所起的进步作用》，南京大学历史系元史研究室编《元史论集》，人民出版社 1984 年版。

陈得芝：《从"九儒十丐"看元代儒士的地位》，《光明日报》1986 年 6 月 18 日。

李治安：《元代及明前期社会变动初探》，《史学集刊》2006 年第 1 期。

韩志远：《元代私学初探》，《元史论丛》2004 年第 9 辑。

任崇岳：《论朱元璋对儒士的态度》，《中州学刊》1982 年第 4 期。

张德信：《略论朱元璋与元朝的关系》，《江淮论坛》1990 年第 3 期。

张德信：《论朱元璋对传统文化的认识与理解》，《明代文化研究南京专辑》，中国文史出版社 2003 年版。

商传：《试论明初专制主义中央集权的社会基础》，《明史研究论丛》1983 年第 2 辑。

商传：《明代的社会主导群体》，《东岳论丛》2005 年第 5 期。

商传：《元末明初的学风》，《明史研究论丛》第 7 辑。

毛佩琦：《明教化厚风俗：朱元璋推行教化的几个特点》，《学习与探索》2007 年第 5 期。

陈梧桐：《朱元璋与明代文化》，《明代文化研究南京专辑》，中国文史出版社 2003 年版。

王家范、程念棋：《论明初对洪武政治的批评：方孝孺的政治理想与建文帝的政策改革》，

《史林》1994 年第 3 期。

万明:《论传统政治文化与明初政治》,《史学集刊》1995 年第 1 期。

左东岭:《元明之际的种族观念与文人心态及相关的文学问题》,《文学评论》2008 年第 5 期。

林丽月:《读〈海桑集〉:论元明之际陈谟(1305—1400)的出处及其后世评价》,《世变、群体与个人:第一届全国历史学学术讨论会论文集》,台湾大学历史系 1996 年版。

赵令扬:《论明太祖政权下之知识分子》,《寿罗香林教授论文集》,香港万有图书公司 1970 年版。

劳延煊:《元明之际诗中的评论》,《陶希圣先生八秩荣庆论文集》,台北食货出版社 1979 年版。

李焯然:《明代国家理念的成立:明成祖与儒学》,新加坡国立大学中文系学术论文第 83 种,1989 年。

陈学霖:《徐一夔刑死辩诬兼论明初文字狱史料》,《东方文化》第 15 卷第 1 期。

檀上宽:《明王朝成立的轨迹:洪武朝的疑狱与京师问题》,《日本中青年学者论中国史·宋元明清卷》,上海古籍出版社 1995 年版。

宫崎市定:《明代苏松地方的士大夫和民众》,《日本学者研究中国史论著选》,中华书局 1993 年版。

片山共夫:《元代的家塾》,《九洲大学东洋史论文集》第 29 辑、第 30 辑。

李新峰:《论元明之间的变革》,《古代文明》2010 年第 4 期。

杨杭军:《朱元璋与明初江南士人》,《河南师范大学学报》1992 年第 1 期。

周学军:《明清江南儒士群体的历史变动》,《历史研究》1993 年第 1 期。

刘祥光:《从徽州文人的隐与仕看元末明初的忠节与隐逸》,《大陆杂志》1997 年第 1 期。

申万里:《从社会交往看元代江南儒士的社会网络》,《武汉大学学报》2003 年第 4 期。

申万里:《元代江南儒士的处境与社会角色的转变》,《史学月刊》2003 年第 9 期。

汪红亮:《试论明初入元官的境遇与心态》,《江西师范大学学报》2005 年第 3 期。

后　记

本书由博士论文《元明之际士大夫政治生态研究》删改而成。

明人陶安云："求道莫先于得师"。2005 年，蒙著名明清史专家、中国明史学会会长南炳文先生不弃，得有幸执弟子礼。先生渊雅冲淡，言谈和易，操履严明，博于识而乐于教，从学期间，先生的言传身教，启蒙解惑，使我获益无穷！尤其在博士论文的撰写过程中，先生更是论诲恳切，诱导谆谆，凡所启发，皆能渐于精微奥蕴。师恩似海，永生难忘！

我能与明史结缘，首先得益于业师郭培贵先生的引领和扶掖。多年来，先生一直关心、支持着我的学业和生活，每一次教诲，每一个问候，每一句寒暄，都给了我温暖、力量和信心。沾被之恩，感受最深，谨向先生致以诚挚感谢！

南开大学明史教研室的林延清教授、李小林教授、王薇教授、高艳林教授、何孝荣教授、庞乃明教授，于我学术人生多所教益，惠我良多，仁心仁德，至感至佩！读博期间，我选修了乔治忠教授、常建华教授、杜家骥教授的课程，聆听了诸师的启迪教导，受益匪浅，衷心感戴！南开大学文学院查洪德教授为我提供了相关研究资料，对先生的指教和帮助深表谢忱！

2008 年，在论文的评审和答辩过程中，尊敬的张显清先生、张德信先生、商传先生、赵毅先生、毛佩琦先生、林金树先生、樊树志先生等著名学者提出了宝贵意见，拳拳之意，奖掖之情，令人感念！

2010 年，我始从著名宋史专家程民生先生做博士后研究，感谢先生的信任和宽容，他非常支持我继续进行明史研究，并给予了多方指教。能有缘亲炙先生法席，感受先生之博洽通雅与深邃通脱，岂不幸哉！

在多年的求学道路上，有幸遇到很多同窗益友，彼此之间砥砺学行，冷暖相系,苦乐与共,至情高谊,不敢或忘!

本书付梓之际,恰逢河大百年华诞,仰蒙学院领导之厚爱,将拙著列入出版计划,谨致崇高敬意和衷心感谢! 同时,感谢河南大学历史文化学院,她给了我一个自由民主、团结奋进、充满活力的工作环境和生活环境。

无论如何,我要特别感谢人民出版社历史与文化编辑部主任杨美艳女士,她热情而细致的工作态度和敬业精神令人感动,拙著由她审校,亦属幸事!

最后,感谢一直支持我、鼓励我的家人,他们的理解和包容是我前进路上的坚强后盾!

"言之无文,行之不远"。我多么希望能为挚爱的专业献上最美的华章,可惜那"以无厚入有间"的游刃有余,我至今远难企及。但是总要交一份答卷,为人生结一个段落,再起一个新行……

古人感叹:"学之难成,而时之不偶。"幸运的是,我们生逢盛世!

是为记。

展龙　谨记

2013 年春于河大博雅楼

责任编辑:杨美艳

图书在版编目(CIP)数据

元明之际士大夫政治生态研究/展龙 著. -北京:人民出版社,2013.7
ISBN 978-7-01-012171-0

Ⅰ.①元… Ⅱ.①展… Ⅲ.①知识分子-研究-中国-元代②知识分子-研究-
中国-明代 Ⅳ.①D691.71

中国版本图书馆 CIP 数据核字(2013)第 113370 号

元明之际士大夫政治生态研究
YUANMING ZHIJI SHIDAFU ZHENGZHI SHENGTAI YANJIU

展 龙 著

人民出版社 出版发行
(100706 北京市东城区隆福寺街 99 号)

北京中科印刷有限公司印刷 新华书店经销
2013 年 7 月第 1 版 2013 年 7 月北京第 1 次印刷
开本:710 毫米×1000 毫米 1/16 印张:36
字数:600 千字 印数:0,001-2,000 册

ISBN 978-7-01-012171-0 定价:79.00 元

邮购地址 100706 北京市东城区隆福寺街 99 号
人民东方图书销售中心 电话 (010)65250042 65289539